作者近照

戴相龙，男，汉族，1944年11月生，江苏省仪征市人。中央财政金融学院会计系毕业，研究员、博士生导师。

1979年起，先后任中国农业银行江苏省分行副处长、江苏省丰县副县长、中国农业银行江苏省分行副行长、中国农业银行副行长。1990年起任交通银行总经理、副董事长、党组书记兼中国太平洋保险公司董事长。1993年7月任中国人民银行副行长、党组副书记。1995年6月至2002年12月任中国人民银行行长、党委（党组）书记，期间2001年6月任中央金融工委副书记。2002年12月至2007年12月，任天津市市长、天津市委副书记。2008年1月，任全国社会保障基金理事会理事长、党组书记。

戴相龙是中共十四届中央候补委员，十五届、十六届、十七届中央委员。

戴相龙 金融文集

JINRONG WENJI

（上卷）

戴相龙　著

中国金融出版社

序　言

　　1985 年到 2002 年，我先后在中国农业银行、交通银行和中国人民银行担任领导职务，经历过我国国家专业银行、全国性股份制商业银行和中央银行改革和发展的重要过程。特别是 1995 年 6 月到 2002 年底，我担任中国人民银行行长 7 年半，在国务院总理和分管副总理直接领导下工作，参与我国货币政策、金融市场、金融监管、金融改革和开放等重大问题的决策，依法履行中央银行职责。在此期间，我组织起草了一系列工作报告，多年在中央党校主讲有关当代金融的讲座，向有关部门、大学和国际会议介绍我国金融形势和任务，在报刊发表过一些论文。这些文稿是我国金融业改革和发展的一部分真实记录。

　　今年是我国改革开放 30 周年，我应中国金融出版社之约，并在他们大力帮助下，整理出版了《戴相龙金融文集》，以此纪念中国改革开放 30 年。

　　收入本文集共 74 篇文稿。除《认真实施信贷资金集约化经营工作计划》、《综合性银行的功能和发展问题》、《把交通银行办成社会主义商业银行》三篇，是选自我在中国农业银行、交通银行工作时的报告外，其余都是我在中国人民银行工作时积累的文稿。这些文稿，特别是年度工作报告，其内容都是综合性的，包括当年货币政策、金融改革和开放、金融监管等各项工作，很难拆开按专题选编，只能按年序编排。同时，在编排每一年文稿时，既选择一些综合性报告，又尽可能选录一些专题文章，以便让读者了解当年中国人民银行的主要工作和各项工作承前启后的关系。

为给读者提供阅读方便，我在后面按专题介绍有关文稿产生背景。

1993 年国务院明确了我国宏观调控体系、金融组织体系、金融市场体系的改革和发展的目标。经过长期努力，上述目标基本实现，与中国特色社会主义市场经济体系相适应的金融体制已经基本建成，中国金融业为我国改革开放和经济社会的长期稳定发展，为我国国际地位空前提高作出了重大贡献。到 2007 年底，我国银行业总资产上升到 52.6 万亿元，主要银行不良贷款率已下降到 6.17%，原 4 家国家专业银行已改革为商业银行，其中有 3 家已成为上市公司；全部保险业总资产已达 3 万多亿元；沪深两地股票市值已达 32.7 万亿元；债券市场资产总量为 8.7 万亿元；外汇储备达到 1.68 万亿美元。这些成绩使我们振奋、鼓舞。对这些成绩、经验及教训进行科学总结，有利于开创我国金融改革和发展的新局面，提高我国金融业参与金融全球化的竞争力。

邓小平理论指导我们研究和处理我国金融业改革和发展的重大问题。邓小平同志是我国改革开放的总设计师，他对金融工作十分重视。小平同志有关金融是现代经济的核心、金融改革的步子要迈大些、要把银行办成真正的银行、证券股市这些东西要坚决地试等一系列重要论述，是邓小平理论重要组成部分。党中央、国务院领导运用邓小平同志有关金融工作的重要论述，领导我国金融业改革和发展。江泽民同志 2002 年 2 月 5 日在全国金融工作会议上的讲话，专门对小平同志提出的"金融是现代经济的核心"进行了论述，指出金融是现代经济的核心，是指金融在市场配置资源中起着

核心作用，金融是调节宏观经济的重要杠杆，金融安全是国家经济
安全的核心。我努力学习小平同志有关金融工作的重要论述，并用
于指导实际工作。1997 年 11 月，我按中央领导要求编写出版的
《领导干部金融知识读本》，体现了上述指导思想。收录本文集中
的 2002 年 4 月我在上海复旦大学所作的"金融是现代经济的核
心"的讲座等文章，比较系统地谈了我学习邓小平同志有关金融
重要论述的体会。

　　党中央和国务院的正确领导是我国取得金融改革和发展卓越成
果的坚强保证。1993 年和 2003 年，中共中央十四届三中全会和十
六届三中全会，先后就建立和完善社会主义市场经济体制若干问题
作出决定，对建立与中国特色社会主义相适应的金融体制工作作出
部署。1993 年 6 月，针对当时经济生活中出现的突出问题，中共
中央、国务院提出加强和改善宏观调控的十六条措施。1997 年 11
月和 2002 年 2 月，中央两次召开全国金融工作会议，明确金融业
发展方针、政策和目标，提出加强金融宏观调控，推进金融体制改
革，化解金融风险等重要任务。特别是 1997 年 11 月召开的全国金
融工作会议，在我国金融史上具有划时代的意义。1996 年 8 月，
中央领导听取了中国人民银行有关金融风险问题的汇报。1997 年 2
月 19 日，中央决定召开一次全国金融工作会议，化解金融风险，
推进金融改革和开放。经过认真准备，中共中央、国务院于 1997
年 11 月 17 日至 19 日在北京召开全国金融工作会议，会后印发了
《中共中央、国务院关于深化金融改革、整顿金融秩序、防范金融
风险的通知》，明确了我国金融业发展目标、原则和十五项措施。
吸取地方政府一些领导干部严重干预金融业造成重大损失的教训，
中央决定成立国家银行系统党委，实行党组织的垂直领导；撤销中
国人民银行省级分行，改为按区域设立分行；同时，提出对银行、
信托、证券、保险业严格执行分业经营、分业监管。2002 年 2 月

全国金融工作会议决定，对国有独资商业银行实行股份制改造，创造条件上市。会后，国务院决定把对银行业监管职能从中国人民银行划分出来，成立了中国银行业监督管理委员会。这两次全国金融工作会议，对化解历年积聚的金融风险，构建我国现代金融体制，应对国际金融的挑战，发挥了决定性作用，在我国金融史上产生了深远影响。近十多年来，我国金融界的工作，主要是围绕贯彻落实这两次中央全会决定和认真完成两次全国金融工作会议提出的任务来进行的。

在中共中央、国务院领导下，中国人民银行正确制定和实施货币政策，改善金融宏观调控，为我国经济及金融业的顺利改革和发展创造了良好的宏观环境。1993 年到 2002 年十年中，我国先后经历了严重的通货膨胀和通货紧缩，国家先后实施适度从紧的货币政策和稳健的货币政策，加上其他宏观政策的落实，促进了我国经济和社会稳定发展。

1993～1994 年，中国经历了一次改革开放以来最为严重的通货膨胀。1993 年居民生活费用价格增长 14.7%，1994 年上升到 24.1%，其中副食品价格增长 31.8%。同时，金融秩序混乱，导致商业银行存款大幅度减少，难以提供正常贷款，出现收购农副产品打白条现象。《做好农副产品收购资金供应工作》一文，说明了当时通货膨胀的严重性。1993 年 6 月，中央采取严格控制货币发行等十六条措施。1994 年 12 月中央经济工作会议，明确把抑制通货膨胀作为宏观调控首要任务，提出 1995 年要采取适度从紧的财政政策和货币政策。1994 年到 1998 年，中国人民银行一直实施适度从紧的货币政策。该项政策核心内容：一是控制基础货币和贷款规模，加强现金管理。二是提高存贷款利率，增加存款。1995 年 7 月 1 日开始，把 1 年期存款利率提高到 10.98%，对 3 年期、5 年期、8 年期定期储蓄存款实行保值。三是继续整顿金融秩序，纠正违章拆借资金，完善有价证券发行和规范市场管理。四是推进金融体制改革。到1995年，通货膨胀率下降到11.1%，1996年以后下降到4%~5%，实施适度从紧货币政策取得明显成效。

由于受亚洲金融危机的影响，到1999年，国内出现通货紧缩现象，经济增长速度降到7.1%，居民消费物价总水平比上年下降1.4%。1999年中央经济工作会议，提出实行积极的财政政策。与此同时，按国际惯例，也应与积极的财政政策相配合，实施积极的货币政策。但是，中国是间接融资为主，工商企业生产建设主要靠贷款，负债率很高，如果简单提出实行积极的货币政策，有可能扩大金融风险。中共中央、国务院没有提出实施积极的货币政策，而是经历了一个过渡阶段，最后提出实施稳健的货币政策。1998年3月，提出"继续实行适度从紧货币政策，注意适时适度微调，合理确定货币供应量"，暗示货币政策已从从紧向适当放松转移。1998年12月中央经济工作会议和1999年1月人民银行分行行长会议，提出要"实行适当的货币政策"。1999年3月，朱镕基总理在《政府工作报告》中提出"要实行稳健的货币政策"，明确了实施这项政策的内容，即"适当增加货币供应量，把握好金融调控力度，保持人民币币值稳定。银行既要坚持商业信贷原则，保证贷款质量，防范金融风险；又要努力改进金融服务，拓宽服务领域，运用信贷杠杆，促进扩大内需和增加出口，积极支持经济增长"。实施稳健的货币政策，既克服了通货紧缩，又防止通货膨胀再起，维护了我国经济和社会稳定持久快速发展的良好势头。稳健的货币政策从1998年开始，一直实施到2007年。2008年3月，我国提出实施从紧的货币政策。

金融体制改革，为促进我国金融业发展提供了活力，也为实施货币政策和加强对金融机构的监管创造了一个较好的制度环境。金融管理体制主要由金融企业、金融市场、金融监管和金融调控所组成，其中，创新现代金融企业是建立现代金融管理体制的基础。1993 年 12 月国务院作出《关于金融体制改革的决定》，提出建立三大体系：即国务院领导下独立执行货币政策的中央银行宏观调控体系；政策性金融和商业性金融分离，以国有商业银行为主体、多种金融机构并存的金融组织体系；统一开放、有序竞争、严格管理的金融市场体系。根据 1997 年和 2002 年全国金融工作会议精神，加快了金融体制改革步伐。中国人民银行主要运用各种货币政策工具，调控货币供应量，促进人民币币值的稳定。工、农、中、建 4 家银行从国家专业银行改革为国有独资商业银行，继而改革为国家控股的股份制商业银行，其中已有 3 家公开上市。同时，有步骤地发展了区域商业银行和城市商业银行；决定农村信用社与中国农业银行脱离行政隶属关系，坚持办成合作金融组织。我国金融市场的改革也得到稳步推进。在发展货币、外汇、保险、黄金等市场的同时，初步建立多层次资本市场。金融市场的逐步完善，加速了社会资金的周转，提高了金融市场合理配置各种生产要素的效率。

　　加强金融监管，化解多年积累的金融风险，确保金融安全，促进金融业改革和开放，一直是金融工作的重中之重。1993 年后两年，金融监管工作重点是，坚决纠正违章拆借资金，坚决制止各种乱集资，坚决实行各银行和所办非银行金融机构和其他经济实体脱钩。1995 年 6 月召开全国银行业经营管理工作会议，第一次统计和监督各类银行不良贷款的总量及其占全部贷款的比例，提出用两至三年时间控制不良贷款比例的上升，并要把不良贷款比例从当时的 20% 左右降到 17%。此后几年，虽经艰苦努力，但不良贷款继续增长和暴露，不良贷款比例不仅没有下降，还在继续扩大，最高超过了 30%。1998 年 5 月，经过在广东的试点，将贷款质量四级分类改为五级分类，经过 3 年过渡，于 2003 年年中公布了 2002 年商业银行五级分类的贷款质量信息。银行产生巨额不良贷款，除了银行本身经营管理不善原因外，主要是银行机构行政化，信贷资金财政化，承担了计划经济向市场经济过渡的改革成本。只有为原国有银行剥离不良贷款，这些银行的商业化改革才有条件推进。1999年，国家发行 2 700 亿元特别国债，为 4 家国有商业银行补充了资本金。同年成立 4 家金融资产管理公司，为 4 家国有商业银行剥离近 1.3 万亿元不良贷款。到 2002 年底，这 4 家银行的不良贷款比例下降到 21.4%。尽管如此，国有商业银行不良贷款比例依然很高，我国金融业依然存在很大风险。为此，中国人民银行于 2002年再一次提出剥离不良贷款的建议。这项工作延续到 2003 年新一届政府成立后继续进行。截至 2006 年，国家通过多种方式为 4 家国有商业银行累计剥离不良贷款 2.8 万亿元，使不良贷款比例下降到 9.2%，为国家银行实行股份制改革并先后成功上市创造了条件。2000 年中国人民银行通过财政部监督，向地方政府借出再贷款 1 000 多亿元，用于为关闭各类资不抵债又无法救助的地方金融机构支付合法债务，保持了社会稳定。2003 年新一届政府成立后，组建中国银行业监督管理委员会，我国对银行业的监管进入一个新的阶段。

提高金融服务质量和水平，更好地促进经济社会发展，是金融工作的基本出发点和要求。中国人民银行在认真实施货币政策、深化金融改革、加强金融监管、促进金融企业改善金融服务的同时，不断做好人民银行在货币发行、支付清算、经理国库、统计会计等方面的工作。

在深化金融体制改革的同时，中国人民银行坚持循序渐进的原则，不断扩大我国金融业的对外开放。1993 年，我国提出创造条件促进人民币可兑换。为此，1996 年 12 月，中国人民银行向国际货币基金组织承诺，在国际收支方面实现经常项目可兑换，放宽外资对国内直接投资和国内企业对外借债的管理。2003 年开始，允许外资通过 QFII 投资国内人民币股票和债券。我国不断完善人民币汇率形成机制。1994 年 1 月 1 日开始，将人民币牌价汇率和市场汇率并轨，实行人民币由市场供求决定的有管理的浮动汇率。2005 年 7 月 21 日，人民币汇率不再盯住单一美元，转而参考"一篮子"货币。面对 1997 年 7 月开始的亚洲金融危机，中国政府公开宣布和执行人民币不贬值。为此，承担出口下降和经济发展减速的压力，增加出口退税，通过国际货币基金组织向受到金融危机冲击的国家支持 45 亿美元。经过 15 年谈判，我国于 2001 年 12 月成为世界贸易组织正式成员，承诺参加世界贸易组织后 5 年内，对外国银行实行国民待遇，并逐步开放资本市场。中国政府积极促进亚洲地区的金融合作，先后参加发起应对外汇短缺危机的《清迈协议》，与日本、韩国和东盟一些国家开展人民币与日元、韩圆等货币的互换协议。2008 年 5 月，中、日、韩和东盟 10 国财政部部长同意筹建初始规模为 800 亿美元的亚洲共同外汇储备基金。我国金融业的对外开放，不仅促进了我国金融业的改革，增加了我国金融参与国际竞争的能力，也促进了金融全球化和国际金融业的稳定。

本文集记录了我在国务院领导下，认真贯彻落实党中央、国务院有关金融业发展的方针和政策，做好上述宏观金融调控，深化金融改革，扩大金融开放，加强金融监管，改进金融服务的工作过程。在中国人民银行工作期间，我和我的同事们深感责任重大，说是"如履薄冰"并不过分。我们的工作是认真的，工作也是有成效的。取得这些成效，是党中央、国务院的正确决策，我们只是在国务院领导下履行自己的职责。同时，我们深知，对有些工作，我们尚未做好；也有不少工作，我们应该做还没有去做。尽管如此，把这些文稿整理公布，有可能对读者了解过去的金融工作，做好今后的金融工作会有一些帮助。有些文章的观点可能还会有不当和错误之处，请有关领导和读者批评指正。

　　借此机会，我感谢国务院各部门、地方政府、各类金融机构对我过去在金融系统工作的支持，感谢中国人民银行领导班子成员对我工作的支持和配合，也为在金融部门工作的岁月感到非常欣慰和自豪。我为当前我国金融业的发展高兴、喝彩，更对我国金融业的发展和未来充满信心和期待。感谢中国人民银行征信局局长邵伏军等同志为我整理文稿所付出的艰辛劳动。感谢中国金融出版社社长林铁钢同志对本书出版的关心、重视，感谢中国金融出版社李柏梅女士为本书编辑审稿。

戴相龙

二〇〇八年六月

目 录

上 卷

下 卷

认真实施信贷资金集约化经营工作计划

（1988 年 8 月 10 日）

有各省、自治区、直辖市分行及计划单列市分行领导及有关同志参加的中国农业银行清理信贷资产工作会议，今天就要结束了。会议期间，河北等分、支行在会上交流了清理信贷资产试点工作情况，大家认真讨论了总行草拟的《关于全面清理信贷资产的通知》，广东省新会县等 6 个县支行向大会交流了开展金融企业升级工作的经验。8 月 8 日上午，国务委员兼人民银行行长李贵鲜同志和人民银行副行长兼国家体改委副主任刘鸿儒同志到会看望大家，对我们实施集约化经营工作计划，全面开展信贷资产清理工作给予肯定。会议结束后，农业银行和信用社的信贷资产清理工作将在全国展开。可以预料，这次农业银行北戴河会议，将在我行改革与发展方面产生深远影响。

注：1987 年中国农业银行在全国推行以提高信贷资金使用流动性、安全性、有效性为主要内容的"信贷资金集约化经营工作计划"。在这项工作计划中，农业银行在国家专业银行中最早提出不良贷款四级分类法，最早系统开展不良贷款的清理下降工作。这项工作计划是国家专业银行自主实施的管理创新活动，收到明显成果，受到国务院及人民银行领导肯定。此文根据戴相龙同志在农业银行清理信贷资产工作会议上的讲话整理而成。

现在，我受总行党组和马永伟行长的委托，就农业银行实施集约化经营工作计划，重点是组织领导好信贷资产清理工作，讲几点意见。

一、改善和加强信贷资产管理的迫切性

专业银行是经营货币的金融企业。作为金融企业，一方面要加强负债管理，以较低成本吸收较多资金；另一方面，特别重要的是要加强资产管理，执行国家金融方针政策，确保资产运用的流动性、安全性和有效性。银行资产一般包括现金资产、证券资产、贷款资产、固定资产。前三项资产，可概括为信贷资产。到1987年底，农业银行各项贷款余额已达2 320亿元。这笔巨额贷款资产管理使用情况如何，我们应该有一个统一而又清醒的认识。

农业银行恢复建立以来，存贷规模迅速发展，经营管理水平相应提高，农业银行在促进农村经济体制改革和支持农村商品生产发展，稳定货币和经济，发展我国金融事业中，都发挥了重大作用。到1987年底，农业银行各项存款为1 510亿元，各项贷款为2 320亿元，与1980年相比，每年分别递增15.23%和17.78%。近几年，农业银行信贷增加，主要是靠自己吸收存款来解决的。在国家财政支农资金比例下降和农民对农业生产投资增加不多的情况下，农村信贷在支持农村商品生产中发挥了特别重要的作用。在增加贷款规模，改进信贷服务的同时，农业银行不断改进自身经营管理。1982年和1984年，总行先后在石家庄市、济南市召开全国提高信贷资金使用效益经验交流会；1983年后推行贷款按期限管理制度；1986年推行区域信贷政策；1987年总行在长沙召开了"双增双节"会议。近几年，先后制定若干信贷管理办法、制度。全行用较长时间，经过艰苦努力，对陈欠农业集体贷款进行了清理。今年，我行又实行系统承包经营责任制和金融企业升级工作，并制

定和开始实施全行集约化经营工作计划。无论在国内和国外，农村金融企业的经营环境都是比较艰苦的。尽管如此，经过持久不懈的努力，农业银行资产管理水平依然有了很大提高，某些方面在金融界还有新的特色。

但是，我们还要清醒地认识到，我们在信贷资产管理方面还有不少问题，亟待研究解决。突出的是信贷资产流动性较差，非正常贷款占用比例较大，资金损失率较高。今年初统计1987年底全部贷款余额为2 320亿元，其中不能按期收回不良贷款380亿元，占16.5％。实际上，不良贷款要比这个统计多得多。这个问题，应当引起我们各级行行长及全体干部职工的高度重视。

农业银行非正常贷款占用比例较大，原因是多方面的。一是过去农村经济工作指导方针不端正，追求一大二公高速度，搞了许多无效益生产建设，使农民和银行都受到严重损失。二是国家机关式的银行，不适应千变万化的农村商品经济发展。国家银行管理上集中制，资金上供给制，经营上封闭制，内部分配平均制，对农村经济体制和农村商品生产变化缺乏应变能力，扩大了信贷风险。三是与有计划商品生产和金融企业相适应的资产管理制度尚未真正建立。银行和企业的法人地位得不到保证，供销社、乡镇企业财产关系不清和风险责任不明，又使已有的制度难以执行。四是信贷干部奇缺，管理水平较低。据12个试点行统计，在250个营业机构中，竟有75个营业机构无专职信贷员。

降低非正常贷款占用比例，减少资金损失，提高资金使用效益，需要从客观上改变经营条件。但是，更重要的是金融企业自身的努力。现在，我国正在深入进行经济体制改革和政治体制改革，金融工作地位相应提高，专业银行企业化改革逐步深化。全系统承包经营责任制已在我们农业银行率先进行。随着系统管理、分级经营的新的分支行制逐步建立，分支行的经营活力和自我约束机制在日益加强。许多有志于农村金融事业的领导干部和业务骨干，都在为全面提高农业银行经营管理水平，为把农业银行建成为以农村信贷为基础、城乡业务相结合、国内外业务相结合、具有先进管理水平的多功能银行而奋斗。因此，我们应当充分运用已具备的各种条件，在改进和加强经营，促进专业银行企业化改革方面有所作为，有所前进。

二、实施集约化经营工作计划是全面提高农业银行经营管理水平的重大决策

为了全面提高农业银行经营管理水平，总行组织制定了《中国农业银行信贷资金集约化经营工作计划》，经过1988年2月全国分行行长会议讨论修改后，于3月中旬下发农业银行系统贯彻执行。提出用2年多时间，把农业银行的不良贷款比例降到13%以下。

集约经营计划是农业银行根据党中央、国务院有关集约经营的指示和农业银行经营管理实际状况制定的，是以提高信贷资金使用流动性、安全性、有效性为基本内容的一项系统管理工程，是把改革与业务相结合，在全系统分步推行的一项综合性工作计划。到本世纪末，我国人民生活要达到小康水平。实现这个目标的困难和矛盾焦点是经济效益太低。因此，1987年10月召开的十三大报告中，要求经济部门要提高资金使用效益和资源利用效益，"要从粗放经营为主逐步转上集约经营为主的轨道"。这里提出的"集约经营"是经济工作必须遵循的基本原则，对各部门各行业各企业是普遍适用的。由于各种原因，农业银行非正常贷款占用比例较大，我们应当在金融企业管理工作中积极主动的贯彻集约经营原则。信贷资金集约经营不是指把信贷资金集中用于某些地区、某些行业、某些企业，也不是片面地在现有信贷规模上改进经营，而是指更省更多地吸收资金，增加资金自给能力；合理使用资金，发展农村生产力；加速资金周转，减少资金损失，降低成本，合理增加盈利，为国家增加积累，同时增强企业自我发展能力。实现上述要求要做许多工作，开展这些工作要做到协调有序。上级行对所辖行的工作领导，要贯彻统一性、连续性、计划性原则。只有这样，才能把上级行的领导作用和基层行的主动作用相结合，才能有效地启动和推进专业银行企业化改革。因此，我们采纳有些职工的合理建议，把改进经营管理的若干问题联系起来，分别轻重缓急，运用系统工程原理，制定了集约化经营工作计划。企业化改革是专业银行改革方向，实施集约化经营计划是促进企业化改革的重大措施。企业化改革，要求对专业银行按企业进行经营，但是这种企业经营，要从粗放经营逐步转上集约经营轨道。因此，"企业经营"和"集约经营"既有联系又有区别，是不可相互替代的。农业银行的集约化经营工作计划，在提交今年2月全国分行行长会议讨论前，曾向陈慕华等领导同志作过汇报，得到人民银行党组一致赞同。经过分行行长会议讨论同意，已于3月将这项工作计划印发各分行，并按这项计划开展了信贷资产清理试点工作。这次李贵鲜同志到会讲话，对农业银行实施这项工作计划及其信贷清理工作又一次表示赞同。因此，我们要进一步完善、宣传和积极推进这项工作计划。

农业银行集约化经营计划的核心内容，是在执行国家金融方针政策前提下，逐步提高信贷资产使用的流动性、安全性和有效性，为把农业银行真正办成金融企业打下坚实基础。信贷资产的流动性是指资本在不受损失的情况下迅速变现的能力，以保证客户的提存或贷款的基本需要。为提高资产流动性，应合理确定库存现金和超储存款占存款的比例，贷款对存款的比例，中、长期贷款的比例，对非正常贷款占用进行考核。资产使用的安全性是指银行按期收回资产本息的可靠程度。为减少信贷风险，增强资产管理安全性，要对借款人预期收入进行科学评估，扩大抵押、担保贷款在总贷款中的比例，对企业申请贷款要求有一定比例自有资金，银行对大户放款也要有所控制。资产使用管理的有效性是指在执行国家信贷和利率政策的前提下，逐步提高资金使用的社会效益和增加银行经营利润的要求。为了衡量企业盈利水平，应当考核资产盈利率和自有资本盈利率。银行资产管理的流动性、安全性和有效性是相互联系的，有时也是相互矛盾的，常常出现片面追求利润形成资产不安全，也有片面追求安全，而失去争取合理盈利的机会。因此，需要结合实际统筹考虑。专业银行之间，专业银行的分行之间，资产使用流动性、安全性、有效性程度是不同的，因此，不能简单对比。但是，必须按金融企业的要求，努力提高资产管理流动性、安全性、有效性，使自己的管理水平超过历史水平，逐步缩小与先进企业的差距。通过实施集约化经营工作计划，要为信贷资金供给制真正转为信贷资金经营制，为把农业银行真正办成金融企业，打下坚实基础。

集约经营工作计划主要由五项工作组成。

一是全面清理金融资产。清理金融资产是信贷资金集约化经营，实行行长负责制，加增银行自我控制能力的基础工作，是信贷资金集约化经营计划的首要内容。清理金融资产，重点是清查1978年贷款资产，通过科学、规范化数据指标，查清信贷资金使用的周转、安全、效益等情况，为及时调整信贷结构，改进信贷管理创造条件。在查清不良贷款的基础上，要找出问题、分析原因、总结教训，提出改革措施。各行在清理金融资产后，从下而上写出贷款普查报告，要按总行统一设计的表格，认真填列，经审计部门审计，行长签署意见，逐级汇总上报。

二是逐步调整信贷结构。在全面清理金融资产的基础上，逐步进行信贷结构调整，使有限的农村信贷资金在地区、产业、企业、产品之间合理配置，促进农村生产要素的合理流动和组合，发展农村生产力。把固定资产和农业开发性贷款占全部贷款的比例，由目前7%逐步提高到10%以上。发展沿海"贸工农"出口创汇基地，发展农副产品的商品生产基地，加速贫困地区经济开发。要把乡镇企业贷款增长幅度控制在20%以内，加强小城镇建设和农村商业的基础设施建设。克服信贷供给制，实行择优限劣，把信贷资金最大限度地使用到一、二类企业。

三是全面评定贷款企业的信用等级。凡是在中国农业银行开立账户的企业，均作为评定的对象。企业信用等级评定可通过两种方式进行。一种是固定资产较多，贷款额度较大的企业，可通过咨询公司评定等级；另一种是对资产较少、贷款额度较小的大量企业，由信贷部门为主，结合贷款发放工作进行评定。企业的信用等级可分为特级、一级、二级、三级四个等级。对评为特级和一级信用的企业，可享受信贷的若干优惠政策。对二级企业，实行"以销定贷"，逐笔办理抵押担保。对三类企业停止发放新贷款；关停企业不评定信用等级。

四是推行行长负责制和行长任期经营目标责任制。推行行长任期经营目标责任制，是完善银行内部经营机制，把信贷资金从粗放经营转向集约化经营的重要组织保证。确定行长在企业中的中心地位，建立与金融企业相适应的领导制度，优化劳动组合。在清理金融资产的基础上，确定存款增长指标、资金运用指标、质量指标、成本指标和利润指标五项总的经营指标，实行行长任期经营目标责任制。

五是做好分支行管理等级升级工作。凡县（市）支行级单位，都属于评定等级的范围。结合农村金融企业的具体情况，制定农业银行一、二级支行的标准。金融企业升级工作，每年评定一次。对达到农业银行一、二级支行标准的，优先支持业务发展，适当给予各种奖励。每年评选出全国最好的 100 个县（市）支行和 20 个地、市支行，在全国推广学习。

三、加强领导，突出重点，认真搞好信贷资产清理工作

实施集约化经营计划，大体用两年的时间，分为四个阶段。第一阶段，组织发动和试点；第二阶段，全面清理金融资产；第三阶段，以调整贷款结构为主要内容，评定企业信用等级，推行行长任期经营目标制，做好支行升级工作；第四阶段，是检查验收。清理信贷资产是推行集约化经营计划的第一步，是全面改进农业银行的基础工作，必须加强领导，认真做好，严防走过场。会议期间，大家以高度负责的精神，对总行草拟的《关于全面清理信贷资产的通知》及有关统计报表，进行了认真地讨论。根据大家的意见，我们将对文件进行修改，并迅速发给各分行。对讨论中涉及的有关问题，我再说几点意见。

（一）明确清理信贷资产工作的意义和目的。贷款清理工作，在历史上已进行多次，在国务院领导下，全国性的全面清理贷款就有三次。第一次，是对 1961 年底以前放出未收回的全部农业贷款 49.5 亿元进行清理；第二次，是对 1978 年底以前的全部农业贷款余额 102 亿元，进行了彻底清理，那次主要是立足于收，先后共收回 60 多亿元，至今尚未收回的有 30 多亿元；第三次是 1985 年，主要是对 1984 年下半年和 1985 年初的突击贷款进行检查。另外，1986 年全系统还对国营农业和农村商业贷款使用进行过摸底。我们这次信贷资产清理和过去相比，有许多新要求，具有更为广泛深刻的意义。做好这项工作，有利于推进专业银行企业化改革，为农业银行推行集约经营计划打下坚实基础，为承包经营责任制、行长负责制等项改革顺利进行创造必要的条件；有利于信贷总量控制和结构调整，清理资产与企业清资挖潜相结合，收回不合理占用贷

款，用于农副产品生产和收购，必将促进全国货币和经济的稳定；有利于增强借款人的信用观念，促进借款人节约使用信贷资金，并提高整个社会资金使用效益；有利于各部门总结经验教训，端正经济建设指导思想，更好地按商品经济规律办事，按经济法规办事。

重申这次清理信贷资产的目的，是为了查清信贷资产家底，增强信用观念，活化呆滞资金，强化资产管理，促进农业银行企业化改革和农村商品经济发展。要把工作重点放在信贷清理和逾期、呆滞贷款的逐步收回上。呆账贷款要按国家规定的政策界限严格划分，一时划分不清的，仍列在呆滞贷款中。清理和处理信贷资金是两回事，在清理中，除抓紧收回逾期、呆滞贷款外，要反复重申，除国务院外，任何部门、任何人都无权宣布对贷款豁免。

（二）清理时间。本次清理工作的基本要求，一是和部门、企业配合，查清非正常贷款的占用数额、组成及原因；二是将能够收回的及时收回，不能收回的要落实还款计划；三是总结非正常贷款形成原因，在后期建立资产管理监测考核制度。明年系统承包经营试点将进一步深入。因此，此项工作要加强领导，集中力量进行，不宜把时间拉得过长。信贷清理以县（市）支行为单位，分批进行，有的可在年底基本结束，有的也可延至明年第一季度，各分行于明年3月底基本结束此项工作。少数交通不便，非正常贷款占用比例大的分行，也可适当延长，但最迟要在明年6月底结束，少数分行有条件的，也可对1988年新发放非正常贷款进行清理，但同时要上报对1987年底贷款进行清理的统计数字。

（三）清理范围和重点。本次清理范围是1987年底农业银行、信用社各项贷款包括各级行所属信托投资公司、房地产公司的信贷资产以及借用世界银行的贷款。在查清非正常贷款的基础上，重点又是查清呆滞、呆账贷款。为了查清非正常贷款占用比例，必须要使非正常贷款的三个部分，即一般逾期贷款、呆滞贷款、呆账贷款互不交叉，能够相加。对非正常贷款如何分类，这是十分困难的。有的主张按逾期长短划分；有的认为实行期限管理的贷款只是一部分，有的期限确定又不尽合理，有的贷款归还期限未到，已成呆滞贷款，等等。因此，主张通过对企业资产的实际清查，判定贷款使用的安全程度。经过多次讨论，我们决定参考期限管理，但主要以贷款使用的实际不安全程度对非正常贷款进行分类。把非正常贷款划分为一般逾期贷款、呆滞贷款和呆账贷款。保留已经形成的贷款期限管理和考核制度，要反映贷款总额中的整个逾期数，同时在逾期贷款中划分出一个"一般逾期贷款"。一般逾期贷款是指在实行期限管理的贷款中归还期已过，但贷款仍正常参加生产经营周转，本息归还有保证的逾期贷款。呆滞贷款是指贷款不能正常参加生产经营周转，本息归还有较大风险的贷款，这类贷款既包括实行期限管理的贷款，又包括不实行期限管理的贷款。关停企业占用的贷款，资不抵债企业占用的贷款，陈欠集体农业贷款属于呆滞贷款，挤占挪用贷款和其他各种风险贷款，是否划入呆滞贷款，应根据呆滞贷款的定义具体掌握。呆账贷款按规定的政策界限划分。在清理统计中，一定要注意一般逾期贷款、呆滞贷款、呆账贷款不要互相交叉，重复计算。

根据大家讨论，我们对报表作了修改。修改后的报表共9张，其中1987年信贷资产清理汇总表、历史遗留呆滞、呆账贷款统计表、落实收回非正常贷款统计表和农村信用社1987年底各项贷款情况分析表4张表，要由基层逐级汇总上报，其余5张表由基层行和贷款企业填制，留经办行存用。

（四）做好清理信贷资产与其他各项工作的结合。总行要求各级行加强领导，集中力量，把信贷资产清理工作作为农业银行经营管理工作中阶段性的中心工作来安排，要按规定建立集约化经营领导小组和办公室，从各级行和有关部门抽调一部分领导同志和业务骨干，到清理任务大的县（市）支行帮助开展清资工作。在承包指标分配到县（市）支行后，抓好信贷资产清理，就可以为明年完善承包责任制创造条件；旺季工作，重点是安排好农副产品收购资金。除了请人民银行帮助解决部分资金外，主要靠各级行自身组织存款，收回到逾期贷款。因此，清理信贷资产与旺季工作和国务院布置的清资挖潜工作可以结合进行。

各分行参加会议的同志，回去以后，尽快向行务会议传达和向各级政府领导同志汇报这次会议精神及会议确定的任务；按照各项工作统筹安排，突出清资重点的原则，制定今年8月到明年第一季度的信贷资产清理工作计划；集中部分干部，进行业务培训，分期分批地搞好县（市）支行信贷资产清理工作。各分行信贷资产清理工作计划要在8月底前报总行集约经营办公室。

综合性银行的功能和发展问题

（1990 年 5 月）

综合性银行的功能和发展问题，已成为金融理论工作者和实际工作者共同关心的问题。我有几点粗浅看法，提出来期望大家共同研究。

一、综合性银行要为现行金融体制增加新的服务功能

目前，综合性银行除全国性的交通银行外，还有几家区域性银行和几家主要为企业集团成员服务的银行。1986 年 7 月，国务院规定，交通银行"是和其他专业银行平行的全国性综合银行"，可以"经营人民币和外币各项金融业务"，"其业务范围不受专业分工限制"。1987 年 2 月，中国人民银行规定，"交通银行是经营多种业务的综合性银行"，并明确交通银行可以经营十四项银行和非银行金融业务，其中包括承办国际国内证券、信托、保险、投资、租赁等业务，可设立金融性或非金融性的子公司。其他几个综合性银行，在业务范围上也不受专业分工限制，也可以经营一部分非银

注：1986 年 7 月，国务院决定重新组建交通银行，明确交通银行是全国性综合银行。此文重点研究综合性银行服务功能及发展问题，根据戴相龙同志 1990 年发表在《文汇报》、《新金融》杂志上相应文章整理而成。

行金融业务。因此，我国的综合性银行是相对于专业银行而言的，这些综合性银行一般实行以公有制为主的股份制，以短期信贷、经营性的银行业务为主，实质上是社会主义的商业银行。

为什么要建立综合性银行？国务院在重新组建交通银行时指出，是"为了适应经济发展和体制改革的需要，加强金融服务，充分发挥银行在国民经济中的作用"。这里所说的"经济发展和体制改革的需要"，也就是指成立综合性银行的必要性，应当从经济发展和现行金融体制不相适应的深层矛盾中去认识。现行的金融体制是中央银行处于领导地位，专业银行在资金融通中发挥着主体作用。这种金融体制和现在经济发展水平基本上是适应的。但是，现行金融体制也有明显不足之处。一是银行业固定分工与生产社会化的矛盾。商品经济的发展和对外开放的扩大，使生产、经营企业由工商分割、城乡分割和国内外不相联系，逐步转向工商一体化、城乡一体化和国内外相互联系。而现在银行的固定分工不仅难以改革资金供给制，也不利于推进生产社会化的发展。二是专业银行的多层管理与发挥市场机制的矛盾。在我国，除关系国计民生的重要产品的生产和流通实行指令性计划外，其他大量的产品主要实行指导性计划和市场调节，要充分发挥市场机制的作用；而高度集中、多层管理的银行组织体制，不利于银行有效、及时地提供金融服务。三是一个银行同时承担政策性和经营性业务的矛盾。所有银行发放贷款都要执行国家金融工作方针和各项有关政策。但政策性业务和经营性业务在概念上是不同的。政策性业务是资金必保、贷款实行特殊管理、利率优惠的贷款，而经营性业务则是指资金供应量力而行、贷款按常规管理、经营有合理收益率的贷款。一个银行长久地同时办理上述两种业务，既不利加强金融行政管理，也不利改进银行自身经营管理。解决上述矛盾，主要依靠现有银行的自身改革和自我完善。同时，建立全国性的综合性银行和若干家其他类型的综合性银行也是十分必要的。

新建的综合性银行与专业银行相比，不应该是银行数量的简单增加，而应该为现行金融体制增加新的服务功能。针对目前银行体制的不足之处，综合性银行应有新的模式。在所有制上，实行以公有制为主的股份制，使工商企业和金融企业相互渗透；在机构设置上，打破行政区划的限制，按经济区设置；在业务范围上，不受专业分工限制，使其合理竞争；在组织体制上，既保持集中统一，又让分支行自主经营、自负盈亏；在业务品种上，可以办理各种金融业务；在业务性质上，主要办理经营性业务。综合性银行要综合运用上述优势，给现行金融体制增加新的服务功能，克服专业分工和行政区划的局限性，同时运用各种业务手段，在专业银行信贷服务的基础上，促进经济横向联系，培育企业集团，发展外向型经济，使我国经济的产业结构、产品结构和企业结构更加趋于合理。

二、综合性银行要在支持经济联合中逐步形成自己的主要服务对象

一个银行要有自己的主要业务方向，也就是说要有自己的主要服务对象。这种对象是银行对不同产业、行业、产品和企业的综合性选择。确定综合性银行的主要服务对象，要立足于健全我国既有分工又有合作的金融服务体系，完善银行服务功能；同时，又要经过企业和银行之间相互选择的过程。新建的综合性银行，不宜再按产业、行业或企业所有制性质，划分固定的服务对象。在目前的经济和金融体制下，按产业（行业）或企业所有制"板块式"地划分固定服务对象，难免重走银行包企业资金供应的老路，成为一个新的专业银行，其结果也是现在国家专业银行的数量增加，难以达到为现行金融体制增加新的服务功能的目的。当然，一个银行也不可能长期地没有自己的主要服务对象。我认为，综合性银行特别是在全国大中城市设立分支行的交通银行，应当按照 1987 年中国人民银行有关通知精神，把主要注意力放在促进横向经济联系的发展上，支持工商企业、城乡企业、国内外企业的经济联合，在此基础上，积极培育企业集团，推动外向型经济发展，同时，逐步选择自己的主要服务对象。综合性银行主要服务对象的选择，应当要注意充分发挥所在地的自然条件和经济优势，要根据自身的资金、人才条件量力而行。鉴于综合性银行大部分设立在沿海和长江沿岸的开放城市，因此，综合性银行的主要服务对象，在产业、行业上，可以江海运输业和外向型的深度加工业和高技术产业为主；在企业规模上，以中型企业为主；在企业组织形式上，以区域性企业集团为主。

综合性银行在促进经济横向联合中，逐步确立自己的主要服务方向，也是当前国民经济发展的迫切需要。李鹏总理在今年《政府工作报告》中提出，要"利用当前治理整顿的有利时机，进一步扩大企业间的经济联合，发展企业集团"。当前，我国经济的产业、产品、企业结构不合理，工业项目低水平重复建设，经济效益差，其重要原因就是物资、资金管理的条块分割。综合性银行没有固定分工，不包企业资金供应，业务发展不受行政区划限制，可以在促进经济联合上有所作为。经济联合有利于充分运用各地经济优势，有利于取得规模经济效益，符合企业、各级政府和银行的根本利益。随着财政包干体制的改进和分税制的试行，预计经济联合又会有新的发展。在促进经济联合中逐步选择主要服务对象，应当先内后外，分步推进。综合性银行及其分支机构，首先要促进所在地工商企业、城乡企业、国内外企业之间的联合，根据产业政策和资金实力，把分散孤立的贷款发展为相互关联的系列贷款，选择若干产品，促进生产、加工、销售"一条龙"，并逐步形成企业集团。在此基础上，进一步推进跨地区的经济联合和跨地区的企业集团的发展。在现行管理体制的基础上，交通银行可以采用融通资金、协同贷款、联合贷款和专项贷款的方式，在促进经济联合中逐步形成主要服务对象。

三、综合性银行在治理整顿中稳步发展

综合性银行是按我国经济体制改革的基本指导思想和金融体制改革的整体设计进行构思的。这些银行成立后，按照国家信贷计划和产业发展政策发放贷款，依法自主经营，与国内外金融机构和广大客户建立了广泛的合作关系，在我国经济改革和开放中已经发挥了重要作用。当前，我国经济发展正处在治理整顿期间，这将为综合性银行的发展创造有利的经济和金融环境。国务院提出，当前的改革要为治理整顿服务，对已出台的改革措施要保持稳定性和连续性，同时要积极稳妥地进行新的改革试点。因此，我认为对综合性银行的改革和发展持悲观的观点，是没有根据的。综合性银行应当根据当前治理整顿的要求，认真总结，在巩固、完善的基础上，稳步开展各项业务，为今后新的发展打下坚实基础。

从交通银行来说，治理整顿期间的改革和发展要注意下列几点：一要按照综合性银行的发展方向和稳健经营的原则，有计划、分步骤地开展各项业务。交通银行作为综合性银行，可经营人民币和外币各项金融业务，这是对整体而言，各分支行可以开办什么业务，应当根据当地经济发展和自身条件来决定。但是，对经济发展有需要，人民银行有规定，自身条件基本具备的新业务，也要努力办好。二要正确处理治理整顿和深化改革的关系。综合性银行是改革的产物，要在改革中自我控制，自我发展；改革的重点是完善自身管理体制，加强资产负债的管理，并在促进企业集团和外向型经济发展上有所作为。同时，要正确处理与专业银行密切合作、适度竞争的关系，妥善解决业务交叉和相应的开户管理问题。三要在充

分发挥分支行经营管理积极性的同时，加强总管理处对所辖行的领导、管理和服务，逐步发挥交通银行的整体优势。交通银行目前实行的由总管理处统一领导、分级管理、各分支行自主经营、自负盈亏的管理体制，现在要从总体上保持稳定。交通银行是以公有制为主的股份制企业，应当继续发挥各股东单位依照《章程》和政策，参与对交通银行的管理和支持交通银行发展的积极性。同时也要明确，交通银行是一家全国性的综合性银行，不是地方银行，要在主要人事任免、业务政策、综合计划和涉外事务上，保持一家全国性银行的统一地位。四要进一步加强资产负债管理，不断增强自我发展和自我控制能力。要坚持推行资金使用的比例控制制度；在清理贷款资产的基础上，建立非正常贷款的分类、反映、考核制度；研究和试行经营活动分析制度。通过以上努力，建立具有中国特色的综合性银行的资产负债管理制度，提高资金使用的流动性、安全性、收益性。

把交通银行办成社会主义商业银行

（1993 年 1 月 13 日）

今年已是交通银行重新组建以后的第七个年头。经过六年多的努力，到 1992 年底，交通银行已在境内建有 75 家分支行，在境外设有香港分行和纽约分行；全行总资产已达 1 561.42 亿元，资本净值 111.32 亿元；全年实现利润为 29.2 亿元，全行员工人数达 2.3 万人。一个具有一定资金实力的全国性商业银行已经形成。

党的十四大提出，我国经济体制改革的目标是建立社会主义市场经济体制。根据这一目标，我国金融体制改革的步伐日益加快，将逐步建立和完善以中央银行为领导、国有商业银行为主体、多种金融机构分工协作的金融组织体系。一开始就按商业银行模式发展的交通银行，要扬长避短，继续前进，努力把交通银行办成社会主义商业银行。

注：党的十四大提出，我国经济体制改革的目标是建立社会主义市场经济体制。1993 年 1 月 13 日，交通银行召开分行总经理会议，学习贯彻十四大会议精神，总结创建社会主义商业银行的实践经验，研究加快商业银行改革步伐的措施。此文根据戴相龙同志在这次会议上的讲话整理而成。

一、创办社会主义商业银行是我国商品经济发展的客观需要

学习邓小平同志南巡重要谈话和中央最近几个文件的精神，认识我国社会主义商业银行发展的必然性及其性质和任务，正确评价现有商业银行的成绩，对深化金融改革和办好交通银行具有重要意义。

（一）学习邓小平同志重要谈话，加快金融改革步伐

在我国社会主义现代化建设的关键时期，邓小平同志就坚定不移地贯彻执行党的"一个中心，两个基本点"的基本路线，坚持走有中国特色的社会主义道路，集中精力把经济建设搞上去等一系列重大问题，发表了极为重要的意见。邓小平同志的重要谈话对当前改革和建设，对整个社会主义现代化建设事业，具有重大而深远的意义。根据邓小平同志南巡重要谈话的精神，我们要坚持三个一点，即"思想更解放一点，胆子更大一点，步子更快一点"。要从姓"社"姓"资"的困惑中解放出来，按照三条标准，即是否有利于发展社会主义社会的生产力，是否有利于增强社会主义国家的综合国力，是否有利于提高人民的生活水平，大胆进行改革；要从对加速经济发展的忧虑中解放出来，抓住时机，集中精力把经济更快更好地搞上去；要从"宁左勿右"的思维定式中解放出来，在改革的过程中要警惕右，但主要是防止"左"；要通过发展社会主义市场经济，引导生产和消费，调节社会资源流向，提高经济效益。同时，根据邓小平同志重要谈话精神，要加快我国金融改革的步伐。要转换中央银行的职能，完善金融宏观调控手段，加大间接调控比重；要转换专业银行的经营机制，扶持商业银行的发展，完善金融运行机制，增强金融企业自我约束、自我发展的能力，强化信贷资产风险管理，提高信贷资产质量；要积极开拓金融市场，规范市场管理，在资金融通中提高资金使用效益，保护投资者和筹资

者的合法权益，维护金融稳定和社会稳定，并以此促进经济发展，维持货币稳定，推进企业走上市场，支持国民经济隔几年上一个台阶。

（二）创办社会主义商业银行是我国商品经济发展的客观需要

由于研究的目的和角度不同，对银行有不同的分类。按所有制划分，有国家银行、股份制银行、合作银行、私人银行；按业务范围划分，有专业银行、综合银行、短期信贷银行、长期信用银行；按功能划分，有中央银行、商业银行、以推行政府某项产业政策为主的专业银行。一个银行可以是综合银行，同时也是商业银行。创办有中国特色的社会主义商业银行，是我国改革开放和商品经济发展的客观需要。随着市场调节扩大，我国银行的经营环境发生了巨大变化。一是银行经营的对象货币的商品属性日益增强。过去，生产什么，出售什么，什么价格，主要由计划安排，货币主要作为计价的工具。现在，货币的运动带动着其他生产要素的流动。企业和个人开始根据资金使用的安全、增值的要求，不断调整资金使用方向和结构。信贷资金已主要来自个人和企业。这些都迫使银行不得不把资金作为商品来经营。二是银行的服务对象已从行政机关的附属物变为企业法人，要求银行改变机关属性，按照平等互利原则与客户建立合作关系。三是信贷资金使用效益差，迫使我们要把信贷资金供给制，改为信贷资金经营制。四是经济对外开放的扩大，中国金融界与国际金融界合作更为广泛、深入，要求中国的银行按国际惯例进行管理和运作。上述变化迫切要求中国经营货币的银行，要从国家行政机关改革为银行企业，要创建一批社会主义的商业银行。

（三）大胆借鉴国际上商业银行的管理方式，创建有中国特色的社会主义商业银行

邓小平同志说："社会主义要赢得与资本主义相比较的优势，

就必须大胆吸收和借鉴人类社会创造的一切文明成果，吸收和借鉴当今世界各国包括资本主义发达国家的一切反映现代社会化生产规律的先进经营方式、管理方法。"社会主义国家的商业银行和资本主义国家的商业银行，都是商品经济的产物，都是经营货币的特殊企业，都要求提高资金使用的流动性、安全性和营利性。在长期的市场竞争中，资本主义国家的商业银行积累了一套比较完善的经营管理方式，这些经营管理方式，如股份制的产权形式；自主经营、自求平衡、自负盈亏、自我控制、自我发展的经营机制；业务范围不作固定分工，由银行和企业双向选择；资产负债和贷款风险管理办法；按业务重要性设立分支机构；根据市场需要不断推出新的业务品种；符合银行企业特点的国际通用的会计制度；员工能进能出，收入能高能低的用工分配办法；金融电子化等，都是可以根据我国国情加以借鉴的。同时，我们也应看到，根据我国的特点，社会主义商业银行必须建立在公有制基础上，其经营活动要自觉接受国家宏观控制，要用社会主义思想道德规范与同行、客户的关系。因此，我们要大胆借鉴国外商业银行行之有效的管理方式，创建有中国特色的社会主义商业银行，提高其在国际金融界的竞争能力，扩大中外经济合作；要提高服务质量，支持企业转换机制，走向市场；要提高资金使用效益，为公有资产增值。

（四）我国社会主义商业银行正在发育成长，已经为深化金融改革和支持经济发展作出了积极贡献

四五年前，中国人民银行批准成立了深圳发展银行、广东发展银行、福建兴业银行，并明确这些银行为"股份制区域性商业银行"。交通银行、中信实业银行、招商银行等综合银行，以短期工商信贷为主，以经营性业务为主，实行自主经营、自我控制，按国外商业银行方式进行管理，属于全国性商业银行。1992年底，上述6家银行资本净值已达116亿元，其中实收资本金78亿元；总

资产 1 520 亿元，其中各项贷款余额 726 亿元；税前利润已达 27.3
亿元。这些银行在深化金融改革和支持商品经济发展中发挥了积极
作用，已成为我国金融体系中的一个重要组成部分。经过 5 年的努
力，交通银行已成为一家以本外币银行业务为主体，保险、证券、
投资、租赁、信托、房地产等多种金融业务相配套的全国性银行，
从而为我国金融体系增添了新的服务功能；建立了自主经营、自求
平衡、自负盈亏、自担风险和自我约束的经营机制，为银行企业化
改革取得了初步经验；实行股份制，建立了中央与地方、企业利益
共享、风险共担的经济利益关系，增强了银行发展活力，促进了各
地经济发展；按经济区设立分支机构，在推动经济联合中发挥了一
定作用；吸收国外商业银行先进管理方式，适应了对外开放的需
要，为我国增加了融资渠道。

实践证明，对创办社会主义商业银行的各种忧虑是不必要的。
建立社会主义商业银行，有利于国家宏观调控，而不是削弱国家宏
观控制。1992 年底，交通银行实收资本金 50 亿元，中央入股 12
亿元，聚集 226 家地方财政股 24 亿元，1 500 多家企业股 14 亿元，
控制了上千亿元资产的投向，使本币贷款的 70% 用到大中型企业。
建立社会主义商业银行，有利于提高资金使用效益，为公有资产增
值，不会导致盲目追求利润。去年，交通银行流动资金贷款一年周
转 2.5 次，呆滞和呆账贷款占全部贷款的比例控制在 2.3% 以内，
实现利润 20.5 亿元，人均创利 11.7 万元，均创全国性银行的最好
水平。交通银行认真执行中央银行的利率规定，取得较高盈利水
平，主要原因是：有问题贷款少，到期贷款收息率高；按经济区设
立分支机构，各级行都经营业务，管理费用相对少。在去年实现的
利润 20.5 亿元中，绝大部分成为公有股东和银行企业的收益。建
立社会主义商业银行，把竞争机制引入金融业，有利于提高银行服
务水平，不会造成金融秩序的混乱。据去年对同时在交通银行开户

的 17 459 户企业调查，同行之间密切配合的为 71%，能合理竞争的占 27.48%，因各种原因带来矛盾需要有关方面调解的仅占 1.49%。随着人们观念的转变和管理的加强，这些不协调会逐步减少，一个有序的竞争机制会形成。衡量一个银行办得好坏，有一条重要标准，就看这个银行在执行国家计划和政策的同时，能否提高资金使用效益，从而促进经济发展。以此标准衡量，我国近几年建立的几家商业银行所取得的成绩是显著的，应该给予充分肯定。为了发展我国社会主义市场经济，需要适当增加商业银行在我国金融事业中的分量和作用。

二、从交通银行六年多的实践看商业银行基本特征

交通银行在经济改革高潮中应运而生。1984 年 10 月，党的十二届三中全会通过了关于经济体制改革的决定。同年底，国务院调查组在讨论振兴上海经济的方案中，提出要把上海逐步建成太平洋西岸的国际金融中心之一，并提出了重新组建交通银行的设想。1986 年 7 月 24 日，国务院发出通知，决定重新组建交通银行。1987 年 2 月，中国人民银行发出了关于贯彻执行国务院决定的通知。遵循邓小平同志关于把银行办成真正的银行的讲话精神，按照国务院以及中国人民银行的规定，交通银行一开始就按商业银行的发展模式进行改革。1987 年 3 月 31 日和 4 月 10 日，交通银行分别在北京和上海宣告总管理处从北京迁往上海，上海分行于 4 月 1 日正式开业，并在较短的时间内取得了重大发展。到 1988 年底，全行已拥有 44 个分支行，资产总规模达 385 亿元，资本净值达 32.8 亿元，全年利润达 2.16 亿元。

1989 年至 1991 年，交通银行在治理整顿中继续稳定发展。在这个过程中，交通银行面临着是否继续按商业银行改革下去的考验。在各方面的关心和支持下，交通银行继续坚持按照国务院以及

中国人民银行确定的商业银行发展模式进行改革与探索。同时，针对在发展中暴露出的弱点和问题，积极加以改进，依靠职工抓管理，抓好管理求发展，使全行的各项业务又得到了较大的发展。

1992 年春，邓小平同志视察南方发表重要谈话以后，我国进入了加快改革开放的新时期。交通银行及时展开创办社会主义商业银行的大讨论，更加坚定了改革的方向。去年 7 月，在深圳召开的分支行总经理（经理）会议上，我们认真讨论了创建社会主义商业银行的必要性，决心大胆地借鉴国外商业银行先进的经营管理方式，为把交通银行办成社会主义商业银行而努力，从而促进了交通银行各项业务全面迅速发展。1992 年底，全行人民币各项存款余额为 683.4 亿元，各项贷款余额 538 亿元。已有 40 家分支行开办外汇业务。中国太平洋保险公司已有 13 家分公司，并在 39 个城市设有其他保险营业机构。证券、房地产、投资、租赁、信托等非银行金融业务取得较快发展。1992 年，交通银行实现利润 27.1 亿元，太平洋保险公司实现利润 2.1 亿元，合计 29.2 亿元，比上年增长 38.4%，取得了很好的经营成果。

回顾六年多的改革实践，我们认识到，交通银行在改革和发展中能够取得明显成效，是因为我们认真执行了邓小平同志"把银行办成真正的银行"的讲话精神，坚持走商业银行发展的道路。发展商业银行要从姓"社"姓"资"的困扰中解放出来。社会主义国家的商业银行与资本主义国家的商业银行都是商品经济的产物，都要求实行资金使用流动性、安全性、营利性的合理协调。资本主义国家的商业银行，经过长期竞争，形成了一套比较完整的经营管理制度，其中许多是可以结合我国国情加以借鉴的。根据交通银行六年多的实践，我们认为社会主义商业银行有以下几个基本特征：

（一）社会主义商业银行在产权形式上应逐步推广股份制

我国生产资料所有制以公有制为主体，其产权实现形式可以是单一公有企业，也可以是由公有资产控股、由多种经济成分参加的股份制企业。社会主义商业银行实行股份制，有利于及时筹集巨额资本，壮大银行资金实力，扩大金融业务；有利于建立中央与地方、企业利益共享、风险共担的经济利益关系，加强对银行的监督和管理，增强银行发展活力；有利于实行所有权和经营权分离，建立在董事会领导下的总经理负责制，从体制上保证银行经营管理自主权的实现。

（二）社会主义商业银行按经济区域和业务重要性设置分支机构，实行规模经营

这既有利于商业银行降低管理费用，提高自身资金使用效益，也有利于改变多层管理，使分支机构接近市场，及时、方便、有效地为客户服务；也有利于打破资金运用条块分割，促进跨地区跨行业的经济联合和经济中心、金融中心的形成，适应社会主义市场经济发展的需要。根据市场经济发展需要，可以设立规模适当的全国性的商业银行，也可以设立区域性的商业银行，逐步形成一个能为不同层次商品经济服务的商业银行体系。

（三）社会主义商业银行的业务范围不受固定分工限制

把竞争机制引入金融业，有利于打破银行对客户在地区、行业、企业上的垄断。银行的经营范围，有的可以实行基本分工、适当交叉，有的可以实行全面交叉。根据市场经济发展的需要，逐步形成银行选择企业、企业选择银行的格局，逐步形成各有相对稳定的基本客户、各有不同特色的商业银行，从而为不同地区、不同类型的企业服务。

（四）社会主义商业银行实行综合经营

商业银行特别是全国性、区域性商业银行，可以经营本外币、长短期各项银行业务，也可以经营租赁、咨询等业务。银行业务和自营保险业务要分开。对信托投资、证券等业务要区别对待，有些

可以在银行内部设立一个专业部门经营，有的则需要成立专业公司来经营。商业银行对企业特别是企业集团的金融服务，要从传统的单项服务转变为综合服务、全过程服务，由单纯的坐等审贷转为银企联合创业，由单个银行服务转为参与银团贷款。

（五）社会主义商业银行要建立自主经营、自负盈亏、（资金）自求平衡、自我约束和自我发展的经营管理机制

在执行国家金融法律法规和产业政策前提下，商业银行按资金可能和风险大小，自主决定贷款对象和贷款数量。商业银行实行董事会领导下的总经理负责制；实行以资金使用比例控制制度、资产质量监控制度、财务分析制度为主要内容的资产负债比例控制和风险管理制度，建立符合商业银行特点的劳动工资制度、会计核算和财务分配制度。

（六）社会主义商业银行有自己的具体经营目标

这就是在执行国家金融法规和产业政策，努力提高资金流动性和安全性的基础上，通过增加收入，减少费用，尽可能多地获得持久增长的利润，为股东和国家增加积累，促进企业自身发展。在计划经济条件下，资金、规模、利率完全按计划确定。因此，银行的利润不能真正反映其经营的好坏。在社会主义市场经济条件下，商业银行作为经营货币的特殊企业，随着金融机构企业化、利率市场化，利润、资本利润率、资产利润率等考核指标，将成为考核一个银行综合经营管理水平的一个最重要的指标。

（七）社会主义商业银行的经营管理技术应该逐步现代化、业务发展逐步国际化

随着改革开放的深入发展和我国关贸协定缔约国地位的恢复，国内市场与国际市场的联系将会更加密切，中外经济合作将不断发展。在这种形势下，社会主义商业银行需要与国际金融界接轨，经营管理手段要电子化，业务运作要国际化，不断提高在国际金融界

的竞争能力，支持国内企业，走向国际市场。

（八）社会主义商业银行具有中国特色的企业文化

社会主义商业银行是建立在公有制基础上的金融企业，其经营活动要自觉接受国家宏观控制，要用社会主义思想、道德和法制规范银行与银行、银行与客户、银行内部领导和群众的行为关系。要用社会主义的思想指导员工的观念和行为，鼓励员工爱行敬业，积极进取，形成"客户至上、廉洁奉公、忠于职守、开拓创新、团结协作、奋发向上"的企业精神。

党的十四大提出了建立社会主义市场经济体制的目标，按照这个目标，金融体制改革步伐将加快。金融体制改革的主要内容是，把资金聚集、分配和管理体制，从过去以计划为主，逐步转为以市场为基础，从而建立以中央银行为领导、商业银行为主体、多种金融机构分工协作的金融组织体系；建立和发展全国统一的金融市场体系；建立直接调控和间接调控相结合、逐步过渡到以间接调控为主的宏观调控体系；建立法律化、规范化、现代化的金融监督管理体系。发展商业银行是建立新的金融体制的核心，是发展金融市场和改善宏观调控的基本条件，因此，要加快商业银行改革与发展步伐。

三、按照商业银行要求加快交通银行的改革与发展

随着党的十四大会议精神的贯彻和落实，"八五"计划后3年，经济体制及金融体制改革步伐将加快，国民经济将继续又快又好增长，这给商业银行的发展提供了良好的发展机遇。但是，机遇与挑战并存，随着市场经济的发展，同业竞争要扩大，银行经营的风险也会增大。"八五"后3年，我们要进一步发扬艰苦奋斗的创业精神，要以市场为导向，以完善商业银行发展模式为内容，以提高资金使用效益为目标，加快交通银行改革与发展的步伐，在完善综合服务功能和内部经营机制方面要有新的飞跃，力争"八五"期末全行总资产比 1992 年有较大幅度的增长，把交通银行办成我国第一家比较规范化的股份制、多功能的全国性商业银行，为到本世纪末跨入国际商业银行先进行列打好基础。

（一）壮大资金实力，发展各项业务，支持国民经济发展走上新台阶

首先，大力发展商业银行主导业务，积极发展本币业务。各级行的主要领导要组织有关业务部门，运用综合服务功能组织实施，大力组织存款。以效益、市场为原则，安排资金投向，选择贷款对象。各行要积极支持各地经济联合，有关行要积极支持浦东的开发和开放，积极支持长江经济联合发展公司的发展。有条件地管辖分行和直属分行，也可以会同当地有关部门，创造条件联合组建跨地区、跨行业的经济联合发展股份有限公司。要选择一些对国计民生有重大影响的项目，组织总、分、支行联合贷款。

其次，坚持开拓外汇业务。组织外汇存款、择优发放外汇贷款，开展外汇结算业务。要充实外汇资本金，增加开办外汇业务的分支行。加快发展海外机构，选择一两家有影响的国外银行组建合资银行。

最后，积极稳步地办理保险、信托、证券、房地产等非银行金融业务。交通银行重建前几年，在总行内部设立保险业务部、信托部、证券部，按有关金融法规开展业务，内部分别核算，统一计入全行盈亏。1988 年后先后成立上海海通证券公司、连通证券公司。1991 年 7 月交通银行分支行会议提出正确处理分业管理与综合经营的关系，注重规模效益，继续办好综合性银行。建立多功能银行，是国际金融业的发展趋势。我国是一个发展中国家，按专业设银行，对金融企业实行分业管理。但是，随着商品经济的发展和对外开放的扩大，银行实行综合经营也已成为企业的客观需要。成立

综合性银行，可以在解决生产社会化和按专业分工设立银行矛盾方面进行探索。因此，我们要坚持综合银行的发展方向。同时也要正确理解分业管理的基本精神，自觉地加强管理，促进综合银行的健康发展。一是办理保险、投资、证券、房地产经营等业务要坚持条件，注意规模效益。二是办理保险、投资、证券、房地产经营等业务，要作为银行业务的延伸，要依托银行发展业务，并促进银行主体业务的发展。三是保险、证券、投资、房地产经营等业务机构设置，既要符合风险管理的要求，又要体现规模经营。有些业务，如保险、房地产等，要设立专业公司经营；证券、投资、租赁等，一般可以在银行设立专门部门经营，内部分账核算，按业务特点加强管理，待经营规模扩大后，再成立专业公司；有的业务，如代办业务，则可以由银行经营。当前，要重点办好中国太平洋保险公司，适当发展管辖分行所属的各种子公司或控股公司，办好银行内部的信托投资、证券、租赁等业务部，建立一个功能较全、规模适度、管理有序、效益较高的综合性银行。

（二）深化商业银行的经营管理体制改革

经过 6 年多的努力，交通银行的商业银行发展模式已经初步形成。但与国际化的商业银行相比，还存在很大差距。交通银行要围绕完善商业银行的内部经营机制，在以下几个方面的改革上有所突破。

进一步完善股份制。经中国人民银行同意，交通银行扩股从由中国人民银行批准，改由交通银行董事会审批，报中国人民银行备案。制定风险权数，使资本充足率保持在《巴塞尔资本协议》规定的水平上。各行要按照《交通银行招收法人股暂行规定》和《交通银行溢价招股会计核算手续》，办理签约和招股手续。各行根据业务发展情况需要增加企业股的，可以报经总管理处批准后追加扩股指标。根据中国人民银行意见，今年暂不考虑发行内部职工股。

改革领导管理体制。认真实行董事会领导下的总经理负责制。经交通银行常务董事会研究，决定对干部管理权限作适当调整。总管理处部门正职负责人和管辖分行、直属分行的正职负责人，由总管理处总经理提名，人事部门考核，由党组讨论，再提交董事会审定后，由总管理处总经理聘任；总管理处部门副职和管辖分行、直属分行副职，经总经理提名，人事部门考核，党组讨论后，由总经理聘任。其余分行总经理、管辖分行的副总经理聘任前，要征得总管理处同意。各管辖分行、直属分行部门负责人均由分行总经理提名，人事部门考核，党组研究后，由分行总经理聘任。过去已经由各行各单位聘任的干部，继续执行聘约。在聘约期满后，需要继续聘任时，按照新办法执行。

完善总分行两级管理体制，进一步提高工作效率。目前管辖分行的管辖范围，除少数要作调整外，要保持相对稳定。管辖分行要在抓好本部经营业务的同时，加强领导管理辖内分支行的工作。今后除了财务体制、各项基本规章制度、综合计划、涉外事务由总管理处统一管理之外，其他业务均由管辖分行自己管理。

恢复贷款规模比例管理和全行资产负债比例控制风险管理制度。治理整顿结束后，交通银行数次报告要求恢复贷款规模比例管理。鉴于我国在较长时间内仍要实行贷款限额管理和交通银行存款越来越大的实际情况，完全恢复过去当年贷款规模实行比例控制办法是有一定困难的。去年 12 月 3 日，人民银行召开行长办公会议听取交通银行工作汇报。会议确定："为了促进交通银行的迅速发展，同意交通银行按前一年的存款增长数核定当年的贷款限额，在这个限额内实行比例管理。"对此，我们应予理解，先作为过渡办法执行。根据《巴塞尔资本协议》和交通银行近几年实践，制定了《交通银行资产负债比例管理暂行办法》，希望大家认真讨论。

积极进行行员制试点，加快人事劳动制度改革的步伐。交通银行现在执行机关、事业单位的人事劳动制度，这与建立商业银行的内部经营机制不相适应，必须下决心改革，改革的目标模式是实行商业银行的行员制，建立符合金融企业特点的职位分类制度和有效的激励机制。行员制改革方案的主要内容是："职位分类，定等定级；全员聘用，考核晋升；核定基数，两个低于。"今年先在上海分行和北京分行进行试点。

加快财务会计制度的改革。今年全国将进行财务会计制度的重大改革，财政部已经颁布了中国《企业财务通则》和《企业会计准则》，《金融保险企业财务管理制度》和《银行业会计制度》也将在年内相继颁布实施。我行要根据国际通用的权责发生制和稳健经营原则，按照商业银行的经营特点和资产负债管理要求，根据通则和准则精神，改革会计科目的设置方法，建立和完善会计管理体系。研究制定新的财务会计管理制度，在利润分配，公积金、公益金的提取比例上要符合商业银行自我发展的要求。

（三）加强风险管理，保障资金安全

社会主义市场经济的发展和我国重返关贸总协定，给我国金融业的发展带来新的机遇，同时也增加了经营风险。因此，我们要加强风险意识，加强信贷、结算、利率、汇率等风险管理，提高资产质量，维护交通银行的信誉。

一是总管理处和管辖分行（直属分行）成立资产负债管理委员会，负责提高资产质量，防范各种风险，提高经营管理水平。资产负债管理委员会由总管理处和管辖分行总经理、分管副总经理和计划、信贷、财会、信托、稽核、调研、办公室等部门负责人组成。每季度召开一次例会，全面分析、检查资金使用比例控制制度、资产质量监控制度、财务分析制度、风险防范和稽核制度的执行情况，提出切实可行的改进意见，并把责任落实到部门或有关人员。会议材料要报上级行和董事会（管委会）。综合计划部门为资产负债管理委员会的办事部门。

二是集中精力做好几项业务的风险防范工作。要逐步推行贷审分离办法。要压缩信用贷款，对贷款逐步实行经济担保，扩大抵押贷款和票据贴现业务。总管理处要抓紧拟定委托贷款管理办法，加强对委托贷款的管理。要对股东单位和业务合作单位的贷款加强审查，坚持贷款条件，严禁发放不符合条件的"人情"贷款。要进一步完善信贷资产质量监控制度，加强对"两呆"贷款的认定、登记和考核。要巩固"教育、清理、整顿"工作的成果，重点做好防盗窃、防诈骗、保障银行资金安全工作。严禁签发没有合法商品交易内容的商业汇票。严防利用银行承兑汇票进行资金拆借、贷款抵押和套取银行资金。

三是要健全稽核监督体系，加强内部风险稽核。各行信贷部门要按原办法做好贷款质量监控工作。信贷部门提出的呆滞贷款和呆账贷款，要经过稽核部门审核。稽核部门要深入调查研究，积累资料，对逾期、呆滞、呆账贷款认定的真实性，呆滞、呆账贷款发生原因及收回防范措施的落实，要进行稽核，并整理稽核报告、签署稽核意见。今年1月至9月，世界银行和中国人民银行将对我行所有的管辖分行和直属分行进行风险监督试点，各行要做好准备工作。

四是继续做好防范和查处经济案件工作。1991年，我行发生2 000元以上经济案件46起，其中涉及金额50万元以上4件。1992年新发生12件，其中涉及金额50万元以上1件，三分之二已经结案。建行以来发生案件95件，已结案73件，基本查清17件，尚未查清5件。说明我行对经济案件的防范和查处工作已取得重要成果。打击经济案件是一项长期、艰巨的任务，绝不能松懈麻痹。

（四）提高员工队伍素质，建设企业文化，保证各项任务的完成

商业银行的改革与发展，需要有一支具有改革意识、精通业务，思想品德高尚和较强凝聚力的员工队伍。交通银行能否办成真正的商业银行，取决于员工队伍素质的提高和大批人才的培养。为此，总管理处决定成立由总经理、分管副总经理和人事教育、培训中心、计划、信贷等业务部门负责人参加的交通银行职工教育委员会，统一研究和认真做好员工的思想教育、业务培训和后备干部培养工作。当前，特别要注意做好以下工作。

一是深入学习、贯彻党的十四大文件，转变观念，坚定办好社会主义商业银行的信心。要树立改革创新的观念，努力适应和促进银行从行政机关转变为商业银行，解放思想，实事求是，敢为人先，为促进我国金融改革和开放竭尽全力。要树立现代市场经济观念，克服产品经济和高度集中计划经济传统观念的束缚，放眼国内外市场，参与国际金融业的竞争。要树立新的服务观念，提高办事效率，树立良好信誉，增强资金实力，扩大业务品种，提供包括智力服务在内的多种服务。树立集约经营观念，要用较少的钱，办较多较好的事；处处、时时防范经营风险，敢于开拓，善于经营，开源节流，增加盈利。要树立新的是非观念，判断是非和得失，不要求全责备，从一个银行来说，要看是否有利于商业银行改革和发展，是否有利于国家增加积累和企业、员工的自我发展。

二是培养和造就银行家队伍。到1992年底，我国银行和信用社贷款余额达到近2.4万亿元，职工近200万人。随着社会主义市场经济体制的建立，金融在国民经济中的地位更为重要。金融机构企业化，资金运用市场化，业务发展国际化，需要一批从事金融管理和货币经营的银行家。成为一个银行家，要有丰富、扎实的金融理论基础和较高的业务水平，要有较高的领导、管理、综合、协调

能力，要有领导一个银行和管理几个重要业务部门的丰富经验和优秀业绩，要有既能稳健经营又能开拓创新的能力。交通银行是商业银行，分支行实行自主经营。因此，各级行领导和业务部门负责人及其有志者，应当奋发图强，争取成为银行家。各行要加强领导班子的建设，加强党风建设，培养和造就一批银行家和业务骨干，为交通银行的长远发展打好基础。

三是建设企业文化，实现"三个一流"。要不断培育具有社会主义精神文明和商业银行特色的企业文化，促进我行改革和发展。要把创建"三个一流"的社会主义商业银行，在本世纪末跨入国际商业银行先进行列，作为全行企业发展目标。要引导全行员工发扬"客户至上、廉洁奉公、忠于职守、开拓创新、团结协作、奋发向上"的企业精神。要树立尊重员工，关心员工，依靠员工抓管理，抓好管理求发展的民主管理思想。要培养职业道德，在与同行相处中要强调在合作的基础上开展文明竞争；在与客户关系上，坚持客户至上；在提供优质服务中增加收入。要教育全体员工树立团体意识，自觉遵守规章制度，维护社会主义商业银行良好形象。要宣传、佩戴行徽，征集行歌，及时举办有益、轻松、和谐的文体娱乐、福利、技术、思想性文化活动。要尽最大的努力，加快解决职工住房困难。

做好农副产品收购资金供应工作

（1993 年 9 月 26 日）

为了进一步落实中央提出的宏观调控措施和朱镕基副总理关于确保秋季收购不"打白条"的指示，中国人民银行和中国农业银行决定联合召开全国秋季农副产品收购资金供应工作会议。这次会议的主要任务是，正确分析当前金融形势，重点部署秋季收购各项金融服务工作，研究完善与新的资金管理体制相适应的信贷资金管理办法，支持国民经济稳步发展，为明年深化经济和金融体制改革创造条件。

一、认真落实宏观调控措施，集中资金保重点，支持国民经济稳步发展

全国金融系统认真落实中央提出的宏观调控措施，已取得成

注：1992 年下半年到 1993 年上半年，由于全社会固定资产投资增长过猛，金融秩序混乱，导致商业银行存款大幅度减少，部分银行出现支付困难，难以提供正常贷款，许多商业企业收购农副产品出现"打白条"现象。为了落实国家的宏观调控措施和国务院领导关于确保秋季收购不"打白条"的指示，1993 年 9 月 26 日，中国人民银行和中国农业银行联合召开了全国秋季农副产品收购资金供应工作会议，对贯彻国家宏观调控措施，维护农民利益发挥了重要作用。此文根据戴相龙同志在这次会议的讲话整理而成。

效。但是，全国信贷资金供求矛盾依然十分突出。为了解决这些矛盾，必须坚持落实中央提出的宏观调控措施，同时，也要适当注入基础货币，支持国民经济稳步发展。

（一）宏观调控取得成效，金融形势正在向好的方向发展

1992年下半年到1993年上半年，由于全社会固定资产投资增长过猛，银行乱拆借和社会乱集资超过2 000多亿元，导致银行存款大量减少。3月份全国储蓄存款下降45亿元，上半年现金投放比上年同期多600亿元。银行对企业正常需要的贷款难以提供，许多商业企业收购农副产品，只能提供收购凭证，不能及时付给现金，俗称"打白条"。面对这种严峻形势，中共中央提出了加强宏观调控，整顿金融秩序的16条措施。朱镕基副总理实行"堵邪路，开正路"政策，一方面，对金融系统提出"约法三章"，即严禁乱拆借、严禁乱集资、金融企业与所办公司脱钩；另一方面，亲自召开资金调度会议，适时控制贷款的投放数量和用途。采取上述措施，已取得明显成效。

一是储蓄存款稳定增长。5月和7月中央银行两次调高储蓄存款利率，金融机构改善储蓄服务，促使储蓄存款大幅度上升。七、八两个月，城乡储蓄存款增加767亿元，比去年同期多增加524亿元，相当于头8个月累计增加额的38.1%。

二是清收违章拆借资金工作取得明显进展。6～8月，银行拆出资金余额下降762亿元，其中，从银行系统收回272亿元，从银行系统以外收回490亿元。

三是对国民经济发展重点的信贷投入不断增加。在储蓄存款增加，违章拆借资金大量收回的同时，七、八两个月，人民银行又对专业银行增加贷款410亿元，使金融紧张局面逐步缓和。七、八两个月，国家银行增加贷款470亿元。新增贷款重点保证了铁路、能源、邮电和重要原材料等基础部门的重点建设项目，优先支持了夏

粮、烤烟、棉花等农副产品收购，优先支持了效益好的大中型企业生产和技改资金需要，优先支持了外贸出口和国家物资进口。随着银行贷款进度的加快，重点企业资金紧张状况有所缓和，企业存款开始扭转下降势头。

四是现金大投放势头减缓。宏观调控措施的成效，反映在货币投放上最为明显。7月份比去年同期少投放78亿元；8月份净回笼0.7亿元，而去年同期是投放109亿元，成为历史上第二次净回笼。9月1日至22日，又比去年少投放91亿元。7月1日至9月22日，比去年同期少投放近280亿元。

五是专业银行备付金存款出现回升。专业银行备付金存款自7月份起出现回升趋势，存款备付金比例不断提高，6月底为5.3%，8月底达到6.9%。

六是人民币汇价降到了基本合理的水平。中央银行对外汇市场加强了管理，专业银行也管紧了持汇多的企业人民币贷款，人民币市场汇价从7月份开始回落。目前，1美元兑换人民币已经控制在8.8元左右，实现了预期的政策目标。

金融秩序的好转和宏观调控措施见效，已经开始对国民经济运行产生积极的政策效应。过高的工业发展速度开始平稳回落，7月比6月回落5.1个百分点，8月比7月回落1.7个百分点。开发区、房地产热有所降温，固定资产投资增势减缓。生产资料价格由急速上涨转向缓和，超高速运行的国民经济显现平稳过渡的势头。

（二）当前资金紧缺的根本原因是固定资产投资过猛，生产速度过快，前期金融秩序混乱也加剧了这个矛盾

党的十四大和八届人大会议，已把建立社会主义市场经济体制写入党章、宪法之中，极大地调动了全党和全国人民建设有中国特色社会主义的积极性，我国经济发展充满了活力。但是，由于固定资产投资过猛，生产速度过快，加之金融工作的某些方面不适应市

场机制的发展和变化，造成部分融资从工业贷款向商业贷款分流，从银行向非银行机构分流，从间接融资向直接融资分流，削弱了国家银行对国民经济发展的调节作用。大量社会集资和违章拆借，把资金引入开发区、房地产和计划外建设项目，削弱了国家银行对经济发展重点的支持能力。如此下去，我国将出现严重通货膨胀，国民经济将难以持续健康发展。两个多月来，由于认真贯彻执行中央6号文件精神，已取得成效，经济、金融情况正向好的方面转化。当前加强金融宏观调控，主要是制止乱集资、乱拆借、乱投资。在堵邪路的同时，开正门，七、八两个月中央银行对专业银行增加贷款 410 亿元，尽管如此，当前许多企业仍存在资金困难。1 至 8 月，国家银行企业存款比年初增加 240 亿元，比去年少增加1 363 亿元，其中，6 至 8 月累计下降 733 亿元。到 8 月底，国家银行各项贷款比年初增加 1 462 亿元，比去年同期少增加 396 亿元，按一般规律计算，企业派生存款也应比去年减少 100 多亿元。因此，企业存款大量减少，主要原因不是贷款少增加，而是由固定资产投资过猛、生产速度过高、价格上涨造成的。

解决当前企业资金紧缺的根本办法是继续贯彻中央加强宏观调控的 16 条措施，认真执行朱镕基副总理 8 月初在南京会议上提出的八条要求，增加国家银行的资金来源。同时，要适度增加中央银行的再贷款，支持国民经济发展的重点。9 月上旬，人民银行和各专业银行总行，邀请20 多个省、市、区政府领导和有关同志到京测算全年信贷规模和今年后四个月资金缺口。各省、市、自治区领导对国务院领导及人民银行提出的解决当前资金供求矛盾的方针、原则、措施表示赞同。9 月 22 日，朱镕基副总理主持会议，对今年信贷规模和今年后四个月的资金缺口问题进行了研究，并决定把今年全年信贷规模控制在年初计划 3 800 亿元以内，并希望各行积极组织存款，同时由中央银行增加再贷款，以保证全年信贷计划的实现。按此计划，9 月 20 日至年底，可以增加贷款 2 245 亿元。分别按省、自治区、直辖市和专业银行总行统算，今年实现信贷规模将超过去年贷款实际增加数，基本可以保证经济发展的重点需要，使经济发展不会有大的波动。

二、加强领导，集中资金，确保秋季农副产品收购资金供应

今年秋季收购资金供应有以下几个新特点。一是收购资金供应的任务重。根据有关部门的测算，今年秋季仅九种大宗主要农副产品的收购值就达到 1 100 亿元以上。其中，粮食收购 1 026 亿斤，收购总值 433 亿元；食油收购 40 亿斤，收购总值 104 亿元；棉花收购 7 000 万担，收购总值 240 亿元；烟叶收购 5 016 万担，收购总值 115 亿元；食糖收购总值 108 亿元；生猪收购总值 80 亿元；蚕茧、茶叶、羊绒毛收购总值约 86 亿元。二是面临问题比较多。一些地方政府和有关部门对农副产品收购资金供应"先贷后报、先垫后补"的政策理解不全面，认为这样一来收购资金可以由银行一家包了，从而忽视政府牵头、各部门落实收购资金的责任制。三是专户管理不扎实。收购企业多头开户现象比较普遍，特别是基层收购单位和县级结算中心只把农行账户作为贷款户，而把结算账户转移到其他专业银行甚至金融机构之外，逃避银行的监督，导致销货回笼款被大量挤占挪用，收购企业资金到位率低。四是资金管理体制有变化。新增再贷款，将从过去人民银行分行对专业银行分行发放，改为人民银行总行对专业银行总行发放。由于各方面对资金管理体制变化还不适应，搞不好会造成资金供应脱节。

做好农副产品收购资金供应工作，不给农民"打白条"，是党中央和国务院交给我们的光荣任务，是关系经济和金融发展全局的一件大事，我们要总结夏季收购不"打白条"的经验，把秋季收购资金供应工作做得更好。为了确保秋季农副产品收购资金供应，

金融部门要认真做好以下工作：

（一）明确秋季收购资金供应范围和原则

秋季收购资金供应的品种，主要是粮、棉、油、烟叶、糖料、茶叶、蚕茧、生猪、羊绒毛九种农副产品。上列农副产品收购资金供应范围按以下原则掌握：对国家专项储备、国家计划内合同定购的粮、棉、油收购和议价粮、油收购，要保证收购资金供应；对糖料、烟叶、茶叶、蚕茧、生猪、羊绒毛收购，要优先供应资金；对其他农副产品收购，主要由地方自筹资金解决，银行按以销定贷、确保还贷的原则，并根据资金状况，酌情支持。

（二）继续坚持在各级政府统一领导下多渠道筹集资金的责任制

在各级政府领导下，各级人民银行要会同专业银行和有关部门认真测算收购资金需求总量，要落实收购企业、财政、金融等部门应承担的收购资金供应任务，明确各方责任。根据国务院规定，今年地方财政部门新发生的欠拨商业部门的资金，经核实后，由财政部相应扣减其中央专项补贴资金，直接拨到银行部门用于收购。商业部门要努力做好农副产品的调销工作，千方百计催收货款，确保销货款及时归位，严禁挤占、挪用收购资金。各专业银行要继续按照整顿金融秩序、严肃金融纪律的要求，大力组织存款，积极收回到期贷款和违章拆出资金，加强系统内资金调度，集中资金保证农副产品收购资金的供应。资金有困难的，要及时提出借款计划，由人民银行审查后及时支持。

经过商业、财政、银行部门的测算和安排，今年秋季主要农副产品收购共需资金 1 100 亿元，按部门分解，财政部门解决 100 亿元，商业部门解决 370 亿元，农业银行解决 180 亿元，工商银行解决 70 亿元，中国银行解决 30 亿元，人民银行解决 350 亿元，分配给各专业银行总行统一安排。以上资金筹集任务，请商业、财政部门和专业银行，按系统落实到各省、自治区、直辖市，由中国人民银行汇总下达。各地方、各部门要按照资金筹措任务，保证资金及时足额到位。

（三）认真落实农副产品收购资金专户管理办法

所有购销资金必须按照人民银行、工商银行、农业银行、中国银行联合下发的《主要农副产品购销资金专户管理实施办法》的要求实行专款专用。专业银行在人民银行开立专户，收购企业在专业银行开立专户。农副产品调销给工业企业，销货款也要回到收购企业在专业银行开立的专户，任何单位和个人均不得以任何理由挤占挪用专户资金。一个收购企业，根据原基本贷款户归属，只能在一家专业银行开立存款结算户和贷款户，不得多头开户。对企业经营性资金，也必须在同一家专业银行开户。专业银行之间业务范围划分有不同意见的，由当地人民银行协调并裁定。收购企业开户行由人民银行核定，并通知到有关收购企业和开户银行。各专业银行对收购企业的贷款和结算要严格监督，人民银行要组织有关银行，对收购企业专款专用要及时进行检查。凡是发现多头开户套取银行贷款或挤占挪用收购资金的，必须严肃查处。

（四）银行部门要加强收购资金调度和现金供应工作，认真执行结算政策

为保证收购资金统一管理和及时供应，人民银行和各专业银行要做好收购资金供应条块的衔接工作。从7月开始，人民银行新增加的借款由专业银行总行统借统还。专业银行收购资金不足需要人民银行贷款的，总行要提前提出借款计划，人民银行总行及时支持。为了防止资金供应脱节，对收购集中的省、自治区，人民银行总行将给人民银行分行核定短期应急贷款指标，在专业银行资金供应脱节时，由人民银行分行及时贷款。同时，由专业银行分行向总行申请拨入资金及时归还。专业银行要加强系统内资金调度。专业

银行要及时提供现金供应计划，人民银行要及时调拨，保证现金供应。为了保证出售农副产品的农民能够及时拿到现金，切实减轻农民的负担，今年秋季收购实行"户交户结"，除预购定金贴息贷款和农业税外，任何部门不得以任何理由代扣款项。

（五）继续实行"先贷后报、先垫后补、分清责任、事后算账、按期归还、违章处罚"的原则

各地要认真执行收购资金供应责任制，认真执行收购资金专户管理，各个方面密切配合，共同做好收购资金供应工作。对财政部门和收购企业资金到位确有困难的，要继续实行"先贷后报、先垫后补"政策，但要分清责任，事后算账，按期归还所欠资金，并按有关规定处罚。各银行领导和职工要忠于职守，努力工作，凡因工作不负责任、截留挪用资金等原因造成收购"打白条"的，要视情节轻重，对主要领导和当事人给予政纪、党纪和经济处分。

三、适应资金管理体制的变化，对信贷资金的使用加强监督和调度

今年，要把国家银行贷款规模控制在 3 800 亿元以内。在当前资金紧张，信贷资金行际之间、地区之间不均衡的形势下，既要保证贷款规模按计划实现，又要把货币、信贷总量控制在预定目标之内，难度很大，需要充分发挥中央银行和专业银行两大系统的职能作用。根据 7 月全国金融工作会议的规定，为了加强人民银行对所在地金融活动的监督管理职能，人民银行省以下分行，不再对专业银行安排信贷规模和资金，专业银行信贷规模和新增再贷款由人民银行总行对专业银行总行统一安排。规模和资金管理体制的改变，要求人民银行省以下分行相应转换职能，同时也要求专业银行总行承担资金调度、规模调剂的责任。从近两个月的运行情况来看，人民银行分支行对转变职能的认识还要进一步统一，专业银行还没有

真正行使系统内资金和规模的调度职能，人民银行和专业银行的职责尚需进一步明确。因此，第四季度需要加强这方面的工作，确保中央金融宏观调控政策措施的落实。

（一）人民银行分行要对所在地专业银行的信贷资金运用加强监督

几年来，人民银行分行根据总行下达的限额，对所在地专业银行的分行进行贷款，并掌握一部分贷款规模调剂权，这对于及时调度规模和资金起到一定的作用。但是，从这几年的执行情况来看，由于注重了分配信贷规模和资金，分散了注意力，削弱了人民银行对当地金融业的监督职能，同时，客观上也不利于发挥专业银行系统内资金的统一调度职能。根据金融改革方向，为了加强人民银行分行对所在地金融活动的监督，建立专业银行资金运用负责制，16条措施中已明确新增规模和再贷款，由人民银行总行向专业银行总行统一安排。人民银行分支行同志要适应新的变化，把工作重点及时转移到对当地金融业的监督管理上来，做好金融监督管理、调查统计、经理国库、外汇管理、联行清算和现金调拨工作。省以下分、支行计划资金部门要结合旺季信贷资金管理工作的特点和当前宏观调控的要求，在认真组织协调好本地区多渠道筹集资金落实责任制的同时，重点抓好以下工作：

一是监控本地区银行贷款总量和结构。专业银行分支行的信贷计划执行和向上申请贷款规模和资金，要抄报当地人民银行。当地人民银行要汇总分析，提出意见，报上级人民银行。专业银行对下安排信贷规模和资金，要抄送专业银行所在地人民银行。各专业银行按计划和政策放款，发放大额贷款要向当地人民银行备案，人民银行要对所在地专业银行的资金使用实行监督。当前特别是要检查经济发展重点资金到位情况，搞好收购资金的专户管理。

二是加强中央银行基础货币管理，因地制宜地对所在地专业银行确定备付金率。监督当地金融机构按规定及时、足额划缴存款准备金、财政性存款和邮政储蓄存款。根据当地金融机构规模、现金回笼情况，在规定的幅度内分别确定存款备付比率。

三是督促专业银行加强系统内资金调度，并通过融资中心缓解信贷资金行际之间、地区之间不平衡矛盾，规范同业拆借资金管理，继续清收违章拆借资金和防止新的违章发生。

四是完善调查统计体系，加强对所辖地区经济形势的分析预测，调查研究和及时反映各地社会集资情况，为总行制定货币政策提供科学依据。

（二）专业银行总行要加强对系统内资金集中管理、统一调度的能力

按照金融改革方向，专业银行把政策性业务划分出去后，要改革为真正的商业银行，要逐步建立和商业银行相适应的资金管理体制。今年7月，人民银行对专业银行再贷款实行新的办法以后，专业银行总行应该对本系统的资金流动性及支付能力负全部责任。与此相适应，专业银行总行要对全系统信贷资金的筹集和使用实行统一计划、统一管理、统一调度。各专业银行必须抓紧研究和制定专业银行信贷计划和资金管理办法，创造条件逐步实施。当前，需要做好下列几项工作：

一是各专业银行要保持全行信贷计划的统一性和执行的严肃性。专业银行总行要把人民银行新增贷款规模和原有自留待分配规模，迅速在9月底下达到各分行。存款计划要保证超额完成，贷款规模未经批准不得突破。

二是各专业银行要认真执行贷款期限管理制度，及时预测资金头寸。各分支行要编制业务经营计划，上报季度分月头寸调拨计划，由专业银行总行统一平衡后，再由人民银行总行核定。根据核定的计划，专业银行逐级下达季度分月头寸调出和拨入计划，并认

真组织执行。

三是增加专业银行总行和省、自治区、直辖市及计划单列市分行的资金调度能力。在保持所属分支行有合理头寸的前提下，总行和分行要从下属分支行吸收一定资金，用于所属分支行资金头寸余缺的调剂。系统内资金调度按系统内资金往来处理，不能按同业拆借管理。

（三）保留和发挥人民银行分行短期融资功能，完善同业拆借市场

在中央银行新增贷款由人民银行总行向专业银行总行统一发放后，有关人民银行分行和专业银行分行借贷关系需要进一步明确。一是人民银行分行根据总行下达的限额，已借给专业银行分行的年度性贷款，现在要作清理核对，但目前暂不划转借贷关系，由专业银行分行继续使用。二是已发放的短期贷款仍由人民银行分行管理。短期贷款到期的，根据目前实际情况，可由专业银行分支行展期借用。三是对截止到 8 月底由人民银行总行下达分行暂未使用的贷款限额，要调整贷款用途，主要用于大中城市同城交换头寸的余缺调剂，一般不超过 7 天，总行对其周转速度进行考核。

在保留和发挥人民银行分行对行际之间横向短期资金融通功能的同时，要发挥以调剂头寸余缺为主要任务的同业拆借市场。要办好现有由人民银行分行牵头举办的融资中心，同时，将由人民银行总行适当注入资金，提高其融资能力。人民银行分行要引导各专业银行分行所办的融资中介机构，开展省内专业银行之间的同业拆借业务。

改革信贷资金管理体制

（1994 年 1 月 13 日）

根据国务院关于金融体制改革决定的要求，中国人民银行制定了《信贷资金管理暂行办法》，并征求了有关银行的意见，提交这次会议讨论修改后印发执行。新办法对信贷资金管理的基本原则是：总量控制、比例管理、分类指导、市场融通。

根据今年全国金融工作方针和全国经济工作会议确定的主要计划指标，我们编制了 1994 年信贷计划。

一、1993 年货币信贷计划执行情况

1993 年，金融系统的广大干部职工，认真执行党中央和国务

注：1994 年 1 月 13 ~ 15 日，中国人民银行召开全国金融工作会议。1月 15 日，时任国务院副总理、兼中国人民银行行长的朱镕基同志到会作了重要讲话，明确 1994 年金融工作的指导思想是：继续整顿金融秩序，稳步推进金融改革，严格控制信贷总量，切实加强金融监管。根据国务院有关决定，人民银行制定了《信贷资金管理暂行办法》，对信贷资金管理实行"总量控制、比例管理、分类指导、市场融通"的新制度。从 1994 年开始，人民银行对商业银行资金使用实行资产负债比例管理，这对人民银行调控货币供应量和加强对商业银行的风险管理发挥了积极作用。1 月 13 日，戴相龙同志就货币信贷计划安排和信贷管理体制改革工作作了说明。

院制定的宏观调控措施，积极纠正金融工作中存在的问题，大力组织存款，及时增加信贷投入，避免了经济出现大的波动，为今年一系列重大改革出台和经济持续、快速、健康发展创造了条件。

（一）1993 年上半年，固定资产投资增长过猛，金融形势严峻

1993 年上半年，我国经济发展从总体上看是好的。但由于原有体制的弊端没有消除，社会主义市场经济体制尚未形成，盲目扩张投资、竞相攀比速度等问题没有得到解决，出现了一些新的矛盾和问题。固定资产投资增长过快，又缺乏有效的约束机制，引发乱集资和乱拆借，金融秩序混乱又加速固定资产投资膨胀，造成银行信贷资金体外循环。1992 年下半年到 1993 年上半年，全国银行系统净拆出资金 1 000 多亿元，社会集资超过 1 000 亿元。银行各项存款比上年同期少增加 750 亿元，少增加近三分之一；各项贷款少增加 262 亿元，专业银行备付金比率普遍达不到规定的最低水平，不少地区出现支付困难，人民币调剂汇率一度贬值到 1 美元兑换 11 元人民币，货币比上年同期多投放 550 亿元，是历史上同期投放最多的时期，金融形势十分严峻。

（二）1993 年下半年，金融系统为认真贯彻落实宏观调控措施和全国金融工作会议精神作出了贡献

7 月份全国金融工作会议以后，金融系统的广大干部职工坚决贯彻落实中央提出的加强宏观调控的 16 条措施，做了大量艰苦细致的工作。一是认真执行"堵邪路、开正门"的方针。各行认真贯彻落实朱镕基副总理提出的"约法三章"的要求，到 8 月 15 日收回违章拆借资金 730 亿元。经过中央和国务院领导批准，10 月下旬，将全年信贷规模调增为 4 600 亿元，其中包括债券转贷款 300 亿元，使各省（区、市）和各专业银行新增贷款规模超过上一年。二是及时增加了中央银行再贷款的投入。在储蓄存款增加的同时，从 8 月下旬开始，人民银行对专业银行连续安排六批再贷款共

2 170 亿元。各专业银行认真调度资金，促使资金快下、用好，有力地保证了经济发展的重点资金需要。三是及时解决新问题。人民银行对专业银行的贷款改由总行对总行发放后，总行及时下达资金和借款额度 200 多亿元，增加了分行的头寸调剂能力。在国营工业发展速度下降幅度较大时，为帮助冶金、汽车、石化等行业和部分地区渡过难关，国务院领导决定追加了部分贷款规模，避免国家骨干企业生产大滑坡。四是国务院领导及时召开资金调度会，各行、各部门密切配合，研究和解决了货币信贷计划执行中的重大问题。

（三）金融宏观调控取得了明显成效，金融运行趋于正常，全年货币信贷计划执行较好

现金投放控制在原定计划之内，货币供应量比上年回落。上半年，现金投放比 1992 年同期多 550 亿元。7～11 月，现金投放比 1992 年同期少投 298.14 亿元。12 月开始，投放急剧上升，后因居民争相购买家电产品等，使商品销售现金收入大大增加，现金投放下降，全年投放 1 529 亿元，增幅 35%，低于 1992 年增长幅度。到 1993 年末，狭义货币 M_1 余额为 14 180 亿元，增长 21%，比上年少增 14.71 个百分点；广义货币 M_2 余额为 31 429 亿元，增长 23.7%，比上年少增 7.6 个百分点。

国家银行各项存款总增长多于上年。全年各项存款增加 4 339 亿元，比上一年多增加 311 亿元。由于 5 月和 7 月连续提高存款利率，促使储蓄大幅度上升。全年城镇储蓄比年初增长 2 509 亿元，比上年多增加 623 亿元。企业存款 6 月份下降 287 亿元，10 月开始上升，全年增长 855 亿元，比上年少增加 1 049 亿元。财政存款比年初增加 256 亿元，比上年多增加 506 亿元。

国家银行各项贷款增加较多。年底执行结果，全年实际增加贷款 4 846 亿元，比上年多增加 1 319 亿元，增幅为 22.2%，比 1993 年国民生产总值增长加物价涨幅之和 26% 低 3.8 个百分点。其中，

固定资产贷款增加 1 246 亿元，比 1992 年多增加 366 亿元；流动资金贷款增加 3 046 亿元，比 1992 年底多增加 853 亿元。到 1993 年底，为财政和企业垫付农副产品收购资金 80 多亿元。由于堵邪路、开正门、保重点，去年对贷款规模的控制是适当的。

农村信用社各项存款增加 820 亿元，比上一年多增加 51 亿元，各项贷款增加 690 亿元，比上一年多增加 46 亿元。

中央银行及时注入资金支持重点需要，为经济持续、快速、健康发展提供了较为稳定的货币环境。到 1993 年底，专业银行在人民银行的准备金、备付金分别比 1992 年底增加 493 亿元、872 亿元，合计增加 1 365 亿元，同期，人民银行对专业银行贷款增加 2 835 亿元，比上年同期多增加 1 981 亿元，当年贷大于存 1 470 亿元。

二、1994 年货币信贷工作的指导思想和信贷资金管理体制的改革

1994 年是金融体制新旧交替的重要的一年，根据国务院关于金融体制改革的决定，中央银行将从控制信贷规模为主向调控货币供应量为主逐步过渡。同时，我们要看到，实现上述改革要有一定的条件，要有一个过程。目前中央银行控制基础货币的主动权以及对货币供应量的信息反馈等条件尚不完备，商业银行自我约束的内、外部条件也要逐步建立。1993 年下半年，全国宏观调控取得令人鼓舞的成效，但现在固定资产投资规模依然很大，1993 年 11 月零售物价指数达到 15.1%，回升到 11 个月中最高的 8 月份水平。今年原国家专业银行要认购国债和政策性银行金融债券 1 000 多亿元，由于原专业银行都是借差行，改为商业银行后，短期内对企业特别是国有大中型企业，还不能完全按市场原则掌握贷款，其资金缺口仍可能倒逼中央银行多投基础货币；同时，从一些发展中

国家金融改革的经验看，改革初期由于放松对金融的直接管制，通货膨胀的压力会加大。由于上述原因，1994年通货膨胀的压力依然相当大。1994年金融工作的指导思想是：继续整顿金融秩序，稳步推进金融改革，严格控制信贷总量，切实加强金融监管。在货币、信贷工作中要特别强调从严实行总量控制，切实加速资金周转，努力提高资金使用效益，为经济持续、快速、健康发展提供稳定的货币环境。

根据国务院关于金融体制改革决定的要求，人民银行制定了《信贷资金管理暂行办法》，并征求了有关银行的意见，提交这次会议讨论修改后印发执行。新办法对信贷资金管理的基本原则是：总量控制、比例管理、分类指导、市场融通。

（一）总量控制。人民银行要控制货币发行、基础货币、信贷规模以及金融机构金融资产的总量，以保证货币信贷的增长与经济发展相适应。人民银行对货币信贷总量的控制，在运用信贷规模和中央银行再贷款手段的同时，要逐步发挥存款准备金率、再贴现率和公开市场业务等手段的作用。1994年，按照国民生产总值、物价指数增长幅度和金融宏观指标分析数据，确定货币供应量的增长幅度：M_1增长幅度控制在25%左右，M_2增长幅度控制在23%左右；各项贷款增加4 700亿元，增长18%；现金投放1 800亿元，增长30.7%。

（二）比例管理。对商业银行和非银行金融机构资产负债实行比例管理，使人民银行的货币信贷管理有一个良好的微观基础。根据国际上通用的管理要求和我国银行的实际情况，人民银行准备下发《关于对商业银行实行资产负债比例管理的通知》，通知中规定了资本充足率、存贷款比例、中长期贷款比例、流动性比例、备付金比例、单个贷款比例、拆借资金比例、对股东贷款比例、贷款质量指标等九个比例管理指标，并规定了资产风险权数。人民银行要根据这些比例要求加强对商业银行信贷资金的监管，商业银行要根据这些比例并结合各行情况加强内部资金营运管理。

对商业银行资产负债比例管理指标执行情况，以法人为单位进行考核。其中，存贷款比例按月考核，其余指标按季考核。资本充足率、贷款质量等指标短期内难以达到的，可采取分步实施办法，逐步达到。各商业银行要按人民银行确定的监控指标制定符合本行特点的资产负债比例管理办法，报人民银行同意后在本系统内组织实施。

（三）分类指导。中央银行在严格控制货币、信贷总量的前提下，根据商业银行和政策性银行各自性质、任务和经营特点，实行分类指导。

对国有商业银行实行贷款限额下的资产负债比例管理，对其他商业银行实行有监督的资产负债比例管理。国有商业银行要按照人民银行核定的贷款限额和比例管理要求，结合自身业务、资金特点及各地具体情况，制定业务经营计划，下达所属分行执行。人民银行追加贷款规模或发放再贷款，将考虑各商业银行资产负债管理水平。今年对其他商业银行还要下达贷款限额，但在考核上，要逐步过渡到以考核资产负债比例为主。

政策性银行要在严格界定的政策性业务范围内开展经营活动。信贷资金管理实行计划管理、定向筹集和使用、自求平衡、保本经营的原则。发放贷款所需资金，要按照用款进度提前筹措，减少资金需求的硬缺口。除农业发展银行的临时资金需要外，中央银行对其余政策性银行不提供资金，割断政策性贷款与中央银行基础货币的联系。

对非银行金融机构分别不同情况实行资产负债比例管理。

（四）市场融通。逐步改变过去按"条"或"块"计划分配资金的办法，减少信用贷款，扩大运用市场机制融通资金的比重。

国有商业银行要通过增加存款、加强系统内资金调度来实现信贷计划。中央银行要逐步减少信用放款。商业银行资金不足可采取以下措施：（1）通过持有的债券向中央银行抵押借款；（2）通过商业票据向中央银行再贴现；（3）在公开市场出售国债。同时，人民银行要适当增加分行的头寸调剂能力，发挥融资中心的短期融资作用，为商业银行充分运用资金创造条件。

三、1994 年信贷计划安排

（一）国家银行信贷计划中各项总量指标的安排

根据全国经济工作会议确定的国民经济有关总量指标，对国家银行的计划指标安排如下：各项存款计划增加 4 000 亿元，增长 17.2%，货币发行计划安排 1 800 亿元，增长 30.7%；各项贷款计划安排 4 700 亿元，增长 18%，其中，固定资产贷款当年新增 1 580亿元，增长 30.6%，占全年新增信贷规模的比重为 33.6%，是历年来固定资产贷款增加最多的一年；农业贷款新增 290 亿元，比 1993 年多增 130 亿元，增幅达 29%，是历年来增长最快的年份，加上流动资金贷款中安排的 150 亿元乡镇企业贷款，1994 年国家银行用于农业方面的贷款总计达到 440 亿元，占扣除债券转贷款因素之后的全年信贷规模的 10%，达到了中央农村工作会议的要求；流动资金贷款新增 2 830 亿元，增长 14%，占全年新增贷款的比重为 50%，是历年来比重最低的年份。这样安排下来，信贷盘子中最突出的矛盾是流动资金缺口较大，造成流动资金缺口逐年扩大的主要原因，是固定资产投资规模膨胀，但这在短期内又不可能压缩过多。因此，目前解决流动资金短缺的主要办法，是在严格控制固定资产投资规模的基础上，挖掘资金潜力，加速资金周转，提高资金使用效益，而不是增加信贷总量，特别是在货币供应量已连续三年高增长，通货膨胀压力日益加大的情况下，为了保证今年若干重大改革顺利进行，更要从严控制信贷总量。

（二）政策性银行业务范围的界定和信贷资金、规模的安排

对政策性银行的政策性贷款业务要严格限定范围，并对划入政策性贷款的资金来源给予充分保证。

国家开发银行。该行承担国家支持的基础设施、基础行业和国民经济支柱产业中限额以上政策性基本建设和技术改造贷款，具体说是风险大、利率低、贷款期限长、还款能力差、无法按正常贷款管理、国家又确定要贷的项目。虽属限额以上，但经济效益较好、可按经营性项目管理的贷款，仍由商业银行办理。限额以下的政策性固定资产贷款项目，可采取政策性银行贴息，商业银行贷款的办法予以办理。初步安排开发银行的基本建设贷款按新增 850 亿元的 60% 测算为 510 亿元，加上三峡工程和其他贷款 33 亿元，技术改造贷款 43 亿元，全年贷款规模共计 586 亿元。资金来源通过以下渠道落实：（1）建设银行提供适量历年用于保重点建设而集中的资金；（2）为了保证开发银行有一块比较稳定的资金来源，参考一些国家的做法，将新增邮政储蓄划出购买开发银行的金融债券；（3）其余资金由开发银行发行金融债券筹措。

农业发展银行。该行承担国家粮棉油储备和农副产品收购、农业开发等业务中的政策性贷款，其贷款拟按 1993 年粮食年度（1994 年 3 月末）为基数划转。同时，从专业银行划转一部分资本金和一定比例的存款，不足部分划转人民银行的再贷款基数。1994 年安排贷款 400 亿元，其中，扶贫贷款暂定 40 亿元，土地开发贷款 20 亿元。

国家进出口银行。该行经营大型成套设备和机电产品出口的买方和卖方信贷。1994 年国家经贸委提出的大型成套机电产品出口计划为 50 亿元，剔除由中国银行承担的 30 亿元，其余 20 亿元可由进出口银行根据财政拨付的资本金、贴息的数量和对外签约情况

安排贷款。进出口银行资金不足，可由政府担保发行金融债券。

以上对三家政策性银行共安排贷款 1 006 亿元。

（三）对商业银行信贷资金和信贷规模的安排

从 1994 年起，对商业银行的人民币贷款业务开始实行比例管理，监控指标考核实行逐步过渡、区别对待。对交通银行、光大银行、中信实业银行、华夏银行及其他商业银行实行按余额比例管理，即贷款余额与存款余额的比例控制在 75% 以内。国有商业银行暂按增量比例管理，即新增贷款与新增存款的比例不超过 75%。但今年仍要对国有商业银行和其他商业银行的贷款下达限额。

中央银行对各行下达的贷款限额为最高限额，未经批准，不得突破。各银行要制定全年业务经营计划，并分解下达到分行执行。各分行实际放款额要根据各分行的存款和贷款的具体情况，由各行总行审定。

由于今年信贷计划中固定资产贷款和农业贷款均比上年增加较多，因而流动资金缺口较大，所以 1994 年商业银行信贷规模按以下原则确定，即固定资产贷款按国家计委、经贸委平衡后承担的项目安排，流动资金贷款视各行具体情况压缩。希望各行通过加速资金周转、调整贷款结构来缓解资金供求矛盾。

经过多次研究平衡，除因国家计委、经贸委尚未落实贷款项目预留的贷款规模之外，对四家专业银行和交通银行及其他商业银行，共安排贷款 3 016 亿元。

（四）对非银行金融机构资金运用的安排

城市信用合作社全国平均按存款的 15% 持有国债，按存款的 65% 发放贷款。根据上述比例，初步匡算 1994 年城市信用合作社各项贷款增加 420 亿元。

要求农村信用合作社按存款的 70% 发放贷款，按此推算，农村信用合作社各项贷款增加 700 亿元。

信托投资公司、财务公司委托贷款与委托投资余额之和不得超过委托存款余额，除委托存贷款之外的自营贷款与自营存款业务按新增额75%的比例控制。

保险公司的可用资金除经人民银行批准安排少量续贷项目贷款外，其余主要用于购买国债。

（五）外汇信贷计划的安排

对银行的外汇贷款，1994年继续实行贷款限额下的资产负债比例管理。1994年安排外汇贷款规模增加100亿美元，其中流动资金贷款45亿美元，固定资产贷款55亿美元。外汇存款计划新增65亿美元，外汇资本金计划新增10亿美元，中长期国际商业借款新增10亿美元，外汇拆借新增20亿美元，其中，境外短期借款新增14亿美元。

1994年外汇信贷计划比上年增长24%，增长幅度基本与去年持平。主要是考虑今年从宏观上还需要对外汇信贷总量继续严格控制，各行外汇信贷资金实行限额下的资产负债比例管理后，重点工作应主要转到调整外汇信贷资金结构方面；另外，今年汇率并轨实行结汇制后，专业银行外汇存款有减少因素。

四、实现1994年信贷计划的几项措施

（一）完善中央银行宏观调控手段，推进货币市场发展

人民银行在继续控制贷款限额的同时，要逐步扩大再贴现，公开市场操作等间接调控手段的运用。各金融机构要持有一定数量的国债和金融债，为中央银行减少信用贷款、开展公开市场业务创造条件。1994年将发行1 000亿元国债，预计财政安排的养老、待业保险基金可认购50亿元，这样所余950亿元将全部由金融机构承购包销。其中：面向社会出售250亿元左右；城乡信用社、信托投资公司（含财务公司、租赁公司）和保险公司购买235亿元；商

业银行购买 465 亿元，其中，工、农、中、建四行认购 420 亿元，其他商业银行认购 44 亿元。金融机构持有国债，是作为资产流动性准备，需要时可以到国债市场上抛售，中央银行也将根据金融宏观调控要求，通过买卖国债或国债抵押贷款，吞吐基础货币。

发展货币市场。适当增加分行对同城交换头寸不足的调剂能力。建立规范化的融资中介机构，金融机构按照规定参加短期融资；国有商业银行的分行，经过其总行授权，可通过融资中心跨行进行短期融资，但借入和借出资金占各项存款的比例不得超过有关规定。

（二）加强信贷管理，加速资金周转

目前，国家银行各项贷款余额已达 26 000 多亿元，当年新增贷款 4 700 亿元，因此，要把信贷管理工作的重点放在加速资金周转和调整贷款结构上。各行都要制定业务经营计划，对存款、贷款、贷款质量、贷款周转率、费用、利润进行考核。商业银行对亏损企业的贷款要区别对待，对近期可以减亏或扭亏为盈的企业，要适当支持，帮助其渡过难关；对扭亏无望、资不抵债的企业，要收紧贷款，促其兼并或破产。企业兼并、承包、更名、成立子公司，必须落实债务，否则不予贷款。按规定做好呆账核销和有关企业的停息挂账。

（三）严格控制固定资产贷款

根据李鹏总理在全国经济工作会议上的讲话和固定资产贷款管理的基本规定，各行必须从严控制固定资产贷款的发放。固定资产贷款是指令性计划，未经批准一律不得突破；新建项目凡属独立法人，不能搞无本投资，必须具有一定比例的资本金，打足铺底流动资金后，才能申请银行贷款；银行和企业都不能挪用流动资金贷款搞固定资产投资。企业挪用流动资金贷款搞固定资产投资的，银行有权收紧贷款，直到收回贷款。商业银行贷款中原用流动资金安排的固定资产性质的贷款，除经人民银行批准下达的科技开发贷款之外，其他贷款都必须纳入年度固定资产贷款规模；各级银行不得以贷款垫付地方政府、企业自筹资金的缺口，地方和企业自筹资金不落实的，原定银行贷款可以放慢进度，或建议调整项目；国有商业银行的房地产信贷部使用房改基金发放的贷款为委托性贷款，贷款规模由国家计委和人民银行联合审批下达；自营业务则必须按照贷款性质分别纳入主管行年度固定资产或流动资产贷款规模内；各金融机构一律不准对未经国务院和国家计委批准的基本建设新开工项目发放贷款。

（四）加强对人民银行贷款的管理

1993 年底，国家银行各项存款 23 245 亿元，在人民银行有备付金存款 2 132 亿元，库存现金 432 亿元，合计为 2 564 亿元，备付率为 11%。根据今年金融工作方针、中央银行再贷款管理原则和各行实际情况，上半年计划收回再贷款 500 亿元。具体收贷任务和时间，由人民银行总行另行下达，各国有商业银行要按期归还人民银行借款。

人民银行分行发放的再贷款，以 1993 年末为基数，扣除总行下达分行收回再贷款计划 50 亿元，不再增加。分行用于短期横向头寸调剂的额度，由总行另行核定。

本着积极改革，稳步过渡的原则，认真贯彻人民银行不再对非金融机构办理业务的规定。人民银行分行在专项贷款没有明确划转之前，要继续加强对贷款的管理工作。为保证国务院文件规定的一些贷款项目所需的建设资金，不因体制改革的缘故而延误，对国务院规定人民银行在"八五"期间安排发放的少量专项贷款，暂按现行专项贷款管理办法执行。除此之外，不再新增专项贷款。人民银行专项贷款支持的续建项目所需的资金，从专项贷款收回再贷额度内解决。除国务院批准的贷款外，一律不得贷款支持新开工项目。人民银行各级专项贷款管理人员要忠于职守，做好工作。对工作积极，认真负责的同志要给予表彰。对擅离职守，造成资金管理混乱及损失的，要查明原因，追究经办人员和主要领导的责任。

金融体制改革的目标

（1994 年 5 月 11 日）

党的十一届三中全会以后，我国开始进行经济体制改革，成效显著，金融体制改革也有了很大的进展。中央银行体系初步形成，国家专业银行成为主体，多种金融机构迅速发展，金融竞争局面开始出现。党的十四大是我国经济改革和金融改革历程中的一个新的转折点。根据党的十四大和十四届三中全会决定，国务院于 1993 年 12 月 25 日下发了《国务院关于金融体制改革的决定》，围绕"建立社会主义市场经济体制"的改革总规划，确立了金融体制改革三个目标，即"建立在国务院领导下，独立执行货币政策的中央银行宏观调控体系；建立政策金融与商业金融分离，以国有商业银行为主体，多种金融机构并存的金融组织体系；建立一个统一开放、有序竞争、严格管理的金融市场体系。"这些目标的确立，标志着中国金融体制改革进入了新阶段。以党的十四大为界，如果

注：1993 年 11 月中国共产党第十四届中央委员会第三次全体会议通过《中共中央关于建立社会主义市场经济体制若干问题的决定》。据此，国务院于 1993 年 12 月 25 日下发《国务院关于金融体制改革的决定》。1994 年 5 月 11 日戴相龙同志为中央党校学员作了报告，就金融体制改革中的重点及难点问题与大家进行了探讨。

说，在此之前所进行的金融改革是以业务改革为主，那么，在此之后金融改革将进入一个以管理体制改革为主，通过管理体制改革促进业务改革的新时期。

目前，金融改革正在积极进行之中，1994年和1995年作为金融体制改革推进的前两年，是最重要也是最艰难的两年。说其重要，是因为这两年金融改革的预期目标能否达到，直接关系到下一步金融改革，甚至整个经济改革的全面推进；说其艰难，是因为改革从一开始就会不可避免地遇到新旧体制转换摩擦所带来的许多矛盾。今天，我准备围绕金融改革的三个目标体系，就改革中的重点及难点问题与大家进行磋商。

一、转换人民银行职能，建立有效的中央银行宏观调控和监管体系

国务院关于金融体制改革的决定明确指出，中国人民银行作为中国的中央银行，其职能是控制货币供应量，保持币值稳定，对金融机构实行监管，维护金融秩序的稳定和保证金融体系的安全。

1983年9月国务院就作出决定，明确中国人民银行专门行使中央银行职能不再兼办工商信贷和储蓄业务。明确中央银行是银行的银行，发行货币的银行，是办理政府有关业务的银行，是监督和管理整个金融业的银行。但是，从9年来的运转情况看，人民银行距离办成真正的中央银行还有很大差距：既没有强有力的调控手段来维护货币的稳定，也没有真正担负起对全国金融业实施有效监管的职责。所以，人民银行改革的重点就放在职能转换上。下面，我就围绕人民银行稳定货币和加强金融监管这两个职能来讲几个问题。

（一）货币政策的最终目标是保持货币的稳定，并以此促进经济增长

如何处理好货币稳定和经济发展的关系，是各个国家在各个时

期制定货币政策时都要认真考虑的问题，这一问题对我国这样一个发展中国家来说更是不可回避，也更需要慎重处理。把货币政策的最终目标定为稳定货币，并在此基础上促进经济增长，是历史经验教训的总结，这是十分正确的。然而，怎样才算"稳定货币"，才算适度支持"经济增长"？不同的国家、不同的时期，其标准也是不同的，不可盲目效仿。从中国的现实出发，在一个长时期以内，经济增长保持在8%～9%，物价控制在5%以下，是一个合理的目标。

需要特别指出的是，我国正处在经济体制转轨的特殊时期，既要淘汰一些亏损严重的企业，以提高效益；又要解决就业，以维持社会的基本稳定，这种现实情况势必会加大通货膨胀的压力，会增加中央银行稳定货币的难度。因此，人民银行金融宏观调控还需要各方面的理解与配合。

（二）把货币供应量作为货币政策的中介目标

过去我们一直将贷款规模作为货币供应量的中介目标。在集中计划时期，金融机构高度集中，贷款转为存款、现金也比较透明，把贷款规模作为中介目标是可行的。但是，随着金融机构不断增多，信用渠道不断扩大，把贷款规模作为中介目标已不相适应，因此，从长远看，要把货币供应量作为中介目标。

需要说明的是，以货币供应量为控制目标，并不等于马上取消贷款规模。通常，在一个国家市场经济尚不发达的初期和发生信用危机的非常时期，通过贷款规模控制货币供应量是一个有效的手段。而且，以货币供应量作为实施货币政策的中介目标需要具备一定条件：中央银行要能准确及时地获得货币供应量的信息，要有控制基础货币的主动权；商业银行和工商企业能够接受中央银行货币政策的调控。在人民银行还不具备这些条件的情况下，不能放弃贷款规模调控手段。

（三）运用多种货币政策的工具间接调控货币供应量

国务院关于金融体制改革的决定列出的货币政策的工具有七种：法定存款准备金、中央银行贷款、再贴现率、公开市场操作、中央银行外汇操作、贷款限额、中央银行存贷款利率。人民银行可根据宏观经济形势，灵活地、有选择地运用这些工具来调控货币供应量。

过去，我们调控货币供应量主要运用贷款限额和中央银行再贷款这种直接控制手段。随着市场经济的发展，将逐渐增加间接调控的比重，并逐步过渡到以公开市场操作、存贷款利率等世界上通用的间接控制手段为主。

将以上三个问题连起来，就是中央银行控制货币供应量（基础货币×货币乘数）的基本流程：一是根据经济发展对货币的需要，确定一个合理的货币供应量增长率；二是根据一定的货币乘数，推算所应提供的基础货币；三是通过各种货币政策工具，对基础货币进行控制。

（四）加强金融监管，保证金融体系的安全

人民银行的另一重要职能，就是对金融机构的监管。商业银行的本质特征是在融通资金的过程中能够创造信用货币，它创造的货币适量与否直接影响经济的发展和社会的安定。因此，商业银行特别是超大型国有独资商业银行是负有重大社会责任的经营货币的企业。从一般意义上说，金融企业作为经营和管理货币信用业务的特殊企业，其经营目标必然是追求利润的最大化，而利润目标与保持适度的清偿能力是有矛盾的。因而，为保证货币的适度创造，维护正常的金融竞争秩序，人民银行要加强对金融业的监管，尤其是要加强对有货币创造能力的商业银行的监管。

首先，要尽快完善金融立法，健全金融法律体系，这是进行有效监管的基本前提。目前，《中国人民银行法》和《商业银行法》

已上报全国人大常委会；其他金融法，如《票据法》、《保险法》等法规和配套的规章制度也正在积极制定和修改之中。

其次，要制定对各类金融企业的管理条例和细则。其主要内容包括注册登记、业务范围、资产负债比例管理和风险管理等管理要求和标准。制定和执行这些金融条例的目的，是使各金融企业在市场经济中既保持其稳健经营，又不失其竞争力。

再次，为保证金融立法的严肃性和对金融机构监管的有效性，必须加强监管队伍建设，提高监管人员的素质。人民银行正在有计划地进行培训，增强金融监管人员的责任感，普遍提高现有监管人员的素质。同时，要尽快建立一支训练有素的专业监管队伍，加强对金融机构的常规监管。

总之，人民银行对金融机构监管职能正在逐步加强，这是一项重大的转变。人民银行对金融机构不能限于实行劝导管理，而应履行"金融警察"的职责，对金融机构违纪行为实行"违章记录"、"违章收证"。对违规金融机构不仅不给再贷款，还要对严重违规人员取消任职资格，对其进行整顿重组。

二、发展和完善商业银行，奠定宏观调控的微观基础

什么是商业银行？按传统的定义，商业银行是指与工商企业发生短期存贷关系的银行。社会主义商业银行是与社会主义经济制度结合的、以短期工商信贷和商业金融业务为主的经营货币的金融企业。通俗地讲，商业银行就是以经营存放款为主要业务，并以安全性、流动性和营利性为主要经营原则的信用机构。在整个金融体系中，它是唯一能够接受活期存款的银行，通过发放贷款，创造存款货币。

商业银行有许多种类：按产权划分，有国有的、股份制的、私人的商业银行；按功能划分，有专业经营的、综合经营的商业银

行；按服务范围划分，有全国性的、区域性的商业银行。围绕商业银行，我想讲以下几个问题：

（一）为什么要办商业银行

在现代市场经济中，商业银行扮演着独一无二的角色，它可以创造支付手段，这是其他金融机构和企业所没有的功能。综观世界各国的银行体系，无论机构多么庞大，构成多么复杂，一般都有中央银行、商业银行和专业银行。中央银行是银行体系的核心，商业银行是银行体系的基础。能否建立与市场经济相适应的银行体系的一个重要标志就是建立与完善商业银行体系，因为它是资金筹集和分配的主体，中央银行实施货币政策也要通过商业银行的业务经营来实现。

而我国银行体系的主体部分是工、农、中、建4大专业银行，其资产占全部金融资产的70%左右。应当说，4大专业银行都具有一定意义上的商业银行性质，其业务也有综合发展的趋势，但它们还不是真正意义上的商业银行。多年以来，我国的专业银行，一方面具有商业银行的职能，另一方面却没有建立起现代商业银行自主经营、自负盈亏、自担风险、自我约束的经营机制。因此，在我国发展商业银行，首先就是要把现有专业银行办成真正的商业银行。

实现专业银行向国有商业银行转化，不仅是专业银行自身发展的需要，是建立以商业银行为主体的新金融体系的需要，同时也是中央银行通过市场灵活而有效地进行宏观调控的需要，是促进企业经营机制转变的需要。

市场经济发展是多层次的，既有在全国范围内配置资源的全国性市场，也有在区域范围内配置资源的区域性市场。国有大商业银行，作为全国性的商业银行，主要是为全国性大中型企业提供融资服务，是以全国性市场为依托的；其他商业银行和非银行金融机构则是在区域市场中发挥资金融通、配置作用，适应地区商品生产和短期投资需要。而中央银行是立足于全国性的市场，通过货币市场调控货币供应量来实现币值的稳定。所以，作为中央银行通过市场进行宏观调控的微观基础，主要是指国有商业银行。

此外，国家专业银行向国有商业银行转化，实行择优限劣的信贷原则有利于企业经营机制的转换。对经济效益好的企业在贷款上给予优先支持，就会满足市场需要，促进经济活跃；对效益差的企业管紧贷款，就会促使其转换经营机制。这也有利于经济结构的调整，支持国民经济在整体上保持持续、健康地发展。

（二）商业银行的特征

社会主义商业银行的基本特征可归纳为以下几点：

在产权形式上应逐步推广股份制。我国生产资料所有制以公有制为主体，其产权实现形式可以是单一公有企业，也可由公有资产控股，由多种经济成分参加的股份制企业。实行股份制，有利于及时筹集巨额资本，增强银行的资金实力；有利于建立中央与地方、企业利益共享、风险共担的经济利益关系；有利于从体制上保证银行经营自主权的实现。

按经济区域和业务重要性设置分支机构。这有利于打破资金运用条块分割，促进跨地区、跨行业的经济联合和经济、金融中心的形成；有利于商业银行降低管理费用，提高自身资金使用效益；有利于改变多层管理，使分支机构接近市场，及时、方便、有效地为客户服务。

普遍实行综合经营。发达市场经济国家的银行业务经营经历了一个从限制到逐步放开的过程，现在几乎可以经营一切银行业务，只是在商业银行内部对不同的业务实行分别管理。对我国的商业银行来说，鉴于我们市场发育不完善，管理经验不足，普通银行业务和政策性银行业务，银行业务与证券、保险、信托等非银行业务还是要分开的，但是长期信贷业务与短期信贷业务、国内信贷业务与国际信贷业务可以实行综合经营。

建立自主经营、自负盈亏、自担风险、自我约束的经营机制。在执行国家金融法规和产业政策的前提下，商业银行按资金能力和风险大小，自主决定贷款对象和贷款数量。商业银行实行资产负债比例管理和风险管理制度，实行适合商业银行特点的行员等级工资制、新的会计核算制度和财务分配制度。

确定自己的具体经营目标，即具体的利润目标。商业银行是能够创造存款货币的特殊企业，对国家和广大公众都负有重大责任，同时在经营中必须讲求效益，即在努力提高资金流动性和安全性的基础上，通过增加收入、减少费用，尽可能多地获得持久增长的利润。随着市场经济的逐步发展，利润、资本利润率、资产利润率等指标都将成为考核商业银行综合经营管理水平的最重要指标。

形成有自身特色的企业文化。概括起来说就是"客户至上、忠于职守、团结协作、开拓创新、廉洁奉公、奋发向上"。即在银行与企业的关系上要有共损共荣、客户至上的意识，为企业提供良好的金融服务；在处理与同业之间的关系上，既讲相互竞争，又要讲团结协作，遵守法规和行规，共同努力把金融事业办好；银行及职工对国家政府则要有一种责任感，要依法经营，要有一种敬业精神；商业银行的高级管理人员，既要有权威，严格管理，又要发挥职工创造精神，维护职工权益。

（三）我国商业银行的发展道路

政策性金融与商业性金融分开，是专业银行向商业银行转化的基本前提。根据国务院决定，我国已成立国家开发银行、中国进出口银行和中国农业发展银行三家政策性银行。这里的难点是，如何将政策性金融业务严格区分出来并分离出去，从目前情况看，在组织机构调整、人员配置、资产清理、账务核算、债权债务转移等方面还有许多困难需要我们克服。

在政策性业务分离出去之后，专业银行要积极创造条件向商业银行转化，从大的方面说，要做好两方面的工作：一是要建立自主经营、自负盈亏、自担风险、自我约束的经营机制，按照资金运用要坚持安全性、流动性和营利性的现代商业银行的经营原则进行经营，制定出商业银行资产负债比例管理和风险管理的过渡办法，建立有效的约束机构和风险防范机制。二是要强化各个全国性商业银行的整体性，集中管理，统一调度资金。实行总分行制的商业银行，对外是一个法人，总行对分行的流动性及支付能力要负全部责任。难点是现有专业银行的大量不良资产如何处理问题，这个问题不解决，专业银行向商业银行转化就无从谈起。要查清这些不良资产的形成原因，并积极探索其解决办法。这也需要各方面的理解和支持。一方面，工商企业要克服对银行的过度依赖，严重资不抵债、重组无望的工商企业，该破产的应破产，其土地转让收益宁可先解决职工安置，有余再还贷款，也不能让银行再支持本该淘汰的企业；另一方面，对还有生存转机、暂时困难的企业，银行还是要支持的，对一些企业贷款可以停息挂账。严重亏损、暂时不能归还到期贷款的企业很多，全部实行破产，不仅会带来银行破产，也会引起社会的不稳定。此项工作只能循序渐进。最后，谈一下金融人才的培养。我们知道，要办一家金融机构，需要具备许多条件，除了确属经济发展需要、具备一定数额的资本金等条件外，还有一个重要的条件，就是高级经营管理人员，要具备一定的素质，要有一定的学历、一定的金融领导工作经验、没有违法违纪的记录，等等，即使一般工作人员也有一定任职从业资格要求。总之，并不是什么人都能干金融工作。对现有的金融工作人员要进行全员培训。

三、进一步发展和完善金融市场

前面我们着重讲了中央银行和商业银行的问题，那么，金融市场与它们又是一种什么关系呢？可以说，健全而又有效的商业银行和中央银行，是金融市场发展的重要基础条件，从历史上看也是如此。随着商品生产和商品流通的逐步发展，产生了信用，产生了银行等各种金融机构，随之才产生了金融市场。也就是说，金融市场的发展动力，最活跃的主体是普通的金融机构，即商业银行，中央银行则通过金融市场吞吐货币，对金融市场的主体商业银行进行监督管理。商业银行的正常运转、中央银行作用的有效发挥，又都有赖于金融市场的健康发展。对商业银行来说，无论是存贷款，还是投资，都要通过金融市场，而中央银行要加强宏观调控的力度和灵活性，也要通过金融市场吞吐基础货币。金融市场是连接商业银行与中央银行之间的桥梁。金融市场与商业银行、中央银行是一种互为条件、互相制约的辩证关系。

改革开放以来，金融市场有了很大发展，但还不够规范。特别是 1992 年下半年和 1993 年上半年出现的"乱拆借"和"乱集资"，造成严重后果。出现上述问题，主要是因为不少地方政府和国有企业盲目追求经济增长高速度，商业银行办公司，中央银行对金融市场缺乏正确的引导和管理。因此，这一次金融体制改革的一个重要内容，就是要切实加强对金融市场的管理，建立一个有序竞争、规范化的金融市场。

（一）要规范货币市场，即短期资金市场，主要是规范同业拆借市场

首先，要明确进入市场的主体，即同业拆借市场是金融机构间的市场，非金融机构不能介入。

其次，要解决长期以来存在的期限过长、用途不当、利率偏高等问题。拆入的资金不得用于弥补信贷缺口，不得用于固定资产投资。在我国固定资产投资需求很旺，而投资约束软化的情况下，如果允许资金自由地从短期资金市场流向证券、房地产等长期资金市

场，可能出现固定资产投资的无限扩张趋势，带来经济过热和严重的通货膨胀。为此，人民银行明确规定，除清算需要的临时性资金外，商业银行不得向信托投资公司、财务公司、证券公司等非银行金融机构拆出资金。

最后，要区分调整头寸的拆借市场和调剂余缺的短期融资市场。所有的金融机构均可在票据交换时相互拆借清算头寸资金，但不能超过规定的期限（如7天）。而银行间资金余缺的调剂要通过短期融资市场。目前，我们准备发展一些短期融资中心。所有从人民银行借款的银行，都不得向外拆借超过头寸调整所限天数以上的资金，因为这些银行并不是资金真正有余的银行。

（二）规范资本市场，即长期资金市场

这里，我想主要讲一下国债市场，并简单分析一下企业债券市场和股票市场。

国债市场是我国证券市场中发行量最大、交易量最多的市场，随着金融改革的深入，国债市场还将有一个大的发展。因为随着金融改革的深入，财政不再向银行透支借款，收不抵支将通过发行国债弥补；人民银行通过对各金融机构资产流动性比例的要求，使其持有一定比例的国债；人民银行通过在公开市场上买卖国债或用国债为抵押发放人民银行贷款的方式，来促进国债市场的发展。

有关国债一级市场和二级市场的组织管理都有许多工作要做。如适当发行方式的选择、一级自营商的确立、自营与代理关系的处理、清算交易系统的建立等。

制止"乱集资"，严格管理企业债券市场。没有经过审批的、不规范的"乱集资"，给社会带来很大的危害。一方面抬高了利率，扩大了固定资产投资，扰乱了经济和金融秩序，增大了通货膨胀的压力，给国家宏观经济调控带来困难；另一方面加大了投资风险，使投资者的利益受到损害。因此，为保护投资者利益，为有效地进行宏观调控，必须制定有关法规的条例，严格审批程序，为建成规范化的企业债券市场创造条件。

进一步规范发展股票市场。我国的股票市场从无到有，有了很大的发展，但仍处于试行阶段，几次大起大落都体现了发展初期的不成熟性。

在欧美发达国家，私人企业是投资主体，社会融资以直接融资为主。在我国，长期实行高度集中的计划经济，国家财政和国有企业是投资主体，但用于投资的社会积累较少，银行是"第二财政"，社会融资以间接融资为主。现在发展直接融资，又把直接融资集中在股票市场上。因此，股票市场处于发展初期，股市出现重大波动是不可避免的。事实上目前的股票市场的情况并不像人们渲染的那么糟，市盈率也并不低，为什么股民还不满意呢？是因为以前股票价格实在是太高了，以至于人们对获利尤其获取高利的期望值过高。目前的持续回落，既是扩容速度过快、国债发行增加、整个资金盘子有限等外在因素影响的结果，也是股市走向成熟、趋于平衡的一种内在规律性作用的结果。总的原则是，既不托市，又不压市，立足管理。

（三）实现汇率并轨，建立统一的外汇交易市场

今年4月1日，我国宣布对人民币汇率实行并轨，建立由市场供求决定的有管理的浮动汇率制度。这次外汇管理体制改革涉及面广，影响大，在一系列问题上都有重大突破，这些都为外汇市场的进一步发展创造了条件。

首先，从1月1日开始，实现了汇率并轨，取代过去官方汇率和外汇调剂市场汇率并存的"双轨"制，实行单一的、有管理的浮动汇率。在新的汇率制度中，外汇市场供求是决定汇率市场的主要依据，人民银行将根据银行间外汇市场形成的价格，并参照国际外汇市场变化，公布人民币汇价。在汇率的调控中，也将主要运用

公开市场操作等经济手段。

其次，从 4 月 1 日开始，银行间的外汇市场将取代过去的企业间的外汇调剂市场。这一市场从结构、组织形式、交易内容、交易方式到管理、调控，都将大大地向前迈进一步。它是以银行为主体的同业市场，而不是以外汇留成单位和直接用汇企业为主体的外汇余缺调剂市场。这一市场是全国统一的，而不是地区分割的，市场上交易的是真实的外汇，而不是外汇额度，交易行为也将更加规范化和法制化。

当然，为避免这项改革造成较大的震动，除了在改革中兼顾各方面的利益、采取渐进的方式推进外，还在运行中采取了区别对待的政策。如三资企业情况复杂，不便统一管理，所以对三资企业与中资企业采取了区别对待的方法作为过渡措施，即中资企业到指定银行结汇，而对三资企业，则保留现汇，可以到调剂市场买卖外汇，原则上让三资企业外汇自求平衡。

从严监督管理金融机构

（1994 年 6 月 21 日）

1993 年底，国务院在关于金融体制改革决定中明确指出："中国人民银行的主要职能是，制定和实施货币政策，保持货币的稳定；对金融机构实行严格的监管，保障金融体系安全、有效地运行。"为了认真贯彻国务院的决定，整顿和维护金融秩序，为中央银行实施货币政策建立良好的基础，人民银行决定召开这次全国金融机构监管工作会议。

这次会议的主要任务是：总结检查前段时间整顿金融秩序和清理越权批设金融机构的情况，讨论《金融机构管理规定》和《关于向金融机构资本投资的暂行规定》，研究部署下一步加强金融机构监管的主要任务和具体措施。会议期间要听取国务院副总理兼中国人民银行行长朱镕基同志的重要报告。通过这次会议，要坚决刹

注：1994 年 6 月 21 日至 24 日，中国人民银行在京召开全国金融机构监管工作会议。会议的主要任务是：总结检查对金融机构的监管工作，讨论《金融机构管理规定》和《关于向金融机构资本投资的暂行规定》，研究部署加强金融机构监管的主要任务和具体措施。国务院副总理兼中国人民银行行长朱镕基同志到会作了重要讲话。此文根据 6 月 21 日戴相龙同志的工作报告整理而成。

住乱设金融机构之风，坚决制止金融机构乱投资、乱拆借、乱提利率，坚决纠正超范围违章经营，使我国金融监管工作出现一个崭新局面。

一、要充分认识从严监管金融机构的紧迫性

改革开放以来，我国的金融体制发生了重大变化，形成了以国家银行为主体、多种金融机构分工合作的金融组织体系。到今年3月底，经中国人民银行批准，在境内合法设立的中资金融企业：银行18家，信托投资公司391家，保险公司20家，企业集团财务公司54家，融资租赁公司14家，证券公司91家，城市信用社及联社4 400家，农村信用社及联社55 000家；220多家外国金融机构在华设代表处30家，外资银行和外资银行分行93家，外资保险分公司3家，外资财务公司4家。到1993年底，各类中资金融企业的人民币贷款总额已达32 956亿元，其中：国家专业银行贷款总额为24 966亿元，其他银行贷款总额为1 177亿元，信托投资公司贷款总额为2 052亿元，企业财务公司贷款总额为155亿元；城市信用合作社贷款总额为777亿元，农村信用合作社贷款总额为3 144亿元。境内外资金融机构外汇贷款总额为42亿美元。总的来看，多元化金融机构的形成，对增强金融体系的整体功能，筹集融通社会资金，发展和活跃金融市场，促进国民经济持续、健康、快速发展发挥了积极的作用。这是我国金融改革开放的重要成果。

近几年来，人民银行在认真贯彻执行货币政策，保持货币稳定的同时，在加强金融机构监管，维护正常金融秩序方面做了大量工作。

（一）金融法规建设已取得一定进展

前不久，国务院已颁布《中华人民共和国外资金融机构管理条例》，使我国对外资金融机构的监督管理有了全国统一的法律依

据。同时，人民银行向国务院提交了《中华人民共和国中国人民银行法》、《中华人民共和国商业银行法》及《中华人民共和国保险法》等金融大法草案。最近国务院已原则通过了《中华人民共和国中国人民银行法（草案）》。《金融机构管理规定》和《关于向金融机构资本投资的暂行规定》，经这次会议讨论修改后将在近期发布实施；另外，《农村合作银行管理条例》、《城市合作银行管理条例》、《投资基金管理办法》以及信托投资公司、融资租赁公司、财务公司、证券公司、典当商行管理办法，也正在起草、修改过程中。

（二）维护和整顿金融秩序已取得初步成效

人民银行各级行认真监督各商业银行和其他金融机构执行国家金融方针及信贷、利率政策，协调金融机构之间的相互关系，为维护金融秩序作出了贡献。去年以来，在整顿金融秩序过程中清理撤并了一批非法设立的金融机构，查处和纠正了一些金融机构的违法、违规、违章、违纪行为，同时，还与有关部门紧密配合，对各种非法社会集资进行了清理和查处。与去年上半年相比，全国的金融秩序总体上已经好转。

（三）金融机构审批管理工作有所改善

人民银行总行去年下发了《关于严格金融机构审批的通知》，进一步明确了各类金融机构的审批要求和权限，并根据完善金融机构体系和经济发展的客观需要，按照从严审批、规范管理的原则，提出了金融机构的批设方案。不少分行对金融机构设立的合法性、资本的充足性、业务的规范性以及规章制度的健全性进行了年检，并使这一工作逐步走向规范化和制度化，在这方面积累了一些有益的经验。

（四）稽核监督工作取得了较大成绩

经过近10年的努力，我国中央银行的稽核监督工作基本实现了经常化、制度化、规范化。据统计，1985年至1993年，人民银行的各级稽核部门共对30余万家金融机构进行了稽核，查出各类违规违纪金额7 500多亿元，罚款罚息近7亿元，追回少缴、漏缴财政性存款、存款准备金280多亿元，向被稽核单位提出整改建议18万余条。在开展现场合规性稽核的同时，对金融机构的风险监督工作进行了探索。

（五）引进外资金融机构取得较大进展

我国于1979年开始批准外资金融机构在华设立代表机构，1982年开始批准外资金融机构在华设立外资、中外合资营业性金融机构，目前对外资金融机构开放的城市已经扩大到13个城市，已批准外国金融机构在华设立代表机构330家，营业性金融机构100家。外资金融机构的引进，不仅为我国引入了外资和先进的管理经验，同时也推动了国内银行经营机制的转换以及与国际金融市场的接轨。

（六）金融监管队伍建设有所加强

在国务院提出尽快转换人民银行职能的要求之后，人民银行各级行领导对金融监管工作更加重视，在充实金融监管队伍，加强监管人员业务培训方面做了大量工作，涌现出一批懂法规、知实情、敢管理的金融监管优秀干部。从总体上看，金融监管工作的成绩是主要的。特别是去年以来，各级人民银行坚决贯彻执行党中央、国务院对金融工作的要求，认真贯彻落实朱镕基副总理提出的"约法三章"，在当地党政部门的大力支持和配合下，积极推进金融体制改革，认真整顿和维护金融秩序，为保证国家各项金融宏观政策的贯彻落实，建立良好的金融环境，促进国民经济持续、快速、健康发展作出了积极的贡献。

在充分肯定成绩的同时，我们必须清醒地看到当前金融监管工作中存在的薄弱环节和严重问题：

一是金融机构审批管理比较混乱。有的地方政府和部门擅自批准设立金融机构；一些人民银行的分支行擅自越权批准设立金融机构；一些单位未经人民银行批准，未取得《经营金融业务许可证》，就擅自办理金融业务。据不完全统计，全国未经人民银行批准而设立的各类金融机构达 2 000 多个，其中，由部门自行批设的国债交易机构 1 500 个，其他 500 多个基本上都是由地方政府擅自批准设立的。人民银行分行越权批设的金融机构有 1 847 个，其中包括分行超指标批准设立的城市信用社 749 个。另外，还有不少无金融机构名称和执照而实际经营金融业务的"地下金融机构"。这些未经批准和越权批准的金融机构，与合法批准设立的金融机构争业务，以高利率拉存款、放贷款，经营管理很不规范，不仅影响了金融体系的安全、健康发展，同时也干扰了金融宏观政策的贯彻执行。

二是金融机构违规、违章、超业务范围经营的问题相当严重。许多金融机构违反利率政策拉存款、放贷款，超过人民银行核定的范围开展业务经营。相当多的信托投资公司主要经营的不是信托业务，而是商业银行的存放款业务及大量的证券、房地产投资业务；许多信用合作社不是由本社区的个体、集体经济组织入股组建并为其提供金融服务，而变成了由各部门及其职工入股组建并办理综合性银行业务的商业银行，一些企业集团财务公司业务经营已经超过了为集团内部成员提供资金融通服务的范围；一些证券公司也已经超出了证券代理和自营业务范围，投资业务已超过规定的比例。金融机构违规、违章和超业务范围经营，不仅分散了资金，使国家重点建设资金难以保证，同时也使金融体系运行机制发生紊乱，扩大了金融机构的风险。

三是金融机构法人管理比较混乱。法人金融机构与非法人金融机构在权利和行为规范及法人登记等方面，缺乏明确、严格的管理制度。一些金融机构和地方，为了逃避对新设独立法人金融机构的审批，盲目扩大分支机构，并以分支机构的名义，行使法人的权力。这些分支机构有自己的资本金，实行独立核算，总公司或总行对其资产负债实行并账，但却不承担分支机构的经营风险。这样做既逃避了人民银行的监管，也增加了经营风险和民事案件。

四是金融机构招股增资管理比较混乱。据统计，截至1993年底，除四家专业银行和三家政策性银行之外，我国金融机构的资本总额为562.6亿元。党政机关、部队、社会团体甚至国家财政预算拨款的事业单位，都向金融机构投资入股，有的亏损企业挪用银行贷款向金融机构投资入股，有的金融机构及其分支机构在资本充足率大大低于8%的情况下，仍以资本金或信贷资金向其他金融机构投资入股。行政机关入股，企业用银行贷款入股，金融机构"一本多投"，资本金数量不实，不仅促使办金融机构热不断升温，也增加了全国信贷平衡的压力和金融机构的经营风险。

五是金融机构的审批与业务监管缺乏紧密的配合。人民银行作为一个整体，负责对金融机构进行全面的监管，但由于机构审批和业务监管职能是由不同的职能部门执行的，这就需要不同职能部门之间进行紧密的配合。但在实际运作过程中，由于部门职责分工不明确、部门配合不紧密、各级领导组织协调不及时等原因，形成许多金融监管的"真空"地带，大大降低了金融监管的有效性。

六是金融监管队伍不能适应金融监管工作的需要。从目前实际情况看，各级人民银行金融监管人员在数量和知识结构、业务素质等方面，都远远不能适应强化金融监管的客观要求。目前最突出的问题是，我们不少领导干部和金融监管人员，对已有金融法规不够了解，对有些金融机构违章经营的实情不够了解，对已查明的违章经营不能严格处理。少数金融监管人员利用职权，徇私枉法。上述问题说明，我们金融监管工作十分薄弱，金融监管的制度建设和实际管理工作远远不适应金融业的发展。也正是由于上述问题的存在，在一定程度上导致了我国金融秩序的混乱，给金融业发展留下很多隐患，严重影响人民银行货币政策的实施和金融体系的高效运行及安全、健康发展。我们这次会议要充分认识加强金融监管的紧迫性，要认真研究和解决这些问题，根据国务院规定的对金融机构从严管理的精神，严肃认真地清理违规或越权审批的金融机构，严格管理金融机构的设立、更换和终止，严格审查金融机构资本金来源、数量和真实性，严格划分各种金融机构的业务范围，严格查处金融机构的违法、违章经营，促进新的金融体制的逐步形成，促进中央银行货币政策的顺利实施。

二、严肃认真地清理违规或越权批设的金融机构

强化对金融机构的监管，首先必须对违法设立和越权批设的金融机构进行认真的清理整顿。人民银行总行曾就不同金融机构的审批权限下发过不同的文件，去年又专门下发了《关于严格金融机构审批的通知》，进一步明确了各类金融机构的审批权限问题，并要求各分行认真纠正越权审批金融机构的行为。今年1月召开的全国金融工作会议，对各分行越权审批金融机构的情况进行了通报，并下发了《关于对人民银行各级分行越权批设的金融机构的清理意见》。

今年4月1日，经过朱镕基副总理审阅同意，人民银行总行又下发了《关于对各级分行越权批准设立的金融机构进行清理的通知》。通知明确要求，凡在1993年7月7日以后越权批准设立的各类金融机构一律撤销；在此之前越权批准设立的各类金融机构，要区分不同情况，分别作出不同处理。对越权批准设立的具有法人地位的各类信托投资公司、融资租赁公司、企业集团财务公司、证券公司、外资与中外合资金融机构以及外汇期货公司等，要求一律撤

销，并由其主管部门负责做好债权债务清理工作；对越权批准设立的信托投资公司、融资租赁公司和企业集团财务公司的分支机构（包括分公司、办事处、代表处、代理处、代办处等），要区别不同情况进行处理；对擅自突破总行下达的控制指标批准设立的城市信用合作社，对各分行越权批准设立的证券交易中心、证券登记公司、信用评估公司、投资基金管理公司、信用卡公司等，要认真进行清理，并分别提出了撤销、合并、保留的具体规定。

据统计，全国越权批准设立的金融机构 1 847 家，其中，应撤销的 518 家，需要总行明确意见后再清理的 580 家；需要专项处理的超指标批设的城市信用合作社 749 家。清理通知下发后，大部分分行能够按照总行的要求全面进行清理。从上报的清理情况看，在应撤销的 518 家金融机构中，分行已明令撤销或并入其他金融机构的 257 家，占应撤销总数的 50%。其中，应撤销的科技实验银行、信托投资公司、融资租赁公司、企业集团财务公司、证券公司等独立法人金融机构 102 家，已撤并 85 家，占应撤并总数的 83%；应撤销的专业银行信托投资公司新设分支机构、地方信托投资公司设在县级或跨省设立的分支机构 416 家，已撤销 172 家，占应撤销总数的 41%。

人民银行党组认为，各分行对清理工作是认真的，在短期内做了大量艰苦细致的工作，也取得很大进展。有些分行虽然没有按时完成撤并任务，但也做了一些工作，表示继续做好撤并工作。同时，也有一些分行持观望态度，甚至对总行已明确要求撤销的机构请求予以保留。6 月上旬，总行党组对清理工作的贯彻情况进行了认真研究，一致认为必须切实加强对金融机构的监督管理，必须维护金融机构审批的严肃性，必须认真落实对越权批准设立的金融机构进行清理的要求。对 1993 年 7 月 7 日之后越权批设的金融机构执行从严，对越权批设的法人金融机构执行从严，对过去明确禁止、这次文件中又明确撤销的要执行从严，对过去没有文件规定或规定不具体的，这次可根据客观需要和安全经营的要求规范管理。根据上述原则，总行党组提出以下具体要求：

1. 凡文件明确撤销或合并的越权审批的金融机构，仍要在做好工作的基础上，按要求坚决撤销和合并。

2. 对需要总行明确意见后再清理的 580 家金融机构实行区别对待。越权审批的保险公司分支机构，按有关文件规定执行。

企业集团财务公司、融资租赁公司原则上不设分支机构，需要设立分支机构的，按总行规定的条件申报，不符合条件的要坚决撤销，其资产负债由设立公司负责。

专业银行地市分行所办信托投资公司在 1988 年清理时改为省（市）分行所设公司办事处又改为公司的必须改回来；专业银行省分行所办信托投资公司新设的分支机构一律撤销。地方信托投资公司跨省市或到县一级设立的分支机构都要撤销。

证券公司和信托投资公司异地设立的具有独立法人地位的证券业务部，业务量小的要结清账户后撤销，业务量大的要向总行申请报批成立分公司，少数规模大的可以报批成立具有独立法人地位的公司。

对金融信用评级公司、信用卡公司、投资基金等，总行要尽快制定管理办法，新建上述机构都应报总行审批。未经总行批准已成立的金融机构信用评级公司或咨询公司办理金融信用评级业务的，要暂停金融信用评级业务，需要保留的在清理规范后报总行重新审批。已成立的证券交易中心，由人民银行会同证监委制定管理办法报国务院审定后再进行审批。未经总行审批而发行的各种投资基金，按总行制定的办法规范后报总行批准。信用卡公司由专业银行统一报人总行审批。各专业银行分行成立的信用卡公司改为非独立核算的信用卡业务部，地方政府和企业不得成立信用卡公司。

3. 总行将按大、中、小城市确定各地设立城市信用合作社的最高限量，并根据城市个体、集体经济的发展需要逐年下达新增数量，对各分行超指标批设的信用合作社要在今后下达的指标中予以扣减。对越权批设的市级（不含县级市）信用合作社联社，符合条件的，要重新报总行批准，不符合条件的，要撤销或改为信用合作社。

总行要对有关越权审批的金融机构的处理分别行文作出具体规定，请大家认真执行。此项工作要在今年 9 月底前基本完成，年底前总行组织统一检查验收。

三、严格管理金融机构设立、更换和终止的审批工作

对金融机构的监管是一个系统性工程，需要各有关部门和各个环节的协调配合，从而形成一个相互联系、相互补充、相互制约的管理体系。在这个体系中，金融机构的审批设立是首要的环节，是第一关。因为它解决的是金融机构市场准入问题，金融机构是否符合监管部门的标准和要求，将直接影响到金融机构运营后的安全和健康发展。从另一个角度讲，金融机构的审批设立也是解决金融机构的"优生"问题，只有把好这一关，才能防止或最大限度地减少金融机构的"先天不足"问题，从而为金融机构的规范经营和健康发展奠定基础。总结过去经验教训，我们认为，当前最紧迫的是要建立和完善金融机构的审批制度。我们从 1989 年就已开始起草这方面的法规，经过多次讨论修改，制定出了现在的《金融机构管理规定》，现再次提交会议讨论修改。针对目前金融机构审批管理中存在的问题，这个规定主要在以下几个方面，对金融机构的审批加强规范管理：

（一）明确金融机构的审批权限

人民银行作为金融机构审批管理的主体，要坚决、认真地履行

各类各级金融机构设立、变更、终止和撤销的审批职责，除人民银行外，其他任何部门、单位和个人不得行使上述职责，也不得对金融机构的审批登记工作进行任何干预。未经人民银行审批并发给经营金融业务许可证者，一律视为非法金融机构，一律不得经营金融业务。同时，人民银行总行可根据严格审批，提高效率的原则，授权分行对某类金融机构进行审批，各分行要严格按授权履行审批职责，如发现分行有越权或滥用授权批设金融机构的行为，总行将收回其审批权，并要追究其领导和直接负责人的责任。

（二）明确各类各级金融机构的设立标准和审批程序

对金融机构的设立，要明确标准，按序申请，严格审批，从严管理，增加审批的透明度。总行要制定并公布各类金融机构管理办法，规定各类金融机构设立的基本原则、条件、程序和管理要求。设立金融机构最基本的要求包括：经济发展需要、业务规模、最低资本金数量、资本金构成、提交文件资料、法人代表和主要管理人员资格以及内部财务管理制度等。

（三）明确各类金融机构的性质和业务范围

要按照各类金融机构的性质和分业经营、分业管理的要求，明确规定业务经营范围。金融机构在对外宣传和经营业务过程中，不准擅自改变其名称和机构性质，不准超出和擅自调整业务范围。金融机构需要改变名称、修改章程、调整业务范围的，必须报经人民银行批准，否则视为违法、违规行为，要按规定予以处罚。

（四）明确对金融机构的业务监督制度

要规定对金融机构进行日常检查、年度检查和信用评估。要建立一套规范化的检查标准和指标体系，通过年检和日常检查，对金融机构设立的合法性、业务范围的合规性、资本的充足性、资产的安全性、经营行为的规范性和财务报表的真实性等进行检查确认。检查合格的金融机构，由人民银行监管部门予以正式公告，对年检和日常检查的有关资料和结论，由人民银行监管部门记入金融机构档案；对未通过检查的金融机构，人民银行监管部门要提出警告或暂停其业务，限期进行整顿。各分行要认真填报金融机构季报、年报。

（五）明确对违规、违章、违纪金融机构的处罚标准

若发现金融机构有违法、违规、违章、违纪行为，监管部门将区别不同情况，分别作出警告限期纠正、通报批评、没收非法所得并罚款、停止经营部分业务、建议或责令撤换法定代表人和主要负责人、停业整顿、指派负责人接管，以及吊销《金融机构法人许可证》或《金融机构营业许可证》等处罚。凡擅自设置金融机构、擅自经营金融业务、在金融机构设置过程中弄虚作假骗取《金融机构法人许可证》或《金融机构营业许可证》的，要依法取缔许可证，并要按扰乱金融秩序罪，由司法部门追究刑事责任和予以巨额罚款。

四、严格审查金融机构资本金来源及真实性

对金融机构资本金来源和真实性加强管理，有利于形成金融机构合理的资本金结构，提高金融机构的自我约束能力；有利于提高金融机构的清偿能力，保障业务相关人的资金安全；有利于遏制新建金融机构热，规范金融机构的经营行为，保障金融宏观调控的实施。为保证金融机构资本来源正当，结构合理，促进金融机构的规范经营和健康发展，当前迫切需要对金融机构的入股人、入股资金来源、入股限额及入股资金的审核作出明确规定。

除国家批准的有关部门外，各党政机关、部队、团体以及国家预算拨给经费的事业单位、国家政策性金融机构，一律不得向金融机构投资入股。各级地方财政经当地政府同意，可用财政节余资金向金融机构投资。

工商企业向金融机构投资要符合有关规定。工商企业不得用贷款向金融机构入股。工商企业的自有资金达到规定的比例,才可以用自有资金向金融机构入股,但累计入股金额不能超过其实收资本的20%,同时还要符合其他一些必要条件。严禁企业和金融机构以换股形式相互投资。

对金融机构入股组建新的金融机构要严格管理。四家专业银行已投资的全资金融机构要按规定与其脱钩。在资本充足率不到8%时,不允许对金融机构新增加投资。其分支机构不得向金融机构投资。各类商业银行和合作银行在资本充足率达到8%,并同时满足其他一些必要条件的前提下,才可以向金融机构投资。信托投资公司、企业集团财务公司、融资租赁公司、保险公司及证券公司对金融机构的投资累计金额不得超过该公司资本金的规定比例;城乡农村信用合作社只能按规定比例向信用合作社联社、合作银行投资。上述机构对金融机构的投资额要在计算资本充足率时从资本中予以扣除。银行不得向工商企业投资入股,信托投资公司等非银行金融机构向工商企业投资入股要严格按规定比例进行。

外资、中外合资非金融企业不得向中资金融机构投资。

向金融机构入股投资的单位,必须提供真实、有效的会计财务资料,人民银行各级行要按规定对入股人资格、资金来源进行审查,做好实收资本的验资证明。

最近人民银行总行起草了《关于向金融机构资本投资的暂行规定》,这个规定经这次会议讨论修改后,将同《金融机构管理规定》一起于今年7月正式下发,请各地分行认真贯彻执行。

五、严格界定各类金融机构业务范围,完善金融服务体系

为了建立适应社会主义市场经济体制的新的金融体制,我们要立足于加强对现有金融机构的管理,发挥各种金融机构的特定作用，进一步完善和发挥现有金融体系的整体功能。同时，要根据经济发展的需要和金融监管能力，有计划地增加新的金融机构，逐步建立起多种金融机构并存，合理布局，合理分工，合理竞争，协调高效运行的金融机构体系。在今后一段时期内，我们要积极发展规范化的商业银行，在适当新设立一些商业银行的同时，逐步将国家专业银行转变为国有商业银行，由一些基础好的城乡信用合作社入股组建城乡合作银行。同时，要针对保险体制改革和开放相对滞后的状况，积极发展一些区域性和专业性保险机构。另外，还要适当增加一批国际信誉高、资金实力强的外资、中外合资金融机构。鉴于我国工商企业自有资金比例小，直接融资能力弱的情况，当前对从事中间业务的信托投资公司、证券公司等在机构发展上要严格控制。

不同经营规模的经济组织和不同类型的经济成分，需要有不同的金融机构为其服务。为了建立分工协作的金融体系，降低金融机构的经营风险，开展金融机构的平等竞争，必须严格界定各种金融机构的性质和业务范围。

1. 商业银行的银行业务和信托业务、证券业务、保险业务必须分别经营，两项业务尚未分开的，要逐步分开。商业银行要逐步改为按经济区和业务量大小设置分支机构。

2. 国家政策性银行要严格按照国务院和人民银行批准的业务范围进行经营，主要经营国家交给的各种政策性贷款任务，按照规定的渠道和方式进行融资服务，不能办理商业性银行业务，不能进行商业性融资，不能与商业银行竞争业务。

3. 坚持信用合作社的合作性质。信用合作社是适应各地个体、集体经济发展和国家银行机构、业务难以满足需要而产生的，具有补充性、社区性和合作性的特点，其主要职能和业务范围，应限于社区内个体、集体及其他经济成分的资金融通和结算服务。总行要修改和完善城乡信用合作社管理办法，人民银行各级行要监督信用合作社，强化内部经营管理，建立起自我约束机制，坚持民主管理，坚持为城乡个体和集体经济服务的经营宗旨。

4. 严禁信托投资公司业务银行化。信托投资公司应主要经营信托性业务，对一般性投资、放款，特别是对高风险性的证券和房地产投资以及信用性放款，要加以严格限制。企业集团财务公司的业务范围应主要限于企业集团内成员单位的存款、贷款、投资等业务，绝不允许向企业集团外的企业单位吸收存款、发放贷款及其他融资业务。企业集团财务公司必须和企业集团财务部门分设。

5. 进一步加强对金融市场的规范管理，特别是要加强对债券市场和社会集资的管理。人民银行分支行要坚决执行国务院对人民银行管理社会集资活动的授权，按照国务院的要求和有关规定，严格按计划审批企业债券、金融债券、投资基金证券以及信托受益债券。上列有价证券，不经人民银行批准，绝不允许擅自发行。同时要按国务院规定加强对彩票市场的管理。

6. 农村合作基金会不能办成金融机构，不得办理存贷款业务，要真正办成社区内资金互助性组织。有关管理意见在与农业部协商报经国务院同意后尽快下发。

六、加强对金融监管工作的领导，严格查处金融机构的违法、违章经营

这次会议后，希望各级人民银行要切实转换职能，加强对金融监管工作的领导，把工作重心真正转到稳定货币和强化对金融机构的严格监管上来。人民银行各级行的主要领导，要经常了解金融监管工作，及时研究和解决金融监管中的难点，亲自处理金融监管中的突出矛盾。

随着金融改革开放的深化，金融监管的对象、内容、方法以及监管的工作量，都要有较大的变化。要求各级人民银行切实采取措施，稳定金融监管队伍，充实金融监管力量，较多地增加金融监管人员，并努力提高监管人员的素质，加强对金融监管人员的职业道德教育。要对金融监管干部分期培训，符合要求者才能上岗。要利用几年时间，培养一大批业务素质高、思想作风过硬、真正懂法规、知实情、敢管理的金融监管人员。

中央银行的基本职能是实施货币政策、稳定货币和加强金融监管，这个职能是通过若干职能部门分工协作共同实现的，而不可能由一个部门完成。根据转换职能的需要，最近人民银行总行已进行了机构改革，原来的金融管理司现在改为银行司和非银行金融机构司，原来的外事局改为外资金融机构管理司，原来的稽核司改为稽核监督局。上列司局在金融监管方面的基本分工，按国务院批准的人民银行"三定"方案执行。分行的机构设置按全国人事工作会议规定进行。金融机构管理部门主要对金融机构的设立、业务范围、资本金、法人代表资格及终止等进行管理，资金管理部门主要对金融机构资金的安全性、流动性及资产质量进行监督管理，稽核监督部门主要按规定的内容对金融机构业务进行稽核检查，外资金融机构管理部门要对外资金融机构的设立、业务范围、资本金、法人代表资格及终止进行管理。各有关职能部门要主动配合，共同完成金融监管任务。人民银行各级行领导至少每个季度召集一次有上述部门参加的会议，对金融机构的经营合法性和资金使用的安全性进行检查，对金融机构的重大违规要及时查处。

这次会议结束后，人民银行各级行要认真做好越权审批金融机构的撤并工作，按照新的规定做好新的金融机构的设立和原有机构的日常管理；同时，要集中全行有关部门的力量，对所辖区内现有金融机构，特别是非银行金融机构的依法经营等问题进行一次综合检查。国泰、华夏、南方三大证券公司和各专业银行总行所办的信托投资公司，由总行直接组织检查；各专业银行分行和省、市所办金融机构，由人民银行省、市分行直接组织检查；城市信用合作社，由人民银行省、市分行统一组织，由所在地人民银行分支机构负责检查。上级行要组织所辖分支行，对金融监管工作进行交叉检查，通过检查和加强对金融机构的监管，进一步贯彻落实朱镕基副总理提出的"约法三章"，坚决制止乱设金融机构、乱集资、乱拆借、乱提高利率和超范围违章经营的行为，对资本金不实、法人登记不符合规定的，要认真纠正。同时，要进一步做好银行与所办公司脱钩的工作，把整顿金融秩序推向深入。检查通知另下，检查工作 10 月底基本结束。

金融机构监管内容广泛，不仅包括对金融机构设立方面的监管，而且包括大量的经常性的资金监管和业务稽核。长期以来，资金管理和稽核部门在加强对金融机构监管方面做了大量的艰苦细致的工作，也取得了很大成绩。这次会议，主要针对当前金融机构设立等管理方面的问题进行了研究，采取了一些措施。人民银行各级行还要组织有关部门按有关会议要求加强对金融机构资金的监管和业务的稽核，提高全行对金融机构的整体监管能力。在对金融机构监管中，要按有关规定，加强对金融机构"三防一保"工作的检查。

我们肩上的责任非常重大，担负的工作任务十分繁重而光荣，我们的工作与我国金融体系的安全、健康、高效运行，与社会的稳定及人民大众的切身利益紧密相关，与中央银行货币政策的贯彻实施和货币的稳定紧密相关。希望大家团结一致，努力工作，为把人民银行办成真正的中央银行，为中国的金融监管事业作出更大的贡献。

商业银行资产负债比例管理

（1994 年 11 月 4 日）

这次座谈会是中国人民银行召开并有 13 家商业银行行长参加的第一次专门研究资产负债比例管理的会议。会议交流了几年来资产负债管理的经验，对当前资产负债管理的难点作了分析和研究。这是一次很有意义的会议。

一、我国商业银行的资产负债管理工作已经有了一个良好的开端

商业银行的资产负债管理，就是对其资产和负债之间的组合关系进行科学的、及时的协调，在保证资金使用安全性、流动性的前提下获得尽可能多的盈利。我国社会主义商业银行的资产负债管理，是对资产和负债的组合进行协调，在执行国家金融法规、产业政策和保证资金使用安全性、流动性的前提下，通过增收节支，获取较多利润，为国家和投资人增加积累，为银行增强自我发展能

注：1994 年 11 月 4 日，中国人民银行召开商业银行资产负债比例管理座谈会，会议要求商业银行抓紧落实人民银行制定的商业银行资产负债比例管理办法，实行资产负债比例管理，提高经营管理水平和效益。此文根据戴相龙同志在这次座谈会上的讲话整理而成。

力。资产负债管理是商业银行经营管理的一种方式，也是中央银行对商业银行实行监督管理的一项基础工作，是中央银行实施货币政策的一个重要条件。资产负债管理水平，是衡量一个国家金融业管理水平高低的一条重要标志。资产负债管理作为一种理论和管理方式，最早侧重于资产管理，后来侧重于负债管理，现在一般是把资产和负债结合起来进行管理，即资产负债管理。我们这次座谈会讲的资产负债管理，不是资产负债管理的全部内容，而是重点研究商业银行资产负债管理中的重要比例关系。

我国银行资产负债管理不是从这几年开始的，而是经历了几个发展阶段。

第一阶段是 1978 年以前。这个时候，人民银行既是国家金融管理机关，又是办理金融业务的国家银行，对银行的资产负债管理，主要是通过考核经济核算指标来进行的。人民银行专门下发过关于加强银行经济核算的通知，对分支行的存款、贷款、费用、成本、利润逐级考核，各级银行有资产负债表，或资金来源和运用平衡表。但是，那时候的银行管理，不是商业银行的资产负债管理，而是国家高度集中的综合计划管理的重要组成部分，是与人民银行高度集中的信贷资金管理体制相适应的银行业务的简易管理。

第二阶段是 1978 年到 1992 年。农业银行等专业银行从人民银行分设出来，特别是在中共中央提出专业银行要坚持企业化的改革方向以后，专业银行在资产负债管理方面进行了有益的探索，工商银行等银行提出存贷分离，农业银行推行集约经营计划。商业银行是既能创造货币，又能自主经营货币的银行。在这个时期，我国的专业银行能创造货币，从这个角度上看是商业银行，但还要承担政策性贷款业务，不能自主经营货币，又是政策性银行。国家专业银行由于具有商业银行和政策性专业银行的双重性质，也就不可能像商业银行那样进行真正的资产负债管理。从 1987 年开始，交通银行等商业银行逐步成立，这些银行产权上实行股份制，业务上实行综合经营，机构按经济区设立，资金使用自求平衡，经营目的就是在保证资金流动性、安全性的基础上，逐步增加盈利，已经是商业银行的发展模式。这些银行初步建立了与国际惯例相接近的资产负债管理体系，并获得国际金融界的好评。

第三阶段是 1992 年以后。党的十四大召开以后，根据建立社会主义市场经济体制的要求，明确了我国金融体制改革的目标，要建立以中央银行为领导、商业银行为主体、多种金融机构并存的组织体系，要建立金融市场，要加强宏观调控。今后，我国银行的主体是商业银行，是按照国际惯例管理的商业银行。从十四大开始，我国在银行业开始实行资产负债管理，并有了一个良好的开端。

第一，人民银行已经制定了新的资金管理办法、商业银行资产负债比例管理办法及其考核办法，初步形成了关于资产负债管理的框架性文件。虽然有关规定还要完善，而且要分步实施，但是，这个框架性的文件和国际惯例还是相接近的，有的是按照《巴塞尔资本协议》的要求规定的。第二，工商银行、农业银行、中国银行、建设银行已经制定了商业银行资产负债比例管理的细则，并已报经人民银行批准。第三，以交通银行为代表的 9 家商业银行，资产负债比例管理方面已获得明显成效。另外，在人民银行深圳市分行领导下，专业银行的深圳市分行在资产风险管理方面已创建了一整套接近国际惯例的管理办法。农业银行深圳市分行 1988 年以前的资产质量是很不好的，通过推行资产风险管理，现在资产质量有很大提高。总体上说，我国的银行特别是商业银行的资产负债管理已经有了一个良好的开端。但是，我们要看到，现在还有相当多的领导同志对这项工作重视不够，资产负债比例管理指标体系设置还不完善，有的银行只注重资产负债比例管理中存贷比例，在多存多贷方面呼声高，在资产的质量管理上下功夫不多。实施资产负债管理外部条件的形成，还要经历一个艰苦的过程。

二、要把工作的重点转移到提高银行资产负债比例管理水平上来

为了适应新的金融管理体制，增强商业银行自我约束和自我发展能力，改进人民银行宏观调控方式，保证银行业的稳定发展，人民银行决定从 1994 年开始，对商业银行的资金使用实行比例管理。

商业银行资产负债比例管理暂行监控指标体系主要有：

（一）资本充足率指标

资本总额与加权风险资产总额的比例不得低于 8%，其中核心资本不得低于 4%，附属资本不能超过核心资本的 100%。资本总额月末平均余额/加权风险资产月末平均余额≥8%，核心资本月末平均余额/加权风险资产月末平均余额≥4%。

（二）存贷款比例指标

各项贷款与各项存款之比不超过 75%。对实行余额考核的商业银行，要求各项贷款旬末平均余额/各项存款旬末平均余额≤75%。对实行增量考核的商业银行，要求各项贷款旬末平均增加额/各项存款旬末平均增加额≤75%。

（三）中长期贷款比例指标

一年期以上（含一年期）的中长期贷款与一年期以上的存款之比不得超过 120%。

余期一年以上（含一年期）中长期贷款月末平均余额/余期一年以上（含一年期）存款月末平均余额≤120%。

（四）资产流动性比例指标

流动性资产与各项流动性负债的比例不得低于 25%。

流动性资产旬末平均余额/流动性负债旬末平均余额≥25%。

流动性资产指一个月内（含一个月）可变现的资产，包括库

存现金、在人民银行存款、存放同业款、国库券、一个月内到期的同业净拆出款、一个月内到期的贷款、一个月内到期的银行承兑汇票、其他经人民银行核准的证券。

流动性负债指一个月内（含一个月）到期的存款、同业净拆入款。

（五）备付金比例指标

在人民银行备付金存款和库存现金与各项存款之比不得低于5%～7%，具体比例由人民银行根据各行情况核定。（在人民银行备付金存款＋库存现金）日平均余额/各项存款日平均余额≥5%～7%。

（六）单个贷款比例指标

对同一借款客户的贷款余额与银行资本余额的比例不得超过15%。

对同一借款客户贷款余额/资本总额≤15%。

同一借款客户指：任何一个自然人或任何一个法人。

对最大10家客户发放的贷款总额不得超过银行资本总额的50%。要求对最大10家客户发放的贷款总额/各项资本总额≤50%。

（七）拆借资金比例指标

拆入资金余额与各项存款余额之比不得超过4%；拆出资金余额与各项存款（扣除存款准备金、备付金、联行占款）余额之比不得超过8%。拆入资金旬末平均余额/各项存款旬末平均余额≤4%，拆出资金旬末平均余额/（各项存款－存款准备金－备付金－联行占款）旬末平均余额≤8%。

（八）对股东贷款比例

向股东提供贷款余额不得超过该股东已缴纳股金的100%，贷款条件不得优于其他客户的同类贷款。

对股东贷款余额/该股东已缴纳股金总额≤100%。

本条所称股东指：对银行股本（资本金）出资的单位和个人。

（九）贷款质量指标

逾期贷款余额与各项贷款余额之比不得超过8%，呆滞贷款不得超过5%，呆账贷款不得超过2%。要求逾期贷款月末平均余额/各项贷款月末平均余额≤8%，呆滞贷款月末平均余额/各项贷款月末平均余额≤5%，呆账贷款月末平均余额/各项贷款月末平均余额≤2%。

各级行领导要认真学习十四届三中全会的决定和国务院关于金融体制改革的决定，充分认识发展规范化商业银行的重要性，加速专业银行向商业银行的转换过程，把工作重点真正转移到资产负债管理上来，努力提高信贷资金使用的流动性、安全性、营利性，更好地为国民经济发展服务。

第一，要认识资产负债管理的重要性、紧迫性。资产负债管理的目的，就是要努力提高资金使用的安全性、流动性、营利性。这是商业银行自我发展的需要，是中央银行实行货币政策、加强对金融机构管理的基础，也是建立新型银企关系的一个条件。为了提高信贷资金使用效益，就要提高银行的自我约束、自我发展能力，为此，必须逐步推广资产负债比例管理。社会主义市场经济体制的核心是现代金融制度，新的金融体制的基础是建立规范化的商业银行，而发展商业银行的基本功是资产负债比例管理。因此，加强银行的资产负债管理已成为金融体制改革攻坚战。

第二，要看到银行资产负债比例管理对企业制度改革的促进作用。经济体制决定金融体制，金融体制反过来为经济体制服务，对新的经济体制的形成起促进作用。企业的制度或企业运行机制，决定银行制度或银行的运行机制，但商业银行推行资产负债管理，实行自主经营、自我约束也会有效地促进企业制度的改革。只看到经济决定金融，看不到金融对经济的反作用是不行的。在当前的条件下，应该讲不可能全面推行商业银行资产负债比例管理，但也不能在资产负债比例管理上无所作为。我们要在推行资产负债管理方面有所作为。当前，在新增加的工业产值中，有三分之二来自于三资企业、乡镇企业、股份制企业，就是说三分之二来自于市场经济运行机制这一块。另外，许多国有企业，包括大中型企业，经过多年改革也开始按市场机制运行。企业制度的改革虽然艰难，但主要难在因历史原因形成的几大行业，如煤炭工业、森林工业、纺织工业、兵器工业，而对三资企业、乡镇企业、大部分国有企业，银行对它们的贷款可以改变资金供给制，实行信贷资金经营制，由商业银行自主择优贷款，运用信贷和利率杠杆来促进企业改革。

第三，每家银行要认真制订和执行资产负债比例管理的中长期工作计划。提高商业银行资产负债管理水平，是商业银行经营管理工作永久性的课题。各家银行要用3～5年的时间，进行这场攻坚战，并且在这场攻坚战中出效益、出人才。我认为，中国的大局是稳定的，不管经济工作、金融工作的重点有什么不同，或者说有什么调整，甚至各家银行的人事有什么变化，但是作为一家商业银行，一定要把资产负债管理工作作为一个永久性的课题，经过上下和左右、前任和后任的努力奋斗，使银行资产负债的管理水平迅速提高。为此，各行不但要有一个年度计划，还要有中长期计划。如果5年时间太长，最好用3年时间，把基础打好，逐步做好清理资产、调整结构、建立制度、培训干部、调整分支机构、扩大股金等项工作。银行一般是社会化大生产企业，专业银行是个超大型银行企业，要有一个5年发展计划，或者3年发展计划，紧紧围绕资产负债管理，做好其他各项工作，把自己的银行建成各地、全国乃至国际一流的银行。

第四，是要把资产负债管理水平的高低，作为检验银行办得好坏、行长是否称职的标准。我们国家以经济建设为中心，而一个银行作为经营货币的特殊企业，也应该有个中心，这个中心就是经营管理。全行上下、各个部门，要围绕这个中心进行工作，纵比自己，横比典型。各行领导要识宏观，懂法规，学业务，知实情，敢管理，把工作重点切实转移到加强资产负债管理上来，为发展我国现代金融事业建功立业。

三、关于加强资产负债管理的几项工作

（一）关于存贷比例与贷款限额的关系

现在，许多银行要求取消贷款规模的限额控制，实行存贷比例控制。对此，我们要统一认识。

一是要对资产负债比例管理有全面的认识。不能把资产负债比例管理单纯看成存贷比例管理。信贷资金的充分运用，必须坚持贷款的条件，做到按期收贷收息；必须保持全行资金来源和运用的统一平衡，现在和后期资金使用的统一平衡；必须执行国家信贷、产业政策和区域改革的政策。二是取消对商业银行规模控制，转变为自我控制、比例控制，这肯定是今后我国商业银行发展的方向。三是要把贷款限额管理改为存贷比例控制，必须具备一定条件，即政策性业务和商业性业务要分开，企业和银行分别自主经营，利率的形成要市场化，银行的自我管理要跟上，贷款实行风险管理，资金能在全行统一调度。四是要在加强管理的基础上，逐步完善贷款总量控制，实行存贷比例控制。明年怎么办，我想有两种方案：一是对股份制商业银行实行以比例控制为主的规模控制，专业银行明年仍是规模限额控制，同时各行要把资产质量监控制度和资金调度制度建立起来。二是对股份制商业银行实行存贷比例管理，对专业银行实行以比例管理为主的规模控制。我看第一个方案比较稳健。

（二）关于资产质量监控问题

对银行资产质量进行考核，是实行资产负债比例管理的重要内容。为了提高资产质量，当前我们要做好几项工作：一是制定金融机构贷款管理办法，在此基础上再制定《信贷法》。二是明年在全国全面推行审贷分离制度，贷款担保、抵押制度。三是建立贷款质量监控制度，对有问题贷款实行科学分类，做好有问题贷款的记账、分析、考核工作。

（三）关于当前信贷风险防范及债务清偿问题

第一，关于企业破产后冲销呆账的问题。冲销呆账只能限定下列范围：自然人死亡绝户所欠贷款；企业法人破产以后债务清偿不足的贷款；借款人遭受不可抗拒的自然灾害后所欠贷款；国务院审定的其他收不回的贷款。不在这个范围的，都不能作呆账处理。企业申请破产，当地人民银行可作为债权银行的主管机关代表参加债务清查小组，债权银行及其上级行，可派代表参加债权人会议，对企业是否破产和债务清偿提出意见。按现行法规，对银行债务不能优先还债，但债权银行如对贷款实行担保、抵押，可以获得债务清偿优先权。

第二，企业实行"先分后破"、"金蝉脱壳"，并不能逃避债务。一个公司投资成立子公司，只能限制在自有资金50%以内，并要征得债权人的同意，应该按照划分出去的资本金或者是资产的多少来划分债务。母公司破产后，由于子公司是母公司的财产，子公司仍要作为母公司破产财产用于清偿债务。

第三，公司变更后的债务落实问题。几个公司合并为一个公司，或者一个公司分立为几个公司，原公司都要通知债权人，债权人有权要求公司归还债务，或者提供担保，否则公司不能变更。

第四，公司承包租赁后债务清偿问题。承包租赁后的企业所有制不变，法人仍然存在，因此承包人、发包人要明确债务的偿还。

各级银行要选调一些律师到银行工作，或聘请一些律师作银行法律顾问，充分运用法律发放贷款，收回贷款，保障银行债权人在企业体制变革中的合法权益不受侵犯，维护国家和存款人的利益。

四、加强组织领导，继续做好资产负债管理工作

（一）要明确资产负债管理责任制

一个银行的资产负债管理，特别是资产的质量和风险管理，由一个银行的行长（总经理）负责，行长的助手在行长领导下也有责任做好这项工作，但必须是行长负责制。除此之外，在内部还应该有一个分工。资金运用的流动性管理，应该是以计划部门为主；贷款的质量、安全性管理，应该以信贷部门为主；资金成本、利润的分析，应该是以会计部门监管为主；资金的流动性、安全性、营利性的真实性监督应以稽核部门为主。这样既有行长负责，也有部门分工，才能建立统一领导分工负责的资产和负债管理制度。

（二）资产负债管理的组织领导形式

我赞成成立资产负债管理委员会，外国的商业银行一般也建立这个委员会。在一个较大的银行，其总行、分行应成立资产负债管理委员会，在二级分行、县支行主要采取行务会的例会制度形式。在这次会议以后，没有成立资产负债管理委员会的总行或者分行，我建议尽快成立。二级分行和县支行，在每一个季度开一次行务会，专门进行资产负债的分析和管理。我主张行长负责、部门分工，但是还得有一个综合部门进行综合分析，而且还要设有专职业务人员。这个部门交通银行是放在计划部，并设有一个资产负债管理处。工商银行、农业银行、中国银行、建设银行，你们几家自己定，一定要有个综合部门来做这件事情。

（三）当前要做好的几项工作

第一，10月20日前，各家银行（13家）要把上半年资产负债比例管理的工作报告，以及按照中国人民银行制定的报表上报人民银行总行。

第二，各行第四季度制定 1995 年贷款质量监控制度和内部资金调度制度。

第三，对当前贷款风险及管理做一下调查，认真召开行务会，迅速采取什么措施防范信贷及各种风险，这是当前做好资产负债管理工作中最需要解决的问题。

第四，尽快制定中国人民银行金融机构贷款管理办法。

第五，请交通银行和人民银行深圳市分行整理修改在会上交流的材料，再由人民银行总行向金融系统推广。另外，通过《金融时报》、《中国金融》、《人民日报》、《经济日报》给予必要的宣传，会上其他几个银行经验材料也要宣传一下，充分反映我国银行业管理在改革中前进和发展。

第六，人民银行总行资金司会同有关司局组织一个资产负债管理讲座，向各级银行负责人及有关业务人员宣传资产负债比例管理的基本知识。

希望大家今后继续努力，为我国银行业管理水平有一个崭新的提高而努力，在改进金融管理的过程中，提高业务管理水平，培养出更多金融业的专门人才和银行家。

关于货币供应量问题

（1994 年 11 月 29 日）

前不久，中国人民银行推出了货币供应量统计监测指标，并从第三季度开始按季向社会公布，这是我国宏观经济管理工作的重大改进。现就大家共同关心的问题谈几点粗浅看法。

一、什么是货币供应量

货币供应量是全社会的货币存量，是全社会在某一个时点承担流通手段和支付手段的货币总额，主要包括机关团体、企事业单位、城乡居民所拥有的现金和在金融机构的存款等各种金融资产。这些现金和存款，只要持有者愿意，就可以购买商品和支付劳务费用，因此，货币供应量是社会总需求的货币表现。

根据货币流动性的强弱，货币供应量可划分为不同层次。参照国际通用原则，根据我国实际情况，中国人民银行将我国货币供应量指标划分为以下四个层次。M_0：流通中的现金；M_1：M_0 + 企业

注：1994 年 10 月 28 日，中国人民银行颁布了《中国人民银行货币供应量统计和公布暂行办法》，推出了货币供应量统计监测指标，并从 1994 年第三季度开始按季向社会公布，这是我国宏观经济管理工作的重大改进。此文是戴相龙同志发表在 1994 年 11 月 29 日《人民日报》的署名文章。

活期存款＋机关团体部队存款＋农村存款＋个人持有的信用卡类存款；M_2：M_1＋城乡居民储蓄存款＋企业存款中具有定期性质的存款＋外币存款＋信托类存款；M_3：M_2＋金融债券＋商业票据＋大额可转让存单等。M_1 是通常所说的狭义货币供应量，流动性较强；M_2 是广义货币供应量，M_2 和 M_1 的差额是准货币，流动性较弱；M_3 是考虑到金融创新的现状而设立的，目前暂不测算。

货币供应量通过银行体系创造和提供，是财税、金融、投资、消费、国际收支的综合反映。商业银行吸收企业一笔存款，可以向另一个企业发放贷款，这个企业也可将存款存入另一个银行，另一个银行也可以用这笔存款的一定金额发放贷款，依此类推，一笔存款可以产生数倍的派生存款，给社会提供了存款货币。中央银行通过对商业银行发放或收回贷款等方式，调节社会货币供应量。可见，银行体系的信贷收支业务对调节社会货币供应量有重大影响。但是，存款的收付是银行的客户自主决定的，银行体系对货币供应量的调节是有限度的。特别是在我国，当财政出现赤字，固定资产投资和消费基金增长过快，企业产品积压和亏损扩大时，必然减少存款货币，倒逼银行追加贷款，扩大现金投放，扩大社会货币供应量。控制货币供应量，要进一步发挥银行体系的作用，但是，必须加强对国民经济的宏观调控，必须协调运用财税、金融、投资、物价、国际收支等政策。

统计和公布货币供应量，对加强和改善我国宏观经济管理具有重要意义。随着市场机制的引进，仅仅控制国家银行贷款和现金，已经远远不够了。一是单一的国家银行体制被多种金融机构所取代，国家银行以外金融机构新增贷款占全部金融机构新增贷款的比例已达到二分之一。二是企业通过招股发债向社会直接融资越来越多，到今年 6 月底，国内发行有价证券到期兑付后余额已有 5 000 多亿元。三是随着对外开放的扩大，外汇资产的变动对国内货币供应量的影响也越来越大。以上说明，如果我们只是监测国家银行贷款，而不是综合监测货币供应量，就不能客观反映全社会货币支付能力，不了解各个层次货币对社会供给的影响。统计和公布全国货币供应量，有利于国家做好社会总供给和总需求的基本平衡，更好地制定和实施货币政策，改善宏观调控，保持货币稳定，并以此促进经济增长。

二、货币供应量增加过多的主要原因

当前，我国经济生活中最突出的问题是，货币供应量增长过多，通货膨胀严重。10月底，全国各类金融机构的企业存款比年初增加 3 150 亿元，比去年同期增加数增长 2.6 倍。其中，企业定期存款比年初增加 536 亿元。从一些地区、一些行业和不少国营企业看，资金紧缺的状况依然存在，但是，从全国总体上看，从总量上看，当前货币供应量仍属偏多。到今年第三季度末，我国流通中货币 M_0 为 6 413 亿元，增长 26.4%，比第二季度提高了 7.5 个百分点；狭义货币 M_1 为 19 009 亿元，增长 32.5%，比第二季度提高 11.7 个百分点；广义货币 M_2 为 43 514 亿元，增长 37.1%，比第二季度提高 7.4 个百分点。货币供应量特别是货币供应量 M_1 增长过多，必然加剧现在通货膨胀的压力。全国零售物价指数，今年 1~9 月上升 20.9%，10 月份零售物价上升 25.2%，居民消费价格总水平上升 27.7%，通货膨胀的形势严峻。对货币总量增加过多和通货膨胀严重的原因要具体分析，对其后果危害性要有足够认识。只要我们统一认识，坚决控制货币总量过多增加，治理严重通货膨胀，保持经济发展好势头，是完全可以做到的。

提高粮食、棉花、石油、煤炭等初级产品的价格，相应增加货币供应，带动结构性物价上涨。为了建立社会主义市场经济体制，必须逐步提高初级产品价格，商品之间实行等价交换。基本完成这

项改革，从 1979 年开始，如用 20 年时间，每年要影响物价上升 3～5 个百分点。今年，因国家先后提高粮食、棉花等农产品收购价格，国家银行 1～10 月农副产品采购现金支出比去年增长 43%，提高了农民生产和出售农产品的积极性，为明年降低物价创造了条件。但是，由于流通环节混乱带来的乱涨价，加之国营商业调节市场供求作用的削弱，实际上消费者承担的价格远远超过了国家提价幅度。

固定资产和消费基金增长过快，仍然是货币供应量增加过多和通货膨胀居高不下的重要原因。今年 1～10 月，全国国有单位完成固定资产投资比去年同期增长 40.4%，增幅虽比去年同期回落，但仍在去年高增长的基础上继续高速增长。1～10 月，全国固定资产投资率（全社会固定资产投资总额与国内生产总值之比）为 38%，加上工商企业每年有上千亿元流动资金被挤占到固定资产投资上，还有一些固定资产投资没有列入国家统计之内，实际上固定资产投资率超过 40%。1～10 月，国家银行对工资及个人现金支出比去年同期增长 41.34%；对行政企业管理费现金支出比去年同期增长 37%。

银行贷款和财政支出增加较多，也相应扩大了企事业单位存款，增加了货币供应量。1～10 月，国家银行贷款比去年同期多增加 1 072 亿元，其中，农副产品收购贷款多增加 760 亿元，工业贷款、农业贷款、固定资产贷款分别多增加 210 亿元、130 亿元、140 亿元，使用结构比较合理，全年信贷规模可控制在计划之内。但是，信贷审查不严，贷款质量偏低；银行业和信托、证券业尚未真正分开，部分信贷资金不正当流入股票和房地产市场，也进一步增加了信贷压力。财政收入占国民生产总值比例过低，中央财政收入占财政总收入比例过低，财政无力向国有企业增补自有资金，有些企业工资和费用管理失控，今年 1～9 月财政支出增长快于去年，这也是增加货币供应量和通货膨胀压力的一个重要原因。

国家外汇储备大量增加，是今年货币供应量大幅度上升的新因素。到 10 月底，外汇储备比年初增长 1.1 倍，占用人民币比年初增长 1.7 倍。外汇储备增加，表现为我国国际支付能力的加强，是一件好事。但是，一方面，商品劳务出超，国内供给净减；另一方面，与外汇等值的人民币投入市场，增加货币供应量，造成国内需求净增，两相挤压，也相应增加通货膨胀压力。面对这种情况，中央银行通过收回对金融机构贷款和对商业银行开办定期存款，尽力控制基础货币。到 10 月底，对金融机构贷款比去年同期减少 1 700 多亿元。但是，由于外汇占款增加过多，1~10 月，人民银行的基础货币仍比去年同期多投放 800 多亿元。去年 11 月、12 月贷款多，今年 11 月、12 月贷款少，预计全年新增基础货币和去年持平。

三、坚决控制货币供应量过快增加

货币供应量增加要和社会产品和劳务的总供给相适应。货币供应量的适度供给要考虑几个因素。一是能够保持持久、健康发展的经济增长速度；二是社会可以承受的价格调升幅度；三是货币周转速度。1979 年以来，我国经济每年平均增长 9.3%，零售物价每年上升 6.44%，货币供应量 M_1 流通速度年均减慢 4.7%。15 年来，货币供应量 M_0 年均增长 24.7%；M_1 年均增长 20.6%；M_2 年均增长 25.3%。从现在到本世纪末，是我国经济发展的重要历史阶段，我们应当利用有利时机，根据经济发展，适当增加货币供应量，使国民经济几年上一个新台阶。但是，也要正确处理改革、发展和稳定的三者关系，坚决控制货币供应量过快增加，抑制严重的通货膨胀，杜绝恶性通货膨胀的发生。按此原则，今后货币供应量 M_1 的增长一般应控制在 20%~25%。今年 1~9 月，货币供应量 M_1 增长32%，预计第四季度要有所下降，到年底可以回落到28%左右。但是，从经济增长和控制通货膨胀的目标看，货币供应总量增长仍然过多，应当通过各种方式加以控制。

要深入进行金融体制改革，充分发挥银行体系调节货币供应量的作用。中央银行要创造条件，从主要依靠信贷规模管理，转变为运用存款准备金、中央银行贷款利率和公开市场业务等手段，调控货币供应量，保持币值稳定。在目前条件下，为了控制信用总量，按产业和区域发展政策把信贷资金合理地分配到各个地区、行业和重点企业，中央银行对银行贷款还需要实行规模限额控制。同时，我们要把银行的政策性业务和经营性业务真正分开，在各家银行真正建立资金使用比例控制制度，提高商业银行总行对分支行资金的统一调度能力，创造条件把对商业银行的贷款限额控制改为商业银行的自我控制。全国性的国有商业银行的业务，要适当向大中型企业、大中城市集中，同时，要发展区域性商业银行和城乡合作银行，完善金融市场，加速资金周转，提高信贷资金使用效益。随着对外开放的扩大，中央银行对本币和外汇要统一管理，确定外汇储备的合理数量，加强对外汇市场和企业结汇的管理，在外汇占用人民币增长幅度过大时，要相应减少人民币供应量，并对外资投向加以引导，坚决控制土地批租。

要加快企业制度和投资体制的改革，为防止信用扩张创造条件。国营大中型企业扭转困境，关键在于转换机制，面向市场。同时，宁可暂时放慢一些发展速度，减少一些投资，也要每年安排一定数额贷款和财政资金，加速国营大中型企业技术改造，促进部分企业职工转产，有计划地对不能偿付债务的企业实行兼并和实施破产。国民经济周期性波动的一个重要原因，是固定资产投资的"软约束竞争"。因此，要坚定不移地进行投资体制改革，特别是要建立投资业主责任制，加强固定资产投资自筹资金的管理。新建和扩建项目，在开工之前必须落实资金来源。凡企业自筹资金，要有开户银行和上级主管部门认定；凡属于贷款，事先要有银行承诺；凡属发债和利用外资，要有计划部门批准。一个地区、一个行业、一个企业制定投资计划，必须和资金筹集能力相适应。凡是生产建设规模严重脱离实际，造成经济重大损失者，必须追究有关人员的责任。

在控制货币供应量的同时，要调整资金使用结构，增加社会有效供给。根据银行业务范围实行"基本分工、适当交叉"的原则，分别确定工商企业主办银行，使经济效益好的企业获得较为稳定的信贷资金。对影响国计民生的大中型企业，逐步改为总分行贷款。在全国范围内对商业信用进行一次全面整顿，运用信贷、结算、经济、法律、行政等手段，清理企业相互拖欠，在企业之间建立有支付保证的供销关系。为了支持农业发展，要适当提高农副产品收购价格，要增加财政和银行对农业的投入，要推广先进的农业生产技术，同时，更要重视农产品生产和流通组织的改革。正确宣传和发展合作制，由生产者组织生产、供销、信用合作社，把农产品、农产品加工和销售的利润，合理地返还给生产者，增加农民的收入，提高农业生产组织社会化程度，缓解当前小生产和大市场的矛盾，减少农副产品流通中的混乱局面。

实行适度从紧的货币政策

（1995 年 1 月 12 日）

1994 年 11 月 28 日，江泽民同志在中央经济工作会议上的讲话中提出，1995 年要"采取适度从紧的财政政策和货币政策"。根据中央经济工作会议精神，确定 1995 年全国金融工作指导思想是：实行适度从紧的货币政策，进一步强化金融监管，改善金融服务，坚决抑制通货膨胀。1995 年的人民银行货币、信贷计划编制和执行要认真实行适度从紧的货币政策。

一、1994 年货币信贷计划执行情况

（一）货币、信贷计划执行情况

1994 年，我国财政、金融、外汇、外贸、投资、价格和流通体制等重大改革顺利实施，国家宏观调控能力得到进一步加强，国

注：1995 年 1 月 10 日至 14 日，全国金融工作会议和中国人民银行全国分行行长会议在京召开。14 日上午，时任国务院副总理兼中国人民银行行长的朱镕基同志到会作了重要讲话。会议确定 1995 年金融工作的指导思想是：实行适度从紧的货币政策，进一步强化金融监管，改善金融服务，坚决抑制通货膨胀。在这次会议上，中国人民银行提出执行适度从紧的货币政策，最早提出用有关货币政策工具调控货币供应量。戴相龙同志在此次会上作了关于 1995 年货币信贷计划的说明，此文据此整理而成。

民经济继续保持好的发展势头。全年国内生产总值比上年增长
11.8%；农业虽然遭受比较严重的水旱灾害，粮食总产量仍达到
4 446亿公斤，棉花产量达到8 500万担。全社会固定资产投资增
长28.5%左右，增幅较去年回落30个百分点。财政收入较快增
长，金融形势稳定，外贸出口大幅度增加。

1994年，金融部门认真贯彻执行"继续整顿金融秩序，稳步
推进金融改革，严格控制信贷总量，切实加强金融监管"的金融
工作方针，收到了明显的效果，货币、信贷计划执行情况较好，金
融宏观调控正在向预定目标发展。各项存款稳步增长。去年全国金
融机构各项存款余额40 503亿元，比年初增加11 269亿元，增长
38.5%。各项贷款控制在计划以内。到1994年底全国金融机构各
项贷款余额40 643亿元，比年初增加7 884亿元，增长24.1%。
与往年相比，贷款投放的季度之间安排较为合理。现金投放控制较
好，到年末市场货币流通量为7 289亿元，比年初增加1 424亿元，
增长24.3%，比原计划少投放376亿元，比上年少增加105亿元。
国家外汇储备增加较多，人民银行外汇占款大幅度上升。汇率并轨
以来，人民币汇率稳定有升，企业结汇持续增加，到去年底，国家
外汇储备已达到516亿美元，比年初增加304亿美元，增长
143.4%。

（二）1994年金融宏观调控和改革措施

1994年，金融部门按照党中央、国务院各项指示精神，加强
了金融宏观调控的力度，稳步推出了各项金融改革措施，巩固和发
展了1993年下半年以来取得的金融工作成果。

一是强化人民银行宏观调控职能。按照国务院关于金融体制改
革的决定，去年初，人民银行制定和下达了《信贷资金管理暂行
办法》，进一步加强和完善中央银行对货币、信贷资金的管理。控
制了基础货币的投放，再贷款比年初增加859亿元，比去年同期少

增加 2 059 亿元。扩大了金融监测的范围，把货币供应量作为金融调控的重要监测指标，建立了货币供应量统计制度，并从第三季度开始向社会公布货币供应量增长情况，增加了货币监控透明度，得到国内外好评。人民银行分支机构职能已经开始转化，综合分析、金融监管、结算监督和调查统计等职能逐步加强。

二是适时调整信贷政策。去年上半年，人民银行提出并执行了"固定资产贷款从严控制，流动资金贷款区别对待，农副产品收购贷款保证供应"的信贷政策，促进了经济发展和社会的稳定。截止到去年 12 月末，农业贷款增加 164 亿元，比上年同期多增加 67 亿元；流动资金贷款增加 3 623 亿元，比上年多增加 412 亿元；固定资产贷款增加 1 677 亿元，比上年多增加 460 亿元，国家重点建设项目贷款全部按期到位；对粮棉油收购继续实行"边贷边报，先垫后补"的政策，保证了粮棉油等主要农副产品收购资金的供应。

三是改进信贷资金管理。初步实行国家银行政策性与商业性业务分开管理。1994 年 6 月底之前，专业银行向国家开发银行、中国农业发展银行、中国进出口银行划转资产与负债工作基本完成。有关金融机构认购国家开发银行和中国进出口银行金融债券 775 亿元，保证了国家重点建设贷款和机电产品出口卖方信贷的资金需要。逐步推行了资产负债比例管理和风险管理办法。1994 年，人民银行陆续批准工商银行、农业银行、中国银行、建设银行、交通银行根据人民银行的规定制定的资产负债比例管理实施办法，对其他金融机构实行资产负债比例管理也作了具体规定。同年 9 月，召开了全国资产负债比例管理工作座谈会，促进各金融机构建立和完善自我约束机制和风险防范机制。设立了中央银行公开市场操作室，并开始在外汇交易中心买卖外汇，保证人民币汇率的稳定和国家外汇储备的持续增长，为中央银行通过公开市场吞吐基础货币，积累了一定经验。

（三）货币、信贷运行中存在的主要问题

从总体上看，1994 年经济、金融形势是好的，但也要看到，我国目前经济总量平衡的基础尚不巩固，经济运行中一些深层次问题未从根本上得到解决。物价上涨过猛，通货膨胀压力增大，已成为影响我国改革和发展的问题。反映在货币、信贷方面，也存在一些不容忽视的问题，主要表现在：

一是货币供应量增长过快。到去年 12 月底，狭义货币 M_1 增长 26.8%，比年初确定监测目标 23% 高出 3.8 个百分点；广义货币 M_2 增长 34.4%，比年初确定的监测目标 25% 高出 9.4 个百分点。货币由银行体系创造和提供，因此控制货币供应量需要进一步改进金融工作，但同时要认识到，货币供应量是财税、金融、投资、物价、消费、国际收支的综合反映，控制通货膨胀要综合运用经济、法律、行政措施。

二是固定资产贷款比重过大。1989 年新增固定资产贷款占全部贷款比例为 11.93%，1991～1993 年平均达到 26%。1994 年固定资产贷款计划新增 1 760 亿元，占各项贷款计划增加 5 200 亿元的 33.8%，为历史上所占比重最高的年份。由于近年来企业流动资金使用效益有所下降，产成品资金占用上升，贷款拖欠较为严重，固定资产贷款占全部贷款比重过高，更加剧了企业流动资金紧张的矛盾。

三是银行贷款被挤占挪用的现象较为严重。据人民银行、国家审计署、农业银行对 100 个农副产品收购大县统计，新增收购贷款不合理占用达到 20%。银行通过附属信托、证券公司，把信贷资金挪用到证券、房地产的问题也相当严重。

四是信贷资金周转速度减缓，使用效益下降。据工商银行对 4 万户预算内国营大中型企业统计，到去年 11 月底，产成品库存占用资金 1 843 亿元，企业应收预付账款为 6 592 亿元。1994 年 1 ~ 11 月，国家银行贷款周转次数为 1.07 次，比上年同期减缓了 22 天。

二、正确理解和实行适度从紧的货币政策

经国务院同意，今年金融工作指导思想明确为：实行适度从紧的货币政策，进一步强化金融监管，改善金融服务，坚决抑制通货膨胀。为了正确执行金融工作指导思想，必须正确理解和宣传好适度从紧的货币政策。

适度从紧的货币政策是针对当前通货膨胀的严峻形势提出来的。1993 年，全国社会商品零售物价上升 13.2%，1994 年初提出把物价上涨幅度控制在 10% 以内。但是，尽管做了大量工作，全年物价仍可能达到 22% 左右。无论按什么标准划分，这已属于严重的通货膨胀，已给改革发展和稳定带来严重危害。通货膨胀的原因是多方面的，但是最终都要反映为货币供应量过多，社会需求超过社会有效供给。因此，今年必须要控制货币供给，采取适度从紧的货币政策。

实行适度从紧的货币政策是中央经济工作会议的精神，也是中央银行的职责。在中央经济工作会议上，江泽民同志指出："明年一定要控制固定资产投资规模，控制消费基金增长幅度，采取适度从紧的财政政策和货币政策。"在前不久召开的全国财税工作会议上，财政部已把执行适度从紧的财政政策作为今年财政工作的指导方针，并在报刊上公开宣传。人民银行的主要职能是在国务院领导下，制定和实施货币政策，保持币值的稳定，并以此促进经济发展。1994 年提出"从严控制信贷总量"，实际上也是执行适度从紧的货币政策。今年，根据中央经济工作会议要求，人民银行应当把实行适度从紧的货币政策，作为今年的金融工作方针，并进行必要

的公开宣传。今年1月1日人民银行调高对金融机构的贷款利率，就是向全国发出中央银行执行适度从紧货币政策的信号。

实行适度从紧的货币政策，不是对宏观调控"急刹车"，也不是对企业贷款要求"一刀切"，而是要促进经济持续、快速、健康发展。1993年下半年，人民银行控制银根，主要是实行"堵邪路、开正道"，没有实行"一刀切"的紧缩。去年从严控制信贷总量的一个特点，是根据经济运行情况，在各个季度合理安排信贷规模。今年实行适度从紧货币政策，也不是"急刹车"。今年，国家银行贷款计划增加5 700亿元，增长17.7%，社会信用计划增长19.3%，货币供应量 M_1 预计增长21%～23%，与国家制定的经济增长8%～9%和物价控制在13%左右的目标相适应。

实行适度从紧的货币政策，要立足于控制总量，调整结构，盘活资金。"适度从紧"是针对货币总量讲的，并不是对所有企业收紧银根。对农副产品生产和收购、有效益的工业生产、重点建设，在信贷计划上仍要重点安排。同时，我们要在提高贷款质量、加速资金周转上下功夫，保证经济发展合理的资金需要。现在全社会贷款已达4万亿元，其中，国家银行已达3.2万亿元。全年周转1.07次。执行适度从紧政策，要把工作重点放在盘活资金存量上。

实行适度从紧货币政策，不仅要从紧控制信用总量，而且要从严管理金融机构。中央银行货币政策是通过金融机构传导给企业的，为了货币政策正确执行，必须从严监管金融机构。当前，要督促各银行提高贷款质量，保证经济发展重点需要，整顿结算纪律，搞好银行和信托等公司分业管理。

实行适度从紧货币政策，需要协调运用各项经济政策。货币是由银行体系创造和提供的，做好金融工作，对控制通货膨胀有重大作用。同时，货币供应多少，是财政、投资、消费、物价、国际收支政策的综合反映。因此，实行适度从紧货币政策，不只是一个行业的工作方针，而是我国经济工作的一个重要方针，需要各地区、各部门密切配合，共同落实。

三、1995 年货币、信贷计划

1995 年货币、信贷计划的编制和执行，要坚持控制通货膨胀，执行适度从紧货币政策，支持扩大农副产品的生产和供应，支持国有企业进行现代企业制度改革，努力提高信贷资金使用效益和金融资产质量，支持国民经济持续、快速、健康发展。据此，确定1995 年货币、信贷管理工作的重点是：认真监测货币供应总量，严格控制贷款规模，完善货币政策手段，优化新增贷款投向，提高信贷资产质量，加速信贷资金周转。

1995 年货币、信贷计划安排的思路和顺序是：根据国民生产总值增长目标，物价涨幅控制指标和货币流通速度变化率，确定货币供应量 M_2、M_1、M_0 的增长幅度，作为宏观监测指标；根据货币供应量增长计划，确定社会信用规划，作为金融监管指标；再按照已确定的社会信用规划，分行确定国家银行信贷计划、区域性商业银行信贷计划、非银行金融机构信贷计划和直接融资计划，其中国家银行信贷计划作为金融监控指标。

（一）货币供应量增长监测目标

货币供应量是全社会的货币存量，是全社会在某一个时点承担流通手段和支付手段的货币总额。随着经济体制改革的进一步深入和社会主义市场经济体制的逐步确立，中央银行仅仅控制国家银行贷款和现金，已经远远不够。一是单一的国家银行体制被多种金融机构同时并存所取代，国家银行以外金融机构新增贷款占全部金融机构新增贷款的比例逐年上升。二是企业通过招股发债向社会直接融资越来越多。三是外汇资金的增加对国内货币供应量的影响也越来越大。这些变化要求我们要综合监测货币供应量，客观反映全社会货币支付能力，掌握各个层次货币对社会供需的影响。因此，编制 1995 年货币、信贷计划，应确定货币供应量增长监测指标。

1995 年货币供应量 M_0 增加 1 500 亿元，增长 20.5%；M_1 增长 21% ~ 23%；M_2 增长 23% ~ 25%。如果现金发行比 1 500 亿元有较多减少，M_1 可控在 20% 以内。

1995 年货币供应量增长指标，是按照国民生产总值计划增长 8% ~ 9%，物价涨幅控制指标为 13%，同时考虑近年货币流通速度减缓情况测算的。货币供应量因受多种因素影响，所以确定一个增长幅度，并作为宏观监测指标进行分析。人民银行要按月进行监测，按季向社会公布，并依据货币供应量的变动情况适时调整中央银行货币信贷政策。

（二）社会信用规划

1995 年社会信用规划，资金运用暂定计划 9 000 亿元，增长 19.3%，其中，金融机构各项贷款增加 7 500 亿元，增长 18.5%；直接融资计划 1 500 亿元。资金来源方面，金融机构各项存款增加 9 500 亿元，增长 23.5%；现金发行 1 500 亿元，增长 20.6%；国债发行 1 500 亿元。

（三）国家银行信贷计划

各项存款计划增加 7 000 亿元，增长 23.8%，其中，储蓄存款计划 4 000 亿元，企业存款计划 2 800 亿元，其他存款 200 亿元；各项贷款计划增加 5 700 亿元，增长 17.7%；现金发行 1 500 亿元。

（四）进一步完善信贷计划管理体制

国务院领导明确指示，对银行仍要实行贷款规模控制。今年，对各金融机构信贷计划管理，按照各金融机构的性质、经营特点和资产负债比例管理试行情况，分以下四个类别编制信贷计划，并实施不同的监管办法。国家开发银行、农业发展银行、中国进出口银行，实行指令性计划管理。根据今年承担的具体政策性业务，确定各行全年信贷规模，严格监控。工行、农行、中行、建行实行贷款限额下的资产负债比例管理。交通银行、中信银行、光大银行、华夏银行及其他商业银行实行以资产负债比例管理为基础的规模管理。非银行金融机构分别按有关规定实行资产负债比例管理。考虑到上海、深圳两地的实际情况，鉴于今年对专业银行仍实行贷款规模管理，对上海、深圳的信贷规模仍实行切块管理办法，两地资金有余要及时归还人民银行。

四、实现 1995 年货币信贷计划的主要措施

在执行适度从紧货币政策总原则的指导下，1995 年人民银行将从以下几方面入手，实现对当年货币、信贷总量的控制：

（一）继续控制社会信用总量，加强对固定资产贷款规模的管理

人民银行要把监管的范围扩大到全社会的信用活动。各专业银行要按照人民银行下达的年度、季度计划，合理掌握贷款的发放，未经批准不得突破。各金融机构举办的内部业务部门，如房地产信贷部、营业部、贴现贷款等都要纳入银行贷款规模内进行考核。对其他商业银行、非银行金融机构的贷款，要按照下达的贷款规模或核定的资产负债比例指标，严格掌握。对直接融资，按年初确定的计划执行，未经批准，任何部门和企业不准擅自发债。

固定资产贷款是指令性计划，各金融机构必须严格控制。新建一个具有法人地位的投资项目，争取要有 30% 以上的自有资金。已同意贷款的项目，必须严格按照建设项目施工进度和地方、企业自筹资金到位情况，掌握贷款进度。严禁用流动资金贷款搞固定资产投资，对专业银行原用流动资金安排的固定资产性质的贷款要继续进行清理，除经人民银行审批下达的科技开发等专项贷款外，其

他固定资产性质的贷款都必须纳入年度固定资产贷款规模。商业银行固定资产贷款占全部贷款的比重不得超过人民银行的规定比例，贷款对象必须是经国家计委、经贸委批准立项的投资项目。金融部门要继续贯彻"约法三章"坚决制止乱拆借、乱集资、乱提高利率，严禁绕过银行贷款规模用信贷资金增加固定资产投资。

（二）加强中央银行基础货币管理，从严掌握再贷款的运用

1995年，人民银行主要从以下几个方面加强对基础货币的管理：一是对基础货币运用总量进行严格控制，逐步消化近年来偏多的货币存量。根据专业银行季节性资金变化规律和再贷款资金占用情况，人民银行上半年计划净收回再贷款300亿元，特别是要下决心收回农副产品调销回笼的资金。二是加强对再贷款的管理。人民银行要对再贷款申请进行严格审查，建立贷款管理责任制。再贷款借给金融机构统一使用、归还，不与具体项目挂钩。要逐步减少信用再贷款的比重，扩大再贴现、抵押贷款和公开市场业务等间接调控渠道的资金运用。对去年第四季度再贴现情况进行分析总结后，适当增加再贴现。三是加强人民币与外汇、外债的统一管理，搞好人民币和外币的政策协调。对企业结售汇、外汇占款和外债情况进行及时的分析和监测，控制资本项下的外汇结汇，通过及时调节，使外汇储备保持在一个合理的水平。四是做好调查研究工作，提出建议，协调运用货币政策、财政政策及其他政策，共同抑制通货膨胀。

（三）进一步加强对法定存款准备金和备付金的管理

继续强化对存款准备金的管理，严格界定缴存准备金存款的范围。人民银行分支机构要切实负起责任，坚决杜绝个别金融机构少缴、不缴存款准备金的现象。对监督不力，发现问题不及时处理、上报的，要追究当事人和主管领导的责任。

各专业银行要根据人民银行制定的备付金管理办法，分别确定

不同的备付金比例水平，报所在地人民银行分支机构核定后严格考核执行。专业银行总行要视各地资金营运情况，加强资金调度，及时调剂地区间的资金余缺。同时，各家银行要合理确定持有国债、政策性金融债等的数量，逐步增加资产流动性储备，增强货币支付能力。

（四）发挥利率对经济的调节作用

根据中央经济工作会议精神，人民银行从今年1月1日起，对金融机构贷款年利率提高0.24个百分点，各金融机构固定资产贷款年利率随之提高0.72个百分点。这是中央银行实施适度从紧货币政策的一个重要信号，此举有利于抑制通货膨胀，控制固定资产投资规模，支持有效益的生产经营活动。今年，我们将根据国民经济运行情况，对利率适时进行调整。

（五）积极推进公开市场操作

今年，初步安排向股份制商业银行、城市信用社、养老保险基金销售300亿元国库券，还要发行一定数量政策性金融债券，为发展公开市场创造条件。1995年，要建立国债登记清算机构，在运用国债进行公开市场操作方面有所起步。

我国中央银行的地位和作用

（1995 年 4 月 7 日）

上个月，八届全国人大三次会议通过了《中国人民银行法》，这是我国第一部金融大法。现在，我就学习这个法律，向同志们介绍我国中央银行的地位作用、当前金融体制改革的难点和实行适度从紧货币政策等问题。

一、我国金融法制建设的重要里程碑

1995 年 3 月 18 日，八届全国人大三次会议通过了《中国人民银行法》，当日公布施行。《中国人民银行法》即中央银行法，不仅是新中国成立以来第一部金融大法，也是建立社会主义市场经济的基本法规之一。此法的公布施行，对于建立社会主义市场经济体制下的金融宏观调控体系，保持人民币币值稳定，并以此促进经济发展，都具有重大历史意义。

（一）《中国人民银行法》起草过程

中国人民银行于 1948 年成立。在 1984 年前，中国人民银行既

注：1995 年 4 月 7 日，戴相龙同志在中央党校学习时，应中央党校要求，围绕学习和贯彻《中国人民银行法》作了《实行适度从紧的货币政策，为抑制通货膨胀而奋斗》的报告。此文为这次报告内容。

办商业银行业务，又是国务院金融管理机关。1983 年，国务院决定，把中国人民银行对工商企业、居民承办的金融业务划分出去，专门行使中央银行职能。1986 年，国务院发布《中华人民共和国银行管理条例》，是中国人民银行行使职责的法规依据。但是，随着金融改革的深化，这个条例已不适应。1993 年，党的十四届三中全会《关于建立社会主义市场经济体制若干问题的决定》明确了中国人民银行的性质和任务。经过多次修改，中国人民银行于1993 年 10 月底向国务院提交了中央银行法送审稿。1994 年 6 月，国务院原则通过，并提请全国人大常委会审议。1994 年，八届全国人大常委会第八次、第九次、第十一次会议对草案进行了审议，并提交八届全国人大三次会议审议通过。

（二）中国人民银行的性质、任务和基本职责

《中国人民银行法》第二条规定："中国人民银行是中华人民共和国的中央银行。"什么是中央银行？按十四届三中全会决定解释，中国人民银行作为我国的中央银行，即发行的银行，银行的银行，政府的银行。

中央银行的任务，主要有两条，即"在国务院领导下，制定和实施货币政策，对金融业实施监督管理"。具体职责有十一个方面。这里主要介绍货币政策问题。中央银行的货币政策包含许多内容，主要包括：

第一，货币政策的目标。《中国人民银行法》第三条规定："货币政策的目标是保持货币币值的稳定，并以此促进经济增长。"世界各国中央银行法关于货币政策目标的表述各有不同，但总的来说，可以归纳为稳定物价、充分就业、经济增长和国际收支平衡四大政策目标。同时实现多元目标是十分困难的。各个国家、各个国家的不同发展时期，货币政策的侧重点也不同。但是，现在越来越多的国家把货币政策目标的侧重点转移到稳定物价上来。实践证

明，只有稳定币值，才能稳定和维护经济秩序、社会安定，才能创造生产经营者公平竞争的条件，才能为其他宏观经济政策的实行创造必要的条件。稳定币值，包含两方面含义：一是及时增加货币，适应经济发展；二是防止通货膨胀。币值的稳定，也是相对的。特别是发展中国家，由于经济体制改革的变化，币值波动较大。但是，中央银行的政策，要使这种波动控制在经济、社会可以承受的范围内，并进而达到相对稳定。

第二，货币政策的工具。即运用什么手段来稳定货币，调节货币供应量。货币包括现金和存款货币。货币供应量即在某一个时点承担流通手段和支付手段的货币总额，主要包括机关团体、企事业单位、城乡居民所拥有的现金和在金融机构的各种存款等各种金融资产。这些现金和存款，只要持有者愿意，就可以购买和支付劳务费用，因此，货币供应量是社会总需求的货币表现。货币按流动程度划分为几个层次，最活跃的货币是现金，简称 M_0；活期存款，随时也可购买商品和支付劳务，也是比较活跃的货币，现金加活期存款，即 M_1；本币定期存款、外币存款等金融资产，流动性较弱，是准货币，M_1 加定期存款，即 M_2。为了使货币供应量和社会商品与劳务的总供给相适应，就要调节货币供应量。过去调节货币供应量主要靠国家银行贷款计划和现金发行计划，现在出现多种金融机构，多种融资渠道，外汇占款不断扩大，因此，人民银行要用多种货币政策工具来调节货币供应量。一是要求金融机构按照规定比例缴存存款准备金，现在比例是存款的 13%；二是确定中央银行基准利率，过去以商业银行 1 年期存贷款为基准利率，如现行规定是 10.98%，今后考虑按人民银行对金融机构再贷款为基准利率；三是为在人民银行开户的金融机构办理再贴现，去年底为 200 亿元，今后要扩大；四是向商业银行提供贷款，1994 年底为 9 664 亿元，占国家银行贷款 31 603 亿元的 30%；五是在公开市场上买卖国债和其他政府债券及外汇，买进就是投放货币，卖出就是回笼货币；六是国务院确定的其他货币政策工具。现在还保留贷款规模控制办法，这是因为还需要央行对地区、产业的结构调整发挥作用。今后，对地区、产业的结构调整，主要发挥财政作用，加上银行建立自我发展、自我约束机制，就可以逐步取消贷款规模的控制，转为商业银行按比例控制。

第三，货币政策委员会。货币政策的制定、实施，采取行长负责制。为了提高制定货币政策的科学性，一般都有一个决策机构。在美国有一个由 7 人组成的联邦储备委员会，在英国的英格兰银行有一个由 18 人组成的董事会。《中国人民银行法》第十一条规定："中国人民银行设立货币政策委员会。货币政策委员会的职责、组成和工作秩序，由国务院规定，报全国人民代表大会常务委员会备案。"

（三）中央银行的独立性

为了让中央银行行使其稳定货币的职责，必须让中央银行有相对独立性。目前，世界上主要有四种模式。第一种，中央银行在法律上独立于政府，直接向国会、议会负责，如美国、德国、瑞典等，这样的国家为数不多，而且一般是联邦制国家，多党制轮流执政国家。即使这些国家的中央银行独立于政府也是相对而言。美联储自我介绍文章也这样说：人们常说美国有一个"独立超然的中央银行"。美联储作出决策不要经过总统批准，这是事实。但是，美联储要向国会和总统请示工作，执行政府所制定经济和金融政策的全局性目标，更准确地说，美联储是"在政府中保持独立超然地位"。第二种，中央银行与财政部平行，分别对政府负责。第三种，中央银行名义上隶属财政部，但实际上独立性较大，如日本银行、英格兰银行。第四种，中央银行隶属于财政部，如意大利、韩国等。我国中央银行地位，类似于第二种，这样的规定符合中国国情，也符合许多国家的做法。《中国人民银行法》规定，中国人民银行在国务院领导下，执行各项任务。同时，对中国人民银行独立地位作了许多具体规定。明确除中国人民银行就货币供应量、利率、汇率等作出决定要报国务院批准后才能执行外，对其他事项作出决定后即可执行，报国务院备案。明确人民银行在国务院领导下依法独立履行职责，不受地方政府、各级政府部门、社会团体和个人干涉。明确人民银行不得对政府财政透支、认购债券、贷款、对贷款担保。特别重要的是，还规定人民银行应当向全国人大常委会提出有关货币政策情况和金融监管工作情况的报告，这不仅加强了人大对人民银行监督，也提高了人民银行在国务院领导独立行使职能的地位。

二、深化金融改革，为中央银行实行货币政策创造条件

（一）金融体制改革的指导思想和目标

金融体制是指金融机构与政府、企业之间、金融机构之间相互关系的基本制度。金融体制，不只是金融业务的改革，而是金融运行机制的根本性变革。

金融体制改革的指导思想是，把资金的聚集和分配，从过去高度集中的行政计划为主，转为以市场为基础。改革的主要目标，一是发展以商业银行为主体的多种金融组织体系；二是建立公平竞争、管理有序的金融市场，使资金合理流动；三是建立以间接调控为主的宏观金融调控体系。

（二）商业银行的改革及其难点

商业银行是既可创造货币，又可自主经营货币的金融企业。建立规范化的商业银行和其他金融机构，是建立社会主义新金融体系的基础，是中央银行实行货币政策的基本条件。如何发展商业银行，一是从 1987 年开始，先后建立交通银行等 9 家新的商业银行，

这些银行到去年底实收资本金已有 175 亿元，总资产约 3 750 亿元。二是把工、农、中、建 4 家专业银行的政策性业务分出去，到去年底已成立国家开发银行、中国农业发展银行、中国进出口银行 3 家国家政策性银行，原工、农、中、建 4 家银行正向国有商业银行过渡。三是鉴于 5 200 多家城市信用社已发展为小商业银行，经过试点将在城市信用合作社基础上组建一批商业银行性质的城市合作银行。四是继续引进外资银行。到去年底，已有 118 家外国银行在华设立的分行开业，总资产已达 100 多亿美元。

把工、农、中、建 4 家银行改为国有商业银行，是商业银行改革的难点。这项改革的难题很多，最重要一条是因为国有企业没有成为真正的独立法人，全国平均资产负债率在 83% 左右，从而引起国家银行不良贷款比例上升，资金周转减慢，经营发生严重困难。如果把国有企业资产负债率降到 63% 左右，需要近万亿元资本金。如果靠财政增补，中央银行和财政部内部转账，或由贷款改为投资，都是不可能的。正确的方针是"一主、两辅、三结合"，即以企业自我积累和调整资产存量为主，以居民投资为辅，以财政、银行扶持为辅，使企业、银行、财政改革相结合，形成合理的债务关系，为国家专业银行转变为商业银行创造条件。

（三）金融市场的改革及其难点

金融市场包括资金市场、资本市场、外汇市场、黄金市场等。建立完善的金融市场，才能发挥中央银行通过市场调节货币供应量的作用。

资金市场包括同业拆借、短期借款、票据贴现、证券回购等。1992 年下半年和 1993 年上半年，银行系统乱拆借达 1 500 多亿元，现已收回 1 000 亿元，其余相当多压在房地产上。经过整顿同业拆借市场有所改进。1994 年，全国各地融资中心累计拆出拆入资金 9 300 多亿元。下一步改革思路是，在 35 个大中城市各建一个会员制融资中心，在此基础上形成全国统一的拆借市场。资本市场主要包括股票、国库券和企业债券市场。目前全国上市公司有 300 家左右，股票面值 300 多亿元，市值达 3 600 亿～4 000 亿元。当前，股票交易和国库券期货交易中，存在许多违规行为和不正当投机，急需加强管理。发展金融市场的主要难题是利率改革。利率改革的要点是合理确定利率水平、利率结构和利率管理体系。过去，我们以国家银行 1 年期贷款为基准利率，今后将过渡到以中央银行贷款利率为基础。1994 年底国家银行存款平均利率为 8.17%，贷款为 11.69%，利差为 3.52 个百分点。全国有近 1 000 亿元利息不能按时收回，加之管理费用较高，国家银行经营已很困难。从中国现实出发，当前我国利率管理，在预测物价应有较大幅度下降的基础上，采取下列原则：一是稳定存款利率。再提高存款利率，银行经营难以承受，也助长外汇短期资本套利，同时，对 3 年期以上存款实行保值。二是适当提高贷款利率，同时，对危困企业由财政予以贴息。三是严禁违规乱收息。

（四）外汇管理体制改革及存在的问题

去年初开始汇率并轨，4 月 1 日建立银行间外汇市场。人民币汇率贬值 52%，促进了出口，国家外汇储备迅速增加，改革取得显著成绩。

国家外汇储备迅速增加是喜是忧？1993 年末是 212 亿美元，去年底 516 亿美元，增加 140%，今年第一季度又增加 64 亿美元，到 3 月底已达 580 亿美元。去年增加 304 亿美元，据人民银行分析，主要是来自一般贸易顺差和非贸易顺差。（注：据海关统计，1994 年，一般贸易顺差 260 亿美元，按 80% 结现汇为 208 亿美元，占当年增加外汇的 68.4%；外商直接投资 337 亿美元，其中，设备、材料投资 231 亿美元，占 68.5%，而外商进口又使用一部分现汇账户，1994 年企业外汇存款账户下降近 30 亿美元；非贸易外汇收入 20 亿美元，占 6.6%。）外汇短期流入套利，需要注意，但影响较小。可以认为，去年增加外汇储备的基础良好，是稳定的。我国外汇储备 580 亿美元，只能算是宽裕，不能说过多。我国外贸公司不能保留现汇，因此，我国外汇储备中包括了外贸公司出口用汇。按国际惯例，外汇储备占该国进口量四分之一到三分之一，占外债余额的 10%～20%。国际货币基金组织认为以 3～6 个月平均进口值为外汇储备适度量。去年，我国出口 1 157 亿美元，外债 924.58 亿美元，外汇储备 516 亿美元，是适度的，不能算过多。外汇储备增加，增强了国力，外汇占款增加的压力已得到承受，总之，这是一件好事，而不是坏事。

人民币对内贬值，对外为何升值？一般来说，本币对内贬值，对外相应贬值。但在不少国家，特别是发展中国家，也出现"内贬外升"的现象。就我国的情况看，其原因一是我国人民币和外汇并不可以自由兑换。二是人民币对外币汇率决定于外汇供求，而我国外汇处于供大于求。三是本币对内贬值，对不同类商品来说，价格上涨幅度是不同的。去年食品类涨价幅度大，但农产品及以农产品为原料的工业品出口，只占总出口的 30%，而出口较多的产品，价格上涨不多，钢材还有下降。因此，人民币贬值对出口成本影响大大低于零售物价指数，外贸公司出口优势仍可保留一段时间。四是我国外汇储备 90% 是美元，而美元连续贬值，相应减少了本币贬值对汇率的影响。综上所述，我们对人民币汇率的基本稳定充满信心。

外汇储备的增加，也使中央银行外汇占款迅速上升，给中央银行控制货币供应量增加了困难。外汇占款，主要由出口公司提供给出口商品供应商，增加按市场机制运行的资金的数量，本来是好事，但是，为了减少货币供应量，必须压缩国家银行贷款，而国家银行贷款的绝大部分又是要保证大中型国有企业的，很难压缩，结果使货币供应量过度扩大。现在只有尽可能采取货币"中和法"，增加外汇占款，相应减少中央银行再贷款，控制国家银行贷款。去年由于出口创汇形势相当好，外汇占款增加 3 105 亿元，比上年多增加 2 840 亿元，但政府借款少增加 220 亿元，中央银行再贷款相应得到控制，比上年少增加 2 100 亿元，中央银行资产只比上年多增加 500 亿元，不能说外汇占款增加是通货膨胀扩大的一条主要原因。

（五）中央银行调控手段的改革及其难点

近两年，中央银行的宏观调控有了重大改进。从 1993 年下半年开始，把人民银行分行对专业银行分行贷款，改为人民银行总行对专业银行总行贷款；人民银行不再对非金融机构贷款；不再向财政部透支、借款；国家政策性银行发放贷款，主要向商业银行发行金融债券，减少了对中央银行再贷款的压力等。但是，对货币调控主要手段，仍然是信贷规模。十四届三中全会决定，要求中央银行对金融的调控要从主要依靠贷款规模，逐步转为运用准备金、利率、公开市场等政策工具调节货币供应量。信贷规模的分配，对控制信贷总量，并把信贷增量安排到各个银行、各个行业、各个地区，能发挥一定作用。但是，其弊端也日益明显，金融机构常常出现有规模、无资金，有了资金、又无规模的现象，不利于信贷资金与其他生产要素的有效配置，应该加以改革。现在，政策性信贷已与商业性信贷分开，并在资金上得到保证，可以加大这项改革的步伐。但是，由于我国商业银行对所属分支机构资金缺乏统一调度能力，不良贷款比例较高，中央银行对货币总量缺乏间接调控能力，因此，对金融机构取消贷款规模管理还要持慎重态度。从今年开始，我们先对交通银行等商业银行资金使用实行全面的资产负债比例控制，把贷款规模改为指导性计划。对工、农、中、建 4 大银行，要提高总行对全行资金调度能力，再实行资金比例控制制度。

三、实行适度从紧货币政策，为抑制通货膨胀而奋斗

（一）金融形势向国务院确定的宏观目标发展

去年中央经济工作会议提出把控制通货膨胀作为今年经济工作首要任务。在全党、全国人民共同努力下，全国金融形势正在向宏观调控的预定目标发展。

今年2月，货币供应量 M_1 比去年同期增长29.7%，比上月下降2.7个百分点。人民银行总资产比年初增加389亿元，比去年同期少增加273亿元。到今年2月末，全国金融机构各项存款余额43 188亿元，比年初增加2 266亿元，比去年同期多增加853亿元。在居民大量认购国库券后，城乡储蓄还比年初增加2 205亿元，比去年同期多增加732亿元。金融机构贷款余额41 968亿元，比年初增加772亿元，比去年同期多增加484亿元。其中，农业贷款比年初增加124亿元，比去年同期多增加71亿元。国家银行存款备付率为11.1%。今年元旦到春节投放现金1 852亿元，到3月31日已全部回笼，到月末实际统计下来，还要多回60亿~70亿元，情况是好的。今年发行国库券1 520亿元，其中，凭证式国库券1 041亿元，到3月31日已完成70%。外汇储备已达580亿美元，比年初增加64亿美元。人民币汇率稳中有升。

但是，近几年增加货币过多问题尚未解决，信贷资金使用效益较差。当前，许多国有企业资金依然紧张，主要是经营管理不善造成的。这些问题需要认真解决，但不能依靠增发货币来解决。

除金融形势向好的方向发展外，全国固定资产和消费基金增长都有所控制，国有企业注意力正在转向加强内部管理，农业工作得到广泛重视。2月份消费物价指数、零售物价指数增势都有所下降。总之，全国宏观经济形势正在向"软着陆"方向发展。

（二）实行适度从紧货币政策抑制通货膨胀的决心不能动摇

在全国宏观经济已向好的方向发展，国有企业资金十分紧张，物价上涨主要是食品类涨幅过高而其他商品涨价幅度不大的时候，还要不要继续实行适度从紧的货币政策，还要不要把抑制通货膨胀放在经济工作首位，这是当前宏观经济管理中的一个重大认识问题。

通货膨胀的公认定义是，由于货币供应过多，引起物价持续全面上涨。一般来说，通货膨胀必然引起物价上涨，物价上涨不一定全是通货膨胀所致。物价上涨有多种原因，如遭受自然灾害和政治动乱后食品紧缺也会带来物价上涨。因此，对物价上涨要全面分析，防止实行错误的货币政策。问题是我国现在存在不存在较为严重的通货膨胀。

近几年，我国货币供应确实过多。其中，现金投放量较大。去年现金投放 1 424 亿元，比 1993 年少投 105 亿元，但是，总数已达 7 288 多亿元，比上年增长 24%；1992～1994 年增加现金发行 4 111亿元，占新中国成立以来投放现金的 56.4%。M_1 为 20 556 多亿元，增长 26.8%；M_2 为 46 933 亿元，增长 34.4%。这两三年货币增加过多，引起物价上涨有一个滞后期。1992 年 M_1 增长 35.7%，比经济增长与物价上涨之和还高出 16.7 个百分点，这必然引发物价全面上涨。

事实证明，近两年各类商品物价处于轮流上涨和全面上涨势头。所谓物价普遍上涨，并非各类商品在同月、同季均衡上涨，而是指在一个时段内轮流上涨的势头。1992 年下半年开始，固定资产投资高速增长，首先，带动生产资料价格猛升，食品类价格上升幅度较小。1993 年下半年以来，由于宏观调控，固定资产投资开始回落，上一年生产资料价格有所下降，但由于过去年份的经济过热、投资品等生产资料价格的暴涨，推动总需求扩大，给未来的消费品涨价带来极大压力，加上农业投入不足，到 1994 年被迫提高粮食价格，带来食品类大幅度涨价。总的来看，物价处于持续全面上升趋势。应当肯定，当前我国存在较为严重的通货膨胀。

对我国食品价格大幅度上涨的原因要正确分析。去年粮食减产200多亿斤，但当年国家动用库存300多亿斤，应该讲当年供求基本平衡。有人认为，食品大幅度涨价，主要是国家对粮价调整幅度过大。问题在于为什么大幅度提价，为什么市场价格又比国家提价增长很多。我认为，对粮食的提价，除一部分属于为保持工农产品合理比价而进行主动调整外，主要是属于因固定资产和消费基金增长过猛，货币供应过多，引起食品大幅度涨价后，而不得不采取的措施。1984~1993年，固定资产投资增幅最大的东南部省市，减少耕地面积1.8亿亩，平均每年减少200万亩，粮食总产量减少318亿斤。近两年，农用生产资料价格上升30%左右，五六千万农民进城从事建筑、服务业。这些因素都扩大了粮食的供求矛盾，引起食品大幅度涨价，迫使国家大幅度提高粮价，以保护农民种粮的积极性。

今年要把零售物价上升控制在15%左右，重要的是要扩大粮食生产，但是，同时还要继续控制固定资产和消费基金的过快增长，把经济工作重点转移到提高经济效益上来。为了增加粮食生产，中央已采取一系列措施，仅少出口，多进口就可以增加400亿斤。要使今年粮食供给基本平衡，今年产量要达到1993年水平。国家已改进粮食购销体制，凡粮食不能自给的省市，要以市场价格向粮食调出省购买，根据财力实行供应价外补贴。这些措施的落实，将有利于控制食品类价格过度上涨。但是，要把今年物价上升控制在15%左右，明年控制在10%左右，只注意抓粮食生产和供应还不够，还要坚定不移地落实控制通货膨胀的各项措施。1994年国有单位完成固定资产投资11 354亿元，比上年增长34.2%，增幅虽有回落，仍然超过投资人和银行的资金承受能力。集团消费和个人收入增长过快的问题日趋严重。社会商品零售总额和城乡居民储蓄增长都超过国民生产总值增长速度。全国现金占存款的比例，1978 年为 18.7%，1994 年上升到 25%。经济效益比较低。1994 年工业经济效益综合指数为 96.99，比"七五"时期平均水平还低 3 个百分点。固定资产交付率，从 1989 年的 77.2%，降到 1994 年的 34.2%。1993 年上半年，建设银行对前几年投产的 69 个项目进行评估，所有的项目均超概算，平均超过 55.7%，60% 的项目生产能力没有达到设计要求；25% 的项目基本没有归还贷款的能力。因此，导致中国通货膨胀的病根——投资和消费的过快增长，依然没有得到有效控制。八届全国人大三次会议关于《政府工作报告》的决议，要求"采取有力措施，抑制通货膨胀"。根据国务院要求和中国经济实际，今年，人民银行要坚定不移地实行适度从紧的货币政策。

（三）适度从紧货币政策的主要内容

一是从紧安排货币供应量。总的思路是，根据国民生产总值增长目标、物价控制目标和货币流通速度变化，确定货币供应量的增长幅度，作为宏观监控目标；相应制定社会信用计划，作为金融监管目标；再分别制定各类银行信贷计划。考虑到前几年货币增长过多，今年货币供应量 M_1 计划增长 21% ~23%，略低于经济增长 8% ~9% 与物价增长 15% 之和。体现了中央银行适度从紧控制信贷总量的货币政策。

二是确保经济建设重点需要。国家银行今年新增贷款 5 700 亿元，其中，安排农业贷款 570 亿元，比上年增长 26.4%，比对国家银行贷款计划增长幅度高出 16.8 个百分点。同时，让农村信用社贷款与存款实行挂钩，多存多贷，少存少贷。要求股份制商业银行，按新增存款 10% 自主安排农业贷款项目。为了保证国家重点建设、农副产品收购、机电产品出口需要，安排 3 家国家政策性银行贷款 1 273 亿元，占当年新增贷款 22.3%，其资金的主要来源，是通过向商业银行发行债券筹集，短期内资金周转困难，人民银行适当予以短期融资。

三是提高贷款质量，发挥银行对企业金融服务和信贷监督作用。当前，国有企业改革重点是政企分开，加强管理，逐步建立社会保障体系。在政企分开后，要充分发挥银行对企业服务和监督的作用。银行是企业最大债权人，有权对企业财务活动进行信贷监督；银行能及时掌握企业生产经营信息；银行有信贷结算等管理手段。为此，要把工、农、中、建4家银行逐步办成有自我发展、自我约束能力的金融企业，努力提高资金使用的安全性、流动性、营利性。对经济效益好的企业优先支持；对经济效益不好，停止新增贷款或设立专户，专款专用；对长期亏损、偿还不了债务的，要支持依法兼并和破产。新建固定资产项目，必须筹足一定的资本金。企业与中外企业合资或投资，不得超过实收资本金的50%。推广煤炭部"不见钱不发货，不见票（商业票据）不发货，不还欠账不发货"的"三不"货款结算原则。

四是加强金融监管。这两年，我国金融机构增加较多，法制建设滞后，缺乏监督管理，一度秩序比较混乱。比如，信托投资公司在筹集资金支持经济建设中发挥了一定作用，但是，真正意义上的信托业务并不多，违规经营的现象非常普遍，成为分流国家银行资金，扩大固定资产投资的一条重要原因。根据我国实际和世界上许多国家的管理办法，银行要与信托投资公司等非银行金融机构在人事、资金、财务上彻底脱钩，有的要撤销，有的可以逐步收回股份。同时，依法管理予以保留的地方或部门的信托投资公司，发挥城乡居民向国有企业的投资中介作用。人民银行要加强对金融机构的稽核工作，严禁金融机构超过人民银行的规定提高利率，或变相增收利息，严禁挤占挪用粮棉油等农副产品收购资金。凡未经人民银行批准而设立的金融机构，必须按人民银行规定撤并。国家银行的信贷规模，未经批准不得突破。

五是加强外汇管理。未经批准，地方政府、金融机构不得向外举债。各外汇指定银行要加强结汇、售汇的管理。采取措施，使外汇储备保持在合理水平，在外汇占款增加较多时，压缩人民币贷款，使国内货币供应量与经济需要相适应。

六是坚持改革，加强管理，发挥间接调控在落实货币政策中的作用。对工、农、中、建4家银行继续实行信贷规模控制，对交通银行等商业银行、城乡信用合作社、其他非银行金融机构，按人民银行要求实行资金使用比例控制。规范在大中城市设立的会员制的融资中心，发展资金市场，加速资金周转。控制人民银行对金融机构的再贷款，同时，适当扩大对商业银行的再贴现业务。建立国债登记公司和国债交易清算中心，在运用国债市场吞吐人民币方面有所突破，逐步发挥利率杠杆作用。

中央银行在国务院领导下制定的货币政策，不是银行业行业性管理政策，而是国家调控宏观经济的重要经济政策，必然对各地区、各行业的发展产生重要影响。同时，也只有各部门、各地区、各行业按照国家的货币政策确定生产经营计划，才能使货币政策顺利实施。货币是通过银行体系创造和提供的，银行体系的信贷收支业务对调节社会货币供应量有重大影响。因此，我们金融界应严于律己，努力工作，在稳定货币的基础上支持经济发展。同时，希望各界了解货币供应量的多少，是财税、金融、投资、消费、国际收支的综合反映，银行体系对货币供应量的调节能力是有限度的。特别在我国，当固定资产投资和消费基金增长过快，财政综合赤字扩大，企业产品积压，都会倒逼中央银行增加货币，使实际贷款大大超过计划。因此，希望大家支持中央银行的工作，理解中央银行的货币政策。在党中央、国务院领导下，共同努力，坚决抑制通货膨胀，为完成今年各项经济工作任务而努力。

抑制通货膨胀是当前宏观调控的主要任务

（1995 年 6 月）

今天我们专门用一天时间分析研究经济、金融形势，目的是认清形势，统一认识，更好地实行适度从紧的货币政策，做好各项金融工作，抑制通货膨胀，促使今明两年物价明显下降。现在，我先谈几点看法。

一、经济运行正在向宏观调控目标发展

1992 年上半年，我国经济进入快速发展的阶段，经济发展速度加快，需求增加，前些年产品积压状况得以扭转，开工率提高，大量闲置设备一部分得以利用，国家上了一部分重点项目，尤其是上半年技改增长较快，为经济发展准备了后劲。但是，地方政府的发展冲动导致了各行各业、各经济部门、各经济领域的发展欲望异常强烈，排浪式的经济高速扩张迅速扩展到全国。1992 年，全社会固定资产投资增长 42.6%，大大超过国力所能承受的范围，GDP 创造了增长 13.6% 的高纪录。这种情况发展到 1993 年上半年，经济出现无序过热增长，炒房地产、炒股票、乱批租土地、乱

注：1995 年 6 月，中国人民银行召集全国分行行长分析经济金融形势，此文为戴相龙同志在会上的讲话。

减免税收、开发区遍地开花。到 1993 年 1~6 月，全社会固定资产投资在 1992 年过热增长的基础上又猛增 61%，国有单位投资增长 70.7%；工业总产值增长 25.1%，其中 6 月份达到创纪录的 30.2%。由于经济过快增长，交通运输及主要生产资料的"瓶颈"制约明显出现。铁路货运满足率 1992 年已降到非常紧张的 50%，1993 年上半年进一步下降。

与此同时，金融秩序也处于非常混乱状态。乱拆借、乱集资、乱提高利率、绕规模贷款，使社会信用急剧膨胀，造成了严重的后果：一是资金通过拆借等方式大量流向沿海城市，流向房地产和股市，刺激了投资的极度扩张。二是乱集资使大量储蓄存款转为企业存款和现金，1993 年三四月狭义货币增长率达到 40% 以上。代表即期需求的狭义货币快速膨胀，必然带动物价大幅上涨。首先表现为生产资料价格迅速上扬。1993 年 6 月，人民银行统计的企业生产资料购进价上升 29.6%，8 月份达到高峰，超过 30%。经过一段时滞期后，消费物价随之上涨。三是金融机构过度扩张，金融机构存款出现"滑坡"，一些地区的金融机构，特别是受乱拆借、乱集资影响严重的金融机构，备付率大幅下降，支付能力已降至极限，不少金融机构出现支付危机。1993 年上半年，全国净投放现金 500 多亿元，经济、金融形势十分严峻。

在这种情况下，以中央"十六条"措施为主要内容的一系列旨在使经济降温的宏观调控措施相继实施，金融宏观调控在整个经济调整中担负了艰巨的任务。1993 年下半年，货币政策实行"堵邪路、开正道"，把整顿金融秩序放在宏观调控的重要位置；1994 年实行总量控制，对固定资产贷款从严，流动资金贷款区别对待，对农副产品收购贷款必须保证；1995 年正式提出执行适度从紧的货币政策。我们通过先后两次提高存贷款利率，一次提高固定资产贷款利率，恢复保值储蓄来稳定居民的心理预期，稳定金融机构资产来源，抑制过量的资金需求；通过把人民银行分行对国有商业银行分行的贷款改为人民银行总行对各家总行贷款，严格控制信贷规模，推行资产负债比例管理来抑制信贷的过快扩张；通过"约法三章"、"三不准"和金融机构监管会议，整顿混乱的金融秩序。与此同时，加快金融体制改革，实行汇率并轨，国家专业银行的政策性业务与经营性业务分开。

经过两年的努力，金融宏观调控取得明显成效，我国经济从过高的增长速度开始"软着陆"。主要标志：

一是金融运行基本接近宏观调控目标，M_0 增长 23%，现金净回笼 243 亿元，比目标多回笼 107 亿元；M_1 增长 22.9%，已回落到年初提出的范围；M_2 增长 33.8%，比上月末回落近 2 个百分点。

二是过快的经济增长开始回落。国内生产总值增长率，1993 年为 13.4%，1994 年为 11.8%。今年第一季度增长 11.2%，比 1993 年、1994 年的水平分别回落了 2.2 个和 0.6 个百分点。工业总产值（不变价）增长率，1993 年为 23.6%，1994 年为 21.4%，今年前 5 个月增长 16.7%，5 月增长 15.6%，分别比去年同期的增速回落 4.7 个和 5.8 个百分点。

三是固定资产投资的过快增长逐步回落。全社会固定资产投资 1993 年增长 50.16%，1994 年增长 27.8%，1994 年比上年回落 22.8 个百分点。今年前 5 个月，全民单位固定资产投资增长 28.1%，分别比 1993 年、1994 年的水平回落 17.1 个和 6.1 个百分点，其中，5 月份增长 21.3%，是最近几年来增长幅度最低的一个月。

四是物价涨幅开始回落。生产资料购进价涨幅 1994 年第三季度已回落到 15% 以内，目前在 11%~12% 波动。今年 1~5 月居民消费物价和零售物价分别上涨 21.7% 和 19%，其中，5 月份分别上涨 20.35% 和 17.6%，其居民消费物价指数和两年来最高峰的 1994 年 10 月的 27.7% 的水平相比，回落了 7.4 个百分点。

二、抑制通货膨胀仍是当前宏观调控的主要任务

当前，我国宏观经济调控正处在关键时刻。党中央、国务院和今年八届全国人大三次会议都明确要求，要继续加强国民经济总量控制，实行财政和货币适度从紧政策，把经济工作重点转移到提高国民经济整体效益上来。许多同志认为，宏观调控虽有成效，但通货膨胀依然存在，通货膨胀的病根还未消除，通货膨胀给金融业的健康发展带来了严重的风险。为了给"九五"计划期间的经济运行创造一个良好的宏观环境，当前要继续把控制通货膨胀作为宏观调控的首要目标。但是，也有一些同志认为，不要把通货膨胀看得过重，要放松银根，以免失去中国高速发展的时机。我们认为，后一种意见是不可取的。

（一）当前我国客观存在着比较严重的通货膨胀

1994 年，食品类商品物价涨幅过高，工业品尤其是日用工业品价格上涨幅度较小，部分生产资料价格还略有回落。1990 年到 1993 年，价格改革中国家提价金额为 2 000 亿元，1994 年为 600 亿元，其中 200 亿元是粮食。因此，有些同志认为，1994 年物价上涨主要是结构性物价调整，不存在通货膨胀。这个看法不符合实际。

通货膨胀，一般是指货币供应过多，超过商品和劳务的社会总供给，带来物价持续全面上涨。按此一般定义来分析，我国确实存在通货膨胀。首先，近年来我国货币供应量显然过多。1994 年底，全社会流通中现金为 7 300 亿元，1991～1994 年增加 4 645 亿元，年均递增 28.9%。其中，1992～1994 年，3 年共增加 4 111 亿元，占新中国成立后 46 年累计发行量的 56.4%。1994 年底，狭义货币

供应量 M_1 为 20 600 亿元，其中，1991～1994 年年均递增 28.5%；广义货币供应量 M_2 为 47 000 亿元，其中，1991～1994 年年均递增 29.8%。而 1991～1994 年，国民生产总值年均增长 11.7%，零售物价年均增长 10.4%。1991～1994 年，货币供应量 M_0、M_1、M_2 的平均年增长速度，比国民生产总值和零售物价年均增长率之和分别高出 6.8 个、4.7 个和 7.7 个百分点，即使扣除货币流通速度减慢因素，还多出 4～5 个百分点。

其次，近几年来我国各类商品和劳务价格也一直在轮番上涨和普遍上涨。国民经济循环是一个整体，不能割裂地、孤立地观察单个商品价格的变化，要将不同部类的商品及劳务价格作为一个整体来观察。1992 年下半年，由于全社会固定资产投资增长过猛，带动投资品物价大幅度上涨。1993 年，生产资料价格平均上升 23.3%，当年最高月份，钢材价格比上年增长一倍左右，而当年生活费用价格涨幅相对较小，为 15.9%。1994 年，由于控制固定资产投资，生产资料价格增幅回落，平均增长 16.2%，但生活费用价格增长 24.1%，其中食品价格上涨 31.8%，尤其是粮食价格上涨 49%。由此可见，近两年的物价上涨与社会再生产过程是一致的，随社会再生产过程的传递而传递，最终导致各种商品、劳务价格的全面上涨。1994 年，粮棉提价幅度较大，从表面看，这是食品价格大幅度上涨的原因。但是，这种价格调整，是在全国出现通货膨胀后而采取的弥补农民因生产资料价格上涨而减少收入的措施。

社会商品零售物价 1993 年 1 月达到 8.4%，3 月超过 10%，并一直延续到现在，物价已持续 27 个月高增长。综上所述，我国近几年来由于货币供应量增加过多，各类商品物价持续轮番、普遍涨价，我国客观上存在比较严重的通货膨胀。

（二）通货膨胀的病根还未消除

今年前 5 个月，全国居民消费物价和零售物价都比去年第四季度有所回落，但要达到把物价增长控制在 15% 的目标，任务还十分艰巨。我国产生各种形式通货膨胀的病根即"两超一低"还未消除。

一是固定资产投资缺乏有效约束，投资规模超出各方面经济承受力。"八五"前四年，国有单位固定资产投资年均增长 35.5%，远远超出现价 GNP 年均增长 22.4% 的水平。"八五"时期，全社会固定资产投资预计达 5.4 万亿元，比"七五"时期的 2 万亿元增长 1.7 倍。1991～1994 年，全社会固定资产投资 4.6 万亿元，比计划超出 28.3%。1994 年，国有单位基本建设和技术改造投资 9 130 亿元，其中，企业自筹的一半左右为金融机构贷款。据工商银行对 4 万个国营工业企业统计，企业自有流动资金 1993 年 6 月为 851 亿元，1993 年底为 610 亿元，1994 年底为 230 亿元。一年半减少 621 亿元，主要是把流动资金挪用于固定资产投资。1994 年 6 月，国家计委等部门对 500 万元以上的投资项目调查，基本建设单位工程完成量中有二分之一是拖欠施工单位的流动资金。

二是消费基金增长超出劳动生产率增长。"八五"计划前四年，扣除物价因素，城镇职工工资平均年增长率比国内生产总值增长率低 2～4 个百分点。但是，我们认为国内生产总值中相当一部分是由乡镇企业创造的，而乡镇企业的不少产品是按现价计算。因此，国民生产总值增长有所高估。相反，现行统计中的职工工资总额没有包括其他货币收入和实物收入，明显低估。上述分析可从金融数据中得到验证。"八五"前四年，全国职工平均工资收入年均递增 22%，而城乡居民储蓄年均增长 31.9%，银行对个人的工资性现金支出年均增长 27.9%。

三是经济效益比较低。国有单位固定资产投资交付使用率从 1989 年的 77.2%，逐步下降到 1994 年的 34.2%。据 1993 年建设银行对全部建成的 69 个投资项目分析，有 60% 的项目生产能力达不到设计要求，67%的项目拖欠银行贷款，25%的项目基本没有还款能力。乡及乡以上独立核算工业企业百元销售利税率1985年为21元，1993年为10.3元。国有独立核算工业企业百元资金利税率1985年为23.57元，1993年降到9.68元；百元资金利润率1985年为13.2元，1993年降为3.2元。今年前4个月，乡及乡以上工业企业中间投入比去年同期增长34.9%，财务费用增长41.7%，工资总额增长32.7%。由于成本大幅度上升，效益进一步下降。工业企业经济效益综合指数1994年为86.99，比"八五"计划平均水平低3个百分点，今年4月进一步降至85.57，比1994年又下降1.42个百分点。1994年底，全国乡及乡以上独立核算工业企业产成品占用比年初增长21.7%，应收未能收回的账款相当于当年销售收入的15.8%。今年4月末，全国37万户工业企业应收账款净额达7 086亿元，比年初又增加770亿元。"两超一低"加剧了生产建设资金紧缺，扩大了财政综合赤字，倒逼银行超量供应货币是导致通货膨胀时明时暗、时高时低的根本原因。虽然目前物价增势减缓，但产生通货膨胀的病根尚未消除，治理通货膨胀的决心丝毫不能动摇。

（三）通货膨胀的深层次危害

1994年，全国零售物价原定目标10%，结果增长21.7%，但全国城乡储蓄大量增加，没有出现抢工业品的情况。因此，有人断言我国居民对通货膨胀是有承受能力的，对通货膨胀不要看得过分严重。这种看法是片面的，十分有害的。

十多年来，我国的国民经济实力有很大增强，通货膨胀的严重危害，已主要不是反映在对日用消费品的抢购上，而是反映在加剧了经济运行秩序的混乱，给现代经济的核心金融业带来严重风险，给我国社会、经济的长期稳定发展增加了困难。而消除这种风险和困难要比增加某些日用消费品付出的代价不知要多出多少倍。1994

年末，"两超一低"使政府综合财政赤字，即财政预算赤字与本应由财政安排而由信贷资金支出的隐性赤字之和，占国民生产总值的比例上升到9%，使货币供应大大超过社会总供给。信贷资金使用财政化，银行业不良贷款比例上升，资金使用周转速度减慢，经营效益下降，损害了国家银行在国内外的信誉，给经济发展和社会稳定增加了风险。据对8 700个县级以上金融机构进行清产核资，不良贷款占全部贷款的比例为31.4%，其中逾期半年的贷款占14.7%，逾期3年以上贷款占13.4%，呆账占3.3%。1994年，4家国有商业银行资金周转速度为1.08次，比上年减慢31天；实现利润下降到166亿元，比1992年、1993年分别减少177亿元和54亿元。如提足呆账准备金，扣除虚收实支因素，基本上已无利润。

三、坚持实行适度从紧的货币政策，促使物价涨幅明显下降

当前，我国宏观调控的首要任务是坚决治理通货膨胀，力争今年把零售物价涨幅控制在15%以内，明后两年再逐步下降。争取"九五"期间平均增长6%～7%。为此，中央银行必须坚持适度从紧的货币政策，并采取相应的措施。

（一）当前要严格控制货币供应量，"九五"时期把M_1年均增长率控制在20%以内

财政资金和信贷资金要按各自职能运行，切实停止财政向银行借款，逐步降低政府综合赤字。建立分层次的货币供应量监控体系。根据国民生产总值增长目标、物价控制目标和货币流通速度的变化，确定货币供应量的增长幅度，作为宏观监测目标；制定包括金融机构贷款、股票、债券、委托贷款等在内的社会信用计划，作为中央银行监管目标；制定国家银行信贷计划，作为控制目标。

今年5月末，流通中现金为7 046亿元，比上年同期增长23%，狭义货币M_1为21 364亿元，增长22.9%，广义货币M_2为

52 072 亿元，增长 33.8%，其中准货币（$M_2 - M_1$）为 30 709 亿元，增长 42.6%。鉴于当前货币供应量，尤其是广义货币 M_2 增幅仍然偏高，准货币仍在扩大，潜在的通货膨胀压力还在积累，因此，要采取有效措施，严格控制货币供应的增长。今年国民生产总值计划增长 9%，零售物价涨幅计划控制在 15%，以上合计增长 24%。考虑到近几年货币供应已经过多，货币增幅要有所压缩，以后几年不宜再考虑流通速度减慢因素。因此，1995 年货币供应量 M_0 的增长率应控制在 20% 以内；M_1 增长率应控制在 21%～23% 以内，要略低于经济计划增长和物价计划增长的幅度。要实现上述货币政策目标，第一，要在适当的时机调高贷款利率。人民银行再贷款利率和专业银行对企业贷款利率都要适当提高。同时考虑在适当时机征收利息税。第二，要加强现金管理，继续做好现金回笼工作，力争多回笼一些货币。第三，要严格控制基础货币和信贷规模。继续按计划收回中央银行再贷款，国家银行的全年贷款规模严格按 5 700 亿元的计划控制。重点加强对非银行金融机构贷款的调控。"九五"时期，如年均经济增长 9%，零售物价增长 7%，货币供应量 M_1 的年均增幅应控制在 16%～18% 以内。

（二）货币政策和财政、投资政策密切配合，坚决控制固定资产投资过快增长

1995 年固定资产投资应控制在 17 500 亿元以内，"九五"期间投资率应低于 30%。1995 年前 5 个月，国有单位新开工项目累计达 13 713 个，比去年同期增加 2 829 个，新开工项目计划总投资 1 110 亿元，比去年同期增长 57.2%。新开工项目的大量增加，使投资又面临着重新扩张的巨大压力。鉴于此，中央决定今后几个月除国家批准新开工的重点项目外，各地区不得再新开工大中型项目（包括化整为零的项目）。中小型项目也要在国家下达的总规模内从严控制，除农业、水利、住宅等项目外，其他项目一律不得开

工。国务院已责成计委在近期内会同有关部门进行一次检查。固定资产贷款要按计划规模从严掌握，不经批准任何单位不准突破。

在明确投资主体、建立投资责任制的基础上，从资金源头控制固定资产投资增长：一是凡新建项目成为企业法人者，必须由投资人筹足占总投资（含铺底流动资金）20%～30%的自有资金，否则，银行不能承诺贷款，也不得批准发行债券或对外借款。二是现有企业法人与国内外企业合资组建新企业，只能限于用企业净资产进行投资，而且最高限额不超过净资产的50%，投资分红可以用于新的投资。三是严禁工商企业挪用流动资金搞固定资产投资。流动资产占流动负债比例过低的，要增加流动资产或压缩流动负债。从1995年7月开始，新增流动资产小于流动负债的，原则上要停止增加贷款，并收回被挪用的流动资金贷款。四是银行除按计划发放固定资产投资贷款外，不得以其他贷款抵作企业固定资产投资的自筹资金。五是各级财政不再用财政资金增加对企业贷款，对已发放的贷款，经清理收回后可增拨国有企业资本金。除此之外，对企业发行股票、债券、转让土地使用权、借用外国资金等，都要实行总量控制的政策。中央投资项目不留资金缺口，地方投资按以上条件审查资金来源，资金不落实的不予开工。

（三）加强金融监管，为实施适度从紧的货币政策创造条件

《中国人民银行法》和《商业银行法》公布实行之后，人民银行作为中央银行要依法强化对金融机构的监管。成立商业银行、其他金融机构及其分支机构、各类营业机构，必须经过人民银行批准。已经擅自设立或越权批设的机构，要按已经确定的政策予以清理、撤并。新设的商业银行要严格执行资产负债比例管理制度，按规定对已设分支补足营运资金，在此条件下才可批准增设新的分支机构。商业银行等各类金融机构，必须按照人民银行审定的性质、任务和业务范围开展业务活动。商业银行在境内不得从事信托

投资和股票业务，不得向非银行金融机构和企业投资，不得投资于非自用不动产。银行要与已办的信托投资公司等机构彻底脱钩。各家银行新设的房地产部、国际业务部、信用卡部等内部业务部门，不能办成独立的法人。依法成立的信托投资公司，必须以中间业务为主，以收取佣金为主，不得经营一般银行业务。国家政策性银行要坚持自主经营的原则，同时，以国家信用为基础，在国家财政扶持下，努力支持国家重点基础建设，支持支柱产业发展。城、乡信用合作社要真正办成由入股社员投资，由入股社员民主管理，主要为社员服务的合作金融组织，支持城乡合作事业的发展。企业集团财务公司限由企业集团的成员企业投资组建，在企业集团内部调剂资金余缺，重点为企业集团技术改造服务。中央银行要对各种金融机构高级管理人员任职资格和业务经营进行严格审查，控制信用扩张，引导合理竞争，维护金融安全。

（四）加强外汇管理，保持国际收支平衡，防范国际金融市场风险

今年前5个月，进出口总额完成1 016亿美元，比去年同期增长32%，其中出口完成559亿美元，增长49%，进口完成457亿美元，增长16%。从月度变化的动态来观察，出口的增速明显放慢。当前出口增长快是短期性的，主要原因是外贸企业为获得早退税、多退税而集中出口，因为7月1日之后，出口退税率将由目前的17%降至14%。同时，也不排除为了骗取退税而虚增出口的因素。由于受出口成本攀升，退税政策调整，人民币不断升值等因素的影响，下半年出口增长速度将会进一步下降。

随着前期出口的快速增长，银行结汇大于售汇，外汇储备继续增加。5月末，国家外汇储备约达606.3亿美元。人民币汇率保持小幅升值。目前国家外汇储备较为充足，但考虑到去年汇率并轨对出口的激励作用已减弱，外资流入势头减缓，国家外债余额去年底

已达 928 亿美元，企业现汇账户取消后，国家外汇储备承担了日常的对外支付。因此，还不能认为我国外汇储备已经过多。保持合理外汇储备水平，按国际惯例，外汇储备要保持 3～6 个月进口付汇能力和外债余额 10%～20% 的偿债能力。考虑到上述因素，我国外汇储备使用范围比国际惯例还要宽。从目前进出口和外债规模等情况看，外汇储备保留 500 多亿美元是合适的。

外汇储备大量增加，会通过中央银行国外净资产的变化来影响中央银行的基础货币供应。正因为这样，不少同志认为 1994 年以来中央银行的基础货币通过外汇占款增加得太多，是形成通货膨胀的重要原因。这种认识只看到了外汇占款的变化，而没有观察到中央银行其他资产的变化。实际上，1994 年外汇储备增加 300 亿美元，相应增加了 2 800 多亿元的人民币外汇占款。但与此同时，人民银行收紧了对金融机构的贷款，停止对非金融机构放款，停止对财政的借款。通过一系列的配套操作，当年中央银行资金运用只比上年增加 500 亿元。今年前 5 个月，中央银行的资金运用比年初增加 461 亿元，比去年同期少增加 847 亿元。与此同时，我们正在加强对外汇储备的经营、管理，保持储备的增值和安全。今年前 5 个月，我国外汇储备的收益率在 6% 左右。因此，外汇储备的增加对近期物价上涨的影响是比较小的，基础货币管理是比较成功的。

最近一个时期人民币"内贬外升"（即人民币在国内因通货膨胀较高而贬值，对外币升值）的现象是多种因素共同影响所形成的。除受新结售汇体制下中央银行全额购进外汇及对用汇资格还稍有限制之外，主要的还是对外贸易本身的变化。从进出口贸易总量来看，1994 年及今年前 5 个月出现了大量的贸易顺差，1994 年为 53 亿美元，前 5 个月为 102.6 亿美元。一国外贸顺差的大量存在，无疑会使本国货币在国际货币市场上保持坚挺的势头；从出口结构来看，我国出口商品总额中 85% 左右是工业制成品，而工业制成品的国内价格涨幅也不高。国内商品涨幅大的是农产品，而农产品进口额只占我国一般贸易进口总额的6%左右。因此，进出口贸易结构本身也决定了人民币在国内外市场上币值的不统一。

但是，随着国际货币市场及我国进出口贸易条件的变化，外汇、外债管理仍待加强。未经批准，地方政府、金融机构、工商企业不得向外举债。在结售汇方面，创造条件对中外企业实行同等待遇。在"九五"计划内实现经常项目项下的人民币自由兑换。同时，要改进外汇储备的经营，合理调整外汇币种结构，增加收益。在外汇储备增加，人民币占用增长过多时，中央银行要从紧安排对国内金融机构的贷款，控制货币供应量过多增加。加强证券市场的管理，严格控制B股的发行量。完善外汇、国债等远期实盘买卖制度，暂缓开办股票、外汇等远期、指数买卖业务。

（五）进一步深化金融体制改革，发挥间接调控在货币政策实施中的作用

通过两三年努力，中央银行要把主要通过信贷规模管理，转变为主要运用各种货币政策工具调节货币供应量，保持币值稳定。为此，拟在区域经济中心城市建立会员制的短期融资中介机构，在此基础上建立全国统一的资金市场，加速资金周转。逐步增加金融机构的国库券持有量，把历史形成的财政向中央银行的借款，改为财政部向中央银行发行国债，由中央银行出售给商业性金融机构，为中央银行运用国债买卖进行公开市场业务操作，调节货币供应量创造条件。

由于我国市场化程度还比较低，地区经济发展水平差异很大，没有形成社会平均利润率。1993年，工业企业百元资金创造利税10元多，按行业划分，最高50多元，最低亏损1～2元；按地区划分，最高28多元，最低3元多。如要实行利率市场化，财政则要对地区、产业补助5 000亿～6 000亿元，财政无法承受。因此，

在我国利率市场化还有一个过程。目前只能在现有的利率管理体制上进行改进。要经过几年的努力，使存款利率在扣除物价上涨因素后，保持3%左右正利率水平，银行存贷款利率保持4%以上水平，相应扩大商业银行的利率浮动幅度。同时，对违章收息严肃查处。国有商业银行新增贷款主要靠自己组织存款，经过几年，使国有商业银行信贷做到全额自求平衡。同时，人民银行增加票据再贴现规模。

全面提高我国银行业经营管理水平

（1995 年 6 月 15 日）

全国银行业经营管理工作会议今天正式召开。这次会议的主要任务是：在学习和贯彻《中国人民银行法》和《商业银行法》的基础上，深入分析当前我国银行业经营管理中存在的主要问题，讨论《贷款通则（草案）》，明确解决国家专业银行改革为国有商业银行的几个重大问题的基本原则，制定今明两年提高信贷资金使用效益性、安全性和流动性的政策措施。通过这次会议，要增强各家银行总、分行领导同志的经营观念，把银行工作重点切实转移到提高经营管理水平上来，务必使我国银行业经营管理状况到明年底有明显好转，为把国家专业银行建成具有国际经营管理水平的商业银行迈出坚实步伐。

这次会议是在朱镕基副总理的直接关心下召开的。今年初，朱

注：1995 年 6 月 15 ~ 19 日，中国人民银行召开全国银行业经营管理工作会议，在会议筹备中，朱镕基副总理高度评价这次会议，说这是人民银行历史上一次最为重要的会议。6 月 19 日，朱镕基副总理到会作了重要讲话。提出，要把银行工作重点转到加强经营管理和提高资金使用效益上来，尽快把我国国家专业银行办成具有国际经营管理水平的商业银行。6 月 15 日，戴相龙同志在会上作了题为《全面提高我国银行业经营管理水平》的报告，要求 4 家国家专业银行 2 ~ 3 年后把不良贷款比例从 20.4% 降到 17% 以内。

镕基副总理对提高贷款质量作了重要指示。2月底，同意在认真准备的基础上召开全国银行业经营管理工作会议。6月5日，又专门听取了会议筹备情况的汇报，并对开好这次会议作了重要指示。各家银行对召开这次会议十分重视。会前，人民银行会同各家银行就提高银行业经营管理水平的政策措施进行了认真讨论。我们相信，开好这次会议，必将对提高银行贷款质量，抑制通货膨胀，促进我国银行业的改革和发展产生重要影响。

一、坚定不移地把银行工作重点转移到加强经营管理和提高资金使用效益上来

16年来，我国银行业在改革中发展，为促进经济改革、发展和对外开放发挥了巨大作用。但是，我们也要看到，当前我国银行业经营管理面临着严峻形势。1994年国家专业银行政策性与经营性业务已经分开。今年3月18日，《中国人民银行法》正式颁布实施，《商业银行法》将于7月1日正式施行。全国银行业广大干部职工，要认真学习和执行这两部法律，把握有利时机，切实把工作重点转移到加强经营管理和提高资金使用效益上来，为全面提高银行业经营管理水平而努力。

（一）我国银行业在改革中发展壮大

银行体制改革逐步深化。在我国设立了中国工商银行、中国农业银行、中国银行、中国人民建设银行4家专业银行后，1984年，中国人民银行专门履行中央银行职能，建立了中央银行体制。1987年以后，我国重新组建了交通银行，新设立了中信实业银行、中国光大银行、华夏银行、招商银行、广东发展银行、福建兴业银行、深圳发展银行、上海浦东发展银行等一批商业银行。1994年组建了国家开发银行、中国进出口银行、中国农业发展银行3家政策性银行，国家专业银行开始改为国有商业银行。到今年5月底，已设

立外资和中外合资营业性银行机构 114 家。经过多年改革，我国已形成了以中央银行为领导，国有商业银行为主体，国家政策性银行和其他商业银行分工协作的银行服务体系。

银行业在改革中不断发展壮大，已成为促进国民经济发展的主要资金渠道，成为国家宏观经济调控的重要杠杆。到去年底，全国银行业（不含人民银行）总资产约 6.8 万亿元。其中，工商银行、农业银行、中国银行、建设银行 4 家银行的总资产约 5.8 万亿元，占 85%。银行业贷款余额达 32 921 亿元，是 1985 年的 5.57 倍，年均增长 21%，是 1990 年的 2.16 倍，年均增长 21.3%。全国银行业（不含人民银行）在全国城乡已有营业机构 15 万个，职工170 万人。1984～1994 年 11 年创造利润 3 000 亿元。银行所有者权益，1984 年为 740 亿元，1994 年为 2 917 亿元。据英国《银行家》杂志公布，1993 年按《巴塞尔资本协议》规定的核心资本数量排列，中国工商银行、中国银行、中国人民建设银行、中国农业银行、交通银行分别名列世界 1 000 家大银行的第 7 位、第 21 位、第 47 位、第 54 位、第 155 位。

银行业的经营管理得到逐步改进。1987 年以来成立的商业银行，基本实行资产负债比例管理和风险管理。在深圳等地区，对银行业实行了资产风险管理，推行了贷款证制度。1993 年，银行业实行新的金融保险企业财务制度。1994 年，人民银行制定和实行了新的信贷资金管理办法，制定了商业银行资产负债比例管理考核指标和考核办法，各银行制定了资产负债管理实施细则。现在，《中国人民银行法》、《商业银行法》、《票据法》已颁布实施，贯彻落实这些新的金融法规和管理方式，必将把我国银行业的经营管理提高到一个新的水平。

（二）当前银行业经营管理中面临的主要问题

在充分肯定 16 年来银行业改革、发展取得很大成绩的同时，我们要认真分析当前银行业经营管理中存在的主要问题和面临的严峻形势。

一是不良贷款比例较高。据 13 家商业性银行统计，1994 年末不良贷款为 5 438 亿元，占全部贷款的 19.7%，其中，逾期贷款占 11.2%、呆滞贷款占 7.3%、呆账占 1.2%。1994 年末，工、农、中、建 4 家银行不良贷款为 5 323 亿元，占全部贷款的 20.4%，其中，逾期贷款占 11.4%、呆滞贷款为 7.7%、呆账为 1.3%。随着资不抵债企业依法破产的增加，预计呆账比例会有扩大。银行业不良贷款的 90% 以上集中在工、农、中、建 4 家银行。

二是资金周转速度减慢。工、农、中、建 4 家银行全部贷款年周转速度，1991 年为 1.25 次，1992 年为 1.32 次，1993 年为 1.19 次。1994 年为 1.08 次，周转一次为 338 天，比上年减慢 31 天，比 1991 年减慢 46 天。

三是经营效益下降。工、农、中、建 4 家银行的利润，1992 年为 343 亿元，1993 年为 220 亿元，1994 年为 166 亿元。1994 年，4 家专业银行贷款余额比 1992 年增长 28.4%，但实现利润却减少 51.8%。

四是自我发展能力不足。到 1994 年，4 家专业银行（老口径）贷款余额 30 534 亿元，比 1985 年增加 24 646 亿元，年均增长 20%；而同期，4 家银行的所有者权益年均增长 13% 左右，低于贷款的增长幅度。1994 年底，根据 13 家商业银行上报数计算，总资本为 2 333 亿元，风险资产约 4.3 万亿元，资本充足率为 5.3%。其中，9 家商业银行总资本 259 亿元，风险资产约 2 523 亿元，资本充足率为 10.3%；4 家专业银行总资本为 2 074 亿元，风险资产约 4.1 万亿元，资本充足率超过 5%，其中，核心资本普遍超过 4%。

五是经济案件不断增加。1994 年，金融系统共立案查处 2 000

元以上经济案件 2 576 件，其中，万元以上案件 1 910 件，百万元以上特大案件 116 件（其中 1 000 万元以上案件 12 件），比上年同期增加 42 件。今年第一季度立案查处经济案件 238 件，虽然比上年同期减少 148 件，但不容乐观，从目前情况看仍有上升趋势。此外，从去年 6 月到今年 5 月还发生了一批诈骗、盗窃、抢劫案件，共 892 起，给银行资产和职工生命带来了重大损失。

这些问题的存在，一方面扩大了货币发行，增加了通货膨胀的压力；另一方面降低了银行自我发展能力，给银行业带来巨大风险，损害了国家银行的信誉。我们必须充分认识这些问题的危害性，清醒地看到提高银行业经营管理水平的迫切性，要采取切实措施，在强化银行业经营管理上真正下功夫，花力气。

（三）必须把银行工作重点转移到加强经营管理和努力提高资金使用效益上来

上述问题的存在，既有外部原因，也有内部原因，但从银行来讲，更主要的是分析内部原因。外部原因主要是长期以来，固定资产投资和消费基金增长过快，国民经济整体效益较低，银行的经营自主权没有真正落实，倒逼银行增加无效或低效贷款，导致短期资金被长期占用和信贷资金使用财政化。在把银行办成金融企业方面，缺少必要的外部条件。近几年，有些企业在转制过程中随意逃债，使银行不良贷款进一步增加，加上实行保值储蓄，银行经营管理面临严峻形势。内部原因主要是银行体制和经营管理不适应社会主义市场经济的发展要求。一是粗放经营，注重扩大资产规模，忽视内部管理；二是过去几年改革成绩很大，但有时偏重放权搞活，服务多功能，分支行甚至以独立法人身份从事业务活动，忽视了分业经营，削弱了总行对全行业务、资金的集中统一管理能力；三是在计划经济体制形成的信贷资金供给制没有得到及时改变，新的管理办法没及时建立；四是没有认真执行行长负责制，内部管理松弛。据财政部统计，人、工、农、中、建5家银行人均业务管理费用，1992年为1.48万元，1993年为2.37万元，比上年增长60%；1994年为3.35万元，又比上年增长41.4%。1994年底，工、农、中、建4家银行固定资产净值占资本金的比例为37.8%，比上年提高9个百分点。此外，还有在建工程已达319.7亿元，管理费用和固定资产投资大量增加，除了业务发展和物价上涨因素外，和内部管理松弛关系极大。

当前，银行业全体职工，特别是各家银行总、分行领导同志，要进一步提高认识，转变观念，坚定不移地把工作重点转移到加强经营管理和提高资金使用效益上来。加强银行业经营管理是银行自身发展的需要，是一家银行兴衰存亡的关键。随着市场经济的发展，企业之间、银行之间竞争扩大，一个银行如不改进经营管理，就不能赢得客户的信赖，就没有自我发展的能力，在国内外金融市场竞争中就处于不利地位，甚至有破产或被兼并的危险。加强银行业经营管理是支持国民经济持续、快速、健康发展的需要。银行业不只是一个行业，而是现代经济的核心，是国民经济的命脉。只有加强经营管理，才能提高银行系统的服务水平，更好地支持社会生产、流通的正常运行。加强银行业经营管理是强化宏观经济调控的需要。只有加强经营管理，发展规范化的商业银行，才能完善金融市场，使中央银行的货币政策顺利贯彻。加强银行业经营管理是促使国有资产保值增值的需要。4家国有专业银行总资本有2 074多亿元，如不能提供相当的利润，不仅影响银行自身发展，也必然加剧中央财政收支平衡的压力。加强银行业经营管理是金融业对外开放的需要。在当前国际金融业竞争越来越激烈的情况下，我国的商业银行必须加强管理，使业务管理制度和国际惯例接轨，才能适应对外开放的新形势，才能增强我国银行在世界上的竞争力。因此，我国银行业广大干部和职工，特别是各家银行总、分行的领导同志，要增强经营观念，从办专业银行转为办商业银行，从粗放经营转为集约经营，减少应酬，减少会议，把工作精力切实转移到内部管理上来，经过两年努力，到明年底务必使我国银行业经营管理有一个明显好转。

二、深化金融体制改革，努力创建具有国际经营管理水平的商业银行

《商业银行法》的颁布实施，为我国银行业稳健发展奠定了法律基础，也为商业银行运作提供了准则。我国银行业要奋发图强，深化改革，到本世纪末或更长一段时间，使我国商业银行经营管理方式和国际惯例接轨，把工、农、中、建4家国有商业银行建成具有国际经营管理水平的大型商业银行。

（一）建立规范化的商业银行是发展社会主义市场经济的客观需要

从一般概念来说，商业银行是以吸收活期存款为主要资金来源，以发放贷款和办理结算为主要业务，并以利润为经营目标的金融企业。从80年代开始，部分工业化国家逐步放松对金融业管制，一些商业银行业务向综合化方向发展，但是商业银行的本质特征并没有改变。我国商业银行是建立在公有制基础上的，以吸收企业和公众存款、发放贷款和办理结算为主要业务的经营货币的金融企业。

建立商业银行是发展社会主义市场经济的客观要求。新中国成立以来，我国长期实行集中统一的计划经济体制，在这种经济体制下，人民银行既行使中央银行职能，又办理对企业、个人的具体金融业务。党的十一届三中全会以来，为适应有计划商品经济的发展，人民银行专门行使中央银行职能，工、农、中、建4家银行成为既办政策性业务，又办经营性业务的国家专业银行。1992年，

党的十四大决定建立社会主义市场经济体制，对建立现代企业制度，发展市场体系，改善宏观调控，提出了具体要求。为了适应新的经济体制，必须把国家专业银行的政策性业务划分出去，1994年成立3家政策性银行，国家专业银行则改革为国有商业银行。发展商业银行，有利于改进对企业的服务，促进企业制度改革；有利于银行建立自主经营、自担风险、自负盈亏、自我约束机制，提高资金使用效益；有利于发展金融市场，建立以间接调控为主的宏观调控体系。建立一个管理水平高、经营稳健、实力雄厚、管理先进的商业银行体系，是促进国民经济持续、快速、健康发展的基本条件，是建立社会主义市场经济体制的重要标志。

（二）我国商业银行的基本要求

在社会主义市场经济条件下，如何发展我国的商业银行，我们还缺乏经验，需要在实践中不断探索。总结我国专业银行企业化改革和一批新建商业银行的实践经验，我们认为办好我国商业银行应遵循如下基本要求：

第一，在所有制结构上，以国家独资或控股的国有商业银行为主体，同时发展一定数量的以公有股份为主、由企业法人和城乡居民参股的股份制商业银行。

第二，在业务功能上，以存款、贷款和结算为主要业务，实行本外币和长短期信贷综合经营。在现阶段，商业银行不得在境内从事信托投资和股票业务，不得对非银行金融机构和企业投资，不得投资于非自用不动产。目前商业银行已向非银行金融机构和企业投资的，由国务院另行规定实施办法。

第三，实行稳健经营的方针，在严格执行金融法规和国家产业政策，保证资产安全性和流动性的前提下，通过增收节支，争取最好盈利水平，为国家增加积累，壮大银行实力，促进国民经济发展。

第四，建立"自主经营、自担风险、自负盈亏、自我约束"的经营机制。商业银行依法开展业务，不受任何单位和个人的干涉。商业银行应逐步形成自己的基本客户，同时开展公平竞争。

第五，实行资产负债比例管理和风险管理。商业银行必须遵守《商业银行法》和中央银行的有关资产负债比例管理的具体规定。

第六，按照经济效益和业务量大小设置分支机构。过去已经按照行政区划设置的机构，今后要按《商业银行法》逐步改变。实行总行垂直统一领导、集中管理、分级经营、行长负责的经营管理体制。分支机构不具有法人资格。

第七，不断提高银行职业道德水平，对企业既热情服务又要严格监督；银行间既实行公平竞争，又密切合作；银行从业人员以行为家，敬业爱业，遵纪守法；银行职工之间，领导与职员之间相互尊重。

（三）逐步把国家专业银行建成具有国际经营管理水平的商业银行

1987年以来，我国先后建立的以交通银行为代表的一批商业银行，在提高资金使用效益性、安全性和流动性方面创立了良好业绩，为支持经济发展作出了积极的贡献，为我国发展商业银行进行了有益的探索。这一批商业银行要严格执行《商业银行法》，坚持稳健经营的方针，争取在我国银行业的改革和发展中作出新的贡献。

工、农、中、建4家银行是我国银行业的主体，过去在支持国民经济发展中发挥了主力军作用，在企业化改革方面进行了认真的探索。但是，由于种种原因，在当前改革中面临许多困难。我国商业银行改革的攻坚任务是，把工、农、中、建4家银行改革为规范化的商业银行，发挥国有大银行在我国银行体系中的主导作用。改革步骤是：第一步，到明年底，使4家银行经营管理水平有明显提高；第二步，到本世纪末或更长一点时间，把 4 家银行建成具有国际经营管理水平的商业银行，即银行经营管理方式与国际惯例接轨，全面实行资产负债和风险管理，资金实力雄厚，员工素质比较高，经营管理手段比较先进的国际大银行。为此，当前要解决好国有商业银行改革中的几个重大问题。

一是清产核资，摸清家底。这是把专业银行改革为商业银行的一项基础工作。按照国有资产管理局的部署，今年，各家银行要认真做好本系统的清产核资工作。当前，最紧迫的是集中力量做好三项工作：第一，在普遍清理贷款资产的基础上，认定和登记不良贷款。要求各行按照规定的标准，对截止到 6 月底的逾期贷款、呆滞贷款、呆账贷款，在 9 月底前做好认定工作，要逐笔登记，并填报贷款质量监控表。把不良贷款逐步由信贷部门登记上报，改为由会计、信贷部门提供数据和情况，由稽核部门审核，按规定权限认定后上报。第二，要对企业实行租赁、承包、转让、兼并等各种经营方式后的银行债权，逐个企业、逐笔贷款进行落实。凡是不落实的，要补办各种手续。对明知银行债权已被悬空，而不制止、不上报的，上级行要追究有关分支行的责任。第三，对各项账外资产，要认真清理，及时入账。

二是落实银行经营自主权，依法处理不良贷款。自《商业银行法》实施后，商业银行要自主发放贷款，任何单位和个人不得干预。同时，各家银行要对贷款发放和收回负责。国务院批准的特定项目贷款，国有商业银行必须发放，造成的损失，由国务院采取补救措施，具体办法由国务院另行制定。对原有不良贷款要区别情况，分别处理。第一，要指定专人对逾期、呆滞贷款组织催收，对有条件而不归还的借款人，要进行必要的信贷制裁，或者依法起诉。第二，对资不抵债、不能偿还债务的企业依法申请破产时，银行作为主要债权人，要参加债务清偿小组，按规定的条件、程序冲销呆账。第三，按照银发〔1995〕130号文件规定，好的企业兼并连续3年亏损、贷款逾期2年的企业，银行可对被兼并企业利息酌情实行减免，但兼并企业要在5年内还清被兼并企业的原欠贷款本金。第四，降低国有企业的资产负债率，要以企业增加积累和调整资产存量结构为主，同时，经有权单位批准，可把"拨改贷"转为股本投资，商业银行的贷款不能转为股本投资。第五，对有逾期、呆滞贷款的企业，银行在贷款上实行区别对待，择优扶持。对有逾期贷款，但产品有市场、有效益的企业，可以酌情支持；对呆滞贷款较多的军工、森工、纺织、煤矿等企业，生产有市场、有效益的产品，可以限量贷款，与企业原来的贷款分开，专款专用，同时，逐步收回原来贷款；对不能偿还银行贷款的企业，坚决不再贷款。

三是逐步实行资产负债比例管理和风险管理。总的改革方向是，人民银行要把对贷款规模管理转变为运用各项货币政策工具调控货币供应量。今明两年，国有商业银行继续实行贷款限额控制下的资产负债比例管理，同时建立和实行资金统一调度制度，资金成本利润分析制度，贷款质量监测制度，风险防范制度，然后，积极创造条件，全面实行资产负债比例管理。人民银行要运用多种货币政策工具调节货币供应量。各家银行要逐步提高资本充足率。第一，各家银行首先要通过增加利润来增加公积金，壮大资本。财政部根据财力向国有商业银行定额、定向增拨资本金。第二，通过提足呆账准备金、投资风险准备金、坏账准备金、对现有固定资产评估增值等，增加附属资本。第三，推行抵押担保贷款，扩大风险小的资产的比重。争取到明年底，工、农、中、建4家银行的资本充足率达到8%，其他商业银行不到8%的，务必在今年底达到。

四是合理调整分支机构。工、中、建3家银行的贷款对象应逐步转入国有大中型企业，转入大中城市。商业银行设置分支机构要注重规模效益，减少管理层次。目前这种分支机构设置办法存在严重弊端，降低了管理效率，增加了管理费用，分散了资金使用，易受地方行政的干预。按照《商业银行法》规定，商业银行不按行政区划设置分支机构。为改变这种状况，各行要逐步合并同一地区重复设立的管理机构。今年可由人民银行会同国有商业银行选择一个省或一个地区进行试点。

五是加快培养一大批领导和管理国有商业银行的人才，造就一批银行家。1997 年前，参照国际著名商业银行的培训教材，编写出我国标准通用的《商业银行实务》、《商业银行经营管理》，对各级行员、行长进行系统培训。到 2000 年，培养 2 000 名以上精通本外币业务、善于领导管理、熟悉有关法律、了解宏观经济和产业发展政策、可以担任二级分行行长以上职务的商业银行优秀管理人才。

工、农、中、建 4 家银行和其他商业银行，都要按照国务院的要求和这次会议精神，制定好本行"九五"计划时期的政策和发展规划。

三、加强内部基础管理，经过两年努力，使国有商业银行经营管理水平有一个明显提高

针对当前存在的问题，近两年各家银行，特别是国有商业银行，在经营管理方面要做好下列工作。

（一）加强计划管理，提高资金使用流动性，逐步实现资金使用自求平衡

要进一步改革商业银行的计划管理方式，从传统的、单一的信贷计划管理为主，转向以资金、成本、利润为主的业务综合经营计划。

商业银行要认真制定和执行年度与季度存贷款计划，提高资金

的自求平衡能力。国有商业银行新增贷款，原则上由自己组织存款解决。对过去向中央银行的借款，中央银行将视货币政策需要和各家银行的头寸进行调控。进一步改进存款准备金制度。经过努力，要求国有商业银行资金使用做到全额自求平衡。取消存款单项奖。对国有商业银行的流动比例，存款备付率，固定资本比率等进行考核。

商业银行要认真编制和执行资金营运计划，提高对全行资金使用的统一调度能力。必须明确，商业银行的分支机构不具备法人资格，要绝对服从上级行的各项业务指令，资金余缺由上级行统一调度。商业银行要对其分支行核定并考核备付金最低限额、汇差资金占用最高限额、建立资金头寸预测制度等。商业银行向中央银行借款，必须提交资金头寸使用调拨计划。

商业银行要认真编制和执行业务经营综合计划。按照存贷款计划和有关利率、财务制度，编制资金、成本、利润计划，然后相应编制劳动工资、机构设立、固定资产投资计划，使业务发展和自身管理水平、物质条件相适应。

（二）全面实施《贷款通则》，提高贷款质量

人民银行依据《中国人民银行法》、《商业银行法》等法律，制定了《贷款通则》。实施《贷款通则》的目的是维护借贷双方权益，切实保障信贷资产的安全。今年下半年试行《贷款通则》，各家银行要将试行中需要补充和完善的意见，及时上报各自总行，由总行汇总后，报人民银行，再做进一步修改。明年要正式实施《贷款通则》，同时，各家银行要制定适合本行特点的贷款管理细则。

银行的信贷资金要由供给制改为自主经营制，由主要发放信用贷款转向担保贷款，从条块分割使用资金转向按效益原则自主择优选择贷款项目。在全国范围内认真执行审贷分离的制度和一个企业

选择一个商业银行营业机构开立基本账户的规定。在沿海经济发达地区和大中城市，推广贷款证管理制度。各家银行分支行应逐步成立贷款审查委员会，加强对贷款的审查。

上级行要对所辖分支行下达并考核逾期贷款率、呆滞贷款率、呆账贷款率和资金周转率、贷款收息率指标。经过努力，到 1997 年要求工行、中行、建行不良贷款的比例降到 17% 以内，其中，呆滞贷款比率不超过 6%，呆账贷款不超过 2%。要求农行在 1998 年实现上述指标。

在贯彻实施《贷款通则》和改进经营管理过程中，银行要不断改善金融服务，要加强信贷监督。上半年要建立好全国 1 000 户大型企业的生产经营和资金运行信息网络。进一步严肃结算纪律，加快资金周转。为严格控制固定资产投资，各家银行必须按以下条件严格控制固定资产贷款：新上项目必须有 20%～30% 的自有资金，自有资金和银行贷款要同步到位；老企业同国内、国外企业合资或者设立新企业，必须用自有资本金投资，而且一般要限制在资产净值的 50% 以内；对目前流动资产小于流动负债的企业要控制贷款；对 7 月 1 日以后新增流动资产小于新增流动负债的企业，原则上不增加贷款；银行不得用流动资金贷款规模发放固定资产贷款；从《商业银行法》公布之日起，银行不准再对非银行金融机构和其他企业投资。

（三）加强财务管理，提高盈利水平

各家商业银行要制定和推行成本利润分析制度，认真执行财政部制定的《金融保险企业财务制度》，降低经营费用开支，提高银行盈利率，增加银行积累。商业银行上级行要对下级行进行内部财务稽核，认真检查分支行的财务收支。各级行要及时上报"商业银行季度财务收支快报"和年度决算、财务状况说明书。要考核各家银行利润率、资本利润率、成本率、费用率等经营指标。各家银行总行对分行也要下达具体的经营考核指标。

今明两年，除业务发展的固定费用外，各家银行要把会议费、差旅费等节约潜力较大的费用控制在 1994 年的水平上。两三年后，力争把固定资产净值占资本金的比例控制在 30% 以内。人民银行要同财政部协商，认真解决实行权责发生制后因逾期贷款比例过大造成的商业银行利息虚收实交的问题。各国有商业银行要采取有力措施改善经营管理，努力增加盈利，完成和超额完成今年利润计划。

（四）建立和健全银行内部控制制度

要把建立和健全内部控制制度与加强"三防一保"工作有机地结合起来，在深入持久地开展"三防一保"工作的同时，各行要完善和认真实施会计、信贷、出纳等各项业务规章制度和岗位操作规程；明确各有关部门、岗位的授信和对外支付权限及责任；对要害岗位、重要凭证要严格管理；大额贷款和对外支付以及开办新的业务都必须实行逐级报告审批制度。上级行要对所属分支行定期审计稽核。对有关领导和有关部门干部的调出，进行调离审计。

（五）实行行员制，加强劳动工资管理

商业银行要全面实行行员制。明年 6 月前各分支行做好定编、定岗、定（职）责工作；对职员实行考核、录用、上岗前培训、部门轮换、岗位轮换、内外勤轮换制度。对银行职员的培训，要从以证书培训为主，转向以实用业务技术培训为主。要逐步改变收入平均分配的情况，实行奖惩制度。

要控制国家银行职工人数过快增长。1992 年国家银行年末职工总数为 161.7 万人，1993 年为 177.8 万人，1994 年为 187.4 万人，年均递增 7.7%，人员增长过快。今明两年，各行要对不适合留在银行的人员进行分流，对业务工作不称职的人员进行下岗培训，撤销或合并重复设立或业务量不足最低限额的营业机构，使各行人员总数基本不增加。

（六）建立以行长为首的经营管理领导指挥系统

各家银行要在总行垂直领导下，实行下级行对上级行负责，部门对行长负责，副行长协助行长工作，逐级实行行长负责制。同时，要充分发挥党组织对开展金融工作的政治保证作用，依靠职工改进经营管理。

争取到明年上半年，国有商业银行都要建立监事会，按照《商业银行法》的规定，强化商业银行内部监督职能。监事会要对国有商业银行的信贷资产质量、资产负债比例、国有资产保值增值等情况以及高级管理人员的行为进行监督。

四、加强中央银行对商业银行经营管理的监督

各级人民银行的职工要向商业银行学习经营管理知识，改善对商业银行的服务，同时，根据《中国人民银行法》和《商业银行法》的规定，对商业银行的经营管理加强监督。

（一）严格控制货币供应量的增加

人民银行和各家银行共同配合，要努力实现国务院确定的今年贷款、现金发放控制目标和货币供应量监控目标。为此，要按年初计划收回对金融机构的再贷款；把过去财政向人民银行的一部分借款，改为财政部发行国债，通过人民银行向商业银行销售；各家银行要按核定计划发放贷款，贷款计划未经批准不得突破；外汇指定银行增加外汇周转金所需人民币，主要由各行筹集；商业银行自营房地产贷款，要在9月底并入所属银行账表统一反映；商业银行分行所办信托投资公司撤销后，业务列入银行报表，多余资金要归还人民银行的贷款。

（二）依法审批商业银行的设立、变更、终止及其业务范围

成立商业银行及其分支机构、各类营业机构，必须经过人民银

行批准。已经擅自设立或越权批设的机构，要按 1994 年金融监管会议明确的规定予以清理、撤并。最近几年新设立的商业银行，要严格执行资产负债比例管理和风险管理，要按规定对原设分支行补足营运资金，在此条件下才可批准逐步增设分支机构。

各银行一定要认真执行国务院国发〔1995〕11 号文件，做好与所办信托投资公司的脱钩工作。各家银行所设房地产部、国际业务部（外汇业务部）、信用卡部是内部业务部门，不能办成独立的法人。

各家银行分支行由于所处地域的经济状况不同、管理能力不同，总行直接从事的某些业务，分支行要开办时，不仅要上报其总行审批，还必须报经人民银行批准。

（三）及时监督商业银行资金使用的流动性

人民银行各分支行要按规定监督商业银行及其分支行按时交存准备金，会同商业银行上级行核定当地商业银行分支行的存款备付率，不足部分要督促各分支行及时补充。商业银行不准超过核定计划或比例发放贷款；不准违反规定拆出或拆入资金；不准在存贷款期限管理上弄虚作假。

（四）监督商业银行提高贷款质量

检查商业银行是否按照《商业银行法》、《贷款通则》所规定的条件和程序发放贷款，有无通过降低贷款条件为单位或个人谋取利益。要跟踪分析商业银行逾期贷款、呆滞贷款、呆账贷款的变化，对大额不良贷款要进行专项审计。各级人民银行要实行行长领导下的部门分工责任制，加强对商业银行经营管理工作的监督。督促商业银行及分支机构，最迟于今年第三季度，建立贷款监控制度，采取各种措施清理收回逾期、呆滞贷款，落实企业对银行的债务，按规定做好呆账冲销和企业兼并的有关利息减免工作。

（五）监督商业银行执行利率政策和金融企业财务制度，逐步提高盈利水平

商业银行不得违反人民银行规定提高或变相提高存贷款利率。人民银行要督促商业银行按规定充实资本金和对其分支行拨付营运资金。商业银行要按规定提足呆账准备金，不得以应提不提、应支不支、应收不收而制造虚假利润。在这个前提下，从1996年开始，对各家银行的经营利润实行严格考核，如果第一年出现亏损，人民银行要对其提出"黄牌"警告；第二年出现亏损，在银行业进行通报批评；第三年出现亏损，其机构负责人要"退位让贤"。各银行对所属分支行，要根据不同情况提出利润计划，并进行认真考核。

（六）督促商业银行按规定时间报送有关报表和业务资料

商业银行应按月向当地人民银行报送会计月报表、信贷月报表；按季报送资产负债表、损益表、资产质量监控表，以及各种业务资料。对以上报表，人民银行要分别指定专门机构保管，有关业务部门共同运用，按职能分工对商业银行业务经营活动进行分析研究，发现问题要及时查处。

（七）认真审查商业银行及其分支行主要负责人的任职资格

各级人民银行要根据《关于银行机构主要负责人任职资格的审查办法》，认真审查银行机构主要负责人的任职资格。对不符合任职条件的，人民银行不予批准；人民银行尚未同意的，有关银行不准任命，不准登报。人民银行要结合对商业银行总行及分支行业务经营的监督，对各级行长领导能力、业务水平、法纪观念、道德品质进行了解，建立相应的负责人档案。对违规违章经营失误造成金融资产损失或有其他违法行为等，不再具备担任银行机构主要负责人资格的，要向其上级行提出更换建议。

（八）对商业银行进行年检

今年对银行机构的年检要突出贯彻这次会议精神，重点检查业

务范围、资本充足性、资产质量、经营行为和财务经营成果。对年检合格的商业银行，由人民银行正式公告。建立有关商业银行年检和日常检查的资料及结论的档案，对未通过年检的，要提出警告或暂停其部分业务，限期整顿。商业银行要增加经营管理成果的透明度，接受股东以及社会的监督。从今年第三季度开始，人民银行要在内部按季公布各行资产负债比例管理考核指标。

这次会议，重点讲了我国商业银行的经营管理工作。3 家政策性银行是我国银行业组织体系中的重要组成部分。由于它们刚刚成立，对政策性银行的管理，可以说还处在起点和探索阶段。但是，根据国务院关于金融体制改革决定的精神，我们要明确：第一，政策性银行也是银行，具有银行的基本属性，要坚持自主经营、自我约束机制。政策性银行的贷款也要坚持有借有还、按期收回、还本付息的原则。第二，政策性银行要为实施国家产业政策服务，在经营上要实行保本微利的原则，国家要在财政、资金筹集方面予以支持。第三，政策性银行要充分运用商业银行的分支机构开展委托业务。各家商业银行对代理的业务，要视同自有业务一样，按委托方要求认真办理。

这次全国银行业经营管理会议是我国银行业发展历史上一次重要会议。通过这次会议，我们一定要坚定不移地把工作重点转移到提高资金使用效益上来，开创我国银行业经营管理工作的新局面，为实现明年底使我国银行业经营管理水平明显提高，到本世纪末或更长一些时间，把我国国家专业银行建成具有国际经营管理水平的商业银行而努力。

依法履行中央银行职责

（1995 年 8 月 28 日）

中国人民银行召开的金融法律高级研修班今天就要结束了。这次研修班的主要任务是，学习《中国人民银行法》、《商业银行法》和《全国人民代表大会常务委员会关于惩治破坏金融秩序犯罪的决定》，讨论、部署后几个月加强金融监管的几项主要工作。这次会议的特点是依法论责，虚实结合，共同参与，统一部署，体现了总行和分行同志对进一步稳定币值、稳定金融秩序、保障存款人和贷款人利益的信心和智慧。

《中国人民银行法》明确了人民银行的地位和职责，指出"中国人民银行是中华人民共和国的中央银行"，主要职责是"在国务院领导下，制定和实施货币政策，对金融业实施监督管理"，明确货币政策的目标是"保持货币币值的稳定，并以此促进经济增长"，金融监管的目标是"维护金融业的合法、稳健运行"。简而言之，人民银行的主要职责是保持币值稳定，维护金融秩序，并以

注：1995 年 8 月下旬，中国人民银行召开金融法律高级研修班，学习《中国人民银行法》、《商业银行法》和《全国人民代表大会常务委员会关于惩治破坏金融秩序犯罪的决定》，讨论和部署货币政策和加强金融监管的工作。此文根据戴相龙同志 8 月 28 日在研修班上的总结讲话的录音整理而成。

此促进经济增长，根据这个指导思想，我讲几个问题。

一、依法制定和实施货币政策，保持货币币值稳定

中国人民银行，特别是人民银行总行，要把制定和实施货币政策，保持币值稳定作为自己的首要任务。为此，当前要正确理解和处理好以下几个问题。

（一）正确理解货币政策的目标

一是正确理解中央政府宏观调控目标和中央银行货币政策目标的关系。从中央政府来讲，要协调运用由计划、金融、财政等项政策组成的、相互配合和制约的调控功能，进行宏观调控，实现物价稳定、就业充分、经济增长、地区经济协调发展、国际收支平衡等多重目标。即使如此，在一定时期内，国家也只能根据财力把调控重点放在最为紧迫的一两个目标上。按照党的十四届三中全会的决定，中央银行的首要目标是稳定币值，国家计委提出经济发展目标、任务及综合政策，财政部着重调节经济结构和社会分配。社会总需求和社会总供给基本平衡，是保持币值稳定的前提。在市场经济条件下，上述平衡又表现为货币供应量和社会商品、劳务总供给的平衡。货币信贷活动对调节货币供应量有重大影响。因此，把稳定币值作为中央银行的首要目标，是符合中央银行功能的。但是，国家宏观调控多种目标的实现，还要运用计划、财政、税收、物价及行政、法律手段，不是仅靠中央银行货币政策就能完成的。把中央银行货币政策的目标定为稳定币值，并以此促进经济增长，与当今许多国家中央银行的货币政策目标相同，也符合我国改革开放以来宏观调控的实际。

二是正确理解币值和物价的关系。币值是否稳定是通过物价反映的，而物价又是通过国民生产总值平减指数、零售物价指数、消费物价指数、批发物价指数等反映的。在一个年度内，这些指数又

是不同的，有时相差很大。如 1994 年，消费物价增长 25% 左右，零售物价增长 21.7%，工业品批发物价增长 18%，国民生产总值平减指数增长 13%。我们常用零售物价增长来反映币值，反映通货膨胀率，这是因为这个物价变化和居民、企业关系重大，物价指数计算方便，公布及时。但是，这些物价没有包括形成国民生产总值的全部商品。因此，分析货币币值的变化，应该尽可能地综合分析各种物价指数的增长幅度。

三是币值稳定和物价波动的关系。币值稳定，是指物价在短时间内不要有大幅度波动，即使有波动，也要控制在社会、居民可以承受的范围内，而不是要求物价固定不变。1978 年以来，我国国民生产总值年均增长 9% 左右，零售物价每年递增 6.3% 左右。今年，要把零售物价增长控制 15% 左右，明年应争取控制在 10% 左右。"九五"时期，最好使零售物价增长比国民生产总值增长幅度低 2~3 个百分点。当然，在我国改革进程中，由于对粮棉等商品的调价，企业工资制度改革而扩大货币支付范围，物价还会因结构调整有所上升，加之物价的自发涨价，估计今后几年物价每年上升 6% 左右还是难免的。

（二）要正确处理好当前宏观调控中存在的几项重大关系

一是正确处理中央银行在国务院领导下依法独立执行货币政策和地方政府、部门、社会团体的关系。我们的看法是，中央银行保持币值稳定，是"稳定"而不是"固定"；在国务院领导下独立制定和实施货币政策，是"独立"而不是"孤立"。在国务院领导下，人民银行独立制定和执行货币政策。这里讲的独立是相对的，是在国务院领导下保持相对独立性，人民银行就利率、汇率、货币供应量以及其他重大问题作出的决定，要报国务院批准后执行。另外，人民银行关于货币政策的执行情况和金融监管情况还要报人大常委会。我们讲的独立，是指在执行货币政策的具体操作上，也就是说在货币供应量的调整、准备金的调控或者其他货币政策运用方面是独立的，不受有关方面干预。这不是说中央银行与有关方面割断联系，相反，人民银行还要经常地和国务院各部门、地方政府、企事业单位，专家学者及城乡居民保持广泛的联系，向他们介绍货币政策及执行情况，听取他们对中央银行和金融系统服务的意见，使我们货币政策的制定和执行更有根据、更有基础。

二是正确处理直接调控和间接调控的关系。我国经济体制改革的目标是建立社会主义市场经济，充分发挥市场分配社会资源的作用。为此，要建立新的金融体制，发展规范化的商业银行和有序的金融市场，建立以间接调控为主的宏观调控体系。中央银行制定和实施货币政策，要借鉴发达国家的经验。但是，要充分认识到，当前我国还处在计划经济向市场经济的过渡阶段，包括银行在内的工商企业，还没有真正成为有自主经营、自我约束能力的法人，市场规则也很不完善。因此，对各种货币政策工具的选择运用及用到什么程度，还要从我国实际出发。不能认为把物价放开，就是市场化了。如果产品由市场定价，企业不能优胜劣汰，这离市场经济要求还远得很。现在，各个地区、各个行业、生产同类产品的各个企业，利润差别很大，这是计划经济下分配产品的结果。要形成一个比较接近的资本利润率，必须允许资本在各地区、各行业、各企业之间合理流动，需要国家有足够财力对有些地区、行业进行补贴，这要有一个过程。因此，利率市场化要有一个较长的过程，利率改革只能从我国实际出发。《中国人民银行法》适用时间跨度较大，对货币政策工具的运用，还必须从我国市场经济发展程度出发，逐步创造条件，从主要依靠信贷规模过渡到主要运用准备金、利率、再贴现、公开市场业务来调节货币供应量，保持币值稳定。

三是正确处理好企业改革和金融改革的关系。有了一个现代企业制度，才能有规范的市场，才能有健全的宏观调控体系，才能有社会主义市场经济体制。同样，只有发展规范化的商业银行和其他金融机构，才能有规范化的金融市场，才能有中央银行比较完善的宏观调控，才能有新的金融体制。当前企业的资产负债率，如果剔除报废财产，据说达到83%左右，这样高的资产负债率，看来在短期内难以有改善。经济决定金融，金融对经济起促进作用。如何发挥银行催化剂作用来促进现代企业制度建立，是中央银行应当经常思考的问题。降低国有企业资产负债率，只能以企业增加积累和扩大直接融资为主，同时，要适当扩大财政对企业的投资。从银行来讲，要促进资不抵债、不能偿还债务的企业依法破产，支持好的企业兼并危困企业。

四是币值稳定和社会稳定的关系。现在，一些地区和企业，因为没有适销产品，企业生产经营困难，因而要求银行贷款保一方平安，这是不妥当的。保持币值稳定，保持金融机构稳健运行，维护国家银行信用，符合党、国家和人民的根本利益，从根本上有利于我国社会、经济稳定。如果我们不改变粗放经营、高速低效的经济增长方式，不控制固定资产投资和消费基金过快增长，而只是想走近路，通过银行发票子来解决问题，将会给我国社会和经济发展带来更大的不稳定。银行的资金主要来自城乡居民存款，银行必须保证还本付息，因此，银行发放贷款必须坚持贷款条件。对政策性贷款，必须按规定由有关方补贴利息。个别人认为适度收紧银根，坚持贷款条件，就会带来社会不稳定，是因为这些同志不了解币值稳定对社会稳定的积极作用，要耐心地向他们讲清道理。

（三）坚持实行适度从紧的货币政策，促使物价明显下降

经过努力，当前，经济过快增长逐步回落，固定资产投资过快增长也在回落，货币供应量增幅回落，物价也开始回落了，国民经济正朝着宏观调控的目标发展。因此，现在有一种呼声，说现在是放松银根的时候，如再不放松银根，经济就要滞胀。国务院领导同

志经过分析认为，当前不存在经济滞胀问题。当然，中央银行要密切注视当前经济增长速度下降的问题，密切注视和深入分析企业资金叫紧的问题，继续实现对固定资产贷款从严、对流动资金贷款区别对待的原则。目前，从总体上讲，由于形成通货膨胀的病根并未消除，还要坚持适度从紧的货币政策。不但现在，就是在"九五"期间都要坚持适度从紧的货币政策，都要把治理通货膨胀作为宏观调控的首要任务。现在，在建、已批、待批的大中型基建项目，按现价计算总投资需 5 万多亿元。这些项目如果不上，损失很大，如果要上，没有自有资金，只有靠银行贷款。由于国有企业资产负债率很高，企业亏损依然很多，而且工资制度改革，还要加大企业成本，企业财务状况在近几年内很难有大的改变。银行资金周转慢、不良资产比例高、经营困难的状况，三四年内也很难有重大改变。农业生产的基础也很薄弱。国际环境也要求保持国内币值稳定，保持社会稳定。因此，治理通货膨胀还是宏观调控的首要任务，不能因为固定资产投资增长幅度下降一点，就要放松银根。固定资产投资是否适度，不能只看一两年增长比率，而要看投资总规模和投资增势是否超过国民经济和社会承受能力。现在地方固定资产投资中，自筹资金占49%，实际上在这49%中，有一半左右是各种金融机构的贷款。

综上所述，中央银行还是要实行适度从紧的货币政策，从严控制信用总量，调整信贷结构，加强内部管理，改善经营服务，银行和企业相互配合，克服困难，争取好的成绩。到今年9月底，下达的贷款规模如果都能实现，国家银行贷款将比去年同期实际增加数要多 560 亿元，国家银行贷款还是适当增加的。上半年全部金融机构贷款比去年同期多增加 80 亿 ~ 90 亿元，国家银行贷款比去年同期少增加 180 多亿元，原因并不是贷款规模安排少了，主要是固定资产贷款增长没有上去。而固定资产贷款没有上去，是由于自有资金到位率只有21%，因此相应影响贷款的发放进度。今年的固定资产贷款不再增加，同时对还款能力强的在建项目，安排150亿元中长期债券发行计划，其中，100亿元用于基建，50亿元用于技改。对固定资产贷款从严掌握的政策不变，新上项目要有25%左右的自有资金，所有企业各种投资之和不能超过企业净资产的50%，流动资金贷款不能挪用于固定资产贷款，银行贷款不能抵充企业自有资金。流动资金贷款可以适当增加，特别是大中城市工商企业新增流动资金贷款，比去年实际计划增长15%以上。农副产品收购资金保证供应，但严禁挤占挪用。

二、依法加强对金融机构监督和管理，维护金融业合法、稳健运行

（一）对当前金融监管形势的看法

总的评价是，中央银行对金融监管工作是认真的，金融秩序从整体讲开始好转，金融监管开始走上规范化、法制化轨道。1993年中央6号文件下达后，金融系统实行"约法三章"。去年人民银行先后召开全国金融机构监管工作会议、结算工作会议。今年6月，几家银行联合召开了全国银行业经营管理工作会议。两年来，人民银行和各家银行还查处和通报了一些违法违纪典型事例，配合执法部门打击各种金融犯罪活动。前不久，人民银行又会同财政部、证监会下达加强证券回购管理的通知，这次我们又学习了《中国人民银行法》，研究了金融监管工作。应该说全国金融秩序有明显好转，有些问题是加强监管力度后暴露出来的。把过去严重违法违章问题暴露出来并加以解决，是好事，不是坏事。金融犯罪是国际现象，对金融犯罪要进行长期的斗争。今年5个金融法律先后公布，使金融监管工作发生了质的飞跃，从过去主要依照行政法规进行金融监管，转入依照法律和行政法规进行监管。

当前金融监管存在的主要问题是：金融机构市场准入违规较多，金融机构超越范围经营比较严重，在有些地区，有些金融机构积累了严重风险。我国正处在计划经济向市场经济过渡之中，企业法人制度、资本金制度、财务会计制度、市场竞争机制都不完善，金融机构的功能、业务范围有时也有所调整。这些在客观上增加了金融监管的难度，出现金融机构违规违章经营也是难免的。就是在金融监管比较严格的经济发达国家，也存在这些问题。产生这些问题也有主观上的原因，主要是在一段时期里国有商业银行放权过度，国有商业银行分支行视同准独立法人；一段时期，过分突出或片面仿照有些国家银行多功能的模式，形成银行、信托、保险混合经营；金融监管的法律及政策水平不适应金融监管的需要；在金融监管实际工作中，一段时期内对银行业与信托业、股份制金融与合作金融没有进行严格区别，等等。

（二）认真总结金融监管工作的经验和教训

人民银行从 1984 年行使中央银行职责以来，在金融监管方面做了大量工作。总结过去金融监管工作的经验和教训，今后金融监管应坚持下列原则：

第一，坚持依法管理。对每一类金融机构，即使只有一个金融机构，都应首先通过制定法规确定它的性质、功能、业务范围、经营原则、风险防范措施。对这些法规要进行广泛宣传，要坚决依法管理。要从我国社会主义市场经济体制实际需要出发，构造有各类金融机构组成的金融服务体系。从金融业一般管理原则出发，对各类金融机构的功能进行规范，使其各尽其能，避免金融机构功能趋同化、银行化。作为中央银行要主动设计、规划、建造具有中国特色的金融体系，对金融机构进行有理论、有规划、有实效的监督管理。

第二，坚持系统管理。今后，要对金融机构的设立、业务范围的划分和风险的防范进行系统的跟踪管理。目前，人民银行对机构审批、业务种类的审定以及风险监测是分散在各个部门的，有时候大家都管，有时又都不管，有几个部门同时向商业银行催要报表，但对商业银行提供的报表又没有认真分析。今后，金融管理部门，不仅要负责机构审批，也要负责新业务的设计和审批，对所管金融机构风险状况要跟踪监控，进行系统管理。

第三，坚持对法人和法人代表的管理。金融机构分支机构很多，不能就事论事管理分支机构，而是通过对分支机构的监管发现问题，暴露矛盾，并反馈到总行（公司），督促总行（公司）改进管理。如美国金融监管机构要求对交通银行纽约分行的稽核记录必须送交通银行总行行长签字。今后中央银行分支行对商业银行分支机构的稽核报告，也要抄商业银行分支行的上级行签字。分支行违法违纪严重或多次发生的，要对上级行行长任职资格进行审查，并建议给予适当处分，以突出对法人或法人代表的管理。金融机构与金融机构的投资者、投资者的主管部门必须脱钩，排除金融机构的股东或股东主管机关对中央银行金融监管工作的干预。因此，金融机构不能按行业、按行政区划建立，只能实行社会资本的联合，按经济区划、业务量大小设置分支机构，排除股东主管部门和地方行政机关对金融机构的干扰。

第四，坚持从严管理，发挥中央银行金融管理的示范作用。对金融违规、违纪问题，不能知而不管，不能大事化小，不能私下处理。对一些违法违纪的丑事，要在一定范围内公开，要宣布停办或暂时停办某项业务，不要满足简单的经济处罚，通过一件事的处理达到中央银行严格管理的示范效应。上海市分行吊销14家证券机构营业执照，在《人民日报》刊登后反响很大，今后《金融时报》要开辟一个监管栏，为中央银行金融监管服务。

第五，坚持预防和超前管理。对金融机构违法违规，一旦出现苗头就要引起重视，不要等到泛滥开来，结果是法不责众，降低了中央银行权威。中央银行金融监管人员要有敏锐的眼光，有比较高的理论、业务水平和预见能力，把违规违章行为控制在萌芽中，控制在局部地区。

第六，坚持对监管人加强监管。《中国人民银行法》第三十六条规定："中国人民银行应当建立、健全本系统的稽核、检查制度，加强内部的监督管理。"金融秩序混乱有各种原因，有些问题出现与人民银行监管也有关系，有的是由于政策水平不高，或制度不健全的原因，有些实际上是金融监管人员徇私舞弊。人民银行自己也办证券公司、证券交易中心等，这些机构的成立虽然也有当时的背景，但是也有许多违法违纪经营行为，现在必须尽快脱钩。否则，无法从严管理监管对象。

（三）做好当前金融监管的几项工作

根据金融法律的规定，针对当前金融监管中存在的问题，在已有工作的基础上，我们从现在起，要集中精力，做好几项金融监管工作。一是对非银行金融机构进行清理，并重新登记；二是对商业银行特别是国有商业银行的资金来源和运用进行稽核；三是做好企业基本账户的设立和管理工作；四是对商业银行的自营房地产贷款和代理性房地产贷款分账经营。这里我强调以下几点：

第一，要统一认识。做好这项工作是有法律依据的，是中央银行应尽之职。《中国人民银行法》第三十二条规定："中国人民银行有权对金融机构的存款、贷款、结算、呆账等情况随时进行稽核、检查监督。"《商业银行法》也作了类似规定。做好这几项工作是十分必要的，是过去有关工作的继续，但又有新的要求。要在一段时期内，动员全行力量来做好这几项工作。

第二，要集中领导。做好以上几项工作，要求行长挂帅，兵分几路，把任务落实到部门，落实到具体人员。清理机构以金管部门为主，清理资金以稽核、计划资金、会计部门为主，清理账户以会计、调统信息部门为主，其他部门包括人事、教育、政工部门也要抽出合适的人员参加此项工作，这是全行的事情。

第三，要突出重点。清理非银行金融机构要突出清理那些明确撤并而至今没有撤并的机构，突出清理违法或越权设立而隐藏风险较大的机构。对名称虽不是金融机构而变相从事金融业务的机构，各分行也应按照金融法规查处，涉及面广、难度较大的问题，分行应及时提出报告，总行将会同有关部门提出管理意见。清资金要突出风险最大的、给国家和银行造成重大损失的违法违章活动，特别要查清账外经营、信用卡恶意透支、挪用信贷资金投资房地产、转移国家银行资产办小团体、转为私人所有等违法违纪活动。建立企业基本账户要和整顿开户、结算纪律同时进行，制止少数企业逃避债务和银行同业的恶性竞争。清理银行房地产业务，主要是把代理业务和自营业务分开，把过去自营业务纳入银行统一核算。检查外汇业务，要突出查处骗税、套汇、资本外逃、转移国家财产、"洗钱"等严重违法违章行为。

第四，要防止走过场。这次要依法办事，不能走过场。各项检查结束，要有专项报告，总行组织督促检查。对大家提出的问题，再明确一下。关于检查组是分别组织，还是统一组织问题。由于这几项工作性质不同，清资金要到现场去查，而且各项工作时间部署不一样，有的早，有的迟。因此，清机构、清资金，还是分别组织检查。同时，也不能采取简单的省与省、市与市的对口检查。各分行组织对所在地机构的清理工作，总行再从总行和分行抽调干部对各分行工作进行检查、评议。各分行自行组织对所在地商业银行的资金来源和运用进行稽核，总行再从总行和分行抽调部分同志组织检查小组进行重点检查。对建立企业基本账户问题，总行不派检查组，但总行要组织工作交流。

三、充分依靠分支行和人民银行广大职工履行中央银行职责

保持货币币值稳定，维护金融业合法、稳健运行，以此促进经济增长，是中央银行的基本职责。履行这项职责，我们的任务是光荣的、艰巨的。为了认真履行此项职责，我们必须紧密依靠人民银行分支机构，紧密依靠人民银行广大职工。

（一）要从严治行

人民银行基本职责是制定和实施货币政策，加强对金融机构的监督管理。人民银行的地位和职责，决定人民银行广大干部职工应有较高的理论政策水平，应该对自己从严管理。人民银行的干部和职工，不但要有综合经济管理部门所共有的素质，还应该有中央银行的特殊要求。人民银行广大干部和职工，应该识宏观，要了解全国以及本地区生产建设、内外贸、投资、消费、物价、财税等方面的基本情况和发展趋势，了解中央银行货币政策的制定依据和基本要求；应该懂法规，不但认真掌握三部金融法的基本内容，而且也要了解公司法、会计法、合同法、破产法等经济法规，还要了解中央银行有关金融管理的基本规定；应该知实情，要深入金融机构调查研究，联系金融分支机构广大职工和企业有关人员，了解货币政策执行和金融监管的真实情况；应该敢管理，对金融机构实行严格监督，对查出的问题能够排难碰硬，坚持依法处理。为此人民银行干部和职工要严于律己，廉洁公正。

（二）要抓紧培养一批素质高的金融监管人才

首先，要提高现有金融监管干部的政策和业务水平，向他们交任务，压担子，在金融监管实践中增加才干。其次，要组织编写金融监管案例教材，收集常见或特殊金融违法违规行为和查处方法，并选择一批干部进行速成培训。有的还可以派到国外进行专业培训。再次，从被监督管理的金融机构中，选拔一些优秀干部到人民

银行从事金融监管工作。最后，要充分发挥一部分已卸职的老同志的作用。

（三）逐步进行人事制度改革

要改进干部考核任命制度。考核分支机构主要负责同志的业绩，主要是考核执行总行制定的货币和信贷政策的能力和效果。要逐步推行分行行长定期交流制度，要执行和完善行员制度，对银行每个岗位明确应知、应会、应做的具体内容，制定奖惩办法。

在 1996 年全国金融工作会议上的讲话

（1996 年 1 月 14 日）

这次全国金融工作会议的主要任务是：认真贯彻党的十四届五中全会和中央经济工作会议精神，总结 1995 年金融工作，讨论和明确 1996 年金融工作总体要求和主要任务。

党中央和国务院对这次会议十分重视。去年 12 月，人民银行会同有关银行研究了今年的金融工作。今年 1 月 2 日，朱镕基副总理听取了我们的工作汇报。1 月 10 日，李鹏总理主持总理办公会议，听取人民银行有关召开这次会议的汇报，并作了重要指示。我们相信，开好这次会议，对于今年继续执行适度从紧的货币政策，做好各项金融工作，为"九五"期间金融业改革和发展创造良好开端，将产生重要影响。

一、1995 年金融工作的回顾

在党中央、国务院的领导下，1995 年我国基本实现预定的宏观调控目标，国民经济保持了持续、快速、健康发展势头。据初步

注：这篇文章是根据 1996 年 1 月 14 日戴相龙同志在全国金融工作会议上的讲话整理而成，原讲话题目是《继续执行适度从紧的货币政策，做好各项金融工作，为"九五"期间金融业改革和发展创造良好开端》。

测算，国内生产总值将达到 57 700 亿元，按可比价格计算，提前 5 年实现比 1980 年翻两番的目标。通货膨胀得到初步抑制，预计全年社会商品零售物价上涨 14.8%，实现年初确定的 15% 的控制目标。农业获得较好收成，国有企业改革有新的进展，固定资产投资增幅明显回落，财政金融和对外贸易等工作都取得很大成绩。1995 年年度计划和"八五"计划圆满完成。

1995 年，全国金融系统广大干部职工认真执行适度从紧的货币政策，顺利地完成了 1995 年全国金融工作会议提出的各项任务，为抑制通货膨胀和促进国民经济持续、快速、健康发展作出了贡献。

（一）金融工作取得显著成绩

执行适度从紧的货币政策见成效，金融宏观调控水平进一步提高。现金投放明显减少，货币供应量增幅平稳回落。1995 年底，流通中现金约 7 900 亿元，当年净投放 600 亿元，比上年少投放 820 多亿元，比计划少投放 900 亿元。现金净投放下降较多，说明国家控制固定资产投资和消费基金增长取得成效，但并不说明银根过紧。去年的投放是在 1992 年到 1994 年 3 年投放 4 100 多亿元和 1995 年大量推广信用卡的基础上再增加的。衡量银根松紧，最终要看货币供应总量。1995 年底，狭义货币供应量（流通中现金 + 企业活期存款，通称 M_1）约为 24 000 亿元，比上年增长 16.8%，比上年增幅低 10 个百分点（如果考虑到部分公款私存和个体经营户存款等因素，M_1 年增长率还要高出 3 个多百分点）；广义货币供应量（狭义货币供应量 + 企业定期存款 + 储蓄存款等，通称 M_2）约 60 800 亿元，比上年增长 29.5%，比上年增幅下降近 5 个百分点。货币供应量增幅下降，对抑制通货膨胀起了重要作用。1995 年末，金融机构存款约 53 900 亿元，比年初增加近 13 000 亿元，其中，城乡居民储蓄存款增加 8 130 亿元，年底余额 29 700 亿元。金融机构贷款50 500 多亿元，比上年增加9 340 亿元。在全部金融机构存贷款中，国家银行各项存款约38 800 亿元，比年初增加9 375亿元；各项贷款39 170 亿元，比年初增加6 703 亿元，扣除农副产品收购超计划316 亿元，全年新增贷款6 387 亿元，控制在调整计划6 400 亿元以内。全年保费收入556 亿元，比1994 年增加116 亿元。人民币汇率稳定，国家外汇储备达735 亿美元，比上年末增加219 亿美元。中央银行调控方式进一步改进。1995 年1 月1 日、7月1 日中央银行调高贷款利率，对金融机构办理特种存款、融资券400 亿元，全年资金运用比上年少增1 000 亿元。经国务院批准，对有市场、有效益的工业生产和将要竣工的重点建设及时追加贷款300 亿元。这些调控措施对于抑制过旺的资金需求，促进国民经济持续、快速、健康发展，发挥了重要作用。

金融立法取得重大突破，金融监管明显加强。1995 年，《中华人民共和国中国人民银行法》、《中华人民共和国商业银行法》、《中华人民共和国保险法》和《中华人民共和国票据法》四部金融法律相继出台，标志着我国金融法律体系基本框架已经形成。按照《中国人民银行法》的要求，人民银行在加强日常监管的同时，集中力量对部分地区金融机构外汇业务进行全面检查，及时打击了非法套购外汇和骗取出口退税等违法行为；对商业银行资金来源与资金运用、房地产信贷业务和绕规模发放贷款进行了专项清理；制止了证券回购业务中的"卖空"行为，组织推进债务清偿工作；清理并撤销了部分越权批设的商业银行办事处；工商银行、建设银行所办的89 家信托投资公司中，59 家已被撤销，其余的股份制公司正在按有关规定办理股权转让；对非银行金融机构重新登记，并对中银信托投资公司进行接管。

金融体制改革和对外开放迈出新的步伐。国家专业银行自政策性业务划分出去以后，正在向商业银行逐步转变。国家开发银行、农业发展银行、进出口银行在政策性银行资金筹集和运用、内部管理和业务委托方面进行了有益的探索，分别在支持国家重点建设、加强粮棉收购资金管理、推进机电产品出口方面发挥越来越大的作用。城市合作银行试点工作进展顺利，已批准组建 16 家，其中 3 家已正式开业。中国人民保险公司分设财险、寿险、再保险三个子公司的改革正在顺利进行。经过认真准备，全国同业拆借市场已于今年 1 月 3 日联网运行。

1995 年底，在华外资营业性金融机构 139 家，总资产近 200 亿美元。我国国有商业银行境外设立的分支机构也不断增加。

改进金融服务，调整信贷结构，有力地支持了国民经济发展。国有独资商业银行总行分别设立了营业部，直接为重点企业提供金融服务。各家银行深入企业、农村、建设单位，及时解决它们的合理资金需要。人民银行会同经贸委和有关银行建立了千户大型企业生产经营信息网络。国有独资商业银行支持企业依法破产，当年核销呆账准备金 86 亿元。

银行业经营管理水平有所提高。各家银行认真贯彻《商业银行法》，落实 1995 年 6 月全国银行业经营管理会议精神，把工作重点转移到加强经营管理和提高资产质量上来，在降低经营成本、积极推进资产负债比例管理和风险管理方面取得了新的成绩。国有独资商业银行总行对全行资金调度能力普遍加强，撤并了一些业务量过低、亏损严重的营业机构。仅农业银行就撤并、转迁了 2 000 多个营业机构。初步计算，4 家国有独资商业银行，1995 年国内实现利润 231.8 亿元，比上年增加 61.5 亿元。交通银行完成了将原来各为企业法人的分支行改为统一法人的工作。其他商业银行在改革中稳步发展，取得了较好的经营成果。中国人民保险公司"抓改革、打基础、上效益"，实现扭亏为盈。

金融队伍建设和"三防一保"工作有新的成果。1995 年，各行认真组织干部职工学习党的基本路线和邓小平同志关于建设有中国特色的社会主义理论。金融系统组织了英模报告团到 24 个城市进行演讲，并开展了"创青年文明号"活动；推广工商银行济南分行文明用语和文明服务经验，受到社会好评。金融系统深入开展反腐败斗争，取得了阶段性成果。特别是"七行一司"联合下发有关文件，禁止用公款"吃喝玩乐"，清理超标准用车，取得明显效果。各银行系统分支行主要领导干部的交流工作已经开始。1995年，金融系统立案查处 2 000 元以上经济案件 2 351 件，比 1994 年下降 8.7%。"三防一保"取得成绩，查处诈骗、盗窃、抢劫案件862 件，比上年下降 40%，其中堵截住 481 件，堵截率 55%。

（二）当前金融工作中存在的主要问题

尽管我们在金融工作中已经取得了很大成绩，但我们还要清醒地看到，我国正处在一个转轨和变革的时期，经济运行中的深层次矛盾，以及金融体制本身的不完善都不可避免地在金融宏观调控和金融运行中反映出来，金融工作中还存在许多急需解决的问题。

货币供应总量增长仍然过高，通货膨胀压力依然很大。1995年 M_2 增长率依然高达 29.5%，高于年初确定的监控目标 4 个百分点。前几年过量的货币投放，加上 1995 年仍然增长过快的广义货币，将给下一阶段实施适度从紧的货币政策和保障金融平稳运行带来较大的难度。

金融机构违规违章现象仍比较严重。经各行自查和人民银行抽查发现，不包括房地产贷款，绕过信贷规模发放贷款约 1 500 亿元，其中，私设账外账 148.7 亿元；证券回购违规十分严重，除诈骗金额巨大外，还有相当多的到期债务尚未偿还；有些金融机构利息虚收，资产虚增，实际上已是资不抵债；有些金融机构违规从事金融衍生产品交易，造成巨大损失。这些问题已经说明，现在金融风险正在积聚和扩大，而且随着监管的强化，更多的问题还将逐步暴露出来，如果我们掉以轻心，就有可能引发系统性或区域性金融风波。

国有商业银行经营管理水平较低。加之国有企业经营困难和在建投资规模偏大，造成金融机构信贷资产质量不高，信贷资金周转减慢，经营效益较低。大案要案和恶性案件呈上升趋势。1995 年，金融系统经济案件中，百万元以上特大案件 150 件，比上年增加 34 件，增长 29%。

金融服务跟不上经济与社会形势发展要求。这既包括中央银行对金融机构的服务，也包括金融业对社会的服务。从中央银行服务看，主要是支付清算、经济金融分析与统计信息共享等方面还很不够。从金融业对社会服务看，在金融业务的服务项目、服务质量与服务态度等方面也还有一定差距。

（三）近几年来金融工作的基本经验

自 1993 年下半年以来，在党中央、国务院的领导下，金融系统干部职工，在治理通货膨胀、整顿金融秩序、深化金融改革等方面，做了大量工作，取得很大成绩，同时，也有不少教训。认真总结这些经验和教训，对我们做好"九五"时期工作是十分必要的。

执行适度从紧的货币政策，保持货币币值稳定，是促进经济增长的基本条件。1992 年下半年和 1993 年上半年，由于投资和消费增长过猛，引发严重通货膨胀。这次通货膨胀，尽管没有导致居民抢购食品和挤提银行存款，但是，因此而造成的投资失误、债务拖欠、社会成员收入差别扩大和国家银行金融风险的积聚扩大，都是无法估计的。我们对通货膨胀的危害性应当有充分的认识。近几年，党中央、国务院决定实行适度从紧的财政和货币政策，控制通货膨胀取得很大成绩。但要清醒地看到，由于固定资产投资体制尚未得到根本改革，对消费基金过快增长还缺少有效控制办法，国有企业的困难短期内不会有重大改变，农业生产基础薄弱，因此，通货膨胀的压力在较长时间内依然存在。去年底，全部金融机构企业存款 17 324 亿元，比 1994 年底增长 28.9%，说明企业存款增长幅度很大。当前，不少企业资金紧张，主要是挤占流动资金用于固定资产投资，"三项资金"占用增加过多，亏损严重。解决这个问题，除了银行要对有市场、有效益的生产经营适当增加贷款外，主要靠企业深化改革，不能靠放松银根。至于军工、森工、煤炭等行业的困难，原因十分复杂，也不能依赖增加贷款来解决。党的十四届五中全会决定，在"九五"计划期间，仍然要执行适度从紧的财政和货币政策，把抑制通货膨胀放在首位，对此，我们金融界要坚决执行。适度从紧的货币政策主要包括以下内容：一是控制货币供应量。1992 年到 1994 年，狭义货币供应量平均增幅比经济增幅和物价增幅之和高出 3 个多百分点，今后几年应使其大体持平。二是维护银行经营自主权，建立贷款责任制，使贷款质量比过去逐年提高，同时，调整贷款结构，盘活贷款存量，增加有效供给。三是把物价上涨控制在社会和居民可以承受的范围内。今年，把物价上涨控制在 10% 左右，"九五"时期把平均物价上涨率控制在比经济增长率低一两个百分点是比较适宜的。四是人民银行要更多地运用间接调控手段来实现货币政策目标。五是货币供应是社会经济活动的综合反映，从紧控制货币供应量，不仅需要金融业的努力，而且需要财政、投资、消费、物价、贸易等政策的协调配合。总之，坚持执行适度从紧的货币政策，控制货币供应量，保持社会总需求和总供给基本平衡，是搞好金融工作，促进国民经济持续、快速、健康发展的基本条件。

加强金融监管，维护金融业合法稳健运行，是金融业改革和发展的重要保证。就像一部车子的两个轮子一样，正确的货币政策和强有力的金融监管是中央银行充分发挥宏观调控职能的两个方面。有了强有力的金融监管，才能保证金融体系的稳定，才能保证货币政策得以有效贯彻，才能给各类金融机构的发展创造一个公平竞争的金融环境。银行是经营货币的特殊企业，银行业的风波将涉及社会安定。因此，对金融业的监管，必须严于一般工商企业。总结近些年的教训，加强金融监管要正确处理好几个关系。一是金融监管和金融业改革发展的关系。增设金融机构，拓展新业务，要考虑我国国情和金融监管能力。金融体制改革是一个系统工程，需要进行必要的试点。但是，金融改革的试点不同于一般试点，所有试点要符合金融法规，要有管理办法，要经过批准，要承担民事责任。二是分业管理和综合服务的关系。根据我国法规，商业银行必须和保险、信托投资、证券分业经营，银行要按规定与所办的信托、证券等公司脱钩。同时，商业银行可经人民银行批准，开办本外币的长短期信贷业务和其他中间业务。三是金融机构总行（总公司）和分支机构的关系。商业银行对其分支机构实行全行统一核算、统一调度资金、分级管理财务制度。商业银行分支机构不具有法人资格，只能在总行授权范围内依法开展业务。跨区贷款应报上级行批准或备案。四是中央银行依法监管和金融机构自我约束的关系。各个金融机构都要健全内部管理制度，切实加强内部稽核和各项业务监督。人民银行特别是其分支行，要把主要精力转移到对金融机构的监督管理上来，逐步建立健全以金融机构自我约束为基础的严密、严格的金融监控系统，确保在"九五"时期，不要出现系统性、区域性金融风波。

实现金融体制和资金经营方式的转变，是我国金融业发展的必由之路。根据党的十四届五中全会的决定，中央经济工作会议提出，安排今年经济工作，要把着重点切实放在经济体制和经济增长方式的转变上。金融系统除了通过改进金融服务，发挥信贷、利率、汇率的作用，促进全社会实现"两个转变"外，还要推进金融业的"两个转变"，即传统计划经济体制下的金融体制向社会主义市场经济体制下的新的金融体制转变，信贷资金使用从粗放型经营方式向集约型经营方式转变。经营方式转变是金融体制深化改革的重要标志，金融体制转变是实现经营方式转变的根本保证。建立与社会主义市场经济相适应的新的金融体制，包括金融机构、金融市场、金融宏观调控三个方面，建立规范化的金融机构是完善金融市场和金融宏观调控的重要前提条件。因此，我们要把工作重点放在建立有自我发展和自我约束能力的各种金融机构上，在此基础上推进整个金融的改革和发展。金融业的资金使用，从粗放经营向集约经营转变，必须彻底改变按行政机关办金融企业的办法，逐步做到按业务量和经济效益设置分支机构；必须树立正确的经营方针，执行国家金融法规和国家产业政策，实行资产负债比例管理和风险管理，在提高资金使用安全性、流动性的基础上，提高资金盈利水平；必须综合运用好全社会资金，打破资金条块分割使用，促进资金横向流动，推动经济、产业、企业结构调整；必须树立我国银行业发展的远大目标，争取到本世纪末或更长一些时间，把国有独资商业银行建成具有世界先进经营管理水平的商业银行。

二、1996 年金融工作总体要求和主要任务

根据中央经济工作会议的精神，1996 年宏观经济调控的主要指标是：经济增长速度为 8%；物价上涨幅度控制在 10% 左右；全社会固定资产总规模为 20 700 亿元，投资率为 32% 左右；国家银行贷款规模 6 500 亿元；进出口总额安排 2 700 亿美元；财政赤字要小于 1995 年。

按照国务院确定的经济调控目标和金融工作要求，1996 年金融工作的总体要求是：认真贯彻党的十四届五中全会和中央经济工作会议精神，把抑制通货膨胀作为金融宏观调控的首要任务，继续执行适度从紧的货币政策，积极推进金融体制和信贷资金经营方式

的转变，改进金融调控手段，加强金融风险监管，提高金融服务水平，为"九五"期间我国金融业改革和发展创造良好开端，更好地促进国民经济持续、快速、健康发展。

根据上述总体要求，1996 年金融工作有以下五项主要任务。

（一）坚持适度从紧货币政策，促进物价涨幅明显回落，支持国民经济健康发展

严格控制货币信贷总量。按照 1996 年国民生产总值增长 8%，物价上涨控制目标 10%，同时考虑货币流通速度减缓因素的测算，1996 年市场现金流通量 M_0 计划增加控制在 1 000 亿元以内，增长 14% 左右；狭义货币量 M_1 计划增加 4 400 亿元左右，增幅控制在 18% 以内，和 1995 年大体持平；广义货币量 M_2 计划增加 15 000 亿元左右，增长 25%，增幅比 1995 年低 4.5 个百分点。

1996 年金融机构存款计划增加 13 000 亿元，比 1995 年多增加 1 500 亿元，增长 26.3%；金融机构贷款计划增加 9 500 亿元，比 1995 年多增加 1 000 亿元，增长 19.6%。其中，国家银行各项存款计划增加 8 300 亿元，增长 24%；各项贷款计划增加 6 500 亿元，比 1995 年计划多增加 100 亿元，增长 17.1%。

逐步改进信贷规模管理。今年对国有商业银行实行以资产负债比例管理为基础的贷款规模管理。基本办法是：核定存、贷、还，多存可多用，按全行统算，分季度考核。人民银行按去年各行存款实际增加额分别核定各行今年存款增加计划，同时，按各行承担的任务和存款多少核定贷款计划，资金有余归还向中央银行的贷款；存款比计划少增加，为支持经济发展的合理资金需要，贷款一般仍执行原定计划；存款比计划多增加，根据经批准追加的贷款规模，按人民银行确定的比例给各行增加流动资金贷款规模，其余资金可购买国债、政策性金融债及人民银行指定的债券；全行作为一个法人，执行统一计划，按季进行严格考核。按照这个基本办法，1996

年国家银行存款计划增加 8 300 亿元，与 1995 年持平。贷款计划增加 6 500 亿元，其中，固定资产贷款 1 950 亿元，农副产品收购贷款 700 亿元，各行发放农业贷款（含乡镇企业贷款）650 亿元。按银行性质划分，政策性银行 1 630 亿元，商业银行 4 870 亿元。对其他商业银行和城乡信用社全面实行资产负债比例管理。对于外汇存贷业务，政策性银行的外汇贷款计划根据其外汇信贷资金来源相应安排；商业银行和非银行金融机构实行以资产负债比例管理为基础的规模管理，并对境外商业贷款继续实行指令性指标管理。

加强信贷结构调整。要加大对农业的投入，国家银行新增信贷总规模的 10% 以上用于农业（含乡镇企业贷款），加上农村信用社贷款，共安排农业贷款 2 000 亿元以上，比上年计划多 430 亿元。要继续加强农副产品收购资金的管理，既不准向农民"打白条"，又要防止收购资金被挤占挪用。完善商品库存与贷款挂钩管理办法，收购资金挂账必须符合三条原则要求。支持国有企业的改革，支持有市场、有效益企业的合理资金需求。对固定资产贷款要坚持执行最低自有资本金比例的规定，严禁用流动资金贷款搞固定资产投资。增加技术改造贷款，支持企业技术进步与创新，加快经济增长方式的转变。

人民银行要扩大间接调控手段的运用。进一步完善全国同业拆借市场，今年 3 月扩大到 35 个大中城市，年底扩大到更多的城市。从 1996 年 4 月起，建立中央国债登记结算公司，开展国债公开市场业务操作。中央银行将逐步减少对国有商业银行的信用贷款比重，扩大再贴现的比重，促进商业票据承兑、贴现与再贴现业务的稳步发展。今年适当时机调整准备金率，相应收回再贷款，并用经济办法收回其他银行的资金。要加强对宏观经济金融的调查、统计和分析，强化金融统计工作的统一管理，及时、准确汇总数据，保持数据的可比性，为货币政策决策提供可靠依据。

（二）加大金融监管力度切实防范金融风险，维护金融业合法稳健运行

完善金融法律法规体系。一是抓紧制定国家特定项目贷款、货币政策委员会、国有独资商业银行监事会等与四部法律相配套的行政法规和金融规章。二是尽快修订《信托投资公司管理办法》、《证券机构管理办法》、《企业集团财务公司管理办法》、《融资租赁公司管理办法》、《国债投资基金管理办法》和《证券投资基金管理办法》等专门管理规定。同时，积极配合全国人大完成《信托法》、《证券法》的起草工作。三是针对金融体制改革与发展中出现的新问题，制定《金融稽核监督条例》、《货币管理条例》、《国家开发银行条例》、《中国农业发展银行条例》、《城市合作商业银行管理规定》、《支付结算办法》、《个人金融资产实名制暂行规定》、《全国同业拆借管理暂行规定》等金融法规和规章，正式颁布实施《贷款通则》，修改《储蓄管理条例》等。通过加强这三个方面的立法工作，尽快建立健全社会主义市场经济条件下的金融法律体系，保障金融业合法、稳健运行，使金融改革与发展纳入法制化轨道。

全面提高人民银行的金融监管水平。人民银行省分行要尽快分设银行管理处和非银行金融机构管理处等金融监管职能部门，并充实业务骨干，在行长统一领导下，对所在省的金融机构的市场准入、业务范围、金融风险实行系统监管。要建立人民银行各级行金融监管领导责任制、金融监管季度报告制度和重大金融风险快速上报制度。对重大问题，要集中监管、稽核、监察等各部门力量，限期查实、处理。对金融机构高级管理人员任职资格要作出具体规定，并认真进行审查，对有严重违纪者，不得允许易地为官。要加快金融监管科技现代化建设，做好金融监管信息数据、金融机构基础档案的管理工作，逐步建立中央银行对商业银行业务的电脑监控

系统，为金融监管提供有力的保障。要检查与督促各金融机构加强内部稽核，按规定报送有关资料。对没有建立稽核制度或制度虚设的，要控制其业务发展。今年，要把金融监管的实绩作为评价与考核人民银行分支行全年工作好坏的一个最重要的标准。

今年金融监管工作的重点。一是全面完成非银行金融机构的重新登记工作。争取第一季度完成总行对各省、市非银行金融机构的检查验收，上半年完成换发许可证和公告工作。对验收不合格的金融机构进行停业整顿。二是切实落实金融机构的分业经营、分业管理。金融机构和自办经济实体一定要限期脱钩。上半年完成人民银行与所办金融机构的脱钩工作，全年完成35个大中城市所有国有商业银行与自办信托投资公司的脱钩工作。按照"清理登记、核实审批、现范核算、严肃纪律"的基本要求，纠正有关银行绕规模贷款和账外经营问题。要基本完成证券回购业务清理、整顿和规范化管理工作。加强对信托投资公司的稽核，主要解决资产负债虚增问题，规范信托投资公司的业务。对部分城乡信用社金融风险进行稽核。按照人民银行和农业部联合发文精神，加强对农村合作基金会的管理和监督。与有关组织密切配合，打击国际性金融犯罪活动。

（三）继续深化金融改革，为"九五"金融发展打好基础

按照利率市场化的改革方向，逐步改革利率管理体制。利率是资金的价格，利率市场化是促进资金有效配置、优化产业结构的重要途径。因此，利率改革要坚持市场化发展方向。但是，在我国各种生产要素还不能充分流动，企业的利润约束机制还没有确立，各行业、各地区，甚至一个行业、一个地区内的不同企业，其资金利税率相差几倍、十几倍。因此，利率市场化改革只能采取渐进的方式。今年，在统一银行间同业拆借市场的基础上，逐步形成由市场资金供求决定的、有管理的同业拆借利率。初步建立以中央银行对

金融机构贷款利率为引导、以同业拆借利率为基础的利率体系，让市场供求机制在调节银行间资金头寸和货币市场中发挥更大的作用。允许商业银行根据客户的不同信誉、效益、期限和风险，在规定的浮动幅度内自行决定贷款利率。但要加强管理，防止出现"人情利率"。报据物价变动和资金供求情况，及时调整利率，使物价变动和存款利率、存款和贷款利率、贷款利率和债券利率保持合理水平。

加快农村信用合作社管理体制改革。根据党中央、国务院有关要求，用 8 年左右的时间，分期分批地完成农村信用合作社管理体制的改革。人民银行将尽快会同有关银行和部门制定农村信用社管理体制改革方案以及农村信用社管理办法和农村信用社县联社管理办法，报国务院批准后贯彻执行。农村信用社管理体制改革要按国务院批转的文件由下而上进行。要先按合作制原则改革乡镇农村信用社，再完善充实县联社；经过验收，再把对农村信用社的金融行政管理，从农业银行转到人民银行。在此期间，农业银行受人民银行委托，继续加强对农村信用社的领导和管理，同时积极参与进行信用社管理体制改革工作。涉及农村信用社人、财、物的文件，由农业银行会同人民银行联合下发。

进一步完善政策性银行的经营管理机制。要按照政策性金融与商业性金融分离的基本原则，建立和完善国家政策性银行长期资金筹集、资本金补充和贷款利息补贴制度。今年安排政策性金融债 1 000 亿元。政策性银行的贷款不是财政拨款，必须还本付息，担保者要履行责任。政策性银行要讲究资金效益，坚持自主经营和保本微利的方针，贯彻不与商业银行竞争的原则。在没有政策性银行机构的地区，政策性银行要充分运用商业银行为其代理业务，代理行要像经营自营业务一样办好代理业务。农业发展银行要强化农副产品收购资金的封闭管理。一年多来，农业银行在代理农业发展银行业务方面做了大量工作。今年，农业银行各级行要设专门机构或专柜，配备专人，进一步办好代理业务。上半年，务必做好收购资金的回笼工作。选择 100 个粮棉大产县，由有关部门对农副产品收购资金运用情况进行联合稽核。人民银行各级行要及时做好农业发展银行和农业银行代理业务的协调监督工作。

继续推进商业银行改革。国有商业银行要重点推进内部管理体制改革，促进发展方式和经营方式由外延扩大型向内涵效益型的转变。要根据业务量和经济效益原则调整分支机构，对长期亏损、业务量不大、没有发展前途的支行、营业所要予以撤销，或者把县支行改为办事处，有关业务可委托其他银行代理，也可经过协商转让给其他银行经营。

争取在年内完成 35 个大中城市的城市合作银行筹建工作。经批准，一个省可选择一两个经济发达的县级市组建农村合作银行。实际已经商业银行化的农村信用社，在合并成立农村合作银行后，原农村信用合作社不再保留法人地位。

加快保险体制改革。今年上半年，中国人民保险公司要完成省及省以下寿险、财险分公司的组建工作。其他保险公司今年也要完成财险与寿险的分设。组建农业保险公司，适当增加中资保险公司。要进一步规范保险企业的资金运用，提高保险总准备率，增强保险企业实力。

继续进行外汇体制改革。完善现行的银行结、售汇制。经过试点，将外商投资企业的外汇买卖纳入银行结售汇体系。逐步取消在经常项目下尚存的汇兑限制，加快实现经常项目下的人民币可兑换。加强资本项目管理，逐步推行以余额控制为主的监管方式，防止资本在经常项目中流入流出。进一步完善银行间外汇市场和汇率形成机制。执行《国际收支统计申报办法》，完善国际收支调控体系。加强对国际收支变化趋势的分析、预测，维护国际收支平衡，提高外汇储备经营管理水平。

扩大金融对外开放，提高开放水平。根据"国民待遇、平等竞争"的原则和我国对外开放总体布署，今年要继续有计划、有步骤地引进外资营业性金融机构，适当扩大数量和种类。在完善法规和经过试点的基础上，扩大外资金融机构的业务范围。要积极支持和鼓励国有商业银行和其他金融机构在境外有计划、有步骤地发展分支机构，扩展海外金融业务，增强国际竞争能力。充分发挥人民银行海外机构的作用。

（四）改进金融服务，支持国有企业改革

加强账户管理，改善结算服务。今年上半年，人民银行要会同有关银行，将所有企事业单位基本存款账户建立起来，切实加强对一般存款账户、临时存款账户、信用卡等专用存款账户的管理，防止将其变相作为基本存款账户使用。要认真贯彻落实《票据法》，进一步增强银行和企事业单位的法律意识和信用观念。银行要依法严格结算纪律，继续执行结算"三不准"，即不准以任何理由压票、任意退票和受理无理拒付；不准在结算制度之外规定附加条件，影响汇路畅通；不准违反规定开立账户。改进托收承付结算，托收承付结算起点从 10 万元降低到 1 万元。强化银行结算监督。推行商业票据结算，规范管理商业信用。完善和推广煤炭、电力、冶金、化工、铁道五行业推行商业票据和坚持"三不"结算原则的经验。同时，要进一步开展票据贴现、再贴现业务。

采取有效措施，为大中型企业的改革和发展服务。完善 1 000户国有大型企业和企业集团的信息网络，及时分析、反馈生产经营信息，及时支持效益好、有市场、能够按期归还贷款本息的国有大中型企业对信贷资金的需要。与基本账户管理相适应，在大中型企业建立主办银行制度。主办银行既要解决企业的大部分合理资金需要，又要对企业严格实行信贷监督。对于一些大型企业或企业集

团，可由各商业银行的省级分行或者总行直接贷款，积极推行
"银团"贷款。继续办好大型企业集团财务公司，提高企业集团技
术改造能力。符合条件的企业，可经批准通过发行企业债券筹集资
金。

积极参与和支持企业依法兼并和破产。企业兼并和破产，银行
的损失不可避免。但是，如果该破产而不破产，将来银行的损失会
更大。今年，试点城市从 18 个扩大到 50 个，各行要按有关规定支
持企业兼并、破产，并按程序认真做好免息的呆账冲销工作。同
时，也要及时反映、纠正假兼并、假破产、真逃债的行为。人民银
行分支行作为当地金融机构主管部门，要参加企业破产清算组，公
平、公正地发表意见；企业收购依法破产企业的财产，不能同时享
受鼓励兼并的利率政策；金融机构要严格按照有关法律规定办理抵
押担保贷款手续，并依法要求抵押担保人履行合同。人民银行与国
有商业银行共同成立银行债权管理协调小组，及时研究、协调处理
企业兼并和破产中的银行债权管理问题。

改进现金出纳服务。要强化对流通中货币的管理，积极回收破
旧残损币，提高市场流通人民币的整洁度，尽快解决当前小票短
缺、破损票多的问题。按规定加强现金管理，建立国库单一账户，
做好国库管理工作。

加快金融电子化进程，建好金融通信网络，为金融机构和企业
提供快捷、方便的服务。今年要建成卫星通信网和地面通信网相互
结合的金融通信骨干网，并实现"网络到县"和"天地对接"；要
加快实施支付系统试点工程和银行卡工程；要在确定人民银行总行
信息管理需求框架的基础上，进行总行和分行管理信息系统的建设。

（五）加强银行内部管理，努力提高信贷资金使用的流动性、
安全性和营利性

维护银行经营自主权，建立贷款责任制。商业银行依法开展业

务，不受任何单位和个人的干涉。经国务院批准的特定贷款项目，国有独资商业银行应当发放贷款。因贷款造成的损失，由国务院采取相应补救措施。根据国务院授权，人民银行正在制定《国家特定项目贷款暂行规定》，并争取早日报批后执行。今年第一季度，人民银行将正式公布《贷款通则》，落实借贷双方的权利和义务，要求贷款人由主要发放信用贷款转向发放担保抵押贷款，建立和完善贷款质量监测制度、风险防范和转化机制，要促使银行新增贷款质量有明显提高。

制定业务经营计划。各家银行要认真编制和执行以资金、成本、利润为主要内容的业务综合经营计划，并把业务经营计划分解落实到分支行，同时，要进行认真考核。今年，国有商业银行不良贷款比例要比 1995 年下降 2 个百分点，实现全年员工零增长，力争完成利润上交任务。

建立和健全银行稽核制度及其他内部制度。人民银行和商业银行及其他金融机构，都要建立和健全内部稽核制度。要健全稽核机构，配备得力干部，明确稽核内容和工作程序，强化内部稽核的独立性。贷款质量的监测，要逐步转入由稽核部门审核上报。各银行分支行要按季向上级行报送稽核报告，并抄送人民银行当地分支行。要继续贯彻执行朱镕基副总理的指示精神，各家银行和保险公司原则上不再批准所属机构办公大楼的新开工和立项，对在建项目进行认真清理，压缩基建投资。据国家审计署报告，1995 年仅 4 家国有独资商业银行，就被审计出违纪资金 99 亿元。我们要求各家银行要严格执行财经纪律，认真查处违纪经济案件。要进一步完善和认真实施会计、结算、支付清算、信贷、出纳等各项业务规章制度和岗位操作规程；明确各有关部门、岗位的授信和对外支付权限及责任；对要害岗位、重要凭证要严格管理；大额贷款和对外支付，以及开办新的业务都必须实行逐级报告审批制度。

三、改革领导和人事制度，加强精神文明建设，保障1996年各项金融工作的顺利完成

根据党的十四届五中全会和中央经济工作会议精神，我们提出了1996年金融工作总体要求和五项主要任务及其措施。完成这五项任务，必须改进领导和人事制度，加强金融系统精神文明建设，充分调动和依靠广大干部职工的积极性、创造性，为完成1996年各项金融工作任务而努力。

（一）改进领导制度，完善行长负责制，提高各级领导班子整体素质

各金融机构要加强党的组织建设和思想建设，认真做好金融企业思想政治工作，研究和解决金融改革和发展中的重大问题。人民银行、商业银行和其他金融机构实行行长（总经理）负责制，统一领导和管理全行工作，并要健全行长（总经理）领导下的副行长（副总经理）分工负责制度。今年，要根据《商业银行法》的规定，逐步建立国有独资商业银行监事会，加强对信贷资产质量等情况以及高级管理人员违法、违规、违章行为的监督。各金融机构要加强对分支机构集中统一领导和管理，要进一步完善和强化金融系统的干部垂直领导和管理制度，改进人民银行和国有商业银行对其分支机构干部任免的运作方式。领导班子要统一、精干、公正、廉洁，要提高整体素质。各级领导特别是主要领导，要集中精力，亲自调查、处理工作中的重大问题。重点抓好一批跨世纪领导干部的培养工作，造就一批银行家和更多的优秀经营管理人才。为了更好地培养和锻炼领导干部，更好地履行中央银行职能，从今年起，人民银行要在全系统实行主要领导干部、重要部门主要负责人定期交流制度，每年交流的数量达到20%～30%。交流单位要对交流干部提供必要的工作、生活条件。实行领导干部离任稽核制度，加

强对领导干部的监督管理。

（二）改革人事制度，建立银行行员制度，依靠广大职工搞好各项金融工作

金融系统目前已有 250 万干部职工，是一支很大的队伍。我们要按照中央关于金融体制改革的精神和国家对行业分类管理的有关政策，建立适合金融行业特色的行员管理制度，努力造就一支业务精、纪律严、作风正和勤政、高效的金融职工队伍。银行行员制度是金融部门人事管理的基本制度，要突出内部激励机制，体现竞争原则，实行科学的录用、考核、竞争、辞职辞退和奖惩，调动广大干部职工的工作积极性。对行员进行严格、公正的考核。对工作优秀者要表彰重用；对不称职者，要组织离职培训；对违反法律、行政法规、章程和损害银行利益的行为要严肃处理。克服分配上的平均主义，严肃财经纪律。逐步改善职工工作、生活环境。今年第一季度，人民银行将公布实施《行员管理暂行办法》。

（三）完善金融系统干部职工培训制度，积极推进行属院校改革

要转变过去以学历为主的干部培训制度，着重进行在职人员的业务技能和更新知识的培训。提高干部职工培训工作效率，力争使金融系统干部职工的政治素质和业务素质有明显提高。人民银行要按照履行中央银行职能的要求，开展多层次、多形式的以金融法规、金融监管和宏观经济分析为主要内容的培训。对人民银行所属院校的现行办学体制进行改革和调整，积极探索联合办学、合作办学的路子。人民银行中专学校要根据减少数量、缩小规模、控制发展的原则逐步转到以承担在职干部短期培训为主的方向上来，努力提高银行在职干部队伍素质。同时，要引导干部职工开展自学活动。

（四）加强思想政治工作，开展优质文明服务活动，提高金融职业道德水平

要采取多种形式，把思想政治工作和金融业务工作有机结合起来，进行生动、有效的政治思想教育活动。要重视干部职工的人生观、世界观、价值观的教育和金融政策、金融法规教育，对领导干部和党员干部严格要求、严格管理、严格监督。要求领导干部按规定、按条件、按程序办理公务，不徇私情，不开后门。

继续推进金融系统的廉政建设，深入开展反腐败斗争。特别是要加强领导干部的廉洁自律。要从中央对陈希同问题的处理通报中认真吸取教训，防止以权谋私、以贷谋私的不良现象发生。要抓好机关内部的廉政建设，继续深入贯彻中央和金融系统关于廉洁自律的各项规定和要求，采取有力措施，加强督促检查，切实抓出成效。

各金融机构要继续开展优质文明服务活动，严格执行各项规章制度，纠正行业不正之风，依法维护客户的权益，为客户提供准确、快捷的多种金融服务。各金融机构和广大干部职工要提高金融职业道德水平，正确处理与各方面的关系。各金融机构要正确处理与中央银行、政府部门之间的关系，做到依法管理，依法经营；正确处理个人与集体、眼前利益和长远利益的关系，做到敬业爱业，公正廉洁；正确处理与客户的关系，做到客户至上，信用第一；正确处理银行内部上下关系，做到集中统一，主动创业；正确处理同业之间的关系，做到分工协作，文明竞争。最近，几家国有商业银行发起签订并要公布同业协定，提倡分工协作、文明竞争，希望各金融机构积极响应。

（五）加强"三防一保"工作，堵塞漏洞

各家金融机构要进一步提高认识，加强领导。继续认真做好"三防一保"工作。当前，犯罪分子作案目标较多地集中在金融部门，各金融机构要切实加强对枪支、发行库和业务库、重要凭证的

管理，加强反假人民币工作。要认真研究当前金融犯罪的新特点、新动向，总结经验，吸取教训，加强各项安全保卫工作，保障职工安全，最大限度地减少资金损失。同时，要积极研究探索银行安全保卫工作专业化。

关于编制《中国人民银行"九五"时期工作规划》问题。今年是实施"九五"计划的第一年。我们要根据党的十四届五中全会精神和《关于国民经济和社会发展"九五"计划及 2010 年远景目标的建议》，正确分析和预测"九五"期间的经济、金融形势，认真编制《中国人民银行"九五"时期工作规划》，提高中央银行工作的预见性、主动性和连续性。根据到本世纪末初步建成社会主义市场经济体制的目标，《中国人民银行"九五"时期工作规划》提出了"九五"期间货币政策的目标、金融机构、金融监管、金融市场、宏观调控的政策导向以及金融职工队伍、基础建设等方面的重要措施。这个工作规划只是初步设想。这次会上，先请人民银行分行行长进行讨论，会后再征求有关金融机构的意见。待今年 3 月全国人代会通过国务院"九五"计划纲要后，再进行修改，报国务院审定后执行。

这次全国金融工作会议是在我国"八五"计划圆满完成、宏伟的"九五"计划刚刚开始执行的时候召开的，这是一次意义重大的会议。邓小平同志在 1991 年初视察上海时说："金融很重要，是现代经济的核心。金融搞好了，一着棋活，全盘皆活。"党中央和国务院领导对全国金融工作历来十分关心。金融业不是一般的行业，它已成为我国筹集和融通生产建设资金的主要渠道，成为国家进行宏观经济调控的重要杠杆。全国金融系统 250 万名干部职工要充分认识和认真履行我国金融业的历史使命，绝不辜负党中央、国务院和全国人民的期望，继续执行适度从紧的货币政策，努力做好今年各项金融工作，为"九五"计划的执行创造良好开端作出新的贡献。

做好"九五"时期金融工作

（1996 年 4 月 3 日）

八届全国人大四次会议通过的《中华人民共和国国民经济和社会发展"九五"计划和 2010 年远景目标纲要》，是我国跨世纪的宏伟纲领。这一纲要明确提出，"九五"时期，要把抑制通货膨胀作为宏观调控的首要任务，实行适度从紧的货币政策，以保持人民币币值稳定；要加强金融监管，防范金融风险；要深化金融体制改革，积极培育和规范金融市场；要根据产业政策和信贷原则，优化信贷结构，提高贷款质量。我们要根据这一纲要提出的各项要求，认真总结"八五"时期金融工作的经验教训，做好"九五"时期各项金融工作。当前，金融系统要讲改革、讲政治、讲法纪、讲效益，努力提高金融服务水平，为顺利执行和完成"九五"计

注：1996 年 4 月，中国人民银行决定在全国金融系统开展"讲改革，讲政治，讲法纪，讲效益，提高服务水平"活动。4 月 2 日，朱镕基副总理对此作出批示：在金融系统开展"四讲一提高"活动，对于金融系统在政治上和党中央保持一致，推进金融体制的深化，完善国民经济的宏观调控，促进经济的快速、持续、健康发展，加强金融系统的精神文明建设，提高金融队伍的政治、业务素质，厉行廉政，拒腐防变，转变作风，都具有十分重要的意义。这篇文章根据戴相龙同志在全国金融系统"讲改革，讲政治，讲法纪，讲效益，提高服务水平"大会上的讲话整理而成。

划而努力。

一、"八五"时期我国金融业在促进经济发展和社会进步中发挥了重大作用

在党中央、国务院的领导下，"八五"时期，我国金融业各项工作取得很大成绩，金融业在抑制通货膨胀、促进国民经济持续、快速、健康发展中，发挥了重大作用。

一是金融业务迅速发展。到 1995 年末，国内全部金融机构存款约 53 900 亿元，比 1990 年末增加 4 万亿元，年均增长 30.9%；贷款约 50 500 多亿元，比 1990 年末增加约 33 000 亿元，年均增长 23.4%。信贷结构得到进一步调整。1995 年末，城乡储蓄约为 3 万亿元，比 1990 年增加 22 543 亿元，年均增长 33%。保险业迅速发展，1995 年全国承保金额 14 万亿元，保费收入 616 亿元。"八五"时期，金融业务品种不断增加，金融电子化步伐加快。

二是金融宏观调控有明显改进。"八五"时期，总的来看，货币供应量增加过多，货币供应量 M_0、M_1、M_2 年均递增 24.4%、26%、29.7%。1994 年和 1995 年，认真实行适度从紧的货币政策，综合运用多种货币政策工具控制货币供应量，取得明显成效。1995 年底，货币供应量 M_1、M_2 比上年分别增长 16.8%、29.5%，比上年同期增幅分别下降 10 个、5 个百分点。1995 年物价涨幅为 14.8%，实现了原定的控制目标。

三是金融法律框架基本形成，金融监管逐步加强。1995 年，《中国人民银行法》、《商业银行法》、《保险法》、《票据法》四部金融法律相继颁布实施，标志着我国金融法律体系基本框架已经形成。"八五"期间，金融监管逐步加强，中央银行监管水平不断提高，金融秩序进一步好转。

四是金融体制改革逐步深化。1993 年底，国务院发布了《关

于金融体制改革的决定》和《关于进一步改革外汇管理体制的通知》，我国金融体制改革进入了新阶段。中央银行职能不断强化，三家政策性银行顺利组建并步入正常发展轨道，国有专业银行向规范化的商业银行转化。城市合作银行正在有关城市逐步成立。保险体制改革有重大进展。证券市场和货币市场发展较快。

五是金融业对外开放进一步扩大。1995年底，外资金融机构在华设立各种机构共519家，其中营业性金融机构已达139家（外资保险公司4家），总资产近200亿美元。我国国有商业银行和保险公司在境外设立的金融机构已发展到500多家。1994年外汇体制改革取得突破性进展，实现汇率并轨，建立了银行对外贸企业的结售汇制度，初步形成以市场供求为基础、单一的、有管理的浮动汇率生成机制，实现了经常项目下的人民币有条件可兑换。人民币汇率稳定，中央银行外汇储备持续增长。

六是金融系统精神文明建设和队伍建设取得较好的成绩，对"八五"时期金融业改革和发展起到重要的保障作用。金融系统广大干部职工，认真学习党的基本路线和邓小平同志建设有中国特色的社会主义理论，切实加强廉政建设和反腐败斗争，深入开展优质文明服务活动。乘坐超标准小汽车等一些群众意见较大的问题，得到较好的纠正；有些行业不正之风得到遏制，查处和防范案件的力度加大。1995年，金融系统立案查处2 000元以上经济案件2 351件，与最高年份1989年相比，下降62.6%。以上事实说明，"八五"时期，金融系统广大干部职工，认真贯彻党中央、国务院制定的金融方针，在政治上和宏观经济调控上始终与党中央保持一致。金融系统积极筹集和融通资金，努力改进金融服务，与广大客户保持较好的分工合作的关系，为"八五"时期国民经济和社会发展计划的完成作出了重要贡献。金融系统党组织加强党的廉政建设和开展反腐败斗争是坚决的，主动查处了大量案件。虽然在金融系统中出现了一些腐败分子，但是绝大部分干部和职工做到了清正廉洁。今年 1 月 18 日，江泽民总书记、李鹏总理、朱镕基副总理接见了参加全国金融工作会议的代表，并对金融系统工作和广大干部职工给予了很高的评价。

二、"九五"时期金融工作总体要求和主要任务

根据《中华人民共和国国民经济和社会发展"九五"计划和 2010 年远景目标》对金融工作的要求，我们确定"九五"时期金融工作的总体要求是：认真贯彻党的十四届五中全会精神和《纲要》提出的要求，把抑制通货膨胀作为金融宏观调控的首要任务，实行适度从紧的货币政策，积极推进金融体制和信贷资金经营方式的转变，改进金融调控手段，促进金融秩序根本好转，全面提高金融服务水平，支持国民经济的持续、快速、健康发展，为全面实现"九五"时期国民经济和社会发展计划而努力。

根据《纲要》的要求，"九五"时期金融业的主要工作任务是：

第一，实行适度从紧的货币政策，保持货币币值稳定，促进物价涨幅明显回落。适度从紧的货币政策是指充分运用间接调控手段，控制货币供应量，促使物价涨幅低于经济增长率，以此更好地促进国民经济持续、快速、健康发展的货币政策。实行适度从紧的货币政策不等于全面紧缩银根。适度从紧货币政策的主要内容，一是货币政策的目标是适当的，即促使物价涨幅低于经济增长率。今年促使物价增长控制在 10% 左右，以后几年再逐步降低。二是货币供应量适度增长。"九五"时期，狭义货币供应量年均增长 18% 左右；广义货币供应量年均增长 23% 左右。年均增幅分别比"八五"时期下降 8 个和 6 个百分点。在控制货币信贷总量的同时，要按照产业政策和信贷原则优化信贷结构。三是改进金融调控方式，

逐步从以贷款规模为主过渡到运用多种货币政策工具，调控货币供应量，防止经济增长起伏过大。

第二，加强金融监管，防范金融风险，维护金融业合法稳健运行，促使金融秩序根本好转。"九五"时期，金融监管的目标是，坚决防止出现系统性、区域性金融风波；逐步建立合法稳健的金融运行秩序；争取到本世纪末，使中央银行对金融机构的监管制度和实际监管水平达到国际先进水平。其主要任务，一是建立起比较完整的金融监管法律法规体系。按照经济社会发展需要，完善金融组织体系，分别确定各类金融机构性质、经营业务范围和自我约束制度。二是对银行业、信托业、证券业、保险业实行分业经营，依法管理。三是严格规范金融机构设立条件，健全经营管理人员资格审查制度。四是健全中央银行金融监管组织体系，逐步建立起在金融机构自我约束基础上的技术先进的严格的金融监控系统，进一步提高监管水平。

第三，加快金融改革，初步建立适应社会主义市场经济的金融体制。"九五"期间，金融体制改革的目标是，初步建立适应社会主义市场经济体制的金融体制。改革的主要任务，一是强化中央银行的地位和作用，进一步完善由各类金融机构组成的、分工协作的、有自我发展和自我约束能力的金融组织体系。二是积极培育和规范金融市场。健全和扩大全国同业拆借市场，进一步完善和发展证券市场。在发展票据贴现、再贴现业务的基础上，开拓票据市场。抓紧落实国务院批准的中国人民保险公司机构体制改革方案，加快发展保险事业。三是进一步扩大金融对外开放，提高金融开放水平。有计划、有步骤地增加外资金融机构的数量和种类。经过试点，逐步批准外资金融机构经营人民币业务。进一步完善结售汇体制，加快实现经常项目下人民币可兑换进程。四是在规范金融机构和金融市场的基础上，完善以间接调控手段为主的宏观调控体系。

第四，改进金融服务，提高资金使用效益，争取到本世纪末或稍长一些时期，使国有独资商业银行经营管理水平接近或达到世界先进水平。"九五"时期，要把金融服务提高到一个新的水平。要改进结算服务，加快资金清算速度，促进企业清理相互拖欠。改进信贷服务，逐步推广企业的主办银行制度，组织"银团"贷款，适当增加企业债券发行量，办好财务公司，支持大型企业和企业集团发展，支持搞活中小企业。积极参与和支持企业依法兼并破产，同时维护银行的债权不受侵犯。

"九五"时期，要加快实现金融业的资金经营方式的根本转变。要按业务量和经济效益设置分支机构，打破资金条块分割使用的状况，改善金融布局，提高金融规模效益。要认真执行《商业银行法》，维护银行经营自主权。除国务院批准发放的特定贷款外，任何部门和个人不准强令银行贷款和提供担保。要修订商业银行资产负债比例管理和风险管理办法，加强银行内部管理。争取到本世纪末或更长一些时间，把国有独资商业银行建成具有世界先进经营管理水平的商业银行。

第五，加强金融系统精神文明建设和队伍建设，保证"九五"时期各项工作的顺利完成。"九五"时期，必须把加强金融系统精神文明建设和队伍建设放在突出地位。要讲政治，讲改革，讲法纪，讲效益，提高金融服务水平。加强党的路线方针和政策教育，增强金融法制观念和金融纪律观念，依法经营，依法管理。坚持勤俭办金融，反对铺张浪费。进一步反腐倡廉，增强职业道德，树立行业新风。改革领导和人事制度。完善行长负责制，提高各级领导干部素质。建立银行行员制度，强化金融机构内部激励与竞争机制。加快金融人才培养。

今年是"九五"计划的第一年，各金融机构，特别是国有独资金融机构，要认真学习《纲要》，按照《纲要》的基本要求和各金融机构的实际，抓紧编制各金融机构"九五"发展计划，促进各金融机构稳步发展。人民银行准备在4月中旬召开省级分行行长会议，进一步讨论修改《人民银行"九五"工作规划》。

三、讲改革，讲政治，讲法纪，讲效益，提高服务水平，做好"九五"时期金融工作

按照《纲要》提出的要求，做好当前金融工作，必须充分肯定"八五"时期金融工作的成绩，同时，也要看到金融业面临的困难和问题。这些困难和问题有两类。一类是货币供应总量增长偏高，通货膨胀压力依然很大，金融机构特别是国有独资金融机构经营效益较低，金融风险正在积聚和扩大。这些问题的根本解决，除了金融系统要努力工作外，还要依靠我国经济体制和经济增长方式的转变。另一类是有些金融机构违反规定建造大楼，乱发钱物，内部大案要案增加，金融服务态度较差，对此，社会反应比较强烈。党中央、国务院领导同志在充分肯定金融工作的同时，也严肃地指出金融系统存在的这些问题。这一类问题的产生，与不少金融机构法纪观念淡薄、内部管理松弛有直接关系。如果让这种状况继续下去，必将削弱金融业对经济发展的重要杠杆作用，同时，也将损害金融业的社会信誉和行业形象，直接阻碍包括每一个金融机构在内的整个金融业的发展。根据党中央、国务院的要求，针对当前存在的上述两类问题，经与国有独资金融机构多次认真协商，中国人民银行作出了《关于在金融系统"讲改革、讲政治、讲法纪、讲效益，提高服务水平"的决定》。这一决定对开展这项工作的主要内容和要求作出了系统规定。下面我着重讲几点。

一是讲改革。通过金融体制改革，促进我国经济体制和经济增长方式的转变，促进初步建成社会主义市场经济体制。金融体制改革的实质是要实现社会资金的筹集与分配从直接计划控制为主转变

为按市场机制配置为主，着重解决金融机构与政府、金融机构与客户、金融机构之间的权责关系。讲改革，首先，要坚持金融体制改革的正确方向。金融体制改革要推动金融业更好地为建设有中国特色的社会主义服务。"九五"时期金融体制改革的任务，就是初步建立适应社会主义市场经济体制的金融体制。"九五"时期的金融体制改革，要为实行适度从紧的货币政策服务，为加强金融监管服务，为强化管理和提高效益服务，为提高金融服务水平服务。其次，明确金融体制改革的重点。金融体制主要包括金融宏观调控、金融市场和金融机构三个组成部分。金融机构是金融体制的基础，只有建立和发展具有自我发展和自我约束能力的金融机构，才能有利于建立规范化的金融市场，而有了规范化的金融市场，才能建立以间接调控为主的金融宏观调控体系。如果不建立健全金融机构微观运行机制，金融机构行为缺乏必要约束，金融秩序必然混乱。1993年上半年的"三乱"（乱拆借、乱集资、乱投资）和1995年的证券回购业务严重违规的问题已充分证明这一点。我们要把建立既充满内在活力又具有严格的自我约束的金融机构，始终作为我们金融体制改革的重点。围绕这个重点来正确界定和处理金融机构与各级政府、中央银行与金融机构、金融机构与企业、各种金融机构之间、金融机构总分支机构之间的相互关系，使金融体制改革有新的突破。再次，金融改革要采取积极稳妥的方针，要按统一部署进行。金融改革试点要符合金融法律法规，要经过批准，对主要经营管理人员的资格，要进行严格审查，要承担民事责任。金融改革要考虑金融监管能力，任何改革都必须有相应的金融监管配套跟上，以保证改革在稳定条件下的顺利进行。最后，要教育广大干部职工，振奋改革精神，通过深化改革解决当前经济、金融发展中存在的问题。同时，要提倡顾大局，守法纪，通过改革增强金融机构的自我发展和自我约束能力。反对以改革为名，谋求个人、小团体利益。对以改革之名诈取他人钱财、扰乱金融秩序者，要坚决揭露和打击。

二是讲政治。金融系统，特别是金融系统各级领导干部一定要讲政治，要自觉维护党和全国工作的大局，要为建设有中国特色的社会主义服务，要加强金融系统精神文明建设和队伍建设。党中央领导同志经常提出，领导干部要讲政治。江泽民同志在中共十四届五中全会召集人会议上讲话，要求高级领导干部一定要讲政治。这里所讲的政治，包括政治方向、政治立场、政治纪律、政治责任、政治敏感、政治鉴别力。去年11月，江泽民同志在视察北京市时提出，在干部特别是领导干部中，要强调讲学习，讲政治，讲正气。这不仅是对北京市干部的希望，也是对全国领导干部，包括金融系统领导干部的希望。不少金融机构被坏分子诈骗，造成重大损失，有的干部逐步走上违法犯罪的道路，很重要的一条就是在政治上没有清醒的头脑。讲政治对不同的干部、不同的行业有不同的具体要求。金融系统讲政治，《决定》作出八条规定概括起来有五方面的要求。第一，是要坚持正确的政治方向。各级干部和广大职工，要认真学习马列主义、毛泽东思想和邓小平同志建设有中国特色的社会主义理论，坚持贯彻党的"一个中心，两个基本点"的基本路线，与江泽民同志为核心的党中央在政治上保持一致，为社会主义金融事业而奋斗。第二，要维护全党全国工作的大局。金融业已经成为筹集生产建设资金的主渠道，成为国家进行宏观调控的重要杠杆。金融系统广大干部职工，要充分认识到所肩负的历史使命，认真执行国家制定的金融工作方针和产业、区域发展政策，支持和服务于改革、发展和稳定。第三，要支持以公有制为主的多种经济的发展，支持城乡居民和其他成员通过合法和诚实的劳动进一步富裕起来。加强信贷监督，维护国有资产不受侵犯，防止和打击套用金融机构信用从事损害国家和公众利益的行为。第四，要加强金融机构党的建设，干部管理要坚持政治标准。金融系统党组织，要发挥对金融业务发展的政治保证作用，对干部严格要求，严格管理，严格监督。加强廉政建设，继续开展反腐败斗争。选择干部要德才兼备。各金融机构行长（经理）要敢于领导，善于经营，要依靠职工抓管理，重大问题要集体决定，并及时上报。第五，要提高广大职工的政治思想水平。要引导广大职工关心国家大事，提高政治鉴别能力。要坚持勤俭建国的传统，坚决反对铺张浪费。要努力提高金融业的职业道德水平，以行（公司）为家，敬业爱业，遵纪守法，廉洁奉公。

三是讲法纪。各类金融机构都必须依法经营，依法管理，促使金融秩序根本好转。社会主义市场经济是法制经济。只有在坚固的法制基础上，才能建立与发展适应社会主义市场经济要求的金融业，才能从根本上保证我国金融业长久稳健地运行。多年来，中央银行的货币政策一直是强调有效地控制社会货币信贷总量，但是正确的货币政策往往得不到有效的实施，这当然与经济运行机制的深层次缺陷和持续的高通货膨胀有关，但同时也与一些金融机构不能做到依法经营、依法管理有直接联系。现在，金融法律框架已经基本形成，许多专门的金融法规与规定也已逐步公布，我们要促使金融业改革和发展更好地步入法制化轨道。第一是要学法知法。要编印《金融法律和法规学习手册》，组织广大干部职工学习经济、金融法律和各种行政法规，学习金融管理制度，提高整个金融系统的法律知识水平。第二是要依法办理金融业务，维护各方的合法权益。要依法贷款，依法收贷，依法办理企业兼并和破产。依法加强金融监管，维护金融业合法稳健运行。第三是要对违法违纪进行严肃查处。要通过加强依法经营、依法管理，最大限度地堵住金融运行中存在的漏洞，在把贷款质量提高上去的同时，坚决把金融犯罪案件，特别是大案要案发生率降下来。金融系统各级领导干部负有保一方金融平安的重任。如果一个地方或一个单位屡屡发生金融案件，就一定要严肃追究有关领导干部的责任。第四是要建立必要的职能机构。人民银行要加强条法司的工作，国有独资金融机构要建立法律顾问办公室，各金融机构要聘请律师运用法律维护金融机构和客户的合法权益，提高广大干部职工的法律知识。

四是讲效益。金融系统讲效益，就是要实现信贷资金使用方式从粗放型向集约型的转变，提高资金使用的流动性、安全性和盈利性。《纲要》提出的今后必须认真贯彻的九条重要方针之一就是，"积极推进经济增长方式转变，把提高经济效益作为经济工作的中心。"金融业除了通过改进金融服务，充分发挥其重要的经济杠杆作用，促进全社会经济增长方式转变之外，还必须加快实现金融业自身经营方式由粗放型向集约型的转变。要继续落实去年6月全国银行业经营管理会议精神，把工作重点转移到加强经营管理和提高资产质量上来。应当看到，近年来金融机构信贷资金周转慢、不良贷款比例上升、经营效益下降，这既是经济运行深层次矛盾和粗放型增长方式等诸多因素的综合反映，又与金融机构内部管理上长期存在的许多问题有直接关系。现在，比较突出的有两个问题。（1）违反规定盖大楼。随着金融业的发展和对外开放的扩大，适当改善办公和住宿条件是必要的。但是，当前在办公楼建设上存在许多问题。第一是总规模过大。1995年底，4家国有商业银行固定资产投资占其资本金的比例已达44%，比上年又增加6个百分点，远远超出30%的规定要求。第二是资金来源不正当，有的甚至截留利润或挪用信贷资金盖大楼。第三是相互攀比，重复建设，装修超标准。第四是有令不行，有禁不止，弄虚作假。根据在去年6月全国银行业经营管理会议上国务院领导同志的指示，我们再次重申，停止新批银行办公楼的立项和开工，对在建工程进行清理。对违反规定的，坚决严肃查处。（2）乱发钱物。各金融机构要认真执行国家规定的工资制度，规范代办业务收入。代办业务收入，除财政有规定可提留部分奖励职工外，其余应一律计入业务收入。各银行要按规定与所办金融性公司脱钩。各金融机构要与其所办"三产"脱钩，也不能违反信贷原则对其发放贷款。按规定清理"小金库"。股份制金融机构董事会作出的规定，也要符合国家有关法规。对违反规定收取利息和费用用于私分的，要依法查处。各金融机构都要反对铺张浪费。各金融机构要树立正确的经营方针，制定业务经营计划。国有独资商业银行应使不良贷款的比例每年下降1～2个百分点，完成减支增盈计划。

五是提高金融服务水平。金融系统通过"讲改革，讲政治，讲法纪，讲效益"，要全面提高金融服务水平，密切金融机构与客户的关系，推广优质文明服务，更好地促进国民经济持续、快速、健康发展。近年来，金融系统在改进金融服务、提高服务水平上取得了较大成绩，但总的来看，我们的服务水平还跟不上日益增长的经济社会发展需要。金融服务是一项内容十分丰富的综合性服务。改进金融服务，不仅仅是增加营业网点和改善柜台服务态度，主要还包括保障与促进信贷资金的合理投向、优化组合和严格管理。我在这里主要讲一下改进对国有企业，特别是国有大中型企业的金融服务问题。国有企业目前和今后都是我国国民经济的支柱，是社会主义市场经济的主导力量。只有国有企业搞好搞活，才能增强国家宏观调控实力，才能使包括其他多种经济成分在内的整个经济发展具有后劲，才能维护安定团结大局。我们要从改革开放和现代化建设的战略全局和政治高度，抓住大的，搞活小的，支持国有企业的改革发展。同时，要根据产业政策和区域经济发展要求，支持其他多种经济成分的协调发展，形成有序竞争、优势互补的经济发展格局，为国有企业改革发展创造良好的宏观环境。不论是在行业结构上，还是在装备、技术和人力资源上，国有企业都拥有巨大的发展潜力。目前金融系统 5 万多亿元贷款存量中，国有企业占主要比重，只有支持国有企业发展，才能真正盘活整个资金存量。从长远看，国有企业特别是国有大中型企业，是金融业持续发展的重要依托，支持国有企业发展与提高金融业自身效益在本质上是一致的。当前支持国有大中型企业要采取实际措施。第一是人民银行会同金融机构要研究确定大中型企业信贷业务的主办银行。主办银行要按照信贷原则解决企业大部分合理资金需要，同时对企业重大财务活动进行监督。第二是由国有商业银行总行、分行直接对大中型企业发放贷款。第三是完善千户大型企业和企业集团的信息网络，推广"银团"贷款，适当扩大企业直接融资，支持大型企业集团办好财务公司。

六是加强领导，把"四讲一服务"深入持久地开展下去。这个决定是人民银行会同几家国有独资金融机构认真研究后制定的。该决定把党中央、国务院的一贯要求、《纲要》精神和当前的金融工作三者紧密结合起来，把金融系统的业务发展和精神文明建设紧密结合起来，对金融系统改革和发展的重大问题提出了明确要求，重点突出，便于贯彻检查，而且，金融行业统一行动，影响较大。我们希望全国各金融机构，结合自己的实际情况提出的具体要求，迅速地传达到基层干部和职工，并认真落实。此项工作由各金融机构主要领导亲自动手和组织开展。在人民银行，此项工作的具体开展情况，由思想政治工作办公室收集和反馈；具体改革和业务工作，仍由主管司局负责。今年 7 月，人民银行将会同有关金融机构召开座谈会，对这项工作的开展情况进行座谈，以便把这项工作更好地开展下去，更好地做好各项金融工作，更好地维护金融业的良好形象。

我们要在党中央、国务院的正确领导下，以建设有中国特色的社会主义理论为指导，按照《纲要》要求，努力做好"九五"时期各项金融工作，一定要讲政治，讲改革，讲法纪，讲效益，努力提高金融服务水平，为"九五"时期国民经济的持续、快速、健康发展，为本世纪末和下世纪我国的繁荣昌盛作出更大的贡献。

在 1997 年全国金融工作会议上的讲话

（1997 年 1 月 13 日）

这次全国金融工作会议的主要任务是，认真贯彻中央经济工作会议精神，总结 1996 年金融工作，讨论决定今年金融工作的总体要求、主要任务和重大措施。

国务院领导对这次会议非常重视。去年 12 月 11 日，朱镕基副总理认真听取了人民银行和有关银行负责同志的汇报，原则同意人民银行关于今年金融工作的意见。12 月 25 日，李鹏总理主持总理办公会议，对做好今年金融工作作了重要指示。这次会议期间，朱镕基副总理还要到会作重要讲话。

根据中央经济工作会议要求和党中央、国务院领导的一系列指示精神，今年金融工作的总体要求是：落实十四届五中、六中全会精神和中央经济工作会议确定的目标和任务，认真实行适度从紧的货币政策，促使今年物价涨幅低于去年，切实整顿金融秩序，防范和化解金融风险，深化金融体制改革，明显提高金融企业经营管理水平，促进克服"大而全"、"小而全"和低水平重复建设，深入

注：此篇文稿是戴相龙同志 1997 年 1 月 13 日在全国金融工作会议上所作的讲话，原题目为《认真实行适度从紧的货币政策，防范金融风险，促进经济结构调整，巩固和发展经济金融运行的良好形势》。

开展"四讲一服务"活动，以促进两个根本转变的优异成绩，迎接党的十五大胜利召开。

中国人民银行还要根据上述总体要求，制订 1997 年工作计划。

一、1996 年各项主要任务圆满完成，金融形势平稳发展

经过三年多努力，我国以治理通货膨胀为首要任务的宏观调控基本上达到了预期目标，整个经济开始进入适度快速和相对平稳的发展轨道。1996 年，国内生产总值达 67 800 亿元，增长 9.7%；财政赤字可能控制在预算之内，金融调控目标基本实现；全社会固定资产投资比上年增长 18.9%；社会消费品零售总额比上年增长 19.4% 左右；零售物价上涨 6% 左右，涨幅比上年回落约 8.8 个百分点；对外贸易顺差约 160 亿美元，利用外资 510 亿美元。

在党中央、国务院的正确领导和金融系统广大干部职工的共同努力下，1996 年初提出的主要任务已圆满完成，各项主要金融指标达到预期调控目标，金融形势平稳发展，金融系统为创造"九五"计划良好开端作出了贡献。

（一）金融调控目标基本实现

货币供应量增幅回落。去年末，狭义货币 M_1 为 28 515 亿元，增长 18.9%，基本达到年初计划增长 18% 的目标；广义货币 M_2 为 76 095 亿元，增长 25.3%，实现了年初计划增长 25% 左右的目标；流通中现金为 8 802 亿元，全年现金投放 917 亿元，比上年增长 11.6%。实现了国务院提出的控制在 1 000 亿元以内的目标。

各项存款增长较多，贷款适度增加。全部金融机构存款年末余额 68 600 亿元，比上年增加 14 800 亿元，增长 27.5%，其中，城乡储蓄 38 521 亿元，比上年增加 8 805 亿元，增长 30%。全部金融机构贷款年末余额 61 156 亿元，比上年增加 10 683 亿元，增长 21%，其中，国家银行贷款增加 7 938 亿元，增长 20.4%，控制在

调整后增长 8 100 亿元的贷款规模以内。

去年末，中央银行基础货币为 27 000 亿元，增长 20.3%。国家外汇储备达到 1 050 亿美元，比上年增加 315 亿美元。人民币汇率稳定。

（二）金融调控方式有较大改进

改进贷款规模管理。对国有独资商业银行实行以资产负债比例管理为基础的贷款规模管理，适当提前下达贷款计划，使全年贷款投放相对均衡。

充分运用货币政策工具，对货币供应量进行微调和预调。在外汇占款全年增长 2 765 亿元的情况下，灵活运用本外币"对冲"操作，使人民银行对国有独资商业银行的贷款净下降 616 亿元。去年 4 月停办新的保值储蓄业务，5 月和 8 月先后较大幅度降低利率，对于促进经济的平稳发展产生了积极的影响。建立了全国银行同业拆借市场。中央银行首次开办了国债公开市场业务。货币流动比例（M_1/M_2）趋向合理，1996 年 12 月份为 37.5%，比当年 6 月份最低点 36.1%，高出 1.4 个百分点。

（三）金融监管工作得到明显加强

去年颁布行政法规和规章有 50 多项，其中，《贷款通则》等法规对金融业管理产生了重要影响。人民银行的金融监管工作，正在从单纯的合规性稽核向以风险防范为核心的审慎性监管转变。依法吊销和查处了一批非法金融机构和金融违纪典型。对几个存在严重金融风险的信托投资公司，分别采取财政注资、中央银行接管、银行收购、债权转股权、关闭等有力措施，稳妥地化解了金融风险，并起到了积极的警示作用。完成了对非银行金融机构的重新登记工作。按照"清算登记、核实审批、规范核算、严肃纪律"的要求，对绕过贷款规模的资金运用和私设账外账，进行了清查、并账和登记工作。清偿证券回购债务的工作有较大进展。对 100 个县的粮棉油收购资金的使用和 1 056 个金融机构分别进行了稽核。对设立在上海等 10 个城市的 25 家外资银行进行了全面现场检查。金融系统去年 2 000 元以上的经济案件比上年下降 15.16%，其中百万元以上案件比上年下降 23.33%。总的来说，目前，各金融机构法制观念、风险意识得到加强，新的违规违纪问题明显减少，金融秩序正在逐步好转。

（四）金融体制改革进一步深化

《国务院关于农村金融体制改革的决定》得到顺利贯彻。截止到去年底，有 30 个省、市、自治区的农村信用社与农业银行"脱钩"，农业发展银行已建立地（市）、县（市）分支机构 1 500 多个。中国农业银行在支持农村金融体制改革方面作出了贡献。

国有独资商业银行根据经济发展需要和效益原则，合理调整基层机构，全年撤并业务量小、效益低的设在县、乡的营业机构近 1 000个；所属 146 个信托投资公司撤销后改建为当地行营业机构的工作基本完成，所属 36 个需转让的信托投资公司正在办理脱钩手续；建立了资产负债管理委员会，有的实行了内部稽核的垂直领导制度。交通银行等 12 家股份制商业银行在改革和发展中又取得了良好成绩，人民银行将召开会议交流和推广这些银行的改革成果。到去年底，批准筹建的城市合作银行 15 家、已开业的有 18 家。3 家国家政策性银行在促进固定资产投资体制改革、加强对农副产品收购资金的管理、支持机电产品和成套设备出口方面都取得了明显成绩。

我国已从 1996 年 12 月 1 日开始实现经常项目下人民币可兑换，比原来承诺的时间提前 3 年多，充分显示了我国政府运用间接手段调节国际收支，稳定人民币汇率的能力和信心。新批准成立外资金融机构 15 家，外资金融机构在上海浦东新区开展人民币业务的试点已经开始。1996 年 9 月 9 日中国人民银行正式加入国际清算银行，我国的国际金融地位进一步提高。

中国人民保险公司已完成财产险、人寿险、再保险分设，组成中保（集团）公司，机构分设后的中保集团在机制转换方面做了大量工作。新设立5家保险公司。全国保费收入约772亿元，比上年增长25.3%，其中，人保（集团）公司保费收入约571亿元，年增长20.0%。保险业对经济发展的保障作用日益明显。

（五）金融服务和金融企业经营管理水平有了新的提高

去年，各银行认真落实支持国有企业改革和发展的10项措施，对1 240多户大型企业建立生产经营信息网络，在300户大型企业中试办主办银行制度，促进了企业改革和发展。5家大商业银行共核销呆、坏账234亿元。商业票据业务在严格规范的基础上得到较快的发展。截止到去年11月底，全国商业汇票发生额达3 545亿元，累计办理贴现额1 955亿元，中央银行再贴现1 160亿元。人民银行主办的电子联行、同城清算系统和全国金融数据通讯网建设取得重大进展。国有商业银行系统内的"电子转汇系统"建设加快，70%以上的营业网点已实现电子化。截止到去年6月底，金融系统有ATM8 600台左右，比上年增长21%；POS机7万台左右，比上年增长44.3%；信用卡发卡量达1 800万张，比上年增长26.8%。

去年，各金融机构在加强经营管理方面也做了大量工作。国有商业银行停止了新建办公楼的审批工作，清理在建规模，控制费用开支，压缩自编报刊，封存一大批违规购买的移动电话和汽车，受到社会好评。去年，4家国有独资商业银行、交通银行以及中保（集团）公司，在缴纳营业税及附加268亿元和支付保值储蓄贴补162亿元以后，实现利润共234亿元，比上年增长103%。

（六）开展"四讲一服务"活动获得社会好评

去年4月以来，金融系统认真开展"讲改革、讲政治、讲法纪、讲效益，努力提高金融服务水平"的活动，得到各级政府的支持，获得社会各界好评。金融系统党的建设和反腐倡廉工作成效突出，行业不正之风得到遏制。在全系统推广 30 个金融文明窗口，开展"承诺服务"等各种优质服务活动，职工自愿捐款设立扶危济困的"公德基金"、"奉献基金"，在社会上引起良好的反响。

在取得上述成绩的同时，我们也应冷静地看到金融工作中还存在不少问题。这些问题主要是：不良贷款继续上升；金融秩序在某些地方、某些方面仍然较乱，金融风险正在逐步暴露；银行信贷资金使用分散，内部经营管理薄弱，经营效益有待进一步提高。

总之，去年我国在宏观调控方面所取得的举世公认的成效证明，党中央、国务院制定的适度从紧的货币政策是正确的。金融系统广大干部职工在认真实行适度从紧的货币政策、保障金融业安全稳健运行、努力改进金融服务的工作中，是积极努力的，成效是明显的。在去年金融工作会议上，大家对多年来金融工作进行总结，一致认为，实行适度从紧的货币政策，保持货币币值稳定，是促进经济增长的基本条件；加强金融监管，维护金融业合法稳健运行，是金融业改革和发展的重要保证；实现金融体制和资金经营方式的转变，是我国金融业发展的必由之路。稳定货币币值是目标，加强金融监管是保证，深化金融改革是手段。三者互为联系，是有机的统一。1996 年的实践进一步证明这些基本观点是正确的。在我国经济体制转轨的时期，要搞好我国的金融工作，必须完整理解和正确运用这些基本观点。

二、认真实行适度从紧的货币政策，促使今年物价上涨幅度低于去年

（一）要全面正确地理解适度从紧的货币政策

适度从紧的货币政策包含下列主要内容：一是货币政策目标要

适当，要正确处理抑制通货膨胀和保持经济增长的关系，使物价涨幅低于经济增长率。"九五"时期经济增长 8% 左右，物价涨幅应比经济增长率平均低 2 个百分点左右。二是货币供应要适度，既要能控制物价涨幅，又要促使经济增长保持一定的速度。"九五"时期，狭义、广义货币计划年均增长分别为 18%、23% 左右。三是货币结构要合理，要使 M_0 与 M_2、M_1 与 M_2 保持合理的比例。四是金融调控方式要从直接调控转为以间接调控为主，注重预调和微调，防止经济增长起伏过大。要充分发挥信贷政策引导信贷资金投向的作用，促进经济结构的调整。实践证明，适度从紧的货币政策是一项符合国情、行之有效的国家宏观调控政策，是一项中期货币政策。

（二）要继续认真实行适度从紧的货币政策

当前，宏观调控虽然已取得明显成效，但仍要继续实行适度从紧的货币政策。这是因为我国经济体制改革和经济增长方式的转变尚未完成，经济运行中长期存在的"低效益、超分配、软约束"的问题仍然存在，导致通货膨胀的因素并未消除。一是国家财政困难的状况短期内难以扭转，综合财政赤字即应由财政支出转由信贷资金安排的隐性赤字还很大。二是在解决短期总量失衡问题之后，经济结构矛盾愈益突出，对"大而全"、"小而全"和低水平重复建设缺乏有效控制机制，国有企业的困难在较长时期内还会存在，增加货币投放的压力依然很大。三是农业基础还相当薄弱。我国物价统计中的零售商品约有一半是食品类，一遇到粮食减产或其他意外情况，物价就会迅速上涨。近几年控制通货膨胀主要不是采取行政办法，而是通过改革，更多地运用经济手段，所以目前物价涨幅的下降是有一定基础的。但是，如果放松银根，宏观调控的成果仍有丧失的可能。去年第三季度开始，货币投放速度加快，股市一度超常飞涨，社会乱集资又有扩大之势。11 月中旬，国务院批转了人民银行《关于进一步整顿金融秩序、严格控制货币投放的紧急通知》。经过两个多月的努力，取得了一定效果。我们要继续密切注视宏观经济形势的发展动态，争取主动，及时采取有效措施，保持国民经济的良好发展势头。

（三）合理确定、有效控制货币供应量

根据党中央、国务院确定的"稳中求进"的经济发展方针和经济增长 8%、物价涨幅略低于去年的要求，今年货币信贷控制目标安排如下：

计划现金发行 1 200 亿元，增长 13.6% 左右；狭义货币增长 18% 左右，与"九五"计划年均增长指标一致；广义货币增长 23% ~24%，略高于"九五"计划年均增长 23% 的指标。同时，要做好国际收支平衡，保持汇率基本稳定。

计划全部金融机构新增贷款 11 000 亿元，增长 18%。国家银行贷款计划增加 8 500 亿元，增长 17.9%，其中，企业流动资金贷款 4 300 亿元，固定资产投资贷款 2 550 亿元，农业贷款 850 亿元，农副产品收购贷款 800 亿元。

（四）加快改进金融调控方式

根据《中共中央关于建立社会主义市场经济体制若干问题的决定》，中央银行要"从主要依靠信贷规模管理，转变为运用存款准备金率、中央银行贷款利率和公开市场业务等手段调控货币供应量，保持币值稳定"。随着融资渠道的扩大，对流动资金规模实行指令性控制的局限性日益突出。中国人民银行决定，1997 年做准备，1998 年将人民银行对商业银行流动资金贷款规模的指令性控制，改为在人民银行调控监督下的商业银行自我控制。

为此，要求商业银行今年要在健全自我约束机制、提高全行资金调度能力、防止企业挪用流动资金搞固定资产投资方面作出重大改进。同时，人民银行对工、农、中、建 4 家银行，从过去分季下达贷款规模，改为只对上半年、第三季度和全年下达考核指标。

为了适应上述调控方式的转变，今年中国人民银行要分季试编基础货币供应计划，以储备货币为操作目标，加大间接调控力度，以 M_1 和 M_2 为中介目标，运用下列货币政策工具调控货币供应量：

一是改善存款准备金制度。适当降低法定准备金率，同时等量收回人民银行贷款，向商业银行发行中央银行融资券和开办特种存款。在保证支付的前提下，存款备付金率由各行制定，人民银行当地分支行监督执行。

二是逐步扩大全国银行同业拆借市场的交易品种和数量。商业银行总行可授权其资金吞吐量较大的分行有条件地进入市场，同时吸收部分城市合作银行参加全国银行同业拆借市场，逐步使该市场成为商业银行头寸资金调节的首选和主要方式。

三是发展以国债、中央银行融资券、政策金融债为操作工具的公开市场业务。加快全国国债登记系统的建设，债券托管清算统一通过中央国债登记公司进行，同时实现中央国债登记公司和银行同业拆借市场联网，通过银行同业拆借市场实施中央银行公开市场操作业务。参与财政部对承购包销国债的金融机构的资格审查，严禁商业银行一边向中央银行借款，一边增加持有国债，把财政赤字转为增加货币发行。

四是进一步发挥利率杠杆作用。适当简化利率种类，调整利率结构，密切注视银行同业拆借利率动态变化，合理确定银行存、贷款利率、国债利率、中央银行贷款利率、公开市场操作利率等各种资金价格水平。在推进货币市场发展的同时，逐渐加大市场利率在整个利率体系中的作用。合理有效地运用浮动利率。有条件地放开外币存贷款利率，加强对人民币利率与汇率之间相互影响的研究与协调。

五是进一步推广使用商业汇票，扩大票据承兑、贴现与再贴现业务。1997年安排新增再贴现限额200亿元左右，力争年末再贴现余额达到600亿元左右。优先支持产供销关系比较固定的重点行业的资金需求。申请贴现、再贴现，必须提交增值税发票和商品交易合同以及必要的运输单据。3月1日开始，人民银行总行对工、农、中、建4家银行总行试办再贴现窗口。

三、进一步加强金融监管，切实防范和化解金融风险

总的来看，我国金融业在改革中稳步、健康地发展。但同时也应该看到，多年积聚起来的金融风险正在逐步暴露出来。对此，如不认真加以防范和化解，就会发生系统性、区域性金融风波，给经济发展和社会稳定带来严重危害。我们一定要以对国家、对人民高度负责的态度，从维护经济持续发展和社会长治久安的大局出发，切实做好防范和化解金融风险的工作。这是今年全国金融工作的重点。

（一）当前金融风险的主要表现及其危害

当前，我国面临的金融风险的主要表现，一是相当多的非银行金融机构管理混乱，有些已资不抵债或面临支付困难。二是金融秩序在某些方面还比较混乱。乱设金融机构、乱集资和银行资金炒股票、高息吸储、乱拆借时有发生，手段更加隐蔽，潜在风险极大。三是金融机构特别是国家银行的不良贷款数额大，比例高，其上升趋势尚未得到有效遏制，企业欠息不断增加，经营日益困难。四是金融机构内部管理中存在许多薄弱环节，各种金融犯罪活动仍然十分严重。上述问题如果不认真加以解决，将大大削弱金融机构的支付能力，损害社会主义金融业的良好信誉；加剧中央财政收支矛盾，倒逼中央银行超额发行货币保支付、保稳定，引发通货膨胀；最终将妨碍今年经济工作总体要求的顺利实现，对经济发展与社会稳定带来严重危害。最为可怕的是，有一些领导干部，对本地区本

部门正在暴露和扩大的金融风险视而不见，见而不查，查而不力，甚至护短姑息。这种状况本身就是最大的风险，是防范和化解金融风险的最大障碍，必须坚决、迅速改变。

（二）今年防范与化解金融风险的主要任务

一是坚决、彻底地取缔非法设立的金融机构，严格执行银行业与信托业等的分业管理原则。人民银行各分支行对各种非法设立的金融机构要及时查处，查处有困难的，要及时报当地政府和上级行。上半年必须完成国有独资商业银行与少数信托投资公司、人民银行与有关证券公司的脱钩。基本解决证券回购中的债务偿还问题，对于有钱炒股票而不还债的金融机构实行强制还债。对所有信托投资公司进行一次全面稽核。认真查处保险企业中的违规经营。

二是严禁银行资金进入股市。再次重申，严禁银行用信贷资金或拆借资金买卖股票及其他直接投资，严禁通过占用银行联行资金买卖股票，严禁用银行资金垫交股票交割清算资金。对无视法规者，一经发现，主办行长立即撤职，对构成犯罪的，要依法追究其刑事责任。严肃清理、纠正和查处证券经营机构经营银行业务等违规行为。

三是继续查处违规经营和私设账外账。对一般性绕规模发放贷款，只要贷款投向合理，没有发生严重损失、个人没有从中谋取私利的，对有关责任人要进行批评教育；对违规经营存、贷款数额较大，并造成重大经济损失的，要根据情节轻重，对有关责任人给予一定的行政处分；对过去私设账外账，谋取个人和小团体利益的，要给予行政处分；1996年新发生私设账外账经营的，必须撤销行长等有关人员职务，特别是8月1日之后发生的，要开除出银行。凡构成犯罪者，要追究其刑事责任。

四是加强现金和储蓄账户的管理。为了减少现金投放，减少有可能引发的违规犯法活动，必须建立大额现金提现备案、审批制，对违反规定者，要从严处理。严格储蓄账户管理，尽快推行储蓄实名制。要按照《贷款通则》要求，检查商业银行对异地存贷款备案制的执行情况。

五是坚决抑制不良贷款的上升。各商业银行对绕规模发放的贷款和私设账外账造成的不良贷款，要责成有关人员清理和回收。剔除这部分不可比因素，要求今年各国有独资商业银行不良贷款比例比去年下降 2~3 个百分点。

（三）加强金融监管的基础性建设

一是进一步建立健全金融监管法规。今年要加快制定《金融机构接管条例》、《金融机构合并和分立办法》、《金融处罚条例》、《反洗钱条例》等。要制定《国家开发银行条例》、《中国农业发展银行条例》和《中国进出口银行条例》，使政策性银行的业务活动纳入法制轨道。今后，凡没有相应管理法规和规章的，有关的金融机构就不能成立，有关的业务也不能开办。各类金融规章必须由人民银行总行制定。要加强金融法律法规的社会宣传与普及工作。

二是健全和执行金融机构的内部控制制度，提高金融机构本身对各种风险的防范和监控能力。中国人民银行将根据我国金融法律法规，在认真总结国内外金融风险管理经验和教训的基础上，制定《加强金融企业内部控制的暂行规定》。各银行应根据《加强金融企业内部控制的暂行规定》的要求，建立资产负债管理制度，内部授权、授信制度，信贷风险、资金交易风险管理制度，以及钱账分管，多种复核，总、分账核对，印、押、证分管和电子计算机等一系列业务控制制度。上级行对下级行业务经营至少一年稽核一次。第二季度末召开全国金融机构内控制度建设工作会议。发挥银行、保险、信托、财务公司等金融机构同业协会的作用，加强行业自律管理，制止不正当竞争。

三是加强中央银行对金融机构的监管力度，提高监管水平。首先要改善人民银行金融稽核体制，切实加强各分行的稽核工作。各分行配备一名参加党组的总稽核。分行稽核处处长由总稽核推荐，分行党组同意，报总行审核，分行党组任命。总行稽核局要认真指导分行总稽核和稽核处处长开展工作。要充分发挥人民银行有关职能部门监管力量，充实稽核力量。其次要建立金融监管责任制。实施中国人民银行金融监管工作规程，把具体的监管责任落实到每个职能部门、落实到每个人。人民银行各级行要对每个金融机构的风险监控实行季度分析和年度报告制度。再次，建立金融监管电子信息系统，实行金融统计全科目报表上报"一把手"签字负责制。对金融企业法人的本外币、境内外业务及其附属公司业务实行并表监控。最后，对金融机构的监管要立足于法人，立足于防范，对查实的严重违规违纪行为要严肃处理。结合人民银行《金融机构高级管理人员任职资格管理暂行规定》实施细则的下发，对金融机构高级管理人员的任职资格进行严格管理，对不符合任职资格的，要及时提出撤换要求。

四是充分发挥社会力量，加强对金融机构的监督。人民银行各分支行都要设立金融监管公开监督电话并向社会公布，要列示举报内容，专人守机，认真查处，并做好对举报人的保密工作。

四、深化金融改革，改善经营管理，加大经济结构调整的力度，克服"大而全、小而全"和低水平的重复建设

（一）深化金融体制改革，增强金融服务功能

按照合作制原则规范对农村信用社的管理，制定和公布《农村信用合作社管理规定》、《农村信用合作社联社管理规定》。同时，加强对农村信用合作社的风险管理，建立农村信用社自律组织。制定和上报农村保险体制改革方案。

加快商业银行改革步伐。提高国有独资商业银行资本充足率，

促进金融会计制度执行谨慎原则，建立国有商业银行监事会。工商银行、中国银行、建设银行要把服务重点逐步转向大中城市、大中型企业，要按照业务量和效益原则，逐步调整县支行的设置。农业银行要在支持农业现代化、城乡发展一体化方面发挥更大作用。同时，加快城市合作银行的组建步伐，进行少数农村合作银行的试点工作。

坚持以间接融资为主，逐步提高直接融资的比例。进一步规范企业债券发行，严格审查发行条件。积极推进信托公司的重组兼并，规范发展信托公司业务。支持大型企业集团成立财务公司，增强企业集团的技术改造能力，但要防止财务公司向商业银行方向发展。研究邮政储蓄体制的改革。组建国家再保险公司。今后几年，原则上不增设信托投资公司和证券公司。

继续稳步发展外资金融机构，做好上海浦东地区外资银行经营人民币业务的试点工作，支持我国有条件的金融机构到境外设立机构。对金融机构的中长期外债实行余额管理，调整债务结构，化减债务风险。对资本与金融项目实行总量控制。未经外汇管理局批准，现有资产变现后的外汇不得结汇。

（二）积极运用信贷和利率杠杆，促进加大经济结构的调整力度

近期公布《中国人民银行"九五"时期信贷政策》，引导金融机构按信贷原则和产业、区域、技术发展政策发放贷款。人民银行协调各银行，在金融行业组建重点商品产供销信息网络，为制定信贷政策和审查贷款项目服务。

做好农村信贷工作，增加农副产品生产和供应。增加农业综合开发、小型水利建设和扶贫开发贷款，压缩乡镇企业中一般加工业贷款，支持农副产品的生产、加工和销售一体化发展。

继续落实支持国有大中型企业的 10 条措施。各银行要适当集

中资金，支持有市场、有效益、有信用、不挤占挪用信贷资金的企业对流动资金贷款的需要，同时要对信贷资金的使用制定合理的考核指标。适当增加技术改造贷款在固定资产贷款中的比重。实行主办银行制度的大型企业，由300户扩大到500户。同时要明确主办银行和企业双方的权利、义务和责任，解决好主办行和协办行的关系。

积极帮助企业开拓国内外市场。落实支持机电产品出口的6条措施，安排出口卖方信贷150亿元，出口买方信贷3亿美元。按国际贷款条件，对成套机电产品提供国内外汇买方信贷。

支持培育新的经济增长点。尽快颁布《个人住房担保贷款管理暂行办法》，对民用住宅信贷实行规范管理。加强政策性住房资金的管理，安排"安居工程"贷款100亿元，同时要对贷款发放综合考核，确保贷款效益。人民银行将会同有关部门抓紧研究办法，促进中低档空置住宅的销售。严禁银行对高级别墅、写字楼、高级饭店贷款，防止出现新的房地产热。

防止和减少重复建设。第一，充分发挥国家开发银行等金融机构在投资体制改革和投资结构调整中的作用。按照国发〔1996〕35号文件规定，加强对固定资产投资项目资本金的审查。对资本金不足，资金来源不正当的，银行不予贷款。第二，严禁挤占流动资金贷款搞固定资产投资。对新增流动资产小于新增流动负债的企业，一般要停止发放新的贷款。第三，各银行应适当集中贷款审批权，特别是固定资产贷款审批权，防止盲目投资。第四，人民银行各分行要会同各银行定期对当地经济结构进行分析，引导贷款投向，防止低水平重复建设；组织银团贷款，支持横向联合，推动企业兼并，改进对企业集团的金融服务。

（三）改善经营管理，提高盈利水平

认真贯彻《商业银行法》，坚决维护银行经营自主权。任何单位和个人不得强令银行发放贷款和提供担保。企业需要贷款，要向有关银行直接申请。信贷资金不得用于财政性支出。根据《国务院特定贷款项目管理办法》，管好特定贷款项目。国家政策性银行要坚持自主经营和保本微利的经营方针。

建立和执行贷款审批和发放责任制，把降低不良贷款比例的任务落实到银行各级机构、各个部门和各有关人员。对新增贷款，要严格按贷款条件和程序发放；对到期贷款本息，要书面通知催收；对转移资金逃避贷款归还者，要依法起诉；对长期资不抵债，不能偿还债务者，应支持依法兼并破产。同时，对以贷谋私造成重大损失者，要严肃处理。要对全国银行的信贷资产质量进行一次全面普查。

适应粮食购销体制的改革，农业发展银行要在粮棉油收购资金的封闭运行上取得明显成效。要求库存值与贷款的比例比去年提高5个百分点。为此，要认真实行各级财政、粮食企业和银行对收购资金筹集管理的责任制，采取有力措施消化粮食企业的各种财务挂账，对粮食系统内粮油调销全面推行银行承兑汇票结算方式。上半年要竭尽全力做好贷款回收工作，以减轻秋季收购资金供应的压力。

依法积极参与企业的兼并和破产工作。按照国发〔1996〕59号文件、银发〔1995〕130号和国务院最近召开的全国国有企业职工再就业工作会议的精神，人民银行和有关分行要积极参加企业兼并破产工作领导小组或协调小组工作，按照下达的限额，认真编制和审查企业兼并破产和减人增效计划，督促商业银行做好呆、坏账核销，维护债权银行的合法权益。国有独资商业银行要认真组织有关干部学习企业兼并破产的法律法规，既要积极参与，按规定核销呆、坏账，又要坚决抵制和及时反映各种"假破产"、"突击破产"的错误做法。凡非试点城市按试点城市有关规定对企业进行破产

的，要限期纠正，已形成的银行呆、坏账损失不予核销，直接损失
由银行在当地的营业税中抵扣。

改进财务管理，努力提高盈利水平。认真执行《会计法》，加
强会计核算的监督和管理。国家银行利润减少或亏损增加，除了有
国有企业经济效益滑坡的客观原因外，也与银行经营管理薄弱有很
大关系。不要简单地用"行政干预"、"历史原因"等理由，掩盖
铺张浪费、管理松弛而造成的问题。各金融机构，特别是国家银
行，要重新学习江泽民主席、李鹏总理的有关银行要增收节支的指
示，重新学习朱镕基副总理在1995年5月全国银行业经营管理工
作会议上的讲话，对1996年资金、成本、利润进行认真分析，停
止建设新的银行办公楼，加强工资基金管理，把会议费、差旅费等
费用增长控制在物价涨幅之内，查处截流营业收入的行为，保证今
年在同口径下实现利润明显好于上年。

**五、贯彻党的十四届六中全会精神，加强领导班子和队伍的建
设，努力完成今年各项金融工作**

（一）持久扎实地开展"四讲一服务"活动，加强金融行业精
神文明建设

金融系统广大干部和职工，要认真学习和贯彻十四届六中全会
的决议，进一步加强金融系统精神文明建设，要用邓小平同志建设
有中国特色的社会主义理论和党的基本路线，教育和组织广大干部
和职工，推动金融改革和发展，为发展社会主义市场经济服务，为
维护全党、全国工作大局服务。

今年，要把金融系统社会主义精神文明建设，同深入持久地开
展"四讲一服务"活动更好地结合起来。"四讲一服务"活动，不
是一项临时性的工作，而是在金融行业把政治与经济、思想与业
务、改革发展和严格管理有机结合起来，更好地调动金融系统广大

干部职工积极性，促进金融业改革和发展的一项群众性活动，是一项树立社会主义金融业良好社会形象的系统工程，也是对金融工作领导方式的重要改进。要联系实际，突出重点，讲究实效，围绕完成今年金融工作任务，在讲改革、讲政治、讲法纪、讲效益，提高金融业服务水平方面取得新的成效。

要在金融系统广泛开展切实履行金融职业责任、大力弘扬金融职业道德、严格执行金融职业纪律的群众性自我教育活动，并且把这项活动和创建"文明单位"、"青年文明号"、争当"青年岗位能手"活动和开展"为人民服务、树行业新风"等活动联系起来。在金融系统大力宣传表彰先进，形成崇尚先进、学习先进的风气。在认真抓好30个文明示范窗口的基础上，逐步把文明优质服务向全行业推广。今年拟召开"四讲一服务"精神文明建设标兵表彰大会。

按照党中央、国务院的部署，加强党风廉政建设，抓好反腐败三项任务的全面落实，防止已纠正的问题出现回潮。要按照"整行纪，严行规，建立铁的纪律"的要求，重点查处顶风违纪、违法案件，领导干部以权谋私、索贿受贿案件，以及对工作极端不负责任、造成重大损失的失职渎职案件。坚持依法监管，依法经营，依法保护坚持原则、敢于管理的干部。要贯彻"标本兼治，综合治理"的方针，认真总结大案要案暴露出来的经营管理上的各种漏洞和隐患，提出有针对性的防范措施，坚决把大案要案发案率降下来。

（二）认真抓好金融系统领导班子建设，积极推进人事制度的改革

在中央经济工作会议上江泽民同志提出，今年要突出抓好国有企业领导班子的整顿和建设。对此重要指示，我们金融系统一定要认真落实。

金融系统各级领导班子，总的来说是好的，对贯彻执行党和国

家的金融方针、政策是认真负责的。党中央、国务院领导同志对此给予了较高评价。但是，我们在肯定成绩的同时，不能忽视存在的问题。主要表现是：部分领导干部政治、业务素质不高；没有真正地把工作重点转移到金融监管或金融企业的内部管理上来；对出现的重大金融风险、金融事故、金融案件以及其他有关重大事件，查处不力，甚至护短姑息；少数干部直接参与金融违规行为，甚至堕落为犯罪分子。

针对存在的问题，各金融机构要切实加强领导班子建设。一要抓领导班子的整顿和建设，认真选配好各级领导班子的"一把手"，把金融机构领导管理权牢牢掌握在讲政治、会管理、懂业务、廉洁、公正的干部手中，对不称职或有严重违规违纪的领导干部，必须及时调整。二要认真抓好领导班子的思想政治建设，提高反腐倡廉的自觉性，完善民主集中制和干部考核制度，认真实行金融系统干部垂直管理体制。三要有计划地推进领导干部定期交流工作。四要培养一大批高素质、跨世纪的高级经营管理后备人才。

这里要特别强调一下干部交流工作。从近几年领导班子建设中暴露的问题看，领导干部必须定期交流。人民银行总行去年对所管司、局级干部的 21% 实行了交流，各方面反映较好。今年，人民银行要和各方面密切配合，力争今年干部交流面不低于去年。干部交流应采取多种形式，其中，从分、支行中选择一批优秀干部到总、分行，经过两年左右培养，再择优分配到分、支行担任主要领导干部，是一个很有成效的交流方式，值得逐步推广。

老干部工作是我们党的干部工作的一个重要方面，金融系统要高度重视和认真做好老干部工作。

（三）积极推进干部职工教育培训工作，努力提高干部职工队伍素质

建立一支跨世纪、高素质的经营管理人员和从业人员队伍，已

是当务之急。人民银行行属高等院校要积极推进教育改革，提高教育质量和办学效益，逐步把学校工作重点转到为广大金融系统培养高素质后备队伍和提高金融系统干部队伍素质上来。各银行学校在完成日常教学任务的基础上，要更多地承担培养辖区内处以下干部的培训任务。

各金融机构要进一步做好干部职工培训工作。一是要持续开展岗位培训，指导干部职工业余学习。二是要针对金融工作不同时期的重点，开展不同内容的短期适应性培训。今年，人民银行要举办金融监管典型案例分析培训班和货币政策间接调控操作培训班，与有关银行共同举办银行内部风险控制培训班、金融法律规章培训班。三是要抓好领导干部和跨世纪高层人才的培训。有的可参加各类培训班、研修班，有的要有计划地推荐到高等院校攻读学位，有的可派到国外院校学习或到国外银行研修。要大力压缩流于形式的出国考察、培训，把经费和力量用到对后备干部和业务骨干切实有效的培训上。人民银行与国家行政学院继续合作举办好省、部长金融高级研修班，人民银行省级分行也要与地方政府和有关部门配合举办类似研修班。

今年是我国现代史上的重要一年。在这一年中，我国将召开党的十五大和恢复对香港行使主权。金融系统一定要认真贯彻《中华人民共和国香港特别行政区基本法》和"一国两制"的方针，正确处理和维护"九七"以后香港与内地之间在一个主权国家内的两种货币、两种货币体系和两个金融当局的关系。今年7月1日以后，香港将继续保持其独立的货币发行与管理制度，人民币和港元作为内地与香港的法定货币，分别在两地流通；中国人民银行和香港金融管理局将分别在内地和香港两个独立的货币区域内行使金融管理职能，并保持相对独立的关系。香港金融管理局对香港特别行政区政府负责，人民银行不会取代香港金融管理局，也不在香港设立分行。在必要时，中国人民银行将应香港金融管理局的要求，对香港的货币稳定提供支持。内地金融机构在香港不享有任何特权，并要接受香港金融管理当局同一标准的监管。内地与香港之间的债权债务等金融事务参照国际金融惯例处理。今后，中国人民银行与香港金融管理局、内地金融界与香港金融界的相互联系与合作将进一步加强。这必将有力地促进香港的平稳过渡，保持和增强香港的国际金融中心地位，进一步促进两地经济发展和社会进步。

支持企业依法兼并破产
切实加强金融债权管理

（1997 年 1 月 7 日）

这次由国务院召开的全国企业兼并破产工作会议是一次十分重要的会议，这次会议对于完善企业兼并破产制度，促进国有企业改革和发展，将产生深远影响。刚才王忠禹同志作了很好的讲话。明天镕基副总理、邦国副总理将作重要指示。国务院还要发出《关于国有企业兼并破产实施中有关问题的补充通知》。对于国务院领导同志的重要指示和会议确定的方针、政策和措施，我们银行系统一定要认真贯彻执行。下面，我着重讲三个方面的问题。

一、统一认识，做好工作，积极支持企业依法兼并破产

（一）依法兼并破产是建立现代企业制度、发展社会主义市场经济的重要条件

党的十四届三中全会通过的《关于建立社会主义市场经济体

注：1997 年 1 月，国务院召开全国企业兼并破产工作会议。朱镕基副总理、吴邦国副总理到会作了重要讲话。这次会议对于完善企业兼并破产制度，促进国有企业改革和发展，产生了重要影响。1 月 7 日，戴相龙同志代表银行系统作了发言。

制若干问题的决定》指出，"建立现代企业制度是发展社会化大生产和市场经济的必然要求，是我国国有企业改革的方向"，现代企业的基本特征是"产权明晰、权责明确、政企分开、管理科学"。同时指出："企业在市场竞争中优胜劣汰，长期亏损、资不抵债的应依法破产"，"企业破产时，出资者只以投入企业的资本额对企业债务负有限责任"。由此可见，企业依法破产是建立现代企业制度，发展社会主义市场经济的不可缺少的条件。

破产是指当债务人不能以其财产清偿到期债务时，法院对债务人的总财产进行公开的强制分配，以使全体债权人获得公平清偿的程序。国内外企业破产实践证明，对资不抵债、不能清偿到期债务的企业实施破产，有利于维护债权人和债务人双方利益，债权人可使债务人破产还债，而债务人的投资者只以投入资本承担有限责任；有利于增强债权人和债务人的风险意识，促使债权人在市场行为中注意审查债务人的资信，也促进债务人或债务人的投资者在投资与生产经营活动中谨慎决策；有利于充分运用破产企业的有效资产，减少濒临破产企业继续存在给国家、社会经济生活带来的更大损失。1988年，我国公布了《中华人民共和国企业破产法（试行）》，一部分企业开始依法破产。但是由于破产企业职工安置问题没有得到妥善解决，影响到企业破产工作的顺利进行。1994年，国务院根据《破产法》第四条规定，颁布了《国务院关于在若干试点城市试行国有企业破产工作有关政策的通知》（国发〔1994〕59号文件），明确企业破产时，企业依法取得的土地使用权转让所得，可以首先用于破产企业职工的安置，并在18个城市试行。从此，我国国有企业破产工作进入了一个新阶段。

企业兼并是指一个企业购买其他企业产权，使其他企业失去法人资格或改变法人实体的行为。企业兼并一般有承担债务式兼并、购买式兼并、吸收股份式兼并、控股式兼并四种形式。1989年，国家体改委、国家计委、财政部、国有资产管理局共同发布了《关于企业兼并的暂行办法》，从此，我国企业兼并逐步扩大。在1993年公布《中华人民共和国公司法》以后，我国有关企业兼并的一系列法律和法规相继颁发，企业兼并在解决困难企业出路，促使经济联合，组建企业集团方面都发挥了重大作用。企业兼并与企业破产相比，企业兼并所付代价比较低，转变经营机制比较快，取得的效益比较好。我们认为，中央和国务院提出对有关企业实行多兼并少破产的方针是非常正确的。

（二）既要依法支持企业兼并破产，又要依法维护金融债权

商业银行是经营货币的特殊企业。国家商业银行的贷款不是国家财政资金，而是商业银行吸收居民储蓄和企事业单位存款，按信贷原则和产业政策发放的贷款。银行要收取贷款本息，付出存款本息，在支付经营费用和营业税后取得一定利润，为国家增加积累，同时增加银行自我发展能力。商业银行与工商企业是企业与企业的关系，国家法律同时保护工商企业和商业银行的合法权益。商业银行要支持企业依法兼并破产，同时也要依法维护金融债权。

银行要支持企业依法兼并破产。企业破产后，对破产财产经过评估作价，通过拍卖、投标等方式依法转让，转让所得按规定扣除职工安置费后，银行可按债权比例得到清偿。破产企业呆、坏账的核销可以冲减银行实际呆账的数量，可以相应提高银行资产质量。企业破产可以相应促进企业转换经营机制，从长远看不仅可以提高企业效益，也有利于降低银行经营风险。因此，银行应该从客观实际出发，主动支持企业依法兼并破产。

各地银行在支持企业依法兼并破产中，也要依法维护金融债权不受侵犯，防止国有资产流失。对不符合法定条件的破产，假破产、真逃债，以及未经债权银行总行同意实行先破产后申报呆、坏账核销等一系列错误做法，要坚决抵制，要向上级行报告。现在有

一种误解，认为银行呆、坏账准备金只是一个指标问题，可以随意扩大，希望把呆、坏账冲销指标分到各地，这是不正确的。今年，呆账准备金是按一个银行贷款余额1%提取，坏账准备金按应收账款的3%提取，一个银行的各级行核销呆、坏账准备金要控制在这个银行提取的总数以内。另外，各银行是一个企业法人，总行行长是债权银行法人代表。所以各地企业申请破产，经分支行审查同意后，还要经过总行批准，要把呆、坏账冲销控制在全行总的额度内，然后企业破产才可以进入法律程序。提取呆、坏账准备金，就是增加银行成本，减少对财政上交。在国家财政比较困难的情况下，国家银行提取较大数额的呆、坏账准备金是为了促进企业机制的转化，因此，一定要让呆、坏账准备金发挥应有的效益。如果企业破产后，欠银行的贷款冲掉了，企业经营机制并没有转换，不但浪费了金钱，又破坏了国家的信用制度，其后果是不堪设想的。

（三）银行在支持企业依法兼并破产中做了大量工作

首先，金融系统在国务院的正确领导下，在三年多的宏观调控当中，坚持实行适度从紧的货币政策，充分运用各种调控手段，着力控制货币供应总量，促进物价明显回落，从而为大幅度降低贷款利率，给经济发展和企业改革创造了良好环境，为推进企业兼并破产创造了条件。

其次，中国人民银行作为中央银行，与政府有关部门共同制定了一系列有关国有企业兼并破产的政策办法。特别是《关于停产整顿、被兼并、解散和破产企业贷款停减缓利息处理问题的通知》，《关于鼓励和支持18个试点城市优势国有企业兼并困难国有工业企业后有关银行贷款及利息处理问题的通知》，《关于试行国有企业兼并破产中若干问题的通知》等政策性文件，对企业兼并在利息管理上实行了一系列优惠，促进了企业兼并工作的开展。

再次，各商业银行在支持企业兼并破产中，做了大量的工作。

人民银行牵头组织国家银行成立了全国金融债权管理行长联席会议，及时研究和解决企业兼并破产中涉及银行的各项实际政策问题，做好呆、坏账的核销工作和对兼并企业的免息和停息挂账处理工作。工、农、中、建、交 5 家银行，1995 年共结转呆、坏账准备金 281 亿元，1996 年共提取了呆、坏账准备金总额 157. 63 亿元。1996 年全国企业兼并破产涉及 5 家银行贷款总额 609 亿元；已受理核销的呆、坏账贷款总额 355 亿元（试点城市 138 亿元，非试点城市 217 亿元），其中工行 227 亿元，农行 40. 8 亿元，中行 41. 45 亿元，建行 40. 67 亿元，交行 5. 94 亿元。据 5 家银行统计，到 1996 年 11 月底各家银行已经批准核销 234 亿元（试点城市 104 亿元，非试点城市 130 亿元），其中工行批准核销 118. 4 亿元，农行批准核销 38. 54 亿元，中行批准核销 39. 05 亿元，建行批准核销 32. 68 亿元，交行批准核销 5. 35 亿元。1996 年实际冲销呆、坏账准备金，已经突破了国务院年初规定的 200 亿元核销计划。

最后，中国人民银行会同国家经贸委对一些重大的企业破产案件，及时开展了协商工作和法律指导工作，促进企业破产工作顺利进行。会同经贸委对企业破产工作进行了调查研究，并及时向国务院提出完善企业破产工作的意见。特别是我行金融研究所《关于当前企业破产问题的调查报告》，受到国务院领导同志的高度重视。

银行是兼并破产企业的最大债权人，在支持、配合有关部门和企业搞好兼并破产时做了许多工作，促进了企业兼并破产工作的依法进行。但是，银行在这方面的工作仍存在许多不适应的地方。主要是对有关企业兼并破产的法律法规学习不够，对兼并破产在建立现代企业制度中作用的认识要进一步提高。有的银行，对符合条件的破产企业的呆、坏账核销上，上报、审批、核销工作不及时。有些银行对当地明显的假破产、突击破产，不制止、不反映。为了适应今年企业破产兼并工作需要，通过这次会议，银行方面要在各个环节上进一步改进自己的工作。

二、目前企业兼并破产过程中存在的主要问题

从目前 58 个城市实行国有工业企业优化资本结构改革试点的总体情况看，部分困难企业通过兼并，资本结构得到优化组合，资产负债率降低，亏损面正在逐步扭转；一些长期亏损、严重资不抵债、不能偿付到期债务而又生产经营困难的企业实行了破产，银行按照规定的条件和程序核销了部分贷款呆账，消化了一些历史包袱。各级政府经贸委在组织、协调企业兼并破产中做了大量工作，全国企业兼并破产工作取得了很大成绩。但是，从债权银行的反应和我们调查的情况看，存在的问题也不少。特别是试点城市以外的许多地方，存在的问题还相当严重，主要是：

（一）企业破产违反法定的条件和范围

一些非试点城市、一些非国有工业企业擅自比照国发〔1994〕59 号文件，竞相实施企业破产，甚至有的县（市）也纷纷比照试点城市加快企业破产，有的地方还出现了逃废外国政府贷款的现象。

（二）假破产、真逃债的问题相当严重

一是企业通过破产形式甩掉债务后，由其他企业进行整体收购，这样做不是破产，而是一种兼并。国务院有关领导在中央经济工作会议上指出，真正的破产"工厂必须停产关闭，资产和土地必须拍卖，职工得到妥善安置（转业或发遣散费），不具备这三个条件就不能按国发〔1994〕59 号文件实施破产，也就不能核销银行债权"。但是，现在有些地方对破产企业实行"整体收购"，破产企业的财产没有经过招标拍卖，而被严重压价后出售，企业只是换了一个牌子，原企业设备及固定资产等依然照旧，原班人马在原

单位照常工作，却白白拿了安置费。这种破产不符合有关法规，应予以纠正。

二是运用"先分后破"等方式逃避债务。某些企业将价值高或能产生效益的资产划出，重新组建为一个或多个独立法人企业，而将债务继续留在原企业，然后再对老企业实施破产，以达到逃废债务的目的。依照法律，企业分立是指一个企业分开设立为两个或两上以上的新企业的行为。根据《民法通则》第四十四条的规定，企业在分立时，原企业的债权债务由变更后的企业承担和享有。根据国发〔1994〕59号文件的规定，"濒临破产的企业在申请破产前，经拥有三分之二以上债权额的债权人同意，并经企业所在地的市或者市辖区、县的人民政府批准，可以将企业效益好的部分同企业分立。分立后的企业，应当按照商定的比例承担原企业的债务。"企业投资设立子公司，母公司依法对子公司享有产权，当母公司破产时，其子公司财产也必须纳入破产财产之中。

（三）企业兼并破产过程中债权人合法利益常常得不到保护

有些地方违反了《破产法》、国发〔1994〕59号文件和其他法律、法规的规定，以各种名义否定担保债权的有效性。例如某省政府规定在企业破产中，凡属1993年9月底以前由政府部门指定的企业间贷款担保，确有依据的，可由政府或主管部门出具书面证明，经法院认定无效不追究担保责任。有些地方规定，先贷款后办理抵押的抵押无效；国有企业未经国有资产管理局同意的抵押无效；贷款担保没有主管部门同意的无效；以企业全部资产抵押的无效；集体企业贷款担保未经职工代表大会表决通过的无效等。当然，债权人在办理担保贷款时也需要完善手续，债权人也要依法进行担保。但是，从我们了解到的对担保几乎全面否定的情况看，相当多的地方对法律法规的理解片面。另外，资产评估不实，职工安置费用过高，破产费用开支过大，借清算组接管破产企业前的时间隐瞒和转移企业财产，拒绝对破产企业有关情况进行说明等现象也比较普遍。

（四）企业兼并破产工作在组织领导上还存在许多问题

首先，有些地方组织领导对兼并破产的指导思想不够端正，有的地方为了抢先占用呆账冲销指标，搞突击破产，提出"突破在地方，规范在中央"。有的地方甚至把好企业先破，把差企业留下来作为包袱等待破产。在破产程序上，有的地方不是"先申报，后破产"，而是"先破产，后申报"，造成许多地方未经各银行总行同意，已被裁定破产。有些地方政府制定破产预案时不征求主要债权银行的意见，甚至对债权银行保密，直至进入司法程序，召开债权人会议时才通知债权银行参加。其次，对违反政纪、假公济私、弄虚作假等原因造成企业破产的直接责任者，没有追究其责任。

存在上列问题的原因是多方面的，除了在一些地方领导指导思想不够端正外，主要是对企业兼并破产的法律法规学习不够，各方面认识差距很大，对依法组织企业兼并破产也还缺乏实际经验，企业兼并破产的执行还缺少公正、专业的社会中介组织为其服务。

三、认真贯彻这次会议精神，积极支持企业依法兼并破产工作

国务院领导同志对企业兼并破产工作十分重视，对试点城市所做的工作和取得的成绩给予充分肯定，同时针对当前存在的问题，组织有关部门制定了《国务院关于国有企业兼并破产实施中有关问题的补充通知》，并召开了这次会议。金融系统要认真传达贯彻这次会议精神，努力参与做好企业兼并破产工作。

（一）进一步提高做好企业兼并破产工作的思想、法律、政策水平

国务院已经决定，今年全国"优化资本结构"试点城市将扩

大到 110 个，企业改革步伐将会加大，企业兼并破产的工作量也会增多。根据即将发布的《国务院关于国有企业兼并破产实施中有关问题的补充通知》，对国有企业兼并破产工作进一步进行规范，实施企业破产的条件将比以前严格，同时对企业实施兼并将给予更多的优惠，各商业银行将拿出较多的呆、坏账准备金用于支持企业兼并破产，银行面临的任务更加繁重。因此，各家银行，特别是国有独资商业银行的总行，要组织有关干部认真学习有关企业兼并破产的法律法规和文件，提高思想认识、法律知识和政策水平，主动做好企业兼并破产工作。人民银行计划在今年第一季度召开一次全国"优化资本结构"试点城市企业兼并破产银行工作会议，学习、贯彻、落实这次全国企业兼并破产工作的精神，组织有关银行更好地做好企业兼并破产工作。

（二）加强组织领导，配合有关部门搞好企业兼并破产工作

中国人民银行要积极参加由国家经贸委为组长、有关部门参加的全国企业兼并破产工作领导小组，并做好分配给人民银行的有关工作。中国人民银行各级分支机构作为中央银行的派出机构，要积极参加当地企业兼并破产工作协调小组，指定有关部门、有关人员认真做好有关的企业兼并破产工作。中国人民银行各省、自治区、直辖市分行及各试点城市分行，要建立和完善各自辖区内的金融债权管理行长联席会议制度，加强对辖区内银行参与企业兼并破产工作的指导。

国有独资商业银行总行要明确现有职能部门，或新成立金融债权管理部门，配备得力的工作人员，依据《商业银行法》和《公司法》赋予的权利，积极做好企业兼并破产的各项具体工作；要认真参加债权人会议，加强对各级分行参与企业兼并破产工作的指导，督促有关银行做好呆、坏账的核销工作；要维护银行作为银行债权人的合法权益，根据国务院《关于国有企业兼并破产实施中

有关问题的补充通知》的精神，认真执行企业兼并破产的政策。对于企业采取不正当手段擅自推托、逃避和悬空银行债务的，擅自停息挂账的，银行要按规定给予制止。

（三）认真参与企业兼并破产计划编制与审查

商业银行各试点城市分行要发挥对企业财务及经营状况了解的优势，对生产经营发生严重困难的贷款企业的生产经营及资产负债状况进行摸底，把前期准备工作搞扎实，做到心中有数。对资不抵债、不能清偿到期债务的濒临破产的企业，进行分类排队，大体根据提取呆、坏账准备金的情况，提出拟列入本市兼并破产计划的名单，与市有关部门一起进行充分协商，参与编制该市企业兼并破产计划。各商业银行总行可派人参加试点城市企业兼并破产计划的编制工作。商业银行各试点城市分行对企业主管部门提出的破产预案要进行充分论证，对拟破产企业的会计报表、财产状况、债权债务、贷款本息等进行核实。对预案有异议的，要在协调会上提出，协商不一致的要及时报告其总行及中国人民银行总行。

中国人民银行各试点城市分行要在与当地各商业银行分行充分酝酿的基础上，根据兼并破产的条件，与有关部门共同对当地企业兼并破产工作计划草案进行审查，提出切实可行的审查意见。中国人民银行总行要配合国家经贸委做好全国企业兼并破产工作计划的编制及调整工作和对省、自治区、直辖市的企业兼并破产工作计划的审核工作，并对各地企业兼并破产工作计划执行情况进行监督检查，保证全国企业兼并破产工作计划的健康顺利实施。

（四）参加企业兼并破产工作的具体实施过程

兼并企业根据已经全国兼并破产工作领导小组审查同意的兼并破产、减人增效计划，向债权银行提出兼并申请。债权银行依法对其申请进行认真审查，并以债权人的身份参与兼并双方的谈判，和具体兼并协议的签订，同时要监督企业兼并全过程中的各项财务活动，以确保企业兼并活动符合国家法律和政策规定。

企业按照已经审批同意的破产工作计划，依法向人民法院提出破产申请。债权银行要及时申报债权，认真参加债权人会议，依法行使对清算组提出的有关破产企业财产处理和分配方案的表决权，切实维护银行债权。

中国人民银行的分支行要参加企业破产清算组，参与对破产企业财产的保管、清理、评估、处理和分配，维护债权人利益，保证破产清算公平合理地进行。

（五）做好兼并破产企业的呆、坏账核销和统计工作

目前有关呆、坏账核销的规定，主要是 1988 年财政部发布的《关于国家专业银行建立呆账准备金的暂行规定》、1992 年财政部发布的《关于修订〈关于国家专业银行建立呆账准备金的暂行规定〉的通知》和 1993 年财政部发布的《金融保险企业财务制度》。这三个文件对呆、坏账核销的范围、程序做了明确规定。其中规定，商业银行地区分行、省级分行、总行核销呆账的权限分别为 10 万元以下、10 万~50 万元、50 万元以上，省、地分行核销呆账要报财政部门审查同意。现在，有些同志反映，呆账核销层次多，手续复杂，要求简化。呆账核销就是减少银行附属资本金，减少银行对财政上交，因此，要进行认真的审批，但也要提高工作效率，要适应当前企业兼并破产的新情况。本着上述原则，中国人民银行根据国务院的统一部署，正在会同各商业银行总行，商国家经贸委、财政部等部门起草银行呆、坏账核销操作办法，使呆、坏账核销工作进一步规范化。同时要明确，对于没有经过债权人同意就实施企业破产，和非试点地区不符合《破产法》及国家有关文件规定的企业破产所形成的贷款呆账，银行一律不予核销。

各银行要严格执行企业兼并破产工作的信息统计与报告制度，按照中国人民银行制发的《中国人民银行省、自治区、直辖市分

行企业破产情况统计表》、《中国人民银行优化资本结构试点城市分行企业破产情况统计表》和商业银行、政策性银行《呆、坏账核销情况统计表》的要求，将企业破产的具体情况及涉及银行债权、呆、坏账核销等情况按季填制并报送中国人民银行。中国人民银行要根据各行报送的情况，及时向全国企业兼并破产工作领导小组报告呆、坏账核销情况。

总之，企业兼并破产工作是一个复杂的系统工程。在实施企业兼并破产过程中，由于角度不同，可能会产生某些分歧，但我们的目标是一致的，都是为了建立一个依法实施企业兼并破产的市场机制，让企业兼并破产成为优化资源配置的重要手段。我相信，只要我们齐心协力，严格依法办事，扎扎实实地工作，国有企业改革一定会朝着健康方向发展，我们的企业改革和金融改革也一定能够走出一条具有中国特色的改革道路。

把农村信用社办成合作金融组织

（1997 年 2 月 24 日）

　　经国务院农村金融体制改革部际协调小组和中国人民银行党组研究，并请示国务院领导同意，决定召开这次全国农村信用社管理体制改革工作会议。这次会议是在农村金融体制改革取得重大进展，农村信用社与中国农业银行顺利完成脱钩后召开的一次十分重要的会议。会议的内容是，分析形势，统一思想，研究确定今明两年农村信用社管理体制改革和发展的总体要求，讨论农村信用社和县联社管理办法及加强管理、防范风险、改进服务的主要措施。

　　会前，国务院农村金融体制改革部际协调小组和中国人民银行党组经过认真研究，确定农村信用社体制改革和发展工作的总体要求是：继续贯彻落实《国务院关于农村金融体制改革的决定》，按照把农村信用社真正办成合作金融组织的要求，规范信用社，完善

　　注：从 1983 年农村信用社恢复"三性"改革到 1996 年与中国农业银行"脱钩"，对农村信用社一直在按照合作制原则进行规范，但在实践中没有取得实质性进展。1997 年 2 月，经国务院同意，国务院农村金融体制改革部际协调小组和中国人民银行组织召开全国农村信用社管理体制改革工作会议，对恢复合作制、规范合作制提出了具体要求。2 月 24 日，戴相龙同志在会上做了《把农村信用社办成合作金融组织》的讲话。

县联社，组建自律组织，加强金融监管，初步建立起我国合作金融新的管理体制；加强信用社管理，强化自我约束，防范经营风险，切实改进金融服务；充分发挥信用社广大社员和干部的积极性，全面开创信用合作工作的新局面，为支持农业和农村经济发展，壮大农村合作事业，提高农村和农民两个文明水平作出新的贡献。下面，我代表国务院农村金融体制改革部际协调小组和中国人民银行党组讲四个问题。

一、农村信用社与中国农业银行脱钩工作顺利完成

去年7月份全国农村金融体制改革工作会议以来，在党中央、国务院的正确领导下，各地、各有关部门认真贯彻执行《国务院关于农村金融体制改革的决定》，农村金融体制改革取得了重大进展。目前，农村信用社与中国农业银行脱钩工作已顺利完成；中国农业发展银行分支机构增设工作进展顺利，按要求现有80%以上的分支机构已增设完毕；中国农业银行在改革中，顾全大局，抓住机遇，加快了向国有商业银行转轨的步伐；对农村合作基金会的清理整顿、农村合作银行组建、农业保险改革等问题做了大量的准备工作，正在制定方案。总的来看，农村金融体制改革进展情况是好的。各地农村金融体制改革领导小组和中国人民银行各分支行很好地发挥了领导和协调作用，各有关方面，特别是中国农业银行、中国农业发展银行、农村信用社顾全大局，相互配合，保证了这次改革的顺利进行。这次会议，主要是讨论农村信用社与农业银行脱钩后改革和发展中的重大问题。现在，我就农村信用社与农业银行脱钩工作进行简要回顾。

全国农村金融体制改革工作会议之后，各地、各有关方面认真贯彻《国务院关于农村金融体制改革的决定》，统一思想认识，成立体制改革领导小组，结合实际认真研究制定改革方案，抓紧实

施。9月底，深圳市农村信用社率先与农业银行脱钩。到年底，全国5万多个信用社、2 400多个县联社以及县以上三级信用合作管理部门与中国农业银行脱钩工作已顺利完成。

（一）农村信用社的人、财、物与中国农业银行已经分开

各地本着依据事实、尊重历史、共同协商的原则，对机构、人员、资金、财产公正合理地进行了处理，并按规定进行了划转。少数地区对农行营业所与信用社"合署办公"问题，也按要求实现了分开。目前，全国基本上理顺了行社人员、财产、资金之间的关系，对暂时界定不清的财产、资金也都登记造册。以10月底为基数，全国农村信用社在农业银行的存款准备金990亿元全部划转到中国人民银行，农村信用社在农业银行960亿元转存款划转到人民银行888亿元，农业银行共向人民银行划转信用社资金1 878亿元。同时，人民银行同额同利率增加了对农业银行的特种贷款。

（二）县联社已与中国农业银行县支行脱离隶属关系

绝大多数联社按要求配备了领导班子，农业银行县支行行长不再兼任县联社主任，普遍指定一名行长或副行长到联社主持工作。有的地方经过民主选举，选拔了一批信用社干部担任联社领导，农业银行县支行不再领导管理县联社。在脱钩过程中，各地充实县联社，根据对基层信用社管理的需要，联社设立了相应的职能机构，明确了职责任务。联社管理人员得到了充实，在原有人员基础上，全国有一万多名农业银行县支行的干部划转到联社工作，不再是农业银行干部，工资费用由联社解决。目前，全国有近四万人从事联社管理工作，基本适应了对基层社的管理需要。

（三）县以上各级信用合作管理干部从中国农业银行划转到农村金融体制改革办公室工作

办公室成立以前，信用合作管理部门是各级农行内设的职能部门。按照要求，县以上三级2 000多名信用合作管理干部从中国农业银行全

部划转到各级领导小组办公室工作，中国农业银行不再管理领导信用社。在县以上农村信用社自律组织未成立之前，对农村信用社和县联社的领导管理，由各级农村金融体制改革领导小组办公室负责。

（四）中国人民银行承接了对农村信用社的监管工作

在脱钩过程中，人民银行分支行认真组织了调查研究，明确了管理机构，配备了专职管理干部。不少地方人民银行县支行已明确一名副行长负责该项工作。重视解决农村信用社存款支付、资金短缺等困难。制定了信用社存款准备金、向人民银行借款等管理办法，切实承担起了农村信用社的监管工作。

（五）农村信用社管理工作平稳过渡，业务得到继续发展

各地坚持改革与管理两手抓，结合本地情况采取严密措施，切实加强了信用社存款支付和"三防一保"等工作，促进了信用社管理工作的平稳过渡和各项业务稳步发展。去年底，全国农村信用社各项存款余额 8 794 亿元，比年初增加 1 621 亿元，其中储蓄存款 7 671 亿元，比年初增加 1 474 亿元；资产总额达 14 450 亿元，各项贷款余额 6 290 亿元，比年初增加 1 114 亿元，其中农业贷款 1 487 亿元，比年初增加 397 亿元，新增农贷比例基本达到了 40% 的要求，为支持农业和农村经济发展作出了积极的努力。

农村信用社与中国农业银行的顺利脱钩，迈出了农村信用社管理体制改革关键的、实质性的一步，是农村信用社管理体制改革的历史性突破，为把农村信用社真正办成合作金融组织，建立起我国合作金融新体制提供了前提。这次脱钩工作的顺利完成，主要得益于中央的正确决策，各级党政干部的切实领导，各有关部门密切配合。广大信用合作干部职工，讲政治、讲纪律、识大体、顾大局、不计个人得失，表现出了对信用合作事业高度的责任心和敬业奉献精神。实践证明，广大信用合作管理干部、60 多万信用社职工是一支经得起考验，具有战斗力，值得信赖的队伍。在充分肯定成绩

的同时，也必须看到当前农村信用社改革和发展中还存在不少困难和问题。在把农村信用社真正办成合作金融组织，建立我国合作金融新体制的问题上，上下思想认识不尽一致，任务十分艰巨。人民银行对农村信用社的监管还有待进一步改进和加强。农村信用社发展不平衡，自我约束机制不健全，资产质量较差，亏损相当严重，存在较大的金融风险；机构分散，队伍庞大，各类案件较多，管理工作难度很大；办社宗旨体现不够，服务手段落后，与农业发展和农村市场经济的要求还不适应。对信用社改革和管理工作的艰巨性和复杂性，我们要有清醒的认识和足够的思想准备。

二、把农村信用社办成合作金融组织

农村信用社与农业银行脱钩后向何处去，如何进一步深化管理体制改革，广大农民、地方党政、基层信用社以及有关方面都十分关注，期望有一个明确的回答。当前在把农村信用社办成合作金融组织的问题上，认识还不完全统一，有的对能否把信用社办成合作金融组织存在疑虑，信心不足；有的认为农村信用社应该走股份制商业银行的路子，搞合作制是一种"倒退"；有的认为信用社应该交给地方办成地方银行；不少人对什么是合作制，什么是合作金融组织，缺乏深刻、全面的了解。这些问题如不很好地解决，把农村信用社办成合作金融组织的目标就不可能实现，农村信用社管理体制改革就不可能取得成功。

（一）合作金融组织的基本特征

合作制是独立的商品生产者为了解决经济活动中的困难，获得某种服务，按照自愿、平等、互利的原则组织起来的一种经济形式。合作制是经济和社会领域的一种运动，世界范围内的合作运动已经有一百多年的历史，对经济发展和社会进步起了积极的推动作用。经过长期的实践，合作制理论得到了进一步发展和完善，在

1995 年国际合作联盟 100 周年代表大会上，对合作制确定了七条原则：自愿和开放的社员原则，对所有能够利用合作社服务和愿意承担社员义务的人开放；社员民主管理的原则，各级合作社的方针和重大事项由社员参与决定，实行"一人一票"；社员入股，按交易量分配，盈利主要用于充实积累的原则；自主和自立的原则，合作社实行自主经营、自担风险；教育、培训的原则，合作社要为社员提供教育和培训，要向公众宣传有关合作社的性质和益处；合作社间的合作原则，合作社通过地方的、全国的、区域的和国际的合作社间的合作，为社员提供最有效的服务；关心社区的原则，合作社在满足社员需求的同时，要推动所在社区的持续发展。

合作制与股份制是两种不同的产权组织形式。一是入股方式不同。股份公司一般自上而下控股，下级为上级所拥有；合作制则自下而上参股，上一级机构由下一级机构入股组成，并被下一级机构所拥有，基层社员是最终所有者。二是经营目标不同。股份制企业以追求利润最大化为目标，股东入股的目的是寻求利润分红；合作组织的宗旨是为社员服务，也讲求利润，但不是主要目标，社员入股是为了获取服务。三是管理方式不同。股份制实行"一股一票"，大股控权；合作制实行"一人一票"，社员不论入股多少，具有同等权利。四是分配方式不同。股份制企业利润主要用于股东分红，积累要量化到每一股份；合作组织盈利主要用于积累，积累归社员集体所有。

综上所述，合作制本质特征就是由社员入股组成，实行民主管理，主要为社员服务。只要体现了这些原则，农村信用社就是合作金融组织。

（二）把农村信用社办成合作金融组织，是农村经济发展和金融体制改革的客观需要

我国的农村信用社自 50 年代初建社以来，经历了曲折的发展

过程。建社初期，按合作原则办社，信用社发展比较健康。此后20多年中，信用社走过了一段较长的弯路，一度把信用社交给人民公社、生产大队或贫下中农领导和管理，也曾把它作为国家银行的基层机构，走上了官办道路，这些都给信用合作事业健康发展造成了不良后果。改革开放以来，特别是1983年以来，农村信用社在中国农业银行的领导管理下，按照合作金融的方向进行了改革，在恢复"三性"、搞活基层社、加强县联社建设等方面取得了一定成效。但必须看到，目前农村信用社离真正办成合作金融组织还相距甚远，有相当多的农村信用社股金结构单一，民主管理流于形式，主要为社员服务的宗旨体现不够，失去了合作性质，信用社官办色彩浓了，商业化倾向重了，离农民远了，影响了信用社支农作用的发挥。农村信用社本来就是农民入股组织起来，广大社员群众是信用社的基础，信用社无论业务怎么发展，都不能背离为社员服务的办社宗旨。农村信用社的干部要由社员群众选举，信用社的贷款要向社员公开，接受社员监督；信用社的机构网点要深入基层、深入农村，信用社的服务要贴近农民，方便社员。农村信用社如不按上述要求办社，权力缺乏制约，业务经营缺乏监督，民主管理不健全，就会偏离主要为社会服务的宗旨，就不能保证信用社健康发展。

党的十一届三中全会以来，我国农村经济经过多年的改革，从经济结构到运行机制都发生了深刻的变化，形成了以农民家庭经营为主体，国有、集体、个体和私营经济、各种联合体并存发展的格局。因此，把信用社真正办成合作金融，一是有利于促进农村整个合作事业发展。农村商品生产小规模、分散性特点需要通过合作经济组织作为连接农户与市场的桥梁和纽带，组织广大农民走向市场，解决"小生产"与"大市场"的矛盾。发展信用合作事业，将能更加有力地推动农业合作和供销合作的发展。二是有利于更好地为农业筹集资金。商业银行的性质、经营目的及其相互竞争性，决定其难以长期地把农业、农民家庭经营作为主要的服务对象。通过合作金融组织，可以把农业闲散的资金聚集起来，取之于农，用之于农。从现实情况看，农村信用社是增加农业资金投入的主要力量，是最能有效、及时、方便地向广大农民提供金融服务的金融机构。三是有利于增加农民收入。通过发展多种形式的合作经济组织，把农副产品的生产、加工、销售连接起来，提高经济效益，把经营收入留在农村，返还给农民，这是增加农民收入，加快农民致富的一条大政策。

发展我国合作金融也是金融体制改革的需要。经济决定金融，金融促进经济发展。社会主义市场经济的发展，需要有规模较大的国有独资商业银行、政策性银行、股份制商业银行，也需要有众多的贴近农民的合作金融组织。农村经济组织形式的多样性，商品生产的多层次性，需要建立各类金融机构，农业现代化的发展，需要建立国有政策性银行、商业银行为国有农工商企业、大宗农产品收购、农业综合开发等较大规模的经济活动提供金融服务。但是，在较长时期内，我国社会主义将处在初级阶段，农民家庭经营仍是农村基本的经营方式，因此，农村迫切需要有合作金融机构为广大家庭农户、个体私营工商业、各种联合体、乡镇企业等较小规模的经济活动提供金融服务。而且，合作金融是农村金融的基础，只有建立真正的合作金融，才可以创造条件，逐步建立起以合作金融为基础、政策金融、商业金融分工协作的农村金融新体制。

（三）努力开拓信用合作事业的新局面

我国社会主义市场经济体制的确立，农村商品经济的发展，为合作金融的生存和发展，提供了坚实的基础。农村经济领域，生产合作是主体，供销合作、信用合作是两翼，生产合作加上供销合作、信用合作两个翅膀，就能使农村经济腾飞起来，随着农村商品经济的发展，农村信用社的业务领域会越来越广阔。小生产需要合作，社会化大生产更需要合作，商品经济发展了，不仅不排斥合作金融，反而为合作金融的发展提供了更加广阔的空间。合作制金融与服务对象的商业性经营不是对立的，合作制金融与股份制金融同样可以支持服务对象实行商业性经营。合作金融也可以经营管理较大规模的金融资产，不论信用社的规模有多大，贷款数量有多少，只要坚持社员入股、民主管理、为社员服务这三条原则，就是合作金融组织。因此，我们要用开放的、发展的眼光去看合作金融，搞合作金融不是"倒退"，而是顺应农村经济发展和入股农民需要的进步，是在发展有中国特色社会主义市场经济中，开拓发展、有光明前途的伟大事业。建立我国的合作金融新体制是一项光荣而艰巨的任务，需要几代人坚持不懈的努力。各方面都要转变观念，理解、关心和扶持合作金融的发展，创造合作金融发展的良好环境，使合作金融深入人心。从事合作金融事业的同志更要坚定信念，要有为合作金融事业献身的精神，一心一意办合作金融，全面开创我国合作金融事业的新局面，为发展农村经济，为提高农民收入，为增强农民的组织管理水平作出新的贡献。

三、按合作金融的要求，深化农村信用社管理体制改革

农村信用社与中国农业银行脱钩后，进一步深化管理体制改革的目标是：真正把农村信用社办成合作金融组织，更好地为农民、农业和农村经济发展服务，为此，要积极稳妥地推进改革，按照合作制原则，规范基层信用社，完善县联社，建立合作金融行业自律组织，加强中央银行监管，通过自下而上的联合、自上而下的服务，逐步建立起中国合作金融新体制。

（一）全面开展规范基层信用社工作

这次规范工作要按照重新颁布的《农村信用合作社管理规定》

和《农村信用合作社示范章程》的要求，对现有农村信用社的股权设置、民主管理、服务方向等进行规范和完善，逐步把信用社办成社员自己的金融组织。规范信用社的股金结构。农村信用社由农户、个体工商户、农村集体经济组织和农村信用社职工入股组成，按照"自愿平等、利益共享、风险共担"的原则，把辖区内所有愿意入社和需要信用社服务的农户、个体工商户、乡镇企业吸收到信用社来，成为信用社的个体或团体社员，通过增股扩股充实信用社的资本金，增强信用社与广大社员的利益联系。

规范信用社的民主管理组织。要建立健全社员代表大会和理事会、监事会制度，把那些懂经营、善管理、有一定知识水平和社会地位的社员吸收到民主管理组织中。农村信用社的最高权力机构是社员代表大会，按照"一人一票"制，选举产生理事会，由理事会推选理事长、兼任信用社主任，实行理事会领导下的主任负责制。信用社主任是信用社的法定代表人。

规范信用社的服务方向。农村信用社必须坚持主要为社员服务的方针，要在贷款、存款、结算、保险、信息咨询等方面为社员提供全面的金融服务。信用社对社员的贷款要占全部贷款的50%以上。

为了密切信用社与广大社员的经济联系，在规范过程中，要逐步取消股金保息分红的做法，对股金实行分红不保息，使社员真正关心信用社的经营。对1996年底以前的老股金可以继续按照老办法，在税前列支应付股息，视同对老股金的分红，以保证社员的利益不受损失。有条件的信用社，对社员也可按交易量进行利润返还。根据当前信用社的经营状况，利润返还是有限的，但不管返还多少，体现了信用社与社员的利益联系。对这条政策不搞"一刀切"，有条件的就搞，没有条件可暂不搞。为体现信用社对社员和非社员的差别，在同等条件下，对社员借款优先，贷款利率适当优惠。贷款利率的具体优惠办法，由理事会根据各地实际情况确定具体标准，既要体现优惠，又要使信用社能够承受。要结合规范工作，搞好信用社领导班子的配备和机构网点的调整。通过联社考核推荐，民主管理，组织选举，真正把德才兼备、社员拥护、能够带领广大职工开拓进取的优秀人才选拔到信用社领导岗位上来。按照"统一核算、规模经营、方便管理、提高效益"的原则，对现有机构网点进行合理的调整。

规范农村信用社工作政策性强，涉及面宽，任务很重，要加强对这项工作的组织领导。各级农村金融体制改革领导小组及办公室，今明两年要把规范信用社工作作为重点，并制定工作计划，认真组织实施，及时检查验收；中国人民银行县市支行和县联社要成立工作小组，切实加强对这项工作的领导；要紧紧依靠地方党政和广大社员群众，取得他们对该项工作的支持和配合。按照合作制原则规范农村信用社的工作要有计划地分步进行。总的要求是：今年上半年抓好试点，下半年全面铺开，力争用两年左右的时间基本完成。

（二）办好县联社，更好地为基层信用社服务

信用社与农业银行脱钩后，对联社建设提出了更高的要求。县联社是承上启下的重要环节，县联社能否全面承担起管理、指导、协调、服务基层信用社的职能，关系到信用社脱钩后管理工作能否平稳过渡，关系到各级体改办公室对信用社能否实施有效的领导和管理，关系到中国人民银行对信用社能否实施有效的监管。今年和今后一个时期，各地要按照新制定的联社管理规定和示范章程，规范、加强联社建设，当前重点是规范股金管理，健全民主管理，加强联社领导班子建设，提高联社对信用社的管理能力和服务水平。

充实规范联社股本金，建立健全民主管理组织。县联社是农村信用社的联合组织，有两种类型，一类是由农村信用社交纳管理

费，行使管理协调职能，是独立的社团法人；另一类是由农村信用社入股组成，除行使管理协调职能外，还可以从事调剂农村信用社资金余缺、组织清算、办理存贷款等金融业务，是独立的企业法人。从全国的情况看，大部分地方的联社要办成后一种类型即经营管理型的联社。

联社也要按照合作制原则逐步办成由辖内信用社入股组成，实行民主管理、主要为基层社服务的联合经济组织。联社是一级独立的法人，实行自主经营、自担风险、自负盈亏、自我约束。联社股本金由基层信用社入股组成，除联社和信用社职工外，联社不吸收个人股和企业法人股，每股金额和信用社入股数量由各地确定。对联社没有吸收信用社股金或股金结构不符合要求的，今年内都要进行调整和规范，对企业法人股和国家银行参股的要予以清退。按照"一社一票、风险共担"的原则，联社对股金实行分红不保息。

要加强联社领导班子建设，提高班子的战斗力，调整完善联社职能机构，充实管理力量，更好地发挥联社管理、指导、协调、监督、服务的职能作用。当前，县联社的工作重点是，按合作制原则规范基层信用社，督促信用社加强内部管理，防范和化解过去积存的金融风险，指导信用社改进金融服务。

提高联社对基层社的服务水平。联社对基层社的服务要体现在各个方面，是全面的服务。联社的各项工作都要树立为基层社服务的观念。当前要重点加强联社对信用社的结算服务，组织好辖内信用社的现金供应和调拨工作，做好信用社资金的融通、调剂工作，加强对信用社的信息电脑服务，搞好信用社职工的培训教育，加强稽核检查和安全保卫等。

（三）抓紧组建信用合作行业自律组织，促进和维护农村信用社健康发展

最近以来，各方面对尽快建立信用合作自律组织的要求很迫

切。现在看来，自律组织如不抓紧组建，不利于农村信用社有效地防范风险和平稳过渡；不利于人民银行对信用社实施有效监管；不利于对信用社、联社规范工作的指导；不利于信用合作队伍的稳定。对此，国务院农村金融体制改革部际协调小组、人民银行总行都很重视，已布置研究具体组建方案，报国务院批准后实施，计划在年底之前把各级组织建起来，按照合作制的原则在县以上成立农村信用社自律组织，是独立的社团法人。自律组织宗旨是对信用社实行自我管理，自我约束，同时反映和维护农村信用社的合法权益，对信用社承担管理、指导、协调、服务的职能。农村信用社自律组织要根据金融法规和信用社客观需要，统一制定全国信用社管理制度；指导信用社业务经营活动；协调信用社之间、信用社与有关方面的关系；改善合作金融的政策环境；检查督促信用社正确执行国家的方针政策，对信用社的业务和财务进行稽核；在培训教育、信息咨询、电子化建设、资金结算、安全保卫等方面为基层提供服务。随着我国市场经济的发展和基层信用社业务不断扩大，信用合作自律组织职责也要根据信用社的实际需要进行相应的调整完善。

（四）加强和改进中央银行对农村信用社的监督管理

农村信用社与中国农业银行脱钩后，中国人民银行要对信用社依法加强金融监管。中国人民银行对信用社的监管，并不代替信用社行业自律组织的管理。中国人民银行主要是审批其机构设立和撤并，审查法人任职资格，按规定检查其资产负债比例管理，监督其正确执行利率政策，防范和化解金融风险，特别是要检查、督促农村信用社坚持合作制办社方向和为农服务的宗旨。同时，要改进对农村信用社的服务，为其健康发展创造必要的条件。人民银行总行和分支行要根据监管任务需要明确管理部门，县支行要指定一名副行长专门负责对农村信用社的监管工作。

四、加强自我约束，切实改进服务，以崭新的面貌做好支农工作

党中央、国务院及各级政府和广大农民群众对农村信用社改革寄予厚望，农村信用社脱钩后，能否以新的面貌、新的成绩更好地支持农业和农村经济，这是检验改革成效的根本标准。各地农村信用社一定要以改革为动力，面向农业，面向农民，增加投入，改进服务，把支农工作做得更好。

（一）改进服务，做好支农工作

农村信用社要坚持以农为本、为农服务的一贯宗旨，树立支农光荣、支农出效益的思想观念，把支援农业作为第一位的任务很好地担负起来，要做到思想重视、政策倾斜、措施落实、资金优先、服务优惠。农村信用社根据"多存多贷，少存少贷，瞻前顾后，适当调剂"的原则安排好资金使用。全年预计增加存款 1 800 亿元，年中最高新增贷款 1 500 亿元以上。全国新增农业贷款占新增贷款的比例不低于 40%；农业比重大的地区，农贷比例要更高一些，在优先满足农业生产资金需要的前提下，资金有余再解决乡镇企业和其他工商业发展的资金需要。要下大力气组织盘活资金，努力增加支农资金来源。农村信用社发放贷款的重点是，支持广大农户和农村集体经济组织搞好粮棉油等主要农产品的生产，支持经济收益较高的种植、养殖业和其他多种经营，支持简便实用农业科技的应用，以提高单产、改善品质、增加收入。资金实力较强的信用社要在解决农村千家万户农业生产资金需要的同时，适当集中信贷资金，支持农副产品的深加工和产供销一体化经营，支持家庭农户和联合体发展规模经营，支持农业向专业化、集约化发展，特别是支持"两高一优"农业，支持龙头企业、基地农业为代表的农业规模经营，实现龙头带基地、基地带农户的良性循环，促使我国农业市场化、产业化。当前各地信用社的首要任务是不误农时，支持

备耕春耕生产，充分保证其资金需要，为全年农业丰收打好基础。

进一步改进金融服务。今年农村信用社在改进金融服务上要有明显的变化，一是对社员群众的贷款发放面要扩大；二是贷款管理要在保证归还的基础上做到方便、及时，要增加透明度，接受社员监督；三是提高综合系统服务水平，及时提供市场信息，引导社员按市场需要组织生产、加工、销售，为农民增加收入。为此，农村信用社广大干部职工要贴近农民，深入乡村，及时了解农户资金需要。对农户生产费用贷款适当简化审批手续，实行一次审批，分次发放。信用社贷款要定期向社员群众公开，接受其监督。要改进服务态度，根据忙闲灵活掌握营业时间。要进一步提高电子化网点覆盖面，有条件的地方，要积极发展区域性联网，方便群众存款。要进一步加强结算服务，县联社都要把县辖结算办好，各级人民银行要帮助信用社解决异地结算，县联社和大的信用社可直接参加人民银行联行，农业银行和其他国有商业银行也要为信用社结算提供便利条件。农村信用社要利用自身优势，及时向广大农民和企业提供信息咨询，帮助农民解决生产中的各种困难。城市郊区和发达地区的农村信用社要适应商品经济发展的需要，开办多种中间性业务，扩大服务领域。要通过改进服务，增强信用社与广大社员的联系，把支农工作做得更加扎实有效。

（二）加强管理，防范经营风险

当前，农村信用社经营管理中存在着许多问题，不良贷款进一步增加，亏损相当严重，各类案件居高不下，一些信用社已经成为资不抵债的空壳社。到去年底，全国农村信用社不良贷款占比达38%，其中催收贷款17%，分别比1995年上升7.5个和6个百分点，亏损面和亏损额都是历年来最严重的一年。这些问题的形成既有外部政策、管理体制方面的原因，也反映出内部管理薄弱、自我约束差等方面的问题。

今年加强信用社管理的重点是：精简人员、提高素质；勤俭办社、增加收入、扭亏增盈；强化自我约束，防范化解经营风险。

要加强制度化、规范化建设。要制定和完善符合农村信用社性质的一整套制度、办法，对一些基本的制度、办法，全国要统一起来，要实行工作目标化、岗位规范化、操作程序化。建立健全岗位规范，建立相互制约的业务操作程序。财务管理要严格执行制度，按章办事，依法经营，真实反映财务收支，制止和查处弄虚作假。对会计基本制度、会计科目、账、表、凭证要统一起来。要按照《贷款通则》的要求，合理划分贷款权限，坚持贷款的集体审批制度。信用社要建立贷款审批小组，建立贷款调查、审批、收回责任制。县联社要建立贷款管理委员会，对基层信用社的大额贷款实行咨询，提出建议。

认真抓好增收节支和扭亏增盈工作。勤俭办社是信用社的优良传统，任何时候、任何地方都不能丢掉。要防止在"脱钩"之后，铺张奢靡之风抬头，对大额开支要有严格的审批制度。联社、信用社要接受群众的监督。管理部门要节约开支，尽量减轻基层社负担。要重点抓好亏损社的扭亏工作，加大措施力度，把扭亏工作作为考核信用社主任的主要依据，把减亏任务和信用社职工的经济利益挂起钩来。严格控制信用社进人，实行过渡时期全国农村信用社员工零增长，加强稽核监督，保障信用社安全经营。要紧紧依靠各级政府、公安、纪检、监察等有关部门做好"三防一保"工作，把系统内自上而下的指导和当地横向监督查处很好地结合起来。安全经营重在防范、贵在教育。要在全体干部职工中广泛开展安全教育、法制教育、廉政教育和职业道德教育，增强法制观念，提高防范意识，严格执行规章制度，做到警钟长鸣。安全经营关键在县联社和信用社。县联社要设立机构，配备专门人员，做好信用社安全保卫工作。要充分发挥县联社和信用社民主管理组织的监督作用。

贷款、财务、收支、经营成果等方面都要向社员公开，让他们了解，接受他们的监督，让广大社员成为信用社安全经营的坚强后盾。

各级体改办公室在过渡时期要很好地担负起领导管理信用社的职责。要立足于信用社的特点，探索信用合作管理的新路子、新方法，要把信用社民主管理、县联社行业管理、县以上的行业自律管理和人民银行的监管有机结合起来。要树立"小管理、大服务"的观念，一切管理工作都要体现为基层服务，要尊重联社、信用社的法人地位，维护其合法权益，解决好信用社想办而办不了或办不好的事情，为信用社排忧解难。过渡时期，各级体改办公室任务很重，大家要本着对信合事业高度负责的精神，尽心尽力，更好地做好各项工作。

当前各地要十分注意防范和化解信用社长期积累下来的金融风险。中国人民银行各分支行和各级体改领导小组要根据信用社作为企业法人、规模较小的特点，研究制定风险防范措施。基层信用社存贷比例最高不超过80%，各信用社要合理使用资金，努力增储压贷，保持资金流动性。县联社要在自愿、互利基础上，加强信用社资金余缺调剂，组织好现金供应。中国人民银行县支行对存贷比例超过80%，两呆贷款超过30%，资不抵债、不能支付到期债务的信用社要心中有数，发出警告，逐个监控，限期进行清理整顿。对信用社支农资金不足，季节性资金短缺以及存款支付困难的，按中国人民银行刚刚下发的对信用社存款准备金和再贷款管理办法，及时加以解决。研究探索信用社合作保险制度。

（三）加强精神文明建设，尽快提高信用合作系统队伍素质

在农村信用社改革发展的转折时期，抓好信用合作系统精神文明建设十分重要。要按照党的十四届六中全会决议提出的各项要求，提出信用合作系统贯彻落实的具体目标和措施。通过抓精神文明建设，使全体员工认清所肩负的历史职责，明确改革方向，增强

改革信心，增强队伍的凝聚力、战斗力，增强纪律观念和全局意识，树立为信用合作事业献身的精神，树立起在本职岗位兢兢业业、勤奋工作的敬业精神；增强员工法制观念、道德修养，自觉抵制不正之风，做到廉洁奉公；改善信用社精神风貌，树立良好的社会形象。要继续深入开展"四讲一服务"活动，建立文明窗口，树立文明社风，创建文明行业，把这项活动深入持久地开展下去。

下大力气抓好教育培训，提高全体员工素质。信用社的培训教育要坚持学历教育与短期培训并举，社会力量与自身办学相结合的方针。要抓紧制定培训教育工作规划，组织分步实施，根据当代合作金融发展的特点，组织力量收集、整理、编写全国通用的一整套信用合作培训教材。按照统一布局、量力而行的原则，抓紧着手教育培训基地的建设。要加大培训力度，全国准备分期分批地对联社主任以上的领导干部进行培训，着重学习我国农业现代化建设的理论、方针、政策，合作金融基本理论和基本知识，信用社改革和发展的管理办法，资产负债比例管理和风险管理，有关经济、金融法律法规等。在加快职工岗位培训的同时，要继续抓好现有职工的学历教育，经过三到五年，信用社主任要基本达到中专以上文化水平，县联社主任要达到大专以上文化水平。要加强对信用社改革和发展的宣传。让社会各界更好地了解信用社的性质、宗旨、特点和今年改革的主要任务，以及把信用社真正办成合作金融组织对支持农业、农村经济发展的深远意义；总结和宣传农村信用社坚持合作金融性质，加强内部管理，改进对社员服务的先进典型；帮助广大信用合作干部职工牢固树立起以农为本、为社员服务的观念，面向群众、民主管理的观念，自主经营、提高效益的观念，自我约束、防范风险的观念，进一步明确改革方向，为发展我国信用合作事业再立新功。

跨世纪的金融改革和发展

（1997 年 10 月 13 日）

我非常高兴来到西南财经大学，这次来有两个任务：一是西南财经大学建校 45 周年，我来祝贺、慰问；二是来赶考，接受这么多教授、专家的考试。10 年前，我在农行工作的时候，被西南财大聘请为兼职教授，曾经来学校讲过一次农村金融的问题。今天我想借这个机会，根据江泽民同志的政治报告，谈一谈我对金融业改革和发展的一些思考。我对这方面研究得很不够，我愿意把问题提出来，供我们西南财大的教师和同学们以及四川省金融界的同志们研究。

江泽民同志在党的十五大政治报告，高举邓小平理论伟大旗帜，提出了我们党今后一个时期经济、政治、文化等建设的纲领和方针，是我们党实现本世纪末和下世纪初经济和社会发展宏伟目标的一个宣言。结合学习这个报告，我就跨世纪的中国金融业改革与发展方面的问题谈几点体会。

───────────────

注：1997 年 10 月，西南财经大学庆祝建校四十五周年。10 月 13 日，戴相龙同志应邀在西南财经大学作了题为《跨世纪的金融改革和发展》的学术报告。

一、对四年来宏观调控基本经验的总结

我国近几年来的宏观调控取得了明显成效，积累了十分宝贵的经验，应当作一个理论上的概括和总结。国际上很多人对我国取得的成绩非常赞赏，也还有一些人表示怀疑，似乎我们取得的成绩没有理论指导，好像是"歪打正着"，碰巧了。我们很需要对多年来的宏观经济调控的经验进行理论上的总结，使之成为有中国特色社会主义理论的一部分，其中也包括有中国特色社会主义货币理论。我感到对我国丰富的金融工作实践，在理论上总结还不够，现在提出来，请大家研究。

1953 年到 1978 年的 20 多年，我国经济年均增长 5.35%（国家统计局），但是 1979～1996 年的 18 年时间，年均增长达到 9.9%（中国统计年鉴），其中 1992～1996 年的 5 年时间，年均增长 12.1%，超过物价增长，取得了很大成绩。我国经济总量，1992 年居世界第 11 位，1996 年上升到了第 7 位。这是邓小平理论的伟大胜利。

我们从 1993 年下半年开始对通货膨胀进行宏观调控，四年多来，没有出现过去"一紧就死，一松就乱"的格局，而且取得了举世瞩目的成效。1994 年零售物价指数上涨 21.7%，1996 年下降到 6.1%，今年 1～9 月是 1.3%，总的来讲，经济增长速度还比较快，物价下降，外汇储备大量上升，粮食储量上去了，各种战略储备也上去了，成效非常显著，值得肯定。在香港召开世界银行和国际货币基金组织年会的时候，基金组织的工作人员向我们举杯祝贺十五大闭幕。前几年苏联解体，外国一些人预测下一个可能就是中国，但现在中国形势很好，社会稳定经济发展。所以，我认为应该好好总结一下四年来取得成绩的原因。我感到理论界和实际工作部门对这方面的总结工作做得还不够，这里有两种倾向，一种是从事

理论工作的人，往往用市场经济比较成熟的国家治理通货膨胀的经验教训来总结，其实这些国家与我国做法并不完全相同；另一种是搞实际工作的人，往往又没有用国际公认的理论来加以概括，因此，总结工作比较浅显。我希望大学的老师来积极参加这项总结工作。

我国治理通货膨胀取得明显成效，是因为综合运用各项调控措施。不仅运用货币政策，也运用财税政策和产业政策等；不仅运用国际惯例和基础理论，更注重从中国实际出发。我认为，有四点是我们值得总结的经验：

第一条经验是有效地控制住货币供应量。中国治理通货膨胀取得成效，根本一条是控制货币供应量，这符合国际的惯例和一般理论，也符合中国的实际国情。社会产品已有85%到90%的价格由市场决定，货币总需求与社会产品、劳务的总供给，形成一个宏观的比例。通货膨胀属于货币供应过度造成物价上涨，1992～1994年3年发的票子是4 110多亿元（《中国统计年鉴（1997年）》），相当于解放后46年发的票子的60%以上，导致先是生产资料涨价，然后带动农产品涨价，进而造成整个零售物价上涨。我国控制货币供应量，不完全像外国用利率政策和公开市场操作的办法控制，我们主要在两个方面下功夫，也取得了成效：一是整顿金融秩序。我们没有立即紧缩银根，而是把银行系统通过信托投资公司违规拆借到社会上的大量资金收回来。二是控制住信贷规模。尽管这不是最理想的办法，但实际上起到了控制货币供应量的作用。另外，还规定固定资产投资必须要有一定比例的资本金，国务院就此还下了文件。综合采取各种措施，控制了货币供应量，物价明显下降。1994年M_2增长达到34.5%，1995年就下降到29.5%，1996年下降到25.3%，今年1～9月是17%，下降幅度比较大。

第二条经验是增加有效供给。增加供给表现为两个方面，一方面就是对生产市场、有效益的工业产品积极供给信贷资金；另一方面下功夫最大的就是提高农产品收购价格，增加农副产品的生产和供应。1993 年秋季，国家粮食综合价格从每斤 0.36 元提高到 0.54 元，提高了 50%，第二年又提高了 33%，达到 0.72 元。这两个粮食年度农民增加收入 972 亿元，另外，提高对棉花收购价格，农民增收 540 亿元，以上两项农民共增收 1 500 多亿元。农产品价格的提高，加上化肥的供应、技术的提供和行政力量的支持，再加上天公作美，使农产品市场供给大为改善，粮食储备大量上升。我们之所以敢说，今后五年或者今后三年物价能够控制在 5% 以下，就是考虑到有比较充分的粮食储备。在我国，粮食不是一般的商品，就像有的国家物价很大程度上要受石油产量的影响一样，我国的物价在很大程度上是受粮食产量影响。粮食供给丰富，是我们这四年物价下降、宏观调控成功的一个很重要的原因。粮食和其他农产品价格提高了，农民消费水平提高，带来了工业品市场扩大，财政收入增加，同时有相当多的劳动力解放出来，获得了经济和社会发展的综合效益。

第三条经验是深化经济体制改革，用经济手段调控经济。过去的宏观调控发生过"松了又紧，紧了又松"的问题，我认为不能责怪当时的领导人。在当时计划经济体制下，宏观调控收紧主要运用行政手段，往往导致开工不足，失业严重，经济疲软，财政收入上不去，不得不放松调控。调控放松了以后，由于企业没有自我约束能力，又造成下一轮通货膨胀，计划经济体制是产生宏观经济发生重大波动的一个重要原因。这次宏观调控，实行"软着陆"，这是邓小平理论的指导。邓小平同志说宏观调控不能用穷办法。所谓穷办法，就是松了又紧一点，紧了又松一点。同时，邓小平同志说，宏观调控的时候还要使经济保持一定的速度。学习和实践邓小平理论，在这次宏观经济调控中，党中央和国务院不是用行政手段砍项目，而是通过经济体制改革，促进宏观调控。改革侧重在三个方面：

一是深化企业制度改革。现在有一种说法，认为宏观形势很好，微观形势不好，我认为宏观形势很好，微观形势也不错。问题在于怎么看待微观形势。一部分职工"下岗、分流"，并对下岗人员作了妥善安排，这是企业改革一个重要措施。辩证地看，如果没有一定的人员下岗、分流，我们的经济结构和企业结构则难以调整。比如就业问题，现在有一种说法，认为应该扩大就业，放松货币政策。我认为要对就业作一点分析，虽然下岗人员有 800 多万，但是，总体上看，全社会就业率提高了，城镇登记失业率为 3%。据说，工作岗位上富余人员占全部人员 20%。我国劳动结构发生了变化，这几年农民到城里就业，据统计有 6 000 万 ~ 8 000 万人，这也是就业，从整个社会就业来看，我们的就业面是越来越宽、越来越广，隐性失业越来越小。比如北京市，下岗人员 50 万人，但外地农民在北京市长住和基本有工作的将近百万人，说北京市职工失业严重，但是整个北京市的就业面却扩大了。所以我认为，不能用全面放松银根的办法来解决局部的劳动力结构不平衡的问题，这个问题应该通过其他办法解决。

另外一个问题是如何看待企业亏损。企业效益不好，亏损面大，对此也要具体分析。最近我们作了一些调查，发现企业成本发生了变化。一方面现在已经出台的社会保险措施增加了企业成本，比如失业保险，养老保险，占企业工资总额的 20%，医疗保险占工资额的 10%，加上原来的福利费占 10% 等，合计接近 50%。另外还有折旧率提高，还有乱收费等，也加大了企业成本，企业亏损扩大了；但另一方面建立了保障机制，社会保障基金增加了。从整体来讲，这是国民收入初次分配的变化。这是我们经济体制改革，尤其是经济结构调整所必须付出的代价，经历这个阵痛的渐进过程才有新体制的出现。由于建立现代企业制度的改革，才使我们宏观调控"软着陆"的目标得以实现，没有这个改革是根本不行的，四年宏观调控取得的明显成效，得益于十几年改革累积起来的效应和成果。

二是税收体制的改革，实行分税制。治理通货膨胀，外国常用的办法是收紧银根、压缩财政支出。但是我们的财政收支呈现刚性特征，想压也难，所以当时采取适度从紧的财政政策，不是片面立足于紧缩财政支出，而同时大力推进改革。实行分税以后，挖掘和扩大了税源，1994年当年的财政收入增加869亿元，1995年又增加1 024亿元，今年情况也是比较好的。财税体制的改革为实行适度从紧的货币政策创造了条件。同时，这几年，财政挤银行，财政向银行透支比过去少了，中央银行不再向财政透支，也为宏观调控创造了条件。

三是外汇改革，实行汇率并轨。改革前美元兑人民币的官价是1:5.7，有的黑市是1:10、1:12，香港还有1:15的。我们首先抛售外汇，汇率从12元降到9元，趁机实行汇率并轨，当时人民币兑美元的牌价是1:8.7。人民币汇率贬值较大，但这大大促进了我们的出口，1994～1996年贸易顺差就是343亿美元。出口顺差增加，为我们国际收支平衡创造了条件，出口的扩大，增加了新的就业机会。通过艰苦的努力，我们取得了宏观调控的成绩，我认为，宏观调控的过程，就是改革的过程，也是新制度再创造的过程。

第四条经验是合理运用行政资源。我觉得这也是中国特色。上层建筑对经济基础是有反作用的，关键在于作用的方向。我们这几年实行省长"米袋子"负责制、市长"菜篮子"负责制，收效明显，这是中国的"政治经济学"，这在外国是没有的。我国推行的上述行政领导负责制，是工作责任制，并不是让行政领导命令农民种什么、栽什么，而是用经济手段和法律手段，把生产搞上去。这种行政负责加经济手段，抓住当时宏观调控最薄弱的环节，建立责任制，是我们取得宏观调控成绩的很重要的一条经验。

总结起来看，通过控制货币供应量治理通货膨胀，是国际通行做法，而提高农副产品价格，扩大农副产品生产供应，深入进行企业制度、外汇制度和税收制度改革，合理利用行政力量，这是中国的特色。总之，我认为应该用理论和实践相结合的办法来总结我们几年来宏观调控的成绩。

当前宏观经济发展中虽然出现了高增长、低通胀的好态势，但也还存在很多问题。最大的问题是，"两个转变"较慢，重复建设很多。这几年，我们引进了很多外商直接投资，发了很多票子，对经济改革和发展起了很大作用，但这是要付出成本的。我们应该清晰地认识到，在粗放经营下，最后的风险转移到了财政金融上。财政预算上的赤字是可以控制的，但大量实际财政赤字转为隐性赤字，打破了信贷平衡，扩大了金融风险。现在，预算赤字占国民生产总值的1％，但是综合性的赤字就很大了。世界银行说我国赤字达到9％，隐性财政赤字是正常赤字的好几倍。当然我们也不完全同意他们的看法，但隐性赤字确实是存在的，数额也是比较大的。再一个问题是财政风险转移为金融风险。过去100元贷款能派生40元存款，现在好多地方100元贷款只能产生15元存款。不是信贷资金周转速度加快了，而是企业得到贷款，一是发工资发掉了，二是收税收掉了，三是收利息收掉了，再搞生产，所剩资金也不多了，产品发出去，钱又没收回来，这种状况长期下去，通货膨胀压力是很大的。国家银行的不良贷款上升，实际收不回的贷款越来越多，现在由国家银行来承担，由国家信用来支持。但国家银行通过改革总是要走向国际的，国际上不认为国家银行就是国家信用，都要按商业原则来衡量你的能力信誉，所以我们的国家银行现在走不出去。最后，国家财政还是要拿出巨额资金为国家银行核销长年积累的坏账损失。我国财政收支有控制，粮食问题都不大，借外债少，总体上来讲经济是安全的，但金融风险较大。下一步，我们应该把工作重点放在防范金融风险上，要从金融体制上、制度上、机制上研究防范和化解金融风险的问题。总的指导思想是加快改革。要改革财务会计制度，比如说，银行是经营货币的企业，就要按企业来办。不良贷款就要按照风险程度来分类，如果是呆账，就要提100%的风险准备金，如果是呆滞贷款，就要提50%的风险准备金。现在每个金融机构都说是资能抵债，那是账面数。如果把贷款或投资按照市场原则变现，有许多就是资不抵债。另外就是严肃查处违规行为。现在我国政治、经济形势很好，不抓住有利时机很好地分解风险、化解风险，更待何时？我认为要集中一些财力和信贷力量，解决长期积聚的风险，特别是金融风险，建立一个新的国家经济安全制度，以坚实的步伐跨入21世纪，实现2010年目标。

二、21世纪前10年金融体制改革目标

社会主义初级阶段至少需要100年时间，从20世纪50年代中期算起，过去了50年，至少还有50年。研究和推进后面50年的金融体制改革是很困难的，所以我主张把这个问题的思考定在社会主义初级阶段的中期，更具体地说，是定在从现在到2010年前10多年的时间。本世纪末到下世纪初，这个时期金融体制改革目标如何设计呢？

第一，要建立多层次的金融组织体系。在这里我主要讲银行体系。社会主义初级阶段有各种经济成分，社会化程度还不高，一方面有现代的商品生产，甚至跨国集团；另一方面有大量的中小经济和个体经济，因此各类银行设置必须有明显的层次性，分工上各有特色。外国很多银行趋向于共性，因为它的经济已经比较一体化了。而我们处在社会主义初级阶段，需要设立各类银行。第一个层次，以国有独资商业银行为基础进行，建立为大型企业服务的城市

银行。除了农业银行保留着县、市支行外，中国银行、工商银行、建设银行、交通银行应该把它的业务量和机构集中在大中城市，服务对象选择大中型企业。建立具有国际水平的大城市银行，当然也不一定就是这三四个，有的区域性商业银行以后也可逐步变成全国性银行。我看三四个太少，十个也不嫌多，日本还有十几个呢。这是我们中期阶段银行机构建设的最重要的任务。银行层次不应该多，会计数字当天必须到总行，现在有四五个层次，一个月才把数字报上去，还有一部分数字是假的，这样怎么能统一经营呢？我们的目标就是要在本世纪末、下世纪初，花 10 年左右的时间，使大银行达到国际管理水平。第二个层次，建立一大批为中小企业服务的地方性银行。用不用"地方银行"这个词值得研究，但我觉得这是个客观要求，因为有机构比较集中、信贷量比较大的城市银行，就应该有地方性银行。我不是从中央、地方的角度说，而是认为企业规模不同，对银行服务有不同的要求，需要建立地方政府和地方重要企业入股，按照中央银行法、商业银行法认真管理，以支持地方中小企业为主的这样一批银行。我们设想在现有城市信用社基础上搞 100 多家地方商业银行。不是现在立即改组成立，而是说今后的金融改革必须考虑到这点。第三个层次，重新构造新的合作金融体系。农村家庭联产承包是长期政策，城市还要发展私营经济、个体劳动者经济，从长期政策看，必须在原有合作金融基础上重新构造新的合作金融体系。现在理论上有一个很大的误区，认为在农业合作社时期，需要合作金融，而在社会主义现代化建设时期就不要合作金融，这完全是误解。我到美国去调查过，美国中部地区农业生产比较集中，现在还有比较完善发达的合作金融，美国的信用合作社贷款量也很大。所以合作金融不在于服务对象的大小，也不在于经济发达程度，关键在于体现合作金融的经济基础以及它的管理原则。它的管理原则就是社员入股、为社员服务、民主管理。合作金融主要是为入股社员服务，社员得到的最大好处不在于利息低，而是能及时、方便地取得资金，迅速地抓住市场机遇扩大生产经营。合作金融机构工作人员跟农民经常在一起，知道入股社员的金融服务需求，清楚贷款有无风险，有利于及时、方便地提供服务，这就是合作金融的优越性，这是现代商业银行不能代替的。所以，农民要合作金融，个体户要合作金融，地方基层党政干部欢迎合作金融。我国下一步农村经济发展，要解决小生产与大市场的矛盾，农村金融也要适应这种改革和发展。第四个层次，引进外国银行。社会主义初级阶段中期，还要逐步引进外国银行，以及中外合资银行。目前，在我国的外国银行总资产是 300 多亿美元，我看在初级阶段中期，外资银行总资产增加到占我国银行业总资产的 15% ~20% 是没有问题的。对外资银行竞争，我们不怕，有竞争才有发展。但是，我们担心他们用高工资把业务骨干弄走，把客户也带走了。我国银行业工资制度也要改革，但与外资银行比，差距还很大。我们要更多培养人才，也要有办法保持人才稳定。银行同业也要制定人才合理流动协议。我国财经院校也应培养更多金融人才。总之，在社会主义初级阶段中期，应该建立和完善以大的城市银行为主体，有地方性银行，合作金融，以及外国银行参加的分工协作的银行组织体系，为我国社会主义初级阶段多层次经济提供良好的金融服务。

第二，发展和完善金融市场。首先，建立社会主义初级阶段中期的金融市场，最重要的是解决好资本市场和资金市场的问题、直接金融和间接金融的问题。长期以来，老百姓把钱主要存在银行，银行再发放贷款，银行承担着风险。我非常支持企业进行股份制改革，企业充实了资本金，减少了贷款压力，银行是想得通的，问题是怎样把一部分存款变成企业资本。现在国有企业实际的资产负债率大概是 75%，按国际惯例把资产负债率降到 50%，要下降 20 多个百分点，最保守的数字也要增加近 2 万亿元资本金。增加资本金，除财政少量拨款外，主要是依靠企业积累，大力发展资本市场，合理引进外资。社会主义初级阶段中期，如何发展资本市场，如何把自然人和企业闲置资金转化为企业的资本，这是决定我国金融体制改革成败的一个关键问题。现在有两个问题我比较担心：一个是把资本市场只看做筹集资金的场所，没有看成是调整资本产权结构和现代企业制度的场所。有些人只是想如何把企业包装一下、"化妆"一下，然后上市。这实际上是把财政风险转嫁到金融，金融风险又转嫁到股市。所以企业必须要充实资本金，没有资本金的企业是没有法律行为能力的企业。江泽民总书记讲了这个问题，引起了全党的重视。再一个担心是资产价格与货币政策的关系，这是最近国际清算银行讨论的一个重要课题。希望理论界研究一下股市、楼市价格的合理界限，其价格与货币政策有什么关系。有的说没有什么关系，有的说有关系，市场资金过多引发股市、楼市价格上涨。我认为，从总体和长远看，资产价格取决于形成资产的成本和市场供求，判断股市价格要盯住市盈率，判断楼市价格要考虑租金。

其次，发展资本市场要有一定的机构，这个机构就是投资银行。投资银行的职能和任务，主要是对企业财务提供顾问财产评估、兼并、上市等服务。既然要对国有企业进行重组，必然要以资本为纽带，这样投资银行就更加重要。证券公司、信托投资公司本来应该履行投资银行职能，过去实际上办了许多银行业务，造成很大损失。现在，证券公司、信托投资公司经过整顿，应更好地发挥投资银行功能。除投资银行外，还要适当发展基金及其管理公司，证券投资基金已经有了，还要有产业投资基金、中外合资投资基金。要规范发展产权市场。所以，社会主义初级阶段中期，特别本世纪末下世纪初，要在理论指导和法规约束下，逐步地把投资银行的业务发展起来，这是金融市场发展的最重要的问题。

三、21 世纪前 10 年的货币政策

我国社会主义初级阶段中期的货币政策是什么呢？我认为在本世纪末和下世纪初，仍然要执行适度从紧的货币政策。

根据《中国人民银行法》，人民银行在国务院领导下制定和执行货币政策，保持币值的稳定，并以此促进经济增长。我查了一下，世界各国有关中央银行的职能表述基本相同，但也有侧重点，很多国家中央银行的货币政策目标的选择与它们的经济背景有关系。通货膨胀高的，强调抑制通货膨胀；失业率高的，强调充分就业；国际收支不平衡的，强调国际收支平衡；也有的国家强调经济增长速度。我国中央银行法借鉴了别国的中央银行法，结合世界经济的发展，把保持币值稳定，以此促进经济增长作为货币政策目标。币值稳定与经济发展不能没有联系，但是促进经济增长不是靠增加货币供应量，而是靠稳定币值来实现。当然，稳定不是固定，中央银行独立也不等于孤立。关键是用什么指标来衡量币值稳定呢？我想请西南财大的老师来研究。人民币币值既反映人民币的购买力的变化，又反映人民币对外币的比价。在其他条件不变的情况下，币值的变化体现劳动生产率的变化，从而影响到出口商品价值，所以币值应该包括人民币的购买力和人民币对外汇的汇率。人民币币值的衡量指标，要逐步地从零售物价指数过渡到消费物价指数。零售物价指数有局限性，统计的对象不仅包括商品，也要包括服务；现在，零售物价指数所选的商品都是比较固定的，许多新的商品价格没有统计在内，但往往又是热销商品，所以在某种程度上零售物价指数也有滞后效应。另外，批发物价指数也不全面，还应该反映商品在流通中价格的变化。

为什么要实行适度从紧的货币政策？货币政策包含了货币政策

目标、中间目标和操作手段。我认为，货币政策在一个国家经济发展阶段，应该有相对稳定的目标。货币政策目标在一个短期中有一个调节问题，短期内在贷款的掌握上多一点、少一点，不能判断为货币政策的变化。现在有人说我们要改变适度从紧的货币政策，实际意思是要求在调节上灵活一点，如果是这样，应当说在继续执行适度从紧的货币政策前提下，应适时掌握调控力度，但不是改变现在的货币政策。

制定和实行适度从紧的货币政策，一是要明确目标。经济年均增长8%，物价能够控制在5%~6%，这就是我们今后四五年的目标。二是要改革调控手段，货币政策调控由直接调控变成间接调控。同时，还要把信贷政策作为货币政策的一个部分，用信贷政策来引导资金的投向和投量，这是中国的国情。江泽民总书记在十五大报告中讲，要继续执行适度从紧的货币政策。因为我国通货膨胀的压力还很大，旧的体制还在起作用，财政赤字、金融问题等暴露得很多，实践证明，适度从紧的货币政策不是短期政策，可以作为我国今后五年的货币政策，操作工具基本上从以直接工具为主转为以间接工具为主。现在我们已经初步考虑，要取消对国家银行流动资金贷款的指令性规模管理办法，只保留固定资产贷款指令性管理办法，前提是商业银行要建立自控机制，还要制定内部经营计划。另外，要检查贷款的使用用途，建立责任制。准备金制度也要改革，适当调整准备金。还有利率改革，我们在这个方面慢了一些，但是，就利率改革来讲，如果资本市场、资金市场和其他金融市场不发达，资金在地区之间、行业之间不能畅通流动，利率的杠杆作用是有限的。利率和资本利润率有关，企业之间、行业之间、地区之间，差别很大，不同的行业、不同的地区之间相差几倍甚至更大，在政策性金融制度还没有建立，国家财力不足的情况下，完全用利率来调整经济结构，有很大的难度。利率的调节本身还有一个参照协调的问题，比如说，银行吸收存款的利率与银行发放贷款的利率，平均有 4 个百分点的利差，这叫做名义存贷差，不比美国低。但是，我们贷款的收息率只有 65%，再加上很多地方执行优惠利率，结果实际存贷利差就变成 2% 了，再加上银行的经营管理费用等开支，这 2% 也没有了，几乎等于零了。美国银行的成本比我们还高，但是它赚钱，主要原因是它在存贷业务以外的各种业务赚钱多。现在，我国商业银行不能办保险、证券、信托，但可以大力开办中间业务。存款人考虑实际利率，期望名义利率减去物价上涨后能有实际利息收入，银行还要考虑到企业的承受能力。其实我们每次利率提高 1 个百分点，对企业的影响也只是 0.5%，企业呼声很大，因为它基本上没有自有资金，利率调整对企业影响比外国还要大。因此，利率确定要在提高效益的基础上，合理考虑存款人、贷款人、经营者的利益。另外我们还要放开统一拆借市场，下一步可以考虑调整利率的结构，使商业银行有一些更多、更大的浮动权和浮动空间，能根据风险大小，规模大小，贷款的复杂性对利率适当浮动。随着我国对外开放的扩大，确定我国的利率也要适当考虑和我国经济联系密切国家的利率水平。

借此机会简要讲一讲 21 世纪前 10 年世界经济发展与我国金融开放问题。现在预测，1997 年全球经济增长 4.4%、国际贸易增长 7.3%，1998 年经济增长也是 4.4%、贸易增长 6.8%。现在是世界经济增长近 10 年最快的时候，通货膨胀总水平比较高，全世界平均为 4%，发展中国家是 10%，东欧国家是 32%。世界经济快速发展带来了三个问题，值得我们研究。

第一，全球资本流动迅速扩大。大量资本由发达国家流向发展中国家。同时跨国集团公司发展很快，比如美国 1996 年出口总额 6 140 亿美元，但是美国在外国投资办的跨国集团的资产就有 1 万亿美元。大量资本在国际上流动，对资本管理也带来新问题。这次世界银行和国际货币基金组织在香港召开的年会，国际货币基金组织就提出来，它要增加对资本流动的管辖权。经过 180 多个国家讨论，多数赞成国际货币基金组织逐步行使对资本流动的管辖权，但不少发展中国家提出需要逐步行使这种管辖权。我们要认真研究对外开放扩大后对资本流动的管理。

第二，世界经济多极化发展和货币多极化发展。由于世界经济多极化，出现了区域货币，从美元独霸世界变成几个货币区，比如欧元正在形成中。在现有国际外汇储备中，美元占到 60%，马克占 18%～20%，日元占 8%～10%，还有其他的货币。如果欧元形成以后，欧元将来要成为与美元相对抗的一个货币。另外，日元会不会形成一个日元货币区，今后日元的作用究竟有多大，它稳定到什么程度，还要进一步观察。

第三，国际经济的发展，带来国际金融风波更加频繁。这次泰国金融危机使泰国损失了将近 800 亿美元。产生危机的原因，首先，是对外开放过快，宏观管理失调。泰国 1990 年提出对外开放，先是经常项目下可兑换，然后实现资本项目可兑换，到 1993 年就全放开。泰国存款利率比国际市场要高 5 个百分点，大量的热钱涌进，导致股市、楼市价格猛涨，股市泡沫和楼市泡沫破裂，最后造成泰铢贬值。其次，就是汇率制度选择不当。10 多年来，泰国货币一直盯着美元，美国币值先降后升，造成泰国国际收支不平衡，致使金融机构抽走资金，大量热钱流出。7 月 2 日宣布泰铢汇率浮动，到现在已经贬值了 40%。还有一个原因，是政局问题，应对金融风险决策慢。

我们推进金融对外开放，首先要继续坚持外汇体制改革。1994年推行的外汇体制改革包括三个方面内容：一是汇率并轨；二是按照供求形成有管理的汇率；三是实现经常项目下可兑换。上列改革已取得成效。现在的任务是推进资本项目可兑换的改革，逐步实现人民币完全可兑换。实行资本项目下可兑换的条件、目标、步骤是什么？希望西南财经大学也研究这个问题。我感觉到，从东南亚的金融风波来看，总的来说步伐还不能过急。实现资本项目下可兑换有三个很重要的条件：第一，企业必须是现代企业，能借外债，用好外汇，能还外汇。第二，金融制度必须改革，金融资产应按市场价值来衡量，金融机构合并、兼并，必须按市场价格估价，必须有足够的资本金把坏账冲掉。这个条件对我国来说，没有五六年是根本办不到的，这就牵涉到国家银行的改革问题。有的人说，把国有商业银行改造成国家控股的股份制商业银行，有六个好处，但也有三个问题，希望西南财经大学研究一下。第三，资本市场要放开，允许外国人买卖中国企业的股票，这就是一个很大的问题，这个问题不解决，资本市场也放不开。所以，中国要实行资本项目可兑换，一定要非常慎重。那么现在怎么办？我的想法，第一步是完善经常项目下可兑换。从10月15日开始，外贸企业可以保留外汇，个人购买外汇额度也扩大了，加上进口关税下降，这样就可能使我们外汇储备达到一个合理水平，减少外汇储备占用人民币的压力。第二步就是逐步推进资本项目可兑换。对外商投资，只检查真实性，实行登记制。下一步扩大国有企业借外债、用外债的权限。昨天我们开座谈会，有个企业很好，资本金很多，要到国外投资，经过核实后，完全可以。有人民币资本金，没有外汇资本金，可以将人民币资本金换成外汇，拿外汇出去投资，但是要进出平衡。反对搞隐性外债，现在有些地方把外债借来，不进口设备，也不用外汇，而是把外汇换成人民币使用。对于这种借外债用人民币的做法要研究一下，可通过适当增加人民币贷款来解决这个问题，把我们的外债放在一个更加合理的水平上。第三步就是再创造条件，允许外国投资者把外汇换成人民币购买本币股票。

　　以上很多是我个人的看法，只是提供情况，让大家从理论上论证。我想，再过三年就要跨入新世纪了，虽然我们金融的地位越来越高，作用越来越大，但专业知识不足，理论研究不足，对国际上的相关管理知识吸收不够，人才紧缺。要完成这个历史使命，还是靠大家，靠院校培养人才。我昨天已经说了，西南财经大学是"九五"期间全国"211 工程"重点建设的 58 所院校之一，我希望西南财经大学的同志，希望四川省金融界的同志，能够对我刚才提出的问题作进一步思考，给总行提出建议，帮助我们更好地推进有理论指导、有组织的金融体制改革，实现 2010 年的金融工作目标。

关于金融工作情况的报告

（1997 年 12 月 27 日）

委员长、各位副委员长、秘书长、各位委员：

我受国务院的委托，现就当前我国金融工作情况向全国人大常委会作如下汇报，请予审议。

一、我国金融业在改革开放中稳步健康地发展

经过 4 年多的努力，我国宏观经济调控实现"软着陆"，经济发展呈现"高增长、低通胀"的好势头。金融系统认真执行党中央、国务院一系列方针政策，各项工作取得明显成效，对于加强和改善宏观调控，治理通货膨胀，促进经济发展和社会稳定，发挥了重大作用。总的来看，我国金融业在改革开放中稳步健康地发展。

（一）金融业在改革中平稳发展

一是初步建立了在中央银行宏观调控和监管下，政策性金融与商业性金融分离，国有银行为主体，股份制商业银行、城乡信用合作社、非银行金融机构和外资金融机构并存，分工合作、功能互补的金融机构体系。二是金融市场逐步发展，建立了全国统一的同业

注：1997 年 12 月 27 日，受国务院的委托，戴相龙同志向第八届全国人民代表大会常务委员会第二十九次会议报告有关金融工作。

拆借市场、外汇交易市场和证券市场。到今年 11 月底，境内上市公司已达 744 家；从 1993 年至今，筹集股金 2 100 多亿元。1996年 12 月 1 日，顺利实现人民币经常项目可兑换。三是较好地运用信贷规模、利率调整、本外币的"对冲"操作等方式，调控货币供应量，在保持经济快速增长同时，有效地促进了物价涨幅明显回落。四是金融服务水平不断提高。优先增加农业贷款，认真落实支持国有企业的十项措施，促进了国有企业按照建立现代企业制度的改革。金融业的电子化有重大发展。五是稳步推进金融业的对外开放。到今年 9 月底，在华外资营业性机构有 166 家，总资产 360 亿美元。外资银行外汇贷款占全国金融机构外汇贷款的 24.6%，外资保险公司保费收入占全国保费收入的 0.61%。

今年，继续执行适度从紧的货币政策，适时掌握调控力度，努力改进金融服务，促进了国民经济持续、快速、健康地发展。预测到年底，全国金融机构各项存款 81 200 亿元，比年初增加 11 800亿元，比去年少增加约 3 000 亿元，其中：城乡居民储蓄比去年少增加约 2 000 亿元；各项贷款 74 000 亿元，比年初增加 10 400 亿元，比去年少增加约 300 亿元。当年股市筹集资本比上年增加约850 亿元。今年 11 月底，全部金融机构企业存款 27 169 亿元，比去年同期增长 22.5%。预测到年底，广义货币（M_2）90 600 亿元，比上年增长 17.87%；狭义货币（M_1）34 500 亿元，比上年增长 15.79%；现金流通量（M_0）约 10 000 亿元，全年投放1 200 亿~1 300 亿元，比上年增长 13.61%。总的来看，货币供应量的增长与预测全年经济增长 9%、零售物价增长 2% 以下基本适应。

（二）金融监管工作不断加强

党中央、国务院对加强金融监管，防范金融风险工作十分重视。1993 年 6 月，中央在关于宏观调控的意见中，及时提出了整顿金融秩序的若干措施。去年 8 月，今年 2 月、10 月，江泽民同志先后专门听取加强金融监管和防范金融风险问题的汇报，并作了一系列重要指示。李鹏总理、朱镕基副总理等国务院领导同志多次研究部署，及时解决在一些地区和金融机构发生的金融风险问题。总的来说，我国中央银行的金融监管工作不断得到加强。一是全面整顿金融秩序，严厉查处违法违规行为。认真清收违章拆借资金，严肃查处账外经营。对部分金融机构的外汇业务进行全面检查，有力地打击了社会上不法分子的出口骗税行为。清理违规证券回购，将未偿债务从 700 多亿元降到 165 亿元。二是认真整顿非银行金融机构。经过撤并和脱钩，全国信托投资公司已由 1993 年的 394 家减为 244 家。银行与信托、证券公司的分业经营基本完成。三是金融法制建设取得显著成效。根据《中国人民银行法》、《商业银行法》、《保险法》、《票据法》、《担保法》等金融法律，1993 年以来，中国人民银行共颁布《贷款通则》等有关规章 280 件。四是及时化解已暴露的各种金融风险。对几家问题特别严重的信托投资公司，分别采取注资、收购、债权转股权、依法关闭等方式，有效地消除了金融隐患。对高风险金融机构实行跟踪监控。五是加强金融稽核监察工作。从 1993 年下半年至今，中国人民银行稽核各类机构 76 377 家（次），罚款 9 亿元，提出整改措施 18.3 万条，对 520 名金融企业法定代表人及分支机构负责人给予取消任职资格等处分；查处违法违纪案件 12 609 件，处理人员 11 077 人；堵截诈骗案 2 326 件，堵截率为 61.5%。

（三）在亚洲出现金融危机的情况下，我国金融业仍保持了稳定发展的势头

最近，亚洲一些国家出现严重金融危机。我国政府除通过国际货币基金组织安排的操作预算对有关国家给予资金支持外，还对泰国给予 10 亿美元的贷款。在港元汇率受到冲击、股市大幅回落的

形势下，香港特别行政区政府及时采取有力措施，顶住了对金融市场的冲击，从总体上保持了经济和金融形势的稳定。我们支持香港特别行政区政府为稳定金融市场而采取的各项政策，包括维护港元的联系汇率制度，并对香港的繁荣和稳定充满信心。从亚洲一些国家金融危机中应该吸取的教训是，一个国家要保持稳步发展，必须坚持宏观经济总量的平衡，切忌"泡沫经济"；要有稳健的金融体系和合理的货币制度；要有比较充足的外汇储备，对金融业开放采取十分谨慎的态度。尽管我国内地目前存在金融风险，但从总体上看，现在不会出现类似东南亚部分国家那种金融危机。这是因为，我国经济的发展，从总体上看是健康的，金融形势也比较平稳；我国对资本流动实行了严格管理，外汇储备到年底将超过 1 400 亿美元，人民币汇率稳中有升；引进外资结构合理，到 1997 年 6 月底，全国吸引外资 3 165 亿美元，其中，外商直接投资 1 979 亿元，外债 1 186 亿元（中长期债务占 88%）。预测到 1997 年底，我国外债偿债率为 11.81%，负债率为 13.97%，债务率为 73.93%，大大低于国际标准，也分别低于我国 20%、20%、130% 的内控标准。这一切充分说明，前几年党中央、国务院决定实行宏观经济调控，整顿金融秩序，控制开发区、房地产过热发展，是非常及时、正确的，而且取得了明显成效，为防范国际金融风险创造了条件。

二、当前我国金融领域的主要问题

总的来看，我国金融业在改革开放中稳步健康地发展。但是，必须清醒地看到，在我国金融业中也隐藏着金融风险。客观地分析这些金融风险的表现形式和产生的原因，采取切实有效的措施，防范和化解金融风险，是保持我国金融业健康发展的突出任务。

（一）我国金融风险的主要表现

一是国有商业银行不良贷款比重较高。不良贷款包括三项：

（1）逾期贷款，指贷款合同约定到期未偿还的贷款；（2）呆滞贷款，指逾期2年或虽未逾期2年但生产经营已停止、项目已停建的贷款；（3）呆账贷款，指因企业法人破产、自然人死亡、失踪或遭受重大自然灾害等原因形成的待核销贷款。近几年来，中国人民银行和国有商业银行在加强信贷管理方面做了大量工作，到今年9月，不良贷款增加的势头已基本得到控制，但由于多种原因，不良贷款仍然较多。国有商业银行资本充足率，尚未达到我国《商业银行法》规定的要求。

二是一些非银行金融机构遗留问题较多，少数已不能按期支付到期债务。今年9月底，全国有城市信用社3 914家，其中310家信用社经营发生严重困难，少数信用社已不能及时支付到期债务。今年6月底，全国有农村信用社49 532个，县联社2 408个，其中少数不能及时支付到期债务。一些信托投资公司，由于在前几年把资金投向房地产，不得不延期支付债务。一些保险公司前几年把保费收入用于贷款、投资，也造成了一定损失。针对上述情况，中国人民银行已采取各种有效措施，这类金融机构正在改革、整顿和重组中稳步发展。

三是社会上乱办金融，严重扰乱金融秩序。一些地方和部门非法批准设立各种金融机构，公开挂牌从事金融业务。一些部门和县、乡政府批准设立的合作基金会、股金服务部、互助储金会、资金服务部和合作保险等组织，从事或变相从事金融业务。这些组织以吸收股份为名，入股人既不享有股东权利，也不承担股东义务，"股金"随存随取，支付高息。这类组织实际上已办成了金融机构，隐藏着很大风险。

四是股票期货市场存在违法违规行为。前几年，一些证券公司违规从事证券回购，变相吸收居民存款，并将资金用于房地产，造成支付压力。今年上半年，发现有些证券公司违规炒作股票，有关部门及时给予公开处理。前几年，一些国有企业和金融机构，未经批准违规进行境外期货交易，造成很大损失。

五是各种违法违规活动比较严重。一些金融机构和从业人员弄虚作假，违法违规经营，乱提高利率，乱降低保费，搞不正当竞争。少数不法分子内外勾结，利用一些地方和部门急于融资、银行急于增加存款、个人急于发财的心理，诈骗、挪用企业、银行和居民的资金。

（二）金融领域主要问题的形成原因

目前金融领域的问题是多年积聚起来的，是国民经济深层次矛盾的综合反映。究其原因，从金融系统讲，主要是在经济转轨过程中，金融体制不能适应社会主义市场经济发展的要求，金融法制不够健全，金融监管薄弱，金融秩序比较混乱，少数从业人员素质差，有的甚至违法乱纪。从金融运行的客观环境看，还有下列原因：

一是前几年出现的房地产、开发区热，造成了大量的不良贷款。"八五"期间，房地产投资相当于"七五"期间的 8.5 倍，目前还有相当多的资金被占压，难以收回。到 1993 年上半年，全国有 3 000 多个开发区，经整顿减到 400 多个，各类金融机构和企业因此而造成重大的资金损失。

二是盲目上项目，固定资产投资效益差，国有企业亏损严重。"八五"期间投产的 845 个大中型项目，平均超概算 91%，在已建项目中，三分之一亏损，许多项目不能归还银行的本金和利息。国有企业资本金严重不足，高负债经营，亏损严重，占压了大量信贷资金。

三是信贷资金直接或间接用于财政性支出，金融财务会计制度中某些内容已不能适应社会主义市场经济发展需要。长期以来，国家银行承担大量政策性贷款，已有许多不能收回。粮食收购企业历年财务挂账和 1995 年后新增亏损累计达 1 100 多亿元。如何按照现代金融企业的特点，制定呆账准备金的提取和冲销制度，也是一项急需改进的政策。

四是一些地方政府领导人违法干预金融活动。如广东省恩平市政府原领导，直接指挥信贷业务，大搞"账外账"，高利吸储、高利放贷，贷款收不回来，致使建设银行恩平市支行和全市农村信用社先后发生支付危机，迫使建设银行总行、农业银行总行抽调大量资金保支付，至今还有不少存款到期不能支付，造成巨大损失。有的地方通过各种方式，强制银行向企业贷款完成交税任务，有的干预企业正常付息或银行正常收息。

五是一些企业信用观念淡薄。许多企业在推行承包、转让经营和兼并、破产过程中，千方百计地逃废债务。最近，有些地区在乡镇企业推行股份合作制中，公开鼓励企业逃废对金融机构债务。

（三）金融风险的严重危害

一是扰乱信用秩序，严重破坏经济运行基础。现在，企业与企业、企业与银行、银行与居民之间，到期不能支付的债务有所扩大，这种状况任其发展，后果十分严重。

二是加大财政收支平衡压力，被迫增加货币供应，导致严重通货膨胀。国有商业银行经营困难，相应加大了中央财政赤字。银行大量资金不能正常转动，倒逼中央银行扩大货币发行，容易引发恶性通货膨胀。

三是影响我国银行的国际地位，增加对外融资成本。我国国有商业银行的管理水平与国际金融组织提出的要求，还有较大的差距，增加了在海外设立分行的难度。建立良好的信用制度和稳健的金融体系，是建设社会主义市场经济的基础，也是改革开放的重要保证。如果上述金融中的问题不及时化解，必然会动摇和破坏这个基础。其结果，不仅贻误我国跨世纪宏伟目标的实现，而且会危及国家的经济安全和社会稳定。

三、深化改革，依法监管，防范和化解金融风险

今年 11 月 17 日至 19 日，中共中央和国务院在北京召开了全国金融工作会议。这次会议充分肯定了金融工作的成绩，分析了存在的问题，明确要以邓小平理论和党的十五大精神为指导，按照建立社会主义市场经济体制的方向，深化和加快金融改革，进一步整顿和规范金融秩序，切实加强金融法制和金融监管，建立符合我国国情的现代金融体系和金融制度，引导金融业健康发展。会议为此制定了 15 项重大措施。这些措施的逐步贯彻，将对我国金融业的稳定发展产生重大、深远的影响。

（一）改革中国人民银行管理体制

目前，中国人民银行分支机构是按行政区划设置的，其弊端日益突出。一是不利于中国人民银行独立、公正、严格地依法履行职责。二是分支机构重复设置，分散和削弱了监管力量。三是在人力和财力上造成巨大浪费。根据党的十四届三中全会的决定和《中国人民银行法》的规定，为了有效实施货币政策，切实加强金融监管，党中央和国务院决定，尽快改变中国人民银行分支机构按行政区划设置的状况，有计划、有步骤地撤销中国人民银行省级分行，在全国设立若干跨省、自治区、直辖市的一级分行，重点是加强对辖区内金融业监督管理。现有地、市分行基本保留，适当合并，将工作重点转向对金融业的监督管理。调整县（市）支行职能，重点是做好对农村信用社的监督管理。

为了加强党对金融工作的集中统一领导，决定成立中共中央金融工作委员会。相应成立中央金融纪律检查工作委员会。将中国人民银行、中国证监会和各国有银行、交通银行和中保（集团）公司等金融机构的党组改为党委，对本系统党的工作和干部工作实行垂直领导。地方性金融机构也可以成立系统党委，受当地党委

领导。

（二）加快国有商业银行和中保（集团）公司的商业化改革步伐

长期以来，国家专业银行和中国人民保险公司也是按行政区划设置分支机构的，机构层次过多，总行（总公司）对分支机构的管理力不从心，有些地方甚至管理失控，亏损严重，风险很大。为此，将国有商业银行和中保（集团）公司的省级分行（分公司）与省会城市的分行（分公司）一律合并。除农业银行外，其他国有商业银行要适当撤并地、县级机构，主要在大中城市开展业务。同时，要进一步落实金融企业的经营自主权，强化统一法人制度。从1998年开始，改进对国有商业银行贷款规模管理办法，逐步实行资产负债比例管理和风险管理。国有商业银行既要加强信贷管理，提高资产质量；又要改进金融服务，更好地支持国民经济发展。改革和完善符合金融业特点的干部人事、劳动用工和收入分配制度。

完善现行信贷资产质量分类和考核办法，健全信贷资产质量管理责任制。国有商业银行不良贷款比例平均每年应下降2～3个百分点。按照谨慎会计原则，抓紧修改金融机构呆坏账准备金提取和核销办法。采取有效措施，力争在两年内把国有银行资本充足率提高到8%以上，中保（集团）公司的资本金也要尽快达到法定水平。全国性国有金融企业普遍建立监事会，要把国家所有者权益保值增值作为考核、任免国有银行和中保（集团）公司主要负责人的重要指标。

（三）建立健全多类型、多层次的金融机构体系，加快地方性金融机构建设

在四大国有商业银行把营业机构适当集中到大中城市，重点服务对象逐步转向大中型企业的同时，适当发展地方性金融机构。在

依法合并已经商业化的城市信用社的基础上，增加新的股份，在市（地）成立 150 家左右城市商业银行。在有条件的地方尽快进行县（市）商业银行试点。加快进行城市和农村信用社管理体制改革，坚持把信用社办成主要由农民（居民）入股、由社员民主管理，主要为入股社员服务的合作金融组织。加快农业保险体制改革步伐，扩大农业保险业。组建统一的政策性出口信用保险经营机构。同时，适当撤并地方信托投资公司。

（四）积极稳步地发展资本市场，适当扩大直接融资

在坚持间接融资为主的前提下，逐步增加直接融资的渠道和比重。进一步规范并扩大企业债券发行，选择有条件的国有大中型企业进行可转换债券试点。合理确定股票发行规模。认真组织实施《证券投资基金管理暂行办法》，研究制定中外合作投资基金管理办法和产业投资基金管理办法，并积极稳妥地进行试点，培育和发展基金市场与机构投资者。规范和发展投资银行业务，发挥它们在企业改制和并购中的中介作用。

（五）健全现代金融监管体系，加强金融机构内控制度建设

一是完善中国人民银行和中国证监会的金融监管体系。中国证监会统一负责对全国证券业、期货业的监管。在部分中心城市设立中国证监会派出机构。对地方证券监管部门，实行中央和地方双重领导、以中央为主的管理体制。二是健全金融机构内部监控体系。建立由总行（总公司）垂直领导和相对独立的内部稽核、监控体系。三是加快银行、信托、证券、保险、信用社等行业自律制度建设，建立健全同业公会，制定同业公约，规范、协调经营行为。四是依法加强财政、审计、纪检监察等部门对金融机构的监督、检查，完善对金融机构的社会监督体系。按照《会计法》和国际通行的会计准则，改革金融业财务会计制度。在金融系统全面实行财会人员资格审查认证制度。五是加快金融电子化建设。充分运用现

代化信息技术手段，建设金融系统风险监测、预警体系，提高金融统计、会计、稽核和监管的水平。

（六）加大金融执法力度，规范和维护金融秩序

未经中国人民银行、中国证监会批准，任何地方和部门擅自批准或设立的经营金融、保险、证券等业务的机构都是非法金融机构，必须一律取缔。未经中国人民银行批准，任何单位和个人从事或变相从事吸收公众存款等金融业务，都是非法金融活动，必须一律禁止。对各类基金会、互助会、储金会、股金服务部、结算中心、投资公司等机构所进行的各种非法金融活动，要全面清理、限期整顿和严肃处理。在清理、清退非法金融机构和非法金融活动的债权债务时，严禁把债务和风险转嫁给国有银行。

任何地方、部门、企业事业单位和个人，一律不得在国务院有关规定之外，以任何名义乱集资。因参与非法集资所造成的一切损失，一律由有关企业和个人承担，并要依法严厉打击非法集资的组织者。对各种形式的非法集资活动进行全面清理、查处，尽快完善企业内部集资管理办法。

按照国务院对改革和完善农村金融体制的决定，农村信用社要办成真正的合作金融组织。中央决定不再单设农村合作基金会。一是一律不准新设基金会；二是现已成立的农村合作基金会必须立即停止以任何名义吸收存款，停止办理贷款业务，同时要全面清产核资，冲销呆账，将符合条件的农村合作基金会并入农村信用社；对资不抵债又不能支付到期债务的，由当地政府组织机构批设者负责清盘关闭。

严格执行银行、信托、证券、保险分业经营、分业管理原则。1998年底前，中国人民银行和所有商业银行与所属的信托、证券、保险公司和其他经济实体在人、财、物等方面彻底脱钩。进一步配合立法机关，抓紧完善有关金融法律、行政法规，明确规定各类非

银行金融机构业务范围，引导它们健康发展。

要依法查处各种违法违规活动。对非法设立金融机构和私设账外账的，必须撤销行政职务，触犯刑律的，要依法追究刑事责任；对于公款私存、谋取私利和违反规定提高利率或降低费率的，必须在行政、纪律方面给予严肃处理，触犯刑律的，要依法追究刑事责任。严格外债管理，严禁"假合资、真借债"，防止涉外金融风险。

根据中央部署，在金融机构自查自纠的基础上，1998 年要组织有关部门联合开展一次全国范围内的金融执法大检查。对发现的问题要依法严肃处理。问题严重的金融机构，要停业或部分停业整顿，直至关闭。

为贯彻落实好上述措施，必须加强领导，加强学习，建设高素质的金融从业人员队伍。要采取多种形式，广泛、深入地开展金融基本知识、法规政策的学习、宣传、教育活动，增强社会各方面的信用观念和金融风险意识。要加强金融系统党的建设和政治思想工作，特别要抓紧对有问题的领导班子的整顿、调整。选择一批思想政治素质好、懂经济、懂技术的人才充实金融机构领导班子。认真实行干部交流特别是重要岗位人员交流和离任审计制度。切实抓好金融系统廉洁自律，加大反腐倡廉力度，努力提供规范化的优质、文明服务。

长期以来，全国人大常委会从立法和监督等方面对金融工作给予了大力支持，金融系统能在促进经济发展和社会稳定中发挥重要作用，是与这种关心和支持分不开的。在今后的工作中，金融系统希望继续得到全国人大常委会的监督和支持。金融系统广大干部和职工，一定要认真学习金融法律法规，依法监督，依法经营，依法处理金融企业与各方面的关系，努力提高金融业的经营管理水平，为顺利实现党的十五大提出的奋斗目标而努力。中国的金融业必将在改革中稳步发展，我们对此是充满信心的。

在 1998 年全国银行分行行长、
保险公司分公司经理会议上的讲话

（1998 年 1 月 12 日）

我们这次会议的主要任务是，认真学习理解、全面贯彻落实全国金融工作会议和中央经济工作会议精神，明确今后三年金融改革和发展目标，部署今年的金融工作。

1998 年全国金融工作总体要求是：以邓小平理论和十五大精神为指针，认真贯彻全国金融工作会议精神，继续实行适度从紧的货币政策，在建立现代金融体系和金融制度方面要有新的突破，依法严格管理金融企业，有效防范和化解金融风险，切实使金融秩序有明显改观，促进国民经济持续、快速、健康发展。

注：1997 年 11 月 17 日至 19 日，中共中央、国务院召开了全国金融工作会议，对解决金融改革和发展中的重大问题作出全面部署。这是党的十五大以后第一次具有全局意义的重要会议，对建立我国现代金融体系、金融制度和良好的金融秩序，全面推进改革开放和现代化建设，产生了重大而深远的影响。1998 年 1 月 12 日，为了贯彻这次全国金融工作会议精神，人民银行召开了全国银行分行行长、保险公司分公司经理会议，此文是戴相龙同志在这个会上的讲话。

一、我国金融业在改革开放中稳步发展

（一）国民经济继续保持了良好的发展态势

1997 年，国民经济进一步实现了稳中求进的总体要求，主要宏观经济指标基本达到预期目标。一是国民经济发展呈现"高增长，低通胀"的良好发展态势。据初步测算，国内生产总值74 800亿元，增长 8.8%；商品零售物价仅上涨 0.8%，消费物价上涨 2.8%。二是农业又获好收成。粮食产量达到 9 850 亿斤，棉花产量超过 8 600 万担。三是社会总需求适度增加。全社会固定资产投资完成 25 300 亿元，增长 10.1%；社会消费品零售总额 26 843 亿元，增长 11.1%；出口 1 827 亿美元，增长 20.9%。四是国有企业改革取得新的进展，经济结构调整步伐加快。大中型企业实力明显加强，小企业进一步放开搞活。五是财政收入增加较快。赤字可控制在预算目标之内。六是对外经济技术交流继续扩大。进出口总额达到 3 250 亿美元，增长 12.1%；实际利用外资 620 亿美元，增长 13%；国家外汇储备达到 1 399 亿美元，人民币汇率稳中有升。当前，在我国经济发展中还有不少矛盾和问题，需要在今年工作中加以重视，并逐步解决。

（二）金融业在我国社会经济发展中发挥了重大作用

中共中央、国务院明确肯定：几年来，我国金融系统积极执行党中央、国务院一系列方针政策，深化金融改革，扩大金融开放，加强金融监管，改进金融服务，取得明显成效，对加强和改善宏观调控、治理通货膨胀、促进经济发展和维护社会稳定，发挥了重要的作用。这是对金融系统广大干部和职工的巨大鼓舞。

认真实行适度从紧货币政策，进一步改革调控方式，有效控制货币供应量。1997 年底，广义货币（M_2）90 995 亿元，增长 17.3%；狭义货币（M_1）34 826 亿元，增长 16.5%；现金流通量

（M_0）10 178 亿元，全年增加 1 376 亿元，比年初计划超出 176 亿元，增长 15.6%。全部金融机构各项本币存款 182 392 亿元，增加 12 941 亿元，增长 18.6%，其中城乡居民储蓄存款 46 280 亿元，增加 7 499 亿元，增长 19.3%；各项贷款 74 914 亿元，增加 10 703 亿元，增长 16.7%，其中国家银行贷款 59 318 亿元，增加 8 143 亿元，比计划少增 357 亿元。但是，全年通过股市筹集资金比上年增加 821 亿元，金融机构企业存款余额 28 656 亿元，比上年增长 18.4%。可以说，货币供应与经济发展、物价的变化是适应的。成立了货币政策委员会。经过认真准备，中国人民银行于去年 12 月 25 日宣布，从今年 1 月 1 日起，取消对国有商业银行贷款规模限额控制，国内外反应良好。

加强金融监管，化解已出现的金融风险，保证金融业平稳运行。基本完成银行与信托、证券分业经营，信托投资公司总数已降到 244 家。人民银行的稽核监察工作和各金融机构内控制度建设明显加强。严肃查处金融机构违法违规行为和账外经营。进一步完善金融机构市场准入管理和金融机构高级管理人员任职资格管理。对各类金融机构隐藏的金融风险进行了普遍调查，对高风险金融企业实行跟踪监控。顺利关闭"中农信"和收购"中银信托"。对海南省城市信用社出现的问题，实行综合整治，目前进展顺利。公开查处了一批证券市场上的违规行为。撤销了违规设立的保险公司分支机构近 90 个，并于去年接管了严重违规经营的永安保险公司。清理违规证券回购有新进展，未偿债务已降到 165 亿元。反腐倡廉工作取得明显成效。人民银行、国有商业银行等案件总数比上年下降，但农村信用社案件总数上升幅度较大。

金融服务和金融企业经营管理水平进一步提高。农村各项贷款大幅度增加。国家银行认真落实支持国有企业十条措施，支持产品有市场、有效益、守信用企业的资金需要，开办银团贷款业务，完善主办银行制度，加大对纺织、煤炭等企业扭亏清欠的支持力度，积极支持机电产品的出口。去年末，粮棉油库存总值占贷款的比例比 1994 年 6 月上升 9.31 个百分点。各银行顺利完成 2 031 亿元国债发行任务。现代化支付系统工程正式启动，成立了会员制金融清算总中心和银行卡信息交换总中心，全国电子联行系统转账笔数和金额均比去年增长 70% 以上。市场小票紧缺矛盾基本缓解。按有关政策规定，认真完成 300 亿元呆坏账核销工作。

深化金融体制改革，积极稳妥地推进金融对外开放。1997 年，国有商业银行撤并重复设立或长期严重亏损基层机构的工作已有较好的开端；农村信用社在与农业银行脱钩后运行正常；目前已批准筹建、开业的城市商业银行有 85 家。在华外资营业性机构达 166 家，资产总额达 360.41 亿美元，其中外汇贷款 259.8 亿美元，占全国金融机构外汇贷款的 24.6%；外资保险公司保费收入 6.39 亿元，占全国保险收入的 0.59%。我国境外银行、保险、证券等分支机构达到 687 家，业务发展较快。

（三）在亚洲一些国家出现金融危机的情况下，我国金融业继续保持稳定发展势头

去年 7 月 2 日，泰铢大幅度贬值。此后，东南亚一些国家连续发生货币危机。10 月 23 日，港元汇率受到冲击，股市大幅度回落，香港特别行政区政府及时采取有力措施，从总体上保持了经济和金融形势的稳定。我们支持香港特别行政区政府为金融市场而采取的各项政策，包括维护港元的联系汇率制，对香港的繁荣和稳定充满信心。11 月 17 日，韩圆对美元汇率大幅度贬值。日本经济也受到严重冲击。国际货币基金组织、世界银行、亚洲开发银行及一些国家，先后对泰国、印尼、韩国承诺提供 172 亿美元、230 亿美元、570 亿美元的支持。目前，这场危机并没有结束，并对今年的世界经济增长将产生不利影响。

　　从总体上看，尽管目前我国金融领域还存在一些风险和问题，但是，现在不会发生类似亚洲一些国家出现的那种金融危机。这是因为，我国社会和经济发展保持着良好发展势头，金融运行比较平稳；国家宏观调控实力大大增强，粮食储备和外汇储备都达到历史最高水平，人民币汇率稳中有升，并对资本项目实行有效管理；我国引进外资的总量与结构比较合理，到 1997 年 11 月底，累计引进外资 3 600 亿美元，其中，外商直接投资 2 200 亿美元，占 61%；外债 1 238.48 亿美元，占 34%，偿债率、债务率和负债率等都大大低于国际控制标准。更重要的是，在以江泽民同志为核心的党中央领导下，全国政治稳定，全党全国各级党政干部的金融风险意识明显增强。这一切为我们有效防范和化解金融风险，保持我国金融业持续安全、高效运行提供了良好的条件，我们对保持我国金融业在改革中稳定发展充满信心。但是，我们也应当吸取亚洲一些国家金融危机的教训。要坚持宏观经济总量平衡，警惕和抑制"泡沫经济"；要对金融业的开放特别是对资本市场的开放，采取积极稳妥的方针；要建立强有力的金融调控体系和稳健的金融制度，保持较为充足的外汇储备。

二、按照建立社会主义市场经济体制的要求，建立现代金融体系、金融制度和良好的金融秩序

（一）全国金融工作会议的基本精神

　　总的来看，我国金融业在改革开放中稳步健康地发展。但是必须看到，在我国金融领域也隐藏着严重的金融风险。国有金融企业不良资产比重高，非银行金融机构遗留问题较多，有些地方和部门非法设立金融机构或直接、变相从事金融业务；各种违法违规活动严重。目前金融领域的问题是多年积聚起来的，是国民经济深层次矛盾的综合反映。究其主要原因，是金融体制不适应改革和发展的

需要，一度出现某些领域经济过热，社会信用观念淡薄，缺乏金融风险意识。

党中央、国务院及时发现上述问题，并作出一系列决策。1993年6月，中央采取若干措施整顿金融秩序。1996年8月、去年2月、10月，江泽民主席先后听取人民银行有关防范金融风险问题的汇报，作了一系列重要指示。近几年，江泽民主席、李鹏总理、朱镕基副总理多次研究和解决在一些地区出现的金融风险。去年2月，中央决定在下半年召开全国金融工作会议。经过长达7个月的精心准备，11月17日到19日，中共中央、国务院在京召开了全国金融工作会，认真讨论了《中共中央、国务院关于深化金融改革、整顿金融秩序、防范金融风险的通知》。江泽民主席、李鹏总理、朱镕基副总理作了重要讲话。中央要求，力争用三年左右时间大体建立与社会主义市场经济发展相适应的金融机构体系、金融市场体系和金融调控监管体系，显著提高金融业经营管理水平，基本实现全国金融秩序明显好转，消除金融隐患，增强防范和抗御金融风险能力，为进一步全面推进改革开放和现代化建设创造良好条件。

去年12月，江泽民主席在中央经济工作会议上又进一步指出："明年金融工作的关键是狠抓全国金融工作会议精神的落实，全国金融工作会议的基本精神是按照建立社会主义市场经济体制的要求加快和深化金融改革，建立现代金融体系，加强中央银行的监督，把国有商业银行办成真正的商业银行，加强金融法制建设，依法规范和维护金融秩序，强化金融和证券业监管，防范和化解金融风险，保证金融安全、高效、稳健运行，引导金融业健康发展。"

（二）加快建立现代金融体系、金融制度和良好的金融秩序

中央的这一通知，提出了15条重大措施。归纳起来，就是要建立现代金融体系、金融制度和良好的金融秩序。

第一，建立现代金融体系。金融体系由金融机构体系、金融市

场体系和金融调控监管体系组成。中央要求，力争用三年左右的时间大体建立与社会主义市场经济发展相适应的金融机构体系、金融市场体系和金融调控监管体系。为此，将在认真准备的基础上，逐步推进下列改革：（1）尽快改变人民银行分支机构按行政区划设置的状况，在全国设立若干跨省、自治区、直辖市的一级分行，重点是加强对辖区内金融业监管。现有地、市分行基本保留，适当合并，将工作重点转向对金融业的监管。合理调整县（市）支行职能，做好对农村信用社的监管。（2）完善金融系统党组织的领导体制，对金融系统党的工作和干部实行垂直领导。（3）国有商业银行和中保（集团）公司的省级分行、分公司与省会城市的分行、分公司合并，除农业银行外，其他国有商业银行要适当撤并地、县级机构，逐步将业务重点转向大中城市和大中型企业。（4）加快地方性金融机构的建设。地方性金融机构，可由地方财政、企业和居民入股，主要为地方小型企业和个体经营者服务，并依法经营，接受中央银行监管。按合作制原则，加快城乡信用社管理体制改革。在改组商业化的信用社的基础上，逐步在中心城市和经济发达的县（市）成立城市商业银行。（5）研究筹组全国性中小金融机构的存款保险机构，加快农业保险体制改革步伐，组建统一的政策性出口信用保险经营机构。（6）抓紧制定政策性银行条例，继续办好政策性银行。（7）积极稳妥地发展资本市场，适当扩大直接融资。（8）健全金融监管体系。证券业、期货业改由中国证监会统一监管。在适当时机成立国家保险监管机构。

第二，建立现代金融制度。建立现代金融体系，必须有现代金融制度作保证，必须按企业的基本属性建立健全金融企业的管理制度，必须处理好金融企业与政府、与工商企业、与客户以及金融企业之间的关系。（1）金融企业必须依法设立，要有法律规定的资本金，实行自主经营，自担风险，力争在两年内使国有银行资本充足率达到 8% 以上，中保（集团）公司的资本金也要达到法定水平。（2）健全金融企业的治理组织结构。完善监事会和股东大会、董事会监督下的行长（总经理）负责制。今年，将在国有金融企业中建立监事会。（3）切实加强金融机构内控制度建设。建立由总行（总公司）垂直领导和相对的内部稽核、监察体制；建立完善资产负债比例管理制度、贷款审贷分离和贷款担保抵押制度、信贷资产质量管理责任制度等。（4）按市场规律和谨慎会计等原则反映金融企业有效资产。参照国际惯例，结合我国实际，完善现行信贷资产分类和考核办法，抓紧修改金融机构呆坏账准备金提取和核销制度等。（5）改革和完善符合金融业特点的干部人事制度、劳动用工制度和收入分配制度。建立统一、严格的财务会计、统计报表制度和信息披露制度。

第三，建立良好的金融秩序。良好的金融秩序，是保证金融机构功能互补、分工合作、有序竞争的基本条件。（1）任何部门和任何人不得干预金融企业的业务经营。（2）彻底取缔一切非法金融机构，严禁任何非法金融活动和各种名义的乱集资。整顿农村合作基金会。（3）严格实行银行业、信托业、证券业、保险业的分业经营，逐步实行分业管理。（4）筹建银行业等金融行业公会，通过行业协会实现金融机构的自我约束，自律管理。（5）继续清理、查处金融机构一切违法违规经营活动。（6）加大金融执法力度。依法严惩诈骗、抢劫、盗窃、贪污、收受贿赂和伪造凭证等各种金融犯罪行为。

为建立现代金融体系、金融制度和良好的金融秩序，必须积极推进经济发展的两个根本性转变，为金融良性循环创造好的经济环境；必须全面提高金融从业人员的职业道德和业务素质；必须在全社会开展金融知识、法规政策的学习、宣传教育，提高全民族防范金融风险的观念。

（三）加强组织领导，认真贯彻好全国金融工作会议精神

贯彻全国金融工作会议，要把握好以下三点：一是统一认识、加强领导、确保会议精神落到实处；二是抓紧解决金融秩序混乱中的突出问题，消除金融隐患，增强防范金融风险的能力；三是积极稳妥、分步实施，既要化解风险，又要确保经济和社会安定。

国务院已成立 12 个工作小组，正在制订具体的金融改革和整顿方案。人民银行参加 12 个小组的工作，其中 6 个小组由人民银行牵头负责。中央明确要求，各项改革措施特别是涉及机构撤并等方面的改革措施，都必须按照中央的统一部署组织实施。各地区、各部门及金融机构均不得自定章程、自行其是。1998 年，人民银行省级分行机构不作变动，各分支行要集中精力，按有关法规抓好各项金融监管工作。各金融企业的领导干部和广大职工要集中精力加强管理，努力改进金融服务。确保队伍不散，工作不乱，监管不松。中共中央、国务院办公厅通知，暂时冻结中国人民银行、国有商业银行和中国人民保险（集团）公司及其分支机构人员的调入调出。特殊情况确需调入调出的，必须报经总行、总公司审批。要严格执行有关规定，不得突击提拔干部。严禁乱放贷款、乱发钱物，严禁转移现有的固定资产和其他财物，严格控制基本建设项目。新一轮金融改革是金融管理体制上的一场革命，对我们金融系统的每一个干部都是严峻的考验。在这关键时刻，我们必须识大体、顾大局，积极参与改革，在改革中接受锻炼和考验，在改革中出经验、出人才、出效益。

三、继续实行适度从紧的货币政策，注意适时适度微调，加快经济发展中的两个根本性转变

（一）合理确定货币供应量，保持人民币币值稳定

按照国家计划经济增长 8%、消费物价上涨 5% 的目标，考虑

近三年货币流通速度年均减缓 4% 左右的因素，确定 1998 年广义货币（M_2）增长 16% ~ 18%，与去年实际增幅持平；狭义货币（M_1）增长 17% 左右，略高于去年；现金投放 1 400 亿元，增长 14%，比去年减少 1 个多百分点。为实现上述货币供应计划，初步安排国家银行贷款指导性计划增加 9 000 亿元（其中固定资产贷款增加 2 700 亿元），其他商业银行贷款增加 1 500 亿元，非银行金融机构贷款增加 1 700 亿元。加上股票融资和企业债券发行，全年全社会信用总量预计增加 16 600 亿元左右。

在合理控制国内货币供应的同时，要保持国际收支平衡，保证人民币汇率稳定。受一些亚洲国家货币贬值的影响，今年我国贸易顺差和资本项目顺差将会有所缩小，但人民币汇率将继续保持稳定。这是因为：一是我国出口产品结构中，有相当比重属来料加工，出口产品成本也相对低于周边国家，进出口贸易仍将继续保持一定的顺差；二是今年我国继续实行适度从紧的货币政策，物价水平仍然较低，良好的投资环境有利于资本的流入；三是我国外汇储备达 1 400 亿美元，国家有足够的能力调节外汇市场的供求状况。

（二）综合运用各种货币政策工具，有效调控货币供应量

取消对国有商业银行贷款限额控制后，要在逐步实行资产负债比例管理和风险管理的基础上，实行"计划指导，自求平衡，比例管理，间接调控"的新的信贷资金管理体制。这是我国金融宏观调控方式的重大改革。取消贷款限额控制后，各银行要认真按照银发〔1997〕560 号文的要求，以法人为单位，编制资金来源和资金运用计划，实行自求平衡。分支行按核定的业务计划发放贷款。流动资金贷款按信贷原则和有关政策自主发放，对固定资产贷款实行过渡管理。对商业银行实行资产负债比例管理和风险管理，并要求逐步达到各类比例规定要求。在执行中，各银行一方面要加强信贷管理，防止不良贷款，另一方面又要防止惜贷，要改进金融服

务，支持企业合理贷款需要，落实国家产业、区域发展政策，特别是要注意支持中西部地区经济发展中合理有效的资金需要，支持国民经济持续、快速、健康发展。

为适应取消贷款限额控制的变化，中国人民银行要加强对基础货币的调控。根据货币供应量目标，及时监测各层次货币供应量以及商业银行的贷款变化，综合运用各种货币政策工具，调控基础货币，保持贷款适度增长，避免货币供应过多或不足，维护币值稳定。为此，必须择机改进准备金制度，合理确定准备金利率，积极稳步发展货币市场，允许具有法人资格的各类银行直接进入全国同业拆借网络。适当扩大对商业票据的贴现、再贴现业务。根据经济金融形势变化，及时调整利率总水平，逐步调整利率结构，完善利率浮动管理制度。改进外汇市场的组织、规章和操作，适当放宽外汇指定银行的外汇头寸上下限。协调好本外币利率政策，扩大对外开放。

（三）合理引导信贷投向，促进经济结构调整

今年人民银行将以国家产业政策、区域发展政策和其他经济政策为导向，引导各金融机构的信贷资金投向。

一是认真贯彻中央农村工作会议精神，加强农业基础地位。国家银行新增农业贷款不低于新增全部贷款的10%。农村信用社对农业贷款和对社员的贷款比例要逐步增加。优先支持粮食稳定增产，扶持多种经营，做好农业综合开发和信贷扶贫工作，支持乡镇企业发展农产品加工业，支持国有、合作商业和农民搞活农村商品流通，有计划地发展各类农产品批发市场，支持农工商一体化、农业产业化经营，支持小城镇建设，促进城乡一体化发展。促进粮食企业流通体制改革，进一步提高农副产品收购资金的管理水平。

二是加大支持国有大中型企业改革力度。大力发展银团贷款，支持千户国有大型企业、120户企业集团。对111个试点城市的企业

兼并，继续实行优惠政策。全年计划核销呆坏账 400 亿元。加大支持纺织行业以及军工、煤炭、森工、机械、化工行业的改革力度。扩大保留一定限额外汇收入的中资企业范围。在优先支持国有企业重点发展的同时，也要支持国有小企业，支持非国有企业的发展。

保持固定资产贷款的适度增长。优先支持农业、水利等基础产业和基础设施建设，加快市场前景好、效益好的国家重点在建项目、投产项目和收尾项目的建设。改革前已安排并由商业银行承贷的固定资产贷款项目，仍按合同计划执行。对国家开发银行固定资产贷款实行指令性计划管理。要继续组织好政策性金融债的发行，筹集资金保国家重点建设。

三是建立完善住房金融服务体系，大力支持住宅消费市场。从今年起，所有国有独资商业银行均可办理住房公积金委托贷款业务，并对委托贷款和自营贷款要实行分账管理。配合国家住房制度改革，修订《个人住房担保抵押贷款暂行办法》，允许所有商业银行在所有城市，对所有普通商品房开办个人住房担保贷款，适当延长贷款期限，改进贷款担保方式。逐步将贷款由主要支持商品住宅的开发建设转变为主要支持商品住宅的消费及配套服务。对目前由于配套设施不完善而影响销售的普通商品房，银行可发放部分配套设施贷款。取消对安居工程贷款规模限额控制，凡自筹资金达到60%，销售率达到75%的，银行可自主发放。对新开工的普通商品房项目，只要开发商自有资金达到30%，销售率（含预售）超过75%以上的，银行都可发放住房建设贷款。促进居民住房二级市场发展。人民银行对居民住房贷款实行指导性计划管理。同时，严禁信贷资金用于修造楼堂馆所、度假村、高级公寓、别墅等，防止泡沫经济。违反信贷政策者，按有关规定严肃处理。

四是大力支持高科技产业。增加技术改造贷款，支持提高传统产业的科技含量。积极发放引进国外先进技术的人民币配套贷款。

今年科技贷款要有较大幅度的增加。贷款投向限于国家确定的重大技术开发项目、火炬计划、星火计划及技术成果推广计划项目，加快科技成果转化为生产力。促进科技部门建立科技贷款的风险补偿基金和担保基金，加强科技贷款的风险管理。

五是发展国内外汇信贷业务，开拓国内国际市场。通过增加外汇存款、放宽外汇存贷比例等措施，提高国有商业银行外汇贷款能力。计划全年外汇贷款比去年增加 70 亿～100 亿美元，增长 10%～15%。参照国际市场贷款条件，确定贷款利率和贷款期限。适当控制外债增加，对一部分借外债、用外汇的基础建设项目，改为国内外汇贷款或本币贷款。商业银行要积极支持进出口企业合理的流动资金需求。扩大政策性银行机电产品出口信贷业务。

四、全面加强金融监管，提高金融企业经营管理水平，切实防范和化解金融风险

按照《中国人民银行法》、《商业银行法》和巴塞尔银行监管委员会关于《有效银行监管的核心原则》，切实加强金融监管和金融企业内部管理。1998 年金融监管工作，要突出对各类金融机构的功能定位，督促金融机构提高自控能力，强化对金融企业的并表监督，使金融秩序有明显改观，确保资金支付不出大问题。

（一）进一步完善和全面加强中央银行的金融监管工作

一是进一步完善人民银行金融监管制度。人民银行要制定金融企业各项业务并表管理办法。4 月 1 日前，各类金融企业要将 1997 年所有本币和外币业务、境内和境外业务、表内科目业务和表外科目业务并表汇总报人民银行。从今年起，各金融企业按季向人民银行报送统一并表的资产负债表。在做好对分支机构合规监管的同时，加强对金融企业整体风险的监管。

二是健全金融监管责任制。各全国性和区域性商业银行的日常

监管，在总行领导下，由总行和分支行分级负责。对重大违规及时
实行现场稽核；全面现场稽核至少两年进行一次。对市、县商业银
行、城乡信用社和信托投资公司的日常监管，由企业法人所在地人
民银行机构负责。外汇管理部门要按法定职能加强对外汇的管理，
制定有关管理制度。对金融企业外汇信贷业务监督，将移交金融监
管部门，与本币业务同时监管。人民银行分支机构对当地金融机构
的监管、稽核报告，在上报上级行的同时，要抄送被监管、稽核金
融机构的上级行。每季度，人民银行总行和外汇管理局分别汇总各
金融企业现场和非现场检查情况，向国务院报送《中国人民银行
金融监管报告》和《外汇外债监管报告》。不定期发布《金融监管
内部通报》和《金融监管公告》，及时在金融系统内部和社会上披
露金融监管中的处罚决定。

三是在修订《金融机构高级管理人员任职资格暂行规定》的
基础上，对金融机构高级管理人员任职资格进行一次全面复审，建
立高级管理人员资格档案信息库。对不符合任职资格的，取消其任
职资格，并录入高级管理人员"取消任职资格人员名单"档案，
严格限制其到其他金融机构任职。

四是制定统一的商业银行会计科目。运用现代电子手段，完善
现场、非现场金融监管信息网络。完善国库业务综合处理网络，加
强对国库资金的监管。制定金融系统风险监测预警指标体系和各类
金融机构信用评级办法。在完善贷款证工作的基础上，以中心城市
为单位，建立信贷信息咨询系统，为各金融机构提供企业授信咨询
服务。

五是进一步加强国际收支统计工作，努力提高统计的精确性和
时效性。建立外汇外债监管信息监测网络，提高对国际收支状况预
测和分析的水平，为制定宏观经济政策提供科学依据。继续做好区
分资本项目与经常项目外汇收支的工作，保持对资本项目的有效管

理。加强外债统计监测工作，控制国际商业贷款的增长，保持适度的外债总量和合理的外债结构。要特别注意控制短期外债总量、防止各种形式的隐性外债。切实强化对金融机构外汇资金流进、流出的监控，强化对银行离岸业务的监管。进一步规范外汇储备管理，提高经营水平，增强国家宏观调控能力。

六是围绕防范和化解金融风险的迫切任务，加快金融法规建设，尽快公布《取缔非法金融机构和非法金融活动条例》、《金融稽核监督条例》、《现金管理条例》、《中国人民银行关闭金融机构规定》、《信托投资公司管理办法》等法规，抓紧拟定《对金融机构违反金融法规的处罚规定》、《中小金融企业存款保险条例》、《中资境外金融机构管理办法》、《保险经纪人管理暂行办法》、《金融机构内部控制评估办法》等金融监管重要规章。

（二）切实加强金融企业内控制度建设，显著提高经营管理水平

明确法人负责制，完善各类金融企业的法人治理结构。今年，国有银行和保险公司都要建立健全监事会、信贷审查委员会、资产负债管理委员会，并真正发挥其作用。国有银行（保险公司）的总、分行（总、分公司）对直接管辖的下属机构的业务经营，每年至少稽核一次，并将稽核结果报人民银行。

1998年，各金融机构要按照有关法规和人民银行关于《金融机构内部控制指导原则》等文件要求，对本单位的各项内部管理制度和业务规章、机构和岗位设置、决策程序和议事规则等方面，进行一次认真清理。要着重加强对储蓄、会计、信贷部门的内控制度建设和落实银行承兑汇票、远期信用证的授权审批制度。对制度不健全、问题较多的金融机构，要限制其业务范围和机构设置。对因内部控制不力造成重大损失的，要依法严肃处理。今后，新设金融机构或开办新业务，必须先向人民银行报送有关内控制度和业务

规章，经审核批准后才允许设立机构或开办业务。在清理农村信用社现有业务管理制度基础上，要制定全国农村信用社统一的业务经营基本管理制度、内控制度和风险监测制度。年底前完成50%以上农村信用社、所有县联社的改革规范，重点加强县联社的工作。在全国农村信用社、县联社尚未完全规范的过渡时期，县联社主任的产生，由人民银行县支行提名，商当地政府后，提交县联社理事会选举产生，人民银行地（市）分行按有关规定进行资格审核。

各金融机构要增收节支，增加利润。要依法保护金融债权不受侵犯。对不符合条件的企业要求列入兼并破产减员增效计划的，要坚决抵制。对企业通过破产过程中"整体接受"或变相"整体接收"等形式逃废债务的，要坚决制止，并严格执行抵扣营业税的规定。对不按协议归还贷款本金的兼并企业，要坚决执行恢复计息和加罚息规定。对1996年以前（含1996年）能正常付息而在1997年起故意拖欠利息的企业，一律不得列入1998年兼并破产减员增效计划。

（三）完善现行信贷资产质量分类和考核办法，全面清理金融资产，努力降低不良资产比例

为了给建立现代金融企业制度提供必要的基础，全面提高金融资产质量，1998年必须对金融企业的全部资产进行全面清理。1997年第三季度，人民银行曾对国有银行贷款质量作过专项稽核；11月，又以银发〔1997〕488号文，要求国有银行对几项贷款的管理进行检查。但是，这两次检查只是针对一部分金融机构和一部分贷款。为了彻底摸清全部金融资产底数，努力降低不良资产比例，扎扎实实地开展一次金融资产全面清理工作，是非常必要的。今年，人民银行和国有银行、其他各类金融企业，都要有一位领导专门负责此项工作，并成立办公室，按照统一的标准做好金融资产的清理。第一，认真清理，摸清底数。逐笔分析包括贷款、票据、

应收款和投资在内的每笔不良资产的数量、成因、风险程度，并登记造册。第二，依法催收，维护债权。运用包括法律诉讼在内的各种方式，抓紧清收已发生的不良资产。第三，整章建制，规范管理。修订完善现有信贷管理制度，弥补各种漏洞。第四，明确责任，严格考核。对造成不良贷款的直接责任人，要按有关规定追究责任；明确资产管理责任制。

在进行上述工作的同时，参照国际银行界资产质量管理的先进经验与技术，结合我国实际情况，要求所有银行在今年底初步推行资产质量五级分类和考核办法。长期以来，我国银行贷款质量划分为正常贷款和不良贷款，其中不良贷款按逾期长短和财政部有关规定，又划分为逾期、呆滞和呆账三类。这种贷款质量划分办法，比较简单地反映了贷款质量，对于改进贷款管理起过一定作用。但是，这种划分办法反映滞后，不能及时反映企业生产经营变化对贷款风险的影响。世界上许多国家，按实际风险程度，把贷款质量划分为正常、关注、次级、可疑、损失五类，并通过对企业生产经营活动的及时分析，准确反映贷款质量，并对各种不正常的贷款按不同比例提取呆账准备金。这种办法比较客观，能及时、准确地反映金融企业的真实资产，有利于主动防范贷款风险。1994 年，人民银行曾通过世界银行援助项目，对交通银行进行了信贷资产质量五级分类法的试点，有些银行和有些省，也已主动引进国外贷款质量五类划分法。人民银行已培训了一批人员，积累了一定的经验，为目前开展这些工作打下了基础。此项工作，可以由粗到细，但必须抓紧推进。五级分类名称，将根据国际惯例和我国实际进一步确定。初步安排，3 月底前，人民银行制定《贷款质量五级划分标准指导原则》和《关于全面清理信贷资产的通知》，对国有商业银行有关领导和业务骨干进行培训。从 4 月份开始，人民银行将组织国有商业银行选择一两个省，进行金融资产全面清理，在此基础上按五级分类法划分贷款质量。从 6~7 月开始，由各银行自行组织金融资产的清理和贷款质量划分工作。争取到年底，各国有商业银行和其他商业银行，按新的标准初步划分和反映贷款质量。经过一两年努力，到 2000 年使贷款质量五类划分和信贷管理达到较高的水平。

结合推行贷款质量五级分类办法，也应改进呆账准备金提取和冲销办法。经商财政部同意，今年，只对逾期不到一年的贷款计提应收未收利息，呆账准备金改为根据当年底贷款余额，按 1% 提取。同时，改进差额提取计算办法。股份制商业银行，呆账准备金提取不足实际发生数，可在税后利润中提取。1999 年，商业银行呆账准备金提取办法，由财政部会同人民银行提出意见，报国务院审定。

（四）坚持分业经营原则，进一步严格整顿金融秩序

分业经营、分业管理有利于防范风险和公平竞争。今年底，人民银行和所有商业银行与所属的信托、证券、保险公司和其他经济实体在人、财、物等方面必须彻底脱钩。3 月底前，各银行要向人民银行总行报告尚未脱钩的全部情况。

完善有关非银行金融机构功能定位和业务范围的界定。按照"调整整顿、撤并精简、规范制度、引导发展"的原则，进一步整顿和撤并信托投资公司。进一步加强对财务公司、融资租赁公司的整顿与监管。

整顿和规范保险市场。严格界定商业保险和社会保险业务范围，各单位不得以社会保险的名义，直接或变相办理商业保险业务，也不得以商业保险方式办理社会保险。已开办的，要立即停下来。坚决取缔越权或非法设立的保险公司分支机构及保险中介机构。一律废止各保险公司自行制定的与人民银行规定相悖的保险条款。对有严重违规行为的保险公司，停止批设新的分支机构。坚决

制止保险公司以高手续费、高返还、低费率等方式进行不正当竞争。依法严惩销售假保单、制造假赔案等行为。

督促有关地区、部门对非法从事金融业务的各类基金会、互助会、储金会、股金服务部、结算中心、投资公司进行清理整顿、处理。积极配合有关部门组织好对农村合作基金会的整顿清理工作。对非法集资活动，要依靠当地政府，严厉查处，银行一律不准开户、不准结算、不准垫付。

严肃查处金融机构各种违法违规行为。对私设账外账、乱提高利率、公款私存者，要严肃查处。下半年，人民银行和其他部门要联合开展一次全国范围内的金融执法大检查。对问题严重的金融机构，要追究单位负责人的责任，采取部分停业整顿、停业，直至关闭措施。

（五）努力提高金融机构资产流动性，及时防范和化解支付风险

加强对金融机构资产流动性的监控。国有商业银行分支机构出现备付金不足情况时，要立即上报上级行直至总行，采取有力措施予以补充。对其他吸收公众存款的中小银行和信用合作社，分别制定资产流动性警戒指标，并按季考核。超过警戒指标的，由人民银行列为"密切关注对象"，并通知有关金融机构，采取有效措施提高流动性。各中小银行还要主动预测季后每月资产流动性，发现不能支付到期债务时，应提前向董事会、当地人民银行分支机构，递送救助申请。超过警戒指标或发生到期债务不能支付而不报，出现停付、限付、挤提存款的，要列为金融企业重大经营事故和人民银行重大金融监管事故，按有关规定，严肃追究金融机构负责人责任。

对"密切关注对象"或申请救助的银行，首先实行常规处理。第一，人民银行立即派人进行专项检查，限期调整资产结构，催收

贷款保支付。第二，责令有问题机构的关联人（股东、总行或总公司），制定自我救助方案。第三，经人民银行批准，动用存款准备金。第四，人民银行给予有条件的贷款支持。第五，由人民银行实行接管。当上述常规处理不能奏效时，经人民银行批准，按法定程序，对金融企业实行购并、关闭、破产。

采取各种有效措施，督促信托投资公司、证券公司等非银行金融机构，尽快归还尚未清偿的到期债务。

五、加强领导，从严治行，依靠广大干部和职工，积极推进金融业在改革中进一步发展

（一）全面加强领导班子建设，完善行长（总经理）负责制

认真贯彻全国金融工作会议精神，做好1998年金融工作，关键是要抓好领导班子建设。各级领导干部要更加自觉地学习邓小平理论，认真执行发展社会主义市场经济的方针、政策，忠于社会主义金融事业，诚心诚意为人民群众谋利益。各金融机构一定要坚持党管干部的原则。对领导干部严格要求、严格管理、严格监督；同时，也要依法保护领导干部合法权益，大力支持他们抓监管、抓经营、抓管理，认真履行领导职责。"一把手"要敢于领导，敢于负责，重大问题要集体讨论，副职要当好助手，配合"一把手"抓好分管的工作。领导干部自己要自重、自省、自警、自励，自觉接受监督。一个地方长期金融秩序混乱，大案要案频频发生，与该地领导班子的强弱、业务素质的高低、精神状态的好坏，有很大的关系，有的就有直接的关系。对于挥霍公款、不抓工作的人，对于热衷于拉关系、跑门子、作表面文章、搞无原则捧场的人，对于为了个人权位弄虚作假、以各种办法以权谋私的人，上级部门要抓紧进行整顿、调整。问题性质严重的，必须按有关党纪政纪处理。各级金融机构领导干部，要减少会议，减少应酬，集中精力抓工作，大

力培养和选拔一大批优秀年轻干部。做好对老干部的管理和服务工作。

（二）敬业爱岗、遵纪守法，大力提高金融队伍素质

各级领导干部要充分认识在新的历史时期下做好金融职工思想政治工作的特殊意义。要深刻认识到，一个领导干部带不好职工队伍，同造成银行大量呆坏账一样，同样会直接危及金融业的安全运行。要在职工队伍中讲政治、讲纪律、讲奉献。要根据建设现代金融企业的需要，把好"进人"关，加强职工业务培训。各金融院校及培训机构，要根据全国金融工作会议的要求，提高教育和培训质量，为建立现代金融体系、金融制度和良好的金融秩序培养一大批优秀人才。全面推行优胜劣汰竞争机制，鼓励职工学好现代金融知识，提高管理水平，做好本职工作。

（三）严厉惩处弄虚作假行为，恢复银行"三铁"信誉

要严厉打击一些金融机构领导者经营思想不端正，为追求个人名利和小集团利益，纵容、包庇甚至直接指示弄虚作假的行为。对截留利润或虚报盈亏，篡改会计、统计数据，制造虚假业绩的人员，要坚决取消其专业技术资格，并视情节、危害给予行政、党纪处分，直至追究法律责任。对授意指使、强迫财会人员私设账外账的单位负责人，一律撤职，并视情节依法惩处。要把此纪律传达到金融系统每一个干部职工，下决心恢复银行"铁账本、铁算盘、铁规章"的行业形象。

（四）进一步反腐倡廉，切实纠正行业不正之风

要按照党中央、国务院、中央纪委的部署，认真抓好反腐败工作。严格执行党中央、国务院关于制止奢侈浪费行为的八项规定。各类金融机构都不得自行其是，变相降低标准。对违规者，要严肃处理，不能既往不咎。根据中央关于党风廉政建设责任制的要求，今年要在金融系统推广党风廉政建设责任制，量化管理办法，进一

步通过制度保证抓好反腐倡廉工作。各级领导干部对本部门职工要经常开展保密纪律教育，防止个别人通过各种直接、间接的方式，影响金融机构的金融监管和正常经营。

（五）严密制度，严格管理，严肃查处，坚决遏制大案要案上升的势头

各金融机构要继续抓紧落实去年 10 月人民银行召开"金融防范和查处大案要案工作座谈会"提出的目标任务。建立抑制大案要案上升责任制，层层分解落实，认真考核，力争使百万元以上大案要案的当年作案率比去年有所下降。要与公安、海关、工商、外贸部门大力协同，严厉打击骗购外汇行为。今年 3 月底前，各类金融机构要向人民银行详细报告丢失、被盗空白凭证的追查结果。对已开出的各种承兑汇票组织一次跨行轮换普查。100 万元以上案件由省级分行行长组织查处，500 万元以上案件由各总行行长组织查处。坚决执行中国人民银行银发〔1995〕261 号文件精神，严肃追究发生大案要案单位负责人的领导责任。

各行、司要加强对发行库、业务库、基层营业网点等要害部门的管理和安全防范设施建设。积极稳妥地推进运钞专业化改革，逐步建立安全、快捷、高效的运钞机制。对犯有赌博、嫖娼、吸毒行为者，坚决清除出金融队伍。对发现直接或间接经商、炒股者以及其他不适合在管库、守库等关键岗位工作的人员，要坚决调离。

深化国有企业改革和落实全国金融工作会议精神，是我国顺利实现跨世纪战略目标的关键。中央决定，用三年左右时间，通过改革、改组、改造和加强管理，使大多数国有大中型亏损企业摆脱困境，力争到本世纪末使大多数国有大中型骨干企业初步建立现代企业制度；力争用三年左右时间，大体建立与社会主义市场经济发展相适应的金融机构体系、金融市场体系和金融调控监管体系。今年是三年工作中的关键一年，任务十分繁重。我们一定要勇敢地肩负

起历史赋予我们的光荣使命，为实现党中央、国务院提出的建立现代企业制度和现代金融体系、金融制度及良好的金融秩序，竭尽全力，奋斗不息。

东南亚金融危机及应对措施

（1998 年 2 月 16 日）

　　自去年 7 月 2 日泰铢大幅度贬值后，东南亚出现一波又一波的金融风暴，对有关国家（地区）、亚洲和世界经济发展产生了严重影响。总的来看，这些国家（地区）的金融形势目前正在向好的方面发展，但危机尚未见底。有关国家面临经济调整巨大压力，预测会引发新的经济上、政治上的冲突。面对东南亚出现的金融危机，我国将继续执行适度从紧的货币政策，保持经济快速增长，保持人民币稳定，防范和化解金融风险；在促进亚洲金融稳定中发挥重大作用。

一、东南亚金融危机

（一）汇率和国际收支

　　外汇汇率又叫外汇汇价，是将一国货币兑换成另一国货币的价

　　注：自 1997 年 7 月开始，亚洲一些国家相继爆发金融危机，对有关国家和世界经济发展产生了严重影响。如何应对金融危机，保持我国经济持续、快速、健康发展，保持人民币币值稳定，防范金融风险，成为当时一个非常现实而又紧迫的问题。此文为戴相龙同志 1998 年 2 月 16 日在中央党校作的形势报告。

格。从理论上讲，两国货币价值量之比，是两国货币汇率形成的基础。但是，实际汇率又是由外汇市场的供求关系决定的。外汇供过于求，本币汇率升值；求过于供，本币汇率贬值。各国根据本国经济总量和市场对外开放程度，实行固定或联系汇率、有管理浮动汇率、自由浮动汇率等不同的汇率制度。为了促使汇率平稳，必须保持国际收支平衡和较多的外汇储备。东南亚一些国家，实行本币汇率与美元挂钩，美元升值，本币汇率也升值，造成本币汇率高估，降低了出口竞争力，也扩大了经常项目（贸易和旅游、劳务等非贸易外汇收支）的逆差。加之国内民间企业向国外大量借入短期资金，并积压于房地产，需要购汇还债，促使外汇求大于供的缺口不断扩大。在中央银行无力向市场投放外汇时，必然带来本币汇率大幅贬值、本币利率上升，股市下跌，从而带来金融危机。

（二）金融危机的过程

东南亚、东亚的金融危机至今可分四个阶段。第一个阶段是，7月初泰国货币危机全面爆发，迅速波及东南亚金融市场。7月2日泰国放弃联系汇率制，泰铢当日贬值20%。7月11日，菲律宾宣布比索自由浮动，当日贬值11.5%，利率一夜狂升到25%。8月13日，印尼宣布汇率自由浮动。第二阶段是，10月17日，台湾当局对台币主动贬值，加上美股下跌，促使香港股市暴跌，东南亚货币再度动荡。第三阶段，11月20日，韩国金融再起风波，并冲击日本，东南亚金融危机雪上加霜。第四阶段，1998年新年开始，亚洲汇市和股市连连走低，东南亚和东亚的金融风波跌宕不已。

（三）金融危机的严重危害

一是汇率巨贬。泰铢汇率去年6月1:25左右，今年1月12日最高贬到1:55；2月13日为1:47；印尼盾汇率去年6月在1:2 500左右，今年1月26日，最高贬到1:12 950，今年2月13日为

1:8 950；韩圆汇率去年 6 月为 1:900 左右，去年 12 月 23 日最高贬到 1:1 962，今年 2 月 13 日为 1:1 624。二是股市狂跌。泰国股市最高为 1997 年 7 月 29 日的 682 点，最低为今年 1 月 12 日的 339 点；印尼股市从去年 7 月 8 日最高 740 点，到 12 月 15 日降到 339 点；韩国股市从去年最高 792 点，降到最低去年 12 月 12 日 350 点；香港恒生指数去年 8 月 7 日最高达 16 673 点，今年 1 月 12 日降到 8 121 点，2 月 13 日为 10 471 点。三是利率上升。本币汇率巨贬，持有本币者大量抛出本币，银行为稳定存款被迫提高利率。中央银行为打击投机，也提高利率。利率过高，又给经济运行造成严重危害。各国为获得国际货币基金组织的资金救助，不得不承诺严厉的经济调整计划。泰国的经济增长，1996 年为 6.8%，去年下降到 0.6%，其他国家下降了 2～3 个百分点。银行和工商企业大量破产，失业率上升，通货膨胀加重，给经济和社会发展带来严重危害。

（四）有关国家和金融组织对金融危机的态度

东南亚国家，在前一两年感受到金融风险的压力，已推行联合自助。1997 年相互签订《美国国债证券回购协议》。面对严重金融危机，此项措施已不起作用。日本曾经提出推行"亚洲货币基金"，股金为 1 000 亿美元，自认 500 亿美元。由于多种原因此项建议未被亚洲有关国家采纳。国际货币基金组织和有关国家出面救助，先后承诺对泰国、印尼、韩国支持近 1 000 亿美元。目前，对国际货币基金组织批评很多，甚至被指责为东南亚货币危机的"罪魁祸首"，是美国控制东南亚的工具。美国对东南亚金融危机，开始并不关注，对泰国没有给予资金支持。在感到这场危机也严重影响到美国利益时，才出面支持印尼和韩国。同时，提议召开 24 国财长和央行行长会议。我国对这场危机一直十分关注，并采取了与发展中国家地位相适应的实际措施，受到国际社会好评。一是我国保持国内经济继续快速增长；二是公开宣布人民币汇率不贬值，支持香港联系汇率；三是通过国际货币基金组织操作预算和双边支持给予资金支持。国际货币基金组织总股份 2 000 亿美元，其中四分之一由股东以现汇认购，四分之三以本币认购。到国际货币基金组织需要资金时，再通知有关国家把本币换成外汇支持受援国。中国是这次国际货币基金组织实施救助计划的第三大出资国。加上对泰国贷款 10 亿美元，我国要出资约 30 亿美元。

（五）对金融发展势头的预测

总的来看，东南亚和东亚金融形势正在向好的方面发展。但是，危机尚未见底，有关国家和地区的经济调整面临严重困难，金融危机还有可能引发新的经济和政治矛盾。影响亚洲金融形势的因素是多方面的，从亚洲来看，还要看 3 个国家的金融形势。一是印尼。印尼有 2 亿人口，国民生产总值占东盟一半左右。关键看 3 月的总统大选。但由于经济总量较小，对亚洲金融形势影响不大。二是日本。日本的金融动荡不同于东南亚危机。东南亚金融危机主要特征是泡沫经济、贸易逆差和短期外债超比例。而日本泡沫经济 7 年前已破裂，贸易年年顺差，1997 年顺差 10.8 万亿日元。目前外汇储备达 2 200 亿美元，为世界之最，且海外净资产有 8 000 亿美元，不存在外债问题。在这次危机中，日本是主要援助国。日本金融动荡根源出自金融机构不良债权过多，目前已达 76 万亿日元。日本政府已决定设立 30 万亿日元的稳定金融的计划，其中，17 万亿日元通过储蓄保险机构实施金融保护，13 万亿日元购买民间金融机构的股票，增加自有资金比例。如果日本政府化解金融风险计划能顺利进行，对稳定亚洲金融市场将起到积极作用。但由于日本经济增长微弱，加之收回海外资金，可能对亚洲一些国家产生不利影响。三是中国。我国未受这场金融风暴的直接冲击，主要是因为我国人民币尚未成为可兑换货币，宏观经济形势较好，外汇储备相对充足，债务结构合理。但是，这场危机对我国经济发展会产生许多负面影响。面对这场危机，我们有三项目标：一是经济增长保持8%或更高一些；二是进出口总额继续增长；三是人民币汇率稳定。能否达到这些目标，将对亚洲金融形势稳定产生重大影响。

二、适当增加货币供应量，促进国民经济持续、快速、健康增长

（一）关于适度从紧的货币政策

1993年下半年实行宏观调控，已经提出从紧控制货币供应的措施。1994年中央召开的经济工作会议，第一次提出实行"适度从紧的货币政策"。1995年中共中央在关于"九五"发展规划建议中提出要继续执行适度从紧的货币政策。1997年11月，江泽民总书记在党的十五大政治报告中，提出要"继续执行适度从紧的货币政策，注意及时适度微调"。适度从紧的货币政策，包括经济发展目标适当，货币供应适度，调控方式要从直接为主转为间接为主这三方面内容。实践证明，这是符合我国国情，行之有效的政策。

（二）今年经济增长和物价控制的目标

去年经济增长8.8%，零售物价增长0.8%，消费物价增长2.8%。但按季划分，增速在下降。今年1月，工业增加值仅比去年增长1.8%。这里有不可比因素，但是，对经济增长下滑的势头不可忽视。今年计划经济增长8%，零售物价增长3%。由于受东南亚金融危机的影响，加上乡镇企业增长速度降幅过大，如不采取新的措施，则难以实现经济增长8%的目标。甚至有人分析，可能会降到7%以下。这不仅对稳定国内经济和社会发展不利，也不利于香港及东南亚国家经济调整。因此，有必要扩大固定资产投资增长幅度，开辟国内市场，努力实现经济增长8%或更高一些的目标。

（三）适当增加货币供应量，努力实现今年的经济增长目标

计划今年广义货币供应量（M_2）从去年底的 91 000 亿元，增加14 600 亿～16 380 亿元，增长 16%～18%；狭义货币供应量（M_1）从去年底的 34 826 亿元，增加 5 920 亿元，增长 17%；现金（M_0）发行，从去年底的 10 178 亿元，增加 1 400 亿元，增长 13.8%。初步计划，全国各种金融机构存款从去年底的 82 390 亿元，增加13 500亿元，增长 16.4%；各项贷款从去年底的 74 914 亿元，增加 12 200 亿元，增长 16.3%，其中，国家银行贷款增加 9 000 亿元。

（四）增加固定资产投资，支持新的经济增长点

现在，生产资料积压，劳动力富余，要利用时机，在不搞低水平重复建设，不增加产品积压的前提下，加大投资力度，促进经济增长。一是确保农业持续稳定增长，加强农业水利建设。二是加快铁路、公路、通信、环保等基础建设。特别是要加快铁路主干线和"三纵两横"、"五纵七横"公路国道主干线的建设。三是加大企业技术改造的投资力度，大力发展高新技术产业。四是加快城镇住房制度改革，加大普通居民住房建设力度。计划城镇住宅贷款从去年的 612 亿元增加到 1 000 亿元。五是促进乡镇企业持续健康发展，重视发挥中小企业作用。今年全社会固定资产投资总规模 27 850 亿元，增长 10%，预计执行中可能有较大增加。

（五）扩大国内需求的原则

要坚持适度从紧的财政货币政策，注意适时适度微调，防止新的投资过热和通货膨胀。要以市场为导向，以效益为中心，不生产积压产品，不搞重复建设。要把扩大需求和调整产业结构、深化改革相结合。基础设施投资，建设周期较长，不能全部使用贷款。但是，如增加财政拨款，又不可能。在增加投资中，如何做到企业、财政、信贷资金的合理配置，还是一个需要继续研究的重大问题。

三、扩大出口、吸引外资，保持国际收支良好平衡，维护人民币汇率稳定

（一）努力扩大外贸进出口，保持出口继续增长

近两年外贸进出口总额大体相当于国内生产总值的 20%，是拉动经济增长的重要方面。1996 年，我国对东盟、韩国、日本共出口 480 亿美元，占我国全年出口额的 38%。出口产品和出口国家（地区），与东南亚国家雷同的，占我国出口额的 15%。这些国家的货币贬值，对我国出口影响不会很大。但是，由于这些国家经济增长速度放慢，对进口需求减少，不利于我国扩大出口。东南亚金融危机对我国出口的影响已经开始显现。因此，要进一步优化出口商品结构，深化外贸体制改革，大力实行市场多元化战略，扩大出口信贷，完善出口退税政策，争取今年进出口额超过 3 450 亿美元，比上年增长 200 亿美元，增长 6%。

（二）稳定吸收外资规模，合理引导外资投向

我国吸收的外资投资规模，相当于全社会投资的 21%。去年，我国引进外资 640 亿美元。其中，外商直接投资 453 亿美元，连续几年成为仅次于美国的第二大引进外资国家。但是，利用外资协议额为 617 亿美元，比上年下降 24%。1996 年，我国港台地区、韩国、东南亚的外商直接投资约占我国全部外商直接投资的 61%，加上日本，高达 80%。亚洲出现金融危机，会影响对我国的投资。但是，我国吸引外资还有许多有利条件。我国将进一步改善外商投资环境，对进口国内不能生产的设备实行免税；推进多种引资方式的试点，加大对北美、欧洲的引资力度，促使外商直接投资比去年不要有过多减少。

（三）保持国际收支平衡，维护人民币汇率稳定

人民币汇率的形成主要取决于外汇市场的供求、国际收支状况

和中央银行的操作。外贸企业出口收汇，出售给指定银行，进口付汇向指定银行购买，多余或不足由人民银行收购或出售。去年底，外汇储备约1 400亿美元，比1993年增加近1 200亿美元，占用人民银行资金约1万亿元。近几年，外汇供大于求，人民币汇率受到升值压力。今年，预计出口和外商投资增幅降低，人民币升值压力逐步减少，但人民币汇率仍将保持稳定。一是国际收支仍保持良好平衡。贸易顺差和外商投资，即使比去年减半，预计外汇储备仍可上升100亿美元。二是国内经济发展仍是呈现"高增长，低通胀"的好势头。三是加强外汇市场管理。打击套汇和逃汇；清理到期债务，消除隐性外债。四是引导预期心理。如有需要，可以放宽个人购汇标准，以利于打击黑市。必要时，扩大远期结售汇业务试点范围。

四、深化金融改革，整顿金融秩序，防范和化解金融风险

（一）我国金融业在改革中发展

这表现在三个方面。一是初步建立了在中央银行调控和监管下，政策性金融和商业性金融相分离，以国有银行为主体，其他各种金融机构分工合作的金融组织体系和间接融资为主、直接融资迅速发展的融资体系。二是有效实行宏观经济调控，金融业在治理通货膨胀，促进国民经济和社会稳定发展中发挥了重大作用。三是加强金融监管，摸清风险底数，化解已暴露的金融风险，维护了金融秩序的稳定。当前主要问题是，非法金融活动比较严重，金融机构不良资产比例过高。存在这些问题的原因是多方面的，主要是经济体制深层次矛盾的综合反映，是多年积累起来的，要通过改革、整顿认真解决。

（二）金融业改革和发展的目标

党中央、国务院对防范和化解金融风险十分重视，江泽民总书

记几次听取人民银行有关此项工作的汇报，并于去年2月决定召开全国金融工作会议。去年11月，中共中央、国务院召开全国金融工作会议。各省省长、主管金融工作的副省长都参加了会议。江泽民、李鹏、朱镕基同志发表重要讲话。这是建国以来级别最高的金融工作会议。会议讨论了改革和整顿金融业的15条措施。中央要求，力争用3年左右的时间，大体建立与社会主义市场经济发展相适应的金融机构体系、金融市场体系和金融调控监管体系，显著提高金融业的经营管理水平，基本实现全国金融秩序明显好转，化解金融风险，增强防范和抗御金融风险的能力，为进一步全面推进改革开放和现代化建设创造良好的条件。

（三）改革金融组织体系

主要内容有：（1）改革中国人民银行管理体制，强化金融监管。有计划有步骤地撤销人民银行省级分行，在全国设立若干个跨省（区、市）的一级分行。（2）加快全国性国有独资金融企业的商业化改革步伐，完善政策性金融体制。国有独资商业银行（保险公司）省分行（分公司）与省会城市分行（分公司）逐步合并，调整县支行的设置。（3）加快地方性金融机构建设。逐步在300多个城市成立城市商业银行，进行县（市）商业银行试点。（4）完善金融企业党的组织建设。将人民银行和国有独资商业银行、保险公司党组改为党委。（5）改革农业保险体制，组建存款保险机构。（6）逐步实行对银行业、证券业、保险业的分业管理。

（四）改革金融企业管理制度

按国际惯例和金融企业的属性完善金融企业运行机制，建立相应的各项制度。以国有独资商业银行改革为例，要进行下列改革。一是依法自主经营，努力提高资金使用的流动性、安全性和盈利性，承担经营风险。二是改革领导制度。成立监事会，完善行长负责制。三是取消贷款限额控制，逐步实行资产负债比例管理和风险管理。四是力争在两年内把资本充足率提高到 8% 以上。五是参照国际通行办法，改进贷款质量分类和考核制度。六是按谨慎性会计原则，建立呆账准备金提取和核销制度。七是建立符合金融企业特点的人事工资制度。

（五）整顿金融秩序

建立依法经营、平等竞争的金融秩序。主要内容是，取缔乱设的金融机构、查处乱办金融业务和乱集资的行为；今年底前，银行要与所属信托、证券、保险公司和其他经济实体彻底脱钩；坚决查处账外经营、乱提高利率和公款私存等违法违纪行为；加大金融执法力度，严厉惩治金融犯罪活动。

（六）对金融改革和整顿工作的组织领导

金融业的改革和整顿工作，要坚持深化改革、标本兼治；依法规范，强化监管；积极稳妥，分步实施的原则。国务院已决定成立 12 个工作小组，绝大部分工作要求做到第一季度制定方案，第二季度开始实施。

经过 3 年努力，要使大多数国有大中型亏损企业走出困境，要在大多数国营骨干企业建立现代企业制度。与此同时，到本世纪末，我国要初步建立现代金融体系、金融制度和良好的金融秩序。如果这两方面改革搞好了，我国经济体制就会有根本变化。在以江泽民同志为首的党中央的坚强领导下，我们对实现上述改革和发展目标充满信心。

周恩来总理关心金融业

（1998 年 3 月 2 日）

今天，我们在这里隆重集会，纪念伟大的马克思主义者，党和国家主要领导人之一，中国人民解放军主要创建人之一，伟大的无产阶级革命家、政治家、军事家、外交家，深受中国各族人民和世界各国人民爱戴的周恩来总理诞辰 100 周年，同时举行纪念周恩来诞辰 100 周年纪念币首发式。

一

周恩来同志的一生是辉煌的一生。他 20 年代初参加革命，从 1927 年起一直是党中央主要领导成员。在长达半个多世纪的革命生涯中，他栉风沐雨，百战余生，为民族独立、人民解放和共和国建设建立了不可磨灭的功勋。

从共和国诞生那天起，周恩来同志担任总理长达 26 年之久。在长达 26 年的总理生涯中，他始终将经济工作作为首要课题。开国之初，面对几十年内战叠起和外强掠夺对国家造成的巨大创伤，面对千疮百孔、一穷二白的国民经济，面对帝国主义和国际反华势

注：此文根据 1998 年 3 月 2 日戴相龙同志在纪念周恩来诞辰 100 周年暨纪念币首发仪式上的讲话整理。

力对新中国的封锁，在缺乏现成的社会主义建设理论和建设经验的困难条件下，为了使经济尽快恢复与发展，为了共和国的早日繁荣与富强，他艰辛探索，昼夜忧劳；他亲自组织"一五"计划的编制和实施，使我国国民经济快速发展；"大跃进"之后，他和其他领导同志通过艰辛努力，使经济形势实现好转；在"文革"艰难的困境中，他忍辱负重，力撑危局，排除干扰，始终没有放松经济工作，最大限度地减少了十年内乱可能造成的损失；在重病期间，他不仅参与提出"四个现代化"的宏伟目标，而且精心组织，部署实施。在 20 多年的时间里，年轻的共和国就初步建立了门类比较齐全、完整的国民经济体系，这伟大实践中的每一项重大成就，无不凝聚着周总理的心血。

金融是经济的重要组成部分。在周恩来总理领导经济工作的过程中，也为我国金融业的发展倾注了大量心血。建国 26 年，中国逐步建立了一个与当时计划经济体制相适应的银行信贷体系，为有效筹集和动员社会资金，支持国民经济发展发挥了重要作用。这其中的每一项成就，无不浸透着周恩来总理的支持、关怀和智慧。尽管总理离开我们已经 22 年了，我国的经济、金融体制也已发生了很大变化，但他很多关于金融发展的思想和对金融业发展的指示与教诲，今天看来仍令人感到常学常新，在相当程度上超越了经济体制、经济发展阶段的差异，对当前的金融改革具有重大的指导意义。

二

新中国的金融业，在周恩来总理的直接领导下建立和发展，中华人民共和国成立后，在中央政府领导下，中国人民银行接管了官僚资本金融业，对私营金融业进行了整顿，取消了在华外商银行的特权，迅速建立了新中国的金融机构。中央政府统一货币发行，加强金银管理，集中管理和经营外汇业务，使人民币迅速占领了市场，建立了新中国的货币制度。周总理直接处理建立新中国金融业中的重大问题。1950年1月9日，周恩来同志以政务院总理的名义向驻香港的原属国民党政府的机构和员工发布命令，要他们"务须各守岗位，保护国家财产档案，听候接收"，当时的香港《大公报》曾以显著篇幅刊载了驻港金融机构拥护周恩来总理命令的消息。在一个月的时间内，除香港分行外，设在伦敦、新加坡、巴基斯坦、印度、印度尼西亚、马来西亚和缅甸的中国银行和仰光的交通银行也迅速宣布接受在北京的总管理处的领导。这对新中国迅速恢复对外贸易、沟通侨汇和开展国际经济往来，具有重要的意义。

在周恩来总理的主持下，1950年政务院先后颁布了《中央金库条例》和《关于实现国家机关现金管理的决定》，授权中国人民银行统一经理国库，统一管理和集中调度分散在各公营企业、国家机关和合作社的现金。这些措施为新中国清算支付制度、现金管理制度和国库制度的建立奠定了最初的基础。

同年，为稳定城市的物价，周总理发出"平衡财政收支和保证物资供给"的指示。在政务院的统一领导下，中国人民银行加强金融管理，采取各项措施实现了现金大量回笼，在财政和贸易部门的配合下迅速稳定了市场物价，基本扭转了金融市场混乱的状况。同时，中国人民银行集中资金发放贷款，支持国营经济恢复生产和开展物资交流，扶植有利于国计民生的私营工商业，支持农业生产，促进了国民经济的恢复和发展。周恩来总理对这一阶段的财政、金融工作给予很高的评价。

随着新中国金融制度的初步确立，进入"一五"时期以后，大规模经济建设开始进行，这种形势迫切需要建立一种同计划经济相适应的集中统一的银行体制。在此后的十几年中，在周恩来总理的关怀和指导下，人民银行逐步朝着既是国家金融管理和货币发行的机构，又是统一经营全国金融业务的经济组织的方向发展。国家通过统一的计划，实行财政、信贷、物资的综合平衡，稳定人民币币值，促进国民经济持续快速增长。"一五"时期，银行在筹集融通资金，调节资金投向，支持国营经济发展，促进农业、手工业和资本主义工商业的社会主义改造，稳定金融物价等方面，做了大量工作，取得明显成绩。1953 年夏季，周恩来总理主持了全国财经工作会议，认真总结了新中国建立以来经济建设中的经验教训，即安排基本建设投资的规模必须同国家财力相适应，否则将出现货币发行过多，物资供应紧张，给经济生活带来困难；必须坚持信贷收支平衡，使货币发行量同商品流通相适应；财政动用上年节余必须结合信贷收支进行统一平衡；坚持财政收支平衡，是实行信贷收支平衡的重要保证。

　　1958 年到 1960 年的三年"大跃进"给国民经济及金融业的发展造成严重损失，我国出现严重通货膨胀。为了克服国民经济的严重困难，中央制定了"调整、巩固、充实、提高"的八字方针，开始进行经济调整。1962 年 3 月 10 日，中共中央和国务院作出了《关于切实加强银行工作的集中统一，严格控制货币发行的决定》（即银行工作"六条"），为迅速彻底扭转银行信贷工作的被动局面提供了政策依据，并为建立比较完整的同计划经济相适应的集中统一的银行体制奠定了基础。该决定主要内容：一是收回几年来银行工作下放的一切权力，银行业务实行完全的彻底的垂直领导。二是严格信贷管理，加强信贷的计划性。各级党政机关不得强令银行增加贷款。三是严格划清银行信贷资金和财政资金的界限，不得用银行贷款作财政性支出。银行发放贷款，必须以能够按期偿还为前提。四是加强现金管理，严格结算纪律。五是各级中国人民银行必须定期向当地党委和人民委员会报告货币信贷工作。六是在加强银行工作的同时，必须严格财政管理。企业亏损必须作出计划，经国家批准，由财政按计划弥补。经过几年的艰苦努力，国民经济调整任务终于胜利完成，表现在金融方面是：货币流通情况恢复正常；信贷资金的使用效益提高；城乡储蓄存款由下降转为回升；国家外汇收入超计划完成。金融工作开始呈现生机勃勃的局面。这几年的金融工作始终得到了周恩来总理的具体指导。1962 年，在谈到财政信贷收支平衡时，他曾经明确指出："现金管理不严的情况，应该彻底改变。一切企业、事业单位和机关团体，都要严格遵守国家的现金管理制度、信贷管理制度和财政管理制度。企业从银行借的款，应该按期归还。企业的流动资金，只能用于生产周转和商品流通的需要，不能用于基本建设、弥补亏损和其他财政性开支。一切企业的亏损现象，应该迅速改变。财政金融部门应该加强对国民经济各部门的财政监督。"

1966 年到 1976 年长达十年的"文化大革命"，给党、共和国和人民带来了严重灾难，各项事业受到严重冲击。在极左思潮冲击下，金融工作出现严重混乱，但在周恩来总理的具体关怀下，金融工作仍艰难维持。在极左思想干扰下，储蓄存款利息被说成不劳而获，有些地区的银行在储蓄所同时设置有息存款和无息存款两个窗口，给参加储蓄的群众施加很大的思想压力。周恩来总理在知道这些错误做法后，立即指示予以制止。在武斗中，各地不断发生银行和金库被冲击的情况。在周恩来总理的过问和支持下，中共中央和国务院一再强调保卫国家金库安全、保护银行不受冲击，才使得银行能始终开门营业，银行内部保持比较正常的工作秩序，会计、统计工作照常进行。1970 年的全国财政银行工作座谈会，提出了应采取财政收支包干、农村信贷包干和基本建设包干的办法，以解决财政金融管理偏松，工作混乱问题的建议。这项政策在得到周恩来总理的肯定后实施，对改变当时不讲经济核算和不重积累的观念起到了积极作用。1971 年末，国民经济出现职工人数、工资总额和粮食销售量三个突破，导致市场供应紧张，银行大量增发票子。在周恩来总理的指示下，国务院采取了许多重大措施，使银行的货币、信贷工作进一步加强。1972 年 9 月，在周恩来总理的关心和支持下，中国人民银行召开了全国银行工作会议，充分评价银行20 多年的成绩，强调加强银行工作的独立性，加强资金管理，财政资金和信贷资金分口管理。在这一精神指导下，银行工作得到加强，收到明显效果。1974 年，由于"四人帮"的干扰和破坏，财政金融工作再次受到冲击，财政信贷出现险情。周恩来总理在十分困难的情况下强调要抓业务、抓生产、抓管理，强调坚持抓革命、促生产的方针，加快社会主义建设步伐，最大限度地减少了"四人帮"的干扰和破坏对金融工作造成的不利影响。

总结建国 26 年中周恩来总理对金融工作的许多指示和教诲，有许多思想跨越时空，对我们今天的工作仍然有着十分重要的指导意义：

第一，在经济建设中高度重视物价稳定，认为克服通货膨胀就是保护人民利益。建国 26 年，除了 1949 年和 1958 年的非常情况外，我国物价一直非常稳定。总理曾经自豪地说，我国的人民币是世界上少有的稳定货币。

第二，财政资金和银行资金是两类不同性质的资金，可以相互配合使用，但绝对不能混同。银行发放贷款，必须以能够按期偿还为前提。一切非偿还性开支，只能使用财政预算资金，按财政制度办事，不得挤占和挪用银行贷款。银行贷款不准用于弥补企业亏损；不准用于发放工资；不准用于缴纳利润；不准用于职工福利开支。应由财政安排的资金，必须在计划中打够补足，不得少列少拨，挤占银行贷款。

第三，应该不断补充银行的信贷基金，以支持银行的健康发展。当时，财政每年都要留出一定结余充实银行信贷基金，支持银行的发展。1954年，在谈到财政收支时，总理说："五年以来，国家的财政状况有了显著变化，我们不但很快地改变了收入不敷支出的不利情况，实现了财政的收支平衡，每年还保持一定结余以充实国家的信贷基金。"根据总理的指示，当时国家财政每年都增拨信贷基金，并把大部分银行节余留给银行用于补充信贷基金。

第四，克服通货膨胀必须注意财政、信贷、物资的综合平衡，经济发展必须同国力相适应，基本建设规模必须量力而行。必须抑制工资基金的过快增长，严格监督工资基金的使用，禁止擅自提高职工工资福利标准和其他开支标准。银行发放贷款必须以能够到期收回为原则，不能用银行贷款垫付企业亏损，这实际是强调信贷资金的安全性和盈利性。同时必须严格控制货币发行，加强现金管理，严格监督现金的投放和使用，当时，人民银行发行库的出入数，每天都要报送到总理办公室。

第五，高度重视金融安全，亲自查处金融犯罪。在"文革"的非常情况中，在他的支持下，中央要求用解放军和公安部门保护银行金库和银行运钞，确保了当时银行业务的安全运行。建国之初，犯罪分子伪造总理签字，从中国人民银行骗取大量现金，在他的亲自过问下，案件得到迅速侦破。

第六，货币发行权必须集中在中央，银行信贷计划的制定和实施必须集中统一，禁止各地各部门干预银行业务，强迫银行发放贷款，必须保证银行业务上的独立性。实践证明，银行体制的高度集中统一对于防止经济建设的冒进具有极为重要的作用。1958年的冒进在金融体制上的一条重要教训就是下放了信贷管理权限，各地争相扩大贷款，扩大基本建设规模，导致了经济过热。在1962年的银行工作"六条"中，银行体制的集中统一得到恢复和强化，对于维持以后十几年的经济稳定起到了重要作用。

第七，重视银行会计的作用，不断加强银行会计制度的建设，认为办经济离不开会计，经济越发展，会计越重要。1963 年，周恩来总理签发了《会计人员职权试行条例》，明确了会计人员的地位、作用、职责和权限，大大加强了当时的银行会计工作。银行会计必须如实反映银行经营情况，要及时冲销呆、坏账贷款。由于 1958 年的冒进，银行形成一定数量呆账，在总理的安排下得到及时冲销。当时他曾经说要把这件事"铭记在心，下不为例"。这种要求与今天的提高信贷资产质量在本质上是相同的。

在领导经济建设过程中，周恩来同志形成了十分鲜明的风格和原则，这就是：始终把经济建设放在极其重要的位置上；坚持一切从实际出发，实事求是，统筹全局，全面安排；正确处理经济工作中的重大关系，使国民经济协调发展；自觉坚持民主作风，力使决策科学合理。虽然周恩来总理已经离开我们 22 年了，我们今天面临的形势和任务与 22 年前有着巨大的不同，但他的精神和思想仍然值得我们认真学习。

三

当前，我国经济改革和发展又到了一个关键时期。国有企业改革，建立现代企业制度的工作正处于攻坚阶段；建立与社会主义市场经济发展相适应的金融体系、金融制度和良好金融秩序的工作已全面推开；保持国民经济持续、快速、健康发展的任务仍非常艰巨。在此背景下，我们缅怀周恩来总理，就是要用他一生的杰出功业和伟大精神，鼓舞我们打好经济金融改革和发展攻坚战的勇气；就是要学习他将共产主义远大理想同脚踏实地的工作作风相结合的精神，善于在宏伟的金融改革发展目标与具体的工作步骤的统一中扎实工作，在防范与化解金融风险的困难和挫折面前不退缩，实事求是，坚韧不拔，用我们的行动，构筑与社会主义市场经济体系相适应的稳固的金融体系；就是要学习他对上负责同对下负责相结合的精神，以国家利益和人民利益高于一切为宗旨，坚决执行党中央、国务院关于经济、金融工作的路线、方针、政策，以对中央负责、对人民负责的态度，脚踏实地，兢兢业业地做好各项金融工作；就是要学习他艰苦朴素，廉洁奉公，谦虚谨慎，心胸似海的精神，廉洁自律，团结同志，顾全大局，反对金融系统的各种违法、违规、腐败现象，开拓金融工作的新局面；就是要学习他高度的原则性同高度的灵活性相结合的精神，善于通过艰苦、细致和灵活的工作，使真理具体化。善于把握大局，统筹兼顾，通过机智而周全，敏捷而缜密的具体工作，处理纷繁复杂的金融问题。

金融是现代经济的核心。我国社会主义市场经济体制建设正进入新的发展时期，金融系统的工作非常繁重。我们要在周恩来同志光辉业绩和伟大精神的鼓舞下，认真贯彻十五大、全国金融工作会议以及十五届二中全会精神，解放思想，实事求是，恪尽职守，开拓进取，做好当前的各项金融工作。

去年7月以来，东南亚一些国家和韩国相继发生金融危机，日本也出现金融动荡，而且来势迅猛，波及面广，后果严重。面对这场危机，中央冷静分析形势，有针对性地采取了一些重要措施。我国经济与社会发展的良好局面继续保持稳定，没有受到大的影响，这是很不容易的，也是一个很大的胜利。

这场危机，由于是发生在同我国有着密切经济联系的一些周边国家里，难免会对我们产生一些影响。我国的出口、利用外资等，都会不同程度地受到影响，我们必须认真应对。现在看来，应对这场金融危机，最根本的是要做好我们国内的经济工作，以增强我们承受和抗拒风险的能力。当前，我们要着重抓好以下几项工作：

第一，在不断提高效益和优化结构的前提下，确保全国经济增长速度达到8%。这样就可以保持财政收支平衡，缓解就业压力，并进一步改善人民生活。为了保持整个增长速度，要努力扩大内需，发挥国内市场的巨大潜力，同时要加快经济体制和经济增长方式的转变，加快调整经济结构。今年银行要适当增加贷款，支持农田水利和铁路、公路、通信及环保等基础设施建设；加快企业技术改造步伐，努力发展高新技术产业；建立和完善住宅金融体系，深化城镇住房制度改革。

第二，千方百计扩大出口，适当增加进口。国家已采取扶持政策鼓励进出口贸易和吸引外资。银行部门应积极支持企业挖掘内部潜力，加强管理，加快实施市场多元化战略和以质取胜战略，一方面努力保持和扩大已有的国内市场，另一方面努力开拓新的国外市场，特别是要支持一批有实力、有优势的国有企业走出去，到国外主要是到非洲、中亚、中东、东欧、南美等地去投资办厂。

第三，保持人民币汇率稳定。这不仅关系人民群众的信心和我们经济与社会的稳定，也是对香港地区金融稳定的有利支持。对亚洲和世界经济的稳定也是一个重要贡献。我们的外汇储备充足，国内市场广阔，有相当的工业基础，有科技和人才优势，劳动力成本比较低，特别是社会政治稳定，这些都是我们保持人民币汇率稳定的可靠条件。但要真正实现这一目标，我们仍要付出艰苦的努力和一定代价。

第四，认真落实全国金融工作会议精神，深化金融体制改革，整顿金融秩序，防范和化解金融风险。全国人大常委会同意财政部发行2 700亿元特别国债，充实国有独资商业银行资本金，体现党中央、国务院建立现代金融制度的决心，是对全国金融系统的巨大鼓舞。我们要做好各项金融工作，使今年金融改革和管理工作有重大突破。

第五，为了更好地做好各项金融工作，要加强学习，提高干部队伍素质。首先要刻苦学习理论，特别是要系统地而不是零碎地、实际地而不是空洞地学习和掌握党的基本理论，学习反映当代世界新发展的各种新知识，学习对外开放条件下确保我国金融体系稳健运营的新知识和新方法。其次，要在实践中增长才干，特别是要善于把中央的路线、方针、政策同金融工作的实际结合起来，充分发挥干部的主动性和创造性，切实解决当前金融业和各个金融机构改革和发展中存在的若干重大问题。最后，要有一个良好的精神状态。要对建设社会主义金融事业的前途充满信心；要有善于抓住机遇和敢于开拓进取的革命斗志；要树立长期艰苦奋斗、勤俭办一切事业的思想；要坚持说老实话、办老实事、做老实人；要诚心诚意为人民谋利益。

为纪念周恩来同志诞辰 100 周年，缅怀他的丰功伟绩，表达金融系统广大干部职工对他的爱戴思念之情，中国人民银行决定发行金银纪念币一套三枚（金币一枚，银币两枚）和流通纪念币一套一枚。在此，让我们共同祝愿周恩来诞辰 100 周年纪念币发行成功。

实行以风险管理为
基础的贷款质量分类制度

（1998 年 5 月 5 日）

经国务院同意，中国人民银行决定在全国银行业中开展清理信贷资产、改进贷款分类工作（以下简称"清分"工作）。这是我国信贷管理制度的一项重大变革，对我国商业银行信贷管理、中央银行金融监管和建立现代企业制度具有重要的意义。为此，中国人民银行下发了《关于开展清理信贷资产，改进贷款分类工作的通知》和《贷款风险分类指导原则》，并决定首先在广东省进行试点。今天召开这个动员大会，标志着我国银行业的一项重大改革在广东拉开了序幕。

一、我国金融业在改革中稳步发展

党的十一届三中全会以来，我国金融业在改革中稳步发展，主

注：1998 年 4 月 20 日中国人民银行下发了《关于开展清理信贷资产，改进贷款分类工作的通知》和《贷款风险分类指导原则》，决定在全国银行业中开展清理信贷资产、改进贷款分类工作，并首先在广东省试点。这是我国信贷管理制度的一项重大变革，增强了商业银行自我约束力，为提高中央银行金融监管能力发挥了重大作用。此文根据 1998 年 5 月 5 日戴相龙同志在全国银行试点工作动员会议上的讲话整理。

要表现在三个方面。第一，经过 20 年的努力，我国初步建立了在中央银行调控和监管下，以国有银行为主体、政策性金融与商业性金融相分离、多种金融机构分工协作的金融组织体系。到 1997 年底，银行业（含城乡信用社）总资产达到 13 万亿元，比 1996 年增长 18％左右，适应和促进了改革开放和经济发展。第二，1992 年和 1993 年上半年，国民经济曾一度过热，引发了比较严重的通货膨胀。在党中央、国务院的领导下，从 1993 年 7 月开始，采取了一系列宏观调控措施，并取得了明显成效，使中国经济进入了"高增长、低通胀"的发展阶段。在这期间，金融宏观调控发挥了重要的作用。第三，近几年在党中央、国务院的领导下，我们大力整顿金融秩序，加强金融监管，克服了前几年"泡沫经济"带来的严重危害。通过严格监管和深入调查，基本弄清了多年来因历史、体制等因素形成的不良贷款以及金融风险的底数，而且逐步探索出了一些防范和化解风险的办法。比如对"湖北国投"实行注资，对"中银信托"实行收购，对"光大信托"实行债权变股权，对"中农信"实行关闭等，在按照法律程序化解风险方面积累了一定的经验。去年下半年以来，我国不但免受东南亚金融危机的直接冲击，而且保持了人民币汇率的稳定，在稳定亚洲经济中发挥了重要作用，受到了国际社会的好评。取得这些成绩，主要是党中央、国务院正确领导的结果。金融系统广大干部和职工，也为此作出了贡献。关于这一点，在去年全国金融工作会议上，江泽民总书记给予了充分肯定和高度评价。

但是，也应当看到，当前我国金融运行中还存在许多问题，特别是多年形成的金融风险正在聚集和暴露，对此我们必须有清醒的认识。一是国有商业银行及城乡信用社不良贷款比例过高。去年提高了 2 个百分点，今年第一季度又上升了 1 个多百分点。不良贷款比例有增无减，实际无法收回的贷款比账面上反映的要多。与此同时，银行经营面临严重困难，特别是今年应收未收利息由过去的两年改为一年，为此将减少收入，可能会使很多银行出现亏损。但是我们不能因此而不进行这个改革，继续维持过去的做法，等于虚收实支，会使问题越来越严重。目前国有商业银行一年要吸收8 000多亿元储蓄，在人民银行备付金一直保持在8%左右，不存在支付问题。但是对国有商业银行的不良贷款问题，如果不采取有效措施，任其发展下去，将给我国金融的稳定发展埋下巨大隐患。二是一些中小金融机构不能支付到期债务，有些已经面临破产边缘。三是非法成立金融机构和非法从事金融业务所造成的风险日益暴露。四是有部分企业债券到期不能偿还。五是一些债务人恶意逃废债务，已经威胁金融业的正常运行。六是社会上不法分子与金融业中的腐败分子相勾结，侵吞国家资产，给国家银行造成巨大损失。

国有银行不良贷款比例过高等问题，是国民经济运行中各种矛盾的综合反映。计划经济体制下形成的大量坏账尚未冲销，重复建设和"泡沫经济"形成的坏账大量暴露，企业制度改革的负面影响又造成大量债务悬空。同时，银行自身也存在经营管理上的问题。解决这些问题一靠改革、二靠整顿、三靠加强管理，要实事求是，有的放矢地采取有效措施。

党中央、国务院非常重视金融工作，多次听取了人民银行的工作汇报。去年还专门召开了全国金融工作会议，从维护国家经济安全的高度，确定了今后3年我国金融改革和发展的目标以及十几项措施。这些措施概括起来，主要是三个方面：一是建立适应社会主义市场经济的现代金融体系。主要是改变人民银行分支机构按行政区划设置；国有商业银行省分行和省会城市分行要合并，业务逐步转向大中城市；成立地方性金融机构，发挥其支持地方经济发展的应有作用；建立适合中国国情的存款保险制度；对银行、保险和证券实行分业管理。二是建立现代金融制度。主要是按照金融企业的属性建立有效的内部管理制度，如法人制度、资本金制度、贷款质量分类制度等；金融机构的计划管理、人事制度也都要符合社会主义市场经济体制下金融企业特点的要求。三是建立良好的金融秩序。主要是依法对金融机构的市场准入、业务经营和市场退出进行严格监管，坚决取缔非法金融机构和非法金融活动，整顿和查处乱提高利率、私设账外账、公款私存、银行炒买炒卖股票和期货等违法违规行为，建立平等和有序竞争的良好金融秩序。以上各项改革和措施，分三年推行，但一些重大改革将在今年内完成。现在，从中央到地方，从高级领导干部到广大公民，对防范和化解金融风险的观念空前加强。中国金融业的广大干部和职工，要不失时机地努力工作，为建立现代金融体系、现代金融制度和良好的金融秩序而努力。

二、实行以风险管理为基础的贷款质量分类办法，是建立现代金融制度的基础

根据中共中央〔1997〕19 号文件的要求，我国在建立现代银行制度方面已经采取了一系列措施。第一，进一步依法维护银行的经营自主权和债权。从今年开始，对银行承担的用贷款建设的项目，审批权归银行，由银行自主决定。国务院有关部门中一些懂专业、懂宏观、懂法律的干部将充实到银行来，并且正在准备建立专门的项目评估机构，以解决银行的项目评估人员不足的问题。第二，从今年开始取消了国有商业银行的贷款规模管理，实行资产负债比例管理。第三，今年要把逾期贷款应收未收利息的计收年限，由原来的两年缩短为一年。第四，适当增加呆账准备金的提取数量。第五，精简商业银行重复设置的分支机构。第六，发行了2 700亿元特别国债，为国有商业银行充实资本金，使之资本充足率达到8%，增强抵御风险的能力。

　　我们在建立现代银行制度方面已经做了不少工作，而且还有大量工作等待着我们去做，但至关重要的一个问题是怎样客观、科学、真实地反映银行的资产质量。只有解决了这个问题，才能判断、考核和评价每个银行及其经营管理人员的业绩，才能按效益原则合理配置资源，将信贷资金分配到相应的地区、行业和企业中去。如果没有一个客观的分析和确认贷款质量的制度，其他银行管理制度就很难真正有效地发挥作用。现在，我们正在开始的这项重大改革，就是要通过"清分"工作，把贷款质量的划分从过去以期限管理为主，改为以风险管理为主，这项改革将为我们建立现代银行制度打下坚实的基础。

　　长期以来，我国实行高度集中的计划经济体制，我们的工商企业和金融企业都不是真正的企业法人，它们的经营行为及其结果是由政府负责和承担。对银行的资本金以及兼并、关闭和破产等都没有相应规定，在当时情况下，银行的盈亏没有按市场原则考核，也没有按市场原则反映。80年代后期，中国农业银行等专业银行开始探索贷款质量分类办法。财政部从财务管理出发，也对贷款分类作了初步规定。在此基础上，人民银行1994年制定了《商业银行资产负债比例管理考核暂行办法》，1996年颁布了《贷款通则》。以上文件的共同点是以贷款逾期长短为标志来划分和衡量贷款质量，按财政部1988年规定的标准确定需要冲销的呆账贷款，简称"一逾两呆"贷款质量分类法。尽管《贷款通则》中也规定虽然贷款没有逾期，但工程下马了，贷款无法归还，也应看做是呆滞。但实际上并没有从根本上改变按期限管理来划分贷款质量的框架和模式，没有将大家的目光引导到企业的风险上，不是根据贷款的偿还能力来确定贷款风险程度。尽管财政部明确规定了呆账贷款的标准，但当时没有社会保障体系，企业不能破产。很多本应破产的企业的贷款没有列入呆账。虽没破产但已经停产，或虽然没有停产，但已资不抵债，实际上收不回的贷款也都没有列入到呆账。结果，大量实际损失的贷款，被摆在"损失"之外，造成对资产质量的错误估价。当然，这种方法简便易行，对于促进银行加强信贷管理，起过积极作用。但是，它是在当时的企业制度、金融制度和会计制度下形成的，在当前形势下，已不能客观反映贷款质量，不能及时识别、控制和化解金融风险，已越来越不适应新的金融体制。

新的金融体制包括三部分：一是要有自我约束、自我发展能力的金融企业法人；二是要有完善的金融市场；三是要有成熟的、以间接调控为主的中央银行调控体系和符合国际规则的金融监管体系。这三个部分，建立真正的金融企业法人是核心和基础。在真正的金融企业法人制度下，资本是流动的，银行办得好，资本不断增长，可以扩股；办不好，被人兼并；再不好，要清盘、关闭、破产；银行资产剔除坏账后的实有资产要随时向社会披露。这就要求必须客观反映金融企业的资产质量，反映金融企业的实际资产价值，只有这样金融企业才能以其真实的法人资产对社会负责。而"一逾两呆"分类法的主要缺陷是不能客观真实地反映资产质量，商业银行不能主动地进行有效的风险管理，中央银行也很难了解和掌握金融企业的资产质量状况，很难按审慎性原则对其实施监管，而且分类结果很难进行国际比较，不易在国际上找到共同语言。

从国际上看，巴塞尔委员会《有效银行监管的核心原则》中明确要求银行建立评估银行资产质量和贷款损失准备充足性的政策、做法和程序，并要求把这些内容作为监管者的重要监管原则。以什么为基础和原理评估银行信贷资产质量，是一个至关重要的问题，目前以美国为代表的许多市场经济发达国家，还有香港地区，都实行以风险管理为基础的"五级分类方法"，即将贷款按风险程度分为正常、关注、次级、可疑和损失。当然，也有一些国家不是五级，如日本是四级，即在不良贷款中只分三级。事实上具体分多少级并不重要，关键是分类的原理是根据借款企业对贷款本息的最终偿还能力，确定其风险程度和贷款质量等级。这种分类方法的实质是通过深入、客观地分析借款企业的生产、经营活动，看它的流动性、资产负债表、担保单位的实力，来判断贷款本金收回的可能性，然后确定贷款质量等级。比如说，能完全按合同偿还贷款本息，算是正常的；能偿还本息，但出现了一些可能影响贷款偿还的因素，就列为关注类；不能靠正常的业务收入来偿还本息，如搞化工生产的，不是靠化工产品的销售收入，而是靠借钱，靠卖地来还贷款，就列为次级贷款；不能全部偿还贷款本息，即使执行抵押或担保，也要造成一定的损失，就列为可疑类；尝试了所有可能的办法和途径之后，贷款仍然无法收回，则列为损失类。当然，在实际划分时，有许多具体的标准，但原则上是按企业还款能力的强弱和银行贷款损失可能性的大小来确定贷款风险程度，划分贷款质量等级。这种原则、原理和做法是一种信贷管理上的国际性商业语言，是已经被广泛接受和普遍认同了的。

与我们过去的"一逾两呆"分类法相比，以风险为基础的贷款质量分类法有明显的优越性。一是有利于客观反映贷款质量。按"一逾两呆"的方法，尽管贷款逾期了，但逾期不一定就风险很大，因为有些贷款的期限本身定得就不合理；不逾期的也不一定就没有风险。而按新的方法，则必须掌握企业的生产经营活动，通过分析企业将来偿还贷款的可能性来得出结论，这样可以更准确地反映贷款的内在风险和质量。二是有利于银行主动加强贷款风险管理。按照新的方法，贷款分类的过程实际上就是分析企业经营活动的过程，银行可以较早地发现问题，并及时主动采取措施，防范信贷风险，维护银行债权。三是有利于中央银行实施有效监管。按照审慎监管的要求，中央银行要监控商业银行的资产质量，掌握其资产净值。现在的问题是我们银行账面上的有效资产数是不真实的，一旦要清盘，债权单位得到的不是有效资产，要打折扣，损失很大。如果按五级贷款质量分类法来管理和监管，事前就基本上可以知道这家银行冲掉损失以后资产净值是多少，从而看出这家银行的实际价值有多少。这就为解决银行补充资本金、在经营好时兼并其他银行、经营困难时被其他银行兼并或破产等一系列问题提供了真实的会计资料。四是有利于维护国家经济安全。我们现在的金融资产有 13 万亿元，账面上的坏账只有 2%。但据调查了解，实际收不回的贷款要超过这个比例。如果对不良贷款问题不充分暴露，如实反映，尽早解决，一旦引发支付危机，要么给财政造成巨大压力，要么就是发票子导致通货膨胀，这都将为经济安全和社会稳定埋下隐患。而且如果我们对这个问题没有切实的行动和措施，没有一个明确和诚信的说法，我们的银行业就很难平等、自信地走向世界，到国际市场融资的成本也会很高。

新的贷款质量分类法除了上述几条主要优点外，还可以引申出一系列好处，比如，银行的贷款管理水平提高了，有利于促进企业制度改革，好的企业可得到贷款，不好的企业则要被兼并或依法破产，这样有利于经济结构的调整；通过实行新的分类方法，可以客观真实地反映银行资产质量状况，便于我们分辨哪些银行办得好，哪些银行办得不好，从而明确经营管理责任，为改革和完善银行的人事、工资等一系列制度提供依据。

总之，改进贷款质量分类是我们银行信贷管理和中央银行监管制度的一场重大变革。这场变革不仅可以增强银行自身的管理水平，而且可以增强中央银行的监管水平，对促进企业制度改革、推动整个经济体制改革也将产生重大影响。因为整个社会的资金80% 来自信贷资金，信贷资金管理好了，社会资金的使用效益就提高了。经济决定金融，金融又反作用于经济，现代企业制度和现代银行制度相辅相成。如果我们金融制度改好了，贷款质量提高了，自我约束增强了，对企业制度改革和整个经济改革都是很大的促进和推动。因此，这项改革不只是信贷、会计、统计等具体业务制度的简单变化，而是整个银行管理和中央银行金融监管制度上的一场革命，其意义极其重大和深远。

三、关于"清分"工作的内容、步骤和要求

一般来讲，贷款质量分类，中央银行提出原则意见，各商业银行自己进行就可以了，并不需要在一个省、在全国统一进行。但由于我们是第一次搞，很多人还不熟悉，需要通过有领导、有组织的方式，中央银行、商业银行密切配合，集中多方面人才和领导力量，作为一项专门工作，有计划、有步骤地推行。我们这次是通过清理资产，来推行新的贷款质量分类方法，也就是以清理资产为依托，在清理的基础上掌握信息，搞好分类，建立制度。贷款分类和清理资产有联系又有区别，我们把这两个工作结合在一起就是"清分"工作。整个"清分"工作涉及的内容很多，政策性和技术性强，涉及面广，难度大，我们要做的工作很多，概括地讲就是清理资产、严格分类、依法催收、立章建制。

（一）清理资产

这次主要是清理信贷资产，包括贷款、应收利息等。贷款业务量占银行业务总量的 90% 以上，因此，抓好对贷款的"清分"工作，就等于把握住了重点和主导方面。各银行要严格按照《关于开展清理信贷资产，改进贷款分类工作的通知》和《贷款风险分类指导原则》的要求，集中力量对 1997 年末本、外币贷款及表内外应收未收利息逐笔进行清理、分类。对其他资产，这次不在全国范围统一集中力量搞，但不是不要清理和分类，可以采取合并或专项方式进行。

在"清分"工作中要掌握三个重点，填好三张表。所谓三个重点，一是弄清基本情况，检查贷款各项要素是否齐全。二是认真

分析和判断贷款质量和构成。三是确认借款人的最终偿还能力和贷款的风险程度。所谓三张表，第一张表是以借款人为单位的《贷款分类认定表》。这里有很多数据和信息，比如要把企业的基本情况和资产负债表的主要内容填上，有些数据要通过计算取得，要判断它偿还债务的能力。还要填担保单位的情况，一旦贷款不能偿还，还要分析担保单位的偿还能力。根据上述情况，对贷款风险程度作出判断。第二张表是按行业和贷款种类统计的《贷款分类汇总表》。基本上按大的行业填制，反映煤炭、农业、粮食等20多个行业贷款中，正常、关注、次级、可疑、损失各是多少。这张表的目的是弄清楚整个贷款的结构，以及哪类行业贷款的问题最多。第三张表是专门归类分析损失类贷款的《损失类贷款原因汇总表》。要把损失类贷款的原因分析清楚，其一，基本按财政部规定的破产企业贷款，我们把它延伸了，既包括申请破产的，也包括虽然没申请破产但已经停产的，或虽然未停产但已资不抵债的，这些都视为损失。其二，国务院确定的专项贷款造成的损失，有七八个方面。财政部关于呆账的规定中就有这一条，即经国务院批准有特定损失的贷款。其三，地方政府乱干预造成的贷款损失。其四，企业经营体制或债权债务关系发生变化，银行债权悬空造成的损失。比如过去对供销社的贷款、对商品批发一级站和二级站的贷款；还有企业改制，原来是国营的，转而改为承包或租赁经营，后来改为股份合作制，结果造成有一部分银行债权被悬空。此外，还有银行自身违规放贷造成的损失等。我们分析的目的是要找出产生损失的主客观原因，进而找出改进和解决的办法。这次"清分"工作的成果，主要体现在这三张表中，一定要认真填好。

（二）严格分类

一定要按照统一标准进行规范分类，抓住三个重要环节。一是把握好"一逾两呆"与"五级分类"的关系。过去按期限管理的办法与现在按风险管理的办法要衔接起来，期限管理还要搞，继续统计上报《逾期贷款监控表》，对逾期 1 天、3 个月、6 个月、1 年的贷款有多少，还要反映。不能说搞五级分类法，原来的期限管理就不搞了。这是因为，第一，对逾期贷款还要加息；第二，还要计算商业银行的头寸，比如 3 个月以后，一家银行能吸收多少存款，能收回多少贷款，如果没有期限管理，就不能计算头寸。所以这次还要保留期限管理，还要逐级上报。在实行五级分类时，可参考期限管理，但不能简单互换。如果以简单的期限判断代替对借款人最终偿还能力的认定，这次"清分"就失去了意义。二是要把损失类贷款和正常、关注类贷款分清楚，把这两头把握好。特别是对损失类贷款，一定要搞清楚，必须认真分析研究，实事求是、有根有据地反映。要按规定的标准、政策和程序，逐笔认定，不得人为地扩大或缩小损失。三是要坚持逐笔分析与案例指导相结合，定性与定量相结合。在遵循新的贷款质量分类原则和标准的前提下，对由于多种原因形成的带有共性的贷款，如各类政策性贷款，要选择一些案例，指导分类工作，提高贷款分类质量。

（三）依法催收

要将"清分"工作与催收债权紧密结合起来，维护银行合法权益。在"清分"过程中要考虑各种贷款保全措施，没有担保的，要寻找担保；贷款合同要素不全的要加以完善；属于有钱不还的，要起诉；有些还可以进行债务重组。在"清分"期间可以搞资产保全、债务重组，包括债权追偿，依法催收。这个工作应该作为"清分"工作的一部分，而且要一直做下去。

（四）立章建制

要把"清分"工作和立章建制紧密结合起来，不能搞成一次性运动。通过"清分"工作会发现许多问题，比如贷款的抵押和担保，许多抵押不能兑现，原因很多，既有借款人、担保人不讲信用的问题，也有我们银行手续不全的问题。在清理过程中会发现，我们在贷款的发放、管理、收回中，有许多漏洞，要将这些共性的问题归纳出来，建立严格、可行、有效的制度。今后，各银行至少每半年要进行一次贷款分类，并且长期坚持下去。今年开始，各银行要将新、老不良贷款分开统计，建立健全信贷管理制度。特别是要建立贷款管理中的行长负责制，行长不仅要对任期内的新增贷款的质量负责，而且新官还必须理旧账，对本行过去贷款存在的问题不能一推了事。中央银行也要通过"清分"工作，发现问题，总结经验，不断完善监管制度和办法，建立健全信贷资产质量报告、监控、检查、分析和信息披露制度，监督金融机构加强信贷管理，提高资产质量，依法维护存款人利益，促进金融体系安全稳健运行。

这次"清分"工作，要用1年左右时间，而且涉及面广，业务量大，专业性、政策性和技术性要求都很高，因此必须周密部署，由点到面，分步推进实施。5月开始先由工、农、中、建、交5家银行在广东进行试点，7月底、8月初拿出数字，原则是时间服从质量。试点结束后，在总结经验的基础上，8月、9月各家银行在全国铺开。各政策性银行、国有独资商业银行和其他商业银行全面铺开的具体时间可根据准备工作情况由各家总行自行确定；城市商业银行全面铺开的时间由人民银行各省、自治区、直辖市分行决定。争取在年底前对1997年末的贷款存量有个基本分类。工作结束后，要形成一个系统的报告。

关于这次"清分"工作的具体要求，通知中已经明确，有一些注意事项，我在前面也已经提到，需要再强调一下，这次"清分"工作一定要按照"统一部署、各负其责、化解风险、总结提高"的原则进行。

一是统一部署。主要是组织领导和政策标准的统一，搞这样大的一项新的、复杂的工作没有强有力的组织领导是不行的。各行已经成立了专门的领导小组和具体办事机构，现在的关键是要切实负起责来，把工作落到实处。要确保"清分"工作在人民银行的统一组织协调下，按照统一的内容、政策、标准和程序进行，主要技术操作、主要表格及概念定义要全部统一，做到不走样、不变形，并且达到预期的目的和效果。

二是各负其责。人民银行总行定制度、办法、政策界限和工作要求，抓培训、指导和督促。各政策性银行和商业银行按人民银行的原则要求，全面负责组织领导本系统和所属分支机构的"清分"工作，各行要按下查一级的原则，对所属分支机构的"清分"工作进行抽查，抽查面不得少于机构数的10%。抽查过程中，对不符合要求的，要及时纠正。人民银行各分支机构负责对本辖区各家商业银行的"清分"工作进行组织协调和检查督促，要多了解情况，保证工作进度和检查分类质量。

三是化解风险。各行要结合"清分"工作有针对性地研究制定防范和化解风险的具体措施，运用行政、经济和法律手段，积极催收不良贷款，对清理出来的损失类贷款要严格按照国家有关规定处理。

四是总结提高。通过这次"清分"工作，各行要认真总结经验，建立贷款分类制度，改进和加强信贷管理，提高贷款质量，并向上级行和当地人民银行提交总结报告，国有银行还要向国务院报告。

四、加强领导，搞好广东的试点

我们将这项重大改革选在广东进行，是经过认真研究的。一是广东省委、省政府对这一工作非常重视，非常支持。二是这里存贷款数量大。目前广东存款占全国的13%，贷款占全国的11%。通过试点，既可以推动广东的银行信贷管理工作，又有利于在全国推行"清分"工作。三是广东省市场经济比较活跃。在市场经济下，如何管理金融资产，如何防范和化解金融风险，我们可以在广东总结出一些经验。

全国银行业的"清分"工作从广东省开始，对此，大家都抱着很大的希望，希望广东出经验、出办法、出人才。还希望这里搞好后，抽一些干部帮助其他省市。因此我们要有领导、有组织地将这项工作做好。万事开头难，而且时间短、任务重，又是新事、大事，所以更难做好。广东试点工作，除了技术上的问题外，首先要解决思想问题，要统一认识。

首先是解决"能不能"的问题。也就是有没有条件搞。我们认为现在基本条件已经具备，一方面人民银行三四年前就开始做准备，进行了调查研究，在有些银行也搞过试点，如国家开发银行就已经采用这个办法了。今年1月朱镕基同志听取人民银行工作汇报，并征求各银行意见后，明确指示从今年开始改进贷款分类办法。人民银行于2月召开"贷款风险分类和清理资产高级研修班"，4月召开人民银行分行行长会议，对"清分"工作的有关办法一次又一次讨论修改，为顺利开展此项工作进行了认真的准备。几家总行一起商量，取得了思想认识上的统一。目前"清分"工作的基本政策清楚了。人民银行专门下了两个文件，一个是有关"清分"工作的通知，一个是有关贷款分类的指导原则。我们很多信贷员对贷款企业的状况是很了解的，只要把指导思想、原理方法和操作技能教给他们，是可以搞清楚的。所以说，我们开展"清分"工作是有条件的，是能够实施的。

其次是解决"准不准"的问题。贷款逾期一天就成了逾期贷款，电脑就可以反映出来。现在，对贷款质量进行定性分析，有人担心由于借款人的信息资料不足，信贷人员水平参差不齐，10个人会搞出10个样。事实上，越是简单的判断就越不准，逾期虽然很容易判断，但只是表象的东西，贷款的内在风险看不出来。而通过分析企业情况后，尽管判断可能会有误差，但从性质上讲会更准确一些，而且动态分类，时间越长会越准。为了力求准确，我们已采取了一系列措施。一是经过反复研究，使贷款分类的定义、口径更为准确，另外，对几张表的概念要介绍清楚；二是除了利用教材培训，还要列出案例，因为许多类的贷款全国都一个样，通过定性再加上案例分析，就会比较准了。总之，通过深入分析研究和调查了解得出的结果，肯定比从电脑上看到的机械的数据要准。我们力求准，开始可能有点误差，只要不是故意的，由于技术上、操作上的误差造成的不准确可以原谅，今后可以再提高。但我们不能原谅那些出于各种不良目的，有意造成数据不准确的行为。

最后是解决"敢不敢"的问题。有相当一些人担心，实行新的贷款分类方法，会使不良贷款比例上升，特别会使损失类贷款大幅度上升，甚至怕被追究责任。我们开展"清分"工作的主要目的是分析信贷风险，如实反映贷款质量，客观地分析原因，制定防范风险的措施。除对极少数人违法违纪发放贷款造成严重损失，要追究责任外，对各家银行、各有关人员都是总结提高的问题。因此，各银行、各方面干部，都要采取实事求是的态度，本着对国家和人民高度负责的精神，不受各种干预和干扰，严肃认真地做好这次"清分"工作。

为了做好广东试点工作，还要加强领导。

一是制定计划，抓好培训。从今天开始，各家银行广东分行都要制定一个3个月的工作计划，以清理资产、贷款分类为主要内容，当然也包括清收工作，将来还要用更多的时间抓清收。要把每一周做什么都要写清楚，保质保量完成。这次会议后，要马上开始培训，培训是最重要的，如果不把概念理解清楚，目标搞偏了，以后就不敢相信这个数字。

二是做好总结，注意保密。在这次"清分"试点工作中，各行要严格按照人民银行下发的《通知》和《原则》的要求，保证工作质量。严肃认真地进行分类清理，确保情况真实、数据真实、报告真实。对试点工作中的各种文件、报表和资料要指定专人负责，妥善保管，不得遗失。未经批准，任何单位及个人不得将试点情况和结果向外披露。对试点中遇到的问题要认真研究，总结经验，重要情况要随时向人民银行反映和报告。人民银行总行"清分办"将派出若干联络组，分赴各试点行了解工作进展情况，反映"清分"工作中遇到的问题以及试点行的意见和建议。各行试点工作结束后要进行认真系统的总结，总结报告不仅要有数据、有实例、有分析、有对比，而且还要有处理措施和政策建议。

三是统筹兼顾，搞好服务。各银行在开展"清分"工作的同时，还必须确保改进金融服务、防范金融风险和"清分"工作三不误。当前国民经济发展正处于关键时期，第一季度国民经济增长7.2%，如果全年要增长8%，金融方面还有许多工作要做，要统筹合理地安排。当前经济发展形势是好的，是基本正常的，第一季度的速度比原来预计的还要好一些。目前，一方面要加大投入力度，另一方面还要防止重复建设，防止产品积压。当然银行贷款比过去谨慎了，这表明风险意识的增强。但是也要从大局出发，改进金融服务，支持国民经济发展。一是对有市场、有效益的要给予支持；二是对在建项目要抓紧支持，加大力度，对新建项目的贷款要抓紧审批；三是加大对中小企业贷款力度；四是对基础建设，特别像公路、桥梁，可以以经营管理权、收费权公证后作抵押，发放贷款。

希望广东省和全国金融界同志们能抓住目前好的时机，在各家总行领导下，把这次"清分"工作做好，为在本世纪末建立我国的现代银行制度打好基础，作出应有的贡献。

加强金融监管　整顿金融秩序

（1998 年 5 月 22 日）

刚才，刘明康同志通报了人民银行会同有关商业银行作出对高息揽存负有领导责任的金融机构负责人的处分决定，宣读了人民银行《关于对金融机构违法违规经营责任人的行政处分决定》。现在，我代表人民银行党组讲几点意见。

一、我国金融业在改革开放中稳步健康地发展

经过多年的努力，我国宏观经济调控实现"软着陆"，经济发展呈现"高增长、低通胀"的好势头。我国金融业也在改革中稳步地发展：一是初步建立了在中央银行调控和监管下，政策性金融与商业性金融分离，国家银行为主体、多种金融机构分工合作的金融组织体系；二是金融市场逐步发展，在以间接融资为主的基础上，直接融资有较快的发展；三是存贷款业务增加较快，金融业在实施宏观经济的调控中发挥了重大作用；四是金融监管工作不断加

_____

注：为了落实 1997 年 11 月中共中央、国务院召开的全国金融工作会议和江泽民总书记在中央第七次法制讲座上的讲话精神，1998 年 5 月 22 日，中国人民银行召开了"加强金融监管，整顿金融秩序"电视电话会议。此文根据戴相龙同志在会议上的讲话整理。

强，整顿金融秩序和金融法制建设都有新的进展；五是金融案件的查处工作正在逐步深入。在亚洲一些国家出现严重金融危机的情况下，我国金融业仍保持稳定发展的势头。取得以上成绩，是中共中央、国务院正确领导的结果，也是与金融界广大干部职工的长期努力分不开的。去年11月，中共中央、国务院在有关通知中指出，金融系统积极执行党中央、国务院一系列方针政策，深化金融改革，扩大金融开放，加强金融监管，改进金融服务，取得明显成效，对加强和改善宏观调控、治理通货膨胀、促进经济发展和社会稳定，发挥了十分重要的作用。

但是，必须清醒地看到，在我国金融业中也隐藏着严重的金融风险。一是国家银行不良贷款比例过高，实际收不回的贷款数额较大；二是一些城乡信用社和非银行金融机构遗留的问题较多，少数已不能及时支付到期债务；三是非法成立金融机构和非法从事金融业务的问题依然存在；四是股票期货市场存在不少违法违规行为；五是各类金融机构的各种违法违规活动比较严重。金融领域的这些问题，特别是国家银行资产质量较低，是多年积聚起来的，是国民经济深层次矛盾的综合反映。

针对上述问题，去年11月，中共中央、国务院在北京召开了全国金融工作会议，要求力争用3年左右时间大体建立与社会主义市场经济发展相适应的金融机构体系、金融市场体系和金融调控监管体系，显著提高金融业经营管理水平，基本实现全国金融秩序明显好转。

针对当前国内经济及金融形势，吸取东南亚金融危机的沉痛教训，当前，我国金融界广大干部职工，要集中精力做好三项工作：

一是适当增加货币供应量，努力改进金融服务，支持国民经济增长8%。今年第一季度，全国经济增长7.2%，商品零售总额比去年同期增长6.9%，固定资产投资比去年同期增长10.3%，出口比去年同期增长 12.8%。整个国民经济运行态势是好的。虽然我们现在面临许多困难，但是经过努力，今年经济增长 8% 的目标是可以实现的。为此，金融界在坚持信贷条件，防范金融风险的前提下，要积极支持有市场、有效益的生产，加快在建项目贷款进度，加快对新建项目的评估和审批，加强对中小型企业的金融服务，大力支持交通、农田水利、环保等基础设施建设。

二是支持进出口贸易，支持外商直接投资，保持国际收支良好平衡，维持人民币汇率稳定。5 月初，国家外汇局在广州召开了外汇管理工作会议，各外汇指定银行要认真贯彻这次会议精神，依照法规做好结售汇工作，坚决打击走私和套汇、逃汇等违法活动。

三是要增强改革观念，积极参与中央已经明确的各项重大改革，防范和化解金融风险。所有金融机构要增强资产流动性，保证支付到期债务。对支付不了到期债务的一部分中小型金融机构，要分别情况，按照有关法规，及时处置，防止蔓延，坚决维护金融稳定和社会稳定。

二、当前金融机构违法违规经营活动的主要表现及其危害

近几年来，我们在清理和查处违法违规经营方面，虽然取得了一定的成绩，但与保证金融安全运行的要求还有很大的差距。当前金融系统违法违规活动的主要表现是：

（一）账外经营仍然十分严重

《商业银行法》第五十五条规定："商业银行应当按照国家有关规定，真实记录并全面反映其业务活动和财务状况……不得在法定的会计账册外另立会计账册。"账外经营是违法活动，必须严肃查处，依法打击。1995 年，人民银行已经组织国有商业银行对账外经营活动及其他违规问题进行了清查，将查出的账外存贷款于1996 年底作了并账处理，并严肃处理了主管领导人和责任人员 572

人。现在看来，虽然全国范围内的账外经营活动已经有所遏制，但少数金融机构的账外经营活动非但没有收敛，1997年又查出152家金融机构发生新的账外经营活动，其中有一家城市商业银行的一个支行，账外经营的存贷款竟分别高达40多亿元。不能把账外经营看成一般违规经营。账外经营绝大部分是金融犯罪，必须严厉打击。

（二）高息揽存问题屡禁不止

《商业银行法》第九条规定："商业银行开展业务，应当遵守公平竞争的原则，不得从事不正当竞争。"第三十一条规定："商业银行应当按照中国人民银行规定的存款利率上下限，确定存款利率，并予以公告。"第四十七条规定："商业银行不得违反规定提高或者降低利率以及采用其他不正当手段，吸收存款，发放贷款。"近年来，经过严厉查处，这种违规行为已有所减少。但在不少地方依然存在：有的违反规定实行存款单项奖励，甚至向本单位非存款部门职工摊派揽存任务；有的公然与客户签订高息存款协议，直接提高存款利率；有的以贴水、支付手续费、协储代办费、吸储奖、有奖储蓄等形式变相提高存款利率；有的另外设置专门账户支付存款户高息等。这些行为，增加了经营成本，引发了经济犯罪，败坏了金融业的声誉，严重扰乱了金融秩序。各银行和信用社，要努力改进服务，增加存款，但是，不可乱提高利率；要综合考核存贷指标、费用指标、利润指标，但是，不可把存款任务分配到每个员工并简单地与奖金挂钩。事实已证明，许多地方高息揽存，不是为了给银行增加存款，而是掩盖严重违规下的资金窟窿，并和各种形式的金融犯罪相联系。这次会上通报处理了违反利率政策、高息揽存的几个典型，类似情况远不止这些，各地对这种违规行为必须严肃查处。

（三）公款私存问题十分突出

《商业银行法》第四十八条规定："任何单位和个人不得将单

位的资金以个人名义开立账户存储。"《储蓄管理条例》第三条规定："任何单位和个人不得将公款以个人名义转为储蓄存款。"但是，近年来一些机关、团体和企事业单位违规将预算外资金、销货款、财政性存款、各种罚没款以个人名义开立账户转为储蓄存款；也有一些金融机构的储蓄人员为完成吸储任务，通过给开户单位"好处费"，将开户单位的公款用本人的名义存在储蓄账户上。比如，在一家商业银行全系统1996年度吸收的储蓄存款中，查出属于公款私存的就有42亿元。

（四）现金管理松弛

为了加强现金管理，人民银行从中国实际出发，陆续下发有关现金管理的规定，但在不少地方，这些规定没有得到认真执行。有的金融机构任意给客户大额提取现金，给一些违法犯罪分子"洗钱"提供可乘之机；有的金融机构为了拉客户、争业务，以所谓方便客户为由，主动为客户大额提取现金提供便利，引发不少金融案件。比如，某银行有个支行的票据交换员，去年多次虚开银行汇票进账单，然后将资金转到其丈夫的"一卡通"账户，居然在北京等几个城市大额取现1 424万元。

（五）银行承兑汇票和远期信用证业务管理薄弱

《票据法》第二十一条规定："汇票的出票人必须与付款人具有真实的委托付款关系，并且具有支付汇票金额的可靠资金来源。不得签发无对价的汇票用以骗取银行或者其他票据当事人的资金。"近年来，一些银行开具不真实的、无合法商品交易的承兑汇票，给银行带来了不应有的损失。比如，某银行有个分行的4个支行，1996年违规开具无合法商品交易的银行承兑汇票多达120份，在已承兑的汇票中，银行垫款或挪用企业资金承兑的已有1 670万元。还有些银行开具没有商品交易的远期信用证，垫付大量资金，也给银行造成了巨大损失。

（六）用银行资金炒买股票仍有发生

国务院《股票发行与交易管理暂行条例》第四十三条规定："任何金融机构不得为股票交易提供贷款。"去年6月，人民银行和证监会对用信贷资金参与或支持炒买股票的违规典型公开进行了严肃处理，这类违规有明显减少。但是，这种违规依然存在，只是更为隐蔽，仍然要密切注意查处。

（七）外汇指定银行在外汇业务经营中违反外汇管理的现象时有发生

在结售汇和付汇环节上，有些银行单证不齐售汇，单证不符售汇，向无代理进口权的外商投资企业售汇，不按规定对进口报送单进行二次核对，或者违规办理出口收汇结汇或收账手续。在开立信用证时审核不严，使信用证结算方式成为无贸易背景结算、非法融资和转移资金的渠道。在外债管理上有些外汇指定银行开立90天以上的远期信用证不到外汇局办理外债登记及审批手续，未经批准擅自对外出具担保等。

金融业是高风险行业，违法违规经营活动对我国金融事业造成了严重危害：一是直接扰乱了金融秩序，进而对整个经济运行造成不利影响；二是极易引发支付危机，形成区域性金融风险；三是破坏了信贷资产质量，威胁到金融业的安全；四是加大了经营成本，增加了金融机构的亏损；五是滋生腐败的温床，引发产生一系列金融犯罪活动，败坏了金融业的社会声誉。

三、依法查处违法违规经营活动，促进金融秩序明显好转

最近，国务院正在组织制定整顿金融秩序、防范金融风险的实施方案，其中有5个实施方案是人民银行牵头草拟的，包括整顿乱集资、乱批设金融机构和乱办金融业务，整顿信托投资公司，整顿城市信用社，整顿农村信用社，整顿银行账外账及违规经营。这些

实施方案，不久就要以国务院或者国务院办公厅的文件转发各地执行。经过 2~3 年努力，必须使金融秩序明显好转。当前，各金融机构必须做好以下几项工作：

（一）各金融机构要对违法违规经营活动认真自查自纠

这次会议以后，各金融机构都要按照去年 11 月全国金融工作会议精神和今年 1 月全国银行分行行长、保险分公司总经理会议的部署，对照国家金融法规和人民银行规章，对存在的违法违规行为立即自查自纠。自查自纠要认真，不护短，不包庇，说真话，报实情，反对走过场。自查自纠工作于 8 月底完成，并向上级单位和当地人民银行作出书面报告。人民银行要审核自查报告，并对一些金融机构的自查工作进行深入地抽查。

（二）严明法纪政纪，加大查处力度

金融在经济工作全局中至关重要。发展社会主义市场经济，必须充分发挥金融的作用。如果金融不稳定，势必会影响经济和社会稳定，阻碍整个改革和发展的进程。金融的重要地位和作用，决定了对金融行业的管理必须严于其他行业。因此，对金融机构违法违规经营活动必须加大查处力度。凡是去年 11 月全国金融工作会议以后，仍有令不行，有禁不止，继续顶风违法违规的，坚决不搞下不为例，发现一起，要严厉查处一起，绝不姑息迁就。在处理处罚问题时，要视情节和态度，将行政处分、行政处罚、取消金融机构高级管理人员任职资格、取消会计专业技术资格等结合起来，多管齐下，将那些顶风违法违规者列为金融行业禁入者，使他们无任何空子可钻。凡触犯刑律的，必须追究刑事责任，不能擅自以违规从轻处理。人民银行将在会后以正式文件下发刚才宣读的《关于金融机构违法违规经营责任人行政处分规定》，各金融机构要认真执行。另外，对于外汇指定银行违反《银行结汇、售汇和付汇规定》无证售汇的，要按照国务院 1996 年 4 号文件进行查处，对今年新发生的要对责任人给予撤职以上的处分。

（三）加强内控制度建设，健全金融机构自律内控机制

加强内部控制建设是消除金融机构违法违规行为的重要环节。人民银行和各金融机构虽然已制定发布了许多规章制度，但执行情况仍不理想。有一些规章制度没有很好落实，形同虚设。有章不循、违章不究的现象普遍存在，这是形成金融系统违法违规问题存在的根本原因所在。各金融机构对内部控制建设实行行长（经理）负责制。凡是没有制度或制度有严重缺陷，或者虽有制度，对制度执行不检查，对违规不追究责任的地方，必须追究领导人员的责任。人民银行分支行今年要组织力量选择一些金融机构就内控制度建设状况进行检查和评价。各金融机构每半年要向当地人民银行书面报告内控建设情况。

（四）积极配合司法机关从重从快打击金融犯罪活动

我们金融系统掌握着大量的资金，往往是不法分子集中作案的主要目标。为了确保金融安全，一方面要依靠金融系统内部职工和社会力量的监督，发现违法违规问题，及时予以查处。另一方面，要主动与司法机关加强沟通和联系，依靠司法部门坚决打击多种金融犯罪活动。各金融机构对此态度要积极，措施要落实。

（五）积极组织金融法制和金融风险知识的学习宣传活动

禁止和纠正违法违规经营活动，关键在于提高金融从业人员的法制观念。这次会议之后，各金融机构都要进一步修订金融法制学习计划，组织从业人员分期分批培训，重点学好《刑法》、《中国人民银行法》、《商业银行法》、《保险法》、《票据法》、《会计法》、《行政处罚法》等法律和国务院、人民银行的有关规定。学习一段时间后要组织考试，凡基本金融法规知识考试不及格的，应安排下岗学习。同时，各金融机构要积极向各级党政干部和人民群众宣传金融法制和金融风险知识，增强全社会的金融法治意识和金融风险

意识。

　　各级人民银行，要廉洁敢管，认真履行中央银行职责，坚决查处各种违法违规经营活动，保证当地金融秩序不断好转。为此，各级人民银行，要坚决查处人民银行系统内的各种违法违规活动；要按国务院及总行的有关规定，坚决在人事、财务等方面与过去主办的金融机构彻底脱钩；要在金融监管中保持独立性、公正性。

　　严肃查处金融机构的违法违规经营活动，进一步整顿金融秩序，是党中央、国务院交给我们的重要任务，是深化金融改革，促进经济发展和社会稳定的基本条件。这次会议之后，各金融机构要认真学习国务院有关文件，做好整顿金融秩序的各项工作。根据中央的通知，从今年开始，我国将陆续推进各项金融体制改革。这些改革有利于金融业的发展，也有利于提高金融从业人员的素质。所有重大改革，都必须在党中央、国务院批准后有步骤地进行。各级领导必须坚守领导岗位，统筹安排好各项工作，为我国金融业在改革中稳步发展，为维护国家经济安全运行，促进国民经济的持续、快速、健康发展作出应有的贡献。

我国的金融风险及其化解

（1998 年 8 月 17 日）

这次培训班的主要任务是，学习朱镕基总理有关加强金融监管的一系列批示，通过讲座和讨论，正确认识当前国际金融形势及金融危机，分析当前我国金融业的风险及危害，学习和研究防范与化解各类金融风险的方针、政策及基本业务知识，切实加强金融监管，促进我国金融业在改革中健康发展。

组织这样的培训班，在人民银行历史上还是第一次。办好这次培训班对于提高中央银行的监管水平，防范和化解金融风险，保障我国经济安全具有重要意义。

一、当前国际金融形势及金融危机

经济发展全球化，加速了国际资本流动，促进了世界经济发

注：1998 年 8 月 17 日至 27 日，中国人民银行在北京连续举办了两期人民银行分行行长金融监管培训班，共培训省级和市（地）级分行行长 367 名。这次培训班是人民银行管理体制改革处于关键时期，由金融监管第一线领导人员参加，紧密联系金融监管的经验和教训，学习研究防范、处置金融风险关键性问题的一次培训班，也是人民银行有史以来的第一次。此文根据戴相龙同志在培训班上的讲话整理。

展。同时，也带来国际金融市场的震动，很容易在有关国家和地区引发金融危机。

（一）国际金融形势简况

东亚一些国家的经济在经受金融危机冲击下，正在进入艰苦的调整阶段。经过这场危机，东亚有关国家的货币平均贬值50%，股票价格下跌70%，房地产价格下跌40%，生产滑坡，政治动荡。东南亚金融危机给受灾国造成的损失超过1万亿美元，使世界股价贬值2万亿美元。据联合国有关部门预测，今年经济增长率，印尼为 -13% ~ -15%，泰国为 -5.5% ~ -8.7%，韩国为 -1.9% ~ -6.5%，马来西亚为1.7% ~2.5%，菲律宾为0.8% ~2.5%。

日本经济萧条不振，日元大幅贬值。日本去年经济增长 -0.7%，是24年来最低的速度。中央和地方财政主权债务高达530万亿日元，占GDP的102%。1990年地产总值2 365万亿日元，1998年仅值1 000万亿日元，造成银行发生大量坏账。全国贷款625万亿日元，不良贷款有100万亿日元。加之利率长期超低，资本外流，促使日元贬值。日本政府通过成立金融监督厅和"过渡银行"，计划运用30万亿日元化解金融风险。小渊首相宣布持久减税计划，化解不良贷款，但计划实施艰难，各方信心有减无增，日元继续贬值。

俄国金融市场发生严重动荡。去年以来，已发生四次金融危机。5月底，俄罗斯外债达1 300亿美元，外汇储备仅140亿美元。俄国35%的外汇来自石油收入，但石油价格下跌40%，仅此就少收入外汇200亿美元。外国投资者纷纷抽走资金。西方大国答应一年半中支持226亿美元，但不会轻易出资。8月17日，俄罗斯政府宣布1美元兑换卢布最高可达9.5卢布，卢布贬值34%，对外债务推迟90天。

欧元即将启动。欧元启动是欧盟政治、经济一体化发展的结果。《马斯特里赫特条约》为欧盟国家实行统一货币制定了五项标准。1995年，全世界国民生产总值中欧盟占31%，美国占27%。1996年，全世界贸易总额中欧盟占21%，美国占19.6%。欧元的启用，欧盟各国可减少外币兑换600亿美元，可减少美元储备二三千亿美元，可使世界货币多元化，有助于汇率稳定。

美元保持坚挺。美联储主席格林斯潘7月21日预测，美国今年经济增长3%~3.25%，通货膨胀率为1.75%~2%，失业率为4.5%。美国经济发展势头较好，主要是企业结构得到重组，科技投入比例大，资本市场活跃，财政货币政策得当，亚洲等国家资金流入美国。但是，美国道·琼斯股票指数过高，经济有些过热，加之日元贬值影响，7月以来股票指数下挫1 000点。

中国的国际金融地位提高。面对东南亚危机和日元贬值，中国经济仍保持快速发展，人民币汇率保持稳定，而且拿出40多亿美元支持有关国家。

（二）国际金融危机的形成

金融危机一般分为债务危机、货币危机和银行业危机。90年代以来，金融危机通常是两种危机并发，或三种危机交错发生。引发金融危机的主要因素：

一是国际资本流动加速。现在，全世界10大外汇市场每天交易额达两万亿美元，其中用于贸易结算的不到10%。1996年，西方商业银行流入泰国、马来西亚、菲律宾、韩国、印尼5国净贷款560亿美元，1997年却净收回210亿美元。1996年，以上5国资本外流不足100亿美元，而1997年猛增到700亿美元，预计今年超过1 200亿美元。

二是国际环境剧烈变化。国际金融市场汇率、利率、利润率、股市和进出口大幅度波动，左右资本流向，影响国际收支平衡。东南亚各国一度经济蓬勃增长，引入巨额国际资本。1995年后美国经济趋好，西方资本回流。石油降价和出口减少，加大了一些国家的国际收支逆差，促使汇率大幅贬值。

三是国内"泡沫经济"。金融机构放款过多，导致风险资产比例提高，股票、房地产等资产价格上升。一旦资产价格下降，金融机构坏账上升，又带来金融机构关闭，引发金融危机。

四是贸然推行金融自由化。金融自由化包括利率自由化、放宽限制、开放资本市场、设立离岸金融中心等。据国外学者研究，以往71%的货币危机和67%的银行业危机，发生于当事国实施金融自由化后的3～5年。泰国于1991年取消资本流出的限制，1993年成立离岸金融中心。韩国1997年放开资本账户，短期资本比例上升。1997年7月以前，东亚5国外债超过4 000亿美元。这些措施过早实行，都促使了金融危机的爆发。

五是汇率制度选择不当。稳定的汇率制度（如钉住美元）有利于控制通货膨胀，但使银行体系遇到外面冲击时反应迟缓，导致贸易赤字扩大，遭到投机资本袭击。改用浮动汇率，又造成币值剧跌。

（三）国外防范金融危机的主要措施

一是建立和完善储蓄存款保险制度。参加储蓄存款保险的金融机构，一旦陷入危机，可从保险公司获得保险金，度过支付危机。储蓄存款保险公司有权对投保的银行进行监督。美国、日本、德国等国都有储蓄存款保险机构。

二是建立金融机构关闭清理制度。美国于1992年确立了一系列客观标准，对问题极为严重，尤其是资不抵债的金融机构强行关闭，促进了金融业稳定。日本多年"捂盖子"，致使金融问题积重难返。

三是提高金融机构透明度。要求金融机构按时公布其经营内容、经营状况及不良资产，使客户和股东明晰，便于政府监督。

四是保证达到规定的资本充足率。1988 年 7 月，由主要国家金融当局和中央银行组成巴塞尔委员会，采纳国际清算银行修订的制度，要求金融机构资本金占风险资产的比例达到 8% 以上。目前，各国正计划根据利率、股市变动等风险因素；制定各自的资本比率制度。

五是完善金融监管制度。美国通过联邦储蓄保险公司、联邦储备委员会、财政部、州政府和证券交易委员会，组织一个分工协作的金融监管体系。去年和今年，美国和日本成立专门监督机构，由中央银行配合，统一监管银行业、证券业和保险业。

采取以上措施，有利于防范金融危机。美国在 1987 年到 1991 年，每年"出问题"的金融机构最少 244 起，1991 年多达 484 起，支付保险金 1 242 亿美元，联邦政府负担 662 亿美元。加强清理和监管后，"出问题"的金融机构 1993 年为 68 起，1996 年仅为 6 起，支付保险金仅 35 亿美元。

二、我国的金融风险及其化解的基本原则

金融系统认真执行党中央、国务院一系列方针政策，各项工作取得明显成效，对于加强改善宏观调控，治理通货膨胀，促进经济发展和社会稳定，发挥了重大作用。总的来看，我国的金融监管工作不断加强，面对亚洲金融危机，我国金融业仍在改革开放中稳步健康地发展。但也必须清醒地看到，在我国金融业中也隐藏着金融风险。客观地分析这些金融风险的表现形势、产生的原因及其化解的基本原则是保持我国金融业健康发展的突出任务。

（一）我国金融风险的主要表现

一是国家银行隐藏着很大的金融风险。国有商业银行不良贷款比重较高，今年第一季度，又比年初增加 1.9 个百分点。

二是一些中小存款金融机构和非银行金融机构遗留问题较多，

少数已不能按期支付到期债务。农村信用社也存在严重支付风险。一些保险公司前几年把保费收入用于贷款、投资，也造成了一定损失。

三是社会上乱办金融，严重扰乱金融秩序。一些部门和县、乡政府批准设立的合作基金会、股金服务部、互助储金会、资金服务部和合作保险等组织，从事或变相从事金融业务。这些组织以吸收股份为名，入股人既不享有股东权利，也不承担股东义务，"股金"随存随取，支付高息。这类组织实际上已办成了金融机构，隐藏着很大风险。

四是股票期货市场存在违法违规行为。前几年，一些证券公司违规从事证券回购，变相吸收居民存款，并将资金用于房地产，造成很大风险。一些国有企业和金融机构，未经批准违规进行境外期货交易，造成很大损失。

五是外债风险不可低估。一些金融机构和企业，违规借入外债，变相借债，或对外债进行担保，产生很大外债支付风险。

（二）金融领域主要问题的形成原因

我国金融领域现存的问题是多年积聚起来的，是国民经济深层次矛盾的综合反映。究其原因，可从三方面分析：

一是经济管理体制和经济运行中的种种弊端。主要是国有企业实际资产负债率高达75%，许多企业无本经营，造成企业长期亏损，银行坏账逐步上升；前几年出现的房地产、开发区热和重复建设造成了大量的不良贷款，仅房地产贷款就占压3 000亿元；信贷资金直接或间接用于财政性支出，金融财务会计制度中某些内容已不能适应社会主义市场经济发展需要；生产经营体制变革的负面影响，造成大量金融债权悬空；少数地方政府负责人干预金融业务，造成巨大损失。

二是金融企业改革滞后，缺乏自我约束和自我发展能力。国家银行长期实行机关化管理，机构重复，人员庞杂，浪费严重，自办经济实体造成巨大损失。

三是金融监管薄弱。1985 年人民银行行使中央银行职能，但还办理具体贷款业务。1995 年颁布《中国人民银行法》后，工作重点才逐步转向金融监管。对有些金融机构功能定位不合理，市场准入审查偏松，查处不力，一部分人民银行干部参与违规。

（三）化解金融风险基本原则

上述金融风险的存在和发展，扰乱了信用秩序，破坏了经济运行基础；加大了财政收支和货币发行的压力；影响了我国银行业在国际上的竞争能力。所有这些最终将损害国家信用，引发金融危机，危及国家经济安全和社会稳定。

根据中共中央〔1997〕19 号文件，化解金融风险要坚持下列原则：

一是深化改革，标本兼治。加快现代企业制度改革，逐步降低国有企业资产负债率，建立企业和银行平等合作关系。要改革中央银行的管理体制，加速商业银行改革，建立防范和化解金融风险的中介服务组织。

二是依法规范，强化监管。依法规范金融企业与各级政府、工商企业、城乡居民的相互关系，规范金融企业的资本流动、兼并和关闭。吸取历史教训，明确各类金融机构性质、功能、业务范围，严格规范各类金融机构的市场准入、经营和退出，实行严格的监管责任制。

三是化解风险，确保稳定。对各类金融机构的风险进行具体分析，对好的和比较好的机构，要防止风险扩大；对资产负债大体相当的金融机构，采取各种方式自强和救助；对严重资不抵债，不能支付到期债务引发挤提的机构，要有计划地实行关闭。既要维护公众利益，又要防止道德风险，要严厉查处违纪违法人员。

四是综合治理，严肃处理。现在的金融风险，有不少是单位和个人违纪违法形成的。在化解金融风险过程中，要对行贿受贿、贪污挪用、诈骗渎职等犯罪案件、金融职工违规和党政干部干预金融业务造成损失的案件、严格的逃债行为，进行严肃查处。

三、防范和化解国有独资商业银行的金融风险

一是加快国有商业银行改革步伐，提高商业银行自我约束和自我发展能力。今年基本完成国有商业银行省分行与省会城市分行合并工作。逐步撤销二级分行重复设立的机构和长期亏损的县支行（办事处）。

按金融企业的属性，改革商业银行人员工资制度。清理临时用工和代办人员，压缩职工人数。建立职工激励机制和奖惩制度。

增加收入，压缩开支，增加盈利，减少亏损。依法收回可以收回的到期贷款和欠息。加强财务收支的稽核。大力压缩管理费用。

到今年底，商业银行要与其所办金融机构、工商企业彻底脱钩。其股份限期转让，转让不了的予以解散。

依法维护金融债权。改变国有商业银行呆账冲销管理办法。建议从1999年开始，把呆账核销改由财政部会同人民银行集中审定后，由商业银行依法及时核销。

二是清理资产，核定资产质量。认真总结广东省贷款质量五级分类试点工作，核实工作质量，完善分类制度。报国务院批准后，在全国推开。今年搞不好，宁可适当推迟，也不可草率进行。在此基础上建立贷款发放责任制。

三是坚持谨慎会计原则。建议从1999年开始，将记收应收未收利息的逾期贷款时间，从1年缩短为6个月。尽快做到，对次级贷款，按20%提取呆账准备金；对可疑类贷款，按50%提取呆账准备金；对损失类贷款，按100%提取呆账准备金。建议将商业银

行营业税从 8% 恢复到 5%。

四是建议由国家成立金融资产管理公司，购买或托管国有商业银行房地产等呆滞贷款。1992 年和 1993 年上半年，由于开发区和房地产过热发展，占压了大量贷款。收回这些贷款，涉及许多政策。商业银行及其分支机构已花费很多时间，但收效不大。如此下去，既分散银行领导人许多精力，也不利于做好当前金融服务和内部管理工作。建议国家出资成立金融资产管理公司，托管被人民银行关闭的中小金融机构，购买或托管国有商业银行房地产等各种呆滞贷款。

五是逐步冲销实际上已经收不回的贷款。逐步冲销按财政部文件规定已列为呆账的贷款。对列入"呆滞"、实为"呆账"的贷款，进行全面清理。对核实后确属收不回的贷款报经国务院审定后逐步核销。

六是继续增加国有商业银行资本金。国有商业银行是我国银行体系的主体，长期承担支持经济发展和经济结构调整的任务，有些贷款实际用于财政性支出，金融会计制度中有许多内容也不符合金融业谨慎会计原则。因此，化解国有商业银行金融风险，必须有中央财政的扶持。

四、防范和化解中小存款金融机构的风险

中小存款金融机构，包括各种股份制商业银行、城市和农村信用社。

（一）建立日常风险管理预警系统和金融监管责任制

人民银行监管部门和监管人员，要按月考核被监管金融机构的资金流动性，按季考核资产负债比例指标执行情况，每半年写出监管报告。同时，每一二年要求被监管对象聘请会计师事务所评估资产实际价值。

（二）定人跟踪监控高风险金融机构

首先，责成被监管对象自我救助。发挥董事会作用，清收债权，增加资本，降低亏损。

其次，中央银行实行有条件的救助。对只能抵债的，人民银行可予资金支持，但要限期完成整顿任务。

最后，由地方政府领导救助。依法收贷，打击犯罪，增加资本。

（三）对资不抵债，不能支付到期债务，已经引起或可能引起挤提的中小金融机构，依法实行关闭

尽快制定和公布《金融机构关闭办法》。关闭金融机构由人民银行总行决定，有些要报经国务院批准；金融机构关闭后，统一由拟组建的"金融资产管理公司"托管，由人民银行组建清算组；通过会计师事务所、律师事务所提供中介服务，查清资产实际价值；对被关闭金融机构的有效资产要优先偿还城乡居民存款本金和合法利息及境外债务。对境外债务争取还本免息或减息，其余债务按剩余有效资产折扣偿还；有效资产和相应债务，可转让给金融资产管理公司；同时调查导致金融机构被关闭的原因，追查有关人员责任，涉及刑事犯罪时，要依法严惩。

（四）逐步建立中小存款金融机构的存款保险制度

中共中央〔1997〕19号文已明确逐步建立城乡信用社存款保险制度。我们认为，股份制商业银行、城市商业银行也应纳入存款保险范围。存款保险公司建立后，将作为政府金融机构根据需要对参加保险的金融机构实施监管，以保护中小存款人的利益，维护公众对中小金融机构的信心，避免因个别机关被关闭而对经营正常的中小金融机构造成冲击。中小金融机构存款保险公司也可建立特别基金，用以救助濒临破产的中小金融机构。由于农村信用社机构多、分布广，是合作金融组织，也可考虑按存款一定比例筹集资

金，建立农村信用社存款保险基金。

五、防范和化解非银行金融机构的金融风险

信托投资公司应真正办成受托理财的金融机构，一律不得办理法人委托存贷款以外的一般存贷款业务，不得经营期货业务，也不得进行房地产投资。对其现有的证券业务要实行分业管理。分业管理方式有两种方案，一是一律分设或合并成立独立法人的证券公司，二是可以成立证券公司从事全面证券业务；也可以在信托投资公司内设证券部，从事一部分证券业务，资金与信托业分账管理。

对现有信托投资公司，要进行全面清理，查清真实资产和实际损失，并分别不同情况予以处理。省、市政府控股的，原则上合并；对有效资产与负债大体相当的，要督促增加资本；对资不抵债不严重或虽然严重但投资者愿意承担风险的，可以同意注资迁址；对严重资不抵债、不能支付到期债务、已引发挤提的，必须及时关闭清盘。

成立企业集团财务公司的目的，是筹集企业集团内部成员长期不用资金，推进企业集团的技术改造。企业集团财务公司不可吸收个人存款和企业短期资金，不可把财务公司办成商业银行。金融租赁公司的短期融资不得超过规定比例。近期暂停审批新的财务公司、金融租赁公司，并对其进行金融稽核。凡办成商业银行的，要责令撤销，冲销呆账后并入商业银行。

六、取缔非法金融机构和非法金融业务

认真宣传和执行国务院制定和公布的《非法金融机构和非法金融业务取缔办法》。对地方政府和有关部门批准设立的实际从事金融业务的机构暂不取缔，实行限期整顿。整顿期间发生挤提的，由地方政府批准停业整顿。

（一）农村合作基金会等地方政府有关各部门批准的基金会不再保留

农村合作基金会的产生和发展有其历史的客观原因，对农村经济发展起到了一定作用。但是，绝大部分农村合作基金会不顾中央三令五申，从事存贷款业务，改变了原来的性质和宗旨，产生了很大风险。中央已经决定，农村合作基金会不再单设。在国务院下达有关通知后，农村合作基金会必须立即停止以任何名义吸收新的存款，停止发放新的贷款；在县（市）政府统一领导下，由有关部门对农村合作基金会的资产和负债组织全面清查，并冲销实际形成的呆账。资产大于负债的农村合作基金会，并入农村信用社；对资不抵债的农村合作基金会进行清盘、关闭。同时，当地政府和机构批设者，要采取各种措施，保护存款人特别是农户的合法利益。

（二）供销社不得变相办理存贷款业务

逐步撤销供销社实际办理存贷款业务的"股金服务部"。供销社对新发展的社员股金，不再实行"保息分红"。对过去以保息分红方式吸收的老股金，实行区别对待。属于非农人口的，一律在今年清退，按银行存款办法还本付息；属于农民的存款，按农民意愿，可以转为规范化的股金，农民不愿转为股金的，三年后清退，以银行存款利率付息。

（三）规范管理互助储金会

民政部门倡导的农村救灾扶贫互助储金会，应是不以盈利为目的的群众资金互助组织，不得办理和变相办理存贷业务。各种互助储金会在村或村民小组内设立，对困难户提供无息或低息借款，接受社会监督。

乡及乡以上已经设立的互助储金会，要在年内撤销。县政府或县民政部门要制定管理办法，加强互助储金会管理。同时，农村信用社要改进对困难户的借贷服务。

（四）清理和撤销办理金融业务的各种"财务结算中心"

部队、铁路系统和企业集团不得以行政隶属关系强行要求所属企业通过"财务结算中心"办理存款、贷款、拆借、结算等金融业务，已经办理的，要在年内清收债权、清偿债务。各商业银行不得参与结算中心的联办活动，已经联办的，一律在今年内从人、财、物方面彻底脱离关系。

七、深化改革，依法监管，把各省、市建成金融安全区

一是改革人民银行的机构设置，提高金融监管独立性和专业化水平。撤销人民银行省级分行，成立若干跨省区一级分行；在不成立一级分行的省成立金融监管办事处；增加省会城市分行金融服务功能；撤销二级分行所在地重复设立的县级机构；加强县支行对农村信用社的监督。

二是加强领导。人民银行省级领导要集中时间，集中干部，做好所在地金融风险的防范和化解工作。省分行、地市分行的行长要用一半以上时间领导和处理化解金融风险的工作，此外还要有一名副行长专门分管金融监管工作。其余领导人员，也要结合金融监管这个中心任务，做好分管业务的领导工作。各地金融风险是长期形成的，人事变化也很大。所有在任领导，都有责任了解和主动处理过去形成的风险。凡对过去形成的风险不反映、不处理的，总行也要视情节追究领导责任。领导班子及其人员构成，不能胜任金融监管工作的，要及时调整。

三是培训干部。从总行到支行，要对金融监管部门的干部进行培训。在办好这次培训班的基础上，总行将于今年底前编印中国人民银行金融监管培训实用教材。中央银行不仅要对金融机构高级经营管理人员进行任职资格审查，也要对自身各级行领导干部和职能部门干部的金融监管资格进行审查。金融监管的部门领导职数的比

例可以相对高一些。

四是责任到人。要把所有金融的日常监管任务，落实到部门，落实到人。对被监管金融机构，按月监控流动性，按季监控资产负债比例管理，半年写出全面的监管报告。今后，要求一二年内对金融机构的实际资产进行一次评估。可以探索建立人民银行金融监管员等级制，定期表彰优秀金融监管员、优秀金融监管单位。人民银行各级行和广大干部，要廉洁奉公，重新制定《中国人民银行行员守则》和《金融监管干部守则》，严禁接受被监管对象的吃请、送礼和无偿消费。

五是从严监管。人民银行各级行要认真执行总行制定的《金融监管行政处理暂行规定》，对违规行为进行严肃处理。要按几家银行的联合通知，对造成重大损失的违规违法案件，要追究领导人的领导责任。要纠正把违纪看成违章，把违法看成违纪，以对单位经济处罚代替对个人行政处罚，以种种理由把"大事化小，小事化了"的不良倾向。对人民银行内部金融监管流于形式而造成失职的，或包庇违纪违法机构的人员，也要给予严肃处理。

六是各省、市分行，要排除万难，把所辖地区建成金融安全区。各省、地市分行，要进一步分析所辖地区金融风险表现形式，对其风险特别是支付风险，要一个一个地查清产生的原因、责任、发展趋势，提出化解措施，并把化解风险任务落实到各个分支行、各个部门和具体承办人员。总行要及时制定化解金融风险的政策，重点抓好几个省的金融风险化解工作。

中国人民银行系统广大干部和职工，一定要认真贯彻全国金融工作会议明确提出的防范和化解金融风险的方针、政策，认真履行中央银行各项职责，为我国经济及金融的安全作出新的贡献。

中国人民银行的历史责任

（1998 年 11 月 30 日）

今年 12 月 1 日，是中国人民银行成立 50 周年纪念日。50 年来，中国人民银行走过了一条不平凡的道路：在解放战争硝烟中诞生，在社会主义建设时期成长，在改革开放中逐步完善。1948 年到 1983 年，人民银行既履行中央银行职能，又办理商业银行业务。1984 年开始，中国人民银行专门行使中央银行职能，确立了我国中央银行制度的基本框架，在货币政策、金融监管等方面积累了初步经验。1995 年 3 月公布的《中华人民共和国中国人民银行法》，确立了中国人民银行作为中央银行的地位和职责，标志着我国中央银行体制走向了法制化、规范化的轨道，是一次历史性的跨越。中国人民银行在稳定币值，加强金融监管，建设现代化支付清算系统，保证现金供应，精心管理国家金库和外汇储备，及时公布准确的金融统计数据等方面做了大量工作，促进了我国金融业和国民经济的稳定发展，取得了重大成就。

金融是现代经济的核心。50 年来，我国新的金融体制逐步建立，金融业务迅速发展，金融业由封闭走向开放。我们回顾前 50

注：1998 年 11 月 30 日，在中国人民银行成立 50 周年前夕，戴相龙同志在《金融时报》发表了题为《中国人民银行的历史责任》的文章。

年的历程，展望新世纪的到来，更加深刻地认识到中央银行的历史责任。

一、保持币值稳定，促进经济增长

货币政策是对中央银行为实现宏观经济调控目标而制定的方针、政策、措施的总称。《中华人民共和国中国人民银行法》规定，"中国人民银行在国务院领导下，制定和实施货币政策，对金融业实施监督管理。""货币政策的目标是保持货币币值的稳定，并以此促进经济增长。"

把保持币值稳定作为货币政策的首要目标，是国际、国内宏观经济管理经验教训的总结。在现代经济和社会活动中，货币作为流通中所有商品价值的一般等价物，其本身价值是否稳定，直接关系经济运行和社会生活能否正常进行。币值稳定包括货币价值对内和对外稳定两方面内容，前者表现为物价总水平的基本稳定，后者表现为汇率水平的基本稳定。币值稳定不是要求币值固定，而是要求币值在短期内不要有显著和急剧的波动。中国人民银行成立50年来，虽然不同的历史时期其职能、地位不尽相同，但保持人民币币值稳定始终是它的主要任务。建国初期的恢复国民经济，困难时期的三年经济调整，改革开放以来几次大的通货膨胀治理，特别是1993年以后几年中控制通货膨胀和1998年防止通货紧缩，维护人民币币值稳定，中国人民银行作出了自己应有的贡献。

在稳定人民币币值的同时，50年来，中国人民银行根据不同时期国家的经济发展战略和国民经济建设方针，适时调整货币信贷政策，支持经济增长，促进经济结构合理调整。特别是改革开放以来，通过不断深化金融改革，拓宽利用外资渠道，有力地支持了改革开放和经济发展。

以邓小平理论为指导，坚持从中国实际出发，灵活运用货币政策工具，调节宏观金融运行，是成功制定和实施货币政策的基本经验。改革开放以前，适应计划经济体制的需要，中国人民银行主要通过控制贷款规模、现金发行，"守计划、把口子"，总体上保持了币值的基本稳定。改革开放以后，金融机构体系不断完善，金融调控不断改进。1984 年中国人民银行专门行使中央银行职能以来，适应经济金融运行机制的变化，人民银行及时调整货币政策操作手段，特别是 1993 年后，中国货币政策操作由直接控制向间接控制的过渡，取得了显著进步。在货币政策工具方面，取消了贷款限额控制，实行资产负债比例管理；灵活运用收回中央银行贷款和公开市场操作，吸纳了 1994 年到 1997 年外汇储备大幅增加而投放的货币；多次及时调整利率，对消费、储蓄和投资产生引导作用。虽然我国没有进入完全市场利率体制阶段，企业之间也还没有形成平均利润率，但利率总水平对企业财务、个人存款、证券投资、国债成本的影响逐步扩大，利率调整已逐渐成为主要货币政策工具。

坚持适度从紧的货币政策，灵活调节货币供应量，是实现币值稳定并以此促进经济增长目标的基本要求。我国处于计划经济向社会主义市场经济体制过渡阶段，国有企业（含金融企业）自我发展和自我约束能力较弱，国民经济整体效益不高，综合财政赤字较大，通货膨胀压力将长期存在。货币政策的基本点，应该是首先着眼于长期的币值稳定，以促进经济持续、快速、健康发展。因此，在中长期内，我国要实行适度从紧的货币政策。实行适度从紧的货币政策，是 1993 年 6 月国家实行宏观经济调控的重要内容。1995 年 9 月党的十四届五中全会和 1996 年八届全国人大常委会第四次会议确定，"九五"期间要实行适度从紧的货币政策。党的十五大和十五届三中全会再次明确我国在中长期内要坚持适度从紧的货币政策。实行适度从紧的货币政策，即要做到经济发展速度适当，货币供应增长适度，货币工具不断改进。从中长期发展阶段看，要执行适度从紧货币政策，具体到每一年，还要针对国内外经济环境变化，灵活调控货币供应量。例如，1993～1996年，我国整顿金融秩序，三次上调利率，积极收回中央银行的贷款，成功地缓解了外汇储备大幅增加对货币供应的压力，使过高的货币供应量增长幅度恢复到正常水平，降低了通货膨胀率。1997年以后，我国又五次下调利率，商业银行认购了1 400多亿元国债，推出了住房、汽车等消费信贷，适度增加货币供应量，配合积极的财政政策，扩大国内需求，缓解了亚洲金融危机对我国的冲击，为实现国民经济发展目标作出了贡献。根据社会主义市场经济宏观调控的要求，货币供应量增长目标是预测性的，在执行中可以灵活调整。

二、深化金融改革，建立与社会主义市场经济相适应的金融体制

建立与社会主义市场经济相适应的金融体制，是我国经济体制改革的主要内容，是中央银行必须承担的历史责任。金融体制表现为金融部门与政府、企业之间，不同金融机构之间相互关系的制度和规则。我国的经济体制决定我国的金融体制，但完善和具有活力的金融体制也可以促进我国经济体制改革和社会稳定。我国的金融体制，必须适应我国以公有制为主体、多种所有制经济共同发展的基本经济制度，必须符合我国经济发展多层次和地区间发展不平衡的格局，有利于运用金融市场提高资源配置的效率，有利于防范金融风险和稳定金融秩序，有利于适应当今金融全球化趋势。在改革具体步骤上，要明确方向、突出重点、立法在先、循序渐进。

商业银行是我国金融业的主体，也是今后金融改革的重点。目前我国商业银行，已经形成国有独资商业银行、区域性股份制商业银行和地方性城市商业银行分工并存的格局。到1998年10月末，存款余额69 387亿元，贷款余额58 119亿元，资产余额79 204亿

元，占全国金融机构资产余额的72%。商业银行改革的核心，是建立自主经营、自负盈亏、自我发展和自我约束的运行机制。国有独资商业银行是我国商业银行的主体，必须加快改革，否则就会在当今激烈的国际金融竞争格局中落伍，影响国家金融安全。1994年后，国务院已多次明确国有独资商业银行不再发放政策性贷款，为国有独资商业银行改革提供了条件。国有独资商业银行要通过依法经营、增收节支，努力提高盈利水平；除中国农业银行外，要把业务重点放在大中城市；要撤并业务量较小、长期亏损的分支机构，精减人员和费用；要强化一级法人管理，健全内部控制机制，多渠道增加资本金，提高和保持资本充足率；要逐步核销坏账，把一部分过去形成的不良贷款剥离出来转由专业机构经营，建立严格贷款质量管理制度，使资产质量达到世界上中等发达国家银行的水平。

按照合作制原则改革农村信用社管理体制，完善农村金融服务体系。农村信用社是我国农村金融的基础，农村信用社管理体制改革事关我国农业发展的大局。目前农村信用社问题较多，核心是其业务经营方针偏离了合作制原则。合作制不仅适合我国农村长期实行家庭承包经营制度，而且也适合农村现代化商品生产的要求。目前，我国靠提高农产品价格来增加农民收入有很大困难，农民小商品生产与国内大市场之间的矛盾也日益突出。因此，需要一种合作制形式，把农副产品的生产、加工、销售及其金融服务紧密结合起来，以克服农民家庭生产经营与国内大市场的矛盾；要把农产品加工和销售的利润按出售农副产品多少返还给农民，以增加农民收入，提高农民对工业品的购买力。针对上述情况，要坚持把农村信用社办成农民自愿入股、社员民主管理、主要为入股社员服务的合作金融组织，促进农村合作经济发展。

根据经济发展客观需要和中央银行监管水平，逐步发展各种非银行金融机构。保险公司、证券公司、信托投资公司和企业集团财务公司是我国金融体系的重要组成部分。特别是证券公司和信托投资公司，对我国资本市场发展发挥了重要作用。我国资本市场从无到有，证券融资逐年增加，是金融改革的重大成果。一个国家直接融资比重的高低，主要取决于企业信用状况、经营业绩和向社会筹资能力。直接融资有效合规地扩大，不会减少社会资金总量，相反可减轻银行信贷的压力，减少银行风险。中央银行要继续配合有关部门深化企业股份制改革，适当加快资本市场发展，逐步扩大直接融资比重。信托投资公司要按"信托为本、分业管理、规模经营、严格监督"的原则进行改革。80年代初期，地方财政和企业可供自己支配的资金有所增加，要求有相应金融机构代为管理资金，提高资金收益。参照国外做法，我国设立了信托投资公司这类非银行金融机构。由于对信托业务需求估计过高，信托投资公司批设过多，信托投资公司将吸收到的短期信托存款投资于房地产，加之对信托投资公司监管不力，导致今日许多信托投资公司面临困境。信托投资机构必须坚持"受人之托，代人理财"经营原则，实行信托业务和证券业务的彻底分离，提高规模经营水平，实行严格监管。企业集团财务公司要立足于筹集企业集团成员长期闲置资金，提高企业集团技术改造水平，不能把财务公司办成短期融资为主的商业银行。

三、依法加强金融监管，维护金融业稳健运行

加强金融监管是维护金融体系正常运行的需要，是有效实施货币政策的基础。改革开放以来，我国金融业稳步发展。新的金融体系初步建立，金融业在控制通货膨胀和防止通货紧缩中发挥了作用，外汇储备相对充足，公众对金融业稳定充满信心。但是还应该看到，我国金融业存在着不可忽视的风险，突出地表现在：国有商

业银行不良贷款比率较高，少数中小存款金融机构资金流动性不足，信托投资公司遗留问题较多，一些地区和部门非法设立金融机构、非法从事金融业务、非法集资的现象较为严重。目前金融领域的问题是多年积累起来的，是国民经济深层次矛盾的综合反映，是重复建设、各种乱干预、内部管理和金融监管薄弱的具体表现。党中央和国务院对防范金融风险、维护国家金融安全十分关心，并决定采取 15 条措施深化金融改革，整顿秩序。中国人民银行要认真贯彻去年全国金融工作会议精神，为建立现代金融体系、现代金融制度和良好金融秩序及维护国家金融安全而努力。

现阶段金融监管必须坚持分业经营、分业监管的原则。各类金融机构业务交叉经营在发达国家已很普遍，原因在于这些国家资本市场发达，商业银行内部管理完善，金融监管法规严密。但我国金融市场还不够规范，银行间接融资在全国融资格局中占 85% 以上，而且金融机构内部风险控制不能适应业务交叉经营的要求，金融监管也缺乏经验。实施分业经营，可以防止银行业、证券业、保险业的风险在行业间交叉传染，可以防止资金通过银行大量进出股市及由此引起的股市过度投机，可以防止非银行金融机构借助关联银行进行不正当竞争。为此，我国法律明确规定对银行业、证券业、保险业实行分业经营。在分业经营的基础上，有必要对金融机构实行分业监管。过去 50 年，我国金融监管权集中于中国人民银行一家。随着金融机构种类增多和金融业务多样化，原有的金融监管体制与金融业发展不相适应。为此，把中国人民银行对证券业和保险业的监督管理，先后划归中国证券监督管理委员会和中国保险监督管理委员会管理，中国人民银行主管银行业和其他金融机构，这是十分必要的。新的金融监管体制有利于提高我国金融监管水平。

改革人民银行管理体制是强化金融监管的重大举措。根据中共中央、国务院决定，中国人民银行于今年 10 月开始进行了管理体制改革。改革的主要内容是，撤销 31 个省、自治区、直辖市分行，建立 9 个跨省区分行，在不设分行的省会城市设立金融监管办事处，撤销在同一城市重复设置的分支机构，并明确了总行、分行、中心支行、支行在金融监管方面的权利和责任，强化了分支机构的金融监管职责。这一改革有利于增强中央银行执行货币政策的权威性，有利于增强中央银行执行金融监管职能的独立性和公正性，有利于提高中国人民银行工作人员业务管理水平。法律是金融监管的基础。金融机构要依法经营，中央银行要依法监管、执法严明。长期以来我国金融监管的效果不佳，主要原因就是金融机构有法不依、有章不循，中央银行在金融监管中执法不严、查处不力。新的管理体制运作后，中国人民银行系统将充分发挥新体制的优势，配合有关部门，严格查处金融领域各种违规违法案件，实现全国金融秩序明显好转。

四、按循序渐进的原则，全面提高我国金融业对外开放水平

过去 20 年，金融全球化趋势日益明显，各主要工业国和许多新兴国家和地区放松了对金融业的管制，使国际货币市场和资本市场融为一体，国际资本流动的规模和速度大大提高，金融资产加速证券化，新的金融产品大量涌现。世界经济一体化发展，需要建立有利于金融稳定的新秩序，加强对资金流动的监管，防止过度投机。面对新的国际金融形势，我国金融业要加快改革进程，提高竞争能力，迎接金融全球化的挑战，同时，要切实防范国际金融风险，维护我国金融安全。

面对世界上一些国家和地区出现的金融危机，中国政府采取了高度负责的态度。近几年，世界上一些国家和地区发生金融危机，其原因是多方面的。简而言之，一是过早地全面开放资本市场，宏观经济调控和金融监管相对薄弱，出现泡沫经济。二是国际金融体

系和国际金融合作，不适应国际金融形势的变化。当前国际金融市场的大量外汇交易和资本流动严重脱离生产和贸易真实需要，而国际金融体系对短期资本的大量流动，特别是高风险的对冲基金的投机炒作不能实行有效监督。江泽民主席在不久前召开的亚太经合组织会议上对防范和化解这场金融危机提出三点主张：加强国际合作，制止危机蔓延，为受这场危机冲击的国家和地区恢复经济增长创造有利的外部环境；改革和完善国际金融体制，确保国际金融市场安全有序运行，加强对国际金融资本流动的监管，扼制国际游资过度投机；尊重有关国家和地区为克服危机自主作出的选择。这三点主张是在实事求是地分析金融危机产生根源基础上提出来的，是非常正确的。中国在亚洲金融危机中采取了高度负责的态度。在出口增长率下降、国内需求不足的情况下，通过采取适当财政、货币政策，坚持维护了人民币汇率稳定。同时，中国人民银行代表中国政府通过国际货币基金组织操作预算和双边关系，为发生危机国家提供了 40 多亿美元的贷款援助。所有这些，对促进我国经济发展，稳定亚洲金融市场发挥了重要作用。

保持人民币汇率稳定，逐步使人民币成为可兑换货币是我国外汇体制改革的目标。1993 年 11 月中共中央《关于建立社会主义市场经济体制若干问题的决定》指出：建立以市场为基础的有管理的浮动汇率制度和统一规范的外汇市场，逐步使人民币成为可兑换的货币。中国坚持实行以市场供求为基础的、有管理的浮动汇率制度，保持人民币对世界主要币种加权平均汇率的稳定。目前，我国外汇储备大于一年进口付汇，国际收支平衡有余，加上采取其他有效措施，有条件继续保持人民币汇率稳定。我国在 1996 年 12 月，提前实现了人民币在经常项目下的可兑换。同时，对资本项目外汇收支实行严格的管理。实践证明，这样有利于我国控制外债总量和结构，也有利于维护外国投资者的利益，得到国际社会充分肯定。

今年以来，我们加强了外汇管理的执法力度，管理依据仍然是1994年以来制定的基本法规。我国将继续深化外汇体制改革，坚持人民币经常项目下可兑换，不会恢复经常项目下的外汇管制。实行资本项下可兑换，要求具备各种条件，不能操之过急，我们将根据国内改革和建立国际金融新秩序的进展情况，积极创造条件，为最终实现人民币的完全可兑换而努力。

提高金融业对外开放水平。在华外资金融机构是我国金融业不可缺少的组成部分。亚洲金融危机发生后，中国对外资金融业继续扩大开放。一年来，中国人民银行又批准外国银行在中国设立9家分行，把外资银行经营人民币业务试点从上海浦东扩大到深圳。同时，批准4家外国保险公司到中国经营保险业务。1998年10月底，在华外资银行营业性机构有175家，总资产总额为354亿美元，外汇贷款总额为270亿美元，外资银行的外汇贷款占境内全部外汇贷款的近四分之一。8个国家的9家保险公司在中国设立了12家营业性机构，其中10家已经开业。我国金融业将遵循以下原则继续扩大对外开放，同时，要提高开放水平。第一，平等竞争、互惠互利。引进外资金融机构，促进我国金融业的改革和发展。同时，支持国内金融机构到国外开拓金融业务，提高我国金融业参与国际竞争的能力，扩大中国与世界各国的经济和贸易合作。第二，中国与世界各地的贸易往来和经济合作是对外金融开放的基础，金融业的开放应与贸易和经济合作的发展水平相适应。第三，对外金融开放要与我国金融监管水平相适应。严格掌握市场准入条件，引进资信好、实力强、管理水平高的金融机构。第四，在税收、服务、监管等方面，对外资金融机构逐步实现国民待遇。

在纪念中国人民银行成立50周年之时，我们不能满足于过去取得的成绩。中国人民银行的历史责任重大，任重而道远。我们一定要高举邓小平理论的伟大旗帜，在以江泽民同志为核心的党中央领导下，坚持改革开放的基本国策，迎接新世纪金融全球化的挑战。

金融全球化及我们的对策

（1999 年 1 月 5 日）

在金融全球化的发展中，东南亚发生了严重的金融危机，东盟陷入 31 年来最为困难的时期。受此影响，俄罗斯已存在的金融危机迅速爆发，日本经济萧条进一步加深，1998 年全球经济增长从上年 4% 急落到 2%，全球经济发展面临 50 年来没有的衰退的压力。金融全球化是怎么一回事？东南亚金融危机的根源和教训是什么？面临金融全球化的机遇和风险，我国应采取什么对策？这些已成为维护我国经济和金融安全的一项重要课题。

一、金融全球化的发展

当前国际形势的发展趋势，一是政治上的多极化，二是经济上的全球化。经济全球化推动金融全球化的发展。金融全球化是世界经济、金融和科技发展的必然趋势。金融全球化给各国带来发展机遇，同时，也给各国特别是发展中国家带来严重风险。

注：1999 年 1 月 5 日至 11 日，中共中央举办了省部级主要领导干部读书班，紧密结合当前经济工作的基本任务，学习、研讨金融改革的主要内容和加强金融监管、防范金融风险等问题。此文为戴相龙同志在这个读书班的讲课稿。在这前后，戴相龙同志多次在有关党政军机关讲述这个专题。

（一）金融全球化的发展及现状

当前国际金融的一个引起人们普遍关注的趋势，就是金融全球化。金融全球化最基本的特征是，随着国际资本大量迅速流动，各国相互开放金融领域，多数国家的金融机构和金融业务跨国发展，巨额国际资本通过国际金融中心在全球范围内迅速运转。金融全球化，是由发达国家首先推动起来的，它们在其中一直起着主导作用，其基本运作规则主要由发达国家所制定，反映了垄断金融资本的利益。金融全球化降低了融资成本，为发展中国家增加了资金来源，促进资金流入国提高金融管理水平。但是，金融全球化扩大了发达国家和发展中国家的差距，特别是对巨额短期投机资本缺乏有效监督，增加了发展中国家和新兴市场国家的风险，不断引发国际市场动荡。

大量国际资本的流动是金融全球化发展的主要原因。90 年代进出口贸易每年平均增长 6.2%，比同期 GDP 增长高出一倍。贸易的发展，推动国际结算、货币汇兑和短期融资业务发展。但是，加速推动金融全球化的主要原因，是大量国际资本的流动。90 年代以来，在经历了 80 年代末（1988～1990 年）短暂的调整与喘息之后，国际资本流动再次表现了异常强劲的势头。据统计，1993 年，国际融资总净额只有 2 750 亿美元，1997 年增至 75 850 亿美元。1990 年全球流向新兴市场的私人资本只有 444 亿美元，1996 年增至 3 360 亿美元，1997 年因东南亚金融危机减少到 3 198 亿美元，预计 1998 年可能再比 1997 年减少 520 亿美元。跨国公司在推动国际资本流动方面发挥了重大作用。据联合国贸易发展组织统计，在全球 100 个大经济体中，有 49 个为跨国公司。1997 年末，跨国公司的产值占世界各国国内生产总值之和的 20%，贸易额占全球贸易额的 60%，投资额占各国对外投资的 23%，掌握了世界上 70% 的高技术，技术转让额占全球的 80%。国际资本跨国界、跨币种、跨银行流动，推动了金融全球化的发展。

金融创新、金融自由化和现代信息技术发展为金融全球化发展提供了基本条件。从 70 年代初开始，国际固定汇率制度改为浮动汇率制度，利率、汇率波动加大。为了避免这些风险，世界上出现"金融创新"，金融衍生产品业务逐步发展。1972 年芝加哥商品交易所开办外汇期货业务。接着出现金融期货业务，包括股票指数业务。金融衍生业务发展，虽有利于避免风险，但由于"以小博大"的原理，也带来金融投机，增加了新的风险。

70 年代末 80 年代初，美国、日本、澳大利亚、加拿大和欧洲一些发达国家纷纷宣布实行称为"金融自由化"的金融改革。其主要内容是放松金融管制；放松利率和外汇控制；允许银行业、保险业和证券业从分业经营走向混业经营；允许银行在离岸市场开展外币业务；等等。一些发展中国家，随后也进行了同样的改革。这些改革有利于促进国际资本流动，推动了金融全球化发展。信息革命为金融全球化提供了技术条件，世界上数百家银行通过通讯系统和十几个国际外汇交易中心密切联系，每天 24 小时不中断进行外汇业务。

金融全球化迅速发展。1998 年底，国际货币基金组织共有 182 个成员国，资本账户比较开放的约有 70 个国家，其中，共有 20 多种有代表性的可兑换的货币。跨境银行债权总额，1992 年为 1 855 亿美元，1997 年底增到 9 038 亿美元；国际融资总额，1992 年为 2 149 亿美元，1997 年增加到 8.8 万亿美元。目前，全球游资已达 7.2 万亿美元；十大外汇交易市场日均外汇交易已接近 1.5 万亿美元；到今年 11 月，全球证券市场证券市值高达 25.2 万亿美元，其中，十大证券市场证券市值为 22.3 万亿美元。

（二）金融全球化中的国际货币体系

金融全球化要有相应的国际货币体系来支撑。我们着重从国际货币和国际汇率制度两个方面来分析国际货币体系。

国际货币是指广泛为国际间交易所采用的通货，通常为硬通货。其功能包括：媒介货币，指能作为国际间交易支付的工具；干预货币，指能作为各国外汇市场操作所使用的通货；计价标准，指能作为国际间商品及服务价值标准；储备货币，指能作为各国外汇储备所使用的货币。欧元启用后，全球将形成"两强（美元、欧元）一弱（日元）"多元国际货币体系。

美元在国际货币中是占主导地位的货币。美元在国际贸易结算、外汇交易和官方外汇储备中分别占 48%、42% 和 66%。美元在国际货币体系中的特殊地位给美国带来很大利益，形成"美元特权"。1998 年 7 月，美国发行现钞 4 337 亿美元，其中有 60% 在外国流通。以中长期国债年息 5% 计算，仅此一项每年可减少支出 150 亿～200 亿美元。

1999 年 1 月 1 日以后，欧元可望逐步成为与美元不相上下的国际货币。1997 年全世界国民生产总值 27.3 万亿美元，其中，欧盟占 28%，美国占 27%；1996 年全世界贸易中，欧盟占 21%，美国占 19.6%。启动欧元将削弱"美元特权"的地位，改变国际货币体系。据美国一家研究所研究，在 2 年或更长时间，有 1 000 亿～3 000 亿美元官方储备和 5 000 亿～10 000 亿美元私人财产由美元转为欧元；在世界外汇储备中，美元、欧元可能各占 40%，剩下 20% 为日元和其他货币。建立在与美国经济规模相当的欧洲经济之上的欧元的出现，原则上讲可抑制美元主导国际货币所造成的汇率剧烈波动。但是，也要看到欧元启动后的负面影响，其中包括欧元启用后，由于欧洲一体化加强，欧洲会减少对我国投资，加大对我国实行贸易保护主义。

世界外汇储备中，日元占 6%，以日元结算的贸易占 5%。日元将会是仅次于美元、欧元的国际货币，但无法和这两种货币抗衡。

汇率是一种货币用另一种货币表示的价格，是一国货币与他国货币的兑换比率。汇率变动影响本国产品在进口国的贵贱，影响本国进出口和国际收支的平衡，影响本国经济和金融的安全。国际汇率制度成为金融全球化发展的重要制度。

理论汇率决定于两国货币价值量之比，实际汇率决定于外汇市场的供求。国际收支是影响汇率的主要因素，国际收支发生顺差，表明本币供不应求，一般会引起本币汇率上升，反之亦然；本国利率高于另一国利率，引起短期资金流向本国，一般导致本国货币汇率上升，反之亦然；本国通货膨胀率上升，本币汇率一般下降；汇率变动还受到各国中央银行的干预、市场预期心理、投机资本和政治与突发性因素的影响。

按国际货币制度的演变来划分，汇率分为固定汇率和浮动汇率。从总体上讲，1973 年前实行固定汇率制，在这之后实行浮动汇率制。第一次世界大战前实行"金本位"制固定汇率。在这种制度下，大多数国家通货可直接兑换成黄金，各国货币按含金量多少形成固定汇率，固定汇率促进了贸易发展。如在美国 1 美元可兑换成 1/20 盎司的黄金，在英国 1 英镑可兑换 1/4 盎司黄金，因此，形成 5 美元可兑换 1 英镑的固定汇率。后来由于多种原因，各国不再能把各自货币兑换成黄金，造成"金本位"崩溃。1945 年到 1973 年实行美元"双挂钩"下的固定汇率。1945 年，美国持有黄金量占世界总量 75%，工业产品占世界 48%，贸易量占世界 34%。1944 年以第二次世界大战战胜国为主的国家在美国布雷顿森林召开会议，借助美国的经济强国地位，确定美元为国际储备货币。美元与黄金挂钩，即 35 美元可换 1 盎司黄金；其他国家则承诺本币与美元挂钩。这种汇率制度在较长时间内促进了国际货币体系的稳定。由于经济危机和越南战争，美国黄金储备减少 3/4。在这种情况下，美元无力和黄金按固定比价挂钩。1973 年，美国宣布不再维护美元和一定量黄金的比价关系，并不与其他国家货币实行固定汇率。1976 年 1 月，国际货币基金组织理事会在牙买加首都开会，正式实行浮动汇率制度。继主要先进经济体广泛采用浮动汇率制度之后，大多数发展中国家也实行浮动汇率制度。各国实行浮动汇率，必然带来全球汇率不稳。1975 年，法国倡议召开"七国首脑会议"，加强了七大国合作，协调汇率、利率政策。尽管如此，美元兑马克、美元兑日元升贬幅度最高达到 50%，国际金融市场长期处于不稳定状态。

（三）金融全球化中的国际金融市场

由多边而经常发生的资金借贷关系形成的资金供需市场，称为金融市场；若金融市场上的交易涉及许多国家，则称为国际金融市场。

以伦敦为中心的欧洲货币市场。伦敦仍保持世界最大的国际银行业中心地位。欧洲货币总额已超过 64 000 亿美元，其中三分之一集中在伦敦的银行账户上。国际货币市场拆放利率一般以伦敦银行同业拆借利率（LIBOR）为基础，再加半厘到 1 厘的附加利率。

外汇市场。据国际清算银行统计，全球外汇市场日平均交易量 1989 年为 5 900 亿美元，1992 年为 8 200 亿美元，1995 年猛增至 11 900 亿美元，1998 年上升到 15 000 亿美元。

证券市场。国际证券市场由分布在世界各地大大小小的证券交易中心组成。到今年 11 月，全球证券市场各种证券市价总值达到 25.2 万亿美元，成交 23 万亿美元，其中，十大证券市场证券市值 22.3 万亿美元，成交 20 万亿美元。美国道·琼斯工业平均指数、日经 225 种平均指数（东京）、金融时报 100 种股票交易指数（伦敦）等重要股票市场指数受到全世界关注。

（四）金融全球化中的国际金融组织

为了维护金融全球化发展，世界各国特别是经济大国，需要对重大经济和金融政策进行协调。对政策和方针达成长期协议，叫规则协调；对某个特定的政策组合达成临时协议，叫随机协调。国际货币基金组织、世界银行和国际清算银行等国际金融组织承担规则协调职责。

国际货币基金组织。成立于1945年的国际货币基金组织，是联合国所属专门负责国际货币事务的国际金融机构，主要是提供短期资金，维护汇率稳定。该组织目前拥有182个成员国，其主要业务活动包括：（1）监督成员国的外汇安排与外汇管制；（2）与成员国进行定期或紧急磋商；（3）为成员国之间就国际货币问题进行磋商与协调提供一个国际论坛；（4）向成员国提供贷款或紧急资金援助。国际货币基金组织的资金来源主要是成员国认缴的份额。目前，资本总额约2 500亿美元。1980年中国恢复了在该组织的合法席位。

世界银行。世界银行成立于1944年，中国是创始成员国之一。世界银行的主要宗旨是促进成员国的可持续发展，消灭贫困，提倡人力资源的发展。主要业务分为项目贷款和经济政策咨询。到1998年6月底，世界银行对我国累计贷款金额为304亿美元。世界银行现有资本约2 000亿美元。

国际清算银行。国际清算银行，最初于1929年为处理德国战争赔款问题而创建，但很快便发展成为一个各国中央银行间相互合作的正式机构。在该组织支持下产生的巴塞尔银行监管委员会，已被广泛视为国际银行业监管发展的首要组织；由该机构发起拟定的《巴塞尔资本协议》及《有效银行监管的核心原则》，为越来越多的国家所接受，实际上已成为银行监管的国际性准则。1997年，我国参加国际清算银行。

美国、英国、法国、德国、日本、意大利、加拿大7国集团首脑及其财政部部长、中央银行行长经常就经济和金融重大政策进行协调。亚太经合组织（APEC）、77 国（G77）、东—新—澳中央银行组织等也对本地区经济及金融政策进行协调。

亚洲、非洲、美洲等开发银行对促进有关地区经济发展发挥了积极作用。

二、金融全球化中的风险及预防

金融全球化加速了国际资本的流动，给世界各国带来了种种发展机遇。但是，由于对巨额国际资本不能实行有效监控，加之投机资本运用金融衍生业务进行投机炒作，金融全球化也带来了全球"金融泡沫"。东南亚金融危机就是全球"金融泡沫"的爆发和蔓延。

（一）金融全球化中的风险与危机

金融全球化中的主要风险。金融全球化降低了金融交易成本，促进资本流动和贸易发展，对世界经济及发展中国家发展发挥了作用。但是，金融全球化使融入其中的国家和地区面临三种压力：一是对本国财政、货币政策的压力；二是对金融监管的压力；三是对本国金融业的压力。如果对这些风险处理不当，或者本国经济、金融脆弱，承受不了这三种压力，就可能发生金融危机。1992 年 9 月，投机分子纷纷抢购马克，抛售里拉、英镑，迫使里拉和英镑退出欧洲货币体系，实行自由浮动。1994 年 12 月 19 日，墨西哥政府为减少贸易赤字，宣布新比索贬值 15%，造成大量资金流出墨西哥，发生墨西哥金融危机。三周之内比索贬值 40%，按美元计算股票市场下跌 40%。

东南亚金融危机的爆发。东南亚金融危机，始于 1997 年 7 月泰国货币危机，进而发展为金融危机和经济危机，在个别国家发生政治危机，引起国家和政府首脑的更换。

危机给有关国家造成严重后果：一是资产价格严重贬值。据统计，自 1997 年 7 月以来，东南亚危机国家的货币平均贬值约 50%，股票价格下跌近 70%，房地产价格下跌 40% ~ 60%。二是企业破产，银行瘫痪，生产下滑。今年印尼、泰国、韩国、马来西亚、菲律宾的经济增长平均下降 8%。三是人民生活水平下降，民怨沸腾，社会关系紧张，甚至发生严重暴乱。据估计，东盟国家财富损失 3 万亿美元，银行不良资产上升到 1 万亿美元，东盟面临成立 31 年来最为困难的时期。

东南亚金融危机的扩散。在金融全球化下，一个地区、一个国家发生危机，会通过三种形式扩散。一是东南亚各国危机和地区经济衰退导致全世界总需求下降，加剧全世界生产过剩；二是在东南亚投资和投机的当事人遭受损失，引起银行信贷紧缩；三是普遍引起心理恐慌，对前途茫然，丧失信心。1998 年 8 月，由于东南亚金融危机之后，石油价格从泰国发生危机前每桶 18 美元，降为 10 美元，降价 40%，使俄罗斯减少外汇收入近 200 亿美元，国际收支状况急剧恶化，引起大量资本外逃。8 月 17 日，俄国政府放弃卢布兑美元的最低限价，决定延期 90 天偿还国外到期债务，引发严重金融危机。卢布汇率从 8 月 17 日前 7.13 卢布兑 1 美元，跌至 9 月 7 日 19.9 卢布兑 1 美元。俄国现在共欠外债 2 100 亿美元，其中，700 亿美元为前苏联借款，现有大量外债不能归还。1998 年经济回落 5.7%，消费物价上涨 26%，预计 1999 年将比 1998 年更为困难。

继 1998 年 8 月中旬俄罗斯危机爆发之后，巴西金融市场更是险象环生。两个月内外资逃离 280 多亿美元，其外汇储备从 740 亿美元骤减至 450 亿美元。11 月 13 日，国际货币基金组织 19 个工业化国家对拉美采取救援行动，承诺在未来 3 年内向巴西提供 415 亿美元贷款。

东南亚金融危机也曾给我国香港金融市场带来冲击。东南亚国家的需求下降对香港经济产生了负面影响，港元的间接升值使香港经济的竞争力有所降低。为了保持香港联系汇率制度和香港金融市场的稳定，香港金融管理局通过干预外汇市场和股票市场，平抑了游资对港元进行投机的风潮。香港调整经济结构工作十分艰巨。

东南亚金融危机也加重了日本经济的衰退和日元的波动。日本1997年度国内生产总值实际增长率为 -0.7%，是24年以来最低的速度，预计1998年全年负增长2.5%。日本的银行坏账高达6 000亿美元。自东南亚金融危机爆发以来，日元走势相当虚弱。8月11日贬至1美元兑147.65日元。10月以后，由于大量"对冲基金"为了平仓归还日元债务而抛售美元购买日元，美国任其美元贬值，使日元汇率升至1美元兑120日元以上。日本政府提出用60万亿日元救助、稳定金融体系，用20万亿日元刺激经济复苏。但由于多方面原因，日本难以在短期内走出萧条。

（二）金融危机的根源

产生这场金融危机的原因是多方面的，但国际社会已经公认，大量短期资金的无序流动是造成这场金融危机的主要原因。我们从两方面分析产生金融危机的原因。

第一，国际金融体系和国际金融合作不适应金融全球化发展的新形势。主要表现在：（1）对巨额短期资本流动，特别是短期资本脱离生产贸易而流动，没有监测和防治措施。据统计测算，目前全世界的金融交易量大约是商品（服务）交易量的25倍；在巨额的国际资本流动中，只有10%与贸易和投资有关。越来越多的外汇买卖和资本流动，严重脱离生产、贸易和投资活动。东南亚发生金融危机的关键，是超过1 000亿美元的资本流入东南亚，引起这些国家本币汇率升值和"泡沫经济"；汇率升值引起出口下降，从而降低外汇供应能力。外国债权人对此反应是迅速抛售这些国家货币，造成这些国家货币贬值，从而产生货币危机。为阻止资本流出，这些国家又提高利率，结果又造成银行和企业倒闭及金融和经济危机。大量失业和社会矛盾扩大，又引发社会动乱。（2）对投资基金的投机炒作没有防治措施。大量对冲基金挟巨资以造市，借支配地位以牟暴利，给有关国家国际收支平衡和金融稳定带来严重威胁。一个有几十亿美元资本的对冲基金，可从事上千亿美元金融衍生产品业务，这对于一个经济规模较小，宏观管理能力较弱的国家和地区来说会造成致命的打击。（3）对发生危机国家的救助也存在问题。一是国际货币基金组织资金薄弱。国际社会对发生危机的泰国、韩国、印尼、俄国、巴西5个国家救助约1 600亿美元，其中，国际货币基金组织支持不足760亿美元。二是救助的谈判、协调时间过长，不适应迅速变化的金融市场。三是救助资金不是用以维护债务人恢复国际收支调控能力，而是补偿国外到期外债。四是救助措施，不是迅速帮助恢复信心，而是提高利率。这些措施，降低了救助效果，加大了化解金融风险的压力。

第二，一些国家和地区本身经济和金融的脆弱性。一是在自身管理和控制能力还不具备的情况下，过早过度开放金融领域，尤其是开放资本项目。印尼、泰国、韩国在前几年开放资本项目。俄罗斯则于1996年对外开放国债市场。二是经济发展过分依赖外资，尤其是在贸易逆差时，过分依赖短期资本的流入来维护国际收支平衡。三是贸易逆差超过国际公认的警戒线。四是金融监管薄弱，金融体系不健全，"道德危害"普遍存在。五是汇率制度缺乏灵活性，尤其是一些国家实行钉住美元汇率制度，近几年美元走强，引起本币币值高估，导致出口竞争力下降，外汇收入大幅度减少。

（三）有关国家面对金融危机的态度和改革国际金融体系的建议

美国的态度和建议。东南亚金融危机初期，美国一直采取观望态度。1998年6月以后，由于日元大幅贬值、俄罗斯形势恶化以及巴西等拉美国家形势告急，也造成美国股市大幅下跌，经济增长下滑。在这种情况下，美国政府提出一些化解危机的主张，美国的金融集团乘机收购危机国家的金融资产。1998 年 4 月，由财政部部长、美联储主席召开 24 国财政部部长、中央银行行长会议研究救助办法，提出了改革国际金融体系、建立"面向 21 世纪国际金融大厦"的建议。主要内容是：增加各国金融和国际金融机构的透明度；加强各国金融体系，特别是新兴市场经济的金融体系；提高新兴市场的透明度。在去年 10 月国际货币基金组织和世界银行年会期间，美国总统克林顿亲自主持 26 个国家和地区财政部部长、中央银行行长会议，讨论化解金融危机办法，并要求国际货币基金组织研究美国组织 26 方研究提出的方案，表明要继续控制国际金融机构的强烈意图。

欧盟的态度和建议。这次东南亚金融危机对欧盟的影响不大，但欧盟国家对改革国际金融体系仍很积极。法国提出了不同于美国的建议，强调欧洲应在解决国际经济和金融问题中起更重要的作用；要加强国际货币基金组织临时委员会的权力，将其变成永久性的委员会；反对把美国在国际货币基金组织年会期间召开 26 方会议固定化；将欧元作为国际货币稳定的基础之一。反映欧盟对国际金融组织领导权的极大关心。

日本的态度和建议。日本实行超低利率政策，促使日元外流到亚洲，对推动东南亚一些国家"泡沫经济"产生重大影响。在这场金融危机中，日本极力推行日元国际化。1997 年 8 月 1 日，日本提出建立股金为 1 000 亿美元的"亚洲货币基金"建议。1998 年国际货币基金组织年会召开前，又提出"宫泽计划"，拿出 300 亿美元借给亚洲发生危机的国家或为其国际融资进行担保。此项计划在年会发言中公布，但有关国家对此反应并不积极。日本也提出改革国际金融体系的建议，主要是将国际货币基金组织、世界银行和国际清算银行的金融监管职能部分分离出来，设立"国际金融监督机构"，对各国的金融监督体制进行监督和技术指导。

我国的态度和建议。面对东南亚金融危机，我国采取负责任的态度，一是扩大内需，保持经济较快发展；二是保持人民币汇率稳定；三是通过国际货币基金组织操作预算和双边贷款，对发生危机国家出资 40 多亿美元。中国的地位和声誉空前提高。在 1998 年 11 月召开的亚太经合组织第六次领导人非正式会议上，江泽民主席就如何尽快克服东南亚金融危机的影响，防止世界经济衰退，促进国际金融稳定发展和推动建立国际金融新秩序，提出了三点主张：一是加强国际合作，制止危机蔓延，为受这场危机冲击的国家和地区恢复经济增长创造有利的外部环境。二是改革和完善国际金融体制，确保国际金融市场安全有序运行。三是尊重有关国家和地区为克服这场危机自主作出的选择。上述主张，既反映了发展中国家的利益和要求，也反映了经济、金融全球化的客观要求，引起了发展中国家的积极响应和一些发达国家的积极关注。

尽管自亚洲发生金融危机以来，全球经济一直面临着经济衰退的威胁，但是，阻止全球经济走向衰退的因素也在不断增加。西方 7 国已通过联合声明提出防止全球性经济衰退的改革方案，美国和欧洲 11 国已采取降息措施，中国经济持续高速增长，美国经济增长减速不会过多，东南亚经济衰退已接近谷底。据世界银行分析，1998 年全球经济增长 1.8%，比 1997 年下降近半，预测 1999 年略有恢复。总的来看，世界经济增长减速已经不可避免，但不会发生全球性经济衰退。

三、我国如何迎接金融全球化的挑战

改革开放以来，我国融入经济、金融全球化的程度不断提高，并获得明显效益。1997 年我国对外贸易总额达到 3 251 亿美元，成为第 11 贸易大国，外贸依存度为 36%。1998 年 11 月，外商向我

国直接投资达到 2 629 亿美元，我国已经连续 5 年成为除美国之外的最大外资流入国。加上向外借款 1 309 亿美元（1997 年），共计引进外资近 4 000 亿美元。到 1998 年 6 月底外资金融机构在中国大陆设立营业性机构 178 家，总资产接近 400 亿美元。8 个国家的 9 个保险公司在我国经营保险业务。

国际资本大量流入中国，对促进我国经济改革发展和提高技术水平发挥了重大作用。金融全球化在给我们带来发展机遇的同时，也使我们面临严峻挑战和风险。亚洲金融危机对我国的影响和我国经济发展中长期存在的问题相结合，增加了我国经济和金融的风险。一是 1999 年出口有可能负增长，外商直接投资也可能有所减少，国际收支平衡压力增大，不少地方和企业不能归还到期外债。二是国有企业经济效益差，制约了全国经济发展。1997 年底，我国共有国有企业 26.2 万户，其中有 37% 的企业资不抵债，近几年平均每年发生 3 000 多亿元坏账。三是财政收支矛盾突出，实行积极的财政政策难以持久。四是货币供应增长受到制约。1998 年国有商业银行不良贷款继续上升，收息率下降，企业应收款和库存大量增加。五是长期积累的金融风险已经逐步暴露。国家银行经营面临严重困难，中小型存款机构已产生系统性支付风险。

针对上述风险和困难，我国要研究和确定自己的对策。

（一）改善和加强宏观经济调控，促进经济持续、快速、健康发展，增强经济实力，为参与金融全球化奠定基础

提高我国经济质量和经济实力，是我国参与金融全球化、防范和化解金融风险的基础。按美元折算，1997 年我国国内生产总值占全球 3.2%，名列世界第 7 位。1997 到 2010 年，假定世界经济年均增长 3%，其中美国增长 2.5%，日本增长 1.5%，中国增长 6%，到 2010 年我国国内生产总值可名列世界第 5 位。如果按整体购买力平价 1 美元兑 4.2 元人民币计算，1997 年我国国内生产总

值名列世界第4；2010年，中国、日本大体并列世界第2。只要坚持改革，保持稳定，以上发展目标是可以实现的。

改善和加强宏观经济调控，建立经济和金融风险预警指标。为了提高我国经济实力，最重要的是高举邓小平理论伟大旗帜，在以江泽民同志为核心的党中央的领导下，认真执行我国在社会主义初级阶段基本路线和方针、政策。要改善党对经济工作的领导，转变政府职能，建立健全宏观经济调控体系，建立国家经济和金融风险预警指标。在建立现代企业制度方面，逐步使国有企业资产负债率下降到50%，确保国有商业银行资本充足率高于8%；在财政、金融方面，使财政赤字占GDP比例小于3%，货币供应量M_1增长率一般不高于经济增长率与物价上涨率之和的4个百分点；在对外负债方面，做到对外债务不超过商品和劳务的出口收入，对外还本付息不超过当年商品和劳务收入的20%，短期外债比例不超过30%；在中长期发展目标上，促进经济增长6%～7%，零售物价增长控制在4%～5%，固定资产投资率一般不超过30%。

我国在中长期要实行适度从紧的货币政策。货币政策是对货币政策目标、中介指标和货币政策工具的总称，是国家进行宏观经济管理的综合性经济政策。按《中国人民银行法》规定，我国货币政策的最终目标是"稳定币值，并以此促进经济发展"。这个目标已被世界各国中央银行所认可。其中介指标，长期以来是指令性贷款计划，现在更多的是控制货币供应量，今后将逐步过渡到更多地运用利率杠杆调控经济发展目标。当前，我国货币政策工具主要包括指导性信贷计划、利率、法定存款准备金率、公开市场业务等。

我国中长期要实行适度从紧的货币政策。1993年下半年，中央提出"严格控制货币发行"和"严格控制信贷总规模"，我国实际上已开始实行适度从紧的货币政策。1994年11月中央经济工作会议，中央领导在讲话中提出"适度从紧货币政策"。1995年十四届五中全会、十五大政治报告、十五届三中全会和 1998 年 11 月中央经济工作会议都提出，我国中长期内要实行适度从紧的货币政策。为什么我国要在中长期内实行适度从紧的货币政策？江泽民同志在去年 12 月中央经济工作会议上有明确的论述："从中长期看，在适应市场经济要求的有效约束机制还没有建立之前，为了保持社会总供给和总需求的平衡，我们仍然要坚持适度从紧的财政货币政策，逐步减少赤字，实现财政收支基本平衡，并防止出现通货膨胀和泡沫经济，防止经济大起大落。"适度从紧货币政策包括货币政策目标适当、货币增长适度、货币政策工具不断改革。1978 年到 1998 年，我国每年经济增长 9.8%，商品零售物价增长 6.7%，货币供应量增长 24.5%。作为预测，在今后 5～10 年的中长期内，促使我国每年经济增长 6%～7%，零售物价增长 4%～5% 左右，使货币供应总量控制在 16% 左右是可行的。1987 年到 1997 年，我国经济增长 9.9%。对 GDP 贡献率，最终消费为 50.1%，资本形成总额为 37.8%，货物和劳务净出口为 12.1%。

适当增加货币供应量，促进经济增长。1997 年秋季以来，人民银行出台了取消对国有商业银行贷款限额控制，将法定准备金率从 13% 下调到 8%，三次下调存款、贷款利率（从 1996 年 5 月 1 日以来连续六次降息，存款平均下降 4.73 个百分点，贷款平均下降 5.67 个百分点）等一系列适当增加货币供应量的政策措施，并已取得明显成效。1998 年底，全部货币供应总量达到 10.5 万亿元，比上年同期增长 16%；全部金融机构贷款 8.46 万亿元，比年初增加 1.2 亿元，比去年同期多增加 1 300 多亿元，增长 17.1%。

根据去年 12 月中央经济工作会议精神，中国人民银行要在今年实行适当的货币政策。实行适当的货币政策，既要体现在中长期坚持适度从紧货币政策，又要针对近期国内外形势，保持对经济增长必要的支持力度；既要坚持贷款条件，又要改进服务，适当增加货币供应量。根据经济增长和社会信用需求，预计今年广义货币供应量 M$_2$ 增长 14%～15% 、国家银行新增贷款 10 000 亿元左右、现金发行 1 500 亿元。

面对当前国内外形势，全国金融行业一定要改进服务，密切银行与企业的关系，更好地运用货币信贷杠杆，扩大国内需求，促进经济发展。增加对基础设施的贷款，扩大住房、汽车等消费信贷，支持进出口贸易。同时，也要整顿金融秩序，提高贷款质量，维护金融债权，防止和纠正逃废对金融机构的债务。

（二）积极推进金融体制改革，防范和化解金融风险，逐步增加我国金融业透明度和在国际金融市场的竞争力

我国金融业在改革中发展。分析我国金融形势，要看整体，要看发展。中国金融业正在改革中发展。经过 10 多年努力，我国已初步建立由中央银行调控和监督、国家银行为主体、政策金融和商业金融分离、多种金融机构分工合作的新的金融体制。这个金融体制在治理通货膨胀和防止通货紧缩中发挥了作用。现在，金融企业经营管理有所改进，人民银行对金融机构监管逐步加强，国际收支状况较好，人民大众对金融稳定有信心。但是，我国金融业中也存在严重风险，国有商业银行经营面临严重困难，在有些地区和一些中小型金融机构已出现支付危机。产生这些问题的原因是多方面的，其中也包括人民银行对金融机构监管不力。总结金融业改革发展的经验和教训，应当明确几个观点。一是健康的宏观经济是金融业安全运行的基础，经济决定金融，金融通过经济杠杆反作用于经济；二是对信贷资金使用必须坚持有偿周转的原则，信贷资金不能用于财政性支出，企业要有必不可少的资本金；三是商业银行是经营信贷资金的特殊企业，要实行自主经营、自负盈亏、自我约束、自我发展，通过改进服务和增收节支，提高盈利水平；四是金融业运行必须有法制保证；要有全社会良好的信用基础，要依法维护金

融债权。中央银行要依法加强对金融机构的监管。我们一定要认真执行中共中央〔1997〕19号文件，力争用三年左右时间大体建立与社会主义市场经济发展相适应的金融机构体系、金融市场体系和金融调控监管体系，显著提高金融业经营管理水平，消除金融隐患，基本实现全国金融秩序明显好转。

增强金融企业自我约束和自我发展能力，是防范和化解金融风险的关键。国有企业无本经营、银行缺乏自我约束和自我发展能力、逃废金融债务十分严重，已成为金融管理的突出问题。体制性风险已超过市场风险。因此，要通过注资和重组，增加国有企业资本金，使其成为能承担民事责任的经济实体；要进一步改革和整顿金融业。明确国有商业银行是经营货币的特殊企业，并按企业属性建立各项制度，在精减机构和人员，改进金融服务，降低不良贷款比例方面取得切实成效。要通过加强监管和建立存款保险制度，支持地方中小金融机构的发展，提高支付能力。要按合作制原则改革农村信用社，支持农村合作经济发展，增加农民收入。

完善对银行业、证券业、保险业分业经营、分业监管的监管体制，提高我国金融业参与国际竞争的能力。对银行业、证券业、保险业实行分业经营，分业监管，有利于加强监管，有利于化解风险，有利于平等竞争，符合我国国情。在国务院领导下，中国人民银行将与中国证券监督管理委员会、中国保险监督管理委员会密切配合，提高我国对金融机构的整体监管水平。根据中央决定，人民银行原省、自治区、直辖市分行已于去年12月31日撤销，新建9个跨省、自治区、直辖市分行今年1月1日正式履行职责。在地、市重复设立的160多个支行已经撤并。在新的管理体制下，中国人民银行将依法加强金融监管，努力改进金融服务，促进经济发展。新的管理体制的有效运行，需要一个磨合期，还会碰到许多问题。希望各级党政领导对人民银行的工作给予关心、支持和帮助。中国人民银行要按国际清算银行巴塞尔委员会通过的对银行业审慎监管的 25 条原则，加强对银行业的监管。针对不同类别的银行，分别提出限期在不同范围公布资本充足率等资产负债管理指标的要求。

（三）维护国际收支平衡，保持人民币汇率稳定，逐步使人民币成为可兑换货币

实行人民币可兑换的基本条件。1993 年 11 月中共中央在《关于建立社会主义市场经济体制若干问题的决定》中提出："建立以市场为基础的有管理的浮动汇率制度和统一规范的外汇市场，逐步使人民币成为可兑换的货币。"使人民币成为可兑换货币，至少具备以下条件：一是国内经济稳步发展，通过扩大内需促进经济发展已受到一定制约，开放资本项目已有迫切需要；二是国内物价已由市场决定，且与国际接轨，公众对通货膨胀预期平稳；三是建立现代企业（含金融企业）制度，企业有能力管理对外借债和对外投资；四是金融市场特别是证券市场的运行规则和对其管理水平接近国际水平；五是国家有足够的外汇储备；六是中央银行具有较强的调控国际收支、防止国际资本冲击、维护人民币汇率稳定的管理能力。实行人民币可兑换，经历开放经常项目，再开放资本项目两个阶段；而开放资本项目，一般要经历开放项目投资、股票投资和全面流动三个阶段。

实现人民币可兑换应当循序渐进。为逐步促使人民币可兑换，我国已做了大量工作，并取得了重要成果。一是实行人民币牌价汇率和市场汇率的并轨，初步形成由市场供求为基础的、有管理的浮动汇率制度。我国不实行钉住美元的汇率政策，而是视出口情况、参照世界主要货币加权平均的"一篮子"汇率进行浮动。二是于1996 年 12 月提前实现人民币在经常项目下的可兑换。三是国际收支平衡能力逐步加强，外汇储备迅速增加。1994 ～ 1997 年，经常

项目和资本项目大量顺差，人民银行动用 1 万多亿元人民币收购 1 200 亿美元作为外汇储备，同时，有效地控制货币供应量增加，加之工业品充足和农业大丰收，结果既控制了通货膨胀，又避免人民币汇率升值。四是面对亚洲金融危机，保持人民币汇率稳定，提高了人民币的国际地位。但是，人民币在资本项目开放上尚未具备基本条件。日本 1964 年实行经常项目可兑换，到 1984 年实行资本项目可兑换，用了 20 年时间。我们要吸取东南亚国家的教训，在实施人民币可兑换具体步骤上采取慎之又慎的原则。

加强外汇管理、维护人民币汇率稳定。保持人民币汇率稳定，仍是今年外汇管理的首要任务。按汇率形成机制讲，我国现在国际收支平衡有余，出口产品收购价格稳定，利率下调，出口退税率提高，人民币汇率不应贬值。面对亚洲金融危机，我国采取负责任的态度，保持人民币汇率稳定，现在也不宜改变这项政策。另外，现在人民币贬值，对我国出口、还债并非有利。因此，我国有必要、有条件保持人民币汇率的稳定。东南亚金融危机证明，国际货币基金组织很早前确定的一国外汇储备不低于 3 个月进口付汇量，不符合实际情况。确定外汇储备水平，还要考虑外债规模、外汇管理程度、货币地位和政治需要。无论从哪个角度讲，我国维持 1 400 亿美元外汇储备都是十分必要的。

加强外汇管理，要采取切实措施。一是要加强经常项目的管理。对外贸出口企业的考核，要从考核出口值为主转向考核出口收汇为主。严格结售汇制度，严厉打击各种逃汇、套汇、骗汇行为，严禁非法外汇交易。二是加强资本项目的管理。严禁购汇提前偿还外债。对未登记外债原则上不予售汇还债。严禁再以固定的高回报率借债。三是要加强外债口径管理，根据东南亚出现金融危机后国际货币基金组织按谨慎原则提出的口径，逐步调整外债规模统计。

（四）积极稳妥地推进金融业的对外开放，提高金融业开放水平

1998 年美国等西方国家多次对我国金融业对外开放提出要求，主要内容是废除地域限制，实行国民待遇，允许外资金融机构向中国公民提供服务，提高审批过程透明度。12 月初，在审议我国提出的服务贸易开放减让表时，以美国为首的西方国家提出异议。1998 年 12 月 13 日，世界贸易组织 70 个成员通过《全球金融服务协议》，并于 1999 年 3 月生效。我们的基本立场是：中国对外开放的政策不会改变；中国金融服务业对外开放的步骤是积极的、慎重的；中国金融服务业对外开放的速度取决于诸多因素，包括中国经济的发展、金融体制改革的进程、国内金融机构的竞争力、金融法规的完善、中央银行的监管水平以及世界经济和国际金融市场的变化。为此，我国金融服务业的对外开放只能是采取循序渐进的方式。

在开放地域方面，我们已经允许外资银行在我国的 1 省 23 市设立营业性机构，我们还允许外资保险公司在上海和广州设立营业性机构。在此基础上，我们考虑可以进一步扩大开放地域。

在准入条件方面，我们必须严格灵活掌握。一方面，我们要选择引进一些历史悠久、资信较高、对中国确有引进意义的金融机构进入我国市场，并防止一些具有潜在风险的机构进入我国；另一方面，我们也要从现实出发，充分认识到我国金融机构现有的管理水平和竞争能力。

在扩大外资金融机构的业务范围和服务对象方面，我们采取的是循序渐进的试点办法。外资银行获准在上海浦东地区经营人民币业务的试点已进行了一年多，今年 8 月又将试点的地域进一步扩大到了深圳。我国的保险市场仍处在发展初期，国内保险机构数量少，承保能力和经营管理水平较低。为此，我们对外国保险公司只能逐步引进，并在寿险领域坚持合资经营，并限定新建保险公司外

方股本不超过50%，而且中方必须有一家保险企业参加。

（五）根据我国国际地位和经济能力，积极参与国际金融事务

我国的国内生产总值在世界名列第7位，外汇储备占世界第2位，许多工业品产量都在世界名列前茅。对亚洲金融危机，我国采取的是负责任的态度。1998年，克林顿总统和欧洲8个政府首脑访问中国。我国的经济实力和国家地位空前提高。在处理国际金融事务中，国际金融组织和世界各国都想听到中国的声音，发挥中国的影响。

为了履行我国在国际金融组织的权利和义务，反映发展中国家的意见，我国应根据我国的国际地位和经济实力，积极参与国际金融事务。我国参与国际金融事务的基本立场是，履行我国在国际金融组织的职责，服从国家的政治和外交大局，维护发展中国家利益，维护我国的经济、金融安全。我国参与国际金融事务的基本出发点是独立自主、自御自强。一是要集中力量将国内的事情做好，从而为防范和化解金融风险，为国家经济与金融安全奠定坚实的基础。二是要促进国际金融界加深对香港的了解，支持香港为稳定金融体系所采取的各项措施，包括维护联系汇率制度。三是支持现有国际金融机构履行职责，充分行使中国政府在国际货币基金组织、世界银行、国际清算银行等国际金融机构和区域性金融机构中的权利和义务。在力所能及的情况下，通过双边和多边机制，为发生危机国家提供援助，但我们不会谋求与其他国家对国际金融市场进行联合的双边或多边的市场干预。四是加强与亚洲有关国家和地区的金融合作，维护亚洲金融稳定。根据亚洲现有的政治、经济、文化现状，建立亚洲货币基金或亚洲地区统一货币是不切实际的。

在 1999 年中国人民银行
工作会议上的讲话

（1999 年 1 月 19 日）

　　这次会议是中国人民银行管理体制改革后第一次研究安排全年工作的会议。这次会议的主要任务是，以邓小平理论和党的十五大精神为指导，认真贯彻中央经济工作会议精神，总结 1998 年的金融工作，确定 1999 年货币信贷政策和防范化解金融风险措施，安排全年人民银行工作。

一、我国金融业在改革中稳步发展

　　改革开放的 20 年，在党中央、国务院的正确领导下，在邓小平理论的指引下，我国金融改革和发展取得了辉煌成就。与社会主义市场经济要求相适应的金融组织体系初步形成，金融宏观调控基本实现了向间接调控的顺利过渡，金融监管逐步加强，外汇管理体制进行了重大改革，金融对外开放稳步推进，金融资产迅速增长。1998 年底，全国银行、信托投资公司、城乡信用社总资产已达

　　注：1999 年 1 月 19 日，戴相龙同志在中国人民银行工作会议上作了题为《做好 1999 年人民银行各项工作，促进我国金融业在改革中稳步发展》的讲话。

15.25 万亿元。

（一）1998 年金融工作取得了很大成绩

1998 年，我国经受住了亚洲金融危机的冲击，战胜了严重的洪涝灾害，国民经济保持了良好的发展态势，年初确定的三项目标已经实现。金融系统广大干部职工按照党中央、国务院的指示精神，努力做好工作，为促进全年经济增长目标的实现和金融稳定作出了积极贡献。

金融改革迈出关键性步伐。改革了中国人民银行管理体制，撤销了 31 个省级分行，成立了 9 家跨省区分行。党中央成立了中央金融工委，各金融机构成立系统党委。对银行业、保险业、证券业实行了分业经营、分业监管。金融机构与所办经济实体脱钩工作基本完成。国有独资商业银行逐步合并重复设立的机构，新建商业银行在改革中发展，农村信用社正在按合作制进行改革。适时调整货币政策，增加货币供应量。取消了对国有独资商业银行的贷款限额控制，改革了存款准备金制度，先后三次下调利率。人民银行组织协调商业银行购买 1 000 亿元财政债券，并调增了国家银行固定资产贷款计划 1 000 亿元，支持基础设施建设。1998 年底，金融机构本外币存款为 103 022 亿元，比年初增加 14 375 亿元，增长 16.2%；本外币贷款为 93 860 亿元，比年初增加 11 520 亿元，增长 14%。广义货币供应量增长 15.3%，比同期经济增长和零售物价涨幅之和高出 10.1 个百分点，对促进全年经济增长目标的实现起到了重要作用。

金融监管工作进一步加强。通过兼并、收购、重组、接管、关闭等方式，化解了一些金融机构的风险，对维护社会稳定，防止风险蔓延发挥了重要作用。大力查处大案要案，1998 年金融系统共查处各类违法违纪案件 2 539 件，同比下降 29.7%，其中百万元以上案件 122 件，同比下降 27.4%。

外汇管理执法力度加大，维护了人民币汇率稳定和国际收支平衡。在全国范围内开展了外汇检查，共查出假报关单 12 743 份，涉及企业 2 430 家，骗购外汇金额高达 64.19 亿美元。抓获了一批犯罪分子，一批企业主动交待了问题，狠狠打击了骗购外汇行为。同时，强化了出口收汇核销与资本项目外汇管理。1998 年末国家外汇储备余额为 1 449.59 亿美元，比年初增加 50.69 亿美元。

稳步推进金融对外开放。去年批准 8 家外资银行在我国设立分行，外资银行经营人民币业务的试点城市从上海扩大到深圳。到 1998 年底，在华外资银行代表处达 266 家，营业性外资银行机构 173 家，总资产为 342 亿美元，已成为我国金融体系中的一支重要力量。我国在亚洲金融危机中采取了高度负责的态度，积极参与国际金融事务，安排 40 多亿美元支援受到危机冲击的国家，坚决维护了人民币汇率稳定，对促进我国经济发展和稳定亚洲金融市场发挥了重要作用，赢得了世界各国的普遍赞誉，提高了我国的国际声望。

（二）当前金融工作中的突出问题

我们必须清醒地看到我国金融业中潜伏着很大的风险，多年积聚的问题正在日益暴露。主要表现在，商业银行不良贷款数额大、比例高，并呈上升之势，收息率逐年下降。部分城乡信用社、城市商业银行和信托投资公司不能支付到期债务，在少数地方发生了挤兑风波。一些地方乱办金融业务、乱集资问题突出，酿成严重后果。近几年，金融系统在降低不良贷款方面做了大量工作，但是，不良贷款比例仍居高不下。对此，应当客观全面地分析，并要着重从主观上找出原因：

一是多年积累下来的经济体制和经济运行中各种矛盾日益暴露。工商企业资本和债务结构很不合理，国有企业平均资产负债率实际高达 75% 左右，许多企业无本经营，企业待核销应收账款和库存产品损失数额巨大，大量重复建设和 1993 年经济过热中的房地产投资，占压银行大量资金。

二是社会信用观念淡薄。一些地方、部门和单位违反国家规定，在管理体制和经营方式变革中，采用各种方式，逃废银行债务，使大量金融债权悬空。金融诉讼案件胜诉率很高，执行率很低。

三是金融企业改革滞后，内控机制不健全。商业银行机构重叠，权力分散，人员过多，浪费严重，特别是违规经营、自办经济实体造成较大损失。1998 年人民银行对 50 个国有商业银行县市支行的调查表明，新增 142 亿元不良贷款中，属于企业方面产品积压、亏损、逃债、破产等原因的有 81.7 亿元，占 57.5%；属于银行违规贷款、账外经营、对自办公司贷款、期限不当等原因的有 60.3 亿元，占 42.5%。

四是人民银行金融监管不力。过去相当一段时期，人民银行只注重金融机构的建立，而忽视了监督管理。对一些金融机构功能定位不合理，市场准入审查偏松，日常监管查处不力。监管人员素质和技术手段不适应监管需要。

对这些问题，这次会议要重点分析，并要切实改进。总结近几年经验教训，我们有几点深刻体会。一是金融是经济的综合反映，保持宏观经济稳健运行是化解金融风险的基础。二是信贷资金运用必须坚持有偿周转的原则。三是商业银行是经营货币的特殊企业，必须坚持自主经营、独立核算、自我约束、自我发展。四是金融业稳健运行，需要有法制作保证，要有良好的社会信用基础。

（三）1999 年人民银行工作的总体要求

去年以来，党中央、国务院确定扩大内需等一系列政策措施的效应，将在今年进一步显现。宏观经济总量相对平衡，粮食等重要商品和国家外汇储备充足。做好今年金融工作的有利条件很多。但是，我们也要充分估计到面临的困难，亚洲金融危机影响仍未结束，全球经济增长回落，国内财政收支矛盾突出，金融风险逐步暴露，市场需求不足，就业压力加大等，都对经济、金融工作提出了严峻挑战。面对更加复杂的形势，金融机构各级领导要有足够的思想准备，知难而进，再接再厉。

根据上述分析，1999 年中国人民银行工作的总体要求是，以邓小平理论和党的十五大精神为指导，认真贯彻 1997 年全国金融工作会议和去年 12 月中央经济工作会议精神，实行适当的货币政策，继续深化金融改革，突出加强金融监管，维护国际收支平衡，防范和化解金融风险，进一步改进金融服务，加强领导班子和职工队伍建设，促进国民经济持续、快速、健康发展和社会政治稳定。

二、实行适当的货币政策，改进金融服务，积极支持经济发展

从中长期看，为了保持社会总供给与总需求的平衡，防止出现通货膨胀和经济大起大落，我们仍然要坚持适度从紧的货币政策，但具体到每一年，要针对国内外经济环境变化，灵活调控货币供应量。1999 年要实行适当的货币政策，继续配合积极的财政政策，支持扩大内需。

（一）合理确定货币供应目标，保持对经济增长必要的支持力度

1999 年宏观经济调控的主要预期目标为：GDP 增长 7% 左右，居民消费物价涨幅控制在 4% 以内，零售物价涨幅控制在 2% 以内，全社会固定资产投资增长 12%，进出口总额力争有所增长、进出口基本平衡，保持必要的财政收支差额。1999 年广义货币供应量预期增长 14% ~ 15%，增加 14 630 亿元，比上年多增加 954 亿元，增幅维持在比经济增长与零售物价控制目标之和高 5 ~ 6 个百分点的水平；狭义货币增长 14% 左右；现金投放 1 500 亿元，比上年实

际多投 473 亿元。国家银行贷款指导性计划 10 000 亿元，增长 14.6%，比上年实际多增 900 亿元。其中，固定资产贷款增加 3 500亿元，比上年实际多增 536 亿元。要保持国际收支平衡，确保国家外汇储备不低于上年底水平，进一步维护人民币汇率稳定。

（二）调控货币总量，引导贷款投向

进一步完善金融调控。及时下达和监测国家银行贷款指导性计划，重点规划调控好基础货币。扩大人民币贷款利率的浮动幅度和范围，改革外币利率管理体制。完善存款准备金制度，合理确定准备金率和准备金利率。加大公开市场操作，增加交易品种，积极推进政策性金融债市场化发行。逐步培育货币市场，把融资中心清收工作与货币市场发展结合起来，扩展全国银行间同业拆借交易网络，允许中小金融机构直接参与网上交易，同时依托商业银行建立中小金融机构融资代理行制度，由中小金融机构根据实际情况自行选择融资方式。

引导金融机构运用信贷杠杆，扩大国内需求。进一步引导贷款投向，增加对农业、科技、技改项目的贷款投入。支持扩大投资需求，继续加大对基础设施建设的信贷投入，支持企业技术进步，严格控制新的加工项目。支持扩大消费需求，经批准符合条件的商业银行，都可以开办居民住房和汽车等消费信贷业务。支持扩大出口需求，运用出口信贷、外汇抵押人民币贷款和按出口收汇率分类指导贷款等方式，积极支持外贸企业扩大出口。大力支持效益好的小型企业，有步骤地支持农村小城镇建设。加强粮棉收购贷款供应和管理工作，支持农业生产，实行封闭运行。

（三）密切银行和企业的关系，加强信贷监督

要根据《中华人民共和国商业银行法》认真加强基本账户管理。修订主办银行管理办法，进一步完善主办银行制度，明确银企双方的权利和义务，加强银企合作，共同克服困难，互相促进发

展。主办银行由企业和银行相互选择，并向当地人民银行登记。要处理好主办银行和协办银行关系，主办银行要向协办银行通报情况，协助协办银行优先或按比例收回贷款。切实加强信贷监督。企业申请贷款，能提供经对方银行鉴证的购销合同，银行要及时给予贷款支持。要会同有关部门制定限制类贷款目录，对重复建设、严重污染环境、浪费资源的项目，要禁止发放贷款。对应收账款和产成品库存增加较多、又未采取有效措施纠正的企业，应坚决停止贷款，并收回一部分贷款。对故意赖债不还、不讲信用的企业，要在适当范围公布名单。清理专项贷款，维护金融企业经营自主权。要整顿和规范银行账户管理和结算管理，防范逃废银行债务，打击诈骗、洗钱等违法活动。人民银行中心支行要逐步建立贷款信息库，为商业银行贷款提供咨询。

三、深化金融改革，加强金融监管，防范和化解金融风险

（一）近几年金融监管工作中的主要问题

近几年来，人民银行在加强金融监管方面做了大量工作。1993年7月开始"约法三章"，整顿金融秩序；1994年制定商业银行资产负债管理办法，考核不良贷款；1995年3月以后，大力宣传《中华人民共和国中国人民银行法》，召开全国银行业经营工作会议，公布《贷款通则》，进行"四项清理"，促进银行与所办经济实体脱钩，查处一系列违规案件。1993年到1998年，共查处各类违规违纪案件16 896件，处分26 006人，其中，开除公职12 221人。总的来看，人民银行广大干部和职工是廉洁敢管的，金融监管不断加强，金融秩序进一步好转。但是，我们在金融监管工作中仍存在不少问题，有许多深刻的教训。

第一，在较长时期里，偏重于增加多种金融机构，忽视对各类金融机构的定位和监管；偏重于对金融机构分支机构违规经营查

处，忽视对金融企业法人风险的监控；偏重于业务监管，忽视对高级经营人员资格审查和行为考核。

第二，对各分支行、监管职能部门的监管职责不够明确，监管的内容、方式和手段不完善，监管的责任不够落实。

第三，没有建立统一、有效的金融监管信息系统。对金融机构资产负债底数不清，监管信息不完整、不系统，共享程度较低。仅用被监管对象提供的信息资料，来判断金融机构的风险是不够的。

第四，自办金融机构，损害金融监管权威。现在出现支付风险的城市信用社，有不少是由人民银行分支行入股、经营的，并通过这些金融机构向自办经济实体贷款。在这种状况下，人民银行不仅不能加强金融监管，而且丧失了金融监管的权威。

第五，徇情谋私，查处不严。不少领导干部和监管人员，与被监管机构和人员关系过于密切，碍于情面或徇情谋私，对金融机构监管敷衍了事，对违规人员查处不力。

第六，对有关领导干部和金融监管人员的系统培训重视不够。不少领导干部和监管人员，缺乏会计和信贷业务知识，不会深入分析金融企业资产负债表，不了解金融违规和金融风险真实情况。

上述问题应尽快解决。《中华人民共和国中国人民银行法》已公布近四年，人民银行管理体制已进行改革。我们应当深入总结金融监管工作的经验和教训，通过这次会议，把金融监管工作提高到一个新水平。

（二）1999 年金融监管工作重点

制定《化解全国金融风险工作规划》，通过两年努力，到 2000 年底，全面建立金融风险管理预警系统，促使国有商业银行不良贷款明显下降，基本化解中小金融机构的支付风险，实现金融秩序明显好转，维护我国金融安全。

进一步加强对国有独资商业银行的监管，降低不良贷款比例。

1999 年上半年，根据有关法规，分别成立四家国有独资商业银行监事会。1999 年内完成四家银行贷款质量五级分类工作，分别成立金融资产管理公司，收购和处理一部分不良资产。改进国有商业银行呆账冲销管理办法，呆账准备金只用于核销破产企业的呆账贷款以及在破产过程中实行债务重组后造成的损失。切实加强外汇业务的风险管理，严禁乱开证，乱承兑，乱担保。对不良贷款比例高和增长幅度大的金融机构，要查明原因，严肃处理。股份制商业银行也要按照上述原则和措施，加快改革步伐，强化内控机制。

清理整顿地方性金融机构，化解支付风险。今年原则上不批设新的城市商业银行，对现有城市商业银行，要划分风险类别，进行分类监管。对于有严重风险的城市商业银行，要由地方政府牵头，人民银行等有关部门参加，进行全面整顿。整顿方案，最迟于 3 月底报总行和省政府批准后实施。

根据国务院批准的方案整顿城市信用合作社。要抓紧完成对所有城市信用社的清产核资工作，摸清底数，核实资产负债，分别不同情况，通过注资、兼并、撤销、关闭等方式，化解支付风险。要按照国务院办公厅转发我行通知的要求，继续坚持按合作制原则改革农村信用社管理体制；强化对农村信用社的监管，并把监管任务落实到人；改善内部经营管理，把限期减亏增盈计划落实到每个农村信用社；建立农村信用社存款保险制度。第一季度召开农村信用社工作会议，推动农村信用社改革和整顿。

按照国务院批准的方案，在今年底基本完成对信托投资公司的整顿工作。根据信托业基本属性以及我国资本市场发展需要，重新规范信托投资公司的业务范围，严格公司设立条件，对信托业和证券业实行分业经营、分业管理。经过清资核资，核实损失，分类处置，严格管理，促进我国信托业健康发展。

取缔非法金融机构和非法金融业务活动，维护金融秩序。对非法金融活动，要按照"谁主管、谁整顿；谁批准，谁负责；谁用钱，谁还债；谁担保，谁负相应责任"的原则进行处理，严禁把债务和风险转嫁给金融机构。

严厉查处违法违规案件，坚决打击金融犯罪。认真学习和执行即将公布的《金融违法行为处罚办法》，严肃查处账外经营、高息揽储、违规贷款、违规开证、弄虚作假等违法违规行为，对其典型公开曝光。要加强同司法部门的配合，及时有力地开展打击金融诈骗等犯罪活动。

（三）依法、慎重做好极少数金融机构的市场退出工作

金融机构的市场退出有多种方式。近几年为及时、有效地化解风险，最大限度地保护债权人利益，对极少数金融机构实行了不同的市场退出办法，有些在人民银行接管后被兼并，有的自行解散，有的予以撤销，有的实施行政关闭，个别的依法破产。今年要认真总结这几年对金融机构市场退出工作的经验和做法，逐步出台和完善有关市场退出的法规，积极探索金融机构风险处置的方式和途径，妥善处理好债权债务关系，既要化解风险，又要维护稳定。

（四）建立健全监管责任制，提高监管水平

适应新的管理体制，要在今年3月底制定金融监管责任制管理规定，进一步明确各级行及有关职能部门在金融监管方面的权利和责任，并把每家金融机构的监管职责落实到职能部门，落实到人。要求各部门、各监管人员按月监测金融机构资金流动性，按季报送资产负债监管报告，每年提供综合监管报告。创造条件，人民银行每一到两年聘请中介机构，对被监管金融机构的资产实值进行评估。

人民银行总行要领导分支行，对全国性、区域性金融机构设立、变更、市场退出的全过程及金融机构的经营范围、风险、业务合规性等方面进行全面监管。人民银行分行要负责对辖区内金融机构的全面监管，并要根据辖区内金融监管方面的实际情况，领导和

组织金融监管办事处对重点、热点、难点问题进行现场检查。金融监管办事处要根据分行的授权，对所在省、自治区、直辖市的金融机构实施现场检查；查处分行交办的金融违法、违规案件；进行纪检检察专项调查；代表分行及时处罚违法、违规的金融机构和有关责任人。人民银行中心支行要在分行的领导下，重点负责辖区内城乡信用社和城市商业银行的全面监管。对每个金融监管岗位要明确具体工作职责，明确监管人员应知、应会的内容。要制定金融监管人员任职资格管理办法，对不符合任职资格的，要分期分批进行培训。经过一段培训和工作实践后，仍然达不到任职条件的，要调整工作。

（五）加强金融法制建设，依法行使监管职能

认真研究和制定信托投资公司管理条例、金融资产管理公司管理条例、金融债权管理条例、金融机构破产条例、反洗钱条例，抓紧修改企业集团财务公司暂行办法、金融机构管理规定等法规。要指导金融机构加强内控制度建设，制定业务管理规章，依法维护金融债权。

四、加强外汇外债管理，坚决维护国际收支平衡和人民币汇率稳定

（一）保持人民币汇率稳定和国家外汇储备规模，是 1999 年外汇管理的突出任务

保持人民币汇率稳定非常必要。如果人民币贬值，将会损害外商投资者的信心，加重我国外债负担，也不利于亚洲金融的稳定。我国宏观经济运行良好，国际收支盈余，外汇供求平衡，外汇储备充裕，外汇管理和调控能力进一步提高。因此，我国有能力继续保持人民币汇率不贬值。东南亚金融危机证明，一国外汇储备不低于 3 个月进口付汇量的经验，不符合发展中国家实际情况。确定外汇

储备水平，还要考虑外债规模、外汇管理程度、货币地位和政治需要。从当前面临的国内外形势看，我国保持目前的外汇储备规模是十分必要的。

（二）1999 年外汇管理措施

坚持不懈、毫不手软地打击各种骗汇、逃汇和非法买卖外汇的犯罪行为。继续搞好外汇检查，配合公安机关做好对违规银行的处罚，组织对信用证、托收和预付货款项下及外资银行货到付款项下涉嫌骗汇案件查处工作。协助公安部门打击外汇黑市活动，重点打击集团性的黑窝点和非法地下钱庄。积极配合海关严厉打击非法携带外汇现钞出入境的行为，防止国家外汇流失。

提高进出口收付汇核销监管水平，加强经常项目汇兑监督。充分利用"进出口报关单联网核查系统"，从源头上堵塞经常项目真实性审核的漏洞，并为银行和企业提供快捷服务。

摸清外债底数，化解外债风险。要依据国际金融组织的数据采集和统计方法，适时调整外债统计口径，将所有外债纳入统计系统，逐步建立资本项目统计监测系统。积极配合国家计委开展外债检查，摸清违规外债和变相外债的底数，提出切实可行的处理意见。对违规外债（担保）要按照国家现行法规进行严肃查处，对高固定回报率项目要提出切实可行的处理方案，对新的固定回报率项目和以商品交易为名的举债要严格禁止。

切实加强国际收支统计分析工作，提高国际收支、外汇收支和银行结售汇统计数据的准确性和时效性。人民银行各级行长要熟悉、了解、关心并亲自抓外汇管理工作，保证各级外汇局机构、人员和设备到位，严格履行职责，建立和完善内控制度。

五、坚持面向基层、面向金融机构，切实改进中央银行服务

中央银行的服务功能主要包括金融科技、支付清算、国库经理、现金发行和金融统计等方面，这些服务功能既为中央银行履行职责和金融机构正常运营创造了条件，同时担负着重要的监管职责，是金融监管体系的重要组成部分，具有十分重要的地位和作用。

（一）限期解决计算机 2000 年问题

解决这个问题，时间越来越紧迫。一是实行"一把手"为主的分工负责制。认真贯彻"谁开发、谁修改，谁使用、谁负责，出了问题由行长、分管行长、主管部门领导负责"的原则。二是集中人力、物力和财力，按期保质完成各阶段工作。1999 年 3 月底前，完成系统的改造完善；5 月底前，完成各行自身系统的测试工作；9 月底前，进行外部测试和验收。三是组织研究和评估计算机 2000 年问题可能引起的金融风险，抓紧制定应急方案。1999 年 2 月底前，各金融机构将应急方案报人民银行备案。四是认真执行银传〔1998〕58 号文件精神，对既不能解决计算机 2000 年问题，又无应急方案的金融机构，人民银行将依据具体情况给予不同的处罚。五是统一宣传口径，保证金融秩序稳定。

（二）加强会计监管和支付清算工作

人民银行会计部门要把对金融机构的会计管理作为中心任务，承担起对金融机构会计管理的责任。新开办金融业务品种，在批准前要先审查批准有关的会计制度或办法。要按照审慎会计原则，对金融机构呆账准备金、表内表外应收未收利息、应付未付利息进行审查。做好对辖区内各金融机构 1998 年盈亏真实性的审查工作。

总行要会同财政部统一规范商业银行和其他金融机构的会计科目设置和核算内容，修订《金融企业会计制度》。修改《全国银行统一会计基本制度》和有关手工联行、电子联行制度，尤其要加强联行对账制度。要制定和颁布社会中介机构对金融机构经营活动和财务成果的审计资格标准。要加强会计核算和财务管理，维护中央银行核算系统的准确、快捷和安全运行，减少资金在途时间。要按照"勤俭节约"的方针，严格控制支出，规范财务收支行为，完善财务管理办法。要维护中央银行资产的安全和完整，严格控制基建项目立项和在建项目投资。

（三）防范和化解国库资金风险，确保国库资金安全

要加大国库监管力度，加强对税款和预算资金的收纳、入库、退付、支拨的管理。在办理库款支拨、退付和更正时，要严格审核，层层把关，确保库款支拨的准确及时和财政预算资金安全。要进一步清理预算收入过渡户，严禁征收机关在商业银行开立存款过渡户，防止国家资金流失。要开展对商业银行代理支库和乡镇金库的检查，防范和化解国库资金风险。认真建立和健全财政收支执行情况的统计分析报告制度，加强对财政资金运用及其影响的研究，为财政政策和货币政策服务。

（四）搞好货币发行、金银管理和安全保卫工作

进一步加强发行基金调拨管理，确保经济发展和群众生活对现金的合理需要。加大残损人民币的回收、销毁力度，提高流通中人民币的整洁度。深入开展反假币工作，遏制假币发案势头。强化发行库安全管理，进一步降低发行库发案率。积极稳妥地推进人民银行运钞专业化改革，逐步建立安全、快捷、高效的运钞机制。加快金银管理体制改革，逐步实现按市场需要配置金银资源。加强金银收购和配售管理，促进金银经济产业的稳定发展。进一步管理和营运好金银储备，提高储备营运效益。

（五）增强金融统计的真实性、完整性和权威性

建立本、外币并账的信贷收支和银行业流动性监测的统计制度，按月、按季编制本外币、表内外、境内外合并的统计报表。力争在全国300个大中城市全面推行银行信贷登记咨询制度，通过对广义授信业务（包括贷款、银行承兑汇票、信用证、保函、授信、

担保等）活动的登记、汇总和分析，向金融机构提供企业的资信状况，为防范风险提供预警。要改善金融统计数据披露工作。由每季改为每月向社会公众披露有关金融统计数据及简要情况。要定期进行金融统计检查，坚决防范和杜绝统计上的弄虚作假行为。

要围绕经济金融运行中的一些热点问题深入开展调查研究，当前应着重对国有工业企业真实资产状况、居民储蓄实际情况、空置房占压信贷资金问题和如何扩大消费信贷等问题进行专题研究。

六、全面加强人民银行系统党的工作，建设一支政治过硬、业务优良、作风清正、纪律严明的干部队伍

（一）做好党建工作，为金融改革和发展提供坚强的政治保证、思想保证和组织保证

今年是人民银行党的组织体制实行垂直领导的第一年，各级党组织要认真贯彻执行中央关于加强党建工作的方针、政策和部署，结合实际，以开展"三讲"教育为核心，加强党的思想建设和组织建设，努力造就适应时代要求的高素质的领导班子和干部职工队伍。人民银行各级行要按照要求设立党的工作机构，配备人员，制定工作意见。要深入、系统学习邓小平理论，运用邓小平理论研究和解决金融业改革和发展中的突出问题，解决好"两手抓，两手都要硬"的问题。各级领导干部要带头学习，建立、健全党委中心组学习制度，采取适当的方式，交流学习体会。要做好党的统一战线工作，密切联系人民银行系统民主党派和党外高级知识分子等人士，发挥他们政治协商、民主监督和参政议政的作用。加强工会、共青团、女职工委员会等群众组织的建设，发挥党联系群众的桥梁、纽带及助手作用，增强人民银行系统干部职工的凝聚力。

（二）认真开展"三讲"教育，加强领导班子建设

人民银行党委决定从今年3月份开始，自上而下地分级分批开

展"三讲"教育，每个领导班子开展学习教育的时间一般为两个月左右。总行先行（包括四所本科院校），其他单位（县支行以上各级行领导班子及处以上直属企事业单位和其他行属院校领导班子）由分行安排，力争8月底全系统进行总结。

人民银行系统的各级领导干部从总体上看是好的，政治上是坚定的，是锐意改革的，并具备了较好的业务素质和较强的战斗力。但同时也必须看到有一部分领导干部的思想政治素质，还不适应中央银行工作的要求。在有些领导干部中还存在一些严重问题。主要表现在：有的不重视理论学习，缺乏政治敏锐性和坚定性，对中央有关金融工作的指示和决定，不能做到令行禁止；有的患得患失，回避矛盾，对本单位发生的重大问题，包括过去遗留的重大问题，听之任之；有的对当地监管中出现的重大问题，不及时报告或根本不报告，大事化小，小事化了，甚至姑息迁就；有的缺乏开拓进取精神和脚踏实地的工作作风，安于现状，无所作为；还有少数领导干部以权谋私，有的甚至直接参与违法违规经营。在一部分职工队伍中也存在行为不正，纪律不严，责任心不强，缺乏勤奋敬业精神等问题。这些问题都是不讲学习、不讲政治、不讲正气，放松世界观改造和党性修养的结果，如果不重视和认真解决，将会严重损害中央银行干部形象，影响履行中央银行职责。因此，在人民银行开展"三讲"教育是十分必要和及时的。关于人民银行系统"三讲"教育的具体安排意见，这次会议印发了专门文件，请大家认真讨论。

（三）提高干部职工业务素质，为优秀人才脱颖而出创造条件

进一步深化干部人事制度改革。围绕加强监管的需要，研究建立监管员职务系列，进一步形成公开、平等、竞争、择优的用人环境，逐步推行对各级干部实行科学评价的标准体系。要积极推进干部交流工作。这次9个分行行长全部实行了异地交流，原来省分行

29 个行长，异地交流 18 人，副行长也交流了 19 人，为干部交流带了好头，这对中央银行的监管工作和干部自身的成长非常有利。各行在配备中心支行和县支行领导班子时，要克服困难，加大交流力度，使干部交流工作制度化。同时要注意加强后备干部队伍建设。要完善干部离退休制度，更好地从政治上关心、生活上照顾老干部，发挥他们的作用。加强业务培训。要以各级领导和监管干部为重点，以制度、政策和业务操作为主要内容，按照"应知、应会、应能"的要求，采取多种方式，进行"新知识、新业务、新技能"的培训。加强精神文明建设，开展争创"双文明单位"和"文明员工"活动。总结推广先进典型和先进经验，树立良好的行风行貌。积极稳妥地推进机关后勤改革，不断提高后勤保障能力和水平，关心和解决职工生活中的困难。

（四）加大反腐败力度，查处大案要案

认真学习江泽民同志在中纪委第三次全体会议上的重要讲话，坚决贯彻中纪委第三次全体会议精神，切实加强和坚决维护党的各项纪律，保证金融业在改革中发展。去年 6 月，国务院领导同志对金融系统党组织和领导干部提出了必须遵守的"四项要求"和"六个严禁"，人民银行干部职工必须带头学习，严格遵守。对那些目无组织纪律，违反"六个严禁"的人和事，要严肃查处。建立金融监管等重大事件的及时报告制度，对迟报、瞒报而造成严重后果的，要追究有关领导人的责任。要认真贯彻执行党中央、国务院《关于实行党风廉政建设责任制的规定》，"一把手"要切实负总责，特别要强化领导查处和防范案件责任制，对直接管辖范围内发生重大案件，致使国家资产遭受重大损失或者造成恶劣影响的，必须责令负直接领导责任的主管人员辞职或者对其免职、撤职。要重点查处各级领导干部违反廉洁自律和中央八条规定的案件。要总结教训，强化对会计、财务、国库、发行、外汇等易发案件部位的监督检查。对违规操作人员无论是否造成损失，都要一律追究责任。对有直接或间接用公款炒股、参与经商、赌博嫖娼等劣迹的人员，要坚决从金融队伍中清理出去。

（五）加强人民银行系统的内部监督

针对我行过去存在的薄弱环节，我们在各级行设立了内审部门，这是加强人民银行自我约束的重大措施。人民银行内审工作重点是，加强对人民银行各部门和分支机构履行行政职责中有关制度建设和执行情况的指导、监督和评价。1999 年要对人民银行依法履行监管职责和财务收支情况进行监督检查，并要建立人民银行内审工作的各项报告制度。党中央和国务院对金融工作十分关心，1997 年召开全国金融工作会议，今年 1 月又举办了省部级主要领导干部金融研究班。我们决心在党中央和国务院领导下，依法履行中央银行职责，努力做好 1999 年各项工作，为促进我国经济发展和金融安全作出新的贡献。

加强人民银行党的建设

（1999 年 4 月 6 日）

今天，我们召开中国人民银行管理体制和党的领导体制改革后的第一次党建工作会议。会议的主要任务是：以邓小平理论和党的十五大精神为指导，认真分析人民银行系统党建工作面临的新形势、新任务，研究部署当前和今后一个时期人民银行系统党的建设工作和今年的"三讲"教育活动，充分发挥党的政治优势，从思想上、组织上、作风上保证中国人民银行依法履行中央银行职责，促进我国金融业在改革中发展。

在昨天中央金融工委召开的全国金融系统党的建设工作会议上，中共中央政治局委员、国务院副总理、中央金融工委书记温家宝同志就金融系统党建工作作了重要讲话，中央金融工委副书记阎海旺同志作了工作报告。对他们的讲话和报告，我们要认真学习，深刻领会，在工作中切实贯彻执行。

注：为加强对金融工作的集中统一领导，完善金融系统党的领导体制，1998 年中央决定成立中央金融工委，同时金融管理部门和全国性金融机构的党组织实行垂直领导体制。1998 年 6 月人民银行党组改为党委，对人民银行系统的党组织实行垂直领导。此文根据戴相龙同志在人民银行系统首次党建工作会议上的讲话整理而成。

下面，我讲几点意见。

一、建立人民银行系统党委是加强人民银行系统党的领导、更好地履行中央银行职责的重大措施

多年来，人民银行系统各级党组织在党中央、国务院的正确领导下，在邓小平理论的指引下，坚决贯彻党的基本路线和中央有关金融工作的路线、方针和政策，正确执行总行具体部署，充分发挥领导核心和战斗堡垒作用，各项工作取得了巨大成绩。与社会主义市场经济要求相适应的金融组织体系初步形成，金融宏观调控体系基本实现了向间接调控的顺利过渡，金融监管逐步加强，外汇管理体制改革和外汇管理取得明显成绩。实践证明，人民银行各级党委（党组）是团结的，有战斗力的，是一支信得过、靠得住、能够战胜各种艰难险阻的坚强领导集体。

但是，随着社会主义市场经济体制改革的逐步深入，在国际国内经济金融形势日益复杂的环境下，人民银行原有的管理体制和党的领导体制已越来越不能适应有效履行中央银行职责的需要。为加强对金融工作的集中统一领导，完善金融系统党的领导体制，中央于去年5月成立了中央金融工委。人民银行系统也进行了党的领导体制改革，人民银行党组于6月改为党委，对人民银行系统的党组织实行垂直领导。人民银行党委的主要职责是：贯彻执行党的路线方针政策和国务院的有关指示决定；讨论和决定本系统的重大问题；垂直领导本系统的党组织；垂直管理本系统的干部；负责本系统职工队伍、干部队伍和领导班子的建设和思想政治工作。

人民银行系统党的领导体制的重大改革，有利于在人民银行系统贯彻党的路线、方针、政策和十五大精神，切实加强党组织对人民银行系统各项重大决策的领导；有利于维护人民银行履行中央银行职责的独立性，防止外部对人民银行履行中央银行职责的干扰；

有利于人民银行系统各级党组织加强领导班子和干部队伍建设，提高干部队伍政治思想素质；有利于充分发挥我们党的政治优势，为人民银行履行职责提供坚强的思想政治保证、组织保证和作风纪律保证。实践证明，中央决定对人民银行和有关金融机构的党的组织实行垂直领导是十分正确的，这对于保证我国金融业的改革、整顿和发展将产生重要影响。

新的党的领导体制建立后，人民银行党建工作面临着新的形势和任务。从党的建设方面讲，要进一步组织人民银行系统广大干部和职工认真学习邓小平理论和党的基本路线，加强各级领导班子的建设，使各级领导班子能认真履行中央银行职责，认真解决温家宝同志提出的金融系统党的建设工作中存在的"班子不适应、队伍不适应、工作不适应"的问题。从人民银行的工作来讲，也面临三个压力，一是要贯彻稳健的货币政策，做到在防范金融风险和防止通货紧缩的同时，适当增加货币供应量，扩大内需促进经济发展；二是要采取切实措施，化解已经暴露的金融风险，维护金融稳定；三是提高对金融机构服务水平也面临压力。江泽民同志指出，"党领导的事业要取得胜利，不但必须有正确的理论和路线，还必须有一支能坚决贯彻执行党的理论和路线的高素质干部队伍。"我们要坚决按照党中央和江泽民同志的要求，充分发挥人民银行系统党的领导体制改革后的优势，抓好人民银行系统党的建设。

人民银行管理体制和党的领导体制改革后，新的形势和任务，对人民银行各级组织的领导干部特别是各级党组织的主要负责人抓好党的建设工作提出了更高的要求，要从三个方面适应和改进。

一是思想上适应。抓好党的建设与更好地履行中央银行职责并不矛盾。过去，人民银行总行及分支行设党组，承担现在党委类似的职责，但是由于各级行党员的党的组织关系在地方，总行党组未对全系统党组织实行垂直领导，各级行长绝大部分精力用于承担行政职责。人民银行系统党委成立后，各级行的"一把手"，既是行长，又是党委书记，要克服"畏难"和"翻牌"思想，承担好行长、书记的双重职责，做到"行长上岗、书记就位"，做到"两手抓，两手都要硬"。通过加强党的建设，为各级行履行中央银行职责提供政治保证；通过更好地做好中央银行工作，促进所在地金融业在改革中发展，来体现和衡量人民银行党建工作成果。

二是组织上适应。按照中央和中央金融工委的要求，人民银行中心支行以上的各级行党组织，应有一名副书记或党委委员、副行长专门负责党务工作。要建立党委职能部门，成立精干高效的工作机构，充实必要的工作人员，加快建立一支党性强、作风正、业务精的党务工作干部队伍。要整章建制，加快各项制度的建设，保证党组织的各项工作正常、有效地开展。

三是工作上适应。人民银行各级党组织要及时研究决定有关党的思想、组织建设和履行中央银行职责中的重大问题，对党建工作和履行中央银行职责要统一领导、统一部署、统一检查、统一考核，而且对下属分支行党的建设工作也要进行统一部署，统一检查。同时，要合理划分党务工作和行政工作，要注意通过党委会、行长办公会和行务会，研究和决定不同的问题，提高办事效率。要建立党建工作责任制，人民银行的党建工作由各级行党委统一抓，党委书记带头抓，各部门齐抓共管，做到一级抓一级，一级带一级，一级促一级，从制度上保证党建工作各项任务的落实。

二、加强人民银行党的建设工作面临的重大任务

加强人民银行党的建设是一项艰巨复杂的系统工程。按照中央的要求和中央金融工委的部署，结合人民银行实际，近期加强人民银行系统党的建设，要着重抓好以下几项工作：

（一）大兴学习之风，把人民银行系统党的思想建设提高到一个新水平，坚定建设有中国特色社会主义的信念，为履行中央银行职责竭尽全力

我们党历来把思想政治建设放在党的建设首位。搞好思想政治建设关键是加强学习。每逢历史关头，每逢重大任务和新的挑战，中央总是要发动和组织全党同志特别是各级领导干部加强学习，提高素质。而每次这样的学习都会推动我们事业的大发展。党的十四大以来，以江泽民同志为核心的党中央十分重视在全党和全国树立学习的风气，多次号召领导干部特别是高级领导干部要讲学习。在年初中央举办的省级主要领导干部金融研究班上，江泽民同志又号召全党特别是各级领导干部要"学习、学习、再学习"。努力学习是领导干部的必备素质，也是我们人民银行各级领导干部在政治上和党中央保持一致的重要表现。

抓好学习，首要的是继续深入学习马列主义、毛泽东思想特别是邓小平理论，掌握建设有中国特色社会主义的基本理论。充分认识党在社会主义初级阶段的基本路线和纲领、经济体制改革和经济发展战略等，使金融体制适应和促进经济体制改革，充分发挥中央银行宏观调控作用。人民银行各级行党委（党组）要认真学习"三讲"教育必读篇目。通过学习，要坚定建立有中国特色社会主义的政治信念，正确分析我国经济改革和发展中的重大问题，使人民银行系统的各级领导干部的政治意识、大局意识和责任意识有明显的增强。

抓好学习，还要注意学习一些新的专业知识，以提高做好金融工作的实际能力。要把市场经济理论、现代科技和法律知识及一切与履行中央银行职责工作相关的自然科学和社会学知识联系起来学习，特别要注意学习与履行央行职责有关的货币金融学、经济学、宏观经济学以及金融监管、会计、法律、电脑、金融公文等业务技

术，不断提高自身的理论、专业、文化修养。此外，还要发扬理论联系实际的学风，注意对工作经验的学习和总结，不断掌握做好中央银行工作的客观规律。

各级领导干部在学习活动中，要带头学习，带头联系实际；要坚持和完善中心组学习制度，保证学习质量；要制订学习计划，充实学习内容，改进学习形式，提高学以致用的能力和水平。

（二）切实加强人民银行各级领导班子建设

加强领导班子建设是人民银行系统党的建设的重点。党中央提出，要把各领导班子建设成为坚决贯彻党的基本路线、全心全意为人民服务、具有现代化建设领导能力的坚强领导集体。温家宝同志在全国金融系统党的建设工作会议上，对金融系统的领导班子建设提出了明确的要求，一是必须坚定不移地贯彻执行党的基本路线和金融工作的方针政策；二是必须紧紧围绕金融改革和发展，创造性地开展党的工作；三是必须坚持民主集中制，团结合作；四是必须密切联系群众，倾听群众呼声，为群众办实事；五是必须廉洁自律，自觉遵守党纪国法。这五个必须是我们人民银行各级领导班子建设的基本目标和要求。在新形势下实现这些要求，加强和改进人民银行各级领导班子建设，要努力做好以下几个方面的工作。

一是要加强对人民银行各级"一把手"的管理监督。建设好领导班子，关键是要选好"班长"。在一个单位的领导班子中，"一把手"处于重要地位，也承担着重大的责任。总行党委布置的金融监管等多项工作，都实行"一把手"负责制。因此，加强领导班子建设，必须紧紧抓住"一把手"这个关键。总行党委要求，人民银行系统各级分支行"一把手"应努力做到：第一，政治坚定，模范执行党的路线方针政策，坚定不移地实践全心全意为人民服务的宗旨。第二，善于领导，要有驾驭全局的能力；会用干部、出主意，能正确处理重大疑难问题，能协调处理好人民银行与有关方面的关系。第三，熟悉业务，要刻苦学习，既要熟悉党的工作的有关知识，又要熟悉中央银行业务知识。第四，民主正派，要正确执行民主集中制，作风民主，善于团结同志。第五，廉洁敢管，从严要求自己，在金融监管中敢于查处问题，敢于碰硬，敢于得罪人，敢于解决历史遗留下来，现在应该而又能解决的问题。要实现这些基本要求，必须对各级行"一把手"和领导班子严格要求、严格管理、严格制度、严格监督、严格奖惩。多年来人民银行系统这项工作有一定的成效，但是与做好金融工作的要求和人民群众的期望，仍有较大差距。近几年来，人民银行一些领导干部特别是厅局级单位的主要领导，因违法违纪而受到处理，这些人虽然为数不多，却严重败坏了人民银行系统干部队伍形象。这些人之所以走上违法违纪的道路，究其原因，主要是在市场经济条件下和改革开放过程中，放松了对世界观和人生观的改造，内心世界逐渐被腐朽思想侵蚀所致。但是，我们上级主管单位和部门未能对其进行全面、有效的监督管理，也是一条不容忽视的原因。因此，必须对各级分支行的"一把手"提出更高的要求，进行更严格的监督。

总行党委决定，建立领导干部管理监督制度。副局级以上干部由总行考察任免，人事、内审和财务会计处长要报总行事前备案；其余按下管一级的原则由分行和营业管理部负责考察任免；中心支行正处级"一把手"任职，要向总行事后备案。各分行要严格按干部"四化"方针和德才兼备的原则任用干部。总行对各分行的干部管理、任免工作将进行严格的监督和检查，发现问题，将严肃处理。按照干部管理权限，干部由谁任命，则由谁监督管理。人民银行各级分支行"一把手"，要定期向上级党委报告个人重大事项和思想作风情况，主动接受质询和监督；要健全集中领导和个人分工相结合的工作制度，对重大问题要坚持集体领导、民主集中、个别酝酿、会议决定；要坚持领导班子民主生活会制度，把开展批评与自我批评作为党内监督的有力武器，强化班子成员之间特别是班子成员与班长之间的相互监督，努力在领导班子中形成一种是非分明、健康向上的良好风气。上级行党组织对下级行"一把手"要加强监督，并承担领导，管理和教育的责任。

在强调对领导干部特别是"一把手"加强管理监督的同时，我们也要体谅他们的困难，支持他们履行职责，做好工作。当他们受到诬告陷害时，要及时予以澄清和依法保护。

二是完善组织制度、领导制度和工作制度，形成整体合力。人民银行各级党组织，要全面贯彻执行民主与集中相结合的组织制度、领导制度和工作制度，正确认识和处理上级与下级、个人与组织、"班长"与领导成员之间的关系，加强党的团结，形成领导班子整体合力。人民银行管理体制改革后，各分行、营业管理部、金融监管办事处和省会（首府）城市及副省级城市中心支行的领导班子异地交流副局级以上干部45人，其中九个分行行长100%进行了异地交流，分行有22名副行长异地交流；副局级以上干部职位交流的195人，占任职数的90%。大家来自五湖四海，承担了人民银行管理体制改革后各单位第一届或第一任领导职责。为了中央银行事业，大家要珍惜时机，团结努力，合作共事。领导班子每一位成员，特别是"一把手"，要心胸开阔，以诚相待，敢于领导，敢于负责；要顾全大局，大事讲原则，小事讲风格；要注意相互补台、不要拆台，共同把工作做好。团结出凝聚力，团结出向心力，团结出战斗力。只要人民银行各级领导班子团结一心，就一定能带领广大干部职工把各项工作推向前进。

三是努力加大干部交流力度。干部交流，是培养锻炼干部，改善领导班子结构，增强领导班子战斗力的一项重要措施。这次人民银行管理体制改革，除局级干部外，共选配和调整处级干部1 914名，其中221名异地交流；选调和调整一般干部2 994名，其中

157 名异地交流；分行监管处室负责人三分之二是异地交流，为干部交流带了好头，这对中央银行的监管工作和干部自身的成长非常有利。各行在配备中心支行和县支行领导班子时，要克服困难，加大交流力度，使干部交流工作制度化。人民银行的干部交流工作要努力围绕加强金融监管这项中心工作进行。为适应加强监管的要求，一要有计划地选调商业银行的业务骨干充实到人民银行金融监管岗位；二要把人民银行金融监管的业务骨干选派到商业银行业务岗位上挂职学习，熟悉商业银行业务，便于以后监管；三要对不大适应金融监管岗位需要的干部，要大力加强培训，提高监管水平；培训后，仍不能达到要求的，要交流到其他岗位。各级党委和组织部门要认真总结经验，完善制度，加快干部交流的步伐。

四是进一步解放思想，积极发现和大胆起用年轻干部。由于种种原因，多年以来人民银行各级领导班子中较多地存在年龄结构不太合理、平均年龄偏大等问题。在总行管理的系统副局级以上干部中，55 岁以上的占 36.7%，45 岁以下的仅占 14.4%。在分行管理干部中，也不同程度地存在这个问题。积极培养和起用年轻干部，保持人民银行干部的新老合作与交替的正常格局，是我们面临的一项非常紧迫的任务。人民银行各级党委和领导干部应当进一步解放思想，以对党和国家前途命运高度负责的精神，从金融业改革和发展的大局出发，自觉地担负起发现、培养和选拔优秀年轻干部的历史责任。这几年，我们提拔了一些政治素质好、业务能力强的年轻干部充实到各级领导岗位上来，实践证明绝大部分同志是胜任的。我们要总结这方面的经验，继续抓好。要坚持标准，对优秀年轻干部，要及时大胆起用。对特别优秀的要敢于破格提拔。选拔优秀年轻干部工作要注意在开辟新渠道、采取新方法方面进行积极探索。一要坚持群众路线，不断完善民主选拔干部制度，通过民主评议、民主推荐发现优秀干部；二要重视干部在关键时刻的表现，尤其注意在防范和化解金融风险、处理重大复杂问题中发现人才；三要从这次"三讲"教育活动中考察和选拔人才。

五是继续深化干部人事制度改革。要认真研究和探索如何在适当的范围内走群众路线，开辟更多的群众参与公开选拔领导干部的新途径，形成有利于优秀人才脱颖而出、干部能上能下的机制。要注意总结和推广机关内部中层干部竞争上岗的做法，结合干部聘任制、任期制等改革试点，继续进行干部能上能下的探索，取得经验，在系统内推广。为进一步加强人民银行金融监管工作，提高金融监管水平，改进和完善监管队伍的管理，总行决定在人民银行系统设置不同级别的监管员职务。

六是严格执行党的干部政策，坚决防止和杜绝用人上的不正之风。要坚决贯彻执行《党政领导干部选拔任用工作暂行条例》。1998 年，根据中央决定，总行党委对部分省级分行执行《条例》的情况进行了抽查。从抽查结果看，绝大部分分行是执行得好的或是比较好的。但是，也有一些分支行在执行中存在一些薄弱环节，极少数单位问题还比较严重。在这方面，要突出抓好三个重点：一是对干部选拔任用的原则必须认真贯彻，不能动摇；二是对干部选拔任用的标准必须严格掌握，不能走样；三是对干部选拔任用的程序必须切实遵守，不能变通。人民银行各级行党委（党组）和组织部门，要坚决查处、纠正在干部选拔任用工作中的不正之风和腐败现象。对这方面存在的问题，一经发现，不管涉及什么人，都要一查到底。人民银行各级行"一把手"，要切实负起责任，带头维护《条例》和干部人事工作纪律的严肃性，带头检查和纠正用人上的不正之风和腐败现象，做到坚持原则，一身正气，无私无畏，敢抓敢管，即使遇到一些困难和干扰，也要敢于碰硬，毫不退缩。

（三）大力加强人民银行系统党的基层组织建设和党员队伍建设

加强人民银行党的基层组织建设，是实施人民银行党的建设的基础工程。党的基层组织和党员队伍，是党在人民银行系统全部工作和战斗力的基础，担负着直接联系群众、宣传群众、组织群众、团结群众，把党的路线方针政策落实到基层的重要责任。截至1998年底，人民银行各级分支行已建立党的组织4 818个，党员已达到72 359名（不含行属本科院校党员、印制企业党员和离退休党员），占15万名干部职工（不含行属本科院校和印制企业）总数的48.2%。在我国金融业改革和发展过程中，人民银行的基层党组织团结广大群众开拓创新，艰苦奋斗，创造了新的业绩。人民银行系统许许多多共产党员在急、难、险、重的任务面前和关键时刻，冲在前面，展现了工人阶级先锋战士的优良品格和时代风范，并涌现了邹宪光等一批先进典型。

人民银行系统党的领导体制改革后，党的基层组织建设也实行了垂直领导。在新的体制下，如何加强基层组织建设，是摆在我们面前的艰巨的工作任务。当前首要的是要继承和坚持以前的成功经验和优良传统，适应新形势，结合新的实际加以运用。为适应人民银行党组织的垂直领导，总行党委决定设立人民银行党委党校、各分行、营业管理部可选择辖内行属院校作为人民银行党校在各地的分校，没有的不再新设党校；需要进党校培训的干部，统一在分行所办党校或地方党校培训。今后各级分支行的行级后备干部要分级分批选送到党校培训。

人民银行党的基层组织要把思想政治工作放在首位，要深入学习党的十五大精神，加强精神文明建设，努力营造团结向上的舆论氛围。要形成弘扬先进、鞭挞丑恶的良好风尚。加强对干部职工的职业道德教育，开展争创"双文明单位"和"文明员工"等活动，培养、总结和宣传一批先进典型和先进经验，树立良好行风行貌。要继续做好人民银行系统党的统一战线工作和群众工作，充分发挥统一战线和人民银行系统工会、共青团等在金融改革和发展中的作用。

要大力加强人民银行党的基层组织对党员的日常教育，在改进党员教育的方式方法上下工夫。要把握党员思想脉搏，有的放矢，按需施教。还必须把党员教育同改进党员管理结合起来，离开管理的思想教育，不会是有效的教育。各分行在实践中探索、创造了一些融党员教育、管理、监督于一体的形式，如"三会一课"、民主评议党员、党员活动日、党员责任区、党员目标管理等，要继续坚持并力求创新。

要进一步做好发展党员的工作。及时地把那些具备党员条件的优秀分子吸收到党内来，是增强人民银行各级党的基层组织的生机、活力的重要措施。要继续做好在金融工作第一线的优秀青年中发展党员工作，加强对青年的培养教育，建立一支数量较多、素质较高的入党积极分子队伍。在党员发展过程中，要牢牢坚持党员标准、保证发展党员质量。

（四）深入开展廉政建设和反腐败斗争，加强人民银行系统党组织的作风建设

以江泽民同志为核心的党中央对加强党风廉政建设和反腐败斗争十分重视，一再强调全党一定要从政治的高度加强廉政建设和反腐败斗争。人民银行作为监管单位，"己不正焉能正人？"，人民银行系统各级党委要认真学习江泽民同志在中纪委第三次全体会议上的重要讲话，坚决贯彻中纪委第三次全体会议精神，切实加强和坚决维护党的各项纪律，保证金融业在改革中发展。

要坚持抓好领导干部的廉洁自律，进一步统一思想认识，推动落实领导干部廉洁自律的各项规定。总结这几年我们的经验，哪个分支行、哪个部门的领导班子、领导干部头脑清醒、政治坚定、廉洁敢管，哪里的金融监管等工作抓得就相对较好，出了问题也能及时解决。因此，在工作中要结合抓领导干部廉洁自律的实际工作和

对违法违纪典型案例的分析解剖，深入开展坚持马克思主义群众观点、弘扬党的优良传统作用、密切党群关系和干群关系的教育，推动各级干部经常自重、自省、自警、自励。去年6月，国务院领导同志对金融系统党组织和领导干部提出了必须遵守的"四项要求"和"六个严禁"，人民银行干部职工必须带头学习，严格遵守。对那些目无组织纪律，违反"六个严禁"的人和事，要严肃查处。要建立金融监管等重大事件的及时报告制度，对迟报、瞒报而造成严重后果的要追究有关领导人的责任。

要把握重点，加大查处大案要案的力度。近几年，我们坚决贯彻中央关于反腐败斗争的重大部署，在案件查处方面做了不少工作。但是，人民银行系统反腐败斗争的形势依然非常严峻。特别是大案要案时有发生，触目惊心。各级党委和纪检监察机关今年仍然要把大案要案的查处工作放到重要位置，进一步加大工作力度。要注意发挥各级内审部门的作用，健全和完善内控机制，从源头上遏制大案要案的发生。

要认真贯彻党中央、国务院《关于实行党风廉政建设责任制的规定》，"一把手"要切实负总责。特别要强化领导查处和防范案件的责任制，对直接管辖范围内发生重大案件，致使国家资产遭受重大损失或者造成恶劣影响的，必须责令负直接责任的主管人员辞职或者对其免职、撤职。要重点查处各级领导干部违反廉洁自律和中央八条规定的案件。要总结教训，强化对会计、财务、国库、发行、外汇等易发案件部位的监督检查，对违法乱纪人员无论是否造成损失，都要一律追究责任，触犯刑律的，移交司法机关依法处理。对有赌博嫖娼吸毒劣迹的人员，要坚决从人民银行队伍中清理出去。

（五）加强对党建工作的领导，进一步落实党建工作责任制

坚持党要管党和从严治党，有效地加强人民银行党的建设，关

键在各级行党委（党组）重视和"一把手"的责任心。建立和健全党委（党组）统一抓、书记带头抓的党建工作责任制，是落实"关键在党"的思想和"党要管党"原则的具体体现。上级党委对下级党委（党组）落实党建责任制的情况，要加强督促检查，推动各级党委（党组）特别是书记真正负起责任来。

现在人民银行有的领导班子软弱涣散、内耗严重，有的领导成员存在这样那样的突出问题，群众反映强烈。对于这类领导班子，上级党委要切实执行党建工作责任制，深入调查研究，逐一找出问题的症结，敢于触及矛盾，有针对性地加以解决，绝不能捂盖子、和稀泥。上级检查评价一个单位领导班子在落实党建工作责任制方面的情况怎么样，要着重看为解决班子内存在的突出问题做了哪些实实在在的事情，取得了哪些效果。希望各级党委主要负责同志不仅在各方面以身作则，树立好的榜样，而且要把班子带好，使之成为坚强的领导集体。

要加强人民银行和各级党的工作部门干部队伍的建设。党委办公室、组织部、宣传部、群工部、纪委等都是党委抓党的建设的重要职能部门，承担着重大责任。在人民银行党的工作部门工作的同志特别是领导同志，要充分认识自己的责任，努力加强学习，特别是学习党务工作知识，不断提高政治业务素质和水平，以适应新形势新任务的要求。要发挥整体合力，真正为各级党委当好助手和参谋，共同把人民银行党的建设工作提高到一个新水平。

三、坚决贯彻中央部署，在人民银行县支行以上领导班子和领导干部中深入、扎实地开展"三讲"教育

中央决定，今年集中一段时间，在县级以上党政领导班子和领导干部中深入开展以"讲学习、讲政治、讲正气"为主要内容的党性党风教育，加强领导班子建设，提高领导干部素质。深入开展

"三讲"教育是今年人民银行党建工作的一项重要任务，必须切实抓紧抓好。

根据中央安排，省区市和中央国家机关"三讲"教育分两批进行。中央、国家机关第一批安排66个单位，其中包括中国人民银行。人民银行党委高度重视这一事关全局的重要工作，成立了人民银行"三讲"教育领导小组，并根据中央和中央金融工委的统一部署和具体要求，制定了《关于在人民银行系统深入开展以"讲学习、讲政治、讲正气"为主要内容的党性党风教育的实施意见》。根据人民银行系统的实际，按照中央金融工委的要求，总行党委决定在县支行以上领导班子和领导干部中开展"三讲"教育，有力地推动人民银行党的建设和金融监管等工作。

按照中央确定的"三讲"教育自上而下、分级分批进行的原则，总行党委班子的"三讲"教育活动从3月29日开始，5月底结束；总行机关司处级干部和直属企事业单位的"三讲"教育的学习阶段与总行党委班子同步进行，剖析、评议和整改阶段从5月开始，到6月结束；人民银行分支行的"三讲"教育从6月开始，11月底结束。总行机关的"三讲"教育已经开始，中央"三讲"教育巡视组已进驻我行并开始工作。3月29日，人民银行党委召开了总行机关"三讲"教育动员大会，我作了动员，对总行机关的"三讲"教育作出部署。总行党委将于5月底召开人民银行系统"三讲"教育动员大会，对系统的"三讲"教育活动作出具体动员部署。根据总行党委决定，重庆营业管理部和杭州中心支行已于1月底展开试点，并积累了一定的经验。总行"三讲"教育领导小组3月22日在杭州召开了人民银行"三讲"教育试点工作座谈会，对这些经验进行了总结，并对下一步工作作出了安排。他们的做法已作为会议文件印发给大家，这将对全系统抓好"三讲"教育具有重要的指导意义。

当前，各分行、营业管理部要做好以下三方面工作：

（一）通过学习，努力提高对人民银行系统深入进行"三讲"教育重要意义的认识。中央决定在县级以上党政领导班子和领导干部中，用整风精神开展以"三讲"为主要内容的党性党风教育，是结合新的实践对领导干部进行的一次马克思主义的自我教育，是运用理论解决领导班子和领导干部党性党风方面突出问题的具体实践，是贯彻党的十五大精神，深入学习邓小平理论，加强领导班子建设，提高领导干部素质的一项重要举措。开展这次教育，对于确保党的基本路线、基本纲领、基本方针的全面贯彻，确保改革开放和现代化建设的顺利进行，确保跨世纪发展目标的实现和国家的长治久安，都有十分重要的意义。总行党委要求，各分行、营业管理部要组织处以上领导班子和领导干部深入学习中央文件、胡锦涛同志在动员深入开展"三讲"教育电视电话会议上的讲话和《讲学习、讲政治、讲正气教育读本》等，进一步统一思想、提高认识，明确开展"三讲"教育的必要性、重要性和紧迫性，以高度的政治责任感，积极主动地抓好这件大事。

通过学习，要使各级领导干部和广大干部职工深刻认识到：第一，在人民银行系统深入开展"三讲"教育，可以为中央银行全面履行职责提供更加有力的政治、思想和组织保证。第二，在人民银行系统深入开展"三讲"教育，也是从人民银行管理体制和党的领导体制改革后所面临的新形势出发，加强人民银行系统的建设的迫切要求。第三，在人民银行系统深入开展"三讲"教育，也是人民银行加强金融监管、加强领导班子和干部队伍建设的迫切需要。

（二）以高度的政治责任感，积极参与对总行党委班子"三讲"教育的评议和测评。按照中央要求，以整风精神搞好"三讲"教育，很重要的一条，就是要靠干部群众的参与和监督，实行全方位的开门搞"三讲"。在 3 月 29 日召开的总行机关"三讲"教育动员大会上，我代表总行党委已经表态：欢迎大家对党委、党委委员特别是对我个人的思想、工作和作风提出意见，我们将诚心诚意接受群众批评，本着有则改之、无则加勉的态度，正确对待群众的批评和意见。在这里，我诚恳地希望你们帮助总行党委找出缺点、促进改正。在总行党委班子的"三讲"教育中，将采取发征求意见表、召开不同层次的座谈会等多种方式认真细致地听取各方面的意见。总行党委要求，各分行、营业管理部副局级以上干部，都要以对事业高度负责的态度，积极参与总行党委班子"三讲"教育的全过程，这也是对各分行下一步开展"三讲"教育的一次实际锻炼。要认真填写总行党委班子和党委委员的征求意见表，各单位要特别注意保持意见的"原汁原味"，无论怎样尖锐的意见，都要原原本本地反映出来，并毫无保留地反馈给被评议对象；要认真阅读党委班子的剖析材料和党委委员的自我剖析材料，展开评议。每一位参加评议的同志，不但要对总行党委班子提出评议，而且要对党委委员逐个进行评议；不但要提出意见，还要帮助分析原因，提出改进措施和建议。总行党委相信，大家一定会积极地参与这次"三讲"教育活动，帮助我们找差距、促提高，使这次"三讲"教育收到实实在在的效果。

（三）切实做好准备工作，为深入、扎实地开展"三讲"教育奠定坚实的基础。这次"三讲"教育是新形势下对领导干部进行党性党风教育的一次新的实践，涉及面广，政治性、政策性强。各分行、营业管理部要在学习文件、领会精神基础上，深入进行调查研究，对领导班子和领导干部个人存在的突出问题，要做到心中有数，不能在"三讲"教育开始后再准备。要成立"三讲"教育领导小组，并建立工作机构，充实必要人员，做好准备工作。

全面加强人民银行党的建设，为履行中央银行职责提供坚强保证，是我们在世纪之交面临的光荣而艰巨的任务。我们要紧密团结在以江泽民同志为核心的党中央周围，认真贯彻落实党的十五大精神，以这次人民银行党建工作会议为契机，全面加强人民银行党的建设，努力造就一支政治过硬、业务优良、作风清正、纪律严明的干部队伍，依法履行中央银行职责，为促进我国经济发展和金融安全作出新的贡献。

促进农村合作金融事业健康稳定发展

（1999 年 4 月 9 日）

对于这次会议，国务院领导非常重视，对开好这次会议作了重要指示。中国人民银行组织有关人员对农村信用社的经营管理及体制改革等问题进行了深入的调查研究，为开好这次会议做了比较充分的准备。因此，这次会议是继续贯彻落实中央金融工作会议精神，确定农村信用社今明两年改革和发展主要政策的一次重要会议。通过这次会议，要加大农村信用社改革和整顿的力度，促使农村信用社明显提高金融服务水平，增加对农户和农业的贷款，帮助农民增加收入，增强农村购买力，促进国民经济持续、快速、健康增长。现在，我代表国务院整顿农村信用社工作小组和中国人民银行党委讲几点意见。

注：经请示国务院同意，中国人民银行决定召开全国农村信用社工作会议。这次会议的主要任务是：全面总结《国务院关于农村金融体制改革的决定》颁布以来农村信用社改革和发展的经验教训，深入分析当前农村信用社改革、服务中存在的突出问题，根据党中央、国务院有关文件精神，研究部署今明两年农村信用社改革、整顿和金融服务工作，增加对农户和农业的贷款，促进农业和农村经济持续发展。此文为戴相龙同志在这次会上的讲话。

一、两年多来农村信用社工作的主要成绩和经验教训

1997 年 2 月全国农村信用社管理体制改革工作会议以来，各级党政部门认真贯彻《国务院关于农村金融体制改革的决定》，农村信用社管理体制改革工作进展顺利，农村信用社在农村金融体系中的基础地位得到了巩固和提高，农村信用社的各项业务有了进一步的发展。到 1998 年底，全国农村信用社各项存款余额 12 191 亿元，占整个金融机构的 12.7%，比年初增加 1 465 亿元，其中储蓄存款 10 441 亿元，占整个金融机构的 19.5%，比年初增加 1 235 亿元；各项贷款余额 8 340 亿元，占整个金融机构的 9.6%，比年初增加 922 亿元，其中农业贷款 2 659 亿元，占整个金融机构的 59.8%，比年初增加 393 亿元，乡镇企业贷款 3 761 亿元。全国农村信用社有独立核算的法人机构 41 508 个，县联社 2 457 个，服务网点 28 万个，正式职工 64.5 万人。农村信用社已成为农村金融的基础和我国金融体系的重要组成部分，在支持农业和农村经济发展中发挥着重要作用。

两年多来，在各级农村金融体制改革领导小组领导下，经过中国人民银行及各级分支机构与广大农村信用社职工的努力，农村信用社在改革、管理和服务方面，取得了很大成绩：

第一，基本完成了农村信用社与中国农业银行的脱钩工作。本着依据事实、尊重历史、共同协商的原则，在对信用社的机构、人员、资金、财产等认真清理的基础上，妥善进行了"行社"脱钩的工作。农村信用社的存款准备金及转存款按规定进行了及时划转，原属农业银行的一万多名在联社工作的干部办理了人事关系转移手续。在县以上各级管理部门工作的 3 000 多名干部逐步划转到了人民银行。农村信用社及行业管理机构与农业银行脱钩工作基本完成。

第二，中国人民银行自上而下建立了合作金融监管机构，并逐步落实监管责任制，加强了对农村信用社的金融监管。1997年7月，中国人民银行总行及各级分支机构都设立了农村合作金融管理职能部门。为了切实有效地防范和化解农村信用社金融风险，在总行的统一部署和要求下，1998年以来，各级人民银行又落实了监管责任制，逐步建立了农村合作金融管理职能部门。为了切实有效地防范和化解农村信用社金融风险，在总行的统一部署和要求下，1998年以来，各级人民银行逐步建立和健全了农村信用社的年检制度、风险报告制度、高风险社跟踪检查制度和稽核检查制度等，使监管制度日臻完善，并充实和加强了县支行专职监管人员。截止到1998年10月，全国已有1 932个支行配备了监管人员6 212人，平均每个支行3人，平均每个监管人员负责7.5个农村信用社。在此基础上，人民银行各分支行加强对高风险农村信用社的跟踪监控，逐社建立跟踪监控台账，按月监测风险变化情况。加强了业务合法合规性检查，严肃查处违规经营、高息揽储、超比例拆借资金、违规担保等各种违法违规行为，有效遏制了一些农村信用社的违规经营行为。

第三，按合作制原则规范农村信用社工作取得初步成效。根据中央关于把农村信用社真正办成"由社员入股、实行社员民主管理、主要为入股社员服务的合作金融组织"的原则要求，全国各地普遍开展了对农村信用社及县联社的规范工作。为使规范工作顺利进行，总行制定了关于农村信用社和县联社的两个"管理规定"，并进行了规范工作试点。到1998年末，将近有60%的信用社和80%的县联社进行了初步规范工作。通过规范，一是增加了社员入股资本金，到1998年末，全国信用社入股资本金已达到217亿元；二是逐步健全了民主管理制度，社员代表大会、理事会、监事会的积极作用逐步增强；三是为社员服务方面，对社员实

行贷款优先、利率优惠，账务公开等制度已经开始执行；四是普遍
进行了股金分红工作，让社员共同承担信用社风险。农村信用社在
农村经济中的地位和作用，正在逐步提高。

第四，在过渡阶段，中国人民银行暂时承担了对农村信用社的
行业管理，农村信用社在改善经营、改进服务方面有了进一步提
高。中国人民银行各级分支行坚持监督管理与行业管理两手抓，各
地县联社和信用社在加强管理，改进服务方面，都采取了积极措
施，使农村信用社经营管理状况有了明显改善。一是加强信贷管
理，加大支农力度，促进农村市场的启动和农村经济的发展。其
中，信贷服务的重点是：继续把广大农户、个体私营组织等作为农
村信用社最基本的客户，优先保证粮、棉、油等农作物生产的资金
需要，确保基本农产品的稳定增产。在扩大农户贷款面、增加贷款
透明度、提供综合性服务等方面都有明显提高。二是加强员工管
理。严格控制人员增长，落实减员增效措施，1998 年已实现人员
总量负增长。同时开展了员工培训，提高了员工素质。三是加强财
务管理，大力压缩不生息资产占用，引导农村信用社认真做好扭亏
增盈工作。四是加强了安全保卫工作，及时查处案件，有效地防止
了大案要案的发生，农村信用社系统的发案率和发案金额在逐年下
降。

第五，采取积极措施，及时防范和化解农村信用社的风险。
1998 年，中国人民银行制定了《资不抵债农村信用社综合治理意
见》，提出"到 1998 年末要解决三分之一以上资不抵债农村信用
社问题，2000 年末基本解决农村信用社资不抵债问题"，各地普遍
成立了综合治理领导小组，制订了资不抵债农村信用社综合治理工
作三年规划和年度工作目标，列出了年内将要解决的资不抵债农村
信用社的名单。到 1998 年底，通过降格和撤并等手段，农村信用
社法人机构总量减少 5 953 家，负增长 11.8%。1998 年以来，部

分地区农村信用社的经营状况持续恶化，加之非法金融机构的挤兑影响，一些农村信用社发生了一定程度的支付危机。为了稳定当地金融秩序和社会秩序，中国人民银行在当地政府的组织协调下，及时采取有效措施对农村信用社支付危机进行了紧急处置。通过建立多道防线，及时调剂资金和发放再贷款进行救助，化解了支付危机，维护了当地的社会稳定。

第六，农村信用社的经营环境正在逐步改善。"行社"脱钩以来，在国务院正确领导下，中国人民银行通过协调和多方努力，在资金的使用、税率的调整、资金纠纷的清理等方面帮助信用社解决了一些问题，同时，通过再贷款的增加和利率的优惠，使农村信用社增强了资金实力，减轻了负担，从而改善了农村信用社的经营环境。

两年来，农村信用社管理体制改革的成绩，是在广大农村信用社人员努力下取得的，是在由省、地、县政府负责同志为组长的领导小组领导下取得的。

我们在肯定农村信用社改革发展取得成效的同时，也必须看到农村信用社发展中的困难和问题，以及面临的严峻形势。一是还有不少信用社尚未进行合作制改革，有些改革走了过场，经营管理的思想、方法仍然未能转变到合作金融的轨道上来。二是不少地区的农村信用社，经营亏损、资不抵债的问题仍很严重，有的还在继续增加，潜伏着较大的金融风险。少数地区的信用社，受其他机构挤兑的影响，已经出现了支付风险，目前，仍有扩大之势。三是农村信用社存贷款占金融系统全部存贷款的比例相对下降，商业金融相对增加。1998年，信用社存贷款占比均比上年减少0.5个百分点，不少信用社缺少对农户和农业新增贷款的能力，农民贷款难的问题普遍存在。农村信用社面临的诸多困难和问题，其形成的原因错综复杂。有的来自于社会大环境的影响和各种不正当的干预；有的来自于农村信用社立足于农村这一特定条件的各种制约；有的来自于农村信用社自身管理不严、约束力不强以及管理体制改革滞后等。因此解决这些问题必须在坚持合作制原则的前提下，继续深化改革，从严治社，加强管理，采取各种综合治理、相互配套的措施，才能使农村信用社走出困境，稳步发展。

总结农村信用社两年来的工作，我们既要看到两年改革取得的成绩，又要承认面临的严峻形势，同时还要把握好难得的发展机遇。我们认为有以下几条经验和教训。

一是坚持合作制方向是办好农村信用社的基本原则。合作金融的起源与发展历史已充分证明，合作金融是劳动群众为了解决经济活动中的资金困难，按照自愿、平等、互利的原则组织起来的一种合作经济组织，其根本宗旨是为入股社员服务。我国农村信用社近50年的发展历史也已证明，偏离合作制原则，必然阻碍农村信用社的发展。现在，农村信用社发展面临许多困难，产生这些困难的原因是多方面的，最根本的一条是，长期以来农村信用社背离合作制发展方向，失去广大农民的支持和监督。自1984年以来，中共中央和国务院多次指示，要把农村信用社办成合作金融。实践证明，凡是坚持按合作制改革的，信用社的困难就能逐步克服，否则，困难加剧。当前，把农村信用社办成合作金融，是支持农业合作经济和增加农民收入的需要，是农村信用社建立新机制、化解金融风险、促进自身发展的需要，也是完善我国金融体系的需要。多年来，围绕合作制的发展，从认识不统一到比较统一，从行动比较慢到比较快，从决心不大到现在下定决心，必须坚定地走下去，为此，坚持把农村信用社办成合作金融，已经是一条政治原则，我们必须动员和组织广大农民和信用社工作人员认真执行这条原则。

二是坚持把农村信用社办成合作金融，必须扎扎实实地工作，必须坚持为广大社员和农民服务的宗旨。随着社会主义市场经济的发展，农村信用社有广阔前途。现在，农村经济与 20 年前相比，已发生巨大变化，因此，要从农民的实际需要和当地经济发展水平出发，进行信用社的改革和整顿。改革的重点是吸收农民特别是专业户的股金，让入股社员进行民主管理，坚持为社员和农民服务。只要坚持上述三条原则，就是体现了信用社的合作性质。为此，请信用社、联社、各级政府和人民银行的干部，深入县乡，深入农户，针对每个信用社的实际情况，制定和实施改革整顿方案，按国务院规定，有计划地推进每个县、每个乡的信用社改革。

三是从信用社性质和我国实际出发，建立和完善农村信用社管理体制。农村信用社管理体制改革的核心，是按合作制办好每个农村信用社。在此基础上，建立县、市（地）联社，加强对农村信用社的行业管理，各个联社必须维护每个信用社的经营自主权。同时，在全国和省、区、市建立信用社行业自律组织，向人民银行等部门反映信用社的意见，维护信用社的权益，同时要传达中央银行等部门要求，加强行业自律。人民银行及分支机构，要依法加强对信用社以防范和化解金融风险为主的监督管理。当前，要特别强调地方党政组织对农村信用社的领导作用。农村信用社作为金融机构，要加强自我约束、行业自律和人民银行监管；作为农村经济的重要组成部分和与农民、农业的密切关系，地方党政非常有必要加强对农村信用社的领导。

二、进一步改革整顿、规范管理农村信用社的主要政策和措施

从现在起到 2000 年末，这两年的时间，是我国国民经济发展至关重要的时期，也是农村信用社改革和发展的重要时期。九届全国人大二次会议通过的宪法修正案指出："农村中的生产、供销、信用、消费等各种形式的合作经济，是社会主义劳动群众集体所有制经济。"党中央、国务院对农村信用社的工作非常重视，并寄予

殷切的希望。特别是在农村，通过对"三会一部"的清理整顿，更确定了农村信用社在农村经济发展中的重要地位，并为农村信用社的发展创造了一个更为有利的环境。在这种情况下，如果农村信用社仍不能发挥在农业生产、农村经济中的主渠道作用，则将辜负党中央、国务院对我们的信赖和希望。为此，各级人民银行的领导以及广大农村合作金融战线上的干部职工，要以对党和人民事业负责的强烈责任感以及时代的紧迫感，扎扎实实地做好农村信用社的各项工作，以优异的成绩，迎接 21 世纪的到来。

今后两年，农村信用社改革和发展工作的指导思想是：认真贯彻党中央和国务院关于把农村信用社真正办成合作金融的指导方针，继续深化农村信用社及其管理体制的改革，防范和化解金融风险，切实加强内部管理，明显改进金融服务，充分发挥农村信用社在为"三农"服务中的主渠道作用，促进农村经济的进一步发展和农民收入水平的进一步提高。

通过两年的努力，逐步实现五项目标，即一是按照中央有关文件的要求，切实完成农村信用社按合作制原则所进行的各项改革工作，使大部分农村信用社办成由社员入股、社员民主管理、主要为社员服务的合作金融组织；二是把中国人民银行暂时承担的对信用社的行业管理职能逐步划分出去，建立起以信用社自主经营、自我约束为基础，由县、市（地）联社行业管理、全国和省级协会自律管理、存款保险制度保障和中国人民银行依法监管的合作金融管理体制；三是使农村信用社的经营管理水平得到明显提高，经营状况得到明显改善；四是使大部分高风险农村信用社，特别是资不抵债信用社的风险状况得到有效控制和化解；五是农村信用社的服务质量明显改进，支农水平显著提高，农民贷款难问题得到基本解决。

为实现上述目标和要求，必须做好以下几个方面的工作：

（一）全面清产核资，分类解决信用社改革和发展中的突出问题

总行决定1999年对农村信用社进行全面清产核资。通过清产核资，要全面清查并落实农村信用社资产、负债、所有者权益；核实各项资产损失，全面落实所有债权债务；分清资产结构，收回不合理资金占用；从而达到摸清家底、确定总体风险状况和整顿重点的目的，有针对性地防范化解资产经营中的风险。清产核资要与盘活旧贷结合起来；要与健全规章制度，加强信贷管理结合起来；有条件的地区也要和实行贷款新的风险分类（五级分类）工作结合起来。

根据总行关于农村信用社改革、整顿、规范、管理工作的总体安排，清产核资工作从1999年第二季度开始，第三季度结束。少数地区因特殊情况需要推后的，最迟也要于年底前结束。清产核资的对象是独立核算的县（市）联社、信用社。

信用社清产核资工作由人民银行各分支机构负责。要制定标准，确定组织，责任到人。各分行（营业管理部）按总行的统一要求进行布置，以中心支行合作金融监管部门为主，抽调各县（市）支行监管人员和联社有关人员，成立清产核资工作小组，统一组织、统一部署、统一行动、统一验收。总行将在第四季度进行检查验收。有关清产核资具体办法另文下发。

在清产核资的基础上，根据信用社和联社的经营规模、资产质量、盈亏状况以及资本充足率、资金备付率、资产流动性和内部监督制约机制的建设情况、领导班子的信誉度等，全面分析，进行分类排队。全部信用社和县联社共划分为五类。第一类，资产经营规模大、质量高，各项经营指标良好，在当地金融系统具有较强的竞争力和影响力；第二类，规模较小，但经营稳健，各项指标良好，不良资产较少，盈利较多；第三类，虽有一定的不良资产，但盈亏

基本持平，其他各项指标也较好；第四类，不良资产较多，经营有亏损，但经过自身努力和其他救助手段，仍能维持经营，并能扭亏减亏；第五类，严重资不抵债，经营多年亏损，风险程度较高。

对一、二、三类信用社主要是规范管理，逐步提高，促其更好发挥作用；对第四类信用社在帮助建立健全规章制度和健全内部经营管理机制的同时，实施必要的救助手段，帮助其尽快改变面貌；对第五类信用社则按照高风险社进行处置。

上述五类社的分类排队，总行将制定具体指标，各分行（营业管理部）可根据情况进行适当调整。具体分类由各支行初步确定意见，经各中心支行认定后上报。

（二）加大规范管理力度，促使经营较好的信用社尽快完成合作制规范任务

上述一、二、三类信用社经营基础比较好，关键是要完全与合作制接轨。要加大扩股，加大宣传，加大改革力度。首先，要把辖区内的所有愿意入社和承认信用社章程的农户、承包户、个体工商户、加工业和运输业专业户、中小企业、乡镇企业尽可能吸收到信用社来，并可根据当地经济发展水平和当地居民经济承受能力确定每股股金的大小，同时也可以吸收大额股金，但最高持股额不得超过信用社股本金总额的2%。其次，落实民主管理。信用社是合作制的金融企业，作为金融企业必须有高水平的经营管理者，农村信用社要广泛吸收具备一定文化层次和管理能力的人加入信用社，同时也可以聘请其中的优秀者作为信用社的理事会、监事会成员，充分发挥"三会"的作用。要促使入股社员与信用社的利益关系更加紧密，加强对信用社的民主监督。再次，坚定为"三农"服务的方向。随着市场经济的日益发展，农村的产业结构也在不断调整，以小城镇建设为中心，大量的城乡趋向于一体化，但无论处于什么样的经济环境，农村信用社都要首先保证当地种养业的资金需

求，多余的信贷资金才能用于支持农村其他各类产业的发展。所有信用社都要实施对社员贷款优先、利率优惠的政策，对社员的放款不能低于50％，社员贷款实行优惠，农业生产贷款实行优惠。

（三）强化内部经营管理，建立扭亏增盈责任制

在过渡期内对第四类信用社的整顿、提高是整个信用社管理工作的又一重点。这些社多数扎根于农村、为农民服务，但由于各种原因，形成了资产质量较差、经营困难的问题。对这些社除在资金政策上给予适当倾斜外，更重要的是抓好内部的经营管理，帮助其建立扭亏增盈机制。一是加强制度建设。针对各社现实存在的问题，对联社主任和信用社主任都要建立岗位目标责任制，确定各项经营目标，严格考核，奖惩挂钩，确保制度落实。二是认真抓好减员增效和劳动用工制度改革，严格控制员工增长，降低用人成本。继续执行员工总数负增长政策，严禁私招滥雇，坚决清退临时用工。在做好"三定"工作的基础上，积极实行劳动用工双向选择，推行全员劳动合同制和岗位职务聘任制。改革分配制度，实行工效挂钩。同时，要加强员工培训，提高信用社干部职工依法经营、依法管理的自觉意识与能力，增强权益保障、风险防范和责任约束的观念。三是严格财务管理，厉行勤俭办社。过渡期两年内，亏损社不得增购房屋、汽车等固定资产；新成立的市（地）级联社和固定资产占款已经超过规定比例的县联社，不得新建办公楼、培训中心、购置小汽车。四是对不良资产较多的社，在考核中可以采取"新老划断"的办法，分别进行考核。实施"新老划断"以后，要保证不再增加新的亏损，不再增加新的不良资产，信用社班子要向社员代表大会和理事会作出承诺，保证有关措施目标的实施及从严治社的严肃性。五是信用社的经营管理要实行三个公开，即股金公开、贷款公开和账务公开。六是要保全信用社的信贷资产，严禁任何单位和个人平调、挪用和挤占信用社资产或借企业改制逃废对信

用社的债务，要请地方政府帮助依法收回旧贷，确保信用社业务经营状况的根本好转。

（四）妥善处置高风险信用社，及时化解和防范金融风险

由于各种各样的原因，目前在农村信用社中确实存在一定数量的高风险社，即五类社。其主要特征是备付率低，处于支付风险边缘；信贷资产质量差，"两呆"贷款比例高；亏损严重，导致严重资不抵债。高风险社最容易受到社会不稳定因素的冲击，同时又极易引起更大面积的金融动荡，为此，我们必须高度重视对高风险社的跟踪监控，做好风险防范化解工作。

一是继续采取兼并或降格的方式，取消一部分高风险社的法人资格，但仍保持其应有的营业网点。根据1998年的实践，兼并、降格必须谨慎对待，妥善处理。有资格兼并的社必须经营情况好、班子力量强，而且有较好地吸收、消化被兼并社的能力。二是有些同志提出在高风险社比较集中的地区，可以经总行批准，实行县联社一级法人统一核算，以扩大核算单位，加大抗风险能力。这个问题还需慎重研究。但是，对于这些地区，当地人民银行可适当调减其他金融机构的网点，扩大信用社的活动空间，帮助信用社尽快摆脱困难的局面。信用社自身更要大力精简机构，减少人员，改善经营，搞好服务，重新树立信用社的形象。三是局部地区大面积成片亏损、资不抵债的，当地人民银行应会同地方政府共同治理，协调其他金融机构做好兼并和市场退出的工作。

对四类社和五类社在经过采取一系列整顿措施以后经营状况有明显改善的，再进行合作制的改革工作。

（五）切实改进和加强农村信用社的支农服务工作

中央明确提出1999年深化农村金融体制改革的主要任务是：全面清理整顿农村合作基金会、全面清理乡村债务、整顿高风险农村信用社。按照党中央、国务院的统一部署，目前农村的"三会

一部"正在清理整顿，农业银行也在收缩乡镇一级的营业网点。今后支农的重任责无旁贷地落到农村信用社的身上。但从现状看，目前农村信用社的支农服务工作确实还存在一些差距，农民贷款难的问题依然存在，主要是贷款面小、条件苛刻、手续繁杂、难以满足农民日益增长的资金需求。之所以存在这些问题，关键是一些农村信用社的职工和干部在认识上还停留在传统商业化经营的观念上，没有从根本上克服非农化、商业化的思想观念。这个问题不解决，将直接影响到农村经济发展的大局，农村信用社也不可能得到长足进步和发展。为此，今明两年农村信用社必须下大力气改进支农服务，争取有所突破。一是牢固树立农村信用社以农为本、为农服务的办社宗旨，切实树立支农出效益的观念，把主要服务对象转向入股社员和广大农民。根据广大农民从事生产经营的现实需要，调整服务方向，增加服务品种，提高服务质量，做到认识到位，思想重视，措施有力。二是要切实转变经营思想和经营作风，深入基层，与农民群众一起研究市场变化，把握机遇，开拓市场。目前，在信贷服务上，要在优先满足社员生产和生活资金需求的前提下，认真执行对社员贷款优先和优惠政策；要进一步延伸信贷支农的范围，扩大服务领域，在优先保证粮棉油等作物生产资金需求的基础上，大力支持农副产品加工和养殖业的发展；积极发展农村消费性贷款，包括农民住房贷款、运输贷款、子女教育贷款、生活消费品贷款等，促进消费市场的启动；要牢固树立大农业和现代农业观念，因地制宜支持农业规模化、产业化经营，支持农业和农村产业结构的合理调整，促进农村支柱产业及农业整体发展水平的提高；对乡镇企业在分类排队的基础上，重点支持产品有销路、还款有保障的优秀骨干企业。三是从实际出发，改进贷款方式，主动上门服务，提高信用社对农民的贷款面。要发展小额信贷，积极推广"农户联保"贷款方式，粮棉大县也可试办"粮棉销售扣还贷款委托书"方式,简化农户贷款手续,把解决"信用社门难进、农民贷款难"的问题落到实处。四是积极探索新的服务方式,完善信贷、资金、结算及为社员提供信息、技术和保险等服务功能,提高支农综合服务水平。五是为切实解决信用社支农资金不足的问题,人民银行对中西部地区的农村信用社给予适当的再贷款支持,目前,已经安排了150亿元,在管好、用好的基础上还可逐年增加。

农村信用社的资金清算要以及时、方便、快捷为原则,实行多渠道解决的办法。人民银行各级分支机构的电子联行体系,要改进服务办法,为农村信用社的资金清算提供更为有利的条件和环境。同时,农村信用社也要以市(地)联社为依托,逐步建立系统内的清算体系。市(地)联社以上的资金清算,可以通过人民银行进行。并要探讨建立省级清算系统的可行性。资金清算体系同样要体现合作制的性质。

(六)围绕对信用社的服务和管理,切实抓好信用社县、市(地)联社的建设

首先,要加强县联社建设。县联社在信用社的经营管理和改革发展中具有重要的作用。多年来的实践证明,凡是在一个县之内,多数信用社经营状况好、支农工作成效显著的地方都有一个政治强、业务精、善管理的县联社领导班子。当前在改革整顿中,更应重视县联社的领导班子建设。

第一,各地要对所辖县联社的理事长、主任、副主任等干部的任职资格重新进行一次审核,同时要组织有关部门做好考核和民主评议。对不符合任职条件的,以及考核、评议中问题较多的干部要坚决撤换和取消其任职资格。

第二,要逐步实行理事长与联社主任分任的制度。目前,大多数联社理事长和主任由一个人担任。但联社主任权力过大、制约弱化的问题越来越突出,甚至出现了有些主任滥用职权,无法无天的

腐败现象。为建立健全监督制约机制，总行决定要进行理事长和联社主任分任的试点。理事长作为法定代表人，联社主任由理事会聘任，理事长不再兼任主任。

第三，《中共中央关于完善金融系统党的领导体制，加强和改进金融系统党的工作有关问题的通知》中已经明确"城乡信用合作社党组织由所在地的市（县）委领导"。目前，各地联社党组织建设的步伐不尽一致，少部分联社建立了党委，大部分联社仍然设立党组，这是不符合有关要求和规定的，必须尽快改变。县联社已成立党委的，要尽快归口地方党委领导。

第四，联社的领导班子要转变思想观念，充分尊重信用社的法人地位和经营自主权；要转变工作方式，深入实际，眼睛向下，加强对信用社的领导和管理。联社内设机构要精简，原则上联社管理人员不应超过 25 人。

其次，在试点的基础上，逐步建立农村信用社市（地）联社。总行研究，为加强对信用社的行业管理，并逐步使中央银行的监管职能和行业管理分离，决定经过试点，设立市（地）级信用社联合社，集中精力专门承担对县联社的行业管理任务。组建市（地）级联社，必须遵循三条原则。一是自愿的原则，即坚持县联社自愿参加、自愿入股。在此基础上，建立民主管理、民主办社的制度，使地级联社的组建完全按照合作制的原则进行运作。二是联社的职能主要是从事行业的管理和服务，不得向所在地居民和企业从事存贷款业务。市（地）级联社可以在资金清算及资金调剂方面为辖区进行服务。但联社与信用社的一切往来，全部为有偿，一律不得无偿调用基层社的资金。三是谨慎操作，严格审批。目前主要是在经济发达地区和各省府所在地的城市进行试点，防止一哄而起，更不得越权审批。设立市（地）级联社由各分行（营业管理部）审核，报总行统一审批。不经批准搞起来的，视同非法金融机构。

（七）组建信用社行业协会，建立信用社的行业自律体系

在 1997 年 2 月的达园会议上，根据国务院领导的指示，作出尽快建立自律组织的决定。经过两年来的改革发展，我们认为，目前时机已经成熟，全国和各省均要在今年之内建立信用合作协会。协会的主要职能是对参加协会的信用社会员提供联络、指导、协调、咨询、培训等方面的服务，实行自律管理。要协调信用社与政府、监管当局及其他有关方面的关系，向这些部门反映信用社的建议，争取合作金融的优惠政策，改善合作金融的经营环境；向信用社传达政府部门、监管机关的要求；根据有关法规，协调信用社制定一些必须共同遵守的行业公约，并督促实施，加强行业自我约束能力；传递国际合作金融界的发展趋势及相关信息，对会员单位进行培训；接受会员单位各方面的咨询，维护其权益，并向会员单位提供其他方面的服务等。全国信用合作协会工作人员 15 人，省级协会 10 人，有关人员可从县、市（地）联社中选调，也可从各级人民银行干部中聘请，聘期最短 3 年，这些同志的人民银行干部身份不变，在协会工作期间保留行籍，其工资收入从行业协会收取的会费中列支。行业协会接受人民银行的工作指导。有关协会的具体工作，待协会章程正式批准后，另行明确。

（八）建立全国农村信用社存款保险和再保险制度，切实保障农村信用社存款人的利益

建立信用社存款保险基金是维护储户利益、促进信用社健康发展的重要措施。结合国外经验和国内实际，决定农村信用社全部参加存款保险，存款保险基金按省、区、市筹集使用。同时，设立全国信用合作保险基金。保险基金对农村信用社实行补偿功能。保险基金主要用于关闭破产信用社在资金清偿中，对存款支付的保证。

（九）地方政府要加强组织领导，做好农村信用社工作

理顺农村信用社和地方政府的关系，是农村信用社管理体制改

革的一个重要组成部分。一是各市（地）、县委要加强对信用社和
联社党组织的思想、组织、作风建设，发挥党组织对信用社改革和
发展的政治保证作用。二是地方政府特别是县政府，要对信用社改
革和发展加强组织领导，制定和实施改革规划，督促乡政府推动改
革工作。三是指导和监督农村信用社业务管理，促进农村经济发
展。四是督促有关部门维护信用社经营自主权，依法维护信用社金
融债权，组织化解农村信用社的金融风险。各级人民银行要和信用
社、信用社联社及时向地方党政负责同志汇报工作，以便地方党政
加强和改进对农村信用社的领导。

三、切实加强人民银行对农村信用社的金融监管

行社"脱钩"以来，人民银行为加强对农村信用社的监管，
在监管机构设置、人员配备以及监管规章制度建设等方面都做了大
量有成效的工作，但与农村信用社风险状况相比，仍有很大差距。
当前各级人民银行要进一步加强对农村信用社的监管工作。

（一）保持合作金融机构管理人员的基本稳定，确保合作金融
机构监管工作的连续性

目前，我们已经顺利完成了总行和省级分行的机构改革。各级
行要进一步加强合作金融管理机构和队伍的建设，各级人民银行合
作管理机构在过渡期内仍要继续履行监管和行业管理双重职能，希
望大家稳定思想，继续努力工作。地（市）级中心支行及县（市）
支行处于监管农村信用社的第一线，要按照总行的统一要求，将工
作的重点切实转到对农村信用社的监管上来，把防范和化解支付风
险作为农村信用社监管工作的重中之重，地（市）级中心支行及
县（市）支行行长、副行长要把主要精力放在对支付风险较大的
农村信用社的跟踪监控和防范化解工作上，并要指定一名副行长专
门负责合作金融的管理工作。

（二）进一步落实监管责任制，划片包社，责任到人

1998 年 9 月，总行下发了《关于进一步落实农村信用社监管工作责任的通知》，对于如何建立监管责任制度提出了明确要求，各级人民银行也已经积极落实对农村信用社的监管工作责任。但目前仍不同程度地存在着对农村信用社的监管人员安排不足、责任不落实、监管不到位的问题。今年，各级行要加强对这项工作的领导，要做到四个落实，即监管人员落实，监管对象落实，监管办法落实，监管责任落实。要建立监管工作档案，切实保证监管资料的真实可靠性，尤其要做好对高风险农村信用社的跟踪监控工作。每个监管人员要对自己的监管对象的基本情况了如指掌。如果一家农村信用社出现支付问题，事先没有报告，没有提出风险处置预案，上级有指示，或有指示不去落实，造成挤提事件的，这是监管失职，要追究有关责任人员及直接领导的行政责任。如果是营私舞弊的，一定要依法处理。这项工作的关键在县（市）支行，这次会后，各分行（营业管理部）要督促所辖中心支行认真抓好这项工作，要对监管责任制的落实情况进行认真核查。

（三）全面提高非现场和现场监管的质量和水平

建立农村信用社预警机制，对农村信用社的业务活动进行全面、连续监控，并随时掌握农村信用社运行状况、存在问题和风险因素，及时采取防范和纠正措施，是强化金融监管的当务之急。实践证明，通过非现场监管手段能够及时、全面地掌握农村信用社的基本业务经营状况，并且能使现场检查更加有的放矢。各级人民银行合作金融监管部门，要按照总行统一要求，尽快实现非现场检查手段的现代化，逐步建立一套科学、高效的监控体系，集资料收集、整理、分析、反馈为一体，做到资料全面、分析准确、报告及时、处理得当。同时，人民银行的监管干部要深入到农村信用社，对其业务经营情况实施全面或专项的检查、评价和处理，通过现场

检查，对农村信用社的内部控制和管理水平、业务经营的合规性、资产负债状况及其流动性、安全性和效益性进行比较深入、细致的了解，做到发现问题，及时解决。

要加强对农村信用社监管人员培训，努力提高监管水平。要进行农村信用社监管干部的工作评比，发现并重用优秀同志。

（四）及时处置风险

对农村信用社的风险，需要研究制定一整套严密的防范和处置措施，自下而上建立多道风险防线，既要防患未然，又要亡羊补牢。第一，农村信用社的风险要立足自身解决支付问题，留足备付金，增加可变现资产，保持必要的资金流动性。第二，信用社难以消化风险的，县联社要及时对全辖信用社头寸实行统一调剂，及时救助，尽快在全县范围内解决风险。第三，对县联社调剂资金仍解决不了的，经申请并经人民银行分行批准，可以动用存款准备金，以保证支付。第四，以上措施仍不能解决的，对资能抵债、短期流动资金不足的信用社，人民银行可以发放再贷款，予以救助。第五，在救助的同时，对这类机构该撤的要撤，该合并的要合并，该降格的要降格。第六，对连续多年亏损、严重资不抵债、已经出现支付风险或即将出现支付风险，救助无望的信用社，人民银行可以采取接管、兼并以至关闭等措施解决。在农村信用社的关闭问题上，我们认为，农村信用社多年来作为国家银行的基层机构，社员并没有真正参与经营管理，现在让社员承担风险，有相当的难度，因此，对于农村信用社只能是千方百计地救助，对于农村信用社，尽可能不关闭，确实救助无望需要关闭的，必须十分谨慎，要由总行决定。同时，人民银行要积极取得地方政府的支持，请政府出面确保当地社会的稳定，维护农村信用社的整体信誉，将关闭农村信用社的消极影响降到最低限度。

当前，我国农村信用社长期积聚的风险在少数地区已经危及农村社会的安定，通过政策扶持，使农村信用社休养生息，增强实力，是防范和化解信用社风险的关键环节。人民银行将对信用社存款准备金、再贷款以及存贷款利率等作进一步的政策调整，以扶持信用社的发展。同时也争取有关方面的理解和支持，在农村信用社税率等方面给予优惠政策。

（五）配合各级政府，积极参与清理整顿农村合作基金会的工作

根据国务院部署，各地清理整顿农村合作基金会的工作正在陆续展开。这项工作政策性强，涉及面广，事关重大。要在当地政府统一领导、组织下，有计划地稳妥进行。各级人民银行和农村信用社要从维护农村稳定的大局出发，积极配合。清理整顿的关键环节是对农村合作基金会的清产核资，一定要配合地方政府制定一套客观、公正的方案，把基金会的真实家底搞清楚，把已经形成的呆、坏账剥离出来，确保清产核资工作保质保量，不走过场。在清理整顿工作中，既要坚持原则，又要注意和地方政府的协调、合作。对有效资产大于负债的合作基金会提出并入农村信用社的申请，各分行（营业管理部）要严格审查，加快审批，提高办事效率。

此次会议所部署的农村信用社的改革和整顿工作，不仅是金融体制改革和金融业发展中的重要内容，也与整个农村经济改革和发展密切相关。各级人民银行的领导和职能部门以及广大农村合作金融战线上的全体职工，要在充分认识农村信用社进一步改革整顿重要意义的基础上，按照"从严治社、从严管理"的原则，全面贯彻落实好这次会议的精神，并要结合即将进行的讲学习、讲政治、讲正气的"三讲"活动，坚定不移地按照国务院确定的农村信用社各项改革、整顿的原则和要求努力工作，为开拓信用合作工作新局面作出新的贡献。

货币政策的制定和执行

（1999 年 4 月 25 日）

1995 年 3 月，《中华人民共和国中国人民银行法》颁布实施，规定了我国货币政策的基本框架。中国人民银行在国务院领导下，制定和实施货币政策，对金融业实施监督管理。中国人民银行就年度货币供应量、利率、汇率和国务院规定的其他重要事项作出的决定，报国务院批准后执行；对其他货币政策事项作出决定后，即予执行，并报国务院备案。经国务院批准成立的中国人民银行货币政策委员会，于每季度末第一个月召开会议，就货币政策中重大问题提出建议，供国务院及中国人民银行参考。

货币政策的目标是保持货币币值的稳定，并以此促进经济增长。毫无疑问，这是我们货币政策的长期战略。然而，实现这一目标在不同时期的工作重点是不同的。

在 1978 年改革开放以前，中国实行的是高度集中的计划经济体制，物价水平除少数几年外，基本上处于冻结状态。在这个时

注：1999 年 4 月 25～28 日，中国企业联合会和世界经济论坛联合举办的"1999 中国企业高峰会"先后在北京和上海召开，会议的主题是"持续增长：周期性调整及长期的体制改革"。此文为戴相龙同志在 4 月 25 日世界经济论坛"中国企业峰会"晚宴上的演讲。

期，货币政策对国民经济调节作用比较小。

改革开放以来，我们受到的压力主要是通货膨胀。因为过去中国一直处于短缺经济，商品市场上供不应求，企业软约束，投资饥渴。因此，过去通货膨胀一直是主要危险。1994 年我国的通货膨胀达到建国以来最高水平，零售物价总指数为 21.7%，消费物价指数达到 24.1%。

针对上述情况，我国实行适度从紧的货币政策，加上其他宏观调控措施，经过 3 年多的努力，促使通货膨胀率逐年下降。1996年经济增长 9.7%，零售物价增长下降到 6.1%，中国成功地实现了经济"软着陆"，并积累了许多治理通货膨胀的经验。第一，我们改变了过去用行政手段直接控制方式，逐步过渡到以经济杠杆为主的间接控制方式。中央银行用提高利率和控制贷款规模等方式，控制货币供应量。在购买外汇储备增加货币供应 10 000 亿元同时，收回一部分对商业银行的贷款，通过上述"对冲"办法，控制货币供应的增加。第二，适当提高农产品收购价格，促进农副产品的增长，为治理通货膨胀创造条件。第三，整顿金融秩序，深化企业、金融、投资、税制改革，加强企业和地方政府的自我约束，逐步消除"泡沫经济"。

近年来，中国经济已经从一个短缺经济发展为一个供求大体平衡、局部出现低水平相对过剩的经济。国内有效需求不足，物价水平持续走低，通货紧缩迹象日见明显。截止到今年 3 月，我国商品零售物价已连续 18 个月负增长，居民消费价格连续 12 个月负增长，市场消费疲软，私人投资不活跃。解决这一问题，需要深化体制改革和调整经济结构。通货紧缩与通货膨胀一样，也会损害人民币币值稳定，损害实体经济的健康发展。与此同时，长期积累的金融风险逐步暴露，深化改革，防范和化解金融风险也成为保持金融业发展的重要课题。

面对上述经济和金融趋势，我们实行稳健的货币政策，即防止金融风险、防止通货紧缩，适当扩张货币供应，扩大内需，促进国民经济平稳发展。一是1996年5月到1998年12月7日，我们就连续6次下调存贷款利率，二是1998年初取消了实行了将近50年的贷款限额控制。三是下调了法定存款准备金率，把法定准备金率从13%降低到8%。四是加大了公开市场业务操作的力度。五是出台了一系列政策措施，增加消费信贷、增加对中小企业的贷款、增加对农户的贷款、支持小城镇建设。

1999年继续实行稳健的货币政策，并已取得成效。1999年，中国政府宏观调控目标为：经济增长7%左右。中国人民银行确定1999年货币政策的目标是：国家银行贷款指导性计划10 000亿元，增长14.6%；全部金融机构贷款增加13 550亿元，增长15.5%；广义货币M_2增长14%~15%或更高些；狭义货币M_1增长14%左右；全年现金投放1 500亿元；国家外汇储备和人民币汇率保持稳定。今年第一季度国内生产总值同比增长8.3%，工业增加值增长10.1%。与去年同期相比，广义货币M_2增长17.8%，M_1增长14.9%，流通中现金M_0增长11.2%。国家外汇储备继续增加，人民币汇率保持稳定。金融运行总体平稳。预计可实现全年经济增长7%左右的目标，人民币汇率将保持稳定。

在中国实行有效的货币政策，需要正确处理几个关系：

第一，财政政策和货币政策的关系。我国扩大货币供应，主要是通过下列渠道：一是购买外汇，投放货币，增加储备。现在由于外汇储备增加不多，通过这个渠道，增加货币供应较少。二是增加对商业银行贷款。目前因储蓄存款增加较多，国有商业银行资金的自给率提高，加之亏损企业较多，中央银行再贷款发放也受到限制。在这种情况下，我国实行积极的财政政策，通过发行国债筹集资金，增加基础建设，国有商业银行配以商业贷款，取得了较好的效果。

第二，货币市场与资本市场的关系。目前，我国社会资金结构不合理，主要是企业资本过少，负债过重。这样，既增加了企业负担，也增加了商业银行的贷款风险。因此，要在规范管理的基础上，逐步发展资本市场，促使一部分居民和企业存款转化为企业资本。

第三，货币政策制定和货币政策传导的关系。要改革金融体系，加强金融监管，促进资金流动。1998 年我们完成了中国人民银行的管理体制改革，撤销了人民银行省级分行，跨行政区建立了 9 个分行，这将有利于中国人民银行在国务院领导下，独立实施货币政策、有效进行金融监管。我们力争在两三年之内，取得金融监管的战略性成果：建成金融企业自我约束，行业自律，社会监督，人行监管的体系。其具体目标如下：一是国有商业银行不良资产大幅度下降。第一家资产管理公司——中国信达资产管理公司已于上星期（4 月 20 日）在北京成立。我们还将成立几家金融资产管理公司，负责专门处理国有独资商业银行的一部分不良资产。二是完善地方性中小金融机构的新体制，建立中小金融机构存款保险制度，支持中小金融机构的健康发展。三是完成信托投资公司等非银行金融机构的整顿工作。四是健全法制法规，加强执法力度，使金融秩序明显好转。

中国人民银行将充分发挥现行管理体制的优势，依法履行中央银行职责，保持人民币币值的稳定，保持人民币汇率的稳定。希望我们的货币政策能够有利于坚定外国投资者进入中国市场的信心，更有利于在座的各位朋友来华投资。

戴相龙 金融文集

JINRONG WENJI

（下卷）

戴相龙 著

中国金融出版社

在 2000 年中国人民银行
工作会议上的讲话

（2000 年 1 月 25 日）

这次会议是人民银行在世纪之交召开的一次重要会议，主要任务是：继续贯彻中共中央、国务院有关会议精神，总结去年工作，围绕加强内部管理，依法履行职责，研究部署 2000 年的中央银行工作。

一、1999 年人民银行工作回顾

1999 年，党中央、国务院加大实施积极财政政策的力度，努力发挥货币政策作用，并采取一系列配套的宏观调控措施，扩大内需，经济形势继续朝好的方向发展。国内生产总值增长 7.1%，社会消费品零售总额增长 6.8%，全社会固定资产投资预计增长 6.7%，外贸出口增长 6.1%；贸易顺差 291 亿美元，外商直接投资 404 亿美元；全国商品零售价格指数下降 3.0%，居民消费物价指数下降 1.4%。中国人民银行认真贯彻党的十五届四中全会精

注：戴相龙同志在 2000 年中国人民银行工作会议上作了题为《切实加强管理，依法履行职责，努力做好世纪之交中央银行工作》的讲话。此文据此整理。

神，努力发挥货币政策作用，深化金融改革，加强金融监管，防范和化解金融风险，在保持金融稳定和支持经济发展方面做了大量工作，取得了成效。

金融调控目标基本实现。6 月 10 日大幅度下调存贷款利率，11 月 21 日下调存款准备金率。通过加大公开市场操作力度，增加对金融机构的再贷款和再贴现，增加基础货币投放 3 682 亿元。出台一系列信贷政策，引导贷款投向，促进结构调整。广义货币供应量 M_2 为 119 898 亿元，增长 14.7%，基本实现年初确定的 15% 的目标；狭义货币供应量 M_1 为 45 837 亿元，增长 17.7%，增幅比上年提高 5.9 个百分点，超过年初计划 3 个百分点，主要是企业存款增多，反映货币流动性比例提高，即期购买力增强。现金投放 2 251 亿元，同比多投 1 225 亿元，主要是受计算机 2000 年问题影响，12 月份投放 973 亿元，同比多投 440 亿元。金融机构各项存款增加 13 162 亿元，同比少增 240 亿元，其中居民储蓄存款增加 6 253 亿元，同比少增 1 362 亿元。金融机构各项贷款增加 10 846 亿元，同比少增 645 亿元，其中国家银行贷款增加 8 742 亿元，同比少增 358 亿元。但是直接融资规模扩大，1999 年企业在境内外发行股票和配股共筹集资金 941 亿元，同比多增 100 亿元，加上银行承兑汇票比去年同期多增 1 235 亿元等因素，企业的支付能力明显增强，全年企业存款增加 4 725 亿元，同比多增 825 亿元。从总体上看，企业融资规模的增长与经济增长是相适应的。

银行管理体制改革迈出重要步伐，对外开放进一步扩大。以跨省区设立分行为标志的人民银行管理体制改革第一年运行顺利，建立了金融监管和货币信贷工作责任制，及时化解了一些地方突出的金融风险，领导班子和职工队伍建设加强，新的管理体制的作用逐步发挥。国有独资商业银行省分行与省会城市分行合并工作基本完成。推进了股份制商业银行上市，银行重组迈出步伐。新批准外资银行 8 家，已有 25 家外资银行在上海、深圳开办人民币业务。

加大化解金融风险力度，维护了正常的金融秩序和社会稳定。4 家金融资产管理公司正式运行，已剥离不良资产 3 500 亿元，签订了债转股协议 952 亿元。对部分高风险的信托投资公司、城乡信用社和城市商业银行等进行了清理整顿和分类处置，全年撤并资不抵债、风险严重的城乡信用社 1 600 多家。安排再贷款资金 952 亿元（含对地方政府借款 544 亿元），动用准备金 86 亿元，化解了一批中小金融机构的支付风险。配合有关部门对农村合作基金会进行了清理整顿，共处置合作基金会 11 100 多家，其中，撤销 6 700 多家，并入农村信用社 4 400 家，共涉及资产 350 多亿元。打击了非法集资，清退非法集资款 64 亿元。对法人金融机构的综合监管和现场检查有所加强，从各省抽调监管干部，集中力量对国有独资商业银行湖北、湖南、广东和广西四省区分行本部的信贷业务进行了异地交叉检查。全年人民银行系统对各类银行和非银行金融机构现场检查 41 229 人次，查处违规经营案件 13 399 件，建议处理或直接处理的责任人共 2 334 人。对城乡信用社进行现场检查 116 522 人次，查处违规经营案件涉及金额 86.6 亿元，建议处理或直接处理的责任人共 655 人。内部管理和各项基础工作得到改善。内审工作全面开展第一年，加强了对用权管钱部门和岗位的监督，建立了内审体系。全年对 524 个单位进行了常规内审，对 288 名领导干部进行了离位审计，对 211 名违规责任人员提出了处理意见。人民银行与所办经济实体脱钩工作取得明显成效。

会计财务管理进一步加强。全国 302 个城市建立了信贷登记系统。办公自动化建设取得重大进展，人民银行电视会议系统和公文传输系统正式开通。开始发行了第五套人民币，改革了白银市场管理体制，反假币和安全保卫工作得到加强。国库资金监管力度加大。

　　加强了外汇外债管理，国际收支继续保持平衡，人民币汇率稳定。继续认真贯彻落实朱镕基总理 1998 年夏季的重要指示，加大外汇检查和执法力度，有效遏制了违反外汇管理的活动。会同有关部门打击逃汇、骗汇和走私案件，取得明显成效。1999 年底，国家外汇储备达 1 546.75 亿美元，比年初增加 97 亿美元，人民币汇率为 1 美元兑 8.28 元人民币，与 1999 年初基本持平。银行计算机系统顺利跨入 2000 年。成功进行了三次全国性停业测试，通过采取一系列措施，顺利实现了计算机系统 2000 年过渡，各项业务运转正常。

　　党的建设和干部队伍建设得到加强。人民银行系统党委成立运行一年多来，逐步健全各级党委组织机构，加强了党的思想、组织和作风建设。按照中央部署，认真开展了"三讲"教育，完成了各个阶段的目标和任务，人民银行系统集中"三讲"教育已告一段落。通过"三讲"，各级领导班子和领导干部受到了一次深刻的马克思主义理论教育，增强了党性，改进了作风，明确了努力方向。加强了党风廉政建设，加大了案件查处力度。去年人民银行系统共查处各类违法违规违纪案件 144 件，比 1998 年多查处 41%，共处分违法违纪人员及责任人 228 人，比 1998 年多 45%。

　　必须清醒地看到，人民银行在依法履行中央银行职责方面还面临不少问题和挑战。国有银行不良贷款比例上升，盈利水平下降，金融风险隐患依然存在。人民银行内部管理不严，人员素质不适应工作需要，金融监管薄弱的问题尚未解决。大案要案时有发生，极少数人走上犯罪道路。最近，朱镕基总理提出，为了更好地落实党中央、国务院有关经济工作的方针政策，各行各业都要狠抓管理，2000 年是经济工作管理年。人民银行要按照这一要求，加强自我约束，强化金融监管，支持信贷监督，整顿社会信用，打击金融犯罪，为促进国民经济整体素质的提高做好各项工作。

今年人民银行工作的指导思想是：以邓小平理论、党的十五大精神和党的十五届三中、四中全会精神为指导，加强内部管理和自我约束，依法履行中央银行职责，进一步发挥货币政策作用，切实做好金融监管工作，防范和化解金融风险，实现1997年全国金融工作会议确定的有关银行业改革和发展的目标，支持国民经济持续快速健康发展。

二、进一步发挥货币政策作用，提高货币政策水平

（一）当前制定和实施货币政策，既要支持扩大内需，又要防范金融风险

近年来，针对我国物价总水平持续下降、市场有效需求不足的情况，党中央、国务院决定实行积极的财政政策，进一步发挥货币政策的作用，这是完全正确的。按照《中国人民银行法》的规定，货币政策目标是保持货币币值稳定，并以此促进经济增长。调控货币总量，始终是中央银行的首要任务，但也要注意妥善处理好与经济发展、国际收支、就业的关系。当前我国经济结构不合理的问题比较突出，在调控货币总量的同时，还需要运用信贷政策，引导和优化贷款投向，促进结构调整。同时，还要十分注意防范和化解金融风险。提出进一步发挥货币政策作用，而不讲实行积极的货币政策的主要考虑：一是从80年代开始，国有企业生产建设资金主要靠贷款，已使企业和银行承受巨大压力。国有企业资产负债率已从80年代初的近30%，上升到现在实际的75%左右，给金融业带来了很大风险。二是我国出现通货紧缩趋势的原因不是货币总量不足，而是经济结构失衡。1979～1999年的20年来，我国经济年均增长9.7%，物价年均增长6.5%，但贷款年均增长21%。近三年每年贷款增加1.1万亿元，去年货币供应总量的增长也大大超过了经济增长和物价增长之和。三是国有商业银行和国有企业自我约束

能力较差，现代企业制度和银行制度还没有真正建立起来。因此，我们不提实行积极的或扩张的货币政策，不可盲目扩张货币供应量，而是提出进一步发挥货币政策的作用。这种提法比较符合目前的国情，是恰当的。这种提法，不是消极的，不是说货币政策对克服物价下降无所作为，货币政策在当前宏观经济调控中具有不可替代的重要作用。

（二）合理确定调控目标，灵活运用各种货币政策工具

2000 年货币信贷预期调控目标为：广义货币供应量增长 14% ~ 15%；狭义货币供应量增长 15% ~ 17%；现金净投放控制在 1 500 亿元之内；国家银行贷款指导性计划 8 660 亿元。这些指标与去年实际基本持平。

为实现上述货币政策目标，今年要进一步落实已经出台的措施，完善传导机制，提高调控能力。一是适当增加再贷款和再贴现。扩大再贷款金融机构范围，合理确定再贷款利率，改进存贷比例管理办法。二是扩大公开市场业务。适当调整一级交易商成员，加大回购和现券交易量，完善交易及清算系统。三是加快货币市场建设，进一步发展同业拆借市场和债券市场。四是完善存款准备金制度，研究按存款的性质、期限确定不同的准备金比率。五是在同业拆借利率、外汇利率放开的同时，研究改革人民币利率管理办法。

（三）运用信贷政策，引导和优化贷款投向

督促国有银行进一步支持国有企业改革与发展。继续按规定发放封闭贷款。督促商业银行总行改进业务经营计划的管理，合理划分各级行贷款权限，及时发放与国债资金项目相配套的固定资产贷款和有市场、有效益、守信用企业的流动资金贷款。继续支持粮、棉流通体制改革，支持外贸企业扩大进出口业务。大力发展住房、汽车等消费信贷和助学贷款，支持科技型、社会服务型等中小企业发展。加大信贷支农力度，做好小额信贷扶贫工作，基本解决农民

贷款难的问题。制定支持西部经济大开发的信贷政策措施。

（四）督促各银行加强信贷监督

支持商业银行运用信贷、结算等手段，加强对企业生产经营活动的信贷监督，促其提高使用效益。对重复建设项目，产品积压仍赊销商品的企业，产品没有市场、长期亏损、扭亏无望的企业，逃废债务、不讲信用的企业，国家经贸委提出的应该关闭的小厂小矿，需要压缩生产能力的行业，要停止和压缩贷款，以促进产业结构和产品结构的调整。

（五）支持扩大直接融资

1996年以来，为支持经济发展，人民银行连续7次降低利率，明显减少了企业利息支出，促进了消费，活跃了资本市场，达到了预定目标。今年要按照有关规定，批准更多有条件的证券公司和证券投资基金进入银行间拆借市场，允许商业银行按规定发放股票质押贷款，拓宽证券机构融资渠道。支持发展产业投资基金、创业基金，特别是中外合资企业的投资基金，增加企业资本金，降低银行贷款风险。

三、依法加强金融监管，维护金融业安全高效稳健运行

（一）切实加强对国有银行的监管

认真监测分析国有独资商业银行按季提供的本外币、境内外、表内外合并的资产负债表。今年3月底前，完成对各类金融机构的年度监管报告，并要明显提高报告质量。对国有银行1999年的盈亏真实性和会计处理合规性进行严格审查。对国有商业银行外汇业务进行一次全面现场检查。制定专门的表外业务风险监管办法。督促国有商业银行按照降低不良贷款比例和增盈减亏的目标，制定经营计划，报国务院审批，由财政部和人民银行分别考核监督。下半年，组织对国有商业银行不良贷款剥离后的信贷管理和贷款质量变

化情况进行现场检查，并制定新增不良贷款的考核办法。第一季度成立银行业的同业协会，加强行业自律。督促政策性银行年内分别制定有关管理条例，报国务院审批后实行。督促邮政储蓄银行尽快开业。

（二）加强对股份制商业银行和城市信用社的监管

围绕提高资本充足率和强化内控机制，加强对现有 100 家股份制商业银行的监管。2~3 年内，所有股份制商业银行的资本充足率必须达到 8% 以上，今年内使 50% 的商业银行达到这一要求。对达不到这个要求和内控制度不健全的银行，要限制其存贷业务的发展。近几年，按照国务院批准的改革方案，把已商业化的城市信用社组建为城市商业银行，方向是对的，增强了其抵御风险的能力。但在组建过程中，对原有城市信用社的资产损失没有处理或弥补，加上城市商业银行组建以后内控薄弱，使一些城市商业银行背上了沉重包袱，形成了新的风险。因此，对总行曾列入组建城市商业银行计划的，要进行调查研究，严格标准，区别对待。1999 年底以前已批准筹备的，报经总行审查同意后，可批准开业，其余的停止组建工作。各地筹建领导小组要按有关规定认真开展整顿城市信用社的工作。鼓励城市商业银行之间的合作，对城市商业银行数量较多的省，可按市场原则实行合并重组，提高规模效益，增强抗风险能力。

（三）继续做好信托投资公司的整顿工作

总结汇报贯彻国办发〔1999〕12 号文件的工作，制定《信托投资公司管理办法》。按照人民银行、财政部的有关通知规定，完成对信托投资公司的清产核资和资产评估工作。抓紧制定信托投资公司撤、并、留具体方案，并组织实施，争取今年内基本完成清理整顿工作，并组织检查验收。上半年修订财务公司管理办法，重新进行功能定位，更好地为大企业集团服务，严禁企业集团财务公司办成商业银行。认真做好对企业债券、彩票等监管职责的移交工作。

（四）加大对农村信用社的支持和监管力度

农村信用社既是金融机构，又是农村经济的重要组成部分，农村信用社管理体制改革要考虑到这两方面的客观需要。改革的重点是，按照国务院及人民银行已经下发的文件，做好基层农村信用社的改革、管理和风险处置工作。大力增资扩股，提高入股额度，力争 2～3 年内把全国农村信用社股金从现在的近 200 亿元增加到 400 亿元以上；对救助有望的农村信用社，由人民银行安排相应再贷款，促其逐年消化不良资产；对严重资不抵债、扭亏无望的，由周围好的信用社就近兼并或合并。当前，要督促农村信用社调查、核实、汇报上半年农户对贷款的合理需求，抓紧组织发放农业贷款的资金，在人民银行支持下使农户贷款有大幅度增加。年内在符合条件的地、市全部组建联社。在县（市）联社数量较少的部分省（区、市），可按省（区、市）组建联社。上半年建立各省和全国信用合作协会，主要职能是对参加协会的会员提供联络、指导、协调、咨询、培训等方面的服务，实行自律管理。

继续配合做好农村合作基金会的清理整顿工作，严格把握农村合作基金会并入农村信用社的条件与程序，严禁将风险转嫁给农村信用社。

（五）整顿社会信用和金融秩序，严肃结算纪律

支持和监督商业银行依法收贷、收息。对贷款到期不催收和对赖账不还的债务人不起诉者，要进行专项稽查。清理企业账户。严格坚持一个企业只能开立一个基本结算账户的制度。利用信贷登记系统，坚决刹住多头开户、逃避监管、逃废债务的行为。完善和逐步推广主办银行制度。

改进结算工具，加强结算监督。加强对账户及资金流动的管理和监测，进一步打击洗钱、诈骗等犯罪活动。配合有关部门清理企

业拖欠，通过增加贷款、压库促销、债转股和坏账核销等措施，控制和降低企业应收账款的上升。

（六）做好被撤销金融机构的合法债务清偿工作，保持社会稳定

对少数严重违法违规经营、资不抵债、不能支付到期债务、经整顿救助无效、已经引发挤兑风险的城市信用社、信托投资公司等金融机构和农村合作基金会，由各省（区）、市政府统一领导和组织，依法予以撤销，保证偿付居民个人存款和合法外债的本息，按照国务院的规定，处理好企事业法人单位的合法债务。对偿付个人存款和外债本息资金有缺口的，由有关省级政府按国务院批准的程序和办法，通过地方商业银行向人民银行借款，确保分年偿还。同时，对有关违法违规经营者依法追究责任。人民银行要对此项工作加强监督，做好信息反馈。

（七）依法监管，责任到人，提高金融监管水平

人民银行对有关金融机构依法实行监管，维护金融企业经营自主权，并提供一定金融服务。根据《中国人民银行法》和《商业银行法》，第一季度要制定《中国人民银行金融监管条例》，进一步明确人民银行金融监管的内容和职责，对不该管的事情，不要去管；对法律法规明确要监管的事情，一定要管好。建立科学指标体系和考核办法，对商业银行的内控制度、经营状况进行分项考核和综合反映。修改金融机构高级管理人员任职资格管理办法。对《金融违法违规行为处罚办法》的执行情况进行检查，加大对违法违规人员的处罚力度。对典型违规案件，要在《金融时报》等报刊上公开披露。同时，运用社会中介机构，加强对商业银行的外部审计和监督。

充分发挥金融监管办事处的作用，提高现场检查的质量和水平。检查《中国人民银行金融监管责任制》的落实情况，对监管

失职而造成严重风险的人员要严肃处理。制定各级金融监管人员资格标准，编印现场和非现场金融监管报告、典型案例，对监管人员进行严格培训，今明两年进行审查，不合格的要调整工作岗位。

四、进一步落实各项改革措施，迎接加入世贸组织的挑战

20 年来，我国银行业对外开放逐步扩大。到 1999 年底，已有 22 个国家和地区的 87 家外资金融机构和企业集团在我国境内设立了 182 家营业性金融机构。1999 年末，在华外资银行资产总额达 318 亿美元，折合人民币 2 633 亿元，约占我国金融业总资产的 2%。其中，外汇贷款余额 218 亿美元，约占我国境内全部外汇贷款的 20%。同时，我国银行走向国际市场，在境外开拓业务，截至去年 11 月，中资银行类机构在境外共设立营业性分支机构 472 家，资产总额达 1 510 亿美元。

按中美双边协议，我国加入世贸组织 2 年后，外资银行可办理中资企业人民币业务；5 年后外资银行可办理居民人民币业务。加入世贸组织后，开放 2 个城市，以后每年开放 4 个城市办理人民币业务。5 年后外资银行办理人民币业务不再有地域和客户限制，享受国民待遇，由中央银行实行审慎监管。加入世贸组织后，外资银行将在优质客户、优秀人才、新业务、新技术等方面与中资银行展开竞争，会给中资银行经营和中央银行监管带来新的压力与挑战。但是，中资商业银行仍具有很多优势。一是国有商业银行有国家信誉的强大支持；二是经过几十年的发展，我国银行业已建立遍布城乡的营业网点；三是由于人文因素，中资银行与中资企业和中国居民之间有着密切的关系；四是国内银行业的改革加快，通过剥离不良资产等，中资银行的资产质量得到改善，自我约束、自我发展的机制正在形成。因此，我们要采取相应措施，提高我国银行业竞争力，迎接新的挑战。

加快银行业改革步伐。做好金融资产管理公司收购和处置从国有银行剥离的部分不良贷款的工作，促使国有商业银行不良资产大幅度下降。按照《公司法》和《商业银行法》的要求，完善国有独资商业银行的法人治理结构，建立现代银行内部监督机制。维护商业银行经营自主权，建立经营管理目标责任制。实行谨慎会计制度。通过金融企业自我积累、财政增资、发行长期金融债券和股票上市等方式，增加商业银行资本金，使其资本充足率达到国际标准。建立与现代金融企业相适应的人事、用工和分配制度。逐步建立和完善银行业信息披露制度。支持金融机构拓展业务，加快发展。在法律法规允许的范围内，鼓励商业银行拓展中间业务、国际业务、网上银行和电子商务等新型业务。进一步营造商业银行依法经营、公平竞争的环境。按合作制原则，落实城乡信用合作社改革和发展的各项措施，完善行业管理和行业自律，建立存款保险制度。

发展和完善金融市场。增加市场主体，扩大交易品种和交易量，加强市场基础设施建设，健全规章制度，规范操作管理，提高市场透明度，防范市场风险。协调和发挥货币市场、资本市场和外汇市场的功能，更好地运用金融市场促进金融业务创新与发展，优化资源配置。

修改和完善有关法律。根据金融市场开放的现状和加入世贸组织后的新情况、新要求，修改、完善有关法律法规。完善有关监管制度和措施。在符合世贸组织基本原则的前提下，依据国际审慎监管标准，严格市场准入，依法监管，促使中资银行与外资银行实行平等竞争。研究对网上银行等新型金融业务的监管措施。

抓紧培训银行业经营管理人才，提高银行业电子化水平。通过多种形式加强培训，培养一批德才兼备的高级管理人才和监管人才。同时，有计划地招聘和引进在海外学习和工作的华籍高级人才，以及少数外籍高级管理人才。加强对全国金融电子化工程的统一规划，加快银行卡联网通用进程，适当增加技术投资，提高我国金融业技术装备水平。

五、进一步加强外汇管理，做好中央银行各项基础工作

严格对银行结售汇业务和外汇市场的监管，把住外债登记关和还本付息核准关，加强对资本流出入的监控，严厉打击逃套骗汇行为。继续配合公安机关打击非法外汇交易，取缔外汇黑市。建立国际收支预警系统和预测模型，建立各部委之间的外汇管理协调机制。完善外汇局管理体制，加强内部监督考核，充实外汇管理干部队伍。进一步发挥我国在国际金融体系中的作用，加强与各国中央银行的交流与合作。及时反映和研究国际经济金融最新信息，力争解决我国在国际清算银行的董事席位，争取加入东南非贸易开发银行和亚洲清算联盟。严格外事管理和外事纪律，改进出国培训工作，提高对外交流水平。按照谨慎会计原则，配合有关部门，修订《全国银行统一会计基本制度（试行本）》和《中国人民银行会计基本制度》。加快人民银行支付系统和电子联行建设，疏通中小金融机构结算汇路。加强电子联行的内部管理，确保联行资金安全。今年内开通全部中心支行电视会议系统和公文传输系统，改进和完善各监管部门非现场监管信息系统。切实加强银行计算机安全工作，防范和打击银行计算机犯罪。继续做好第五套人民币的印制、发行与宣传工作。今年实现流通中的人民币整洁度达到70%的目标。深入开展反假币工作，遏制假币发案势头。改革黄金管理体制，提高黄金资源配置的市场化程度。今年内在河南、河北、辽宁、广东四省抓好发行库封闭式管理和守库改革试点工作。加大对诈骗、抢劫、盗窃案件的协查和防范力度，减少人员伤亡和资金损失。加强发行库管理，确保发行基金安全。配合财政部修订《国家金库条例》及《国家金库条例实施细则》。积极稳妥地实施国库

单一账户的改革，充分发挥国库在预算收支中的监督作用。

提高统计数据的真实性、时效性，加强信息披露和管理。特别注意做好国有商业银行和资产管理公司在剥离和接收不良资产过程中的统计工作，保证数据的延续性和可比性。进一步扩大建立信贷登记系统城市的范围，力争今年底实现全国异地联网查询。继续对经济金融运行中的热点、难点问题开展调查研究，特别要加强对加入世贸组织后我国金融业改革、发展与监管重大问题的研究。第一季度制定《中国人民银行金融监管违规、失职行为处罚办法》，重点查处越权违规批设金融机构、现场和非现场监管失职、金融风险处置不力等问题。开展规范的财务收支审计和鉴证、业务管理监督、信息技术监督、离任审计等工作。

尚未完成与所办经济实体脱钩的分支机构，必须在今年6月底前完成。对问题复杂、难度大、进展缓慢的，上级行要派工作组协助解决。对久拖不脱、明脱暗不脱的，要追究主要领导的责任。对违法违规经营的直接责任人和负有领导责任的人员，要按照有关纪律和规定严肃处理。人民银行直属企事业单位，要紧紧围绕更好地履行中央银行职责这一中心，加强内部管理，严格规章制度，增收节支，提高效率，做好工作。长期以来，人民银行所属院校在教学、科研和培养金融人才方面做了大量工作，国务院决定部门不再办学，这是教育管理体制的重要改革。对此，必须加强领导，统一思想，按照国务院的有关规定做好工作，保证交接顺利进行。人民银行系统广大干部职工要继续关心、支持这些院校的发展。

六、加强党的建设和队伍建设，保证依法高效履行中央银行职责

（一）加强党的思想建设

按照江泽民总书记有关"从严治党"的指示，加强人民银行系统党的建设。各级领导班子和领导干部要继续认真学习"三讲"教育规定的必读篇目，坚持党委（党组）中心组学习制度，认真撰写学习心得。处级以上干部每个月要安排时间集中学习。第一季度制定理论学习制度和考核办法。党委组织部门要把学习制度的落实情况作为对领导干部考核评价的重要内容。办好党校，加强对各级领导干部的理论培训。

上半年组织进行"三讲"教育"回头看"的检查，重点看"三讲"自觉性是否真正得到提高，群众反映的突出问题是否得到解决，整改方案是否得到落实。4月底前各级党委（党组）进行自查，4月份后由上级党委组织有关部门对下一级党委（党组）进行抽查。

（二）加强党的组织建设

总行成立精干的党委办公室，配备少量专门人员。总行、分行和中心支行党委要配备专职副书记或明确一名党委成员专门抓党建工作。中心支行党委设立宣传部、群工部，机关党委与宣传部合署办公，以增强党建工作合力。从"三讲"教育考察了解的情况看，人民银行系统绝大多数领导班子和领导干部政治上是坚定的，工作上是尽职尽责的，为履行好中央银行职责作出了贡献。但各级领导班子在履行行长、党委书记"一肩挑"的职责方面还缺乏经验，我们对做好系统党委的党建工作还不够熟悉。个别领导班子和领导干部存在的问题还很突出。有的领导班子和领导干部责任意识不强，特别是在履行监管职责的过程中，不愿或不敢触及矛盾、揭露矛盾，怕得罪人。有的作风不扎实，工作没有计划，抓不住重点，工作比较被动。

今年要根据"三讲"教育考察的情况，对群众反映较大的人和事，要逐一查清，提出处理意见；对问题较多的领导班子必须进行调整；对德才兼备、政绩突出、群众公认的优秀干部应大胆任用。今年底，各级党委班子都要比照"三讲"教育的做法，召开一次高质量的民主生活会，上级党委和有关部门要派人参加。注重在依法履行中央银行职责的过程中，特别是在金融监管工作实践中，发现和选拔优秀年轻干部，充实后备干部队伍。充分发挥基层党组织的作用，做好发展党员工作。继续开展好创优秀共产党员、优秀党务工作者、先进基层党组织活动，树立先进典型，于今年7月1日在全系统表彰。重新编制人民银行各级行各个岗位的职位说明书，建立干部评价指标体系，对不符合要求的，要下岗培训。上半年推出处级以上干部任用公示制。对直属企事业单位中层干部全面推行聘任制。

（三）加强职工队伍建设和思想政治工作，推进精神文明建设

认真落实《中共中央关于加强和改进思想政治工作的若干意见》，修改《中国人民银行关于思想政治工作的若干规定》，建立政治思想工作责任制，抓好系统的思想政治工作。进一步巩固与"法轮功"邪教组织的斗争成果，加强马列主义唯物论和无神论的教育。制定《中国人民银行员工手册》，全面系统地规范人民银行工作人员的行为准则。总行党委研究提出，人民银行工作人员，除执行一系列规定外，还应明确不准参加金融机构安排的宴请、娱乐、旅游、度假、出国访问等活动；不准利用职权和职务上的影响直接或间接要求被监管金融机构向其本人及亲友提供贷款；除组织调动外，从事直接监管的高级管理人员在离开监管岗位两年内，不准到其直接监管的金融机构任职；不准以任何名义占用金融机构的财物或在金融机构报销任何费用。制定中国人民银行精神文明建设的"十五"规划。继续抓好"双文明单位"、"青年文明号"创建活动。第一季度完成人民银行系统工会各级组织机构的组建工作，充分发挥工会、共青团、妇女组织在精神文明建设中的作用，做好统战工作。按照有关政策和人民银行实际情况，改革分配制度，改

善后勤服务，关心群众生活，解决职工实际困难，增强中央银行凝聚力。贯彻《中国人民银行离退休干部工作管理办法》，从政治上、生活上关心老同志，做好离退休干部工作。

（四）加强党风廉政建设和反腐败工作

要认真贯彻落实《中国共产党党员领导干部廉洁从政若干准则（试行）》和中央纪委四次全会和中央金融工委第十四次全委（扩大）会议精神，抓好人民银行系统党风廉政建设和反腐败工作。按照《金融系统党风廉政建设责任制实施办法》的规定，落实责任制。对违反党风廉政建设责任制规定的，要从严追究有关人员的责任。同时，要狠刹一些单位和个人铺张浪费，以监管职权吃、拿、卡、要等歪风，树立良好形象。加大查处和防范违法违纪案件工作的力度。实行领导办案责任制，重点查处顶风违法违纪违规案件、所办经济实体脱钩过程中暴露的案件、重要业务部位的案件和严重违反组织人事纪律、财经纪律等的案件。人民银行各级党委领导成员要改进工作作风，密切与基层和广大职工联系。人民银行党委委员，分别联系一个中心支行。

加入世界贸易组织给我国
金融业带来的机遇和挑战

（2000 年 1 月）

在我国加入世界贸易组织的谈判中，金融业开放是服务贸易谈判的重要组成部分。下面，我向各位介绍一下中美双边世界贸易组织协议关于金融业开放的主要条款、加入世界贸易组织对我国金融业发展的影响，以及我们的应对措施。

一、中美双边世界贸易组织协议关于金融业开放的主要条款

金融业开放是我国改革开放基本国策的重要组成部分。金融对外开放的进程，取决于我国经济发展的需求、金融体制改革的深化、金融市场的发展和金融监管能力。中国即使不加入世界贸易组织，也要按照自己的时间表，在现有基础上进一步开放。

在加入世界贸易组织的谈判中，我方本着互惠互利、争取双赢的原则，既承诺我方应承担的义务，又要保护我国的民族金融业。在加入世界贸易组织的协议中，我国银行业、保险业、证券业开放

注：2000 年 1 月，中共中央举办省部级主要领导干部财税专题研讨班，重点学习世界贸易组织的有关知识，了解我国加入世界贸易组织的承诺和应对加入世界贸易组织的挑战。此文是戴相龙同志在这个研讨班上的讲稿。

的承诺，是与这三个行业现有的对外开放程度、承受能力和未来发展趋势相适应的。

（一）银行业

我国银行业的对外开放始于 20 世纪 80 年代初期，20 年来，从允许外资银行来华开设代表处开始，到允许其开设营业性分支机构，再扩大到允许外资银行开办人民币业务，开放程度不断提高。同时，与金融业开放相关的法律法规和监管框架也在不断健全和完善。

截止到 1999 年底，允许 23 个城市设外资银行，已有 18 个城市设外资银行，并且已有 22 个国家和地区的 87 家外资金融机构和企业集团在我国境内设立了 182 家营业性金融机构。其中，主要有合资银行 7 家、独资银行 6 家、外资财务公司 7 家、外国银行分行 157 家。此外，有 38 个国家和地区的 166 家外资银行在我国境内设立了 248 个代表处。1999 年 12 月末，在华外资银行资产总额 318 亿美元，折合人民币 2 633 亿元，占我国金融业总资产的比例不到 2%。其中，外汇贷款余额 218 亿美元，约占我国境内全部外汇贷款的五分之一。

在中美最后一轮谈判中，我国在银行业方面主要把握以下四个原则：一是对外资银行经营人民币业务的地域、客户仍要有限制，不能马上取消；二是将外资银行经营人民币业务的地域限制和客户限制分别实施，坚持人民币业务客户限制的开放服从于地域限制的开放；三是对外资银行跨地区经营人民币业务仍要实施限制，必须经过审批；四是在市场准入方面仍保留相应的限制，要经金融监管当局严格审批。

根据中美双边协议，我国正式加入世界贸易组织后，将逐步取消目前对外资银行的下列限制：

正式加入时，取消外资银行办理外汇业务的地域限制和客户限制，外资银行可以对中资企业和中国居民开办外汇业务。

逐步取消外资银行经营人民币业务的地域限制：

加入时，开放深圳、上海、大连、天津；

加入后 1 年内，开放广州、青岛、南京、武汉；

加入后 2 年内，开放济南、福州、成都、重庆；

加入后 3 年内，开放昆明、珠海、北京、厦门；

加入后 4 年内，开放汕头、宁波、沈阳、西安；

加入后 5 年内，取消所有地域限制。

逐步取消外资银行经营人民币业务的客户对象限制：

加入后 2 年内，允许外资银行向中国企业办理人民币业务；

加入后 5 年内，允许外资银行向所有中国客户提供服务。

加入时，允许已获准经营人民币业务的外资银行，经过审批可向其他已开放人民币业务的地区的客户办理人民币业务。

发放经营许可证应坚持审慎原则。加入后 5 年，取消所有现存的对外资银行所有权、经营和设立形式，包括对分支机构和许可证发放进行限制的非审慎性措施。

关于汽车消费信贷问题，协议规定：设立外资非银行金融机构提供消费信贷业务，可享受中资同类金融机构的同等待遇；外资银行可在加入后 5 年内向中国居民个人提供汽车信贷业务。

（二）证券业

现仅批准设立由摩根·斯坦利公司和中国建设银行合资设立的中国国际金融公司，另批准 56 家外资证券公司在华设立代表处。

在此次谈判中，证券业开放主要把握了以下三个原则：一是在合资证券公司、合资基金管理公司中，中方保持绝对控股地位；二是合资证券公司不得进入 A 股二级市场；三是合资基金管理公司的业务范围与中资基金管理公司的业务范围一样。

根据中美双边协议，证券业的开放包括以下四项内容：

外国证券机构可以不通过中方中介，直接从事 B 股交易。

外国证券机构设立驻华代表处，可以成为中国所有证券交易所的特别会员。

允许设立中外合资的基金管理公司，从事国内证券投资基金管理业务，外资比例在加入时不超过 33%，加入后 3 年内不超过 49%。

加入后 3 年内，允许设立中外合资证券公司，从事 A 股承销、B 股和 H 股以及政府和公司债券的承销和交易，外资比例不超过 1/3。

（三）保险业

1999 年底，已有 9 个国家和地区的 14 家外国保险公司在华设立 20 家营业性机构。全年保费收入折合人民币 20 亿元，占全国 1 393 亿元保费收入的 1.5%。

在此次谈判中，保险业开放主要把握了以下三个原则：一是外资进入寿险领域只能设立中外合资寿险公司，外方股份不得超过 50%，同时，拒绝接受美方要求增加的外方拥有管理控制权的条款；二是拒绝了美方提出的每年必须批准若干家保险公司进入中国市场的要求，只承诺按照审慎监管的原则审批市场准入；三是不承诺保险经纪公司进入中国市场。

根据中美双边协议，我国正式加入世界贸易组织后，对外资保险公司取消的限制将主要涉及以下内容：

企业形式

加入时，允许外国非寿险公司在华设立分公司或合资公司，合资公司中外资比例可以达到 51%。加入后 2 年内，允许外国非寿险公司设立独资子公司，即没有企业设立形式的限制。

加入时，允许外国寿险公司在华设立合资公司，外资比例不超过 50%，外方可以自由选择合资伙伴。

允许所有保险公司按地域限制放开的时间表设立国内分支机构。

开放地域

加入时，允许外国寿险公司和非寿险公司在上海、广州提供服务（中日双边世界贸易组织协议已承诺加入时开放大连）。加入后2年内，允许外国寿险公司和非寿险公司在以下城市提供服务：北京、成都、大连、重庆、深圳、福州、苏州、厦门、宁波、沈阳、武汉和天津。

加入后3年内，取消地域限制。

业务范围

加入时，允许外国非寿险公司提供在华外商投资企业的财产险、与之相关的责任险和信用险服务；加入后4年内，允许外国非寿险公司向外国和中国客户提供所有商业和个人非寿险服务。

加入时，允许外国保险公司向外国公民和中国公民提供个人（非团体）寿险服务。加入后4年内，允许外国保险公司向中国公民和外国公民提供健康险服务。加入后5年内，允许外国保险公司向外国公民和中国公民提供团体险和养老金/年金险服务。

二、加入世界贸易组织对我国金融业既是机遇也是挑战

（一）加入世界贸易组织给中资金融业发展带来的机遇

加入世界贸易组织后，外资金融机构将能更多地参与我国的经济建设和金融发展，给我国经济金融发展带来新的机遇。

一是有利于引进外资，改善我国的投资环境。到1999年底，在华外资银行外汇贷款余额218亿美元，其中有87%为境内贷款，这些贷款的70%靠其境外总行资金解决，已经成为我国外资流入

的重要渠道。加入世界贸易组织后，随着对外资银行外汇业务和人民币业务限制的取消，对外资银行的外汇贷款需求将会大大增加。在我国国内外汇资金来源有限的情况下，外资银行作为直接引资渠道的作用会进一步增强。到1999年底，我国累计批准设立外商投资企业34.3万家，合同引进外资6 175亿美元，实际利用外资3 097亿美元。我国外商投资企业工业产值已占全国工业总产值的四分之一。一般来说，外资银行的主要服务对象是外商投资企业，外资银行的服务比中资银行更能满足外商投资企业的需要。我国加入世界贸易组织后，在华外资银行的服务功能将更加全面，这将进一步改善我国投资环境，吸引更多外商到我国投资。

二是有利于推进我国金融业改革的进程，提高我国金融业的整体素质和竞争能力。在长期发展过程中和市场经济环境下，大部分外资金融机构已形成了一套成熟的现代金融管理体制和经营方式，如健全的公司治理结构、完善的风险管理系统、有效的内部控制和激励机制、审慎的会计制度，以及在金融自由化、金融创新过程中开发出来的大量新产品和先进的服务手段。我国加入世界贸易组织后，外资金融机构的业务范围和客户基础将逐渐扩大，在我国金融市场上运用的新产品和新技术将随之增加，中资金融机构将被迫与外资金融机构竞争，解决当前存在的各种问题，改善金融企业产权结构和治理结构，转换经营机制，建立审慎会计制度，提高经营效率和服务水平。

三是有利于推进我国金融业的国际化进程。加入世界贸易组织，扩大对外开放，不仅能"请进来"，扩大引进外资，而且还能鼓励"走出去"，有效地推进我国金融业的国际化进程。

对于银行业，将进一步推进中资银行向海外发展。截止到1999年底，中资银行类机构在境外共设立营业性分支机构472家，境外机构资产1 443亿美元。其中，港澳地区分支机构420家，约占 88%；资产 1 133 亿美元，占 78.5%。加入世界贸易组织后，我国对外经济贸易关系将进一步加强，国际经贸活动将更加频繁，对外招商引资、国际借贷活动将会进一步增多，这将给中资银行在境外的发展提供更多的机会。在面临外资银行的竞争压力加大的情况下，中资银行将会采取措施，跟踪中资海外企业和我国经贸活动，在海外增设营业机构，更多地参与国际竞争。

对于证券业，合资基金管理公司和合资证券公司的设立，将有利于引进和学习境外证券业成熟的管理经验，促进国内证券公司和基金管理公司规范发展，逐步提高其国际竞争力。

对于保险业，外国保险公司在更深、更广的范围内进入中国市场，将带来先进的保险产品，有利于国内保险公司通过与之竞争，直接跟踪国际保险业发展趋势，走向国际市场和参与国际交流。

（二）加入世界贸易组织给中资金融业带来的挑战

中资银行尤其是国有独资商业银行，自我约束、自我发展的经营机制尚未真正建立，历史包袱沉重，金融基础设施建设薄弱，与具有百年以上历史的大部分外资银行相比，存在一定的劣势。我国加入世界贸易组织后，更多外资银行进入中国市场，将给中资银行带来很大的挑战。

一是争夺优质客户的挑战。统计数据表明，银行 80% 的利润来自 20% 的优质客户，银行资产质量、资金来源的稳定性与优质客户群有着直接的关系。目前，我国银行业、证券业、保险业仍实行分业经营、分业管理，中资银行的业务仍然以传统的存贷款业务为主，业务品种单一，对社会和客户提供综合服务的能力差。在当前国际银行业向混业经营发展的趋势下，许多外资银行的经营触角已深入保险行业、证券行业，甚至非金融行业，成为金融超市，具有强大的服务功能和创新能力。在这种情况下，我国加入世界贸易组织后，随着人民币业务的开放，部分优质客户可能会流向外资银行。但是，中资银行目前仍具有一定的明显优势。外资银行在中国都是一市一行，基本上没有分支机构及同城营业网点，而我国仅四大国有商业银行就有 13.9 万家营业性机构。中资银行类机构的存款约占有 99.4% 的市场份额，外资银行仅占有 0.6% 的市场份额。中资银行与中资企业及中国居民有着长期的客户关系，有着相同的文化背景。加入世界贸易组织后，以上差距会逐步缩小，但由于外资银行的业务发展要受其自身风险防范能力的制约，其网点扩张不可能很迅速，市场份额不可能很快上升，现有优质客户也不会大量流失。

二是争夺优秀管理人才的挑战。目前，中资银行的人事工资制度尚存在很大的缺陷，收入水平比较低，分配差距比较小，对员工尚未形成有效的激励机制。外资银行报酬优厚，同一层次管理人员的收入，外资银行要比中资银行高出 10 倍左右，对国内银行界的高级管理人员和业务骨干具有较大的吸引力。人才的流失，不仅会降低银行的业务开拓能力和管理水平，而且也会带走一部分客户。然而，考虑到住房、医疗、隐性收入和其他福利待遇等因素，中资银行和外资银行实际工资水平的差距并不如想象的那么大。而且，中资银行员工到外资银行后，一般不能像在中资银行那样得到重用。近年来，部分人员在外资银行工作一段时间后，又回到中资银行。因此，只要我们对现有人事工资制度进行实质性的改革，构造有效的激励机制，加强干部培训，中资银行不用过分担心优秀管理人员的流失。

三是对管理体制和经营机制的挑战。中资银行尤其是国有商业银行，尚未成为真正的商业银行，银行治理结构存在缺陷，人员较多，机构重复设立，不良贷款比例大，盈利水平低，业务创新和自我发展能力较弱。尽管以上问题正在逐步解决，但是，外资银行与我方相比，在上述方面仍具有一定优势。

四是对中央银行监管能力的挑战。我国对银行业监管的水平，与一些发达国家和地区相比尚存在一定的差距，监管的法律体系不完善，监管技术手段受到限制。尤其是随着外资银行业务范围的扩大，资金跨国流动活跃，给中国人民银行增加了金融监管的难度。针对上述情况，中国人民银行大力培养业务骨干，逐步提高了对外资银行监管的水平。

加入世界贸易组织后，我国仍能通过资格审查、控股权等手段，依据国际惯例，对外资证券机构进行有效的控制，保证证券市场的稳定发展。但是，加入世界贸易组织对中国经济的影响是多方面的，这些影响都会直接或间接地反映到证券市场上。即使按照目前证券市场的承诺事项，也必然会对我国证券业的管理观念和管理方法带来新的影响。

加入世界贸易组织后，外国保险公司进入我国保险市场，其经营的复杂性将增加我国保险市场的风险因素，从而增大保险监管的难度。

总之，加入世界贸易组织将给中资金融机构带来一定的挑战。但是，中资金融机构与外资金融机构相比，仍具有较多优势。同时，我国加入世界贸易组织后，对银行业、证券业、保险业的开放是逐步的。我国金融业要学习外国金融机构先进的经营管理方式，发挥自己的优势，增强竞争能力，努力提高我国金融业对外开放的水平。

三、我国金融业迎接加入世界贸易组织的应对措施

在党中央、国务院的正确领导下，我国金融业在深化体制改革、支持经济发展、防范和化解金融风险和促进对外开放中发挥了重大作用。近几年，金融业认真贯彻执行 1997 年全国金融工作会议精神，各项改革又有新的突破。到 1999 年底，全国各类金融机

构的金融资产已达 17 万亿元。当前，加入世界贸易组织在即，我们要采取切实可行措施，加快金融体制改革步伐，建立与社会主义市场经济相适应的金融组织体系、金融市场体系、金融监管体系和金融调控体系，完善金融法规，培养金融人才，提高中资金融机构参与国际金融业的竞争能力。

（一）加快国有金融企业的商业化改革步伐，发挥国有金融企业参与国际金融业竞争的主力军作用

按党中央和国务院的规定，做好金融资产管理公司收购和处置从国有独资商业银行剥离出来的一部分不良贷款工作。此项工作结束后，国有独资商业银行不良贷款比例可下降一半，平均资本充足率可上升到 6.8%。在此基础上，按照我国《公司法》、《商业银行法》、《国有重点金融机构监事会暂行条例》等有关法规的要求，完善国有独资商业银行治理结构，向国有独资商业银行派出监事会，促使国有独资商业银行进行机制和制度更新。成立各个金融行业的同业协会，加强行业自律。同时，建立以降低不良贷款比例、增盈减亏等为主要内容的经营业绩考核评价制度。鼓励国有独资商业银行的分支机构和人员精减工作。建立与现代金融企业相适应的人事、用工和分配制度。实行符合国际惯例的谨慎会计制度。通过金融企业自我积累、财政增资、发行长期金融债和其他方式，增加国有商业银行资本金，在一两年内使其资本充足率达到国际标准。务必到"十五"计划后期，使国有独资商业银行的经营管理达到国际大银行的中上等水平，并创造条件把国有独资商业银行改革为国家控股的股份制商业银行。

（二）积极支持中小金融机构在改革、整顿中稳步发展

办好现有 100 家各种股份制商业银行，支持其加快补充资本金，除定向募集股本外，推动部分符合条件的商业银行上市。按合作制原则，加快城乡信用合作社改革步伐，完善行业管理和行业自

律，建立存款保险制度，更好地支持小型企业和个体经济发展。按国务院有关文件规定，今年基本完成对信托投资公司的整顿，按照"受人之托、代人理财"的业务方针，针对国有企业直接融资的合理需求，开拓金融业务。按国务院有关规定，由地方政府统一领导，撤销少数难以救助的地方金融机构，确保城乡居民合法权益，妥善解决企事业法人本金债务，维护金融业稳定和社会稳定。用2～3年时间，通过注资、重组等方式，把地方高风险金融机构转变为正常的金融机构。

（三）发展和完善金融市场，提高我国金融企业资金经营水平和社会资金使用效益

进一步发展资金市场，扩大同业拆借和银行间债券融资。逐步扩大证券公司向资金市场的融资量，稳步开办证券公司以股票质押向商业银行贷款的业务。进一步规范和发展证券市场，提高工商企业直接融资能力，增加工商企业资本金，加大社会对工商企业的监督力度。同时，减轻和降低国有独资商业银行的贷款压力和金融风险。逐步增设外资金融机构，同时，支持有条件的中资金融机构到境外开展业务。加强对外汇市场的管理，保持国际收支平衡，维护人民币汇率稳定。推进人民币资本项目可兑换工作进程，增强外国对我国投资的信心。

（四）修改完善现有法律框架

我国《商业银行法》和《外资金融机构管理条例》是1995年以前制定的，对依法管理金融机构发挥了重大作用。但是，由于我国经济金融环境又发生了重大变化，法律、法规的部分条款已不适应银行业发展和对银行业监管的需要。例如，《商业银行法》对商业银行权益的法律保护还不够充分；业务范围被严格限制在传统的商业银行业务范围内，不利于业务的创新；对商业银行内部治理结构、内部控制及透明度等未作出明确要求。

加入世界贸易组织后，对外资银行、外资保险公司将逐渐实行国民待遇，现行的《外资金融机构管理条例》已不能适应未来几年外资金融机构在华业务发展及对其监管的需要。对外资金融机构的市场准入条件、本外币业务监管审慎标准都要进行修改。对外资证券公司，加入世界贸易组织后，我国承诺的事项与现行办法有所不同。例如，《证券法》和《证券交易所管理办法》均没有有关特别会员的规定。

因此，我国应从提高竞争力的战略高度，清理现有法规，在加强风险防范的同时，鼓励和保护商业银行创新，要根据金融市场开放的现状、加入世界贸易组织后外资金融机构的设立和经营情况、国际金融监管趋势的变化，进一步修改、完善现有法律框架。

（五）进一步完善监管体制，建立有效的金融监管体系

一是在符合世界贸易组织基本原则的前提下，借鉴西方市场经济国家的做法，依据国际性审慎监管标准，通过审慎监管手段，完善金融机构市场准入标准，理顺监管程序，鼓励中资金融机构进行金融创新，完善监管手段，加强现场检查和非现场监管，着力解决金融机构财务报表真实性问题，发挥会计师事务所、律师事务所、信用评级机构等社会中介机构的外部监督作用。

二是统一中外资银行监管标准，逐步取消对外资银行的超国民待遇，与中资银行一视同仁，加强监管，保证中外资金融机构的协调发展。外资银行虽然在业务范围和经营网点等方面有限制，但是，在所得税税率、外汇存贷款利率、业务收费费率、外汇资金的融通渠道、资金拆借期限等方面却比中资银行享受更优惠的条件，对外资银行的日常运营监管要求也相对较松，这种状况也要改变。

三是参照国际上金融业综合经营趋势，逐步完善我国金融业分业经营、分业监管的体制。1993年前的几年，我国批准了一些银行同时办理银行、信托、保险等综合性金融业务，国家银行及分行

也投资成立附属的信托投资公司、保险公司，结果导致金融秩序的混乱。吸取以上教训，从我国金融业发展现状和现阶段金融监管水平出发，在近两年建立了银行业、证券业、保险业分业经营，由中国人民银行、中国证券监督管理委员会、中国保险监督管理委员会分业监管的体制，加强了对金融机构的监管。我国加入世界贸易组织后，如何完善我国金融机构管理体制，使其适应金融全球化发展趋势，是一个需要认真研究的重要课题。当前，为支持金融创新和防止金融监管盲点的出现，要采取有效措施，加强三大金融监管机构之间的协调和配合。

（六）抓紧培训金融业经营管理人才，提高我国金融电子化水平

目前，在我国金融企业和金融监管部门，都面临现代金融业经营管理人才紧缺和电子化水平较低的问题，这种状况已不适应我国金融业扩大开放的需要。因此，要通过在职培训、离职专业培训和送到海外培训，培养一大批懂得国际金融、善于经营管理的金融企业高级管理人才和高级金融监管人才。同时，按照国务院规定，有计划地招聘我国在海外学习和工作的人员，以及少数外国金融企业高级管理人才，到我国银行、证券公司、保险公司工作。加强对全国金融电子化工程的统一规划，适当增加技术投资，提高我国金融业技术管理水平。

以上是我们针对加入世界贸易组织后金融业现实存在的问题提出的相应对策。加快中资金融机构改革，提高中资金融机构竞争力，还需要各部门、各级政府的共同努力。我国金融业广大干部和职工一定不辜负党中央、国务院和广大人民的期望，利用加入世界贸易组织的机会，化压力为动力，抓管理，促改革，迎接加入世界贸易组织后的挑战，努力提高我国对外开放的水平。

重点抓好领导干部的廉洁自律

（2000 年 2 月 15 日）

中央金融工委这次召开全委（扩大）会议，贯彻中纪委四次全会和国务院第五次全会精神，研究进一步加强金融系统党风廉政建设，重点对金融系统领导干部廉洁自律提出严格要求，这对于加强金融系统党风廉政建设，促进金融业在改革中稳步发展，具有重要意义。

在中纪委第四次全体会议上，江泽民总书记从党和国家建设与发展的战略高度，明确提出了"治国必先治党、治党务必从严"的方针。朱镕基总理在国务院第五次全体会议上，对国务院各部门、各单位的党风廉政建设和反腐败斗争提出了新要求。在全国银行、证券、保险工作会议上，朱镕基总理、温家宝副总理再次对金融系统党的建设、廉政建设和反腐败工作作了明确指示。这次会议结束后，人民银行党委将进一步学习和贯彻江泽民总书记、朱镕基总理的讲话精神，学习家宝同志在这次会议上的重要讲话，充分吸取有关单位党风廉政建设的经验，切实做好人民银行系统党风廉政建设和反腐败工作，更好地依法履行中央银行职责。

注：此文根据戴相龙同志在中央金融工委第十四次全委（扩大）会议上的发言整理而成。

今年 1 月 28 日至 29 日，中国人民银行召开了人民银行系统纪检监察工作会议。在这次会议上，我们根据中纪委四次全会精神，特别是江泽民总书记提出的从严治党的方针和要求，对去年纪检监察工作进行了总结，明确了今年纪检监察工作的目标、重点和措施。人民银行党委认为，中国人民银行是我国的中央银行，是国务院组成单位，在党风廉政建设方面应更加严格要求，应该在银行业中发挥表率作用。为此，我们提出纪检监察工作的六项重点内容和做好纪检监察工作的五项措施。

党的十一届三中全会以来，在党中央、国务院领导下，人民银行系统以邓小平理论为指导，坚持"两手抓，两手都要硬"的方针，一手抓依法履行人民银行职责，一手抓精神文明建设，各方面工作都取得较好成绩。1992 年全系统开展"教育、清理、整顿"工作，1993 年后，按照党中央、国务院的部署，在人民银行系统认真开展反腐败斗争，1996 年初开展"讲改革、讲政治、讲法纪、讲效益，努力提高金融服务水平"的"四讲一服务"活动。特别是在 1997 年后，党风廉政建设和反腐败斗争又取得重要成果。中央金融工委成立后，始终把党风廉政建设和反腐败工作作为党的建设的一个重点，及时提出了"六个严禁"、"五个严格"的要求。根据这些要求，我们加强了纪检监察工作的力度，取得了一定成效，保证和促进了人民银行各项工作的顺利进行。1999 年共查处各类违法违纪案件 144 件，比 1998 年多查处 41%；共处分违法违纪人员及责任人 288 人，比 1998 年多 45%。

从人民银行实际情况看，在近几年的党风廉政建设和反腐败斗争中，有一个突出的问题，就是领导干部涉案比例较大。1999年，人民银行处理违法违纪 288 人，其中，有 86 名科级以上干部，占涉案人员的三分之一。在查处的 8 件百万元以上经济案件中，县支行行长和科级以上干部作案达 7 件，占总数的 87%。这些事实启发和教育我们，当前开展党风廉政建设和反腐败斗争，不能满足于一般号召和一般的工作，而应该重点抓好对干部，特别是对各级领导班子和领导干部的党风廉政建设，清除领导干部中的腐败现象。这次会后，人民银行党委将进一步要求各级党委领导班子和领导成员重点从下列几个方面努力加强党风廉政建设和反腐败工作：

一是领导干部要严于律己以身作则。人民银行各级行党组织的主要领导人，要有高度的政治责任感，自觉执行党的纪律，保持清正廉洁品质。在做一个品德高尚的公民、一个守纪称职的公职人员、一个符合党章要求的共产党员方面作出表率。改革开放 20 年来，我国经济建设和社会发展取得辉煌成就。但是，我们的党、国家和人民，在各个方面仍面临许多困难、隐患和新的挑战，现在，在各个工作岗位上的领导干部，要有历史使命感，要有忧患意识，要廉洁自律，依法履行职责。党中央、国务院及中央金融工委，对领导干部廉洁自律作过一系列规定，执行这些规定要有一个最基本的要求，就是时时、处处，不做假公济私、损公肥私的事，不拿不属劳动所得的钱财，不谋违法违纪的方便，不搞庸俗的公共关系。只要心中有这样一个标准，就能较好地抵御千变万化的腐蚀和不正之风。"心底无私天地宽"，只有这样，才能保持一个健康的心态，更好地履行职责。

二是对领导班子成员要严格要求。人民银行的各级主要领导不仅要严于律己、洁身自好，而且还要敢于对领导班子成员严格要求，勇于开展批评与自我批评，揭露矛盾，解决问题。领导班子成员之间要在政治上、思想上相互关心，在领导班子中形成一股清正之气、廉洁之风，自觉地抵御各种腐蚀。分析许多领导干部违法违纪的原因，有的是不坚持党的民主集中制原则，"一把手"个人说了算，失去集体的监督；有的是放松世界观的改造，私欲膨胀，见利忘义，走上犯罪道路；有的是主要领导干部党性原则不强，怕得罪人，不敢碰硬，对班子成员，或领导成员之间，对一些违法违纪行为听而不闻，视而不见，造成严重后果。我们要采取切实有力措施，迅速解决领导班子软弱涣散的问题。

三是对干部管理要严明纪律。在过去查处的人民银行系统领导干部违法违纪案件中发现，由于对干部管理和考核不严，少数有违纪错误的人却受到重用。甚至有个别干部，在获得全数推荐同意提拔的同时，正在进行违法犯罪活动。这些事例说明，抓好领导干部的党风廉政建设和反腐败斗争必须严格执行人事纪律，对领导干部政治思想和业务能力进行切实有效的考核。去年，人民银行从上到下建立了内审机构，对人民银行内部"用权"和"管钱"的部门和人员进行检查，发现了一批案件。针对这种情况，我们正制定《中国人民银行员工手册》，规定人民银行工作人员除执行党中央、国务院和中央金融工委的有关规定外，还要执行四条禁令：不准参加金融机构安排的宴请、娱乐、旅游、度假、出国访问等活动；不准利用职权和职务上的影响直接或间接要求被监管金融机构向其本人及亲友提供贷款；除组织调动外，从事直接监管的高级管理人员离开监管岗位两年内，不准到其直接监管的金融机构任职；不准以任何名义占用金融机构的财物或在金融机构报销任何费用。

四是对违法违纪的领导干部要严肃查处。今年要把顶风违法违纪案件、金融监管失职渎职案件、与所办经济实体脱钩中发生的案件、严重违反人事纪律案件、原省分行和省会城市分行合并中的严重违反财经纪律案件作为重点，认真查处。同时，人民银行将从六个方面加大责任追究力度：第一，对下属发生多起严重违纪问题而失职失察的，追究上一级党政主要领导责任；第二，对集体违纪的，追究决策者的责任；第三，对下属或亲属管教不严导致违法违纪的，追究领导人责任；第四，对因工作失职造成重大损失，酿成金融风险的，追究主要领导责任；第五，对用人失察造成恶劣影响的，追究上级主要领导责任；第六，本单位、本地区问题成堆，长期得不到治理，群众反映强烈的，追究单位主要领导责任。

西部大开发中的金融服务

（2000 年 2 月 27 日）

这次会议的主要任务是全面领会和掌握西部大开发的方针政策及基本任务，共同研究探讨西部大开发中金融服务的基本思路。经过一天的座谈，会议基本达到了预期的目的。金融支持西部大开发是一项涉及面广、政策性强，需要深入研究的重大课题。我们准备和有关部委、政策性银行和商业银行继续研究讨论有关金融措施。在此基础上，再提出具体金融政策措施上报国务院。

一、正确处理西部大开发金融服务工作中的几个关系，提高支持西部大开发的自觉性和主动性

新中国成立以来，党中央、国务院高度重视西部地区的发展，对西部地区的发展作出过一系列重要论述。去年底，江泽民总书记先后主持中央政治局常委会议和中央政治局会议，听取了关于实施西部大开发战略的汇报，并作了重要指示，我们一定要认真学习，充分认识实施西部大开发的重大意义。实施西部大开发不仅可以提

注：1999 年，党中央、国务院作出了西部大开发的战略决策。2000 年 2 月 27 日，中国人民银行在西安召开西部大开发金融服务座谈会，戴相龙同志在会上作了讲话，此文据此整理。

高西部人民的生活水平，增进民族团结，而且可以带动全国经济的发展，扩大内需，使我国经济能够在第十个五年计划和第十一个五年计划期间保持持续发展，同时也为银行调整信贷结构提供了一个契机。中央已经确定了西部大开发一系列方针政策。金融在支持西部大开发中应处理好以下五个方面的关系。

（一）正确处理支持西部大开发和防范化解金融风险的关系，在防范金融风险的基础上，努力加大信贷支持力度

第一，支持西部发展和防范金融风险并不矛盾。西部大开发将带来许多新的经济增长点，带来西部经济的长期发展，从长远来看有利于我们化解金融风险。第二，支持西部发展和防范金融风险两者不可偏废。一方面，防范化解金融风险需要有一个过程，金融监管和内部考核要实事求是，不能提一些不切实际的要求和标准。另一方面，也不能扩大金融风险，贷款一定要保证质量，不能放弃基本的信贷原则，不能把信贷资金视同财政资金使用，防止信贷资金财政化。第三，把化解西部地区金融风险放到优先地位来解决，为西部大开发创造良好的信贷环境。凡是国家给商业银行的优惠政策，商业银行要优先运用于西部。要考虑尽快优先化解西部地区银行业的金融风险，西部地区的不良贷款要在法律允许的范围内优先剥离，呆坏账的提取要优先冲抵，通过这些化解金融风险的措施来优化信贷环境。

（二）正确处理资本投入和债务融资的关系

支持西部开发不是在旧体制内的简单规模扩张，而要按市场原则和国际惯例办事，要立足于建立新的市场机制，建立现代企业制度，逐步使西部经济走上一条良性发展的道路。实践证明，企业的资本规模和负债规模保持一个合理的比例，既有利于商业银行防范金融风险，也有利于企业保持稳健经营。长期以来，西部地区企业的发展主要依靠银行信贷资金的投入，使企业的负债率过高，制约

了企业的进一步发展，影响了银行贷款的继续投入，这是西部大开发面临的一个突出问题。要解决这个问题，一是要解放思想，大胆探索，多渠道、多方式加大资本金投入。要加大财政特别是中央财政的投入力度，增加财政对西部地区的转移支付，对国有企业增加资本金。在国家财政比较困难的情况下，是否可以考虑让国家开发银行把一定比例的邮政储蓄存款作为长期资金来源进行投资入股；是否可以考虑让国家开发银行等政策性银行通过发行金融债券进行投资；等等。二是要处理好直接融资和间接融资的关系。适当加大西部地区直接融资力度，鼓励企业上市以及设立产业基金，把社会闲散资金集中起来用于产业投资；也可以考虑设立中外合资产业投资基金，专门支持中外合资企业的增资扩股；同时可以考虑对西部地区中外合资企业的中方股东发放股本贷款，对东西部横向经济联合的东部优势企业发放股本贷款。这样通过财政投入、资本市场融资、中外合资产业投资基金、股本贷款，再加上民间投资，西部地区将形成大量企业资本。有了资本后，企业就可以融通数倍于资本金的信贷资金。如果只讲银行贷款，不讲资本投入，西部的发展势必受到限制。

（三）正确处理政策性金融与商业性金融的关系

西部大开发中要有财政投入，要有资本金，也要有政策性银行的贷款。有些社会效益突出，但自身经济效益不明显的项目，贷款期限要求长一些；有些项目难以提供担保抵押；有些项目难以承受正常的贷款利率，这些均客观上需要政策性金融的支持，如果没有政策性金融，其他的商业性金融机构也会被迫承担政策性金融的任务。因此，政策性金融与商业性金融是相互补充但不是相互替代的关系。现在政策性金融没有低利的资金来源，可以考虑允许政策性银行利用一部分邮政储蓄资金进行投入。中国人民银行也要支持政策性银行的发展，国家开发银行有好的项目，中国人民银行可以相应增加再贷款。也可以考虑让政策性银行发行西部开发金融债券，扩大全社会影响。政策性金融的作用发挥出来了，把基础设施等投资环境建设好了，商业性金融才能跟上去，否则商业性金融的风险就会很大。

（四）正确处理利用内资和外资的关系

在充分利用国内资金的基础上，积极开拓利用外资的渠道，包括直接投资、借款、合资、设立中外合资产业投资基金等方式。利用外资不仅能带来资金，还可以带来信息、技术和管理，我们要充分利用内资、外资两种资源，充分发挥国内、国际两个市场的作用，以更开阔的视野来开发西部。加入世界贸易组织以后，经过五年的过渡期，将逐步允许外资银行在全国各地设置分支机构和开办人民币业务。目前外资银行在西部开设分支机构较少，我们积极鼓励外资银行到西部设立分支机构。可以设想设立中外合资的中长期信贷银行。资本金数额要大一些，主要以中长期信贷为主，和国家开发银行相配套。对此可进行充分论证和可行性分析。

（五）正确处理西部开发中当前工作和中长期工作的关系

开发西部是一项长期性的工作，但还要从做好当前工作入手，要有计划、有步骤地将当前工作和中长期工作有机地结合起来。第一，做好当前的金融稳定工作。要抓紧整顿信托投资公司，首先整顿西部的信托投资公司，整顿以后，按审慎监管的原则，适当扩大其业务范围，例如可以允许其管理产业基金，围绕国有企业的改革发展，发挥直接融资的作用。对于到期不能兑付债务、资不抵债的中小金融机构，该关闭的就要关闭，农村合作基金会要认真清理。国有商业银行的不良贷款要按程序抓紧剥离出去。搞好金融稳定也是改善投资环境的一个重要方面。第二，做好当前的金融服务工作。今年国债项目配套的贷款和技改贴息贷款要抓紧落实。要研究增加对农村信用社的再贷款，增强农村的购买力。这次增加150亿元农村信用社再贷款应主要对西部地区倾斜，要尽快安排下去，解决农民生产资料、春耕、建房等贷款需求。第三，加快制度创新。与国有企业一样，国有商业银行也要加快改革步伐，尽快建立起现代金融企业制度。第四，狠抓内部管理。今年是管理年，要大力提高商业银行的管理水平和竞争力。为统筹做好西部大开发金融服务工作，我们准备成立"西部大开发金融服务工作小组"，在货币政策司下设办公室，负责有关西部大开发金融服务的具体组织、协调工作。总之，要在做好当前工作的前提下，有计划、分步骤地做好中长期的规划工作，使西部大开发的金融服务有科学的理论作指导，有计划、有步骤地向前稳步推进。

二、筹集资金，改善服务，努力做好西部大开发金融服务的各项工作

（一）筹集中长期信贷资金，积极支持基础设施建设

在增加财政投入、扩大直接融资比例支持西部开发的同时，要发挥好银行的作用。首先，要充分发挥政策性金融的作用。特别是国家开发银行要扩大融资规模，增加对西部地区中长期贷款投入，大力支持西部地区基础设施建设。同时对国家开发银行能否把一定比例的邮政储蓄资金用于投资和股本贷款的问题要作深入研究，增强国家开发银行的功能。对国家开发银行向国务院报告中提出的为支持西部大开发需要人民银行协助解决的问题，人民银行要抓紧进行研究，提出意见。对于农业发展银行在保证粮油收购资金稳定封闭运行的前提下，是否可承担一部分支持农村基础设施建设，主要是中小型水利项目、农村电网、通讯设施建设的任务这一问题，需要结合实际情况，专门调查和研究。进出口银行要发挥自身优势，研究拟定支持西部机电产品出口的具体措施。其次，国有商业银行也要加大对西部地区中长期贷款的投入力度，随着技术进步，工业

企业资本有机构成不断提高，对中长期信贷资金的需求比较大，国有商业银行要积极支持企业技术进步。根据西部地区基础建设任务重、中长期资金需求比较大的特点，国家开发银行和国有商业银行要密切配合，做到优势互补，增强西部企业投资和技术改造能力。此外，对大家讨论较多的设立西部开发银行的问题，也可作为一个课题进行研究。

（二）发挥各金融机构的作用，支持生态环境建设和保护

银行和农村信用社要按照中央关于西部大开发的战略设想，加大对生态环境建设和保护的贷款支持，特别是对实施退耕还林、还草工程的国营林场、个体苗圃及城市绿化建设、黄土高原小流域治理等方面，只要项目有收入，能还贷款，金融机构都要积极予以支持，信贷服务的范围要更宽一些。另外，在森林的开发和保护方面，对植树造林、森工企业转产、实行多种经营等要给予支持。

（三）调整信贷结构，引导信贷投向，积极推进产业结构调整

第一，增加农业贷款，支持农业产业化发展。对西部地区有优势、有特色、适应市场需求的农副产品，支持其生产、加工、销售实现一条龙的经营方式，促进新型农业的发展和农业经济结构调整。第二，支持国有企业的重组、破产、兼并，支持企业技术改造，发展特色工业。要配合国家增加贴息资金，扩大对西部地区国有重点企业、老工业基地、森工转产企业和"三线"企业的技术改造贷款投入，支持利用高新技术和先进适用技术改造传统产业。西部地区金融机构对当地确有发展潜力和市场前景的特色产品、产业，要在与主管部门、科技部门共同论证的基础上，选择一批作为重点支持的对象，适当简化贷款手续，适当放宽贷款条件。第三，支持西部小城镇建设。小城镇是商品集散地，对拓宽城乡市场具有重要意义。银行要充分考虑小城镇的优势和资源条件，围绕住房、供水、供电等城镇基础设施建设，增加信贷投入；要支持以小城镇

为依托的农副产品加工业、储藏业、保鲜业、运销业，支持小城镇发展商贸、旅游、饮食、服务等第二产业，发挥小城镇带动作用。

（四）运用信贷杠杆支持科技教育，支持高新技术产业发展

最近国务院批转了中国人民银行的助学贷款管理办法，各商业银行正在贯彻落实。西部地区金融机构要加强同西部高校和科研机构的联系和协作，对像西部这样教育需求更为突出的地方，加大信贷投放力度。

西部地区总体经济发展水平不高，但在某些地区、某些领域具有一定的技术优势，要支持其实现产业化发展。支持西部高新技术产业发展，一方面要发展创业投资基金，另一方面要发挥信贷的作用，可以考虑制定一个专门针对高新技术企业的贷款办法，单独设立科目进行管理、考核、核算，商业银行要吸收科技人员、有关专家成立专门小组进行贷款评审。高新技术资金投入具有风险高、回报高的特点，贷款运作可以借鉴国外风险投资基金的一些做法，贷款的利率可以更灵活，企业创业成功后，贷款也可以全部或者部分变为股本，通过转让股本收回贷款。对失败的项目，可商财政部同意，对坏账予以冲销。这是一种有别于一般贷款的特殊贷款，要有专业人才，实行专门管理。此外，银行部门要结合高新技术产业信贷需求的特点，扩大信贷领域，增加信贷品种，推进金融创新。

（五）加强对东西部经济交流合作的资金支持力度，促进西部经济发展

东部和西部本身就是连通的，银行部门要研究制定行之有效的信贷政策措施，促进东部和西部的人力、资金、市场优势结合起来。支持东部企业通过产业转移、技术转让、对口支援、联合开发等形式到西部投资设厂或进行其他形式的经济协作。工行、农行、中行、建行、交行等都是全国性银行，各总行应抓紧研究制定东部分行与西部分行加强协作的具体措施，加大支持力度。

东部地区优势企业兼并西部地区亏损企业，可参照国家制定的有关兼并优惠政策，对被兼并西部企业的老贷款给予一定年限的停息或免息优惠。

（六）支持西部地区加快对外开放，支持西部企业扩大直接融资

鼓励西部地区发展外资银行，加快西部金融机构对外开放步伐。对外资银行到西部地区设立分行，在准入条件等方面我们要研究具体的政策标准，积极创造条件，扩大西部地区利用外国政府和国际金融组织贷款的规模，支持西部地区扩大利用外资。

可试点设立西部重点行业产业投资基金、创业基金，支持西部粮棉基地、畜产品基地、石油化工基地建设，支持高新技术产业发展。支持西部企业通过兼并、收购和债权债务重组等形式，盘活资产存量。同时要扩大直接融资手段筹集资金，银行部门要利用自身优势，提供综合、配套的金融服务。促进西部企业多渠道融资格局的形成。

（七）在金融人员交流和金融基础建设方面支持西部大开发

人才短缺是制约西部金融发展、影响金融支持西部开发的一个重要因素，要采取切实有效措施，加强西部金融人才的开发。20世纪50年代西部开发很重要的一个措施就是从东部来了一批金融干部，这次大开发也应该有一个总的动员。要通过多种方式吸引人才、培养人才、留住人才。各总行要制定人才支援的计划，要定期选派各层次业务骨干到西部工作，要加强东西部人才交流，加大对西部干部培训力度，提高西部金融机构人才的素质，培养一批懂金融、懂法律、懂经济、懂计算机的金融人才。各行要在干部提拔、任用，出国培训等方面建立起相应的激励制度。要加大对西部地区计算机电子化建设的资金投入，逐步改变西部金融机构基础条件差的状况。

（八）适应西部开发需要，深化金融体系改革

国有商业银行要加快建立现代企业制度，努力降低不良资产，改革人事、分配制度，健全激励与约束机制，为参与国际竞争创造条件，特别是要进一步完善货币政策传导机制。国有商业银行已经取消了贷款规模控制，对分支机构不能实行固定的存贷比例管理，应该根据贷款有效需求，完善业务经营计划的编制。每家银行，特别是国有商业银行的分行，每个季度应及时上报有效贷款需求，上级行应根据情况核实，及时予以调整。只要是有效需求，就要及时满足。信托投资公司也要进行改革，围绕国有企业的改革增加直接融资。城市商业银行应该围绕科技型、社区服务型的小型企业，改进和加强服务，促进个人投资。金融体系要适应西部大开发的要求，要有分工、有竞争，对西部地区现有的金融机构要加快改组，健全功能，精简机构，减少成本，提高效益。

纪念《中国人民银行法》颁布五周年

（2000 年 3 月 17 日）

今天，在《中国人民银行法》颁布五周年前夕，我们召开这个座谈会，进一步学习和执行这部金融法律，对中国人民银行更好地履行中央银行职责、提高金融宏观调控水平、促进我国金融业在改革开放中稳步发展具有十分重要的意义。

一、中国金融立法的重大突破

改革开放以来，中国人民银行在国家宏观经济调控中发挥着越来越重要的作用，迫切需要以法律形式确立中国人民银行的地位和职责。从 1979 年起，中国人民银行就着手起草银行法。1986 年，国务院颁布了《中华人民共和国银行管理暂行条例》，分别对中央银行、专业银行和其他金融机构的基本职责、组织机构、业务范围及分支机构设置作了明确规定，为《中国人民银行法》的起草奠

注：1995 年 3 月 18 日，全国人民代表大会通过了《中华人民共和国中国人民银行法》，首次以国家立法形式确立了中国人民银行作为中央银行的地位，是中央银行制度建设的重要里程碑。2000 年 3 月 17 日，戴相龙同志在纪念《中国人民银行法》颁布五周年座谈会上发表了讲话。此文据此整理。

定了一定的基础。1993 年，党的十四届三中全会通过的《中共中央关于建立社会主义市场经济体制若干问题的决定》和《国务院关于金融体制改革的决定》为我国金融立法指明了具体方向。1993 年 11 月 3 日，中国人民银行将《中国人民银行法（送审稿）》上报国务院。1994 年 6 月 3 日，国务院第 20 次常务会议，讨论并原则通过了《中国人民银行法（草案）》，1994 年 6 月 15 日将草案提请全国人大常委会审议。1995 年 3 月 18 日，第八届全国人民代表大会第三次会议审议通过《中国人民银行法》。《中国人民银行法》是我国金融法制建设应运而生的产物。《中国人民银行法》和随后由八届全国人大常委会第十三次会议通过的《中华人民共和国商业银行法》的颁布实施，奠定了我国金融法律体系的基础，标志着我国金融事业走上了法制化的发展轨道。

《中国人民银行法》既反映了世界各国中央银行的共性，又符合我国国情，是我国金融立法的重大突破，是我国金融法制建设的里程碑。《中国人民银行法》规定，"中国人民银行是中华人民共和国的中央银行"，其主要职能是"制定和实施货币政策，对金融业实施监督管理"，同时明确从 11 个方面履行中央银行职责。这些法律条文，明确了中国人民银行具有与世界各国中央银行基本相同的地位、功能和职责。根据国家有关规定，中国人民银行又是国务院的组成单位，是宏观经济的调控部门。确立中国人民银行上述地位，既借鉴了国外中央银行的有关立法经验，又符合我国的国情。《中国人民银行法》规定，"货币政策目标是保持货币币值稳定，并以此促进经济增长"。这就以法律形式确定了我国货币政策目标是单一的，而不是多重的。这个规定是非常精辟的，是多年来我国宏观经济管理经验和教训的深刻总结，同时也具有预见性和前瞻性，与世界上许多发达国家和新兴市场国家中央银行法中的货币政策目标也是一致的。《中国人民银行法》规定，"中国人民银行在国务院领导下依法独立执行货币政策，履行职责，开展业务，不受地方政府、各级政府部门、社会团体和个人的干涉"。中国人民银行就年度货币供应量、利率、汇率和国务院规定的其他重要事项作出的决定，需报国务院批准后执行。其他有关货币政策事项由中国人民银行决定后即予执行，并报国务院备案。实践证明，《中国人民银行法》中有关中国人民银行性质、职能、货币政策目标、独立性等问题的法律规定，既符合中央银行一般属性，又符合中国政体等国情，是十分正确的。

《中国人民银行法》是我国第一部金融大法，在我国金融法律体系中处于核心地位，它的颁布实施促进了其他金融法律、法规和规章的制定，推动了我国金融法制建设。五年来，全国人大及其常委会通过了 6 部金融法律；国务院发布和批准发布了 15 部金融行政法规。中国人民银行依据《中国人民银行法》的授权，发布了有关金融监督管理和金融业务的命令和金融规章近百件。经过多年努力，我国已初步建立起与社会主义市场经济体制相适应的金融法律体系。

二、《中国人民银行法》对推进和维护金融业改革与发展发挥了重要作用

《中国人民银行法》颁布以来，中国人民银行根据《中国人民银行法》的规定，依法履行职责，在加强金融宏观调控和维护金融业稳定发展中发挥了重大作用。

一是稳定人民币币值，促进经济增长。《中国人民银行法》把稳定货币币值作为中央银行货币政策目标，不仅是国外宏观经济管理经验和教训的总结，也是我国宏观经济管理经验和教训的深刻总结。几年来，我们始终坚持把稳定币值作为中国人民银行制定和实施货币政策的目标。1993 年下半年到 1996 年，实行适度从紧的货

币政策，控制货币供应量过快增长，在治理通货膨胀中发挥了重大作用。从 1997 年下半年开始，针对物价连续大幅度下降的情况，努力发挥货币政策作用，运用多种货币政策工具，适当增加货币供应量，对扩大内需、促进经济增长发挥了积极作用。1997 年亚洲金融危机爆发以后，采取多种措施，努力保持人民币汇率的稳定。1997 年 7 月以来，中国人民银行货币政策委员会共召开 7 次会议，较好地发挥了货币政策咨询议事机构的作用。

二是实现金融宏观调控由直接调控向间接调控转变。中国人民银行根据《中国人民银行法》第二十二条规定，运用各种货币政策工具调控货币供应量。1998 年 1 月 1 日，取消对国有商业银行实行多年的贷款规模控制，完善资产负债比例管理和风险管理。充分发挥利率、存款准备金制度等间接调控工具的作用，1996 年 5 月以来，连续 7 次下调利率，2 次降低存款准备金比例，发展再贴现业务，扩大公开市场业务，调节和控制货币供应量。中央银行的金融宏观调控已基本实现由直接调控向间接调控的转变。

三是依法加强金融监管，维护金融业合法、稳健运行。五年来，中国人民银行依据《中国人民银行法》，加强金融监管，按照审慎监管的原则，实现了本外币业务、表内外业务、境内外业务的并表监管。依法推进商业银行内控制度建设，促进补充国有商业银行 2 700 亿元资本金，成立金融资产管理公司收购和处置国有银行不良资产。先后将证券业监管职责和保险业监管职责移交给中国证券监督管理委员会和中国保险监督管理委员会，到 1998 年底基本建立了适应中国国情的银行业、证券业、保险业分业监管体制。依法加强对金融机构、金融业务和金融市场的监督和管理，查处一大批违法违纪人员。通过兼并、收购、接管、关闭、破产等方式，化解了一些金融机构的支付风险，维护了金融秩序和社会稳定，促进了金融业的稳健运行。

四是强化管理，改进对金融机构的服务。五年来，中国人民银行加强了人民币的印制、流通和管理工作，第五套人民币顺利发行，提高了人民币整洁度，加大了反假人民币工作的力度；认真履行经理国库职责，保证了国家财政收支的准确及时，防止国家财政资金流失，充分发挥了国库对国家预算执行的促进、监督和反映作用；初步实现了银行资金清算业务自动化，成功地解决了银行计算机2000年问题，维护了支付清算系统的正常运行。

五是完善自我约束机制，保证公正履行中央银行职责。《中国人民银行法》以法律形式明确规定了中国人民银行实行独立的财务预算管理制度，消除了以前实行利润留成制度所带来的利润动机，形成了规范的中央银行财务体制，为中央银行公正履行职责奠定了基础。在进一步转换中国人民银行职能的同时，不断总结经验教训，与所办经济实体全部脱钩；建立中国人民银行工作人员行为自律制度，加强了对用权管钱部门和岗位的监督。

三、强化金融法治，依法高效履行中央银行职责

几年来，中国人民银行依法履行中央银行职责，取得很大成绩。但是，必须清醒地看到，中国人民银行在依法履行中央银行职责等方面还存在不少问题。及时制定和正确执行货币政策的水平尚需提高，金融监管工作依然薄弱，干部素质与依法履行中央银行职责还不适应。同时，加入世界贸易组织将对中国人民银行履行职责提出新的挑战。面对新形势，我们要进一步学习和贯彻《中国人民银行法》，努力做好中国人民银行各项工作。

一要提高制定和执行货币政策的水平。进一步发挥货币政策作用，扩大内需。正确处理防范金融风险和支持经济发展的关系，在稳健经营的基础上加大对经济发展的支持力度。运用货币政策工具，及时调节和适当增加货币供应量。调整信贷政策，支持调整经

济结构，支持技术创新，支持西部大开发。严肃结算纪律，整顿社会信用，支持金融企业发挥信贷监督作用，提高社会资金使用效益。

二要强化金融法治，提高金融监管水平。要组织中国人民银行广大干部职工学习、宣传、贯彻《中国人民银行法》等金融法律、法规，做好向金融机构和全社会的宣传教育工作，让党政机关、企事业单位和全社会更多地了解金融法律、法规，提高广大金融从业人员和全社会的金融法律意识和法制观念。要以法律为依据，严格金融机构的市场准入，建立以不良资产比率、资产流动性比率、盈亏状况、资本充足率、内控完善程度及市场风险水平为核心的风险监测预警体系和金融机构考核评价体系。对违法经营、严重资不抵债的金融机构依法实施市场退出。加强对金融机构高级管理人员和重要业务人员的监督和管理，坚决查处金融违法行为，消除金融隐患。

三要逐步完善金融法律体系。根据金融市场开放的现状、加入世界贸易组织后外资金融机构的设立和经营情况、国际金融监管趋势的变化，逐步完善金融法律体系。抓紧研究起草《中国人民银行金融监管条例》、《金融资产管理公司特别条例》、《信托投资公司管理条例》、《个人存款实名制规定》、《民间个人借贷条例》以及政策性银行的管理条例，制定金融机构市场退出、防范和打击洗钱的法律规定。同时，修改和完善《外资金融机构管理条例》等法规，对已颁布的金融规章进行全面清理，为金融业健康发展提供一个公平、公正的竞争环境。

四要推进银行体制改革，迎接加入世界贸易组织的新挑战。一是加快银行业改革步伐，提高我国银行业竞争水平。按照《公司法》和《商业银行法》的要求，完善国有独资商业银行的法人治理结构。实行谨慎会计制度。通过多种渠道，增加商业银行资本金，使其资本充足率在今明两年达到国际标准。逐步建立和完善银行业信息披露制度。支持金融机构在法律法规允许的范围内拓展中间业务、国际业务、网上银行业务等新型业务。二是深化利率管理体制改革，完善金融市场，促使间接融资和直接融资协调发展。三是建立金融机构功能定位、市场准入、自我约束、行业自律、依法监管、社会监督的系统监管体系。针对银行业务、证券业务、保险业务的新发展，完善分业监管体制。四是根据法律授权，加强对外汇储备的管理，完善人民币汇率管理制度，推进人民币在资本项目下的可兑换进程。五是加速中国人民银行人才培养和金融电子化建设，为中国人民银行依法履行职责创造条件。

展望新世纪，中国人民银行的历史责任重大，任重道远。我们一定要高举邓小平理论的伟大旗帜，在以江泽民同志为核心的党中央领导下，依法履行中央银行职责，为促进国民经济的持续快速健康发展作出应有的贡献。

认真执行人民币管理条例

（2000 年 4 月 27 日）

今年 2 月 3 日，国务院颁布了《中华人民共和国人民币管理条例》（以下简称《条例》），并将于今年 5 月 1 日起施行。这是新中国成立 50 年来第一部全面、系统地规范人民币管理的专门法规，是我国金融经济法制建设的重要成果，是我国货币制度建设的里程碑。它的颁布实施为进一步加强人民币管理、维护人民币信誉、稳定金融秩序、支持国民经济发展提供了有力的法律保障，并将产生积极的深远影响。

一、人民币管理工作的主要成绩

人民币被称为我国的名片，作为我国的法定货币，是我国主权的象征。人民币既是价值尺度、流通手段，又是反映我国民族文化和精神风貌的艺术品；既是我国综合实力的体现，又是我国政治、

注：2000 年 2 月 3 日，国务院颁布了《中华人民共和国人民币管理条例》，同年 5 月 1 日起施行。这是新中国成立 50 年来第一部全面、系统地规范人民币管理的专门法规，是我国金融经济法制建设的重要成果，是我国货币制度建设的里程碑。为此，全国银行系统召开电视会议，戴相龙同志作了讲话，此文据此整理。

经济、文化、艺术、科技等的综合反映。

改革开放以来，我国现金投放量大幅度增加，到1999年末，流通中货币（M_0）达1.3万亿元，比1979年末增长50多倍。人民币在我国经济发展和人民生活中发挥着非常重要的作用。

建国50年来，在党中央、国务院的重视和亲切关怀下，在金融系统全体干部职工的共同努力下，我国人民币管理工作取得了很大成绩。

（一）人民币的设计、印制技术水平不断提高

中国人民银行成立50多年来，共发行了5套人民币。它们在不同的历史时期对我国的经济发展和社会进步都发挥了重要作用。与此同时，形成了具有中国特色的货币制度。1999年10月1日，人民银行开始发行第五套人民币，它在设计上具有突出的特点。它的主景人像、水印、面额数字均较以前放大，便于群众识别，收到了较好的社会效果。这套人民币不仅适应经济发展的需要，改进了币种结构，而且增强了防伪功能和机读性能，其印制技术达到国际先进水平。

（二）合理的现金供应得到充分保证，流通中人民币整洁度进一步提高

改革开放以来，我国的现金需求量逐年增加，现金投放、回笼的波动幅度较大，相应地增加了现金调拨工作的困难，但是，在各金融机构的大力配合下，我们经受住了4次现金大投放的严峻考验，克服了重重困难，合理调拨发行基金，保证了全国合理的现金供应。金融机构按照人民银行的要求，加大了残损人民币的回收力度，市场流通的人民币的整洁度有了较大提高。人民币的发行、流通管理工作井然有序，安全保卫工作不断加强。

（三）人民币管理立法工作取得突破

1995年，《中华人民共和国中国人民银行法》颁布施行，其中

第三章对人民币管理作了专门规定，人民币管理从此走上了依法管理的轨道。与此同时，中央银行通过建立一系列货币发行、出纳制度，保证了人民币管理工作的顺利进行。

（四）人民币币值稳定、信誉良好

改革开放以来，我国社会政治稳定，经济大幅度增长，金融改革和开放日趋深入，金融运行平稳，为人民币币值稳定奠定了良好的政治与经济基础。亚洲金融危机以来，人民币币值保持稳定，赢得了广泛的国际声誉。

（五）反假货币工作不断取得新的成绩

目前，世界各国都面临着反假货币问题。近些年来，假人民币发案量不断增加，一些地方制贩假人民币的犯罪活动猖獗，大案要案频繁发生，制假、贩假团伙、窝点不断出现，假币流入社会呈蔓延之势，危害日趋严重，反假货币工作形势严峻。党中央、国务院对反假货币工作非常重视。国务院批准成立了国务院反假货币工作联席会议，各地也相继成立了由地方政府牵头的反假货币工作联席会议，为做好反假货币工作提供了组织保证；各有关部门齐抓共管，反假货币工作已摆上了重要的议事日程。公检法等部门加大了立法、打击、惩治力度，金融系统加强了宣传、培训及内部管理工作，今年又正在开展为期半年的打击制贩假币犯罪联合行动，必将推动反假货币工作的深入开展。

二、《条例》的颁布施行标志着人民币管理全面进入法制化的新阶段

（一）《条例》的主要特点

《条例》是对多年来人民币管理实践经验的总结和提升，作为对《中国人民银行法》的细化、延伸和补充，它具有以下特点：

一是具有很强的系统性和针对性。《条例》针对我国人民币管理的实际和未来发展需要，参照国际有益经验，对人民币从设计、印制到发行、流通、回收和销毁等各环节都作了相应的管理规定，并规定了相应的处罚办法，使开展人民币的系统性管理和针对性管理都有法可依。

二是突出加强了流通中人民币的管理。人民币的保护主要体现在流通环节，维护人民币的信誉也主要体现在流通环节。《条例》对人民币流通中的重大问题作了相应的管理规定。这些规定将对加强流通中人民币的管理产生积极的推动作用。

三是充分体现了公平性。《条例》特别注重维护普通群众的合法权益。加强人民币管理，维护人民币信誉，关系到国计民生，因此《条例》中凡涉及社会公众的条款，特别注重维护群众的合法权益。如《条例》第二十二条、第二十四条、第三十六条分别规定了办理人民币存取款业务的金融机构应无偿为公众兑换残缺、污损的人民币；应当根据合理需要的原则，办理人民币券别调剂业务；应当采取有效措施，防止以伪造、变造的人民币对外支付，并应当在营业场所无偿提供鉴别人民币真伪的服务。这些规定体现了立法的公平性，较好地维护了群众的合法权益。

四是建立了规范的假币没收、收缴程序。近年来，制贩假人民币的犯罪活动不断增加，一定程度上损害了人民币的信誉。但在反假人民币实际工作中，由于各地对假币没收、收缴程序的规定和执行不统一，导致在实践中发生一些不必要的纠纷。为此，《条例》明确规定：中国人民银行、公安机关发现伪造、变造的人民币，应当予以没收，加盖"假币"字样的戳记，并登记造册；持有人对公安机关没收的人民币的真伪有异议，可以向中国人民银行申请鉴定；等等。这些规定将有利于进一步开展反假人民币工作。

（二）《条例》颁布施行的意义

《条例》的颁布施行具有非常重要的意义，它标志着我国人民币管理从此进入全面法制化管理的阶段。

《条例》的颁布施行，有利于支持国民经济发展，维护社会稳定。我国是世界上现金使用量较大的国家之一，截至 1999 年底，我国流通中人民币实物总量为 2 300 亿张（枚），人民币在一个较长的时期内仍将保持一个较高的使用量，其绝对量还会逐年增长。人民币作为法定货币，作为价值尺度和流通手段，在我国社会经济生活中具有十分重要的作用。《条例》对人民币的印制、发行和流通等作了全面具体的规定，这将有利于加强人民币的管理，充分发挥人民币的作用，稳定社会经济金融秩序，促进生产、流通、交换和消费，支持国民经济持续快速健康发展，推进社会主义市场经济体制建设。

《条例》的颁布施行，有利于进一步维护人民币的法定货币地位，加强人民币的管理。《条例》明确规定：中华人民共和国的法定货币是人民币，以人民币支付中华人民共和国境内的一切公共和私人的债务，任何单位和个人不得拒收。《条例》还规定：人民币由中国人民银行统一发行。中国人民银行是国家管理人民币的主管机关。任何单位和个人都应当爱护人民币。禁止损害人民币和妨碍人民币流通。这些规定从法律上明确了人民币作为我国法定货币的地位，明确了中央银行的货币发行职能，为规范和加强人民币管理提供了法律保护，有利于增强公民爱护人民币的意识、保障人民币正常的流通秩序。

《条例》的颁布施行，有利于反假人民币工作的深入开展，维护人民币的信誉。在党中央、国务院的正确领导下，中国人民银行与有关部门密切配合，有力地打击了制贩假人民币的犯罪活动。根据反假人民币工作的实际需要，《条例》明确了假人民币没收、收缴主体，并且对假币的收缴程序作了规定，从而规范了反假人民币工作的管理，有利于加强打击伪造、变造人民币的犯罪活动，维护持币人的合法权益。

《条例》的颁布施行，有利于进一步改善金融服务，提高流通中人民币质量。目前，一些办理存取款业务的金融机构由于种种原因没有办理残损人民币兑换业务和人民币券别调剂业务，给广大群众带来不便，在一定程度上影响了人民币的形象和信誉。《条例》对兑换残损人民币和调剂人民币券别均作了相应的规定。这些规定有利于金融机构进一步改善服务，加快实现流通中人民币票面整洁度达到七成新目标的步伐，并保持合理的券别比例，便利市场货币流通，提高商品的交易效率，促进经济的发展。

三、认真学习好、宣传好、执行好《条例》

《条例》是人民币管理的根本大法。中国人民银行作为国家管理人民币的主管机关，商业银行等金融机构作为经营人民币业务的特殊企业，均有责任和义务学习好、宣传好、贯彻执行好《条例》。

（一）认真抓好金融系统内的学习贯彻工作

为认真学习贯彻落实《条例》，中国人民银行已于今年2月23日以银发〔2000〕53号文件下发了《关于贯彻落实〈中华人民共和国人民币管理条例〉意见的通知》，并于4月13日至15日举办了全国货币发行、出纳部门负责人培训班。各行要按照要求组织全体员工认真学习《条例》，各级行领导、货币金银工作者、出纳工作者要集中组织学习，并逐级做好培训工作。要通过学习、培训，使所有银行职工了解《条例》颁布实施的意义及其基本规定，中国人民银行货币金银岗位、商业银行会计出纳岗位的工作人员要全面、深刻、准确领会《条例》的内涵，明确法律赋予的职责，知道哪些是合法的行为，哪些是法律禁止的行为，以及违法行为应当承担的法律责任，贯彻落实好《条例》精神，依法加强人民币管理。

（二）广泛、深入地向社会做好宣传工作

人民币作为我国的法定货币，与人民群众的生活息息相关。只有广泛深入地宣传好《条例》，让广大群众了解《条例》的基本规定、掌握鉴别真伪人民币的基本常识，才能增强群众爱护人民币、依法正确使用人民币的意识，从而有效地打击制贩假人民币的犯罪行为，使维护人民币地位和信誉成为全社会共同的行为准则；同时通过宣传使社会各界关心人民币管理工作，加强对人民币管理工作的监督，最终实现依法加强人民币管理、维护人民币信誉、稳定金融秩序这一立法初衷。

（三）严格执行《条例》，依法加强内部管理

人民银行是国家管理人民币的主管机关，人民币的设计、印制、发行、回收等各个环节的操作都以人民银行为主。过去这些方面的工作一直作为人民银行内部事务工作，虽有一些内部规章，但不够具体，也缺乏依据，更不利于社会监督，也给内部管理带来漏洞。《条例》颁布实施后，将使这项工作上升到法律的高度，这就要求我们在转变思想观念的同时，要加强内部管理，依法办事，对过去不符合《条例》要求的，要坚决纠正。要结合《条例》的要求，抓好配套的制度建设，加强内部监督，提高管理水平。对《条例》实施后发生的违法行为，将依法严肃处理。

商业银行要按照《条例》规定，加强对内部会计出纳工作的管理，切实改善金融服务。商业银行及办理存取款业务的金融机构，处在现金收付的第一线，其工作质量直接关系到人民币发行与流通能否正常进行。《条例》赋予这些单位收兑停止流通的人民币，防止以伪造、变造的人民币对外支付，承担无偿为公众兑换残缺、污损人民币，办理人民币券别调剂等业务的职责，这就对各行提出了更高的要求。希望各行充分利用这一契机，加强对内部会计

出纳工作的管理，切实改善金融服务。目前，没有开办为公众兑换残缺、污损人民币业务及券别调剂业务的要立即开办；要认真按照人民银行的规定，组织好残损人民币的回收、挑剔工作，尽快使流通人民币整洁度达到七成新；要认真履行规定的假币收缴程序和收缴方法，并在营业场所无偿提供鉴别人民币真伪的服务。

（四）人民银行要与商业银行各负其责，加强与有关部门的协调和配合，共同打击制贩假人民币的犯罪活动

要全面贯彻落实国务院反假货币工作联席会议第二次会议精神，按照确定的反假货币工作的总体要求，把反假货币工作作为稳定金融、稳定经济、稳定社会的大事来抓。继续依法加大打击力度，严惩制贩假货币的犯罪分子；继续加强假币案件高发地区的防范、堵截工作，对制贩假币的重点地区实行重点打击；继续加强反假币培训，重点做好第五套人民币100元及后续发行券种的防伪培训工作，提高一线工作人员的反假技能；继续加强金融机构内部反假货币的基础工作，防止假币流出、流入银行。

依法管理人民币，维护人民币信誉是银行系统义不容辞的责任，《条例》的颁布实施为进一步稳定金融秩序、支持国民经济发展创造了良好的条件，银行系统要认真做好学习贯彻工作，借《条例》颁布的东风，强化内部管理，依法履行职责，使我国的金融工作在世纪之交取得更大成绩。

"十五"时期金融业改革与发展的几个重大问题

（2000 年 6 月 3 日）

在我国即将加入世界贸易组织和抓紧编制"十五"发展计划的时候，银行业、证券业、保险业的代表会聚上海市，讨论未来 5 年中国金融业发展的战略问题，推进上海国际金融中心的建设，具有十分重要的意义。

未来 5 年，我国银行业的改革和发展将面临新的机遇和挑战。如果今年我国加入世界贸易组织，经过 5 年过渡，我国对外资银行要实行国民待遇，金融业对外开放将进入新阶段。从明年开始，我国将实行国民经济和社会发展第十个五年计划，对国民经济结构实行战略性调整，使经济体制和经济增长方式发生根本转变，国民经济将以平均 7% 的速度健康发展。面临新的形势，我国银行业承担着新的历史使命：要加快转换经营机制，开拓新的业务领域，全面提高经营管理水平，扩大金融对外开放，维护国家金融安全，促进

注：2000 年 6 月 3 日，上海市政府承办了"中国金融发展战略研讨会"，旨在推进上海国际金融中心的建设。中国人民银行、中国证券监督管理委员会、中国保险监督管理委员会等金融机构主要领导出席了这次会议。此文根据戴相龙同志在这次研讨会上的演讲整理而成。

国民经济结构调整和经济增长方式的转变。

一、对未来5年货币政策走势的预测

"十五"时期的货币政策目标，仍然是保持人民币币值稳定和人民币汇率稳定，并以此为"十五"时期经济发展创造条件。要实现这一目标，中央银行要正确处理防范金融风险和支持经济增长的关系，完善货币政策传导机制，保持货币供应量适度增长，促进国民经济持续快速健康发展。

一是将广义货币供应量 M_2 的年均增幅控制在14%左右。"十五"期间，如果年均经济增长7%左右，物价涨幅在3%以内，考虑到过去20年货币流通速度年均减缓4%的因素，M_2 年增长率可能在14%以内。但考虑到储蓄存款增幅减缓，企业活期存款增加，M_1 年增长率可能大于14%，为16%左右。

二是要调整直接融资与间接融资的比例，支持资本市场发展。90年代中后期，国有企业资产负债率过高，承受贷款能力大大减弱，银行贷款增速下降。预计"十五"时期全部金融机构贷款年均增长13%，比"九五"时期年均增长率低3~4个百分点，但比同期经济增长与物价涨幅之和高3个百分点以上。与此同时，企业的社会直接融资量会大大增加。

三是货币政策操作水平会有显著提高。随着商业银行自我约束能力和利润最大化动机的增强，债券在总资产中比重上升，商业银行对货币政策反应更为敏感。中央银行运用货币政策工具实行间接调控的能力日益增强，中国人民银行货币政策委员会的功能有可能发生新的变化。

二、加快利率市场化改革步伐

利率市场化是指利率由资金市场的供求决定。利率市场化的基

本条件是，资金能够在各地区、各行业自由流动，建立了推行产业政策的财政保障制度，金融企业有了健全的内控制度。我国正处于计划经济向市场经济过渡时期，利率市场化改革要逐步推进。

近几年，我们在利率市场化改革方面做了大量的工作。银行间同业拆借利率、国债发行利率和二级市场利率及票据贴现利率已由市场决定，城市金融机构已把中小企业贷款利率的浮动幅度扩大到30%，农村信用社贷款利率的浮动幅度已扩大到50%。1993年2次提高利率和1996年到1999年7次下调利率，对治理通货膨胀和克服通货紧缩发挥了重大作用。

今后5年应加快利率市场化改革步伐。改革的目标是：建立以中央银行利率为基础、货币市场利率为中介，由市场供求决定金融机构存贷款利率水平的市场利率体系和形成机制。

改革的步骤是：首先，放开外币存贷款利率，使其接近国际金融市场利率。其次，放开县以下农村信用社存贷款利率，使其发挥引导民间信用的作用。再次，逐步扩大城市金融机构贷款利率浮动幅度和范围。最后，放开贷款利率上限，对存款利率实行有弹性的管理。

三、建立现代商业银行制度

初步统计，到1999年底，由中国人民银行监管的金融机构总资产为17.2万亿元，其中，国有独资商业银行资产10.4万亿元，12家股份制商业银行资产1.5万亿元，90家城市商业银行资产0.6万亿元，分别占总资产的60.5%、8.7%和3.5%。

我国已基本建立以商业金融为主体，各类金融机构分工合作的金融组织体系，这是改革开放的重要成果。今后5年，金融组织体系建设的重点，不在于增设机构，而是促进机构重组，建立现代企业制度，转换经营机制，提高综合服务水平。

更新银行制度的重点在于促进国有独资商业银行的改革。在把一部分不良贷款剥离给有关金融资产管理公司后，国有独资商业银行要迅速按现代银行制度进行综合改革。向国有独资商业银行派驻监事会，对其经营业绩实行考核和评价，对各级银行行长实行严格的经营责任制和离任审计制。精简分支机构，裁减多余人员，改革人事工资制度。实行谨慎会计制度。通过发行金融债券增加附属资本，使国有商业银行达到资本充足率要求。在此基础上，将某些有条件的国有独资商业银行改造为国家控股的股份制商业银行。

不久前，中国人民银行、中国证监会、中国保监会负责人磋商，一致赞同支持金融企业上市发行股票，并对其上市管理有共同认识。成立发行审核委员会公正、公开、公平地评审上市公司，是上市管理的重大改革。中国人民银行研究提议，将把推荐商业银行上市，改为向发行审核委员会提供对上市金融企业的监管报告书。按规定做好上市金融企业的信息披露工作。金融企业逐步上市，将会进一步促进我国证券市场全面稳定健康发展。

四、加强对银行业的监督管理，完善金融监管体制

我国银行业在改革中稳步发展，但也积累了许多风险，防范和化解银行风险是今后 5 年银行工作的重点。1998 年以来，我国实际上制定和执行了一系列金融稳定计划。一是成立金融资产管理公司，收购和处置从商业银行剥离出来的不良贷款。二是整顿各类金融机构，撤销少数难以救助的金融机构。三是撤销农村合作基金会。在以上三项工作中，依法维护了债权人的权益。四是取缔非法集资活动。这项工作进展顺利，金融业保持稳定。1999 年底，对于 GDP 和货币供应量 M_2 的比率，中国为 1:1.5，美国、韩国为 1:0.5，印度为 1:0.6，我国这种过高的状况要逐步改变。中国人民银行将进一步加强金融监管，建立商业银行自控、同行业自律、人

民银行监管、社会监督的综合监督管理体系，促进商业银行转换经营机制，深入检查商业银行的资产质量和盈亏的真实性。经过2～3年的努力使商业银行基本达到人民银行的监控标准，基本消除高风险金融机构，建立银行业良好的竞争秩序。

根据我国《商业银行法》、《证券法》和《保险法》的规定，我国实行了银行业、证券业、保险业分业经营和分业管理的体制。这一法律基础和监管模式与我国金融业发展水平基本适应，在一段时间内不会改变。但是，随着金融创新和电子信息技术的应用，银行业、证券业、保险业的业务交叉会扩大，特别是法律没有明确界定的许多中介业务，更容易交叉。例如，一些寿险品种就兼有投资功能和存款特点；证券公司的代客理财业务、资产管理业务也具有存款特点；银行的借记卡与股民的资金账户已经可以自动转账；商业银行也在开展投资顾问业务；等等。我们认为，在未来几年，要鼓励商业银行、证券公司和保险公司的业务创新和相互代理。凡是不产生银行债务或或有债务的业务、金融监管法规没有禁止的业务，金融机构均可办理，或报监管当局备案后办理。在鼓励商业银行业务创新的同时，跟踪并研究国际银行业发展趋势以及监管新技术，提前制定对电子银行业务等新业务的监管对策。

在支持金融企业开拓新业务的同时，要加强人民银行、证监会、保监会三大金融监管机关的协调，提高整体监管水平。一是建立定期磋商制度，及时界定交叉业务的监管责任，解决分业监管中的政策协调问题。二是建立监管信息共享制度。三是联合组成专门小组研究一些重大问题，及早提出对策，完善我国金融监管体系。

五、完善人民币汇率机制，为实现资本项目可兑换创造条件

一般情况下，允许国际资本自由流动，就应建立浮动汇率制度；为调节汇率水平，就要及时调整本币利率；发展中国家使本币

利率国际化，必将同时受到发达国家宏观经济变化的直接影响。今后5年，研究和推进人民币可兑换进程，要考虑我国金融市场发展水平和宏观调控能力。

人民币汇率稳定已在促进我国经济发展和亚洲金融稳定中发挥了积极作用。"十五"期间，要进一步完善以市场供求为基础的、单一的、有管理的浮动汇率制度。重点是完善汇率形成机制，增加对经济主体参与外汇市场的激励和运用市场手段对冲汇率风险的主动性，逐渐淡化外汇市场对政府承诺担保人民币汇率的预期，提高人民币汇率生成机制的市场化程度，使汇率尽量反映外汇市场供求变化。同时，扩大外汇远期交易等业务，逐步形成合理规避汇率风险的机制。

我国已在1996年12月实现了人民币在经常项目下的可兑换，但对中资企业借外债、境外投资、外资进入我国A股证券市场等资本项目仍严格控制。加入世界贸易组织后，我国经济进一步融入全球市场，实现人民币资本项目可兑换是大势所趋。这样有利于更有效地利用外资，有利于扩大对外贸易活动，有利于提高人民币的国际地位。但开放资本项目同时也伴随着风险，可能会造成国际短期投机资金对国内金融市场的冲击，危及国家经济和金融安全。因此，实现人民币资本项目可兑换是一个中长期的循序渐进的过程，需要采取谨慎务实的态度，未来几年还要把功夫用在完善资本项目可兑换的条件上，即抓紧建立现代企业制度，改善财政金融状况，规范和扩大证券市场，提高国际收支平衡能力。但也有一种意见认为，要在加入世界贸易组织之后尽快实现人民币资本项目可兑换，以上这些条件只能在人民币资本项目可兑换过程中逐步创造。

六、上海在中国金融业未来发展中的地位更加重要

在党的十四大明确提出把上海建成"一个龙头，三个中心"

战略构想的指引下，上海确立了建设国际金融中心的跨世纪宏伟目标。上海金融业抓住浦东开发开放的有利时机，深化金融改革，加快金融发展，扩大金融开放，加强金融监管，取得了令人瞩目的巨大成就。

上海已成为我国最大的金融中心城市。上海的中外金融机构数量多，种类齐全；中国人民银行上海分行辖区（沪浙闽）人民币存贷款总量占全国七分之一，外资金融机构总资产超过全国的一半；设在上海的中国外汇交易中心、全国银行间同业拆借市场和上海证券交易所，是我国外汇市场、货币市场和证券市场的中心，其金融市场功能辐射全国。

在今后 5～10 年，我们期望上海在迈向建成国际金融中心的目标方面取得显著成效。一是不断规范并大力发展货币市场、证券市场、外汇市场和保险市场，进一步确立全国性金融市场地位，同时在建立黄金市场、开展远程交易业务等方面取得新突破。二是在对外资银行实行国民待遇和审慎监管方面积累更多经验，并积极鼓励国内外金融机构拓展各类新业务，使上海成为金融业务创新的实验地。三是在金融信息中心、金融研究中心和金融人才中心这三方面达到国际先进水平，完善国际金融中心城市的基础设施。我们还期待上海金融界为我国已经开始的中西部大开发发挥桥梁和中转站作用，把上海的经验、资金和人才传输给中西部地区。

制定防范和化解银行业风险的工作规划

（2000 年 6 月 12 日）

这次分行行长座谈会，重点是听取各分行有关真实性检查工作的汇报，研究和部署真实性检查阶段性总结工作。同时，听取大家对有关到 2002 年底防范和化解金融风险的目标、步骤和政策措施的意见。

一、认真做好真实性检查的阶段性总结工作

对金融机构资产质量、盈亏等真实性进行系统检查的工作，从 4 月 11 日开始动员部署，至今已两个月。今天上午，各分行、营业管理部作了认真汇报。大家反映，1995 年《中国人民银行法》颁布实施后，我行曾组织对金融机构进行"四项清理"，取得很大成绩。但是，采取国际常用的监管方式，组织全行主要力量，集中对被监管金融机构的资产质量和盈亏真实性等进行现场检查，这还是第一次。从各方面反映的情况，这次真实性检查，决策正确，重点突出，组织有力，进展顺利，已经取得阶段性成果。

注：2000 年 6 月人民银行召开分行行长座谈会，重点研究有关到 2002 年底防范和化解银行业风险的目标、步骤和政策的工作规划。此文根据戴相龙同志在这次座谈会上的讲话整理而成。

（一）真实性检查工作的进展情况

真实性检查的第一阶段是谈话和座谈。截止到 6 月 1 日，各分支行共抽调 5 万多人次，对金融机构进行了 6 万多次谈话、座谈。利用这种方式进行检查，是人民银行监管工作的新尝试。通过谈话、座谈，基本掌握了被监管对象四个方面的总体真实性情况，发现了一些重大问题，效果很好。进入抽查阶段，又抽调了 38 000 多人，对近 3 万个金融机构进行了抽查。部分分行还动员离退休干部、金融院校骨干等参与检查工作，有的分行还利用中介机构参与检查。各分行、营业管理部计划抽查金融机构 38 530 家。到 5 月末，抽查金融机构 29 182 家，占计划抽查机构数的 75.74%，共抽查贷款 2 127 万笔，金额 37 598 亿元。预计到今天为止，除农村信用社外，绝大部分抽查工作已经结束。在两个月的时间里，各分行、营业管理部、总行真实性检查办公室做了大量艰苦细致的工作，保证了检查工作的顺利进行，也为以后开展大范围现场检查积累了经验。

（二）真实性检查中发现的主要问题

不良贷款失真严重。一是存在大量人为调账现象。主要表现是漏报、瞒报，个别领导个人作主硬性调整不良贷款。多数银行机构存在把应属不良性质的贷款，通过多种方式纳入正常贷款统计科目中的问题；也发现不少金融机构，由于对贷款期限核定过紧，造成贷款逾期，把还贷能力没有变坏，甚至变好的企业的贷款纳入不良贷款统计。二是不良贷款划分不准确。主要是各金融机构执行财政部标准不一致，有的按照本系统自身规定认定，有的按照主观意图选择标准等。

盈亏状况不实问题比较突出。一是从金融机构总体看，政策标准不一致。比如应付未付利息提取中的"适用利率"问题，由于财政部在 2000 年以前没有明确规定是使用存入时的利率，还是现行利率，导致各行适用利率不一，影响了财务状况的真实程度；又如坏账准备金的提取问题，《金融企业财务制度》中仅规定按应收账款的 0.3% 提取，而未规定是按差额提取，还是全额提取等。二是从金融机构自身看，政策制定与管理中的问题较多。相当多的银行盈亏计划年初下达，年末调账，致使部分分支机构违规操作，造成盈亏严重失实。三是从分支机构具体执行看，存在大量的漏计、少计应收未收利息，表内转表外，表外转表内；多提或少提应付未付利息；多提或少提呆坏账准备金；应列当期的费用开支未进损益，而在递延资产、暂收或暂付科目中列支等问题。

内控制度薄弱，执行不严。许多商业银行的分支机构违反授权、授信经营原则，贷款"三查"制度、审贷分离制度落实不到位，存在转授权检查不力，贷款担保手续不全，担保制度执行不严等问题。重要岗位和人员制约机制尚未形成，没有形成重要岗位人员轮换制度。内部审计薄弱，检查的频率较少，发现问题不能及时有效处理，甚至隐瞒不报等。

高级管理人员的管理不够严格、规范。对高级管理人员资格审查重视不够。一些金融机构上报的材料不实。任免变更未经人行审查。不及时或未进行离任审计。对高级管理人员的处分不向人民银行报告等。

（三）关于真实性检查中需要明确的政策性问题

关于"借新还旧"贷款的判定标准问题。如何掌握"借新还旧"贷款的判定标准，是目前反映最多的问题。对"借新还旧"贷款的判定，要继续坚持《真实性检查实施方案》中确定的四条标准。而四条标准，归结为一条，就是注重实际偿还能力的分析。对"借新还旧"贷款把握不准的，可以在已经掌握的情况基础上，按以下原则进一步分析、判断：由于贷款期限过短，严重脱离企业生产建设周期和综合还贷能力，虽然已经成为逾期贷款，但是企业生产正常、产品库存和应收账款没有增加、资产流动性和综合还贷付息能力没有下降，对这类逾期贷款仍可计为正常贷款，同时，要求银行和企业按规定办好贷款延期或展期手续；企业有能力也愿意抵押担保，但具体手续尚未完成的，可视为正常贷款，但要限期办理抵押担保手续。

关于盈亏真实性的判定问题。经过前一阶段的检查发现，盈亏真实性存在的问题十分复杂。判断盈亏真实性，要看是否执行金融企业财务会计规定，同时要执行谨慎会计原则。掌握三个原则：对国有独资商业银行分支机构，要检查是否执行其总行的规定，由于执行了总行规定而发生的问题，责任不在分支行，可在报告中作为问题列出；对国有独资商业银行总行政策制定是否合理，由人民银行总行检查；对有关财务政策规定是否符合谨慎会计原则问题，由总行会同有关部门协商，报国务院审批。

关于检查处理问题。检查处理包括对违纪人员的处理、整改建议和账务调整三个方面。对违纪人员的处理问题，要注意政策，区别对待，分清是历史积累的问题，还是近几年新发生的问题；是自下而上对政策不熟悉、标准掌握不当造成的，还是故意扩大业绩，由领导人授意或擅自作主造成的；是被查单位主要负责人决定的，还是上级规定的；是一般的信息失真，还是个别领导人擅自调整，为了隐瞒重大违法违规行为。这次检查总体上是弄清情况、改进管理，对一般存在的问题不作人事处理。但是，对严重违反政策规定、故意弄虚作假，情节严重的，仍然要严肃处理。各分行要按此精神，对严重违规违纪人员，向其上级行提出明确的处理意见，按照干部管理权限由金融机构执行，人民银行保留否决权。对检查中发现的在盈亏计算和贷款质量认定上有明显违规行为，各分行要提出整改建议，并要求金融机构端正经营思想，提高业务水平，改进和纠正存在的问题；对带有共性的一般问题，暂不要求被检查单位进行账务调整，待检查结束后，总行再研究明确。

关于对金融机构的总体风险判定问题。本次检查的谈话、座谈的内容，涉及被查金融机构的全部，但抽查面只有20%，对如何判定金融机构的整体风险要作统一规定。总的原则是实事求是，只对谈话和抽查涉及的内容作出初步判断。对金融机构的整体真实性判定，可根据谈话、座谈中的核实数与各金融机构上报的统计数对比以及日常掌握的监管信息，进行判断，抽查数作为其中的问题反映；对被抽查的金融机构，可以抽查数作为判断依据。

（四）做好真实性检查的分析汇总和金融监管报告工作

本次检查的分析与汇总阶段要写好三个报告。一是写好真实性的检查工作报告。即各检查组对金融机构抽查结束后，要按照现场检查的工作程序，逐一写出检查报告。内容包括被抽查机构的基本情况、存在的问题和查实情况、出现问题的原因、检查组的判定以及整改建议等。二是写好真实性检查的工作总结。内容主要包括在这次真实性检查中做了哪些具体工作，通过谈话、座谈和抽查发现的主要问题和原因，对被监管单位提出的改进或处分措施。三是写好监管报告。各分行要根据总行下发的对金融机构监管报告框架的要求，根据这次真实性检查和日常监管发现的问题，以监管部门为主，吸收相关部门参加，修改1999年度各种、各类金融机构的监管报告。监管报告的重点要集中放在这次真实性检查所列四个问题上，并作出定量定性的判断，提出切实具体的监管和处理意见。金融监管报告由分工监管的工作人员和监管部门负责人起草，由监管部门负责人或分管行领导审核，由分管行领导和行长签发印报。

各分支行要将现场检查报告，作为向金融机构反馈的依据，连同其他检查材料妥善保管，将监管报告，并附这次真实性检查工作总结，及时上报总行。对各金融机构的监管报告，涉及国有独资商业银行的，分行要分省、按行别修改上报；股份制商业银行、城市商业银行、财务和租赁公司按行（司）按每个金融机构修改上报；城乡信用社分省、按类汇总修改上报。

检查分析与汇总是真实性检查工作的关键阶段，是对真实性情况的最终判定。通过分析、汇总，既能够从总体上全面判定被查机构的真实性状况，又能够最后检验人民银行各级行的工作成果。检查分析与汇总阶段工作质量将直接影响真实性检查的效果。为了保证分析与汇总阶段的工作质量，根据"时间服从质量"的精神，总行决定，监管报告附真实性检查工作总结的上报时间可延迟到6月底。希望这次座谈会结束后，各分行抓紧向各支行布置，并按规定的要求和时间向总行报告有关材料。

二、抓紧制定 2002 年底前防范和化解银行业风险的工作规划

对现在和今后几年的经济工作，党中央和国务院都有明确的要求。最近，朱镕基总理特别强调，在今后 2～3 年，要着重抓好三件事。一是建立社会保障制度，促进国有企业在改革中稳步发展。二是继续防范和化解金融风险，保持社会稳定。三是减轻农民负担，增加农民收入，保持农村稳定。我认为，做好这三项工作，体现了国家和人民的根本利益。我行要在上述工作中依法履行中央银行职责，特别是要承担防范和化解金融风险的重要职责。

（一）防范和化解金融风险是中央银行的重要职责

在党中央、国务院的正确领导下，近年来，我国实际上制定和执行了一项金融稳定计划。一是成立金融资产管理公司，收购和处置从商业银行剥离出来的不良贷款，这项工作 6 月底将基本结束。二是整顿各类金融机构，撤销少数难以救助的金融机构。三是撤销农村合作基金会。四是取缔非法集资活动。这些措施维护了债权人的合法权益，促进了金融和社会稳定，取得了明显成效。但是，由于产生金融风险隐患的环境、体制、机制和管理等因素尚未根本改

善，有些风险仍在扩大，有些风险虽已知底但未化解，我国银行业当前的风险形势仍然非常严峻，防范化解风险的任务仍然十分艰巨。

在新世纪即将到来之际，我国银行业的改革和发展将面临新的机遇和挑战。加入世界贸易组织后，经过 5 年过渡，外资银行将实行国民待遇，金融业对外开放将进入新阶段。从明年开始，我国将实行国民经济和社会发展第十个五年计划。面临新的形势，我国银行业承担着新的历史使命：既要适应加入世界贸易组织后金融业新的竞争环境，加快转换经营机制，开拓新的业务领域，全面提高经营管理水平和竞争能力，又要积极促进国民经济结构调整和经济增长方式的转变，促进国民经济持续、快速、健康发展。承担上述历史使命，最为重要的是防范和化解金融风险，保持金融业稳定发展。因此，必须抓住当前的有利时机，站在迎接新世纪的新挑战和促进我国跨世纪宏伟目标实现的高度，确定目标，统筹规划，防范和化解银行业风险。

最近，总行党委专题研究了今后 2～3 年防范化解金融风险的目标和政策措施。总的目标是，到 2002 年底，要建成基本符合国际标准的中央银行监管体系和制度，将高风险金融机构的风险基本化解完毕，要求各类银行和非银行金融机构基本达到人民银行制定的各项监管指标的要求。根据党委的决定，各监管司局已分别对各类金融机构 2002 年底的工作目标提出了初步意见，在此基础上，总行将制定具体目标和政策措施，向国务院报告，以系统全面地推动金融监管工作。

（二）各类金融机构风险状况及 2002 年底前工作目标

1. 政策性银行

风险状况：1999 年末，3 家政策性银行不良贷款按五级分类划分为 5 015.5 亿元，不良贷款率为 37%。

工作目标：要分别制定 3 家政策性银行的条例，研究解决农业发展银行的坏账处理办法。到 2002 年，国家开发银行、中国进出口银行不良贷款率应控制在 15% 以下、农业发展银行应控制在 25% 以下。

2. 国有独资商业银行

风险状况：一是不良贷款数额大、比例高，并呈上升之势。1999 年末，4 家银行不良贷款率已超过 30%。二是应收未收利息大量增加，利息回收率逐年下降。到 1999 年末，4 家银行应收未收利息达 9 621 亿元，比上年增加 1 527 亿元。平均收息率逐年下降，1995 ～ 1998 年依次为 78.2%、73.4%、69.5%、64.6%，1999 年略有回升，为 70.56%。三是亏损严重。1999 年 4 家银行账面反映境内本外币合计亏损 174 亿元，比 1998 年增亏 4.7 亿元。4 是资本充足率低。1999 年末，4 家银行资本充足率平均为 5.12%。

工作目标：抓紧建立现代银行制度，严防为应付考核故意扩大不良贷款基数的情况。力争到 2002 年，4 家银行实现总体盈利，不良贷款比率平均降至 15% 以下，资本充足率平均达到 8% 以上。

3. 股份制商业银行

风险状况：1999 年末，10 家股份制商业银行不良贷款率为 20.92%，比年初上升 4.61 个百分点；平均资产利润率为 0.69%，平均收息率为 70.53%，分别比 1998 年下降 0.28 个和 10 个百分点；有 3 家股份制商业银行资本充足率未达到 8% 的要求。如果考虑贷款损失准备金、坏账准备金、投资风险准备金等提取不足因素，各行实际资本充足率大都严重不足。

工作目标：尽快完善股份制商业银行法人治理结构，建立董事会为核心的决策机制和总经理经营责任制。2001 年底前，要求所有股份制银行资本充足率达到8%以上，不良贷款率每年下降2~3个百分点，不良贷款平均比例控制在12%以下。

4. 城市商业银行

风险状况：1999年底，88家城市商业银行不良贷款率为34.82%，其中超过70%的有13家；资本充足率不足8%的银行有38家；当年亏损的城市商业银行39家，亏损金额26.13亿元。

工作目标：要把风险化解任务落实到各级政府和各级分支行，通过注资、收贷、重组化解风险。2000年底前资不抵债行的数量明显减少，消除支付风险；2001年底前扭转12家城市商业银行的资不抵债状况；到2002年城市商业银行的资本充足率达到8%以上，不良贷款率平均控制在15%以下，亏损银行大部分扭亏为盈。

5. 城市信用社

1999年末，全国设在地（市）的城市信用社共836家，设在县（市）的城市信用社2 057家，共计2 893家。风险状况：1999年末，地（市）城市信用社不良贷款率为40%，县（市）城市信用社不良贷款率为51%；有300家城市信用社不同程度存在支付缺口，金额达96亿元；全部城市信用社净亏损74亿元；地（市）城市信用社和县（市）城市信用社账面平均资本充足率在2%以下。

工作目标：到2002年，通过继续组建少数城市商业银行、出售、兼并和撤销等多种措施，解决城市信用社的体制问题和支付风险问题。

6. 农村信用社

风险状况：1999年末，全国农村信用社不良贷款率为42%，其中"两呆"贷款占贷款余额的23%；57%的信用社当年亏损，亏损金额239亿元，历年亏损挂账862亿元。

工作目标：通过在江苏省试点，消化历史包袱，逐步建立农村信用社新的管理制度，提高经营管理水平。到 2002 年，农村信用社资本充足率达到 8% 以上，不良贷款比例降到 20% 以下，亏损信用社的比例降到 25% 以下，把大部分高风险信用社转化为基本正常的信用社。

7. 非银行金融机构

风险状况：一是信托投资公司风险。1999 年末，95 家高风险信托投资公司不良资产率为 37.6%，人民币到期债务支付缺口 615 亿元，外汇到期债务支付缺口 17.9 亿元，净亏损 26.9 亿元。二是财务公司风险。1999 年末，全国 69 家财务公司中风险较大的 17 家，不良资产率为 42.65%，人民币到期债务支付缺口 75 亿元，外汇到期债务支付缺口 0.733 亿美元，亏损 2.56 亿元。三是金融租赁公司风险。1999 年末，全国 15 家金融租赁公司中风险较大的 6 家，不良资产 69.3 亿元，不良资产率为 64.46%，到期债务支付缺口 67.38 亿元，亏损 1.94 亿元。

工作目标：2000 年底前，完成信托投资公司的整顿工作，到 2002 年，使保留的信托投资公司基本达到金融监管的要求。发挥财务公司和金融租赁公司促进技术进步的作用，同时达到化解此类金融机构风险的目的。

（三）今后几年防范和化解金融风险的方针和政策

今后几年防范和化解金融风险的方针是：以邓小平理论和党的十五大精神为指导，继续贯彻 1997 年全国金融工作会议的要求和部署，督促金融企业完善法人治理结构和经营责任制度，切实加强中央银行对金融企业资金运用的安全、流动和盈利状况的真实性检查，促进金融企业的市场竞争和优胜劣汰，大力整顿金融和社会信用秩序，努力维护公众利益和社会稳定，促进国民经济持续、快速、健康发展。

金融风险是各方面因素综合作用的结果，防范和化解金融风险要立足于深化改革、转换机制、加强内控、严格监管、综合治理、标本兼治，当前及今后一段时间，将从以下几个方面采取措施：

一是进一步支持经济发展，在促进经济发展中，实现金融安全运行。经济决定金融，只有在提高效益的前提下保持经济较快增长，才能使积累起来的金融风险逐步化解，也才能从根本上防范金融风险，保持金融和社会稳定。当前国内有效需求不足，经济结构不合理的矛盾仍很突出。人民银行要灵活运用多种货币政策工具，进一步调整各项信贷政策，理顺货币政策传导机制，适当扩大货币供应，促进经济结构调整和经济稳步发展，为化解金融风险创造良好的外部条件。同时，对支持经济发展的"热点"问题，保持清醒的认识，防止新的损失。

二是采取实际措施，消化金融机构的历史包袱。现在，国有独资商业银行、农业发展银行等国家政策性银行、农村信用社等金融机构的风险，很多是在计划经济体制下形成的。把计划经济体制转变为市场经济体制需要付出一定的代价。因此，要继续运用中央财政和中央银行的资金，化解历史遗留的风险，同时，要最大限度地节约公共资金，依法查处违法违纪人员。

三是加快改革，更新制度，转换机制。金融企业投资人对金融机构缺乏监督、对经营人员缺乏考核，分配平均主义，各方面对金融企业乱干预，是形成金融风险的制度性原因。防范和化解金融风险，最重要的是更新企业制度，积极推行金融企业股份制改造，建立金融企业法人治理结构和经营人员责任制，建立与金融企业相适应的经营制度，维护金融企业经营自主权，并对金融企业有关信息逐步披露。

四是建立与金融企业相适应的制度，保证金融企业稳步发展。建立社会保障体系，为国有银行精简机构和人员创造条件。建立与金融企业相适应的人事工资制度。当前，特别是要对金融企业实行谨慎会计制度，减少和消化制度性虚盈实亏问题。

五是加强监管，建立有效的金融监管体系。中央银行要把监管重点放到对金融企业是否建立法人治理结构和内控制度上来；按照新的金融机构高级管理人员任职资格管理办法，加强对金融机构高级管理人员和重要业务人员的管理；建立以"不良资产比率、资产流动性比率、盈亏状况、资本充足比率、内控完善程度及市场风险水平"为核心的风险监测、预警体系和金融机构考核评价体系；完善包括功能定位、市场准入、内部控制、考核评价标准、现场和非现场监管、监管信息分析、惩处和市场退出、金融监管责任制等内容的金融监管系统工程建设；建立一个银行自我约束、人民银行依法监管、全社会共同监督的严格有效的金融监管体系。

六是整顿和规范社会信用，创造良好的社会环境。金融风险涉及全局，防范和化解金融风险，需要全社会的共同努力。要加大正面宣传力度，增强全社会的金融风险意识，及时宣传介绍防范和化解金融风险的政策措施，稳定信心。及时消除风险苗头，防止风险扩散。配合有关部门，坚决清理取缔非法金融机构和非法金融业务，打击逃债、赖债和悬空银行债务的行为，依法保护金融机构的合法权益，形成维护金融秩序和社会信用秩序的良好社会环境。

当前任务十分繁重，各分行要按照这次会议精神和有关文件要求，继续认真做好真实性检查工作，基本掌握各金融企业 1999 年底资产质量和盈亏真实性。总行正在制定的对全行金融监管实行系统管理的办法、2002 年金融监管目标和措施等文件，分析金融监管工作中的主要问题及金融风险状况，提高防范和化解金融风险的能力和水平，为完成 2002 年金融监管任务打下基础。

实行稳健的货币政策是正确的宏观决策

（2000 年 9 月 11 日）

应对我国出现的通货紧缩，国家实行积极的财政政策。此时，我国为什么不相应实行积极的货币政策，而是实行稳健的货币政策？稳健的货币政策包括哪些内容？如何执行稳健的货币政策？本文努力简要回答这些问题。

一、为什么提出实行稳健的货币政策

我国经济在经历了较长时期快速增长之后，90 年代中后期，特别是 1997 年 7 月亚洲金融危机爆发后，出现了前所未有的重大变化。经济增长放慢，投资和消费增长趋缓，出口大幅回落，市场有效需求不足，物价出现连续负增长。简而言之，宏观经济发展出现了通货紧缩的趋势。针对这种状况，党中央、国务院及时采取了扩大内需的一系列重大方针政策，在财政方面明确提出实施积极的财政政策。在市场经济比较发达的国家，宏观经济调控的基本经验是，凡出现通货紧缩，一般都是在财政和货币方面同时实行扩张的政策。我国这次克服通货紧缩趋势，在财政方面明确提出和实行积

注：此文为戴相龙同志在 2000 年 9 月 11 日《人民日报》上发表的署名文章。

极的财政政策，但是，在货币政策方面，没有相应提出实行积极的货币政策，而是提出实行稳健的货币政策，适当增加货币供应量。实践证明，实行稳健的货币政策符合现阶段我国的国情，是一项正确的宏观决策。

一是因为我国货币供应存量和增量过多。1978～1999 年，我国国内生产总值（GDP）年均增长 9.7%，零售物价年均增长 6.2%，广义货币（M_2）年均增长 23.6%，贷款年均增长 20.6%，广义货币年均增长比经济年均增长与物价年均增长之和高出 7.7 个百分点。由于货币供应量多年高速增长，我国广义货币量（M_2）对国内生产总值现价（GDP）的比值呈连续上升趋势，与世界上一些国家相比明显偏高。M_2 与 GDP 之比，1998 年为 1.31，1999 年为 1.46，而在 1998 年，印度为 0.50，韩国为 0.60，美国为 0.67，日本为 1.20。我国货币供应过多，有市场化程度迅速扩大的合理因素，但也有许多非经济增长的不合理因素。M_2 由存款货币和现金货币两部分组成，从中长期看，M_2 与 GDP 之比过高，说明国民经济整体效益差，全社会隐藏了很大的支付风险。在信用过分集中于银行和货币供应量增长明显偏快的情况下，如果过分扩张货币供给，就会激化潜在的金融风险，不利于宏观金融稳健运行。

二是企业特别是国有企业负债率过高，贷款有效需求不足。企业负债率过高和资本结构单一是我国经济发展中的一个突出问题。80 年代初，我国国有企业资产负债率为 25% 左右，企业承受贷款的能力较强，加上银行统一管理流动资金，导致贷款十多年大幅度增长。到 90 年代中后期，国有工业企业账面资产负债率为 65% 左右，如剔除账面无效资产，实际资产负债率在 75% 以上，少数行业出现资不抵债。另外，近年新开工的一些技改项目资本金普遍不足，资产负债率也较高。资产负债率过高使企业承受贷款的能力和抗御市场风险的能力大大减弱。在这种情况下，如果采取过分扩张的货币政策，盲目增加贷款，势必造成新的呆坏账，加大化解金融风险的压力。

三是造成我国物价连续下跌的主要原因是经济结构失衡，而不是货币供应不足。1994 年消费物价涨幅比 1992 年高出 17.7 个百分点，1997 年后物价下降，这与治理严重通货膨胀有很大关系。低水平重复建设和农产品库存增加等因素，造成国内大部分商品供过于求，也导致物价连续下降。当前，消费物价回升较快，零售物价回升较慢，其中一个原因是居民生活水平提高，消费结构有所改变。1997 年到 1999 年的三年间，全国贷款增加 3.3 万亿元，占 1999 年底全部贷款的 35.2%。在这种情况下，扩大有效需求、控制物价连续下降的着力点，应放在调整经济结构上，不宜提出和执行积极的货币政策，不宜过度扩大货币供应量。

二、稳健的货币政策发挥了重要作用

朱镕基总理在 1999 年九届全国人大二次会议政府工作报告中指出：实行稳健的货币政策，"银行既要坚持商业信贷原则，保证贷款质量，防范金融风险；又要努力改进金融服务，拓宽服务领域，运用信贷杠杆，促进扩大内需和增加出口，积极支持经济增长"。这是对稳健货币政策基本内涵的高度概括。总结近两年实行稳健货币政策的工作实践，稳健的货币政策主要包含三方面内容。

一是根据扩大需求的方针，逐步适当增加货币供应量。中国人民银行 1998 年 1 月对商业银行取消贷款限额控制，由商业银行按信贷原则自主发放贷款。1998 年和 1999 年先后两次累计下调法定存款准备金率 7 个百分点，按 1999 年末的存款余额计算，相应增加金融机构可用资金 7 000 多亿元，为商业银行购买国债、购买政策性金融债券和增加基础设施建设贷款提供了资金来源，为实行积极的财政政策创造了条件。从 1996 年 6 月以来连续 7 次降息，存款平均利率累计下调 5.73 个百分点，贷款平均利率累计下调 6.42 个百分点，减少企业利息支出 2 400 亿元。降息提高了企业效益，支持了资本市场发展，降低了国债发行成本，启动了投资，促进了消费，抑制了通货紧缩趋势。1999 年对金融机构再贷款增加 1 222 亿元，有力支持了基础设施建设和农村经济发展。与此同时，中国人民银行通过拆借市场和公开市场，向社会适当投放资金。

二是及时制定信贷政策，引导贷款投向，促进经济结构调整。1998 年以来，中国人民银行先后发布了有关增加消费信贷、中小企业和高新技术企业贷款、农业贷款以及股票质押贷款等一系列指导意见和管理办法。两年来，国有银行发放与国债使用项目配套的贷款已超过 3 200 亿元。农业贷款逐年增加。到今年 7 月底，金融机构个人消费贷款余额 2 750 亿元，比年初增加 1 073 亿元，其中，个人住房贷款余额 2 297 亿元，比年初增加 860 多亿元，汽车、教育等其他消费贷款余额 453 亿元，比年初增加 200 多亿元。非国有企业贷款占新增贷款比例已超过 43%。

三是加强金融监管，执行金融稳定工作计划。加强金融监管，保持金融稳健运行，增强金融企业对货币政策的反应能力，是实施稳健货币政策的基础。为此，根据党中央、国务院的决策，中国人民银行认真执行了金融稳定工作计划。支持和配合财政部发行了 2 700 亿元特别国债，补充国有独资商业银行资本金，提高其资本充足率。组建信达、长城、东方、华融四家金融资产管理公司，收购从国有独资商业银行剥离出来的 1 万多亿元不良资产，并对 4 200 多亿元贷款实行债转股，明显降低了国有独资商业银行不良贷款的比例。全面整顿各类金融机构，帮助化解地方金融机构支付风险，维护债权人合法权益。加强金融监管，坚持信贷原则，从整体上看没有造成"惜贷"，相反促进了经济结构的调整。

实行稳健的货币政策对促进国民经济回升发挥了重要作用。货币供应量适度增长，货币流动性明显改善。1998 年和 1999 年，广义货币分别增长 15.3％ 和 14.7％，狭义货币分别增长 11.8％ 和 17.7％，金融机构贷款分别增加 11 491 亿元和 10 847 亿元。今年上半年，金融机构贷款又增加 6 204 亿元，比上年同期多增 1 972 亿元。今年 6 月底，货币流动性（M_1/M_2）为 0.38，与前两年相比明显提高。到今年 6 月底，城乡储蓄存款余额为 62 842 亿元，比年初增加 3 487 亿元，比去年同期少增加 2 318 亿元。一部分城乡储蓄转入股市和购买物资，对促进投资和消费发挥了作用。到今年 6 月底，企业存款余额为 40 740 亿元，比年初增加 3 645 亿元，比去年同期多增加 2 691 亿元，反映企业支付能力明显提高。实行稳健的货币政策，也有力地帮助国有企业走出困境。其中，4 200 多亿元债转股，不但降低了企业资产负债率，每年还减少企业利息支出 200 多亿元；1998 年到今年上半年，实际运用 1 143 亿元呆账准备金，支持企业兼并破产。到今年 6 月底，外汇储备增加 1 585.7 亿美元，比 1997 年底增加 186.8 亿美元，人民币汇率保持稳定。

三、继续实行稳健的货币政策

经过三年的努力，我国已经克服亚洲金融危机带来的困难，经济发展出现了重要转机。面对上述情况，一方面，要看到经济回升基础不稳固，经济结构调整任务还十分艰巨，要保持当前经济发展的良好势头，仍要继续执行积极的财政政策和稳健的货币政策；另一方面，又要看到人民银行再贷款增加较多、商业银行贷款增速加快、货币供应量增长迅速上升所带来的问题。总地来看，我国宏观经济发展处在稳定回升的时期。

针对上述分析，中国人民银行将认真贯彻落实党中央、国务院的各项部署，坚持扩大内需的方针，继续实行稳健的货币政策，及时调节货币供应量，积极引导信贷投向，大力支持经济结构调整，防范和化解金融风险，促进国民经济稳定回升。

一是落实已出台的各项货币政策措施。及时调节货币供应量，满足经济发展对货币供应的合理需求。目前，商业银行向中央银行交存存款准备金的比率和存贷款利率水平，与宏观经济发展形势相适应，应保持稳定。引导金融机构调整信贷投向，对运用国债项目资金安排的固定资产投资，继续给予贷款支持；切实加大对中小企业和高新技术企业的贷款支持；继续增加对农村、农业和农民的贷款，帮助农民增加收入、扩大对工业品的购买力；大力发展消费信贷。为改变企业过分依赖银行间接融资的局面，支持发展产业投资基金和多种形式的直接融资，促进企业通过多种途径增加资本金、优化资本结构。改进对西部大开发的金融服务，支持西部发展生态农业、基础设施和有竞争能力的优势产业。

二是加快发展货币市场，稳步推进利率市场化改革。发展包括同业拆借市场、债券市场和票据市场在内的货币市场。进一步完善银行间同业拆借市场和债券市场的电子交易系统，开发金融债券、住房抵押债券等新的货币市场交易工具，增加银行间债券市场交易者数量，逐步沟通债券批发市场与零售市场。积极培育票据市场，使之逐步成为企业和银行进行短期资金融通的重要场所。为了更好地配置资源、促进经济结构调整，要稳步推进利率改革，建立以中央银行利率为基础、货币市场利率为中介、由市场供求决定金融机构存贷款利率水平的市场利率体系。外汇存贷款利率可按国际市场利率浮动；根据当地民间借贷情况和信用社资金余缺、利率管理水平，经过试点，进一步扩大农村信用社存贷款利率浮动幅度；逐步扩大城市金融机构贷款利率浮动幅度和范围，对一般存款利率仍然实行管制，对大额存款利率实行有弹性的管理。

三是逐步建立现代银行制度，完善货币政策传导机制。支持商业银行实行股份制改造，增加其资本金，提高其透明度。支持有条件的股份制商业银行上市，并把由中央银行推荐上市，改为商业银行申请上市，中央银行提供金融监管信息。支持国有独资商业银行按现代银行制度进行综合改革。

四是加强金融监管，完善金融监管体系。继续执行金融稳定工作计划。对金融企业资产质量、盈亏、资本充足率、内控制度的真实性进行全面检查，严肃查处在新形势下的违法违规经营。大力支持银行发展中间业务。加强中国人民银行、中国证监会、中国保监会三大监管部门的合作，沟通信息，提高金融监管水平。

五是继续扩大金融对外开放。加强外汇管理，打击逃骗汇行为，保持国际收支平衡。完善人民币以市场供求为基础的、单一的、有管理的浮动汇率制度，维护人民币汇率稳定。随着金融对外开放的进一步扩大，必须高度重视和正确处理本币与外币、利率与汇率之间的关系，认真实行人民币经常项下的可兑换，切实加强对资本项目的管制，为今后推进人民币资本项下可兑换工作的进程创造条件。

在 2001 年中国人民
银行工作会议上的讲话

（2001 年 1 月 13 日）

　　这次会议是中国人民银行在新世纪之初召开的一次重要会议，主要任务是，继续贯彻落实党的十五届五中全会和中央经济工作会议精神，总结 2000 年人民银行各项工作，以加强金融监管为重点，研究布置 2001 年的工作。会议期间，朱镕基总理还将作重要讲话，我们要认真学习贯彻。下面我代表党委讲三个问题。

一、2000 年人民银行工作回顾

　　2000 年，党中央、国务院坚持扩大内需的方针，继续实行积极的财政政策和稳健的货币政策，大力推进经济结构调整，我国经济取得显著成绩。经济增长质量和效益明显改善，财政收入大幅度增长，金融业稳定发展，国有企业改革和脱困的三年目标基本实现，对外开放进一步扩大，国民经济出现了走向良性循环的重要转机。

　　2000 年，在党中央、国务院的正确领导下，人民银行有效地

　　注：2001 年 1 月 13 日中国人民银行在北京召开了 2001 年度工作会议，此文是戴相龙同志在这次会议上的工作报告。

执行了稳健的货币政策，全面进行了对金融机构的现场大检查，改进对金融机构的服务，加强外汇管理，加强党的建设和职工队伍建设，进一步开展反腐倡廉，各项工作都取得了较好的成绩，对促进国民经济和社会发展发挥了重要作用。

（一）有效地执行稳健的货币政策，促进国民经济出现重要转机

一是适当增加货币供应。2000年，在降低利率和存款准备金率等措施继续发挥作用的同时，运用再贷款、再贴现、公开市场操作等其他货币政策工具，适当增加货币供应量，为执行扩大内需方针提供宏观金融环境。2000年银行间市场累计成交2.32万亿元，比上年增长2.2倍，人民银行在运用公开市场调节货币供应量方面取得了一定的经验。2000年底，广义货币（M_2）13.46万亿元，比年初增加1.51万亿元，增长12.6%。考虑到证券公司的同业存款主要来自企业和个人存款，实际货币供应量将比统计数据高出近2个百分点。狭义货币（M_1）5.3万亿元，比年初增加0.74万亿元，增长16.2%。流通中现金1.47万亿元，比年初增加0.12万亿元，增长8.9%。以上三个层次的货币供应量均控制在2000年初预测的目标之内。

二是积极引导贷款投向。落实扩大内需、调整结构、促进消费的各项信贷措施，支持各方面对资金的合理需求。2000年底，全国金融机构本外币存款折合人民币为13.44万亿元，比上年增加1.75万亿元，增长14.9%；本外币贷款折合人民币为10.44万亿元，比上年增加1.29万亿元，增长14.1%。其中，本币存款为12.38万亿元，比年初增加1.54万亿元，比上年多增加0.23万亿元；本币贷款为9.94万亿元，比年初增加1.33万亿元，比上年多增加0.25万亿元。四家国有商业银行2000年新增个人住房、助学和消费贷款2 347亿元，占当年四行新增贷款的29.7%。到2000

年底，在全部金融机构贷款中，非国有企业贷款所占比例为48%，比上年上升2个百分点。全国金融机构外币存款1 282亿美元，比年初增加250亿美元；外币贷款611亿美元，比年初下降56亿美元；净存放、拆放境外618亿美元。

三是支持国有企业实现改革和脱困的三年目标。通过7次降低存贷款利率，累计减少国有企业利息支出2 600亿元。对569户国有企业实施债转股3 951亿元，使这些企业的资产负债率由70%以上降到50%以下，利息支出约减少180亿元。为支持国有大中型企业的兼并破产和资源枯竭矿山的关闭，1998～2000年国有独资商业银行核销呆坏账1 176亿元。

（二）金融监管逐步加强，防范和化解金融风险取得成效

一是集中力量加强对国家银行的监督。2000年4月到8月，人民银行系统对被监管金融机构的贷款质量、盈亏等真实性进行现场大检查，8月以后又对国有独资商业银行上半年不良贷款比例继续上升的情况进行抽查，取得重要成果。全行共派出检查组7.2万个，参加检查人员22.2万人次，检查营业性机构22万家，检查金额13万亿元，共查出违规行为41.7万笔，涉及金额1.7万亿元，处罚违规机构4 482家，处罚人员2 916人。这是我行历史上组织人员最多、检查对象最广、检查时间最长的一次大检查。通过这次检查，基本掌握了各金融机构风险底数，也使我行监管业务水平得到提高。批准设立金融资产管理公司，收购国家银行不良贷款，协调和监管债转股工作。根据年初朱镕基总理的指示，经向穆迪公司咨询，制定了《商业银行考核评价暂行办法》，并对国有独资商业银行2000年的经营业绩进行首次考评。经过各方面努力，国有独资商业银行经营管理状况有很大好转。到2000年底，按原口径分析，国有独资商业银行不良贷款比例比上年上升1.6个百分点，增幅大幅度下降，其中，2000年底比当年9月下降0.6个百分点；

如剔除已剥离不良贷款，其比例比年初下降 5.8 个百分点。据初步统计，盈亏相抵实现利润 146 亿元，比上年减亏增盈 217 亿元。如考虑存贷款利率调整、提高营业税率、增提呆账准备金等带来的减收增支因素，实际利润应该更多。

二是整顿中小金融机构、防范和化解风险取得成效。经与全国各省、自治区、直辖市政府 100 多次协商，明确了全国 239 家信托投资公司的处置方案，其中保留 58 家，合并 67 家，改制 18 家，撤销 96 家。加强对其他商业银行的监管，基本完成了对城乡信用社的清产核资工作，及时化解了支付风险。江苏省农村信用社改革试点工作取得重大进展。人民银行在协助地方政府清理整顿农村合作基金会方面做了大量工作，保持了农村社会的稳定。各分支行在防范和化解中小金融机构支付风险方面做了大量艰巨的工作。人民银行领导同志组织有关司局和分行先后到 6 个省，与省政府主要领导共同研究防范和化解支付风险的措施，受到地方政府的欢迎。

三是加强对地方政府专项借款的管理，化解了撤销金融机构后的支付风险。为保护存款人权益，维护金融和社会稳定，经国务院批准，向地方政府安排借款用于支付被撤销机构自然人合法债务本息，这是在我国没有存款保险制度、地方财政较为困难的情况下不得不采取的措施。受通货紧缩趋势影响带来的基础货币投放暂时不多，又为采取此项措施提供了有利时机。实践证明，采取这项措施是必要的，有力地维护了社会的稳定。

四是进一步健全金融监管法规，依法处理违规行为。据统计，2000 年对违规经营的 4 482 家金融机构进行了行政处罚，其中，暂停或停止部分业务 138 家，责令停业整顿 26 家，吊销营业许可证 33 家，撤销机构 119 家。对 2 916 名违规人员进行了各种处分，其中，取消任职资格 1 549 人，建议纪律处分 1 367 人。在纪律处分中，撤职 233 人，留用察看 82 人，开除 193 人。

宏观经济环境不断改善，金融企业不断努力，金融监管不断加强，促进了我国银行业的改革和发展。2000年底，由中央银行监管的金融机构总资产为18.8万亿元，比上年增长9.4%；总负债为17.9万亿元，比上年增长9.8%。

（三）外汇管理进一步加强，金融对外开放不断扩大

完善外汇管理制度，加大查处力度，参与有关部门打击骗购、逃套外汇和走私犯罪活动，对扭转一度出现的贸易项下外汇顺差不顺收状况起到了促进作用。2000年银行累计结汇1 619亿美元，售汇1 439亿美元，分别比上年增长32%、29%；结售汇顺差180亿美元，比上年增长59%。到2000年底，国家外汇储备达1 655.7亿美元，比上年增加109亿美元；人民币汇率为8.2781元人民币兑换1美元，与1999年末基本持平。

2000年底，境内外资银行177家，总资产346亿美元，其中外汇贷款188亿美元，占境内金融机构全部外汇贷款的22.7%。我国银行也积极走向国际市场，在境外设立营业性机构68家，资产总额已达1 565亿美元。

国际交往和国际金融合作进一步加强。随着我国经济实力的增强，我国的金融地位也逐步提高。国际货币基金组织执董会已通过给中国增资的提议，再经过理事会批准，我国在国际货币基金组织的份额将从第11位上升到第8位。

（四）各项基础工作不断加强，金融服务水平逐步提高

全国电子联行已覆盖所有城市和部分发达县，"天地对接"工程取得进展。在全国建成300个城市区域网络的基础上，开通运行了同城资金清算系统，在16个大中城市建成票据自动清算系统。联合共建了全国银行卡信息交换总中心和金融安全认证中心，实现了银行卡异地跨行信息交换服务。

建立健全了内审体系，对依法履行中央银行职责、用权管钱部

门和岗位、过去所办融资中心、自办经济实体等情况进行了重点审计。会计财务管理工作进一步加强。规范了金融统计信息报送制度，提高了统计工作的准确性、时效性。在336个城市中心支行建立了信贷登记系统，并已在各省联网运行。进行了个人征信制度的试点。

加强了发行库的建设和管理，建立了白银交易市场，制定了《中华人民共和国人民币管理条例》，完成了第五套人民币部分券种的宣传和发行工作，基本实现了流通中人民币整洁度达到70%的目标。反假币和安全保卫工作得到加强。对国库资金的监督管理力度加大，确保了国库资金安全，基本形成了国库单一账户制度改革方案。

（五）党的建设和职工队伍建设明显加强

人民银行党组改为党委后，加强了党的思想、组织和作风建设，并建立了人民银行党校。深入开展了"三讲"教育、职业道德教育和"创先争优"活动，深入学习了"三个代表"重要思想，进一步加强了思想政治工作和精神文明建设，干部职工队伍素质明显提高。重视干部培训，2000年总行连续举办了三期中心支行行长培训班，取得较好效果。反腐倡廉工作有很大进展，加大了对各类案件的查处力度，各种违法违纪案件逐步下降。2000年，人民银行查处各类违法违纪案件109件，比上年下降24.3%，其中当年新发生案件27件，比上年下降50%。

这些成绩的取得是在党中央、国务院正确领导下，在有关部门的大力支持和密切配合下，全行广大干部职工共同努力、艰苦奋斗的结果。回顾去年一年的中央银行工作，我们深深体会到，党中央和国务院作出的扩大内需、调整结构和深化改革、扩大开放等一系列重大举措，是十分正确的、非常有效的。总结去年中央银行工作的经验和教训，主要有四条。一是必须提高制定和执行货币政策的前瞻性。抓紧建立为货币政策服务的宏观经济金融信息系统，认真预测经济发展走势，及时提出货币政策的建议，经国务院审定后谨慎操作。二是必须把加强金融监管作为中央银行工作的重点。人民银行各级领导干部和金融监管人员必须深入金融机构，了解金融业务，加强现场检查，促进金融企业建立自我发展、自我约束机制。要全面制定金融监管工作目标，完善金融组织服务体系，提高信贷资金使用效益，查处违规违纪行为，建立良好的金融市场秩序，集中监测和及时处置国家银行的风险，维护国家金融安全。按照国际标准，逐步增加我国银行业透明度，提高我国银行业在国际上的竞争力。三是必须认真做好中央银行各项基础工作，特别是支付清算服务工作，提高中央银行履行职责的技术水平。四是人民银行干部职工要努力提高中央银行的职业道德水平，严于律己，任劳任怨，努力在金融业中树立良好形象。

我们在 2000 年做了大量工作，取得很大成绩，但我们的工作与党中央、国务院的要求还有很大差距，还存在许多突出问题。对宏观经济发展的分析和预测不够深入，金融监管尚有不少薄弱环节，支付清算系统电子化工作进展较慢，职工培训工作与当前履行中央银行职责的需要还不相适应。2001 年是新世纪的第一年，是实行"十五"计划的第一年，人民银行全体干部职工必须勇于承担历史使命，努力学习，勤奋工作，依法履行中央银行职责，为促进"十五"时期银行业改革和发展开好头、起好步。

二、以金融监管为重点，全面做好人民银行 2001 年的各项业务工作

根据十五届五中全会和中央经济工作会议的部署，2001 年人民银行的主要任务是，继续执行稳健的货币政策，在抑制通货紧缩趋势的情况下，要警惕和防止通货膨胀；切实加强金融监管，督促国家银行明显提高经营管理水平，继续化解地方中小金融机构的风险，迎接加入世界贸易组织的挑战；在提高支付清算系统的安全性和运转速度上要有重大突破，全面提高对金融机构的服务水平。

以上三项工作要统筹安排，但从履行中央银行职责的现状看，要突出金融监管。当前银行业依然隐藏着很大的风险，这些长期积累的金融风险如不及时化解，不仅不利于我国实施第十个五年计划，难以应对加入世界贸易组织的挑战，而且也将危及社会稳定和国家经济安全。因此，当前必须要把防范和化解金融风险工作放到首要位置，以加强金融监管为重点，全面做好人民银行2001年的各项工作。

（一）继续执行稳健的货币政策，支持经济发展，更好地防范和化解金融风险

金融是宏观经济问题的综合反映。我们一定要认真执行党中央和国务院制定的积极的财政政策、稳健的货币政策和其他宏观经济政策，促进经济结构实行战略性调整，为经济发展创造一个良好的宏观金融环境，在经济发展中从根本上防范和化解多年积聚的金融风险。人民银行要全面落实扩大内需和调整经济结构的各项措施，引导贷款投向，做好支持西部开发的金融服务，保持对经济增长必要的支持力度。

当前间接融资和直接融资同时扩张，货币供应较多。2000年，全部金融机构本币贷款增加1.33万亿元，境内外证券市场筹资3 249亿元，货币供应量 M_2 的增长比经济增长与物价增长之和高出6个百分点。2000年底，全国金融机构企业存款为4.41万亿元，比年初增加7 000亿元，比上年多增加2 300亿元；金融机构在人民银行存款占其全部存款的12.3%；同业拆借利率走低。以上数据说明银根相对宽松。因此，要密切关注经济运行特别是物价的走势，适时灵活运用多种货币政策手段，包括调整存贷款利率和扩大

公开市场操作等措施，调节货币信贷供应，注意防止可能出现的经济过热和通货膨胀。

2001年货币信贷预期调控目标为：广义货币供应量 M_2 增长 13%～14%，狭义货币供应量 M_1 增长 15%～16%，现金净投放控制在1 500亿元之内；全部金融机构贷款增加1.3万亿元左右。

执行稳健的货币政策，在支持经济发展的同时，要加强信贷监督和管理，防范新出现的风险。当前要注意防止和纠正信贷资金违规进入股市。发展资本市场，增加企业资本金，有利于企业发展、降低银行风险。近几年，人民银行在执行货币政策时，十分注意支持资本市场发展。经国务院批准，允许符合条件的证券公司和基金管理公司到资金市场拆借资金，以证券回购资金，开办了股票质押贷款业务。但是，现已发现信贷资金通过流动资金贷款、证券公司或上市公司担保贷款、个人股票质押贷款、未指定用途消费贷款等方式，直接或间接违规流入股市。《中华人民共和国证券法》，《国务院批转证券委、中国人民银行、国家经贸委〈关于严禁国有企业和上市公司炒作股票的规定〉的通知》（国发〔1997〕16号），人民银行银发〔1997〕245号文件、证监会证监发行字〔1999〕121号文件等，都规定银行不得贷款给企业买股票，国有企业不得炒作股票和用各类贷款配售股票。凡是有银行贷款同时又购买股票的企业，都是在直接或间接把信贷资金投向股市。必须区分情况，完善政策，逐步压缩和收回贷款。发放消费贷款必须执行国家法规和中央银行的管理规定，凡是违反的，要主动纠正，人民银行也要及时查处。根据市场经济发展，人民银行要制定管理办法，支持商业银行开发新的业务品种。商业银行应坚持贷款条件，把握贷款投向，防止支持重复建设和盲目扩大消费信贷的倾向，防范新的风险。

要按照"从严控制，切实收紧"的原则，加强对地方政府专项借款的管理，严格地方政府专项借款审批条件，严格控制专项借款使用的范围和数量，严格执行专项借款的统计、分析、报告制度，严格监督借款到期本息的归还，对违反专项借款使用规定的及时报告、制止和通报。

总行要充实宏观金融管理的专业人才，充分发挥货币政策委员会和国内外有关专家、学者的作用，提高货币政策分析和预测水平。建立为制定和实施货币政策服务的宏观经济金融信息体系，完善宏观金融分析和定期公布制度。各分行要充实统计研究部门的力量，加强对经济运行和货币信贷执行情况的调查，参与总行对货币政策的研究、论证和决策。

（二）切实加强金融监管，提高监管的质量和水平

一是加强对国有银行的监管。包括国有金融企业在内的国有企业基本建立现代企业制度，是"十五"时期经济和社会发展的一个重要目标。国有独资商业银行的改革拟分步进行：首先要按国有独资公司和经营货币金融企业的属性进行规范；其次要允许有条件的国有独资商业银行改组为国家控股的股份制银行，条件成熟后可以改为上市公司。要按照党的十五届五中全会的要求，研究制定国有独资商业银行的综合改革方案。从今年起，要紧紧抓好以下四个方面的监管工作，为国有独资商业银行综合改革创造条件。

第一，严格监管不良贷款比率的下降。鉴于已剥离不良贷款1.3万亿元，今后2~3年每年增加8 000多亿元贷款的质量将大幅度提高，今后几年4家银行的不良贷款比例应该逐步下降。经与国有独资商业银行商议，原则上每年平均下降2~3个百分点，其中工商银行每年下降3个百分点，农业银行每年下降3~4个百分点，中国银行每年下降3个百分点，建设银行每年下降2个百分点。2001年不良贷款的分类标准继续执行"双轨制"，以"一逾两呆"标准为主，并创造条件向五级分类过渡。

第二，严格监管盈亏真实性。会同有关部门，报国务院批准，推进实施审慎会计制度，合理降低税负。督促商业银行按存款合同利率提足应付未付利息。凡已实际发生的呆账，应按规定如实核销，对提取未用的呆账准备金则按规定纳税。将已计入损益的逾期6个月的应收未收利息，在当年利息收入中冲销，进一步调整应收未收利息核算期限。用3年左右的时间化解过去由于各种原因形成的虚盈实亏。

第三，严格监管资本充足率的提高。工行、中行、建行的资本充足率应力争在今年达到8%。农业银行因资本金缺口较大，今年应将核心资本补充到5%，明年再把资本充足率提高到8%。为此要研究和上报通过财政增资、发行长期金融债券等方式增加资本金的方案。

第四，严格考核国家银行行长的经营业绩。实施《商业银行考核评价办法》，从资产质量、盈利及减亏能力、流动性和资本充足率四个方面，对国有独资商业银行的经营业绩进行评估，督促商业银行通过自身努力提高经营业绩。严肃查处各类违法违规违纪行为，促使其规范经营。

促进制定《政策性银行条例》，依法进行监管，更好地发挥政策性银行的功能。对通过多种方式充实资本金、逐步消化呆坏账等历史遗留问题提出建议。

二是继续抓好对中小金融机构的监管，同时要注意发挥中小金融机构的作用。全面检查全国性股份制商业银行和城市商业银行的法人治理结构和内控制度，按照规定补足资本金。支持其按照国家法规和人民银行的规定，开展业务创新，拓展业务范围，按照市场原则进行资产重组和业务联合。逐步建立和完善股份制商业银行的信息披露制度，提高信息透明度。督促城市商业银行严格信贷管理，盘活资产存量，清收不良贷款，尽快改变不良贷款比例过高的状况。

按照去年第三季度例会的要求，抓紧做好城市信用社清理整顿和风险化解工作。在全面做好城市信用社整顿工作的同时，对人民银行所办的城市信用社要更加严格，特别是对拟更名、改制为农村信用社的，必须坚持条件，认真进行清理整顿，采取妥善措施，防止扩大和转嫁风险。

抓好对非银行金融机构的监管。国务院已明确不再增剥不良贷款，阶段性的债转股已基本结束。督促金融资产管理公司做好不良贷款剥离的收尾工作，按照《金融资产管理公司条例》履行债转股企业股东的职责，重点做好对不良资产的处置工作。研究提出国内外投资人按商业原则购买不良资产的办法。加快信托投资公司的整顿进度，今年要完成保留机构的重新登记工作。按照有关办法，规范企业集团财务公司和金融租赁公司。

加强对农村信用社的监管，充分发挥农村信用社的农村金融主力军作用。按照朱镕基总理视察江苏、山东、浙江、重庆等省市时有关农村信用社改革的重要讲话精神，加强对农村信用社的监督，促进农村信用社的改革。要监督农村信用社进一步明确为农业、农村、农民服务的宗旨，增加对农业、农户的贷款，坚决纠正县联社集中农村信用社资金建造办公楼和发放背离为"三农"服务方向的贷款的行为。当前农村信用社的突出问题是，相当多的农村信用社资不抵债，但是存贷款继续大量增加，金融风险继续扩大。因此，要督促农村信用社加快产权制度改革，核实信用社股民和入股金额，研究对资本积累进行管理的政策；根据各个信用社实际经营状况，分别采取尽快增加、逐步增加和暂不增加资本金的措施；建立法人治理结构，明确风险责任。对少数严重资不抵债的农村信用社，要实行合并，或把自营业务改为代办业务，绝不能任其加大风险。要责成县联社加强对农村信用社的行业管理，分别对各个农村信用社主任提出逐年降低不良贷款率、扭亏为盈、充实资本金的经营考核指标。在当地政府领导下，依法追收到期、逾期贷款，打击逃废债行为。同时，采取扩大利率浮动幅度、维持较低营业税税率等综合措施，加大政策扶持力度，帮助信用社消化包袱。继续做好江苏省农村信用社改革试点工作。

继续与有关地方政府协商，明确化解风险的责任，推进地方中小金融机构的风险处置。按照去年第三季度例会的要求，上报、审批2002年底以前化解中小金融机构风险的工作规划，把降低不良贷款比例、消化历史亏损、增加资本金、完善法人治理结构的要求，落实到每一个金融机构，并责成被监管金融机构制定有年度目标的三年工作计划，监督其执行。按照国务院近期可能公布的《金融机构撤销条例》，依法撤销少数金融机构。从严执行被撤销金融机构的债务偿还政策，对自然人合法债务本息予以偿还，对高出国家法定利率的高息部分不予偿还。对非法设立的金融机构要取缔，更不能受理审批专项借款。配合有关地方政府和部门，对所有被撤销和关闭的金融机构实行严格稽查，依法查处违法违纪人员，打击犯罪活动。

三是整顿金融秩序，维护金融债权。按照中央经济工作会议的要求，结合整顿和规范市场经济秩序，狠抓社会信用秩序的规范。严肃查处和纠正金融机构的不正当竞争行为，整顿金融秩序。运用法律、经济、社会监督等多种手段，坚决揭露和纠正逃废银行债务的行为，维护金融债权。企业分立、合并和兼并、解散、撤销、破产及相应债权债务的调整，是市场经济下的正常行为。要根据民法、公司法，完善相应法规，制定实施细则，认真宣传执行。上述企业行为及相应债权债务的调整应在债权人、债务人之间依法进行，避免不必要的行政干预。商业银行对逾期不还贷款者和逃废债务者，要及时依法起诉。对恶意逃废银行债务的企业以及地方保护行为要公开曝光。

四是加强外汇外债管理，维护国际收支平衡。进一步执行以市场供求为基础的、单一的、有管理的浮动汇率制度。完善经常项目外汇管理，加大对服务贸易结售汇业务的管理和查处力度。配合有关方面，继续严厉打击走私、逃骗汇和骗取出口退税等违法犯罪活动。加强和改进资本项目外汇管理，限制提前购汇还贷，严格审批购汇偿还国内逾期外汇贷款。调整和完善我国外债统计口径。鼓励符合条件的企业到境外上市，并及时调回上市募集的外汇收入。

分支行行长兼国家外汇管理局分支局局长，是分支局外汇管理的第一责任人，要负责统一领导和开展外汇管理工作，及时研究和解决外汇管理中的重大问题，认真分析分支局外汇收支情况，审查签发上报的重要文件。

五是加强对金融监管工作的领导，落实金融监管责任制。各分支行要对被监管金融机构的风险进行定期分析，研究和落实风险处置办法。发现重大问题及时研究和处置；对无权处置和尚无明确政策进行处置的重大风险，要及时提出建议请示上级部门；总行不能处置的，要及时请示国务院，绝不可让风险继续扩大。对各类银行，可视其规模和风险大小，建立监管小组。总行和分行有关监管职能部门要密切配合，加强对国有银行的监督。对金融监管人员也要制定任职资格。制定对各类金融机构的监管手册，明确监管职责。积极培养和大力表彰优秀监管人员。

（三）做好金融服务工作，为加强金融监管提供强有力的支持

加快现代化支付清算系统的建设，重点解决跨行跨地区联行资金全额实时清算和银行卡联网通用问题。今年要首先开通北京、武汉两地的大额实时支付系统，明年基本完成大额实时支付系统和小额批量支付系统的建设并在全国推广应用。第一季度要正式施行全国统一的银行卡业务规范和技术标准，力争用3年时间完成对我国

各类银行卡产品和网络系统的标准化改造，建成全国一体化的银行卡交换网络。

加强对修改后的 2001 年统计制度的跟踪监测，着手建立中资境外金融机构统计制度，研究建立金融机构中间业务统计制度。继续完善银行信贷登记咨询系统，加快个人征信制度建设。进一步发挥我国在国际金融体系中的作用，加强与各国中央银行的交流与合作。

逐步推进中央银行会计集中核算系统和事后监督体系，修订《中国人民银行会计基本制度》、《中央银行业务会计核算操作规程》，实行本外币统一核算管理，严格执行财务制度和财经纪律。全面加强内审监督，选择部分分支行进行全面审计，对有关重点业务进行专项审计，做好离任审计和后续审计，做好与所办经济实体脱钩的扫尾工作。

围绕贯彻落实《中华人民共和国人民币管理条例》和黄金管理体制改革，继续做好货币金银工作，抓紧重点发行库建设，加强反假币工作，推进黄金管理体制改革，今年 6 月前建立上海黄金交易市场。积极做好国库单一账户制度改革的试点和推广，并做好实施方案的完善及相关工作。建立银行交易特定信息中心，配合有关部门打击"洗钱"犯罪活动。加大对诈骗、抢劫、盗窃案件的协查和防范力度，保障银行员工生命安全和资金安全。做好老干部工作，发挥参事室的作用。改进后勤服务，提高服务质量。

各直属企事业单位要紧紧围绕更好地履行中央银行职责这一中心，严格规章制度，加强内部管理，提高工作效率。中国外汇交易中心要按照总行的决定，做好统一管理的有关工作。

三、加强和改进人民银行党建工作，为依法履行中央银行职责提供坚强的保证

党委将下发 2001 年党建工作要点，安排部署今年的党建工作。

这里我强调以下几点。

（一）深入学习"三个代表"重要思想，把"三个代表"重要思想的要求贯彻到各项工作中

江泽民同志提出的"三个代表"重要思想是我们党的立党之本、执政之基、力量之源。深入学习和贯彻"三个代表"重要思想，要注意把握三个要点。

一是把是否符合"三个代表"重要思想的要求，作为检验人民银行工作的重要标准。货币政策、金融监管、金融服务和内部管理等工作，都要贯彻并体现"三个代表"重要思想的要求，只有始终坚持这个标准，人民银行制定的工作指导思想、采取的政策措施才具有时代的先进性，才能体现代表最广大人民的根本利益。

二是贯彻"三个代表"重要思想的要求，重点要落实到改进工作作风上。人民银行各级领导干部在工作中要始终坚持"解放思想，实事求是"的思想路线，改进工作作风，反对形式主义、官僚主义，大力精简各类会议和文件。要多深入实际，督促检查方针政策措施的贯彻执行情况，向上级行提出工作建议。领导干部到基层调研，当地分支行主要负责同志不到机场、车站迎送，一律轻车简从，减少不必要的陪同人员。为了保证调查研究工作得到落实，从今年开始，各分行、省会城市中心支行行长每个季度要写一篇调研工作报告，分行班子其他成员每年至少要写一篇调研工作报告，上报总行，总行领导将对这些报告及时研究提出意见。

三是加强和改进党建工作必须始终贯穿"三个代表"重要思想的要求，力求实效。人民银行的党建工作以及工会、共青团、女工组织等工作要按照"三个代表"重要思想的要求，不断探索符合人民银行行业特点的工作内容、工作方式。去年6月行党委布置各分行、营业管理部党委对党建工作进行调研，从各分行党委的调研报告看，人民银行在建立和完善党的组织体系、加强党委领导班

子建设和党员教育、开展思想政治工作等方面取得了成效，党的建设工作明显加强。但是，也反映了一些问题，比如党政职责未能做到在总体上划分清楚，机构设置不尽合理，基础建设存在薄弱环节，党务干部队伍不适应要求等。同时，大家对党建工作提出了许多的建议，党委正在认真研究。行党委决定今年举办"三个代表"重要思想与党建工作培训班，重点对各分行、营业管理部党委分管党建工作的领导同志和党务部门负责同志进行培训。

（二）加强人民银行各级领导班子建设和组织建设

要继续贯彻落实去年人民银行人事工作座谈会精神，按照德才兼备的原则和党的干部路线，提拔一批政治素质好、组织领导能力强、熟悉经济金融工作、业绩突出、群众公认的优秀年轻干部，把他们放到重要岗位上接受锻炼，发挥作用。今年要从总行机关选拔一批优秀中青年干部到分支行挂职锻炼。从分行、营业管理部和中心支行相应选拔一批中青年干部到基层行、农村信用社挂职工作。同时，有计划地进行人民银行与商业银行之间的干部交流工作。要做好干部培训工作，全面提高干部素质。总行将于今年 4 月和 6 月，组织两期业务骨干培训班。

要加快干部人事制度改革。对总行各部门、直属企事业单位和分支行领导班子成员实行委任任期制。对总行各司局和分支行中层领导职务实行聘任制。推行任前公示制。按照干部"四化"要求，继续调整各级领导班子和干部队伍的年龄结构。进行公开选拔领导干部试点。

进一步加强人民银行系统基层党组织和党员队伍建设。要以"创先争优"活动为契机，加强对党员的日常教育。要宣传思想政治工作先进典型，表彰首批"双文明单位"，重点抓好"一岗双责"的先进典型宣传工作。加强和改进人民银行党校工作。

加强各级群众组织建设，切实保障群众组织依法独立自主开展工作。今年要以履行中央银行的金融监管职责为竞赛目标，开展社会主义劳动竞赛。继续开展建设职工之家活动。

（三）加大从源头上预防和治理腐败的力度，深入开展党风廉政建设和反腐败斗争

各级党委要认真学习江泽民总书记在中纪委第五次全体会议上发表的重要讲话和尉健行同志的工作报告，正确认识当前反腐败斗争的形势，特别是人民银行系统党风廉政建设和反腐败斗争的现状，坚定不移地贯彻党中央关于反腐倡廉的方针政策和各项工作部署。要坚持标本兼治，加大治本工作的力度，努力从源头上预防和治理腐败。要研究市场经济条件下反腐败斗争的特点、办法和有效措施。要加强对反腐倡廉工作的领导，形成党政齐抓共管、纪检监察部门协调、各部门各负其责、社会监督的完整工作机制。

加强反腐败工作的关键是各级领导干部必须廉洁自律。要严格遵守党中央、国务院、中纪委、监察部、中央金融工委和人民银行党委制定的有关制度和规定。要有坚定的理想信念和高尚的道德情操，在公与私、是与非上必须清楚，心里要有一杆秤，不该做的事，绝对不做；不该拿的钱物，绝对不拿；不该去的地方，绝对不去。人民银行的领导干部和工作人员都要做到这一点。

今年人民银行系统党风廉政建设和反腐败斗争，要继续贯彻去年党委提出的"在中央各金融机构中，人民银行的发案率要最低，办案速度要最快，人员处理要最为严肃，防范工作要最为认真"的要求，重点抓好以下主要工作：

一是突出重点，查处和防范大案要案。要把领导干部失职、以权谋私案件，自办经济实体造成重大损失的案件，严重违反财经纪律的案件作为重点，严加查处。对违规违纪造成重大损失的案件必须追究领导责任，尽快处理。行党委要求，今年第一季度，各分行、营业管理部党委书记要亲自负责辖区内涉及金额 1 000 万元以

上的自办经济实体案件的核查工作，人民银行党委要听取核查结果汇报。

二是做好人民银行系统反腐败抓源头工作。党委已经下发了《中国人民银行反腐败抓源头工作实施意见》，这是人民银行党委今年第一份文件，各分行、营业管理部党委要认真落实。要围绕着管好权、管好钱、管好人这三个重点，从体制、机制、制度和管理上加强党风廉政建设和反腐败工作。突出抓好对机构设置、开办新业务、任职资格等的审批权，再贷款、再贴现、利率管理权，行政处罚权，财务管理权，物资设备、车辆采购权等方面的监督制约机制的建设。各级党委要结合实际，对照《中国人民银行反腐败抓源头工作实施意见》，制定具体实施细则，从体制、机制、制度上铲除腐败现象滋生蔓延的土壤和条件。

三是加强对党风廉政建设和反腐败工作的领导。各分支行党委特别是"一把手"要对本辖区内的党风廉政建设和反腐败工作负总责，谁管辖的单位出了问题，谁就要承担责任。要定期研究本辖区、本单位党风廉政建设和反腐败工作的形势、问题和措施，督促大案要案的查处工作。要支持纪检监察部门开展监督检查和责任追究工作，保证党风廉政建设和反腐败各项任务落到实处。

根据中央文件及中央金融工委的布置，组织好建党八十周年的纪念活动。行党委决定在人民银行系统开展以"党的领导与中央银行改革发展"为主题的宣传教育活动，请各级党委按照有关通知结合实际进行。

在国家外汇管理局全国
分局局长会议上的讲话

（2001 年 1 月 16 日）

刚才，陆南屏同志代表外汇局党组作了一个很好的工作报告。报告归纳得很好，工作安排也很具体，所说的九项成绩是客观的，提出的十一项任务也是明确而具体的，希望大家认真地贯彻和执行。外汇管理事关国际收支平衡和人民币的汇率稳定，事关国家经济金融安全，必须引起高度重视。下面我谈四个问题：

一、对外汇管理工作的评价

过去的一年，外汇管理系统广大干部职工在加强外汇管理、支持国家经济改革与开放方面做了很多工作，作出了重要贡献，为国家立了功。我认为我们外汇局党组和外汇管理系统的工作是很认真的，成绩也是很突出的。南屏同志在报告中讲了九个方面的成绩，

注：2001 年 1 月 14 日，朱镕基总理在全国银行、证券、保险工作会议上就 2001 年金融形势和任务作了重要讲话。1 月 16 日，国家外汇管理局召开全国分局局长会议贯彻朱镕基总理的讲话精神，认真总结我国外汇管理工作的成绩和问题，明确地提出外汇管理工作的目标和措施。此文根据戴相龙同志在这次会上的讲话整理而成。

我归纳为以下四个方面：

一是有效地实行了以市场供求为基础的、单一的、有管理的浮动汇率制，保持了人民币汇率的长期稳定，在世界上树立了人民币良好声誉。1993 年 6 月，我国外汇储备仅有 180 多亿美元。在这种情况下，我国决定进行汇率并轨和外汇体制改革，即从 1994 年 1 月 1 日起，人民币汇率官方牌价与外汇调剂价并轨，实行以市场供求为基础的、单一的、有管理的浮动汇率制度。1994 年 4 月，集中统一的外汇市场开始运作。1994 年实行人民币汇率并轨，时机的选择比较合适，并轨过程中没有出现大的波动，从而实现了一项比较复杂的、有一定风险的制度转换。1994 年以后，外国资本大量流入中国，人民币汇率面临升值的压力。1994～1997 年，中央银行共购买了 1 200 亿美元的外汇，相应增加了货币投放。与此同时，我们采取对冲操作，压缩了对金融机构人民币再贷款。结果，既增加了外汇储备，稳定了人民币汇率，又降低了通货膨胀率。1997 年亚洲金融危机发生后，许多国家的货币纷纷贬值，有的甚至贬值 50%，我们没有乘势贬值，而是用其他的办法，如通过加大出口退税、财政补贴等支持出口，维护了人民币汇率稳定。外界都评论，中国的人民币在化解亚洲金融危机的过程中起到了"稳定锚"的作用，为亚洲经济金融稳定作出了重要贡献。

二是形成了一个符合我国国情的外汇管理制度。1996 年 12 月 1 日，中国承诺实现经常项目可兑换。当时这在国际上影响很大，因为中国是一个大国，而且是一个发展中国家，又是一个社会主义国家。实现经常项目可兑换后，我们在经常项目外汇收支真实性审核方面采取了一系列措施，在进口付汇、出口收汇等环节上做了大量细致的工作。资本项目有一些子项目已放开管理，只有几大项没有放开。一个是国内的企业出去借债、购买外汇到境外投资需要经过审批，这不是不允许，而是需要履行审批程度。另一个是没有开放国内股票、债券市场，对短期国际资本流动进行控制。对资本项目不是不放开，而是逐步地放开。外汇局在经常项目可兑换、资本项目登记审批等方面确立的制度是正确的，管理是有效的。特别是1998年下半年，外汇局的同志们经常加班加点，查出了不少假报关单，取得了很好的成效。去年又与国务院有关部门一起，在制定加强和改进外汇收支管理的文件方面做了大量工作。

三是在维护国际收支平衡、保障国家金融安全、提高国家金融资信方面作出了贡献。我国国际收支统计报表工作也取得了重大进步，误差越来越小，控制在国际公认的合理的误差范围之内。有人说，由于存在逃汇问题，我国的外汇流出额高达1 000多亿美元，我看这未必符合实际。外汇局在资本项目管理中发现，有些境内合资方向境外合资方提供固定高额回报。这不是联合投资，应该是大家共同承担风险，按股分红。实行固定回报，逃避借债审批。外汇局就此作过许多调查，向国务院作过多次汇报，及时地提出了处理建议，并使这种违规行为得到纠正。

在外债的控制方面，外汇局也作了大量的工作。截至去年第三季度，我国外债余额为1 453亿美元，其中，33%为主权债，其他是企业借债，国营企业债不算在主权债里，另外还有相当多的是外商投资企业债务。从期限结构上看，短期债务占10%左右，长期债务占90%左右。外债是1 453亿美元，外汇储备是1 656亿美元，外汇总资产超过外汇储备。外界评论，中国政府借债还债的信誉是好的，这与我国整体经济形势以及党中央、国务院的正确决策分不开，也是与外汇局及时分析和管理分不开的。

四是外汇储备经营管理的水平大大提高。外汇储备经营管理的队伍素质比较好。在我国1 656亿美元外汇储备中，币种结构搭配还是比较合理的。外界说欧元贬值了，我们吃亏了，根本不是这么回事。实际上欧元没有买进多少，主要是由欧元区国家原来的货币转换而来。更重要的是，我们无须将欧元换成美元去还债，没有实际损失。另外，外汇资产的摆布也是合理的。外汇局制定了很好的内部管理制度。在我们这支队伍中，有素质很高的人才，他们出去可获得很高的待遇，但他们坚守岗位，精心操作，这种敬业精神值得我们学习。

去年，外汇局还主动配合审计署对 1993～1999 年国家外汇储备管理进行了全面审计。审计结果表明：1996 年以后，中国人民银行及外汇局在认真总结以前年度外汇储备经营管理经验教训的基础上，积极整章建制，加强风险管理，强化队伍建设，促使外汇储备经营管理工作逐步走向规范化、专业化、国际化，经受了国际金融市场的剧烈动荡和亚洲金融危机的考验，实现了外汇储备经营管理"安全、流动、增值"的目标。截至 1999 年底，储备经营管理的总体情况是好的，报表反映的外汇储备资产真实、安全，内控制度比较健全有效，1996 年以来的经营活动未发现重大违规事项，1995～1999 年人民币外汇占款正常。这次对外汇管理的审计，是人民银行和外汇局主动提出来的。经审计后，总体评价还是比较令人满意的。

长期以来，外汇管理系统广大干部职工为做好外汇管理工作付出了艰辛的劳动。党中央、国务院对外汇管理的方针政策十分重视，有许多重大决策都是在朱镕基总理的亲自领导下制定的。外汇局取得的重大成绩是党中央、国务院正确领导的结果。我代表中国人民银行党委，向外汇局系统全体干部职工表示衷心的感谢！

当然，外汇管理工作中还存在一些问题。比如，对外汇管理中有些问题调查不够及时、深入，外汇管理制度建设还比较薄弱，外汇局管理体制也存在一定的问题。这些问题要在今后工作中认真解决。

二、当前外汇工作面临的形势和主要任务

当前，我国外汇管理面临新的形势。

一是改革开放提高到新的水平后，外汇收支范围扩大、数量增加，管理任务更艰巨。我国进出口贸易总额去年已经达到 4 000 多亿美元，资本流入的方式也变得多种多样了。过去是外商来华直接投资，现在，境内的企业又到境外直接以股票筹资。去年，外商直接投资与上年基本持平，但我们在境外发行股票直接融资达到近 200 亿美元。今后，我国资本项目还会逐步放开：以外商直接投资为主，也可借债；外债以长期为主，短期适当控制；进来可以宽一点，出去严一点；短期借债要严一点，长期借债可以宽一点。资本项目管理不是一成不变的，要随着国际收支数额的扩大和抗御风险的能力的增强而不断改进。

二是加入世界贸易组织后，对依法行政的要求更高。加入世界贸易组织后，要求在贸易和金融服务等方面实行国民待遇。尽管加入世界贸易组织后，并不要求资本项目可兑换，但商品贸易要与国际接轨，许多结售汇的做法必须符合国民待遇的要求，外汇管理的法规制度要国际化，外汇管理部门更要做到依法行政。

三是外汇储备管理和对商业银行外汇业务的管理交织在一起，使外汇管理的难度更大。加入世界贸易组织后，本外币要密切联系，在管理上更加复杂了。中央银行的目标是，在国务院的领导下，制定和实施货币政策，保持人民币币值稳定，并以此促进经济发展。币值的稳定，不仅要考虑人民币的国内购买力，还要考虑人民币汇率问题。另外，利率与汇率也互相关联，外汇储备的多少与货币供应量也密切相关，外汇风险扩大了金融风险。外汇不良资产剥离了，再过几年还要以人民币购汇买回来。239 家信托投资公司，需要撤销和合并者约占三分之二以上，欠债也要购汇偿还。这

样，便增加了今后 5～10 年国际收支平衡的压力。

从中央银行角度讲，当前外汇管理有以下几个突出任务。

一是维护人民币汇率稳定。人民币汇率的稳定与固定是不同的。有一种说法是，世界上只有两种汇率制度，除了固定汇率制度，就是浮动汇率制度。我看还有一种，就是有管理的浮动汇率制度。今后要考虑适当扩大汇率浮动区间，但基本稳定是不会改变的。目前外汇储备 1 656 亿美元，外汇资产比这个还要多，而且外汇储备还在逐步上升。更重要的是，国有商业银行、其他金融机构外汇存款 1 200 多亿美元，外汇贷款 600 多亿美元，各商业银行的海外净存放也有 600 多亿美元，这是我国外汇储备的一个"保水层"。我认为，只要我们把服务贸易项下的外汇管好，应该说保持外汇储备的增长和币值稳定是没有问题的。

二是加大外汇管理力度，及时处理违规问题。应进一步加强对商业银行结售汇业务的柜台检查，加强对资本项目外汇收支的检查，特别是要及时地发现、及时地加强外汇管理的薄弱环节。有些管理环节要简化，但实质性管理要求不能降低。要继续执行对国有商业银行短期债务余额控制的办法。要研究在"十五"期间如何通过加强管理增加外汇储备。

三是进一步提高外汇储备管理的专业化水平。要借鉴国际经验，积极探索，从组织管理体制、内部管理制度等方面提高专业化水平。总的目标是，要使储备增加、汇率稳定。按照国务院领导同志的说法，2 000 亿美元外汇储备是不多的，去年增加了 109 亿美元，再经过两年努力，外汇储备可达到 2 000 亿美元。

三、严肃查处外汇管理与经营中的各种违法违规行为

这几年外汇指定银行在外汇管理和外汇经营方面做了大量工作。今天各家银行都在场，我向你们提出以下几点要求：

一是严格执行结售汇制度。1998 年外汇大检查发现，在一些银行结售汇中，发现假报关单占 30%，个别银行达 50%。一方面，可看出银行检验报关单的技术手段不过关；另一方面，也反映出银行工作中的薄弱环节，甚至有内外勾结的问题。有些外汇指定银行的分支行人为地降低检验标准，发现有疑问的不去查问，发现违规的也不去查处，只是单纯地追求扩大业务量。今后再发现此类问题，要取消他们办理外汇结售汇业务的资格。

外汇指定银行本身也要严格执行结售汇制度，特别是商业银行的外汇利润，要按照有关规定向外汇局结汇。银行申请购汇补充资本金，我们可以尽量满足要求，但要执行"收支两条线"的原则。商业银行的外汇利润一定要结汇，自己的外汇都不结汇，怎么管理出口结汇。银行购买外汇资本金主要是为了满足国内用汇，如果是要买汇到国外投资或收购银行，目前还不允许。总之一句话，需要充实外汇资本金的，可以购汇，但银行必须按规定结汇。

二是严格账户管理和现金管理。这次在乌鲁木齐、潮汕地区发现，一些违法企业和人员通过银行账户把钱汇到上述城市，然后转到个人手里买黑市外钞，又把外钞变成外汇，然后用外汇搞假出口向国家骗取退税。犯罪分子为何能把如此巨额的现金存在我们的储蓄所呢？为何这个企业没有出售商品却有大量现金放在账户里，而且又不购买商品却有大量的现金提出呢？没有商品交易行为，怎么能让巨额资金汇进汇出？有的说是因为缺乏这方面的规定，我不能同意。人民银行也应根据市场的变化，针对薄弱环节，完善账户管理制度。

我认为应该建立一个特别交易账户，由人民银行把它管起来。与业务无关的资金汇进汇出，应该建立报告制度。银行是经营货币的企业，要赚取利润，但还要执行国家金融方针政策，考虑国家利益和人民利益。账户管理的问题很大，如果能够把账户管理的问题解决好，骗购外汇的问题应该可以减少。"洗钱"的发生，也反映银行账户管理上存在问题。希望大家注意这个问题，人民银行也要积极研究这个问题。商业银行要在商言商，但也要在商明政。

三是依法经营外汇业务。要对违法开证、违法担保的商业银行加大查处力度。特别是要加强对信用证业务的管理，无贸易背景开信用证就是欺诈行为，在美国、中国香港等国家和地区对此都有相关法律规定，处理十分严格。过去我们把它看成是一般违规行为，我看这是不对的，应从欺诈的角度去追究责任，要严肃查处。现在，没有贸易背景开证及银行垫款的情况不少，许多不良贷款就是这样形成的。总之，对违法经营外汇业务的要严肃查处，绝不手软。

四是必须努力迅速地降低外汇不良贷款。去年，国内整个银行业的外汇不良贷款率比 1999 年下降了 5 个百分点，但还是比较高的。外汇不良贷款比例高的银行要分析具体原因，制定具体可行降低不良贷款的措施。否则，人民银行要停止其经营外汇业务的资格。因为，如果银行外汇不良资产比例过高，就必然会向中央银行买外汇，就必然会对国际收支平衡造成压力。总而言之，外汇指定银行经营外汇业务，一定要做到依法经营，对违规经营的一定要严肃查处。对问题严重的银行，可以先警告；如果仍不采取措施，要暂停其部分甚至全部业务。作为中央银行，中国人民银行要按照《中国人民银行法》和《商业银行法》的有关要求，对银行严格管理，不能姑息迁就，不然就是失职。

四、完善外汇管理体制，加强总局对外汇管理系统工作的领导

外汇局在履行外汇管理职能方面做了大量工作，分行的行长兼局长也做了大量工作。现行外汇管理体制与外汇管理工作的艰巨性比较起来还是不相适应。主要是外汇业务管理与干部任用相脱节，确实存在着管事的不管人、管人的不管事等问题。同时，分局的外汇管理责任落实不够。另外，干部力量严重不足，特别是在外汇业务量大的地区如上海、广东等，问题更为突出。

根据朱镕基总理 1999 年 12 月对外汇局管理体制的批示，人民银行党委和外汇局党组作过多次研究，提出过几种方案，其中第三种方案是在维持现有框架不变的基础上，国家外汇管理局加大对系统的管理力度，加强领导的力量。外汇局分局的局长仍由人民银行行长兼任，分局的专职副局长由一名副行长兼任，但不再兼管其他业务。将专职副局长由人民银行商国家外汇管理局任命，改为以国家外汇管理局为主管理，并商人民银行确认后按程序履行任命手续。就是说，今后外汇局分局专职副局长的任命，主要由外汇局党组考察确定，人民银行分行不得随意调动专职副局长的工作。同时明确外汇局分局专职副局长和正职局长的职责。对地方分局的审计和考核，也改由国家外汇管理局来负责。这个方案，就是在大的框架不变的前提下，加强国家外汇管理局对外汇系统的领导和管理。在这个问题上，人民银行党委和外汇局党组的意见是完全一致的，也代表了外汇局系统广大同志的意见。中组部、人事部、中编委等部门也表示赞成。昨天总理已作了批示，同意第三种方案。这也是大家比较关心的事情，现在已经画上了句号。人民银行党委和外汇局党组将根据第三种方案的精神，组织研究，具体细化，下发通知，明确执行。

我在这里进一步强调，人民银行分支行行长作为外汇管理分支局局长要承担外汇管理第一责任人的职责。此次会议已明确了他们的任务：统一负责领导、组织分支局的工作；及时研究和解决分支局外汇管理工作的重大问题；及时分析辖区内的外汇收支状况和问题；审阅签发分支局报给总局的重要文件。

同时，希望专业从事外汇管理工作的同志认真做好本职工作。

人民银行的同志包括后勤服务部门的同志，都要对外汇管理工作给予全力支持。我希望外汇管理系统的同志能够发扬成绩，纠正不足，加强外汇管理，为开创"十五"期间外汇管理的新局面而努力。

在中外记者招待会上答记者问

（2001 年 1 月 17 日）

1. 《**蓬博经济新闻**》 **记者：中国会不会在今后几年扩大人民币汇率浮动幅度？世界主要经济体汇率变化很大，中国各个产业如何来规避汇率变化带来的风险？**

戴相龙：中国从 1994 年开始实行以市场供求为基础的有管理的、单一的浮动汇率制度，效果良好。这项制度对于改革我国的外汇收支，增加外汇实力，促进经济金融改革开放发挥了重要作用。到去年底，我国外汇储备达 1 656 亿美元，比年初增加 109 亿美元，金融机构在海外净存放 600 多亿美元。今年经济增长还会保持 7% ~ 8% 的速度，进出口将保持较快增长，外汇收大于支的格局仍将持续，人民币汇率稳定有坚实的基础。加入世界贸易组织以后，随着贸易和投资的变化，国际收支的变化可能会大一些，汇率会有一定弹性。但总体来讲，我们将继续执行和完善现有的汇率制度。近一两年来，欧元对美元汇率变化较大，但我们用欧元来支付欧洲的贸易，欧元的贬值没有造成我们实际的损失。即使会有些企业由此受到损失，估计数量不会太大。我认为欧元的币值被低估了，从

注：2001 年 1 月 17 日在国务院新闻办公室举办的新闻发布会上，戴相龙同志就金融问题回答了中外记者的提问。

经济发展的趋势来看，欧元应有升值的趋势。由于我国利用外资主要采取外商直接投资形式，而且人民币汇率稳定，所以企业在这方面的风险比较小。如果今后汇率的浮动空间加大了，我们会考虑扩大银行的远期外汇交易，来规避风险，同时会允许贸易公司保留一定的外汇。

2. 《中国日报》记者：在反洗钱方面，人民银行会做些什么事情？

戴相龙：洗钱是国际公认的犯罪活动，我国已在《刑法》中明确洗钱为刑事犯罪。人民银行制定公布过有关账户管理以及存款实名制等一系列管理办法，也为反洗钱提供了相应的法律依据。随着我国打击犯罪、反对腐败工作的深入，对反洗钱这个问题会更加重视。人民银行将与公安、海关、税务及其他金融监管部门密切合作，建立和完善相应的工作机制，加强对金融交易的监测，尽快制定更加完善的反洗钱条例。同时，中国政府、中国人民银行将和国际上各国政府和中央银行密切配合，反对洗钱活动。我们也希望国际上的机构协助中国查处洗钱犯罪活动。

3. 《德国商报》记者：戴行长，您刚才提到您认为今年欧元会有一个好的价位，这是否意味着中国准备在外汇储备中增加欧元的比例？

戴相龙：中国外汇储备结构是从保持外汇储备的流动性、安全性、盈利性出发安排的。我们接受欧元作为公司贸易的货币。刚才，我说看好欧元，主要是从几个大国以及重要地区经济发展趋势来看的。欧元走势究竟如何，我想欧洲中央银行行长杜森伯格先生更清楚，实际怎样，还得市场说了算。

4. 《中国财经报》记者：您如何看待利率市场化问题？今年的金融部门将从哪些方面支持国民经济的发展？

戴相龙：利率市场化在国际上一般称做利率自由化。它包括两个方面，一是银行存贷款利率和银行间同业拆借利率是由资金供求状况来决定的。二是中央银行根据经济发展需要和市场状况，适时调整和引导利率水平，促使经济平稳发展。中国的利率市场化改革是有条件、分步骤进行的。由于我国的产业资本流动性比较差，而且还要对一些产业、一些地区实行扶持，加上商业银行的自我约束能力还不强、中央银行进行公开市场操作的工具和数量不是很多，调控市场利率的能力还不够，现在还很难做到利率完全由市场来决定。但是，利率体制改革的方向不变。

今年我们将从以下几个方面来支持国民经济的发展，一是继续执行稳健的货币政策，保持货币供应量的适度增长。二是将继续落实已经出台的各项调整贷款结构的措施，在发展消费信贷的同时，防止出现新的风险。三是继续支持银行和城乡信用社增加对个体经济、私营经济或小型企业的金融信贷投入。去年金融机构对非国有经济的贷款占全部贷款的比例为48%。四是要提高银行对企业的服务水平，加快支付清算系统的改革，促进企业资金循环和周转，减少企业间的拖欠。

5.《蓬博经济新闻》记者：请戴行长介绍一下信托投资公司改革和整顿的进展情况，尤其是海南国际信托投资公司，这家公司现在是宣布破产了，还是正在进行整顿？另外中国人民银行是不是准备出一部分资金做准备金，来应付这方面的问题？

戴相龙：这一两年，我们就信托投资公司的整顿问题和地方政府进行了多次的磋商，充分听取了意见。我国的信托投资公司大多数是地方政府全资或是地方控股，所以要和它们来磋商。现在基本上确定了239家信托投资公司的整改方案。欠有外债的信托投资公司大部分规模比较大，大多数是予以保留的。它们会按照合同来偿还外债的本金和利息，也就是说外国投资者不会受到损失。少数由于财务状况非常不好，可能要撤销。我希望这样的公司和债权人依照国际和中国的法律，公开、公正地处理好债务问题。海南国际信托投资公司已列入企业整顿的范围，该公司已经对外披露了这个消息。相信它们能够依据法律处理好与国内外债权人的债务问题。另外，我们已经制定了《信托投资公司管理办法》，而且经过了国务院批准，即将在今后两三天内公布。这个办法对信托投资公司的性质和功能、业务范围都作了详细的规定。我相信这个办法的公布和执行，将加强对信托投资公司的监督管理，促进信托投资公司在改革中发展。信托投资公司也会提取呆账准备金，以便冲销将来的坏账损失。

6. 中央电视台记者：我国的银行业把2000年定为管理年，经过一年的加强管理，我国的银行业去年运行的效益到底怎么样？今年，中央银行对银行业的监管方面有哪些新的举措和措施？

戴相龙：去年我们对银行特别是国有银行的监管取得了重大的进展，国务院对国家的重点银行已经派出了监事会，建立和完善了商业银行内部控制。三年来，四家国有商业银行撤销了 21 000 个机构和营业网点，共撤销县支行一级的机构 1 700 多家，员工净减少 11 万人。近几年新发放的贷款质量普遍地显著提高，不良贷款的比例从去年第四季度开始已经净下降。2000 年四家国有商业银行的盈利是 146 多亿元，比前年减亏增盈 217 多亿元。这个数字看来不大，但如考虑调整存款利率、提高营业税率、增提呆账准备金等带来的减收增支因素，实际利润应该更多。对银行支持国企改革和脱困要正确看待，如果国有企业好转，就为商业银行以后改善经营打好了基础，所以，银行对国有企业的支持，不仅有利于经济社会发展，也符合商业银行自身利益。今年我们将集中精力，加强对银行业特别是国有银行的监管，主要围绕着四个重点来进行：第一，严格监督不良贷款的比例，在今后几年，要求国有商业银行不良贷款比例每年下降 2~3 个百分点；第二，要监督它的财务状况，促使商业银行不断提高盈利水平；第三，监管资本充足率，要求其中三家银行的资本充足率今年达到8%，另一家银行明年达到8%；第四，参照国际上一些做法，中央银行制定了商业银行考评办法，对商业银行有关指标进行认真的考评，促进国有商业银行总体指标明显改进。

7.《南华早报》记者：有报道说1998～2000年，中国国有独资商业银行核销呆坏账1 176亿元人民币，请问这个数字对资产质量改善有什么影响？

戴相龙：为了促进商业银行的谨慎经营，我们这几年加大了呆坏账的核销。现在的财务制度规定，银行可以按照年底贷款余额的1%提取坏账准备金。今后与有关部门协调并经国务院批准后，要进一步提高呆账准备金率，以便及时冲销呆坏账。近三年来，国有商业银行核销呆坏账1 176亿元，主要用于大中型企业兼并破产和资源枯竭矿山的关闭。核销后，企业和银行资本结构都有所改善。

8.《财经界》记者：您刚才提到不良资产问题，我想问一下，目前中央银行所掌握的我国银行的不良资产比例的数据是多少？我们去年在消除不良资产的过程中，取得的成果怎么样，下一步我们准备把不良资产控制在什么样的比例？

戴相龙：我国四家国有独资商业银行在剥离1.3万亿元不良贷款后，不良贷款比例下降了10个百分点。到2000年底，逾期尚未收回的贷款占全部贷款的比例是1/4。其中，呆账占全部贷款的3%，考虑到逾期贷款中还有一些贷款收不回，坏账会超过3%，但不会超过太多。因为这些银行在1999年已把近2 000亿元坏账剥离到金融资产管理公司。从今年开始，要求这些银行的不良贷款比例每年下降2～3个百分点。我们将加快国有独资商业银行的改革，逐步提高其在国际上的竞争力。

开创我国银行卡业务的新局面

（2001 年 2 月 16 日）

这次会议是在银行卡业务取得较快发展，联网联合的目标逐步落实，面临我国即将加入世界贸易组织的新形势下召开的，主要任务是：深入学习和贯彻国务院领导有关银行卡发展要坚持联网通用、联合发展的重要批示精神，分析银行卡工作所面临的形势和任务，统一银行系统各级领导对银行卡联网通用、联合发展的认识，研究我国银行卡业务发展的战略和对策，明确加快银行卡业务发展和联网联合的主要目标和工作措施。下面我着重讲三个问题。

一、银行卡业务发展的基本情况

我国的银行卡业务经历了一个从无到有、从小到大的发展过程。从 1985 年起步到现在，银行卡业务快速增长，取得了可喜的成绩。

注：2001 年 2 月 16 日，全国银行卡工作会议在北京召开。这次会议的主题是：联网通用、联合发展。这是我国银行业发展史上的一件大事，是我国银行卡由相对分散走向联合的新的起点和标志。此文根据戴相龙同志在此次会议上的讲话整理而成。

到 2000 年底，全国共有发卡金融机构 55 家，其中，国有独资商业银行 4 家、股份制商业银行 10 家、邮政储汇局 1 家、城市商业银行 29 家、农村信用社联社 11 家；发卡总量超过 2.77 亿张，其中，借记卡 2.52 亿张、贷记卡 13 万张、准贷记卡 2 500 万张，此外还发行国际卡近 20 万张；银行卡账户人民币存款余额已达 2 909 亿元；全年交易总额达 45 300 亿元，其中购物消费金额为 1 058 亿元，转账交易金额为 11 132 亿元。在过去的 5 年中，银行卡发卡量、存款余额、交易金额等年平均增长速度分别达到 61%、48% 和 57%。与此同时，银行卡受理环境建设也取得了一定的进展。截至 2000 年底，全国可以受理银行卡的银行网点已发展到 12.5 万个；可以受理银行卡的商店、宾馆、饭店等特约商户约 10 万户；各金融机构共安装自动柜员机（ATM）37 000 多台，销售终端机（POS）近 29 万台，为我国银行卡业务的发展奠定了物质基础。

为推动银行卡跨行联网通用，实现资源共享、联合发展，人民银行在国家金卡工程协调领导小组的指导下，从 1994 年起组织各商业银行开展了 16 个试点城市银行卡交换中心的建设，并于 1997 年陆续投入运行，逐步实现了这些城市或区域内的银行卡跨行通用，改善了当地用卡环境，推动了银行卡业务的快速发展。到 2000 年底，16 个城市中心已实现联网通用的 ATM 和 POS 数量分别发展到 1.8 万台和 6.1 万台；完成跨行交易近 2 亿笔，比上年度增长 162%，清算资金总额达 540 亿元人民币，比上年度增长 180%。同时，人民银行组织各商业银行在北京、上海、长沙等城市开展了银行 IC 卡联合试点，国有商业银行也先后在重庆、南昌、宁波、石家庄等 7 个城市牵头组织了无中心方式的 POS 跨行联合试点。

1997 年 10 月，在实现部分城市内业务联合的基础上，人民银行组织各商业银行成立了银行卡信息交换总中心，开展了全国异地跨行交换系统建设，组织各商业银行、各城市中心与总中心联网，以实现银行卡业务的异地跨行通用。到目前为止，已有工商银行、农业银行、中国银行、建设银行、交通银行、上海浦东发展银行、招商银行、深圳发展银行、广东发展银行、中信实业银行等 10 家全国性商业银行和北京、上海、天津、广东、山东、江苏、海南、深圳、福州、杭州、沈阳、武汉、大连、厦门、青岛等 15 个城市中心实现了与总中心的联网。尤其是去年下半年以来，各国有商业银行认真贯彻落实国务院的指示精神，统一思想、集中力量、抓紧工作，先后完成了联调测试、网络联通及业务开通，促进了异地跨行交易的增长。今年 1 月和去年同期相比，通过银行卡信息交换总中心的交易笔数增长了 5 倍，交易金额增长了 3 倍，一个月的交易笔数就相当于 1999 年全年的交易量。

在人民银行有关分支行的组织协调下，各试点城市交换中心立足当地实际，采取不同方式全面开展了 POS 的清理整顿工作，取得了一定效果，节约了设备资源，抑制了无序竞争，改善了用卡环境。特别是北京作为全国发卡银行最多、机具投放量最大、POS 重复摆放现象最为严重的地方，曾多次被新闻媒体曝光，并受到国务院领导同志的多次批评。去年，人民银行党委就此专门研究部署，营业管理部主要负责同志亲自督促落实，设立专门工作班子组织商业银行和重点商户，制定 POS 清理整顿工作方案，基本完成了市区 74 家主要大中型商户和宾馆的 POS 清理整顿工作，共清除重复摆放机具 1 200 多台。

近年来，人民银行与各商业银行一起研究拟定银行卡的统一业务规范和技术标准，先后制定颁布了《中国集成电路（IC）卡规范》、《发卡银行标识代码及卡号》、《磁条信息格式》等标准，《银行卡联网联合业务规范》也正在抓紧论证。

15 年来，银行卡业务的快速发展，对于推动我国经济和金融业的发展发挥了重要作用。银行卡作为现代金融与信息技术相互融合的产品，带动了我国商业银行经营理念、经营策略和运营机制的转变，促进了个人金融业务的发展，也逐步改变着我国居民消费中传统的现金支付方式，对于减少现金使用、加快资金周转、发展个人消费信贷、促进相关产业发展、改善流通环境、提高居民生活质量、拉动经济增长等都具有重要意义。

需要指出的是，我国银行卡业务在发展中还存在许多问题，主要是：

第一，银行卡经营管理体制不顺，阻碍了银行卡经营效益与服务水平的提高。各商业银行的银行卡业务大都采用分散式的管理方式，造成发卡机构众多（各行发卡机构都多达 200 多个），计算机系统、发卡、打卡等设备分散投入。再加上财务上统收统支，不严格核算成本和收益，促使一些商业银行片面追求发卡规模，忽视经济效益，自成体系，各自从事技术开发、设备购置与维护，各自发展商户，形成了"大而全"、"小而全"的经营体制，以致出现各银行 POS 重复摆放严重、"睡眠卡"过多、ATM 使用率低等现象，造成资源重复浪费。甚至有的采取不正当手段，如竞相压低折扣等进行无序竞争，既给广大消费者和商户带来不便，也不利于提高商业银行的经济效益和服务水平。

第二，银行卡联网联合的基础条件较差，网络系统亟待改善。虽然近年来各银行都加大投入，努力改善银行卡业务处理和授权系统，但许多银行仍未真正实现银行卡在本系统内的跨地区通用。有的银行虽然已经建立起本行的联网系统，在许多城市开通了跨地区通用业务，但实际运行情况不好，交易成功率较低；有的银行发卡种类和数量较多，但大多数还不能在各大城市间联网通用。多数银行在 ATM 上实现的功能比较单一，转账、缴费等服务项目还有待开发。各商业银行的银行卡业务具体规定、操作流程互不相同，使得银行卡跨行交易系统不得不兼顾各种标准和处理方式，大大增加了联网联合和跨行交易的处理难度，阻碍了全国联网通用目标的顺利实现。虽然经过去年的紧张工作，人民银行已经颁布了统一的银行卡技术标准，统一的业务规范也即将下发，但是，全国银行卡发卡量已达 2.7 亿张，对如此多的卡片和 29 万台 POS 以及遍布全国的网络系统进行改造，任务十分艰巨。

第三，银行卡受理市场发展缓慢，联合运作的机制不健全。我国人口众多，社会商品零售额较大，持卡消费金额所占比例很低，2000 年第四季度末为 3.1%，从当前受理市场情况看，能够接受银行卡的商户只有 10 万个左右，仅占商户总数的 2.5%，为数众多的中小商店、超市以及与人民生活密切相关的服务业网点还不能受理银行卡，有些商户违反规定发行各种形式的代币券，甚至为偷逃税款等而拒绝受理银行卡。另外，各商业银行间资源共享的利益分配机制、联合运作规则不健全，都影响了银行卡受理市场发展的积极性。

第四，真正意义上的信用卡发展缓慢，使银行卡对促进消费、推动经济增长的作用还十分有限。2000 年底，我国银行卡发卡量比年初增长 54%，而同期具有个人消费信贷功能的信用卡（含准贷记卡）总量仅增长 5%，为 2 500 多万张，占银行卡发卡总量的 9%，银行卡消费信贷余额仅有 21 亿元。从发达国家银行卡业务发展情况看，信用卡是银行卡业务收益的主要增长点，也是商业银行竞争优质客户的重要工具。在我国，因银行卡从一开始便被作为吸收存款的重要手段，经营也较粗放，缺乏对银行卡市场和客户群体的研究，制约了信用卡业务的发展。

产生以上问题的原因是多方面的，主要原因有：

一是银行卡是银行传统业务与现代信息技术紧密结合的新型支

付工具，也是我国银行一个新的业务品种，发展历史不长，受到银行电子化网络建设和通讯基础设施发展的制约，加上我国人均收入水平整体上偏低，传统消费观念的影响较深，因此，银行卡业务的发展与完善客观上需要有一个过程。

二是人民银行对银行卡发展的统筹规划、指导不够。由于人民银行缺乏经验，在推动各行银行卡业务发展的同时，未能及时组织各行研究和拟订统一的业务发展规划与制度，对银行卡经营管理体制研究不够，也没有及时组织制定统一的技术标准和业务规范，同时对推动银行卡联网联合的工作也抓得不力。

三是商业银行对银行卡业务发展及联网联合重视不够。一些发卡银行还没有把这项工作摆上重要的议事日程，特别是主要负责同志对银行卡联合发展的重要意义认识不足、重视不够。使银行卡业务发展中的问题得不到及时解决，银行卡联网联合的进展也不平衡。

四是我国个人信用制度不健全，银行卡立法未跟上，相关政策不配套。在我国，由于尚未建立全国统一、各银行共享的个人信用信息系统，各商业银行在业务开展中缺乏有效评估个人信用和控制风险的手段，对信用卡的发行十分谨慎。银行卡业务涉及发卡行、受理行、持卡人和商户等多方参与者，业务运营涉及储蓄、结算、信贷等诸多领域，与商业银行传统业务相比，涉及面广，技术含量高，集多功能于一体，风险也较大，但是，目前国内尚无专门的法规对银行卡业务中各参与方的行为进行规范和约束，使各类银行卡纠纷处理无法可依，对发卡银行、商户和持卡人的利益难以有效保护。有关业务运营的各项政策也不配套，比如：呆坏账准备金的提取与核销办法仍然视同普通贷款业务；各银行对银行卡业务的管理也大都与其他业务一样采取分散式的管理模式等。这些都阻碍了银行卡的联网通用和加快推广。

二、加快"金卡工程"建设，推动银行卡联网通用、联合发展目标的实现

"金卡工程"是在江泽民总书记的亲自倡导下于 1993 年启动的，其基本目标是在 10 年左右的时间内，在 3 亿城市人口中推广普及银行卡，完善支付结算手段，规范金融服务，控制现金流通量，减少偷漏税和堵塞非法金融活动，促进金融、商业和服务业的信息化。为此，国务院成立了国家金卡工程协调领导小组，并责成原电子工业部（现信息产业部）统一负责有关建设和协调工作。鉴于银行卡业务发展和联网联合是"金卡工程"建设的主要内容，1996 年初，国家金卡工程协调领导小组同意由中国人民银行牵头成立全国银行卡办公室，具体负责银行卡业务发展和联网联合工作。

按照当时"金卡工程"规划，到 2000 年底，完成 12 个试点城市银行卡信息交换中心与全国银行卡信息交换总中心的建设，实现银行卡在试点城市及相互间的联网通用，同时，使全国发卡量达到 1 亿张。经过几年来的艰苦努力，人民银行和各商业银行做了大量工作，已经建成 16 个试点城市交换中心和全国总中心，在每个试点城市中，基本实现了本城市范围的跨行通用，在部分试点城市和部分发卡银行之间，初步开通了跨地区、跨银行的银行卡通用业务。全国发卡量已达 2.77 亿张，超过原定计划。

当前，要继续大力推进"金卡工程"建设，全面实现原定目标，经过 3 年的努力，逐步实现在大中城市银行卡的全国联网通用。这不仅是商业银行的一项业务工作，更为重要的是，它对于转变商业银行的经营机制、提高竞争能力、促进业务创新、改善经营管理也具有重要的意义。

首先，加快银行卡联网通用、联合发展，是贯彻落实国家宏观

经济发展方针、推动居民消费增长的重大举措。党的十五届五中全会和中央经济工作会议，确定了今年乃至"十五"期间我国国民经济和社会发展的战略方针及工作重点，对金融工作提出了明确要求。为实现"十五"计划的良好开局，今年将继续实施稳健的货币政策和积极的财政政策，扩大内需，刺激消费，拉动经济快速增长。随着我国居民收入及生活水平的不断提高，人们的消费观念和习惯以及消费需求对商品、服务环境的要求正在发生新的变化，银行卡服务系统的完善已成为衡量居民生活质量的一个重要标志。加快银行卡市场建设，建立统一、高效、通用、安全的用卡环境，已成为广大消费者、商户和各家银行的共识。

其次，是改变我国银行经营结构，全面提高金融服务水平的迫切需要。信息技术的发展使得银行服务正逐渐突破传统的服务方式，跨越时空、地域的限制。与银行卡业务密切相关的网上银行、电话银行、手机银行等新型服务手段的不断出现，大大拓展了商业银行的业务领域。加快银行卡业务的联合发展，已是商业银行大力开展业务创新，由传统服务产品向新型服务方式转变的有效途径。

最后，是提高我国商业银行竞争能力，迎接加入世界贸易组织挑战的必然选择。我国加入世界贸易组织后，进入中国市场的外资银行在营业网点上并不具有优势，它们主要依靠其高效灵活的营运机制、高度发达的服务网络以及丰富的市场营销经验，把银行卡业务作为与国内银行竞争的首选目标。如果我们不抓住机遇，加快联网联合，国内银行业将会处于十分不利的地位。

为此，今后三年我国银行卡业务发展的基本目标是：全面贯彻实施统一业务规范、技术标准和品牌标识，在省会城市和部分地级市实现银行卡的全国联网通用；改革完善银行卡经营管理体制，基本建立银行卡"市场资源共享、业务联合发展、公平有序竞争、服务质量提高"的良性发展机制；全面改善银行卡受理环境，普及推广银行卡应用，为广大消费者提供方便、快捷、安全的金融服务。

为实现上述目标，2001 年要认真抓好以下几项重点工作：

（一）全面实施银行卡统一业务规范和技术标准

统一银行卡业务规范和技术标准是实现银行卡全国联网通用目标和促进银行卡业务快速发展的重要保障。在目前我国银行卡市场发展已形成一定规模的情况下，实施标准化改造的任务相当繁重，且需要一定规模的人力、物力和财力投入。但我们必须早下决心，如果再推迟几年实施，不仅会造成投入的增大，而且可能直接影响各行银行卡业务的发展。特别是在我国即将加入世界贸易组织的形势下，国内银行卡市场标准化整合的程度将直接关系到各商业银行的竞争能力。

各商业银行要有紧迫感，把统一银行卡业务规范和技术标准作为迎接加入世界贸易组织挑战的重要措施，列入各行的重要议事日程。集中必要的人力、物力和财力，完成本行银行卡业务处理系统和业务操作的规范化、标准化改造工作，完善相关管理办法；要抓紧改造各类银行卡受理机具，力争在 2002 年底前基本完成终端受理机具（ATM、POS 等）的标准化改造；2003 年底前完成非标准银行卡的更换。银行卡信息交换总中心和各城市中心系统的标准化改造要在今年底前完成。

人民银行各分支行要把银行卡系统的标准化改造作为一项重要的监管内容，并在银行卡业务审批中严格贯彻执行。从现在开始，凡不符合统一业务规范和技术标准的银行卡一律不予审批。

对于统一业务规范和技术标准实施中的具体问题，各银行要顾全大局，在人民银行组织下逐项加以研究，制定实施意见，尽快付诸实施。

（二）实现银行卡全国联网，加快建设全国统一的银行卡跨行交换网络

银行卡跨行联网工作涉及商业银行内部多个部门，而联网效果的好坏又直接影响其他银行的业务开展。因此，加强协调至关重要。对已初步实现跨行联网的商业银行，要进一步扩大联网范围，把全面开放发卡和受理业务作为今年的工作重点，年底前实现省会城市及部分经济发达城市各项业务的联网通用；尚未完成跨行联网任务的商业银行，要抓紧落实各项准备工作，年底前一并完成联网并开放省会以上城市行的各项业务。

各商业银行要采取切实措施，加快行内系统的建设和改造，确保行内系统稳定畅通，提高跨行交易的成功率，及时、妥善地解决各种交易纠纷或差错，全面提高银行卡服务质量和服务水平。全国银行卡总中心和各城市中心也要全力做好跨行交换网络的稳定运行工作，确保各类银行卡跨行交易安全、稳定运行。

（三）大力推广全国统一的"银联"标识，建立统一的银行卡受理市场

建立和推广统一的"银联"标识，目的是建立统一的银行卡受理市场。随着发卡机构的增多和联网联合的不断推进，商户柜台上已无法容纳品种繁多的受理标识和卡样。北京市 15 家发卡机构实现业务联合后，在商户柜台上张贴 56 种卡样的现象就足以说明这个问题。

"银联"标识的推出必须以相应的优质服务为支撑，只有符合统一业务规范和技术标准的银行卡才可以使用"银联"标识。年底前各商业银行的业务处理系统必须能够受理带有"银联"标识的银行卡；2002 年底前，现有受理市场中的各种终端机具均应能受理带有"银联"标识的银行卡。不能满足这一要求的机具，不得使用"银联"标识，并将退出受理市场。

为了保证"银联"标识的按计划推出，各国有商业银行今年底前要在北京、上海、广州、深圳和杭州五个城市推出带有"银联"标识的银行卡，并结合自身系统的标准化改造情况，逐步将这种标准化银行卡的发行工作向全国其他城市推广。股份制商业银行、邮政储蓄机构和城乡信用合作机构也要尽快完成"银联"标识卡的发行准备工作。从 2004 年 1 月 1 日起，各行发行的各类非"银联"标识的银行卡只能作为地方专用卡，不得用于异地或跨行使用。

人民银行鼓励带有"银联"标识的银行卡的发行和能够受理此类银行卡的各种机具的安装使用；各地在开展 POS 重复摆放的清理整顿工作中，要优先保留能够受理"银联"标识卡的机具设备；要强化"银联"标识的宣传和使用管理，采取切实措施，保证"银联"标识的唯一性。

（四）组建银行卡联合经营组织，统一城市中心管理

银行卡联网联合工作的顺利实施，需要有一个行之有效的组织体系。借鉴一些国家和地区银行卡业务运作的成功经验，根据我国银行卡业务联合和发展的实际，尽快建立银行卡联合经营组织已经迫在眉睫。由各发卡机构和现有 16 个城市交换中心共同筹建银行卡联合发展中心，以商业银行原投入的会员基金或会员费以及城市交换中心的现有设备、机具作为投资，联合组建企业法人，现有交换中心一并纳入该中心。其主要职责是：制定银行卡跨行交易的有关规则，负责跨行交换网络的运营，规范各发卡机构的竞争行为，提供银行卡专业化服务，协调各发卡机构间的利益关系，处理有关业务交易纠纷等。银行卡联合发展中心由各投资人共同选举产生理事会或组成董事会，进行自主管理，自主经营。同时，抓紧研究探讨该中心与国际信用卡组织合资合作的可能性，以引进国外管理人才、经验、技术和资金。

为了统一规划全国联网工作，加快商业银行内部网络与系统建设，要进一步规范城市交换中心的发展与管理。人民银行各分支行要认真执行总行的有关规定，停止新建、扩建城市中心。对现有的城市中心要进一步加强内部管理，对各种投资活动必须从严控制，一律不得以任何名义从商业银行或其他金融机构筹集资金。

（五）加快银行卡立法，规范银行卡市场

人民银行 1999 年发布的《银行卡业务管理办法》和各商业银行据此制定的各项规章制度，无法界定银行卡业务中所有当事人的权利、义务和责任；缺乏对外币卡发行和境外卡在境内使用的规范；法律层次偏低，权威性也不够。因此，需要加快银行卡立法步伐。目前，《银行卡条例》的起草工作正在抓紧进行，且已列入国务院法制办今年的立法计划。要通过立法，大力改善全社会的用卡环境，明确各方当事人的权利、义务和责任，维护当事人合法权益；要求具备一定业务规模和条件的服务性企业必须受理银行卡，用法律手段规范和发展银行卡受理市场；鼓励联网联合，明确银行卡联合组织的地位、性质和职能；强调银行卡业务应当遵守国家外汇管理和现金管理的有关规定等。《银行卡条例》的起草和征求意见工作要力争在今年 3 月底以前完成，并上报国务院。

人民银行和各商业银行要对过去发布的有关文件和规定进行一次清理，凡不符合联网通用、联合发展原则的，应予修改或废止。

（六）大力拓展银行卡服务功能，推动银行卡"一卡多用"

信息技术的快速发展，既带动了银行卡业务创新，又推动了非金融行业卡的应用。实践证明，大力拓展银行卡的服务功能，促进银行卡与这些行业卡相结合，实现以银行卡为基础的"一卡多用"，以取得该行业的市场份额和客户群体，是在信息化发展中银行卡业务发展的重要措施和途径。

银行卡与行业管理功能相结合，既有利于"金卡工程"产生广义效应，推动"一卡多用"，又有利于银行卡拓展小额支付市场，促进电子货币进入各个支付与流通领域，同时还有利于改善相关行业的信息化管理手段，推动国民经济信息化发展，是一个于国、于民、于银行都有利的多赢举措。为了做好这项工作，我想强调以下几点：

首先，人民银行要会同各商业银行对非金融行业卡市场需求与实际情况进行认真系统的调查研究，坚持各银行联合发展的原则，搞好统筹规划，严格论证，按市场规律办事，避免重复投资和无序竞争。

其次，要进一步拓展银行卡功能。各行要在不断完善存取现金、购物消费等基本功能的基础上，积极拓展贴近居民日常工作生活需要的服务功能，并积极与自动柜员机、自助银行、网上银行、电话银行、手机银行等新的服务方式相结合，使居民的所有金融往来业务都可以通过银行卡随时随地得到方便、快捷的服务。

最后，积极探索银行 IC 卡在小额支付领域的应用。各商业银行要注意利用 IC 卡存储量较大、安全性能较高、对网络环境要求较低等特点，逐步推动电子钱包在加油、交通、医疗、养老保险、通讯等领域的应用。对 IC 卡的发展，要认真作好调查研究与市场需求分析，一定要统筹规划、讲求效益，切不可一哄而起。要切实改变各家银行之间竞相投标搞行业专用卡，垄断封闭运营、排斥银行卡应用的做法。

（七）建立全国统一的个人信用信息系统，推动贷记卡业务发展

当前，我国个人信用体系不健全，不仅是制约扩大个人消费信贷的瓶颈，也是贷记卡业务发展缓慢的重要原因。人民银行将在总结上海个人征信系统建设试点经验的基础上，利用银行卡业务和个

人消费信贷业务发展中长期积累的客户信息资源，尽快组织建立全国统一的个人信用信息系统，为防范和化解个人消费信贷业务风险、推动贷记卡业务发展服务。

各商业银行要积极参与个人信用信息系统建设，并在此基础上，确定贷记卡业务的发展方针和策略，充分发挥贷记卡业务在促进个人消费增长中的重要作用。

（八）改革银行卡经营管理体制，推动银行卡专业化服务

一个机构健全、功能完善、以客户为中心的银行卡经营体制，是保证银行卡业务健康、快速发展的基本前提。从国内外成功经验看，集中式的经营管理模式有利于规避银行卡业务风险，提高客户服务水平，保证银行卡业务的高效运转。各商业银行要按照建立现代金融企业制度的要求，研究加快银行卡经营体制改革的措施和步骤。在不违背现有法律政策的前提下，人民银行支持各行银行卡业务的相对独立核算和集中统一管理。

要推动专业化服务体系的建立与发展。搞专业化服务，必须遵循市场规律，以各商业银行与专业性公司自愿结合、互惠互利、鼓励竞争为原则，以提高效率、降低成本为目的。专业化公司可以提供制卡、送卡或安装、维护 POS 等单项或多项业务。同时，专业化公司允许外商投资和国际信用卡组织进入，以吸收先进技术和管理经验，引入竞争机制，促进银行卡受理市场的建设。

（九）加强银行卡风险防范，严厉打击各种犯罪活动

银行卡（特别是贷记卡）是一项高投入、高回报、高风险的业务，也是一项对技术支撑条件要求较高的业务。业务发展规模越大，可能带来的风险也越大。因此，各商业银行要高度重视对银行卡业务风险的防范工作，借鉴国外商业银行的成熟经验，建立健全风险防范制度和内控机制，确保业务健康发展。

第一，要强化业务管理，健全内控机制。各商业银行要进一步

加强对客户信息资源的管理和利用，建立集中统一的客户信息管理系统，并以此为基础，完善各类银行卡的资信审查、开户、授信/发卡和受理等操作程序，强化对风险易发、高发环节的管理，逐步实现业务风险的集中控制。同时，要注意提高银行系统共同防范风险的能力，尽快实现各类客户信息，特别是不良客户信息的共享，利用银行卡业务联合的优势，共同防范各种可能发生的银行卡经营风险。

第二，加强高新技术的推广应用，提高技术防范能力。各商业银行要认真研究磁条卡处理系统安全防范措施，及时跟踪 IC 卡技术、磁条加密技术和网络技术的最新发展并加以开发应用，不断提高银行卡反假防伪的技术水平。要建立和完善银行卡交易处理的计算机监控、预警系统，及时掌握和处理各种异常交易情况，防范和化解银行卡业务风险。同时，要切实采取措施，加强对银行卡生产和运输等环节的安全管理。

第三，要与公安、司法等部门密切配合，及时跟踪银行卡业务中的风险苗头和发案特点，研究制定相应措施，严厉打击各种制假、冒用和利用银行卡敲诈勒索等犯罪活动。

三、建立中国人民银行及各商业银行行长责任制，确保各项工作任务的顺利完成

温家宝副总理在人民银行《关于我国银行卡业务发展情况和意见的请示》中批示："加快推进'金卡工程'，必须建立人民银行及各商业银行行长责任制，限期完成各项工作任务，并作为考核行长的一项重要内容。"我们要认真学习和贯彻家宝同志的重要批示。实践证明，只要各行领导重视，真抓实干，工作中的困难就能够得到克服，工作进度就能够明显加快，工作质量也会得到提高。在这里，我再向各行强调以下几点要求：

（一）进一步提高认识，加强组织领导

目前，各银行的工作任务都很繁重，头绪较多，而银行卡业务发展和业务联合工作又十分具体，往往摆不上领导的工作日程。我希望各行领导要进一步重视这项工作，"一把手"亲自抓，是第一责任人，分管副行长具体抓，有关业务部门竭尽全力抓。各银行行长要做到以下四个保证：一是保证执行全国统一的银行卡发展规划和统一的业务规范、技术标准；二是保证认真制定本行银行卡发展规划；三是保证为银行卡发展提供必要的资金、技术和人力等资源；四是保证每季度至少召开一次会议，研究解决本行银行卡发展中的重要问题。

各商业银行要按照人民银行有关要求，组织落实好本行系统联网联合工作。由于此项工作在商业银行内部往往涉及银行卡部、科技部、零售业务部、财务部等多个部门，这些部门在有的银行是由不同的分管副行长负责，特别需要注意协调好内部关系，统一行动。

（二）明确工作计划，层层落实责任制

这次会议上，人民银行提出了一个比较详细的工作计划和实施意见草案，明确了各项工作的进度和质量要求，请大家认真进行讨论。经过修改后，在3月初印发执行。各商业银行也要根据本次会议确定的各项任务和人民银行的统一要求，制定详细的工作安排，并于3月底以前报人民银行备案。

人民银行和各商业银行的有关部门要逐级建立责任制，将银行卡业务发展和联网联合中各项工作的完成情况，作为考核行领导、司局（部门）和处室负责人以及工作人员业绩的一项重要内容。

明年初，人民银行将对这项工作进行一次全国性总结，对各地、各行在实施银行卡统一业务规范和技术标准，实现银行卡全国联网和推广统一"银联"标识，加快银行卡受理市场建设中作出突出贡献的单位和个人给予表彰和奖励。

（三）加强对各项任务落实情况的监督、检查

人民银行各级机构要进一步加强对银行卡业务发展和联网联合工作的监管力度，按照总行确定的工作任务和计划进度安排，按季分月检查落实情况，认真分析计划落实过程中出现的各种新情况、新问题，逐项加以协调解决。对于计划落实情况较差，工作不力的单位和有关责任人员要及时予以通报批评。

为了搞好人民银行内部协调，防止政出多门，人民银行总行目前已成立了由分管科技的副行长牵头，科技司、银行一司、银行二司、合作司、条法司、支付办和营业管理部等参加的银行卡协调领导小组，统一负责银行卡联网联合的规划、协调和监督，并在科技司设立银行卡管理处，负责具体工作的落实。

人民银行各分行、营业管理部和省会（首府）城市中心支行应参照总行的方式，临时成立协调小组，按照属地管理原则，负责本省（区、市）银行卡联网联合的督促和协调工作，继续组织完成辖区内重复摆放 POS 的清理整顿工作，切实加强对城市交换中心的管理。同时，加强调查研究，及时提出政策建议。各地银行卡业务的市场准入仍由有关职能处室负责，但应事先征得协调小组的同意，以切实改变多头对外，各自为政的状况。

今年人民银行总行要建立信息披露制度，不定期地在《金融时报》等媒体上公布各商业银行联网联合工作的进展情况，以加强舆论监督。从今年第二季度开始，要在银行卡信息交换总中心和北京、上海、广州、天津、南京、济南和沈阳等城市中心设立投诉电话，动员社会各界共同监督银行卡联网联合工作的进展情况。对于群众反映的问题，要按照《关于当前银行卡联网联合工作有关问题的通知》精神责成有关单位及时加以解决，并将解决情况及时公之于众。

对中国重返国际货币
基金组织的回顾与展望

（2001 年 2 月 19 日）

2001 年 2 月 5 日，国际货币基金组织（以下简称基金组织）理事会通过决议，将中国在该组织的份额从 46.872 亿特别提款权增加到 63.692 亿特别提款权，使中国在基金组织的份额从第 11 位上升到第 8 位。这是我国与基金组织关系史上的一件大事，标志着我国国际经济地位的进一步提高。

一、恢复中国的合法席位

早在 1940 至 1941 年间，为防止战后各国国际收支出现重大失衡，避免各国竞相贬值货币或采取以邻为壑的贸易政策，国际社会开始酝酿建立国际货币基金组织。1944 年 7 月 1 日至 22 日，在美

注：1980 年 4 月 17 日和 5 月 15 日，国际货币基金组织和世界银行的执行董事会先后恢复了中华人民共和国在国际货币基金组织和世界银行的合法席位。2001 年 2 月 5 日，我国成功地增资国际货币基金组织，使中国的位次从第 11 位上升至第 8 位，我国在国际货币基金组织逐渐成为净债权国，我国在国际货币基金组织中的影响力也不断提高。2001 年 2 月 19 日，戴相龙同志在《人民日报》上发表文章，纪念中国重返国际货币基金组织 21 周年。

国新罕布什尔州的布雷顿森林镇，45 个国家的代表召开了具有历史意义的联合国货币与金融会议，通过了《国际货币基金组织协定》和《国际复兴开发银行（以下简称世界银行）协定》。1945年 12 月 27 日，29 个国家的代表在华盛顿举行仪式，正式签署了上述两个协议，布雷顿森林体系宣告成立。当时，由于份额可列第3 位的苏联政府决定不出席会议，中国在基金组织的份额（相当于股本金）排位居于美、英之后，名列第 3。布雷顿森林体系有三个主要内容：一是确立可以按固定价格（每盎司 35 美元）兑换黄金的美元为国际货币；二是所有成员国实行可调整的固定汇率制，即成员国货币与美元保持固定汇率，但在国际收支失衡时可以在得到基金组织批准后调整；三是成员国可以向基金组织借款并进行政策调整以纠正国际收支的一般性失衡，或调整汇率以纠正国际收支的根本性失衡。

新中国成立以后，1950 年，政务院总理兼外交部部长周恩来致电基金组织，严正声明中华人民共和国是代表中国的唯一合法政府，要求恢复中国在基金组织的合法席位。然而，由于国际政治环境的制约，中国在基金组织的代表权问题长期得不到解决。1972年 10 月，联合国大会通过决议，恢复中华人民共和国的合法席位，为我国恢复在联合国下属各专门机构的席位创造了条件。1978 年，党的十一届三中全会关于改革开放的决议为我国加入国际金融组织创造了有利的内部环境。1979 年 1 月，中美建交，加入国际金融组织的外部条件最终趋于成熟。

1980 年 3 月，基金组织派团来华与我方谈判。1980 年 4 月 17日和 5 月 15 日，基金组织和世界银行的执行董事会先后通过了由中华人民共和国政府代表中国的决议，恢复了中华人民共和国在基金组织和世界银行的合法席位。由于占据中国在基金组织合法席位的国民党当局的经济实力不足，无力在 1959 年至 1980 年基金组织的几次普遍增资中增加份额，使中国在基金组织的份额从创建初期的第3位下降到第16位。1980年9月，基金组织通过决议，将中国份额从5.5亿特别提款权增加到12亿特别提款权。11月，中国份额又随基金组织的普遍增资而进一步增加到18亿特别提款权，在基金组织内的排名上升到第8位。在此基础上，中国在基金组织获得了单独选区的地位，从而有权选举自己的执行董事。中国在世界银行的股本和执行董事席位问题也同样获得了解决。

二、中国与基金组织的合作

中国与基金组织的合作，是双向的、平等互利的合作，是富有成效的合作。

恢复我国在基金组织合法席位后不久，我国先后于1981年和1986年从基金组织借入7.59亿特别提款权（约合8.8亿美元）和5.98亿特别提款权（约合7.3亿美元）的贷款，用于弥补国际收支逆差，支持经济结构调整和经济体制改革。到20世纪90年代初，上述两笔贷款已全部提前归还。此后，随着经济实力的不断增强和宏观经济管理水平的提高，我国没有再向基金组织提出新的借款要求，我国在基金组织已逐渐成为净债权国。

基金组织是我国与外界进行政策对话的一个重要窗口。1980年后，基金组织的历任总裁、副总裁多次访华，与我国政府领导人和主要经济部门负责人就重大问题交换意见。基金组织与世界银行每年一度的年会和春季会议，是我国政府向世界阐述本国政策立场并了解世界经济与金融形势的重要讲坛。根据基金组织章程第四条款的规定，我国与基金组织每年进行政策磋商，这使我国宏观经济决策更加稳健和科学，同时，基金组织也加深了对我国的了解。基金组织每年出版的《世界经济展望》和《国际资本市场》，对中国经济的分析和预测从总体来讲是较为客观的，也为国际经济和金融界了解中国以及国际投资者向中国投资提供了一个有益的指南。基金组织向我国提供了一系列技术援助,为 20 世纪 80 年代的中央银行体制改革以及 90 年代以来相继实施的财税体制改革、外汇管理体制改革、人民币经常项目可兑换等重大改革措施提供了有益的咨询。在基金组织的援助下,我国建立了符合国际标准的货币银行统计体系和国际收支统计体系,改进了国民账户统计,建立了外债监测体系。基金组织的技术援助还为改善我国货币政策与财政政策的制定与操作、修改和完善银行法规及会计与审计制度、加强金融监管以及发展金融市场工具等方面作出了贡献。基金组织为我国政府机构的有关人员提供了大量的培训。每年在我国举办的培训班涉及货币政策、财税政策、银行监管、外汇市场管理、国际收支管理和宏观经济统计等不同领域。参加培训的学员累计已达数千人次。一些早期学员已经成为我国财政、金融领域的高级官员。我国每年还向基金组织在华盛顿、维也纳和新加坡的学院派出数十名人员,在宏观经济和金融的各个领域进行研讨和进修。基金组织还通过奖学金计划资助中国学生赴发达国家学习。

中国同样也对基金组织的发展作出了积极的贡献。中国改革开放 23 年以来所取得的巨大成功向基金组织展示了一种新的发展模式,大大地丰富了基金组织的理论与实践。

中国是低收入的发展中国家,根据基金组织的章程,中国有资格借用 1986 年以后建立的结构调整贷款以及 1987 年建立的扩大的结构调整贷款。但是为了使有限的资金用于最困难的发展中国家,中国和印度一起表示暂不参与使用这类贷款。

1994 年,中国向基金组织提供了 1 亿特别提款权的贷款,用于支持重债穷国的债务调整,同时还向该贷款的贴息账户捐款 1 200 万特别提款权。1999 年,中国又向基金组织捐助 1 313 万特别提款权,继续支持重债穷国的减债计划。

1997 年 7 月亚洲金融危机爆发以后，中国政府积极参与了基金组织向泰国提供的一揽子援助，向泰国政府贷款 10 亿美元。在印度尼西亚金融危机爆发后，中国向基金组织承诺向印度尼西亚政府提供 3 亿美元的二线资金支持。更为重要的是，中国领导人在危机爆发后多次公开承诺保持人民币汇率稳定，为维护亚太地区经济形势的稳定作出了重要贡献。

20 世纪 80 年代中期以后，由于国际收支状况的改善和外汇储备的增加，我国一直积极履行对基金组织的义务，将我国在基金组织份额的一部分用于向其资金使用计划提供短期资金融通。在亚洲金融危机期间，我国用于该计划的份额余额超过 20 亿美元。中国为基金组织的健康发展和维护发展中国家的利益发挥了积极的影响。基金组织现有 183 个成员国，发达国家与发展中国家之间存在利益上的矛盾和冲突。中国自身属于发展中国家，我们一贯的立场是，支持发展中国家的合理要求和正确主张。对于发达国家有益的建议，我们也都表示了欢迎和支持的态度；对于有损于发展中国家利益的主张，我们则进行了批评。

中国改革开放的成就举世公认，中国对国际社会的贡献有目共睹。但是，20 世纪 80 年代以来，由于沙特特别增资和独联体国家加入基金组织等因素的影响，我国在基金组织的份额到 2000 年底时为 46.872 亿特别提款权，占基金组织实际份额的比例降为 2.21%，位次从恢复席位后初期的第 8 位退居第 11 位。这种状况与我国经济实力极不相称。经过几年的努力，基金组织理事会于 2001 年 2 月 5 日投票，在无人反对和弃权的情况下通过决议，将中国份额增至 63.692 亿特别提款权，占总份额的 3%，升至第 8 位。

三、为改革国际货币体系而努力

亚洲金融危机爆发以后，我国积极地参加有关国际货币体制改革的讨论。在基金组织的年会和其他重要会议上，中国理事和中国政府的其他高级官员系统地阐述了我国对于国际金融体系改革的看法。我们既肯定基金组织在危机救援活动中所起的核心作用，也对基金组织有时忽视危机国家的具体情况提出批评，并呼吁增加发展中国家在基金组织中的代表性和发言权，反对由少数发达国家垄断国际金融事务的做法。我国代表指出，多种储备货币并存以及由此而引起的主要货币汇率的波动是导致国际金融危机的制度性原因。为此呼吁基金组织继续扩大特别提款权的发行，发达国家要协调各自的宏观经济政策，并在这个过程中注意维护国际金融市场的稳定。我们主张发达国家不但要推动对自己有利的商品和要素的自由流动，而且要支持对发展中国家有利的商品和要素的自由流动。我们主张发达国家对于自身的金融稳定承担更大的责任，加强对高杠杆投资基金和离岸金融中心的监管，而不是仅仅强调发展中国家在金融监管方面的责任。在汇率制度的选择问题上，一些国家主张一国只能在固定汇率和完全自由浮动两者之间择一而行，我们则认为没有一种汇率制度是万能的，各国应根据自己的实际情况选择合适的汇率制度。针对一些发达国家在危机后大力推动增加透明度的做法，我国强调缺乏透明度不是导致危机的主要原因，推动增加透明度要尊重发展中国家的意愿和实际承受能力，要遵循自愿和渐进的原则。中国的上述主张和立场得到了很多基金组织成员国和国外一些著名经济学家的响应，对基金组织的一系列政策和决议产生了影响。

同时，我们正在对国际上各种透明度的标准和准则进行认真的研究，对其中的合理成分和风险因素加以鉴别，从而制定符合自身情况的透明度标准。此外，我国代表积极参加了由发达国家和主要新兴市场国家组织的"金融稳定论坛"的活动，特别是参加了制定标准小组的活动。中国在基金组织 21 年的实践，在使世界了解自己的同时，也使自己更深地了解了世界。特别重要的是，我们认识到国际金融环境对一个国家的经济安全和长远发展的极端重要性。亚洲金融危机对于所有亚洲国家都是一个深刻的教训。因此，开展亚洲区域内的货币与金融合作就成为有关国家在危机后的一个自然选择。欧洲货币合作的成功经验表明，区域性的货币合作可以为国际货币体系改革朝着正确的方向前进创造有利条件。亚洲货币合作是对以基金组织为中心的国际货币体系的重要补充，将在促进本地区经济合作与发展的基础上，最终为全球货币稳定作出自己的贡献。

股份制商业银行在改革和
发展上要有新突破

（2001 年 3 月 3 日）

这次"股份制商业银行改革与发展座谈会"开得很好。经过
10 年的发展，整个股份制商业银行的总资产已达到 2.56 万亿元，
占全国银行业总资产的 14% 多。股份制商业银行的数量也从过去
交通银行 1 家发展到现在的 110 家。这几年股份制商业银行发展相
当快，大家作出了很大的贡献。

一、我国股份制商业银行在改革中稳步发展

股份制商业银行是我国金融体系的重要组成部分，经过十多年
的改革和发展，取得了很大成绩，在促进我国金融体制改革和支持
国民经济发展方面作出了重要贡献。

第一，股份制商业银行的建立和发展，促进了我国银行业竞争
机制的形成，对金融改革起到了积极的推动作用。从 1985 年开始，

注：中国人民银行于 2001 年 3 月 3 日召开了"股份制商业银行改革和
发展座谈会"，全面总结股份制商业银行改革与发展的经验与教训，研究进
一步深化股份制商业银行改革与发展问题。此文是根据戴相龙同志在会上的
讲话录音整理而成。

我国积极发展包括股份制商业银行在内的多种金融机构,以促进金融市场的发展。目前,股份制商业银行不仅已发展成为我国金融体系的重要组成部分,而且在建立现代银行制度和形成商业银行自主经营、自我约束机制等方面也探索出一些成功的经验。与国有独资商业银行相比,股份制商业银行的活力更大,能够适应社会主义市场经济发展的需要。实践证明,股份制商业银行的发展路子是对的,要坚定不移地走下去。中央制定的"十五"规划已经明确要按照现代银行制度对国有独资商业银行进行综合改革。这次九届全国人大四次会议审议的"十五"计划纲要,将会正式提出"有条件的国有独资商业银行可以改组为国家控股的股份制商业银行"。这句话原来的表述是"把国有独资商业银行改造为国家控股的股份制商业银行",现在的表述是朱镕基总理改的,改得相当好。这两句话内容基本一致,但主体不同。现在这样表述,是指政策上允许有条件的国有独资商业银行可以改组为国家控股的股份制商业银行,是讲市场准入问题,而不是采取行政措施把国有独资商业银行都改为国家控股的商业银行。

对我们这么大的一个国家来说,能得出股份制的商业银行机制更活、更适应社会主义市场经济发展的结论,能明确国有独资商业银行的改革方向是股份制,是很不容易的,这与你们进行的改革和探索是分不开的。可以说,这是股份制商业银行十余年改革和发展的最大成绩。

第二,股份制商业银行有力地支持了中小企业、私营经济、个体经济的发展特别是城市商业银行,85%左右的贷款用在了民营中小企业上。这些企业带来的就业和税收,在某种程度上比国有企业的作用还要大。股份制商业银行虽然贷款的数量相对还较少,但是所起的作用却是一些大银行所不能代替的。这是很了不起的成绩。

第三,股份制商业银行在引进和运用现代银行经营管理制度方面取得了重要成果。如以利润为中心进行经营等，都是股份制商业银行提出的。"十五"期间，我国经济和社会发展的一个重要目标，就是包括国有金融企业在内的国有企业改革要取得明显成果。为什么要说包括国有金融企业在内的国有企业？因为在我国，国有企业很容易被理解成工商企业。实际上，商业银行是经营货币的企业，尽管有其特殊性，但它仍是企业。股份制商业银行始终把自己定位为经营货币的企业，口号喊得响，并且在经营管理过程中，确实把现代商业银行的管理制度都加以引进和运用了，为其他商业银行树立了样板，很有成效。

第四，股份制商业银行推动了金融业务创新。创新是民族进步的灵魂，是国家发展的不竭动力。金融创新同样也是金融企业发展的灵魂和不竭动力。股份制商业银行在金融创新方面走在了同行业的前面，特别是招商银行的"一卡通"，对国有独资商业银行的震动是很大的。股份制商业银行推出的许多新业务都很适应市场的需要。

第五，股份制商业银行培养和锻炼了一批优秀的商业银行经营管理人才。股份制商业银行十余年的改革和发展，不仅表现为资产规模的扩大和盈利水平的提高，更重要的是培养和锻炼了一批优秀的商业银行高级经营管理人才。这些人都是在市场经济环境下锻炼出来的，有着丰富的商业银行实际业务操作的经验。他们是我国银行业未来改革和发展的宝贵财富，他们之中的大部分可以称为银行家。

第六，股份制商业银行在创建社会主义金融企业文化上进行了有效的尝试。股份制商业银行把我国的政治思想工作与商业银行的特点相结合，塑造了一个新的群体，形成了一种新的金融企业文化。目前，股份制商业银行的 20 万员工是一支新型的银行行员队伍。他们的观念新、创新力强，敢于开拓进取，富有朝气活力。

总之，股份制商业银行十余年的改革和发展是成功的，对我国的金融改革起到了催化作用、推动作用、示范作用。

在肯定上述成绩的同时，也应清醒地看到，当前股份制商业银行的改革和发展也存在一些突出的问题。一是法人治理结构还不完善。二是业务特色尚不明显。与国有独资商业银行相比，不只是资产规模的不同，在金融服务方面也缺少特色。三是规模小，内控制度还不完善，风险抗衡能力比较弱。这些都是带有共性的问题，需要认真总结经验，采取措施加以解决，以推动股份制商业银行更好地发展。

二、面对新形势、新挑战，股份制商业银行在改革和发展上要有新突破

股份制商业银行的改革和发展已走过十年的历程，现在回过头来，已经有条件对股份制商业银行的一些重大问题进行研究讨论了。当前，股份制商业银行面临的新形势、新挑战：一是股份制商业银行继续发展面临如何再上一个新台阶的问题；二是股份制商业银行面临来自外资银行和国有银行的竞争。为适应我国实行国民经济和社会发展第十个五年计划、经济结构战略性调整和加入世界贸易组织的需要，国有独资商业银行改革步伐会进一步加快。股份制商业银行面临的最大压力不只是来自外资银行，而且包括国有独资商业银行。加入世界贸易组织后，外资银行的人民币业务由于缺乏网点等会受到一定限制，而国有独资商业银行改革步伐的加快，加上规模优势和国家银行的优势，对股份制银行是个很大的挑战。

面对新的形势和挑战，股份制商业银行的改革和发展还需要在以下几方面取得突破：

（一）在完善法人治理结构上要有突破

现在许多股份制商业银行的法人治理结构还不完善，有的流于形式，发挥不了应有的作用。完善股份制商业银行的法人治理结构，一是要进一步完善股东构成，多渠道筹集资本金，特别是要增加一些股份制企业、民营企业的股本。对吸收外资入股的问题也可以研究。二是规范所有权和经营权的分离。股份制企业的董事长和总经理应该是分开的。董事会、监事会要真正履行职责。人民银行也将对董事会和监事会的职责、董事和监事的任职资格、独立董事等提出要求，明确政策。

（二）在形成业务特色上要有突破

一是要逐步培养和发展自己的基本客户，围绕着基本客户的需要来扩大业务。由于股份制商业银行的资本规模比较小，特别是城市商业银行，还是应该围绕着服务于中小企业、私营企业、个体工商户、股份制企业来开拓业务客户。在中国还是以中小企业为主的情况下，立足于中小企业，立足于所在地的百姓，将有无穷的资源，业务会有长久的发展，而且社会和地方也都认可。当然这也是有条件的，要有担保制度。二是城市商业银行应该办成市民银行。现在城市商业银行已经是股份制了，但是从合作制转为股份制后不能忘记众多的小客户。城市商业银行还是应该围绕着市民银行去发展。入股以老百姓为主，贷款贷给市民，为下岗的人特别是国有企业下岗的人服务，开辟新的客户，形成新的业务特色。三是区域性商业银行应在推动区域经济联合上发挥作用。

（三）在加强内控、提高质量、防范风险上要有突破

对于如何处理不良贷款，大家提了很多好的建议，尤其是城市商业银行由于是在原来的信用社基础上组建起来的，为处理不良贷款、化解风险做了大量艰巨的工作，付出了心血。对股份制商业银行来说，通过成立金融资产管理公司来处置不良贷款不现实，因为没有人承担最终的损失，但可以借鉴国外银行的经验，每个行成立一个专职处理不良资产的部门。对于在处置不良贷款的过程中，阶

段性地将贷款变股权以后再转让出去的问题，人民银行将认真地进行研究。至于用优质资产置换不良资产后，商业银行资金不足的，人民银行可以给予再贷款支持，但必须查处违法违纪行为和打击犯罪。在坏账处理方面，财政部已同意在纳税前按实际发生的损失冲销。但如果提取的呆账准备金放在账上不冲销，作为附属资本，则要缴税。另外，在化解历史遗留的风险的同时，我们还要注意防范新的风险。当前要密切关注信贷资金违规进入股市以及放弃基本条件扩大消费信贷业务等可能造成的风险。

（四）在加强联合和抵御风险上要有突破

现在银行相互代理、业务联合都是允许的。至于成立一个集团，或者银行作为一部分在全省（市）成立一个金融控股公司，以及城市商业银行实行区域联合，或者中外合资等，也可以考虑。但这些应该在市场竞争中实现，按照商业原则进行，而不能由中央银行或由地方政府采取"拉郎配"的方式。从人民银行来讲，为增强中小银行抵御风险的能力，对建立存款保险制度的问题将抓紧研究。

（五）在培养人才方面要有突破

商业银行的长远发展，要靠对制度、业务、技术的不断创新，而创新的关键在于人才。股份制商业银行已经在优秀经营管理人才的培养方面有了很大进步，但要获得更快的发展，仍需要在人才培养方面取得大的突破。可以采取搞国际金融培训中心或商业银行培训中心的办法，聘请国内外专家授课，提高员工的素质，也可以直接引进境外高级专业人才。

三、加强监管，改进服务，促进股份制商业银行更好的发展

人民银行将继续支持股份制商业银行的改革和发展。十余年来，股份制商业银行的资产规模以年均20%的速度增长，这与国家政策的大力支持分不开。金融法规面前各行平等，但在业务发展问题上，股份制商业银行要有自己的创新，有自己的业务特色，并要量力而行。就大多数股份制商业银行来说，其主要服务对象应当是中小企业和个体工商户。大型商业银行和中小型商业银行，各有各的优势和短处，要扬长避短。

过去和这次会议，有不少同志反映现行政策和规定对股份制商业银行有歧视。通过分析这些材料，我们对大家谋求发展的精神应予肯定。但对于所反映的问题，其有不同的情况，要作具体分析。有些制度如会计制度已在改进；国外银行享受了超国民待遇是历史形成的，对所有国内商业银行来说都是一样的；有些是重大制度的试点，只能从少数银行开始进行。对国务院及中央银行来说，是要支持股份制商业银行在改革中发展，而不是抑制其发展，股份制商业银行的迅速发展就是一个证明。但是，有些制度和管理办法也有对股份制商业银行的特殊性考虑不周之处，人民银行将逐条进行研究。凡是属于人民银行规定的不合适的政策，将进行必要的调整；凡是属于其他部门规定的，人民银行将与这些部门沟通，说明情况并适当调整。为了防范风险，今后人民银行对商业银行一些业务品种的市场准入仍会设置一些业务门槛，但会与中小银行进行商议，尽可能考虑到中小银行的情况。

为了促进股份制商业银行的发展，人民银行将进一步对其加强监管，重点做好以下工作：

（一）把监管工作的重点放在督促商业银行建立和完善机制上

今年上半年要出台《股份制商业银行公司治理指导原则》，指导各商业银行进一步完善董事会、经营班子、监事会的职能和制衡机制，对董事会、监事会的履职行为进行检查，要将董事列入商业银行高级管理人员任职资格审查范围，对不符合任职资格的董事要进行培训或撤换。各行要聘请一定数量的律师、注册会计师作为独立董事。

今后要按照一级法人体制对各行的内控机制进行全面检查。现在股份制商业银行出现的各种案件和风险，绝大部分是内外勾结、内控不力造成的，一些商业银行分支行发生的案子，人民银行查出来了，商业银行的总行（部）还不知道。今后，商业银行分支行发生的案件和风险，除追究直接责任人的责任外，还要追究各行行长的责任。

各行要按照财政部修订后的各项财务制度和会计制度，并考虑国际公认的审慎会计原则，计提呆账准备金、及时冲销呆账、提足应付利息和调整应收未收利息，确保利润的真实性。坚决查处和制止虚增利润、高比例分红等行为，建立自我约束机制。

（二）要认真落实2002年底前防范和化解金融风险的目标、任务和责任

各商业银行已经制定了2001～2002年提高资本充足率和降低不良贷款比例的目标和任务，人民银行要采取相应措施监督执行。各商业银行要采取多种措施补充资本金，对资本充足率达不到8%的银行，要督促其限期补足，否则将其自营业务改为代理业务，不批准开办新业务和设立分支机构。对不良贷款比例高的银行，要责令其从税后利润中提取相应的风险准备，必要时要冲销部分所有者权益。

（三）要逐步实行信息披露制度

在市场经济中，股份制商业银行不仅要向股东披露信息，而且要向社会公众披露信息，自觉接受市场监督，遵循市场纪律。由于历史原因，一些股份制商业银行，尤其是一部分城市商业银行的经营业绩差，难以达到全面披露的要求，但已经上市的银行和准备上市的银行要力争达到全面披露的要求，人民银行在这方面要制定规则，各商业银行也应提早准备，否则，不可能应对加入世界贸易组织的要求。

（四）支持商业银行维护合法权益

各商业银行要充分利用人民银行在有关城市已经建立的信贷登记系统，了解贷款客户的信用，最大限度地降低信贷风险；要积极主动地与司法机关沟通和联系，严肃打击逃废银行债务行为。对于地方行政干预或当地司法机关执法原因造成债权清收困难的，各商业银行在自身努力的同时，可以向人民银行报告，人民银行将提请有关部门给予支持和帮助。

（五）支持商业银行开展新业务

今后凡是不产生银行债务或或有债务的一些收费业务，金融机构备案后均可办理。对于收费标准，人民银行将抓紧研究制定。对于办理能直接产生债务或或有债务的表外业务，金融机构需要报批。至于商业银行自营投资股票证券业务，现在是不能搞的；是否能代理此业务，还在进一步研究中。

（六）支持商业银行按规定标准设立分支机构和按市场原则实行多种形式的联合

《商业银行法》明确规定商业银行拨付分支机构的营运资金总和不得超过其资本金总额的60%，人民银行对商业银行在异地设立的分行或支行拨付营运资金数额也作了明确规定。因此支持商业银行在规定的资本金标准和有效内控的前提下设立分支机构。同时，也要根据各城市经济发展对金融服务的要求以及当地金融秩序来作出相应的限制，避免盲目竞争和引发不必要的风险。

各商业银行可以按照市场原则，实现相互代理、产品或技术共享的业务联合。资本实力强、管理水平高的商业银行，在符合《公司法》、《商业银行法》的规定的前提下，可以收购或参股国内其他商业银行。

（七）支持商业银行合理的再贷款需求

股份制商业银行为支持经济发展，信贷资金确实不足的，可以向人民银行申请再贷款支持，也可以通过银行间同业拆借市场融入资金，但存贷比例和拆入资金比例应符合《商业银行法》和中国人民银行的监管要求。对于一部分城市商业银行为解决流动性困难而申请再贷款的，人民银行要根据具体情况研究决定。

四、关于国有独资商业银行的股份制改革

党中央、国务院对国有独资商业银行股份制改革的方向一直是明确的。当前，国有独资商业银行股份制改革首先遇到的最突出问题是如何消化不良贷款，补充资本金，为股份制改革创造条件。中国银行业不良贷款产生的原因十分复杂，除了市场经济国家不良贷款发生的普遍性原因外，还与我国经济体制转轨和金融制度不完善密切相关。

一是受经济体制转型的影响。随着计划经济体制转轨为社会主义市场经济体制，原有的生产流通体制发生重大变化，经济结构出现重大调整，国有企业进行多种形式的重组。这些变化调整对于发展社会生产力来说是重大进步，但也造成大批物资供销企业、一部分国有大型工业企业、大量县办工业企业破产，不可避免地给银行的贷款带来了重大损失。

二是商业银行的企业性质没有真正确立，许多信贷资金用于非商业性经营。我国国有独资商业银行的前身是国家专业银行，长期实行事业单位企业化管理。1994 年改为商业银行以后，企业性质尚未真正确立。长期以来，这些银行通过吸收居民存款发放的贷款，被看成是国家贷款，大量用于财政性或政策性支出，最终成为现在国有独资商业银行的不良贷款。

三是融资渠道单一，导致金融风险过度集中于银行。我国国有企业平均资产负债率超过 75%，有些行业甚至没有资本金。长期以来，国有企业不能获得国家增拨的资本，不能通过盈利积累资

本，也不能通过资本市场获得资金。因此，企业生产经营和建设主要靠银行贷款，信用风险明显集中于银行。企业生产经营遇到市场波动或发生亏损，银行的不良贷款必然会大量增加。

四是社会信用制度不完善，逃废银行债务严重。在企业改制过程中，一些企业借改制之机，违反国家规定，采取各种方式逃废银行债务，使大量银行债权悬空。对有困难的企业，商业银行也不能通过削减债务而对其进行重组，也使不良贷款难以下降。

五是商业银行重扩张、轻管理，内部控制薄弱。我国国有银行长期沿用行政机关式的管理体制，一般有4~5个管理层次，对各种风险缺乏有效的识别和抵御。另外，向自办经济实体发放贷款等各种违规经营活动也造成了很大损失。

六是中央银行对银行业监管的思想、组织、方式和人员素质不适应经济和金融体制的变化，许多银行风险没有及时得到识别和制止。

1997年全国金融工作会议明确提出了降低不良贷款比例的目标和措施，加快推进国有独资商业银行的改革。这些措施主要包括：一是改善宏观调控。执行稳健的货币政策以促进经济持续快速发展，为化解长期积累的金融风险创造良好的宏观经济环境。二是执行金融稳定工作计划。成立四家金融资产管理公司，按账面价值收购从国有独资商业银行中剥离出来的近1.3万亿元不良资产，使不良贷款率平均下降10个百分点。三是按照国有独资企业的性质对国有独资商业银行进行一系列改革，设立监事会，改善法人治理结构，逐步建立一系列内控制度。近两年发放的贷款到期收不回的比例已降到3%以下。四是实行审慎会计制度，客观反映和核销不良贷款。从2001年开始，应收未收利息的核算期限已缩短到6个月，并可如实冲销实际已发生的呆账。五是通过多种渠道支持商业银行充实资本金，今明两年使国有独资商业银行的资本充足率达到

8%。六是从中国国情出发确立了银行、证券、保险的分业监管体制，人民银行集中力量监管存款类金融机构并加大监管力度。

经过几年的努力，我国银行业的风险管理能力明显增强，历史形成的风险逐步化解，不良贷款基本见底并开始下降。到2000年底，国有独资商业银行逾期尚未收回的各类贷款占全部贷款的比例略超过25%，其中需要核销的呆账约占3%。从今年开始，4家国有独资商业银行表示可将不良贷款比例每年下降2～3个百分点。我们相信，这个目标是可以实现的，也是必须要实现的。

国有独资商业银行股份制改革已提上日程，使得股份制商业银行进一步深化改革与发展问题变得更加紧迫。今天我们召开这个座谈会，就是要使大家进一步增强股份制商业银行改革与发展的紧迫性，在总结成绩和经验的基础上，积极面对新形势、新挑战，以取得更大的成绩。

继续执行稳健的货币政策

（2001 年 3 月 15 日）

1998 年，国内出现了有效需求不足和通货紧缩的趋势。以江泽民同志为核心的党中央审时度势，及时制定扩大内需的方针，实行积极的财政政策和稳健的货币政策，促进宏观经济运行出现重要转机。本文就执行稳健的货币政策已发挥的作用和今后几年为什么要继续执行稳健的货币政策以及怎样执行稳健的货币政策，谈谈自己的看法。

一、稳健的货币政策在有效遏制通货紧缩趋势和支持经济回升中发挥了重要作用

1998 年至今，党中央、国务院的许多重要文件和朱镕基总理的一系列重要讲话，多次提出在执行积极的财政政策同时，要执行稳健的货币政策。朱镕基总理在 1999 年《政府工作报告》中指出："要实行稳健的货币政策，适当增加货币供应量，把握好金融的调控力度，保持人民币币值稳定。银行既要坚持商业信贷原则，保证贷款质量，防范金融风险；又要努力改进金融服务，拓宽服务

注：此文是戴相龙同志在 2001 年 3 月 15 日出版的《求是》杂志上发表的署名文章。

领域，运用信贷杠杆，促进扩大内需和增加出口，积极支持经济增长。"他在 2000 年《政府工作报告》中指出："金融系统要正确处理支持经济增长与防范金融风险的关系，在坚持稳健经营原则下，从多方面加大对经济发展的支持力度。"这是对稳健的货币政策基本内容的高度概括。

根据党中央和国务院决定，以及江泽民总书记和朱镕基总理一系列讲话精神，经过近几年实践，我们认为稳健的货币政策包括三项核心内容。一是适当增加货币供应量，加大对经济发展的支持力度；二是通过中央银行的政策法规和"窗口指导"，引导商业银行贷款投向，提高信贷资金使用效益；三是加强对银行的监督管理，促进商业银行制度更新，为有效传导中央银行货币政策创造条件。按照上述要求，近年来，人民银行在执行稳健的货币政策方面做了大量工作，在有效地遏制通货紧缩趋势和支持国民经济发展发生重要转机中发挥了重要作用。

1. 逐步适当增加货币供应量，加大对经济发展的支持力度。1998 年 1 月，人民银行取消对商业银行的贷款限额控制，实行资产负债比例管理。1998 年以来，先后两次累计下调法定存款准备金率 7 个百分点，相应增加金融机构可用资金 7 000 多亿元。从 1996 年 6 月以来连续 7 次降息，存款平均利率累计下调 5.73 个百分点，贷款平均利率累计下调 6.42 个百分点，减少企业利息支出 2 400 亿元。降息提高了企业效益，支持了资本市场发展，降低了国债发行成本，启动了投资，促进了消费，抑制了通货紧缩趋势。近两年，通过增加对金融机构再贷款，扩大再贴现业务及开展公开市场业务，保证了金融稳定，有力支持了基础设施建设和农村经济发展。

2000 年末，广义货币 M_2 余额为 13.5 万亿元，同比增长 12.3%。如把证券公司存放银行同业中来自于企业和个人的存款计入货币供应量，广义货币则比上年增长 14%。狭义货币 M_1 余额为

5.3 万亿元，同比增长 16%。流通中现金为 1.47 万亿元，同比增长 8.9%。以上三个层次的货币供应量的增长均控制在 2000 年初预测目标之内。2000 年末，货币流动性比率（M_1/M_2）为 39.5%，是 1997 年以来的最高值，表明货币流动性逐步增强。

2. 通过政策法规和"窗口指导"，引导贷款投向，促进经济结构调整。1998 年以来，人民银行先后发布了有关增加消费信贷、中小企业和高新技术企业贷款、农业贷款以及股票质押贷款等一系列管理办法和指导意见。1998～2000 年三年中，金融机构贷款增加 3.53 万亿元，国有银行发放与国债使用项目配套的贷款为 4 000 亿元左右。2000 年末，金融机构人民币贷款为 9.9 万亿元，比上年增加 1.3 万亿元，增长 13.4%，比上年增幅高出 1 个百分点。当年新增贷款主要用于住房和消费信贷、国家基础建设和农业贷款方面。金融机构对非国有企业贷款占全部贷款的比例为 48%，比上年上升 2 个百分点。

3. 执行金融稳定工作计划，促进商业银行深化改革，改善货币政策传导机制。加强金融监管，保持金融稳健运行，增强金融企业对货币政策的反应能力，是实施稳健货币政策的基础。为此，根据党中央、国务院的决策，人民银行认真执行了以成立金融资产管理公司收购国有银行不良贷款、整顿地方中小金融机构为主要内容的金融稳定工作计划。支持和配合财政部发行 2 700 亿元特别国债，补充国有银行资本金，提高其资本充足率。督促商业银行完善法人治理结构和信贷管理制度。监督、协调金融资产管理公司收购国有银行不良贷款近 1.4 万亿元，实行债转股 4 000 亿元。制定和实行了《商业银行考核评价暂行办法》。帮助国有商业银行合理确定贷款审批权限，完善内部资金调度办法。商业银行新增贷款质量普遍提高，不良贷款比例开始下降。

实行稳健的货币政策为实施积极的财政政策创造了良好条件。

降低存款准备金率，使商业银行可用资金增加，从而可以认购更多的国债和政策性金融债，并相应增加国债项目配套贷款；降息可以减少国债发行的利息支出；货币政策与财政政策的有效配合，促进了经济回升，为国家增加财政收入创造了条件。

包括稳健的货币政策在内的各种宏观经济政策的综合效应，促进了我国宏观经济运行出现重要转机。2000 年，国内生产总值为 8.9 万亿元，增长 8%。这是 1993 年以来我国经济增长首次高于上年。物价涨幅持续下降趋势得到遏制，全年居民消费物价同比上涨 0.4%。劳动就业矛盾有了一定程度的缓解。进出口总额达到 4 743 亿美元，增长 31.5%。2000 年底，国家外汇储备为 1 656 亿美元，比上年增长 109 亿美元。人民币汇率继续保持稳定。

二、继续执行稳健的货币政策是促进我国经济金融健康发展的客观要求

中央决定，今后几年，为巩固我国经济发展的良好形势，仍要继续实行稳健的货币政策。作出这项决策，主要是考虑到我国经济金融发展的实际情况。

第一，我国货币供应存量和增量已经很多。1978 ~ 2000 年，国内生产总值（GDP）年均增长 9.5%，零售物价年均增长 5.92%，广义货币（M_2）年均增长 23.5%，广义货币年均增长率比经济增长率与物价增长率之和高出 8 个百分点。由于货币供应量多年高速增长，我国广义货币量（M_2）对国内生产总值现价（GDP）的比值呈连续上升趋势。M_2 与 GDP 之比，1998 年为 1.31，1999 年为 1.46，2000 年为 1.52，其比例大大高于印度、日本等国家。在信用过分集中于银行和货币供应量增长明显偏快的情况下，如果过分扩张货币供给，就会加重潜在的金融风险，不利于宏观金融稳健运行，也不利于经济结构的调整。

第二，企业特别是国有企业负债率过高，贷款有效需求不足。企业负债率过高和资本结构单一是我国经济发展中的一个突出问题。80年代初，我国国有企业资产负债率为25%左右，企业承受贷款能力较强，加上银行统一管理流动资金，导致贷款十多年大幅度增长。到90年代中后期，国有工业企业账面资产负债率为65%左右，如剔除账面无效资产，实际负债率在75%以上，少数行业出现资不抵债。去年，通过债转股等措施，使一部分国有大型企业资产负债率由70%以上降到50%以下，但国有企业总体负债率仍较高，使企业承受贷款的能力和抗御市场风险的能力大大减弱。在这种情况下，如果采取过分扩张的货币政策，盲目增加贷款，势必造成新的呆坏账，加大化解金融风险的压力。

第三，造成我国物价连续下降的主要原因是经济结构失衡，而不是货币供应不足。由于受低水平重复建设等多种因素的影响，目前国内大部分商品供过于求，全社会生产能力有35%以上过剩，出现物价较长时间的下降。要解决这个问题，需要适当增加货币供应，但是，更为重要的是调整经济结构。这就要求大力调整信贷投向，优化信贷结构，而不能单纯依靠扩张货币供应。

第四，实行何种货币政策也受到国家财政力量的制约。中央银行的基础货币要通过商业银行的贷款才能投放于社会。而企业申请贷款却受到自有资金和财政拨款的制约。虽然国家增加发行一定数量的国债用于生产建设，相应增加了企业对贷款的需求，但是增加的国债毕竟有限，中央银行也不可能过多扩张货币供应。

认真执行稳健的货币政策，必须重视当前经济金融运行中的新情况、新问题。在实施稳健的货币政策中，要注意处理好以下几方面的关系。

1. 处理好间接融资与直接融资的关系。当前，我国正在积极发展直接融资，相当一部分居民储蓄转为购买股票。此时，银行信贷资金来源有可能减少，对贷款增加要有所控制，防止间接融资和直接融资同时扩张，货币供应过多。2000 年，全国金融机构本币贷款增加 1.33 万亿元，境内外证券市场筹资 3 249 亿元，货币供应量 M_2 的增长比经济增长高出 6 个百分点；全国金融机构企业存款为 4.41 万亿元，比年初增加 7 000 亿元，比上年多增加 2 300 亿元。这说明银根相对宽松。因此，我们要密切关注经济金融运行走势，运用多种货币政策工具调节货币信贷供应。在允许一部分信贷按规定的条件和方式进入股市的同时，要加强信贷管理，防止和纠正信贷资金违规进入股市，注意防止可能出现的经济过热和资产价格波动可能带来的潜在风险。

2. 处理好金融创新和金融风险防范的关系。最近几年来，我国银行业针对经济运行由卖方市场向买方市场的变化，积极开办了个人消费信贷业务和各种中间业务，效果是好的。但是，有些银行竞相降低贷款条件，有的甚至向个人提供几万元、几十万元不问用途的无担保贷款，这是十分危险的。

人民银行要制定和完善办法，支持商业银行稳步开展各种新的业务。同时，商业银行要坚持贷款条件，防止支持重复建设和盲目扩大消费信贷的倾向，防止新的风险。

3. 处理好人民币利率与外币利率之间的关系。1996 年以来，经国务院批准，人民银行连续 7 次下调人民币存贷款利率，目前利率是改革开放以来的最低水平，而美国联邦储备银行自 1999 年以来，则多次上调了联邦基金利率，最近又下调了利率。但总体看，人民币利率与外币利率之差还比较大，导致金融机构外币存款增加和企业对外汇贷款的需求减少，造成商业银行把大量资金存入境外。因此，要加强本外币利率政策的协调，要立足于国内宏观经济确定人民币利率水平，同时要使境内外币利率水平分别和境外利率水平与人民币利率水平保持适当差距。

三、保持货币政策的稳定性、连续性和前瞻性，支持巩固经济回升的良好态势

从今年开始，我国经济发展进入第十个五年计划。"十五"前几年，国家将继续执行扩大内需的宏观经济政策，企业改革和对外开放将进入新的阶段。从国际上看，世界经济和贸易增长速度虽有可能放慢，但仍保持较快增长。预测"十五"前几年，我国经济将保持较快速度发展。在此时期，中国人民银行将继续执行稳健的货币政策，保持货币政策的稳定性、连续性和前瞻性，继续落实中央关于扩大内需的政策措施，保持金融对经济必要的支持力度，支持巩固目前经济回升的良好态势。同时，要密切关注经济运行特别是物价走势，适时运用多种货币政策工具，调节货币和信贷供给，保持人民币币值和汇率稳定，在继续扩大国内需求和抑制通货紧缩的情况下，要注意防止可能出现的新经济过热和通货膨胀，保持金融市场的稳定，促进经济稳定增长。

1. 保持和引导货币供应量和银行贷款的适度增长。"十五"期间，如果 GDP 年均增长 7% ~ 8%，物价涨幅保持在 3% 左右，考虑到货币流通速度减慢的因素，货币供应量增幅应控制在 14% ~ 15% 较为适宜。随着直接融资的发展，银行储蓄将会扩大分流，商业银行资产更趋多元化，今后几年金融机构贷款增长应低于"九五"时期的平均水平。同时，要根据商业银行信贷结构的变化，积极探索拓宽商业银行资金来源和优化其资金结构的有效途径。

今年，我们将继续保持货币供应量适度增长，预计 M_1 增长 15% ~ 16%，M_2 增长 13% ~ 14%。全部金融机构贷款预期增加 1.3 万亿元，和上年增加大体持平。同时，要加强信贷监督，防止出现新的信贷风险。在支付清算体系建设和企业个人信用体系建设方面要有新的突破。

2. 完善金融宏观调控机制和调控手段。要充分发挥公开市场业务操作的作用，及时调节商业银行的流动性和货币市场利率水平。积极发展再贴现业务，推动票据市场发展，减少企业相互拖欠。稳步推进利率市场化改革。

利率市场化包括两个方面：其一是，银行存贷款利率和银行间同业拆借利率由资金供求状况决定。其二是，中央银行根据经济发展需要和市场状况，适时调整和引导市场利率水平，促使经济平稳发展。近年来，我国在利率改革方面迈出重要步伐；同业拆借市场上的资金利率主要决定于资金市场的资金供求状况；外币利率改革取得进展；人民币贷款利率浮动幅度进一步扩大。但是，目前我国产业资本流动性较差，国有企业对利率调整反应并不敏感，中央银行对市场利率调控能力较弱。因此，尚无条件实行利率市场化，中央银行还要确定商业银行存贷款基准利率。

今后几年，我们将逐步加大贷款浮动幅度，提高中央银行通过公开市场调控市场利率的能力，进一步完善国有商业银行的自我约束机制，为稳步推进利率市场化改革创造条件。

3. 认真落实已出台的各项货币信贷措施，加强信贷监督，促进国有企业改革和经济结构战略性调整。稳步增加个人消费贷款、住房贷款和助学贷款。增加向中小企业特别是高科技中小企业的贷款以满足其合理的资金需要。充分发挥农村信用社作用，增加对农村、农业和农民的信贷投入，提高农民收入，扩大农村需求。加大金融对西部大开发的支持力度，加大对西部基础产业建设、生态环境保护建设、优势产业等的信贷投入。要继续做好国债项目配套贷款工作，促进在建项目加快建设进度。

同时，要加强信贷监督，防止出现新的风险。要认真评估贷款项目，防止重复建设。运用政策、法律等各种手段打击逃废银行债务的行为，对逃废银行债务的要予以曝光。

4. 突出加强金融监管，促进国有商业银行按照现代金融企业制度进行综合改革，改善货币政策传导机制。成立的四家资产管理公司收购一部分不良贷款后，国有独资商业银行不良贷款比例平均下降了10个百分点，经营状况也有明显好转。今年中央银行将集中精力加强对国有商业银行的监管。我们要求，四家国有商业银行不良贷款比例在近几年每年平均下降2～3个百分点；三家银行资本充足率今年要达到8%，另外一家明年要达到8%；同时对几家银行的资产质量、资本充足率和经营状况进行严格考核。

"十五"期间，我们要按照建立现代企业制度的要求，分步对国有独资商业银行进行综合改革。首先，要按国有独资公司和经营货币金融企业的属性进行规范；其次，要允许有条件的国有独资商业银行改组为国家控股的股份制银行。

要继续支持我国中小金融机构在改革中稳步发展，充分发挥其服务中小企业的功能。要加强银行自律，营造公开、有序的竞争环境。

5. 继续扩大金融对外开放，进一步完善人民币汇率形成机制。我国从1994年开始实行以市场供求为基础的有管理的、单一的浮动汇率制度，效果良好。这项制度对于改革我国的外汇收支，增加外汇实力，促进经济金融改革开放发挥了重要作用。到去年底，我国外汇储备达1 656亿美元，比年初增加109亿美元。我国中资金融机构外币存款为1 283亿美元，外汇贷款为600多亿美元，在海外净存放600多亿美元。今年经济增长还会保持7%～8%的速度，进出口将保持较快增长，外汇收大于支的格局仍将持续，人民币汇率稳定有坚定的基础。加入世界贸易组织以后，随着贸易和投资的变化，国际收支的变化可能会大一些，汇率会有一定弹性。但总体来讲，我们将继续执行和完善现有的汇率制度。

改进对中小企业的金融服务

（2001 年 3 月 28 日）

　　近几年来，人民银行鼓励和支持商业银行在防范金融风险的前提下，及时调整信贷结构，改善对中小企业的信贷服务，加大信贷投入，这对中小企业的改革和发展发挥了重要的作用。

一、加强政策引导，促进商业银行信贷结构的调整

　　1997 年以来，人民银行多次组织有关商业银行进行调查研究，并于 1998 年、1999 年先后下发了《关于进一步改善中小企业金融服务的意见》、《关于加强和改进对小企业金融服务的指导意见》。2000 年，人民银行与国家经贸委联合下发了《关于对淘汰落后生产能力、工艺、产品和重复建设项目限制或禁止贷款的通知》，要求各金融机构进一步强化和完善对中小企业的金融服务体系，改进中小企业信贷工作方法，完善信贷管理体制。在信贷投向上，要求商业银行严格按照国家产业政策要求，扶优限劣，促进中小企业产业、产品结构的调整和优化。同时，积极配合国家有关部门建立中小企业社会化中介服务体系等。

_____

　　注：2001 年 3 月，中小企业金融服务座谈会在京召开。此文根据戴相龙同志在会上讲话整理而成。

二、连续两次扩大中小企业贷款利率浮动幅度，调动金融机构对中小企业加大信贷投入的积极性

自 1998 年以来，人民银行先后两次扩大中小企业贷款的利率浮动幅度。目前，各商业银行、城市信用社对中小企业贷款利率的最高上浮幅度已扩大到 30%，最低下浮幅度为 10%，农村信用社贷款利率最高上浮幅度为 50%。贷款利率浮动幅度扩大以后，金融机构在利率管理上具有更多的自主权，可以按照信贷原则，对中小企业的不同贷款对象、贷款投向实行差别利率，对信贷风险大但市场前景好的产业、产品，适当提高贷款利率浮动水平，按照高风险、高收益的原则，支持中小企业发展。

三、增加对中小金融机构的再贷款、再贴现，增强中小金融机构支持中小企业发展的资金能力

为增加中小金融机构的资金实力，1998 年以来，人民银行对这类金融机构的再贷款逐年增加。1998 年和 1999 年分别增加了 28 亿元和 371 亿元，2000 年，对中小金融机构再贷款又增加了 365 亿元。再贴现业务的发展不仅扩大了中小金融机构的融资渠道，又有效帮助企业解决了相互拖欠问题。2000 年人民银行再贴现比上年增加 758 亿元，其中中小金融机构再贴现增加了 591 亿元，占 78%。另据对全国 29 个中心城市统计，在当年银行承兑贴现票据中，中小金融机构办理的贴现也占 60% 以上。

在人民银行的政策指导和金融系统的共同努力下，对中小企业的金融服务工作有了一定改善。

一是为中小企业服务的金融体系逐步加强，中小企业信贷工作方法得以改进。根据中小企业的经营特点，各商业银行积极探索适合中小企业发展的新的信贷管理办法，制定针对性的政策措施，积极支持中小企业发展。如工商银行实行了区域性信贷政策，对中小企业比较发达的浙江、福建、广东、上海等分行适当下放了中小企业的贷款审批权限，以方便这些分行及时、有效地为中小企业提供金融服务。民生银行的一些分行则专门设立了"中小企业服务中心"并在支行设立专门科室或专职岗位，明确工作职责，完善考核和激励机制，对信用良好的中小企业开辟融资的"绿色通道"，提供预授信和综合授信。

二是符合中小企业特点的金融服务不断完善。各商业银行在对中小企业加大信贷支持的同时，还积极为中小企业提供综合配套的金融服务，包括改进结算手段，提供方便、快捷的结算方式，加快资金的清算速度，大力推行商业票据的使用。同时充分发挥银行机构网络广泛、信息灵敏和人才优势，为中小企业提供财务管理、经营分析、营销策略、技术创新等方面的咨询服务。同时，还积极参与了中小企业股份制改造、募集、项目融资、收购兼并活动，充当财务顾问，为企业提供相关的策划与咨询服务。

据不完全统计，截至2000年底，国有独资商业银行对中小企业的贷款余额已达34 327亿元，占其各项贷款余额的59%。以中小企业为主的非国有经济贷款也在稳步增长。1998年，金融机构对非国有经济贷款余额为36 187亿元，占各项贷款总额的41.8%。1999年，非国有经济贷款余额为43 118亿元，占各项贷款总额的46%。截止到2000年底，非国有经济贷款余额已达47 698亿元，占各项贷款总额的比例升至47.7%。

在肯定银行系统支持中小企业发展的工作成绩基础上，也要看到，当前中小企业融资难的问题依然存在。这是多方面原因造成的，中小企业自身在管理水平、抗风险能力、产品结构方面存在一定的缺陷，制约了银行贷款的发放，同时中小企业融资所需的社会服务保障体系不健全、银行对中小企业的金融服务有待进一步改善等问题也增加了中小企业获得金融支持的难度。在国际上这也是一个带有共性的问题，因此，需要有关部门积极配合和协调，共同营造有利于中小企业发展的社会环境，采取综合措施解决中小企业融资难问题。从金融方面，主要拟采取以下几项政策措施：

一是修改《中小型企业金融服务指导意见》，促进商业银行提高对中小型企业的服务水平。人民银行将继续组织商业银行对中小企业问题进行调查研究，了解中小企业的实际需求，鼓励商业银行调整信贷结构，加大对中小企业，尤其是私营企业、小型企业的支持力度。

二是进一步发挥国有独资商业银行分支机构支持中小企业的重要作用。国有独资商业银行的总行要有专门的部门负责中小企业，特别是私营、小型企业的信贷管理工作，督促分支行巩固和发展对中小企业的服务，地市分行和县支行要加大对中小企业信贷支持力度。上级行要合理规定地市分行、县支行的信贷权限，减少审批环节，提高工作效率。在机构改革、撤销县支行问题上，要谨慎对待，逐步进行。

三是规范和发展中小商业银行，重点做好对中小企业的金融服务。各类股份制商业银行，要加强对中小企业的服务。城市商业银行要突出"立足地方"、"服务市民"的特色，真正办成市民的银行，主要为城市中的私营企业和个体工商户服务。鼓励城市商业银行接纳小型企业和市民入股，增加其资本金。对农村信用社要进行整顿，促进其规范化经营，改进乡镇企业的金融服务水平。

四是积极发挥再贷款、再贴现的作用，增强中小金融机构支持中小企业发展的资金能力。对积极支持中小企业发展、经营状况良好且确有资金需求的中小金融机构，人民银行将继续在再贷款方面予以支持，支持票据贴现业务的发展，增加中小金融机构的再贴现数额。

五是灵活运用利率手段，认真执行对中小企业贷款可以上浮30%的规定。今后，人民银行将根据实际情况，适当增强利率的弹性，调动金融机构对中小企业加大信贷投入的积极性。按照信贷原则，对中小企业区别贷款对象、贷款投向，实行差别利率，对信贷风险大但市场前景好的产业、产品，适当提高贷款利率浮动水平，按照高风险、高收益的原则，支持中小企业的发展。

六是加强和改进对中小企业金融服务的风险管理。要完善风险评价指标体系，对中小企业的信贷风险进行科学评价。完善商业银行内部管理办法，健全基层信贷员贷款管理责任制。在强调防范风险、明确责任的同时，建立相应的贷款激励机制，做到责权明确、奖惩分明。对不良贷款的历史成因要客观分析，对新增贷款要实事求是地提出质量要求。对有市场发展前景、信誉良好、有还本付息能力的中小企业，要适当扩大授信额度，并可试办非全额担保贷款。对信用等级优良的小企业可适当发放信用贷款。同时，积极支持和配合有关部门建立和完善中小企业信用基金或担保公司，建立担保基金和担保公司的担保登记系统。将担保基金的担保倍数一般控制在8倍左右。

七是吸收国外行之有效的经验，加强对中小企业的金融服务。中小企业贷款问题是世界性的难题，建议吸收国际上一些国家和地区在支持中小企业方面的成功经验，研究适合中国中小企业特点的服务品种。建议研究成立非金融性质的中小企业投资公司问题，在投资公司资本金到位的情况下，银行可以发放等额的贷款，贷款期限最长可到10年。由投资公司再分别向中小企业投资入股，从而分解风险，提高贷款的使用效率。由于投资公司亏损先要蚀本，因此对其投资的中小企业监督是非常严格的。

四、建立中小企业金融服务联席会制度

今后，人民银行将牵头，会同经贸委、财政部、农业部、工商联等有关部门和商业银行、中小企业代表，每半年组织一次会议，座谈中小企业金融服务问题，及时听取各方面对做好中小企业金融服务的意见建议，提出具体政策措施。

网络银行的发展与监管

（2001 年 4 月 19 日）

由网络银行、网络证券、网络保险等组成的网络金融，在全球已具有了相当的规模，表现出了许多与传统金融业务不同的特点。从中央银行的角度，我们认识到，网络金融不仅仅是为现有的金融机构提供了一条新的产品与服务的销售渠道，而是提出了如何在一个不同于我们现实环境的虚拟环境中，创造金融产品、开展金融服务、建立金融企业的问题。它涉及现有理论与实践的一系列的变化。到 2000 年，中国金融业总资产达到 20 万亿元人民币，其中银行类总资产占 90%。所以，我重点讲一讲网络银行的发展与监管。

一、网络银行的发展问题

随着纳斯达克股指下滑和人们对网络经济泡沫讨论的增多，对于网络银行发展问题的争论日益热烈。如何认识网络银行，如何看待它们的发展方向，成为争论的焦点。

（一）对网络银行的认识

网络银行从初级简单的电话银行，发展到 PC 银行，再到现在

注：2001 年 4 月 19 日，戴相龙同志在"网络经济与经济治理国际研讨会"上作了题为"网络银行的发展与监管"的演讲。

的 WAP 银行和目前正在被信息界、金融界广泛讨论的蓝牙技术，是一个不断成长、完善的过程。因此，在认识网络银行时，必须运用不断发展的眼光看待问题，而不能局限于某一技术阶段形成的某种特定的银行形式。

实际上，今天人们对网络银行的认识仍在深化，并不存在一个最终的、统一规范的网络银行的定义。现有的关于网络银行的定义是出于对网络银行管理和研究的需要，因而不同国家定义间存在着一些差异，涵盖的范围也不相同，形成了网络银行广义和狭义两种概念。

广义的网络银行，简单说是那些利用电子网络为客户提供产品与服务的银行。这里的电子网络包括电信网、内部封闭式网络和开放式网络；这里的产品与服务包括三个层次：一般的信息和通讯服务、简单的银行交易和所有银行业务。

狭义的网络银行，是指利用网络为通过使用计算机、网络电视、机顶盒及其他一些个人数字设备连接上网的消费者，提供一类或几类银行实质性业务的银行。这里的网络一般指开放式网络。

撇开不同概念之间差异的表象，可以认清网络银行的一些基本属性。这些属性包括：电子虚拟的服务方式，业务运行环境的开放，业务时空界限的模糊，交易实时处理，交易费用与物理地点非相关等。

从这些属性中可以看出：网络银行不只是将现有银行业务移植上网那样简单，它是金融创新与科技创新相结合的产物，是一种新的银行产业组织形式和银行制度。

（二）网络银行的发展方向

在网络银行发展之初，人们对于这种创新充满了信心。大部分银行家认为，网络银行有利于增强市场竞争力，扩大市场占有份额；网络银行吸引的是高价值客户，占据最有利的业务；网络银行遵循边际收益递增的规律，具有广阔的盈利前景。因此，网络银行将是本世纪银行发展的主流形式。

但事情并非如此简单，外部性问题正在使网络银行的普及面临障碍，高昂的初始投资已使不少网络银行面临着巨大的财务压力，发展网络银行的信心正在动摇。

不过，网络银行并没有停止其发展的步伐。美联储的数据表明：美国的网络银行已占所有银行和储蓄机构的12%。欧洲的网络银行也已有100多家，有三分之一的储蓄是通过互联网进行的。亚太地区网络银行的客户也已超400万户。

中国的网络银行规模也在迅速扩大，目前中国已有20多家银行的200多个分支机构拥有网址和主页，其中开展实质性网络银行业务的分支机构达50余家，客户数超过40万户。

从经济学的观点来看，现代信息革命正在改变着现有的社会分工格局。反映到金融体系上，一方面是金融行业内部原有的以金融业务为主的"块块"式分工，在互联网上很自然地被以客户为主的"条条"式业务综合所取代；另一方面，非金融性的电子科技公司，开始涉足部分原属于银行的业务，加剧了市场的竞争。银行必须适应这些变化，除此之外，别无出路。积极推进网络银行的发展，存在一些投资失败的风险，但消极等待面临的则是在竞争中落后的风险。

中国即将加入世界贸易组织，可以预料，网络银行业务的竞争将是中国银行业面临的最先冲击。加快网络金融业的发展，提高金融业的整体竞争力，已势在必行。

二、网络银行对银行业理论和实践的影响

众所周知，现代人类社会活动离不开金融中介组织，金融中介组织方式的变革，必然对社会经济生活产生重大影响。

（一）银行业的深刻变化

商业银行自 15 世纪诞生以来，一直是资金余缺双方有效沟通的桥梁。银行之所以能担当起这样的角色，是因为具有信息方面的优势。它能以更经济的方式获得信息（规模优势），更专业的方式处理信息（专业技术优势），更有效的方式输出信息（监督和效益优势）。

网络信息技术的迅猛发展，改变了信息搜寻、传播和处理的方式与成本，大大改善了消费者的信息结构，削弱了银行的信息优势，并将导致银行职能的转变。

首先，建立在物理网点、人员数量上的竞争优势已不再那么重要，传统银行建立在分支机构组织基础上的信息规模优势，正在被网络银行无限延伸的信息扩展效应所侵蚀。在网络银行发展较快的国家里，银行削减传统分支机构的趋势已经十分明显。

其次，银行的职能正在变化。支付职能可能会成为未来银行最基本的职能。银行只有首先是客户的支付中介者，才可能吸引客户开展其他业务。

最后，要在竞争中生存，银行业还必须担当起新的角色。银行要成为金融平台的创建者，为市场提供金融交易（包括证券、保险、基金等）和非金融交易的基础设施服务；与其他经济组织合作，建设更有效的资金转移体系；重新设计交易程序，改进客户的商业模式等。

（二）对金融监管的影响

网络金融促进了金融交易工具的创新，进一步促进了银行风险对冲能力和风险管理效率的提高，这就为网络银行开展多种金融业务提供了必要条件；网络信息技术使不同金融业务间的信息转换成本大大降低，增加了进入不同金融业务市场的通道，又为网络银行开展多种金融业务提供了充分条件；银行业竞争加剧导致的利差缩小，形成了银行业寻找其他利润渠道的客观压力。对于网络银行来说，拓展与证券、保险有关的各种金融服务，不仅具有技术上的优势，也是其发展的必经之路。

相应地，金融监管的方式需要随之转变。不同类型的金融机构在开展电子金融业务方面，不可避免地存在相互交叉。多个监管主体间必须加强协调，共享信息，统一监管标准和方式，防止监管重复或监管真空，避免不同监管机构间的意见分歧和信息要求上的不一致。

网络信息技术的发展，使得一些非金融机构开始介入金融或准金融业务。金融监管的范围自然随之扩大，金融监管与非金融行业管理的界限不再泾渭分明。同时，网络金融是网络经济中信息流和物资流连接的中枢。因而，对网络金融的监管需要纳入到网络经济、电子商务整体管理框架中去考虑，尤其要注意网络金融监管与管理的协调。

随着网络在世界范围内的延伸，各国监管当局都将面临跨国性的业务和客户，金融监管的国际性协调日益重要。这就要求在对网络金融实施监管时，要建立与国际体系中其他金融制度相适应的规则体系和市场标准。

（三）对货币理论与货币政策操作的影响

网络银行的兴起，促进了电子货币的发展。电子货币是纸币取代铸币后，货币形态发生的又一次标志性变革。网络银行与电子货币的结合，对现有的货币理论和货币政策操作构成了极大的挑战。

货币层次的划分和计量，是货币理论研究的基础。电子货币不仅直接模糊了不同货币层次之间的界限，而且导致货币的不同形式呈现出高度的不稳定性。同时，国与国之间货币的相互渗透与替代性正在不断加强。使得现有货币层次的划分有失严谨，货币计量遇到了困难。

货币需求和货币需求函数，是各经济学派都力图解决的问题，也是不同货币政策规则的依据。现有货币需求函数的基本假设是货币的不同用途之间存在确定的界限，且这种界限相对稳定。网络银行和电子货币的出现破坏了这一理论前提。网络支付体系和电子货币还使货币流动加快，货币流通速度的可能波动也随之加大。

在货币供给方面，基础货币的发行机制发生了很大的变化。电子货币的多家发行机制，打破了中央银行货币发行的单一格局。

在货币政策操作方面，各种货币量日益丧失作为中介目标的合理性和科学性，价格类信号将会成为未来货币政策中介目标的主流选择。货币政策工具也受到了不同程度的影响，存款准备金的作用力度在下降，公开市场操作的作用变得更加复杂，贴现率的作用更加敏感。目前来看，利率可能会成为货币政策中最关键的变量。

三、网络银行的风险与监管

网络银行的风险，既有网络技术形成的新的风险，又有经营银行业务所固有的风险。综合起来，主要包括：投资战略风险、体系风险、法律风险和业务运营风险。

网络银行的投资时机、投资规模、投资方式等选择的不确定性，构成了银行业发展的总体投资战略性风险。过早地大规模投资，投资项目形式太相似，或者投资技术选择不当，业务缺乏深化，都会引发网络银行业本身的阶段性调整和整合，从而增加后期金融体系总体风险的积累。相反，投资过迟或者规模过小不能形成一个网络银行的相对业务优势，又可能导致银行业在国际竞争中处于劣势。

体系风险与网络安全、交易体系的完善程度、信誉和消费者信心等有关。它们既是网络金融业发展的基础，又可能成为加大银行脆弱性和外部性的诱因。由于信息在网络中的传播极快，某一环节的问题会迅速传染影响到其他环节，导致整个金融体系出现系统性风险。

法律风险是指网络银行在开展业务时面临的许多法律法规方面的不确定性。例如，如何分摊安全故障造成的损失，如何取证鉴定，等等。这种不确定性既有可能是相关法规（如《电子商务法》）的缺少造成的，也可能是现有法规在网络环境下失去了可操作性而导致的。

业务运营风险包括两个方面：一是网络银行面临的技术设施与规范、数据安全与完整性、内控内审机制、系统有效性和外包等方面的风险；二是传统的信贷风险、流动性风险、市场风险和外汇风险等。

这些风险的存在要求金融监管当局需要从总体上对网络银行的发展实施适当的引导和必要的管理，处理好网络银行创新与监管规范之间的矛盾。

世界上并不存在一个全球统一的网络金融监管的标准模式，不同的国家需要根据自身网络经济发展战略、网络金融发展阶段、国内金融环境等具体情况，制定其不同的监管策略。

但是，网络银行的监管仍需遵循一些基本原则：

1. 网络银行监管的国际性标准、国际合作日益重要，过分强调一国金融业的特殊性，有可能使其成为金融全球化外的"孤岛"，导致其在竞争中失败；

2. 网络银行监管离不开网络经济的协调发展和有关立法的完善；

3. 传统银行监管的审慎性原则同样适用于对网络银行的监管；

4. 在存款人利益得到有效保护的情况下，适当降低银行开展网络金融业务的市场准入要求，有益于金融机构降低成本、改善服务，实现银行间资源共享、成本分担；

5. 信息的有效收集、分析和共享，是网络银行日常监管的关键；

6. 严格控制网络银行已办业务的终止和市场退出；

7. 监管的有效实施依赖于综合性人才的培养与使用；

8. 对消费者的教育是提高监管绩效的根本保证。

四、结束语

网络金融本身正在创造着它的需求，即使它不会大范围地替代现有的金融组织方式，也会成为未来金融市场中的一个重要竞争者。银行业如果不适应这种机遇和挑战，是没有前途的。

在中国网络金融发展中，中国人民银行发挥着重要作用。2000年6月29日，由中国人民银行牵头，同12家商业银行联合共建的中国金融认证中心正式挂牌运行。在中国人民银行的统一协调下，银行卡的全国联网工作也在加速进行，预计到2003年在全国大中城市实现银行卡联网通用。

目前，中国人民银行正在起草网络银行业务的管理办法和有关网络金融风险管理的指引，近期将会出台。

在完善有关规章的同时，中国人民银行还十分注重对网络金融问题的研究和综合性专业人才的培养。在网络银行的研究方面，中国人民银行已经拥有了一批业务能力较强的专业人才。这些是我们促进中国网络银行事业发展的根本保证。

最后，中国人民银行欢迎各位就中国网络银行发展及监管问题提出宝贵建议，并发展多种形式的合作。

开创中国人民银行金融服务工作的新局面

（2001 年 4 月 27 日）

这次金融服务工作会议是根据朱镕基总理在年初银行、证券保险工作会议上的讲话精神召开的。这次会议是在我国开始实施国民经济和社会发展第十个五年计划和面临加入世贸组织的新形势下召开的一次重要会议，也是 1984 年人民银行专门行使中央银行职能以来，首次集中统一研究和部署人民银行各项金融服务工作的一次会议。会议的主要任务是：回顾和总结近几年人民银行金融服务工作，统一全行对做好金融服务工作重要性的认识，围绕提高金融服务工作效率和水平的目标，明确金融服务改革和发展的主要任务和政策措施。下面我着重讲三个问题。

一、充分认识金融服务工作在履行中央银行职能中的重要地位和作用

金融服务是中央银行的三大职能之一，与货币政策和金融监管处于同等重要的地位。《中国人民银行法》第四条规定的十一项职

注：2001 年 4 月 27 日，中国人民银行在北京召开了金融服务工作会议，戴相龙同志作了讲话，对进一步加快中央银行金融服务工作的改革和发展作了全面部署。

责中，直接涉及金融服务职能的主要有：发行人民币、管理人民币流通；经理国库；维护支付、清算系统的正常运行；负责金融业统计、调查、分析和预测。此外，人民银行的金融服务职能还包括与上述职能相关的会计核算、安全保卫、技术支持等。

发行货币、经理国库、支付清算是人民银行的特有职能；统计分析、会计核算是人民银行做好各项工作的必要手段；技术支持、安全保卫是人民银行各项工作安全、高效运行的重要保证。金融服务部门多，人员比例大，专业性强，工作要求高。做好金融服务工作是中央银行的一项长期任务。

中央银行金融服务工作具有基础性特点。金融服务是做好货币政策、金融监管工作的前提条件，又与货币政策和金融监管相互联系、相辅相成。一方面，金融服务为实施货币政策和金融监管提供支持保障，脱离了金融服务，货币政策和金融监管很难发挥应有的作用。另一方面，金融服务工作本身也包含货币政策和金融监管的一些重要内容，并要在服务中体现货币政策和金融监管的要求。

中央银行金融服务工作具有社会性的特点。中央银行既为金融机构提供金融服务，又为各级政府和全社会提供金融服务。金融服务工作的好坏直接关系到金融体系的顺畅运转，关系到广大群众的日常生活，关系到经济发展和社会的稳定。

中央银行金融服务工作具有管理性特点。中央银行通过制定有关政策、业务规范和技术标准等，管理、指导、协调银行业的金融服务工作。中央银行对商业银行的统计分析、代理国库、支付清算、现金出纳等方面进行管理；在信息化建设、安全保卫等方面进行统一规划、监督、协调和指导。做好中央银行金融服务工作，能够引导和推动银行业总体服务水平的提高。

长期以来，人民银行金融服务部门一直坚持以提高服务效率和水平为目标，不断增强服务意识，改进服务手段，加强服务管理，做了大量工作，在保证中央银行依法履行职责、满足社会各方面对金融服务需求、保障银行资金安全等方面，发挥了十分重要的作用，作出了积极贡献。

一是保证了货币政策和金融监管工作的需要，提高了中央银行依法履行职责的水平。通过建立科学、高效的金融统计体系和非现场监管体系，为有效实施金融宏观调控和改善金融监管创造了条件。通过不断完善各种经济调查制度，预测分析经济金融运行趋势，为国家和各级政府、有关部门研究制定经济政策提供了依据。人民银行定期发布的各种金融统计数据，社会各方面都很关注，成为分析宏观经济形势的重要信息。通过建立会计核算、货币发行、支付清算、国库信息、外汇交易等十几个计算机业务处理系统以及加强办公自动化、电子公文传输和电视会议系统建设，改善了中央银行金融服务的基础条件，提高了金融服务的现代化水平，有力促进了中央银行依法履行职责水平的提高。

二是满足了全社会商品流通和交换的需要，保证了金融机构业务的运转，提高了社会资金的使用效率。根据经济和社会发展的需要，合理调整发行库布局，加强发行基金调拨，保证了现金供应，提高了流通中货币整洁度。"九五"期间发行库出入库1.6万亿元，现金净投放6 763亿元，销毁残损人民币1.5万亿元，分别是"八五"时期的2.5倍、1.3倍和7倍，流通中人民币整洁度基本达到了70%的目标。顺利发行了第五套人民币，提高了新版人民币的科技含量。电子联行的覆盖面进一步扩大。到2000年底，已覆盖1 607个县级以上城市，通汇机构达1.8万多个，日均处理业务10多万笔，金额达1 000多亿元。在全国县以上城镇建立了2 334个同城票据交换所，在北京等16个业务量大的城市采用了票据自动清分机。全国票据交换日均处理支付交易210多万笔，金额近 4 000 亿元。建立了以特大城市为依托的跨行政区域的票据交换中心，扩大了票据使用和流通范围。联合共建了全国银行卡信息交换总中心和金融安全认证中心。人民银行的金融服务工作满足了全社会商品流通和交换不断扩大的需要，保证了金融机构业务正常运转，加快了社会资金周转，提高了社会资金使用效益，促进了经济金融发展。

三是保证了各级政府财政预算收支需要，促进了财政和货币政策的协调。在国库业务量不断扩大而人员相对紧张的情况下，各级国库部门及时办理各项预算收支，准确核算财政资金，保证了各级政府财政的正常运转。2000 年，各级国库共办理各项预算收支业务 2 亿笔，经收预算收入近 1.6 万亿元，经办预算支出近 1.7 万亿元，分别是 1995 年的 1.33 倍、2.52 倍和 2.48 倍。"九五"期间共组织发行实物国债和凭证式国债 8 724 亿元，组织银行系统兑付国债本息款项达 5 895 亿元。多次开展预算收入、支出和退库情况的检查，维护了国库资金安全。开展以滞压税款和财务为重点的监督检查工作，严把凭证要素合规审核关，组织推动了国库与财政、税务、海关和商业银行的计算机横向联网工作，实现了税收收入信息共享。建立健全了国库收支统计分析制度，深入进行了国库收支执行情况对宏观经济、金融运行影响的调研分析，促进了财政政策和货币政策的协调。

四是推动了社会信用体系的建立，维护了经济金融秩序。在全国推行贷款证制度的基础上，建立了银行信贷登记咨询系统。目前该系统已收录了 400 多万户借款人的银行信用信息，录入各项人民币贷款超过 8.2 万亿元，占金融机构各项贷款余额的 81% 左右，省级行政区内已实现联网，金融机构可以查询企业在省内贷款的信用记录。在上海进行了个人信用征信制度的试点。大力推行了支付信用工具的使用。2000 年底票据使用量达 3 700 多万笔，金额为

3.6 万亿元，比"八五"期末分别增长 53% 和 156%。加强了银行账户的管理，推行了基本存款账户制度，有效防范了利用多头开户逃废债务的行为。颁布了一系列支付结算的法规制度，开展了结算纪律检查，规范了支付结算行为，防范和堵截了联行案件，维护了经济金融秩序。

五是加强了安全保卫工作，保障了银行资金安全。以发行库和运钞安全为重点，在部分分支行进行了发行库库区封闭式安全管理和远程电视监控报警管理系统改革试点，建立了以地市中心支行为中心的运钞集约化管理体制，提高了安全技术防范的水平。在完善金融安全工作重要法规措施、商业银行运钞社会化改革、安全防范设施建设的规范化和标准化以及金融案件协查等方面做了大量工作。近三年来银行案件与 1997 年相比，发案率下降 23.7%，涉案金额下降 49.1%，形成风险资金下降 26.3%，实际损失下降 62.7%，案件堵截率提高 1.9%，结案率提高 25.2%；协助公安司法机关查处重大金融诈骗、盗窃、抢劫案件 221 件，直接或间接挽回经济损失 20 多亿元。

上述成绩的取得是在党中央、国务院的正确领导下，金融机构和有关部门的大力支持和密切配合下，人民银行和商业银行从事金融服务的广大干部职工共同努力、艰苦奋斗的结果。

应当清醒地看到，当前我们的金融服务工作还有不少问题，还存在一些不适应的情况。一是金融服务的技术装备水平不适应，现代化水平仍比较落后，效率有待进一步提高。现代化支付清算系统建设滞后，银行卡联网通用的问题还没有解决。一些灵活、快捷的支付信用工具推广使用不够。对商业银行办理支付业务的监督管理比较薄弱。统一共享的金融信息系统没有建立起来，一些系统之间相互不能兼容，有的系统也很不完善。一些部门特别是一些基层行，金融服务仍停留在手工操作的水平。二是金融服务的管理不适应，内部管理还存在薄弱环节，经济犯罪案件比较多。金融服务部门大多是管钱、管物的部门，在客观上就会成为犯罪分子作案的主要目标，特别是在一些地区和基层单位，由于管理薄弱，给犯罪分子提供了可乘之机。近几年人民银行先后发生了浙江温州市中心支行发行库750万元被盗案、河南宁陵县支行11人集体盗窃残损券案、河北任丘市支行某复核员贪污联行资金案、青海西宁中心支行陈某贪污国库资金案、海南儋州市支行某经警盗窃库款案等一系列案件，造成了重大资金损失。三是金融服务的管理体制和人员素质不适应。人民银行新的管理体制运行后，考虑到金融服务的特殊性，确立了以省级行政区划为主的管理体制，但省会城市中心支行由于缺乏相应的管理手段，金融服务的管理在一些部位和环节上有所削弱。金融服务队伍素质和人员结构还不适应快速发展的要求。

产生上述问题的原因是多方面的，一是把金融服务工作作为一个整体研究不够。过去对金融服务工作分专业"条条"研究得多，从整体上研究得少；对眼前应急问题解决得多，对中长期规划考虑得少，造成了一定程度的重复建设和资源浪费。二是随着经济体制改革的深入和现代信息技术的不断进步，经济金融形势变化快，新情况、新问题多，金融服务工作未能很好地适应形势的变化并加以调整和改进。三是规章制度执行不好，检查落实不到位，存在有令不行、有禁不止的现象。

"十五"时期是我国金融业深化改革、加快发展的重要时期。随着科学技术的迅猛发展和经济金融全球化趋势的进一步增强，金融业的竞争将更加激烈。金融业的竞争说到底是服务的竞争。做好人民银行金融服务工作对于保证中央银行更好地履行职责，带动和促进整个金融业提高服务水平、增强竞争能力都具有十分重要的意义。为此，我们必须增强紧迫感、责任感，加快中央银行金融服务工作的改革和发展，开创金融服务工作的新局面。

二、加快人民银行金融服务工作改革和发展的主要任务和措施

依据"十五"时期国民经济和社会发展目标的要求，未来五年人民银行金融服务工作要紧紧围绕提高效率和水平的目标，增强改革和服务意识，依靠科技进步和创新，建立全国统一共享的金融信息系统和现代化支付清算系统，实现银行卡的联网通用，加快实行中央银行会计的集中统一核算管理，落实以单一账户体系为基础的财政国库管理制度，加强现金发行管理，建立和完善黄金市场，做好安全保卫工作，提高整体防范水平。

（一）建立全国统一共享的金融信息系统

金融信息不仅是中央银行进行货币政策决策和实施金融监管的依据，而且也是中央银行改善金融服务、提高政策透明度的基础。没有充分、准确、及时的金融信息系统的支持，中央银行依法履行职责就会成为空话。

金融信息系统建设的目标是，建成一个适应经济金融发展变化、标准统一、检索方便、资源共享的金融信息系统，以满足中央银行货币政策决策和金融监管的需要，满足商业性金融机构对客户资信审查的需要，满足社会各界以及国际组织对金融信息的需求。

一是继续完善、扩充现有的宏观经济金融统计信息系统。根据金融改革和发展的实际情况，适时修订货币统计制度，使货币供应量更加科学地反映宏观经济的运行情况。增加金融中间业务统计和新业务统计，适应金融创新和金融调控监管的需要。尽快制定中资银行境外分支机构的统计制度，实现中资金融机构的境内外并表，为法人监管提供全面的信息支持。继续完善金融市场统计，灵敏地反映金融市场运行。调整和加强对企业家和居民的景气调查内容，完善批发物价调查制度，定期向社会公布。进一步规范、完善资金流量（金融交易）统计，密切监测社会资金流动情况。继续做好

国务院交办的千户国有大型企业的统计分析工作。

二是建立全国统一的金融监管信息系统。按照"统一数据采集、统一编码和格式、统一软件开发、实现信息共享"的基本原则，建立全国统一的金融监管信息系统。该系统除了满足日常的监管职责需要外，还要实现对金融机构高级管理人员信息的全国共享，实现对金融机构（包括法人和非法人机构）的风险评估和预警，以逐步提高人民银行对各类金融机构的风险评判水平。金融监管信息系统的建设要稳步推进，本着边建设、边获益的方针，分阶段进行。今年要抓紧做好业务需求论证和技术工程设计，在现有金融监管信息系统的基础上，加以整合，初见成效。

三是完善银行信贷登记咨询系统建设。银行信贷登记咨询系统建设的最终目标是，实现所有金融机构在授权范围内可随时查询到与其有信贷关系的企业的资信状况。当前，要以系统的推广应用为重点，进一步扩充系统功能，加强对系统运行的管理，提高数据质量。今年底前要完成各省会（首府）城市之间的联网任务，实现全国范围内异地查询的目标。

四是加快推进银行个人信用信息系统建设。随着消费信贷的迅速发展，建立银行个人信用信息系统日益迫切。1999 年 6 月，中国人民银行与上海市政府共同在上海开展了个人信用信息咨询的试点，积累了有益的经验。目前人民银行正在会同有关部委和地方政府以及各商业银行，按照"统一规划、分步实施、先易后难、注重实用"的原则，提出我国银行个人信用信息系统建设的方案，待国务院批准后，争取用两年左右的时间基本完成采集个人信贷和信用卡信息登录工作，初步实现全国联网和异地查询。

五是建立全国统一的银行账户管理系统。制定新的《银行账户管理办法》，进一步明确各类账户的性质，规范账户开立和使用的行为，争取今年上半年上报国务院批准后实施。按照新办法的规定，统一开发建立银行账户管理系统，存贮所有单位和个人的银行账户信息，并与同城票据交换系统连接，实时监控各类存款账户，及时发现和纠正存款人违规开户的行为，防止企业单位的多头开户，遏制利用银行账户进行逃贷、逃债的行为和逃税、洗钱等违法犯罪活动。2001年底选择部分基础较好的大中城市先期试行，力争2002年全面推广至地市级中心支行，2003年完成全国银行账户信息的联网工作。对各地现有的银行账户管理系统一律不再投入资金升级换代，不再试点推广。

建立以全国银行账户管理系统为基础的支付信用监测系统，记录和反映企事业单位或个人的正常支付信息和各种无理拒付、签发空头支票、逃贷等不良支付信息，分析评估存款人的信用状况，在法律规定的范围内向社会提供信用信息查询服务，促进社会信用秩序的好转。利用银行账户管理系统的信息资源，建立支付交易监测系统，加强对各个银行账户内大额支付交易信息的采集、整理和分析，监测异常经济活动和逃税、洗钱等非法支付信息。建立异常支付的预警机制，及时将可疑支付信息报告监管部门，为打击犯罪、防范金融风险提供决策依据。

（二）加快建设现代化支付清算系统，大力推行方便快捷的支付信用工具

安全、高效的支付清算系统是金融市场基础设施的核心组成部分。它的安全运行关系到金融稳定和社会稳定，关系到社会资金运转的效率。"十五"时期，人民银行支付清算系统建设的目标是，通过建立中国现代化支付系统，逐步形成一个以现代化支付系统为核心，以商业银行内部电子汇兑系统和同城票据交换系统为基础的支付清算体系，以支持金融市场各种交易的资金清算和不断满足各种支付结算的需要。

正在建设的中国现代化支付系统包括大额实时支付系统和小额

批量支付系统。它将覆盖全国地市（含）以上城市，并与各商业银行实行连接。其主要功能是向金融机构提供高效、快捷、安全、可靠的跨行支付清算服务；与公开市场业务操作系统、政府债券簿记系统、外汇交易系统和同业拆借系统连接，有效地支持货币政策的实施和金融市场的发展；适应国库单一账户核算体制改革需要，各级国库清算纳入支付系统，加快国库资金汇划速度；利用支付系统的信息，监测分析异常支付和资金的流向流量，防范支付风险。

目前，中国现代化支付系统建设的调整方案已经完成，正在进行开发实施。计划从 2002 年 7 月 1 日起，先开通北京、武汉两城市的大额实时支付系统；2002 年 10 月底前，大额实时支付系统在上海、天津、重庆、广州、南京、沈阳、济南、西安、成都、深圳 10 个城市推广运用；2003 年 6 月底前，大额实时支付系统和小额批量支付系统在全国所有地市以上城市推广运用。

为确保现代化支付系统目标的实现，需要切实加强项目建设及其配套的管理。

一是尚未建立同城清算系统的城市一律不得再建同城清算系统，正在筹建或准备筹建的应立即停止。已建的同城清算系统可暂时保留，继续运行，除保持必要维护费外，不得再投入资金进行升级改造。待支付系统实施到位并能适应同城支付结算业务处理需要时，支付系统即取代同城清算系统。

二是各政策性银行、商业银行要积极配合人民银行支付系统的建设，根据支付系统的业务技术标准，做好行内系统的相应改造和与支付系统的连接。各商业银行向人民银行报送大额支付统计数据系统联调成功后，立即取消 50 万元以上大额支付业务通过人民银行转汇的规定。

三是抓紧研究我国银行间跨地区外币清算的方案，方便 B 股交易和资金清算，促进我国证券市场的发展。

四是在支付系统建成之前，继续做好电子联行工作，今年要完成电子联行业务到县的工作。

为适应社会商品交易发展变化的需要，应大力推行方便快捷的支付信用工具和新兴电子支付工具的使用。推行国内信用证、商业汇票结算。规范重要票据业务的准入和退出，准许资产质量好、内部管理完善的城市商业银行、城乡信用社签发、兑付银行汇票，办理商业汇票的承兑、贴现、转贴现业务，并积极推行代理制。在一些经济发达、商品交易活跃的城市和区域积极推行银行本票。在信用基础较好的城市和地区，研究试行商业本票。建立以大中心城市为依托的区域性票据交换中心，促进支票的使用和流通。规范票据信用行为，积极推动票据的流通转让，培育和发展票据市场。逐步推行贷记信用卡业务，引导消费信用。广泛开办定期借记、直接贷记业务，便利公共事业税费及社会保险基金的收取。积极创新结算手段，研究制定《网上支付业务管理办法》，规范网上支付行为，确立网上支付的法律地位。

银行卡的联网通用工作，要按照今年2月份召开的全国银行卡工作会议确定的目标和措施，抓紧落实，按期实现。

（三）认真落实财政国库管理制度改革方案

财政部与中国人民银行联合上报的《财政国库管理制度改革方案》已经国务院批准。这次《财政国库制度改革方案》的主要内容是：建立国库单一账户体系，所有的财政性资金都纳入国库单一账户体系管理，收入直接缴入国库或财政专户，支出通过国库单一账户体系支付到商品和劳务供应商或用款单位。建立以国库单一账户为基础、资金缴拨以国库集中收付为主要形式的财政国库管理制度，是对财政资金账户设置和收支缴拨方式的根本性变革，是加强财政资金管理、提高资金使用效益、从源头上防止腐败的一项重大举措。同时也是对中央银行国库职能的强化。

实施国库单一账户改革后，由于预算单位只有在向商品、劳务供应商实际支付款项时，财政资金才从国库单一账户划拨到商业银行，会相应增加中央银行的资金来源和商业银行的资金需求，有利于促进中央银行公开市场操作、再贴现业务以及同业拆借市场的发展，提高中央银行货币政策工具作用的效果，增强中央银行的宏观调控能力。通过国库单一账户体系，中央银行能够快速、及时获得有关财政资金运行的信息，有利于促进财政政策和货币政策的协调与配合。

建立以国库单一账户为基础的财政国库管理制度，对人民银行国库部门也提出了新的要求。主要体现在：国库资金汇划要更快捷、更准确；防范国库资金风险的措施要更严密、更完善；国库与财政、商业银行代理行、税收征管等部门之间的合作要更密切、更协调；部门之间的监督制约机制要更严格、更有效。

目前，财政部和人民银行已确定在财政部、科技部、水利部、国务院法制办、中科院和国家自然科学基金会 6 个中央预算单位进行改革试点，地方各级政府的试点工作也将逐步展开。为此，各级国库必须抓紧做好改革的各项准备工作。要积极配合财政部门做好国库单一账户设置的相关工作，研究制定《财政资金银行清算办法》和《中央单位财政国库管理制度改革试点资金支付管理办法》。加快国库支付清算系统的设计和开发。尽快修订《中华人民共和国国家金库条例》及《国家金库条例实施细则》。积极探索国库监管的新思路、新方式。研究建立新的国库收支统计分析指标体系，为货币政策和财政政策的制定提供有益参考。

（四）加快实行中央银行会计的集中统一核算管理，严肃财经纪律

"十五"期间，人民银行会计财务工作的主要任务是：按照集中管理、统一核算、全面反映的要求，建立与现代中央银行制度相

适应、与国际会计惯例相一致的中央银行会计制度，遵循通行会计原则进行资产计量、收支确认和信息披露，加强财务管理，严肃财经纪律。

一是加快中央银行会计的集中核算。目前人民银行的会计核算分散在 2 000 多个会计机构，仍停留在单机操作、相互隔离的状态，未能实现按照网络化的会计理念组织会计核算。这一状况既不能适应现代中央银行会计管理和核算手段快速发展的需要，也不符合建设中的现代化支付系统对中央银行会计核算提出的相对集中的要求。会计集中核算，有利于强化会计监督管理，提高会计核算质量，充分利用会计信息资源，防范会计操作风险，保障人民银行资金安全。因此，必须按照"会计核算集中、联行业务集中、事后监督集中、会计档案集中"（以下简称"四集中"）的原则，适当提升人民银行的会计核算组织层次，充分利用电子信息网络，开发中央银行会计集中核算系统，实行会计集中核算。会计集中核算主要是将核算集中到中心支行，建立以中心支行为基本核算单位、各县支行为网点终端的集中会计核算体系。会计工作"四集中"的试点将在总结泉州试点经验的基础上扩大试点范围，并随着现代化支付系统的完善逐步在全系统推广。

二是积极推进中央银行资产负债的全面核算。目前，人民银行除以会计营业部门作为会计核算的主体外，还有部分会计核算分散在其他业务部门，会计核算的重点也主要集中在人民币业务上，对外币资产负债的会计核算及管理相对薄弱。从维护中央银行资产、负债的整体性和统一性出发，必须实行会计部门对全行会计核算的统一管理，必须实行人民银行本外币资产负债的全面核算。会计部门要负责制定全行所有业务的会计核算规定，并承担监督检查的责任。在全面核算方面，今年要实现本外币业务的并表核算，编制人民银行本外币统一的会计报表，全面、完整地反映人民银行的资产负债状况。

三是财务工作要继续贯彻勤俭建行的方针，努力提高遵守财经法规的自觉性，大力增收节支，当好家，理好财。加强财务的集约型管理，改变只重支出、不重收入，只重分钱分指标、不重支出效益，只重上项目铺摊子、不重资金运用效果，只重费用规模、不重精打细算等不良倾向，确保各项收入入大账，各项支出无违规。会计财务部门要加强对财务收支、财务资金和固定资产的统一管理，内审部门要加强对财务收支和管理的审计工作。

（五）做好现金发行和管理工作，保证人民币顺畅流通

发行人民币，管理人民币流通是《中国人民银行法》赋予人民银行的一项重要职责。"十五"时期，要围绕全面贯彻《人民币管理条例》，做好货币发行和管理的各项工作。

一是加强货币发行的计划管理工作。随着经济的发展和信用卡等电子货币的逐步推广使用，现金在货币供应量中的相对比重呈下降趋势，现金占货币供应量 M_2 的比例 1990 年为 17.3%，2000 年底为 10.9%，但流通中现金总量仍然逐年增加。90 年代以来，现金余额年均增长 18.7%，到 2000 年底已近 1.5 万亿元。因此，要切实加强现金印制、发行、流通和回收各个环节的计划管理，做到既保证现金正常供应，又要防止可能出现的浪费。各分支行要认真执行发行基金调拨计划，结合本地实际，合理摆布发行基金，最大限度地发挥发行基金的使用效率。积极创造条件，改善货币发行工作环境，特别是发行基金运输条件，解决发行基金调运长期存在的风险高、条件差、环境恶劣等问题。认真落实有关规定，加强对大额现金提取的管理。

二是加强印制企业管理，提高人民币印制质量。人民币作为我国的法定货币，是国家的名片，是我国文化、印刷和防伪技术等方面的综合反映。印制企业是特殊的生产企业，要把产品质量作为企

业的生命线，不断增加新的技术含量，提高人民币的防伪水平。根据发行需要，合理调整好印制企业生产结构，严格按计划组织生产。切实做好印制企业与所办经济实体脱钩工作。加强安全生产工作管理，严防案件和重大安全事故的发生。

三是加强发行库的建设与管理，确保发行库款安全。继续按照"建设一批现代化的总行重点库，改造一批中心支库，有计划、有步骤地撤并一批县（市）支库"的思路，抓紧总行重点库建设工作，改扩建一批分库和中心支库，县支库的撤并工作要稳妥推进，有关服务工作要跟上，避免出现不顾条件、片面追求撤并数量，影响现金供应和服务质量下降的现象。强化要害岗位管理，提高发行库技防能力，确保发行库安全。

四是做好残损人民币回收销毁工作，提高流通中货币整洁度。当前流通中人民币整洁度仍存在结构性差异，商业银行储蓄柜台存在坐支残损人民币现象，集贸市场残损人民币体外循环严重，特别是小面额残损人民币的比重仍然较大。为此，进一步加大原封新券的投放力度，对县以下金融机构要保证原封新券的供应。在向商业银行支付2元以下的小面额货币时，一律支付原封新券或硬币。督促商业银行做好集贸市场残损人民币回收工作，堵住残损人民币流通的源头。商业银行要继续坚持营业窗口挂牌兑换残损人民币的做法，对于现金收付量较大的单位和集贸市场，应开展上门收兑残损人民币业务。加强对商业银行上缴回笼券的质量管理，加快出纳机具现代化步伐，加大残损人民币的销毁力度，力争用两年时间扭转小面额残损人民币过度流通的状况。汲取河南宁陵县支行和内蒙古赤峰市中心支行残损人民币销毁被盗案件的教训，加强残损人民币销毁过程中各环节的管理，确保销毁安全。

五是继续做好反假人民币工作。认真贯彻全国整顿和规范市场经济秩序工作会议精神，严厉打击制贩假币犯罪活动。在伪造人民币窝点地区、贩运假币猖獗地区实施重点专项打击。积极配合公安部门对制贩假币的主犯，包括策划人、出资人、制版人、操作人等在逃的犯罪人员实行专项追逃行动。加大反假人民币宣传力度，在6月份继续开展反假人民币宣传周活动，重点面向农村做好反假宣传工作。

（六）改革黄金管理体制，建立黄金市场

长期以来，我国对黄金一直实行"统一管理、统购统配"的管理体制。这种体制在特定时期对于稳定金融物价、支持黄金生产、保证国家经济建设所需的黄金供应等方面起到了积极作用。但是随着社会主义市场经济的建立和发展，计划管理带来的黄金生产和经营缺乏压力和活力的问题也日益明显，并在一定程度上限制了我国黄金生产、加工、销售等行业的进一步发展。随着我国对外开放步伐的加快，为使国内企业适应新的形势变化，加快培育黄金生产、流通和消费，促进国内黄金行业及相关行业的健康发展，进一步增强市场竞争力，迫切需要改革现行的黄金管理体制。

黄金管理体制改革的基本思路是：取消黄金"统购统配"的计划管理体制，建立黄金市场，充分发挥市场对黄金资源配置和调节的基础性作用，促进黄金生产、流通和消费的健康发展。主要内容包括：一是取消黄金的计划管理。按照会员制的形式，在上海组建黄金交易市场。二是取消对黄金制品零售、批发、加工制造等业务的许可证管理制度。三是根据外汇体制改革的进程逐步放松黄金进出口管理。四是建立健全新型的黄金流通管理法律法规。

当前人民银行应按照黄金管理体制改革的总体部署，做好各项准备工作。一是抓紧黄金交易市场组织筹备工作，会同有关部门，在充分论证的前提下，按照符合黄金交易的特点，拿出一整套方案，报国务院批准后实施，下半年开始试运行。二是抓紧进行《黄金管理暂行条例》的制定和过渡期各项准备工作。一方面要尽快启动黄金报价制度，实行挂牌收购、配售黄金；另一方面要加大对现行黄金管理政策的调整力度，争取上半年取消黄金零售业务许可证制度。同时注意制定相应的管理办法，以维护市场经营秩序，确保过渡期市场稳定。

（七）贯彻落实全国社会治安工作会议精神，做好安全保卫工作

今年 4 月初，党中央召开全国社会治安工作会议，部署在全国范围内开展一场"严打"整治斗争，提出实现两年内社会治安明显好转的目标。人民银行社会治安综合治理和安全保卫工作要认真贯彻全国社会治安工作会议精神，紧紧围绕人民银行的中心任务，贯彻"安全第一、防查并举、标本兼治、重在预防"的方针，加大协查打击金融犯罪的力度，完善内部管理制度，提高整体防范水平。

一是积极配合当地党委、政府部门开展"严打"整治斗争，严厉打击各种金融犯罪活动。对侵害银行安全的诈骗、盗窃、抢劫、爆炸、绑架等重大恶性案件，特别是对中央部署"严打"整治斗争后仍胆大妄为、顶风作案的犯罪行为，主要领导要亲自挂帅，确定专人负责，组织精干力量配合公安司法机关快查、快堵、快结，力争发现一起，打掉一起，坚决把不法分子的嚣张气焰打下去，遏制银行重大案件上升的势头。严格实行重大安全事故和重大案件领导干部责任追究制。

二是把防内盗作为人民银行安全保卫工作的重点。在合理调整发行库布局的基础上，按照"安全、实用、有效、经济"的原则，加大资金投入，有计划、有组织地推进发行库库区封闭式安全管理和远程电视监控报警管理工作，提高发行库安全管理水平，坚决遏制内盗案件的上升势头，保证银行业务的正常运转和金融秩序的稳定。加大对商业银行安全保卫工作的监督协调指导力度，逐步提高银行系统安全防范的能力。

三是完善以地市中心支行为中心的运钞集约化管理体制。截至2000年底，除少数省的个别地区外，人民银行系统已全部实行了地市中心支行集中运钞，大幅度提高了运钞工作的效率和安全管理的水平，减轻了县支行守押人员劳动强度，节约了大量资金。要继续加强对此项工作的管理，进一步完善集约化运钞的最佳组织形式，保证运钞工作安全高效运转。

四是抓好金融计算机安全工作。按照《关于采取有效措施防范金融计算机犯罪的通知》等有关文件精神，在人民银行总行计算机安全工作委员会的领导下，发挥各级计算机安全领导小组的作用，抓好辖内和本单位的计算机安全工作。加强培训宣传，提高防范技术风险的意识。有计划、有重点地建设业务信息加密系统、网络漏洞扫描和攻击检测系统、计算机病毒防治系统。加大对银行系统计算机安全检查和计算机事件的处置力度，确保银行业务系统正常运行。把电子计算机房等重要设施纳入要害部位严格管理，配备防火、防水、防盗设备，有计划有重点地安装监控报警设备。

三、进一步加强和改进对金融服务工作的领导和管理，确保各项工作任务的顺利完成

完成"十五"时期中央银行金融服务改革和发展的各项工作任务，加强领导和管理是关键。经过十多年的改革和发展，人民银行金融服务的内容发生了很大变化，服务的技术手段有了很大的改进。新的变化对金融服务管理工作也提出了新的要求。当前，加强和改进对金融服务工作的领导和管理，要重点抓好以下几方面的工作。

一是进一步落实金融服务工作责任制。省会城市中心支行承担原省级分行在经理国库、支付清算、现金发行和金融统计等业务的管理汇总工作。金融服务职能主要实行属地管理，分行和省会城市中心支行负责领导和管理所在省的金融服务工作，省会城市中心支行接受分行的指导和协调。为进一步落实金融服务工作责任制，强化省会城市中心支行对所在省金融服务工作领导管理的力度，人民银行党委研究决定，调整现行的分支行财务管理体制，从今年起，由省会城市中心支行全面负责所在省会计财务管理和支付结算管理工作。非分行所在省其他中心支行有关服务类业务的年终考核评比，由省会城市中心支行负责，考评结果要纳入分行的综合考评。省会城市中心支行要积极承担对全省经济金融运行状况的统计分析工作，主动为地方政府服务，发挥好参谋、助手的作用。分行要积极支持省会城市中心支行做好金融服务工作。各省会城市中心支行要树立大局意识，服从管理，认真落实有关要求。省会城市中心支行要将履行全省金融服务职责的情况及时报告分行。对体制方面的其他一些不适应的问题，将逐步进行研究并加以解决。人民银行将下发文件，对以上职责的适当调整作出规定。

二是切实加强对科技工作和各项工程建设的统一管理。现代化的技术手段是做好金融工作的必要条件。科技部门作为全行科技工作的牵头部门，在推进全行信息化建设中发挥着组织管理和提供技术保障的作用。必须切实加强对科技工作的管理，完善科技项目管理办法，处理好科技支持和业务需求的关系。各项业务处理系统的开发，要在业务需求统一先行的基础上，按照统一规划、统一标准、统一开发、统一推广的原则进行，绝不能自行其是。进一步加强各项工程建设的管理，在充分论证的基础上，严格立项审批，加强对工程实施的监管检查和工程验收，事后要进行认真审计。大力推行大宗物资政府采购制度，各类主要器材设备实行总行集中招标采购。

三是继续完善和严格执行各项规章制度。金融服务部门是管钱、管物、管数字的要害部门和要害岗位，建立健全和严格执行各项规章制度，是规范各项业务操作、减少差错率、有效防范各类案件发生的根本性措施。一方面，要根据业务发展变化的需要，并结合总结近些年金融服务方面发生的案件和事故的教训，以促进发展、提高效率、维护安全为目标，清理、修改、完善现有的规章制度，进一步提高各项规章制度的科学性、严密性和可操作性，把所有业务和各个环节都严格置于制度的规范之下；另一方面，要强化制度约束，加强检查，坚决纠正有章不循、有禁不止的行为，确保每个部门、每个职位、每项工作和程序、每个人都严格按制度办事。对发生的各种案件要认真查处，追究责任。

四是切实加强监督检查。人民银行的金融服务工作涉及全社会，在加强内部管理、提高服务水平和效率的同时，必须狠抓监督检查工作。当前尤其要加强对金融统计上报数据的执法检查，严禁做假账，报假数字，确保金融统计数据的真实完整。加强对商业银行国库代理业务的检查，对预算收入收纳、入库和退库等进行严格的审查，确保国库资金安全。加强对残损人民币回收工作的监督检查，提高流通中货币整洁度。建立支付结算监管责任制，实行严格的责任追究制度，维护正常的结算秩序。各商业银行要积极配合和支持人民银行的各项工作。

五是进一步加大人员的培训和人才的培养，提高金融服务队伍素质。当前随着网络化、信息化的快速发展，金融服务的技术手段在不断提高，对人员素质提出了越来越高的要求。要以制度、政策和业务操作为主要内容，进一步加大对金融服务部门人员的培训，更新知识结构，提高队伍素质。研究制定金融服务部门新的用人机制和相应的激励机制，分层次引进人才，稳定队伍，以适应新时期金融服务改革和发展的需要。

未来几年金融服务工作改革和发展的任务十分繁重，但有利条件也很多。人民银行各级分支机构和领导干部，一定要高度重视金融服务工作，把金融服务工作作为一个整体纳入党委工作的重要议事日程，保证必要的人员和经费，提高服务的质量和水平。金融服务工作部门的广大干部职工，要继续发扬勤勉务实、开拓进取的工作作风，加倍努力，力争为开创人民银行金融服务工作的新局面作出更大的贡献！

亚洲金融发展与合作

（2001 年 5 月 8 日）

继 1997 年金融危机后，亚洲又面临着新的考验。美国经济增速下降，日本经济衰退，国际电子产品需求下降，使亚洲许多国家增速减缓。今天我们在此聚会，探讨亚洲的发展与合作，确实很有意义。

一、亚洲经济金融在全球经济中地位重要

东亚国家和地区创造了长达 40 年经济持续快速增长的奇迹。从 60 年代开始，日本、亚洲"四小龙"及东盟相继实现了经济高速增长，增长速度和延续的时间都远远超过资源丰富的拉美国家。东亚经济的迅猛发展提高了亚洲经济在全球经济中的地位，并对全球经济增长起到了很大的推动作用。

近年来，亚洲经济增长势头不减，在全球经济中的地位并没有因为 1997 年金融危机而削弱，仍具有旺盛活力和巨大潜力。2000年，虽然受外部环境变化的影响，亚洲许多国家和地区从去年第四

注：2001 年 5 月 8 日，戴相龙同志应曾荫权先生的邀请，出席了由香港证券专业协会主办的"亚洲与全球金融：崭新的机遇"国际研讨会，并发表了题为"亚洲金融发展与合作"的演讲。

季度起经济增长速度开始减缓，但仍不失为全球经济增长最快的地区，GDP 增长率达到 7.1%，远高于全球 4.8% 的平均增长率。据亚洲开发银行预测，2001 年亚洲整体 GDP 增长率将降至 5.3%。受金融危机影响的国家和地区整体 GDP 增长率将降至 5.1%，但都高于预期的全球 3.5% 的平均增长水平。

亚洲在世界经济中的地位和作用不容忽视。一是亚洲是全球最大的市场之一。亚洲人口占全世界人口的 60% 以上，GDP 占全球 GDP 约 28%。日本、中国、印度和东盟是区域内最主要的市场，也是全球的重要市场。二是亚洲进出口贸易在全球贸易中地位举足轻重。亚洲主要国家和地区的出口额在 1965 年仅占世界出口总额的 8%，1990 年升至 18%。目前亚洲（不含日本）进出口总额占全球进出口总额的比重已经达到 40.2%。三是亚洲国家和地区是除美国之外吸引外资最多的地区。从 1990 年至 1996 年，仅东亚国家吸收的国外直接投资就占全球国外投资总额的 10%。尽管受危机影响最严重的 5 国的私人资本一直是净流出，国际商业贷款也不断减少，但外国直接投资还是一路攀升。1997 年当年比危机前增加 20 亿美元，达到 68 亿美元，1998 年又比 1997 年增长近 1 倍，1999 年较 1998 年又增加 20 亿美元。在 2001 年，亚洲仍将继续保持对外国直接投资的吸引力。经济学家情报机构（EIU）发表的报告显示，亚洲在未来 5 年内外国直接投资流入将迅猛增长。四是亚洲技术劳动力资源丰富，技术劳动力出口约占全球的 40%。五是亚洲拥有东京、香港、新加坡三大国际金融中心，它们在国际金融市场起着相当重要的作用。

亚洲经济金融的发展有其自身的特点，经济学家们曾将其概括为亚洲模式。1997 年亚洲金融危机后，也有一些经济学家全盘否定了亚洲模式，这些思想曾主导了国际金融组织对亚洲经济制度的认识。我认为亚洲模式是存在的，而且在逐步完善。其主要特征有：第一，在尊重市场基本规律基础上的政府主导经济。政府在经济发展和稳定中的作用不可替代，这也是东亚经济发展必然的历史性选择。第二，国家政治稳定是亚洲经济奇迹的基础。第三，间接融资为主。亚洲金融业在世界金融中的地位相对薄弱，主要表现在：国内储蓄率很高，商业银行间接金融是主体，直接融资比例低，资本市场发展落后。第四，出口导向经济。

二、金融危机后亚洲经济金融运行态势良好

亚洲金融危机的爆发既有其内部的原因，即经济结构不合理、公司治理结构不完善、金融体制不健全、缺乏有效的金融监管、过早开放资本账户等，也有外部因素，即石油价格波动、对冲基金的冲击以及电子产品需求周期性下滑等。1997年亚洲金融危机发生之后，亚洲各国从危机中汲取有益的经验教训，采取切实可行的调整措施，加大深层次的结构调整和金融重组的力度，处置不良资产，降低企业负债率，直接或间接地促进了经济的恢复和增长，金融运行态势基本稳定。

一是实体经济发展良好。继1999年经济全面复苏后，2000年东亚国家和地区经济增长更为强劲，第一、第二季度的GDP增长率大多高于上年同期水平。虽然第四季度东亚地区经济增长速度开始有所下降，但全年基本都实现了较高的增长率，韩国的GDP增长率达8.0%，马来西亚为8.5%，菲律宾为4.2%，印度尼西亚为4.8%，泰国为4.2%。根据亚洲开发银行统计，亚洲整体全年GDP增长率高达7.1%。2000年，印尼、韩国和泰国的失业率比上年大幅下降。

二是危机后亚洲多数国家纷纷放弃了钉住美元的固定汇率制度，实行了浮动汇率制度，减少了国际投机资本冲击的可能。

三是经过三年的恢复，亚洲国家积累了大量的外汇储备。全世

界外汇储备最多的 5 个国家和地区都在亚洲，储备总额超过 8 000 亿美元。东南亚外汇储备也超过 2 000 亿美元，马来西亚等一些国家的外汇储备达到了历史最高水平。

四是亚洲各国短期外债大幅度减少。韩国、泰国、印尼等国 1997 年的短期债务与外汇储备之比超过 100%，目前这一比例普遍下降，韩国、泰国已降至 50%，抗风险能力增强。

五是亚洲各国对不良资产的处理取得了实质性的进展。从东亚看，除菲律宾外，所有国家的不良资产都在减少，马来西亚和韩国不良资产比例降至 7% 左右，泰国下降到 17.7%，好于政府提出的 25% 的年终目标；印度尼西亚到 2000 年末银行业不良贷款比例为 18.8%，比 1999 年早期的记录大幅下降。各国银行风险明显降低。

六是金融监管体制进一步完善。危机后，亚洲各国加强了对银行业的监管，包括加强和完善银行现场检查制度，提高银行业透明度等。

我们认为，东亚国家和地区近期内再度发生类似 1997 年金融危机的可能性不大，但不能排除其他原因导致小范围内陷入经济危机的可能性。

2001 年国际经济的大环境不利发展中国家经济增长。日本经济低迷，美国经济增速减缓，不确定因素较多，全世界对电子产品的需求也在下降，对亚洲主要国家和地区打击会较大，因此亚洲国家和地区应该加强合作，克服外部环境的不利影响。

三、进一步加强区域经济金融合作

不完善的国际经济金融秩序是东亚金融危机发生的重要原因之一。在国际货币体系没有根本改观的情况下，亚洲各国加强区域经济金融合作，是符合亚洲现实的选择的。

经济全球化、区域集团化，是当今世界经济的发展趋势，一国的经济发展难以脱离区域经济的发展。欧元区已经形成，美洲自由贸易区正在规划。从长远看，亚洲地区也应该加强区域内经济金融合作。多种汇率并存是亚洲经济制度的特点之一，有效的经济金融合作机制有利于稳定亚洲金融市场，使国际投机者无机可乘。

亚洲各国加强区域经济金融合作也是亚洲自身发展的需要。亚洲各国是出口导向型经济，受外部环境影响较大。如果亚洲国家不进行区域经济分工协作，出口商品相互竞争将降低亚洲各国的贸易条件。区域内的经济协作和分工有利于避免出口贸易恶性竞争，扩大的区域内部市场也将增强亚洲各国应付外部经济波动的能力。

要推动区域贸易经济合作的进一步深化。一是各国必须树立区域内贸易自由化的理念，摒弃狭隘的重商主义，让资源在区域内优化配置，在亚洲形成统一的大市场。二是亚洲各国发展水平和经济制度相差悬殊，在形成统一大市场之前，区域贸易经济合作可多层次、全方位展开。如东盟自由贸易区的建立、澜沧江—湄公河区域的共同开发及东北亚自由贸易区的发展等。去年11月，朱镕基总理出席在新加坡举行的第四次中国—东盟领导人会晤时，也表示中国愿参与澜沧江—湄公河区域的共同开发，支持建设泛亚铁路的设想等。三是加强高科技产业发展的协作。亚洲国家要在全球高科技产业有所作为，必须加强合作。中国政府高度重视亚洲国家区域内的高科技合作，朱镕基总理出席在新加坡举行的第四次中国—东盟领导人会晤时就表示中国愿参与电子东盟的建设，并与日韩协调加速建设东亚新一代高速互联网络，大力发展电子商务。

区域贸易经济合作的发展及深化客观要求加强区域内金融方面的合作。一是亚洲各国中央银行应密切合作。为推动区域内金融方面的合作，我认为亚洲各国中央银行至少可进行以下几个方面的合作：加强金融监管、资金清算方面的合作，经常进行信息交流；共同建立亚洲金融风险的预警系统。此外，由于亚洲各国的汇率制度千差万别，各国又多采取出口导向的发展战略，稳定各国货币的汇率也是亚洲各国中央银行密切合作的重要任务。

二是推动亚洲区域的资本市场发展。亚洲国家以间接融资方式为主，有较高的储蓄率，拥有巨额外汇储备，但缺乏大容量的资本市场，尤其是长期债券市场，区域内也没有自己的评级机构。为避免资金的大进大出对亚洲金融市场造成影响，亚洲各国应共同努力建立亚洲统一的债券市场，成立亚洲的评级机构。

三是促进区域内货币合作。目前，亚洲各国和地区共持有近万亿美元的外汇储备，如果亚洲各国携手合作，就能抵御国际投机资本的冲击。亚洲金融危机后，东亚国家政府之间的合作已经取得了一些进展。在2000年5月泰国清迈举行的亚洲发展银行年会上，东盟十国和中日韩三国达成了货币互换协议。

四是亚洲各国应协调一致参与国际金融监管标准的制定和国际货币体系的改革。目前，国际标准的制定和国际货币体系的改革往往不能反映亚洲的实际情况，不能代表亚洲国家的利益和主张。如果亚洲国家能在国际组织（如国际清算银行亚洲委员会）以同一声音反映亚洲国家的利益，就有利于推动国际货币体系的改革，为亚洲经济金融的稳定发展创造更好的环境。

四、中国加入世界贸易组织将会促进亚洲经济金融合作

中国即将加入世界贸易组织，这将为亚洲经济金融合作注入新的活力。中国加入世界贸易组织意味着中国经济金融市场全面开放，有利于亚洲区域经济合作进一步深化。中国作为世界上最大的发展中国家，不可能完全依靠出口带动经济增长，必须实施平衡的经济发展战略，中国加入世界贸易组织对其他亚洲国家将更多意味着市场的扩大和商机的增加。根据亚洲开发银行的研究报告，近年来中国实施扩大内需的经济政策，大幅度增加了从亚洲国家和地区

的进口，对亚洲经济增长起了很大的促进作用。

经过近二十年的发展，中国与东盟国家的互补性正在逐步加强。近年来中国与东盟国家的产业结构升级贸易，都取得了相当大的进展。产业结构升级后，产品的品种更加多样化，竞争空间加大。朱镕基总理在出席第四次中国—东盟领导人会晤时也指出，中国与东南亚国家的经济结构和出口结构不尽相同，中国在美国等发达国家出口市场的竞争对手并不是东南亚国家。例如，中国对美国出口位居前列的是轻工产品，东盟则多为集成电路等。

中国的金融业在加入世界贸易组织后也将更加开放，为亚洲各国金融机构提供了更多的机会，这将是一个非常大的市场。

促进全球资本的合理有序流动

（2001 年 5 月 9 日）

　　金融全球化增加了全球资本市场的融资能力，但也增大了风险。全球资本的自由流动应该有利于提高资本配置效率，促进贸易、技术进步和扩散。但是，国际金融体系的弊端使这种好处未能充分体现。一是全球资本流速和流量剧增，传统调节手段失灵。从1991 年至 1999 年，各国证券投资流入总额由 4 600 多亿美元增加到 16 300 多亿美元（增加 2.5 倍），直接投资流入由不到 1 600 亿美元增至 9 100 多亿美元（增加近 5 倍）。全球外汇市场的交易额与世界出口总额之比由 1986 年的 26 倍骤增至 1998 年的 83 倍。二是资本的流向和结构不合理。发展中国家只占全球证券投资流入的8%，银行贷款和直接投资流入总额的 16% 和 24%。发展中国家商品和资本低价输出，高价输入，加剧了世界经济发展的不平衡。全球外汇储备由 1990 年的 6 550 亿特别提款权，增至 1999 年的13 655 亿特别提款权。但工业国家外汇储备占全球的比重，从 1970年的 71%、1980 年的 58%、1990 年的 63%，降到了 1999 年的

　　注：2001 年 5 月 8～11 日，2001 年《财富》全球论坛年会在香港举行，5 月 9 日，戴相龙同志在论坛上发表了演讲，此文是根据戴相龙同志的演讲录音整理而成。

43%。发展中国家的比重从不到30%升至57%，其中一大部分流到了发达国家的国债市场。同时，发达国家的贸易逆差也不断增加，由1970年的107亿美元增至1999年的1 840亿美元，尤其是美国的贸易差额由1970年的顺差转为1999年的3 573亿美元的逆差。发展中国家一方面将大量外汇储备投入收益率较低的美国国债市场，另一方面以较高的成本借入商业贷款，融资成本倒挂。1999年发展中国家外汇储备达7 792亿特别提款权，而1999年中，发展中国家欠境外银行的债务余额为8 096亿美元。三是投资者非理性明显。短期资本比重过高，投机性强，增加了金融市场的动荡。上述问题的主要原因是，除了世界经济发展不平衡和主要工业国家内部结构性失衡外，战后设计的主要为解决经常账户失衡的布雷顿森林体系已经不适应金融市场的发展和世界经济格局的变化。美元的国际地位与美国愿承担的义务的矛盾，三大货币区经济周期不一致及各自宏观政策的矛盾，发展中国家缺少资金但又向发达国家输出资金的矛盾，应该引起国际社会的重视。解决上述问题要靠全球、区域和国家三个层次的共同努力。

从全球的角度，应该改革国际货币体系，寻求稳定国际金融市场的新机制，加强对短期资本的监管，解决资本流动结构失衡问题，最大限度地扩大金融全球化的受益面，而不应该将注意力过多地放在统一透明度标准上。

从本地区的角度看，加强贸易与金融合作，发展和逐步统一市场的任务日益紧迫。东亚金融市场总体规模不小，但因相互隔绝，单国市场小而浅，直接融资比重过小，资金不能在区域内循环。这不仅削弱了东亚国家消化外来短期资本冲击的能力，而且资本流出入利差大，不稳定，造成很大损失。东亚流向美国的资金以购买国债为主，利息较低，而流入资金主要是商业贷款，利率显然高于美国国债。据国际清算银行统计，2000年9月末，发展中国家欠境外银行债务（主要为贷款）余额达 8 989 亿美元，其中亚太地区欠近 3 000 亿美元。同时，境外银行对发展中国家的负债余额达 10 147 亿美元，但主要是存款，其中亚太地区发展中国家为 3 419 亿美元。存贷利差也构成发展中国家的成本。本地区在推动商品、技术、服务和资金市场的整合，防范和化解危机，促进国际经济金融政策协调方面大有可为。东亚地区占全球四分之一的 GDP、三分之一以上的人口、三分之二的外汇储备，经济增长远高于全球平均速度，如能加强合作，足以成为全球投资的重要场所、经济增长的动力和金融市场的一大稳定器。

发展和开放资本市场，最终实现资本账户的人民币可兑换是中国的既定方针。经过十多年的努力，我们已取得了可喜进展。股市市值已超过 GDP 的 50% 以上。除对短期资本的限制以外，资本账户的许多限制实际上主要是对数量的调节，并不是禁止性的。例如，外债余额已达 1 457 亿美元。企业可到境外发债和上市，去年境外证券市场筹资达 3 250 亿元人民币。直接投资累计已达 3 500 多亿美元，已超过 GDP 的三分之一。近几年每年流入 400 多亿美元，今后 5 年每年将达 450 亿美元。外资企业的投资收益可以自由汇出。对资本账户进行审慎管理和有步骤的开放不仅是促进国民经济持续健康发展所必需的，也是为了保护外国投资者的利益。2000 年底，境内外资银行有 177 家，总资产为 346 亿美元。其外汇贷款占境内金融机构全部外汇贷款的 23%。中国在境外营业性机构有 68 家，资产总额达 1 565 亿美元。

我们将继续积极发挥货币和信贷政策的作用，促进资本市场的有序发展和开放。一是允许符合条件的证券公司和基金管理公司到资金市场拆借资金，开办股票质押贷款。二是加快发展企业债券市场，积极培育机构投资者。三是逐步对不同所有制企业实行同等待遇。除少数国家垄断经营的企业外，鼓励其他国有大中型企业逐步改制为多元持股的有限责任公司或股份有限公司。四是取消国内市场的一切地区性限制。五是加强风险防范。包括防止信贷资金违规流入股市；要求国有独资商业银行的不良资产比率在今后几年每年平均下降 2~3 个百分点，增加其资本金。

今后 5~10 年，是中国经济发展、结构调整和扩大对外开放的重要时期。预计未来 10 年我国 GDP 将翻一番，进口商品和技术总额将达 3 万亿美元。中国的改革开放、资本市场的发展和经济增长，也将为外国投资者提供良好的机会，为促进世界经济增长和国际金融市场的稳定作出贡献。

农村信用社的光辉历程和历史任务

（2001 年 5 月 28 日）

今年，我国将实施新世纪第一个五年计划，新时期对农村信用社工作提出了新的要求。此时召开这次农村信用社支农服务座谈会具有十分重要的意义。

农村信用社作为我国金融系统的重要组成部分和支持农村经济发展的重要金融机构，不仅对我国农业和农村经济的发展、农民收入水平的提高发挥了不可替代的作用，农村信用社自身也有了长足的进步，各项业务得到突飞猛进的发展。到今年 4 月末，我国农村信用社系统已有各类机构 102 403 个，其中法人机构 40 141 家；正式员工 65 万人，加上代办员等，从业人员达到 90 多万人。各项存款余额达 15 800 亿元，占全部金融机构的 12%，储蓄存款占 18%；各项贷款余额达 10 489 亿元，占全部金融机构的 10%，其中农业贷款占 65.5%。农村信用社已成为我国农村联系农民的重

注：2000 年 7 月 15 日，国务院批准了由中国人民银行和江苏省人民政府共同拟订的江苏省农村信用社改革方案，为全国农村信用社进一步深化改革积累宝贵经验。2001 年 5 月 28 日，中国人民银行专门召开农村信用社支农服务座谈会，研究讨论"十五"期间农村信用社的改革和发展问题。此文根据戴相龙同志在座谈会上的讲话录音整理而成。

要金融纽带和支持农业、农村经济发展的金融主力军。

一、农村信用社 50 年光辉历程

我国农村信用社发展大体经历了四个重要阶段：

1951 年至 1959 年，是新中国农村信用社组建和发展的第一阶段。1951 年 5 月中国人民银行总行召开了第一次全国农村金融工作会议，决定大力发展农村信用社。到 1957 年底，全国共有农村信用社 88 368 个。这一时期的农村信用社，资本金由农民入股，干部由社员选举，通过信贷活动为社员的生产生活服务，基本保持了合作制的性质，成为农民生产生活上的参谋助手，以及扶持农业生产的重要力量。

1959 年至 1980 年，这一阶段由于极左路线的影响，农村信用社曾先后下放给人民公社、生产大队管理，后来又交给贫下中农管理，农村信用社基本上成为基层社队的金融工具。

1980 年至 1996 年，农村信用社由农业银行进行管理。1984年，国务院批转了中国农业银行《关于改革信用社管理体制的报告》，提出把农村信用社真正办成群众性的合作金融组织，在遵守国家金融政策和接受农业银行领导、监督下，独立自主地开展存贷款业务。恢复和加强农村信用社"组织上的群众性、管理上的民主性、经营上的灵活性"。此后在中国农业银行的领导下，农村信用社在民主管理、业务经营、组织建设等方面进行了一些改革，特别是县级联社的设立，对农村信用社各项业务的发展和内部管理起到了明显的作用。但同时也使农村信用社成了国家银行的基层机构，走上了"官办"的道路，贷款大量投放乡镇企业，农民对信用社的经营活动失去监督。

1996 年 8 月，国务院下发了《国务院关于农村金融体制改革的决定》（国发〔1996〕33 号），进一步明确了农村信用社改革管理的政策措施。这一时期，中国人民银行作为中央银行，一方面负责对农村信用社的监督管理工作，另一方面，在行业管理组织和自律组织没有成立之前，承担了行业管理的职责。

几年来，一系列改革整顿和规范管理取得了初步成效。一是对贷款投向进行了重大调整，农业贷款比重明显提高。2000年底，全国农村信用社农业贷款余额为3 588亿元，比1996年增加了2 101亿元，农业贷款比重由1996年的23%增加到2000年的34%，提高了11个百分点，乡镇企业贷款比重由1996年的52%下降到2000年的43%，下降了9个百分点。二是对贷款方式进行了改进，农户贷款面明显扩大。通过推广农户小额信用贷款，以及核发贷款证、贷款卡等方式，简化了贷款手续，增加了农户贷款面。2000年底，农户贷款为2 203亿元，占农业贷款的60%。三是经营机制有了初步转变，内部管理在加强。3年共减少信用社法人机构9 000家，精减正式职工1万人，清退临时工3万人；人均费用比1997年下降3 800元。全国农村信用社2000年比1999年增盈减亏52亿元，亏损面下降10个百分点。四是初步建立起中央银行对农村信用社的监管体系，风险有所控制。全国有专司农村信用社监管的人员6 000多人，落实了监管责任。经清产核资和真实性检查，全面掌握了风险状况，对高风险社进行跟踪监控和处置，控制了支付性风险，2000年不良贷款比率比上年下降了2个百分点，今年1月到4月不良贷款比率比年初又下降了3个百分点，资产质量向好的方向转变。五是增扩了股金，探索了法人治理结构。2000年底股金总额为266亿元，比上年增加60亿元。同时通过健全社员代表大会、理监事会等民主管理制度，农村信用社自我约束、自我管理机制有所增强。

总结我国农村信用社50年发展历程，可以得出一些基本的经验教训。一是农村信用社必须坚持扎根农村，贴近农户，主动为农民、农业和农村经济发展服务的方向。农村信用社作为我国金融发展中的历史产物，其资金来源于农村、运用于农村，员工来自农民、服务农民这一基本特征，使其成为有别于其他金融机构的特殊金融组织，在支持我国农村经济发展中起到了不可替代的作用。二是农村信用社必须坚持"资本自聚，资金自筹，经营自主，盈亏自负，风险自担"的经营管理机制。历史经验证明，把农村信用社搞成"官办银行"是不行的，必须根据农民的需要，把农村信用社办成由社员入股组成，由社员进行民主管理，主要为社员服务的金融机构。这种信用社，应该是产权明晰、定位准确、服务灵活、业务公开，让入股农民信得过、管得住，权责共担，利益共享的农村金融组织。三是必须正确处理好支持农村经济发展、防范化解金融风险和加快自身业务发展三者的关系，促进其依法经营。这三者之间是相互依存、相互促进的辩证关系。同时也要看到，农村信用社在经营机制不健全、历史包袱沉重、资产状况得不到改善的情况下，也难以有效地支持经济发展。因此一方面农村信用社必须加强经营管理，努力防范和化解金融风险，另一方面国家也要给予必要的政策扶持，为其提供良好的发展环境。

二、"十五"时期农村信用社的历史任务

党中央、国务院高度重视农村信用社的改革与发展。去年以来，朱镕基总理多次召集农村信用社改革发展座谈会，并亲自进行调查研究，对农村信用社的体制改革、职能定位、经营方向等重大问题作了许多重要指示。朱镕基总理指出，要进一步明确农村信用社的宗旨，端正经营思想，坚持为农业、农村和农民服务的方向，积极为发展农业和农村经济、增加农民收入，提供更好的金融支持和服务；必须进一步改革和完善农村信用社管理体制与经营机制；农村信用社改革要从实际出发，采取符合当地特点的具体组织形

式，不搞"一刀切"；对在江苏省实行的农村信用社改革试点，要不断完善，继续深入进行。

九届全国人大四次会议通过的《中华人民共和国国民经济和社会发展第十个五年计划纲要》明确提出要"改革农村金融体制，增加对农业的信贷投放，改进贷款方式，提高金融服务水平。要因地制宜地加快农村信用社管理体制改革，充分发挥农村信用社在农村金融服务中的主力军作用"。我们要进一步学习和落实朱镕基总理的重要讲话和"十五"计划纲要精神，深入研究加强农村信用社管理和做好支农服务的各项工作，在"十五"期间努力完成以下四项任务：

（一）大力组织资金，改进金融服务，较好地解决农民贷款难问题

我国农业已进入新的发展阶段，中央决定，"十五"期间，要始终把农业放在发展国民经济的首位，保证农业在提高整体素质和效益的基础上持续、稳定发展，促使农民收入较快增长。在这种新形势下，作为为农民提供金融服务的农村信用社，应该把履行自身职能，支持好"三农"，努力解决农民贷款难问题，作为党和国家赋予的光荣使命来认识。解决农民贷款难，要确立几项指标，一是贷款面要扩大，农户贷款比例要同实际需求相适应；二是贷款用途要扩大，基本满足农民合理的生产生活资金需要；三是信贷服务要方便快捷，方式多样，手续简便。农村信用社要把解决农民贷款难问题作为当前的中心任务，在大力组织存款、充分运用中央银行支农再贷款、壮大自身实力的基础上，集中精力，加大措施，把解决农民贷款难问题抓出实效。

（二）加强管理，增收节支，基本解决长期形成的历史包袱

目前农村信用社不良资产占比高，亏损面大，历史包袱沉重，已经严重困扰着农村信用社的改革和发展。"十五"期间，要采取

必要的政策措施，下大气力加以解决。农村信用社通过深化改革，转换机制，加强管理，增收节支，逐年消化一部分，国家通过加大无息再贷款扶持和其他优惠政策扶持等措施，帮助解决一部分，经过努力，到 2005 年，全行业不良贷款率要控制在 20% 以下，其中两呆贷款控制在 7% 以下，全国农村信用社亏损面控制在 15% 以下，大多数农村信用社基本实现扭亏为盈。

（三）因地制宜，深化改革，基本建立与农村经济发展相适应的农村信用社管理体制

改革农村信用社管理体制，关键是明确农村信用社与农民的关系。要根据农村经济发展和农民的需要来深化改革，完善农村信用社管理体制。同时，由于农村区域经济存在差异，农村信用社的组织形式必须因地制宜，不搞"一刀切"。因此，按照国务院的统一部署，在"十五"期间，要基本建立起与农村经济发展相适应的农村信用社管理体制：一是将大部分农村信用社办成由社员入股，社员民主管理，主要为社员服务的合作金融组织；二是中国人民银行由目前承担监管和行业管理双重职能向单纯的监管过渡，逐步建立以人民银行金融监管为主，以行业管理、自律管理为辅，以存款保险制度为补充的合作金融管理体制；三是使经营管理水平得到明显提高，经营状况得到明显改善；四是使大部分高风险社特别是资不抵债社风险状况得到有效控制和化解；五是使农村信用社服务质量明显改进，支农水平显著提高，农民贷款难问题得到较好解决。目前在江苏省进行的农村信用社改革试点已取得了阶段性成果，为全国的改革提供了很好的经验。全国农村信用社的体制改革将按照国务院的部署，扎实稳步地推进。

（四）努力学习，廉洁自律，基本建立起一支讲政治、会管理、深受农民欢迎的农村信用社职工队伍

农村信用社职工队伍总体上看是一支忠于职守、勤奋工作的队

伍，多年来为党和人民，为信用合作事业的发展作出了贡献。但不可否认，也存在着队伍过大、人员素质较低、管理水平不高等问题，一些管理干部过于老化，不能适应新形势下支农和业务发展的需要。个别信用社和联社主任权力过大，缺乏有效的监督制约，甚至有章不循，有禁不止，我行我素，造成违规、违纪、违法的案件时有发生。近日焦点访谈曝光的富锦市大榆树信用社主任严重违章违纪、以贷谋私，就是一个典型。这些问题产生的根本原因，是法人治理结构不完善，内部监督制约机制不健全，也反映了农村信用社职工队伍严重不纯，必须认真加以整顿。今后两年，要把整顿和加强农村信用社职工队伍建设工作摆上重要议事日程。加强信用社和联社领导班子建设，特别是要选好"一把手"，并通过完善法人治理结构，实行有效的监督制约。要彻底解决一些信用社存在的内部人控制问题。要改善员工素质结构，到2005年，中专学历以上员工比例达到50%以上，信用社和联社主任要全部达到任职资格的要求。从而建立起一支讲政治、会管理、廉洁自律、深受农民欢迎的农村信用社职工队伍。

三、当前需要做好的几项工作

（一）认真学习江泽民总书记关于"三个代表"的重要思想，坚持为"三农"服务的方向

江泽民总书记"三个代表"重要思想是马克思主义的科学思想，是各项工作的指导方针。农村信用社广大干部职工要通过认真学习，把"三个代表"重要思想贯彻落实到实际工作中去。农村信用社通过优质的金融服务，促进农村生产力发展，促进农村的社会主义精神文明建设，促进农民收入的提高，就是落实"三个代表"的重要体现。要对照"三个代表"的要求，认真整顿思想、整顿作风、整顿纪律。要把农村信用社的工作是否符合农民的根本

利益，是否让农民满意，作为检验农村信用社经营方向和工作业绩的根本标准，从而提高做好支农工作的责任感和自觉性，提高支农服务水平。

（二）改进服务方式，加大信贷支农力度

当前，农村信用社的支农工作要紧密围绕解决农民贷款难这一重点开展，要客观分析导致农民贷款难的实际原因，提出切实可行的解决办法，力争使农民贷款难的问题从根本上得到缓解。为此，一要进一步引导农村信用社在确立以服务"三农"为己任的基础上，彻底转变经营作风，切实改善金融服务。深入基层，深入农户，帮助农民解决生产、生活中的资金困难。二要促进农村信用社进行存款方式创新，增加存款。同时，要进一步改进服务，简化贷款方式，积极支持农业产业结构调整，支持农民增加收入。农村信用社要适应农业产业结构调整需要，拓展信贷领域。不断总结小额信用贷款和农户联保贷款的经验，适当放宽信用放款额度和支农服务范围，及时满足农民多方面的合理资金需求。三要充分用好人民银行对农村信用社的支农再贷款。各地农村信用社要根据当地农村经济发展的资金需要和自身资金供给能力，及时申请支农再贷款，各级人民银行要加强支农再贷款的管理，严禁挪用和浪费。四要加强管理，健全岗位责任制，提高信贷资金使用效益。要通过贷款责任制，建立信贷人员发放"三农"贷款额度，资金回收水平等综合性考核指标。要克服惧贷思想，增强业务发展意识，通过积极发放贷款来增加信用社营业收入。要坚持民主办社和民主管理，坚持贷款公开制度，实现贷款发放计划公开、程序公开、额度公开、用途公开、利率公开，接受农民群众和社会的监督。同时要着力创建良好的农村信用环境，提高支农综合服务水平。

（三）加强信贷管理，降低不良贷款比例

目前农村信用社不良贷款占比较高，制约着业务发展。今后几年，要在逐步化解现有不良贷款的同时，严格控制新增不良贷款比例。可以考虑把 1998 年底以前形成的不良贷款分账核算；对新发生的不良贷款要按月分析，按季度考核，并采取有效的控制和化解措施，降低不良贷款比例。农村信用社要严格规范贷款管理程序，认真实行审贷分离制度和贷款损失追究制度，切实保障信贷资金安全。对违规发放贷款，违章操作造成贷款损失的，要追究有关责任人的责任。同时，加大对不良贷款的清收力度，防止企业逃废信用社债务，有效做好农村信用社的资产保全工作。

（四）增收节支，建立增盈减亏责任制

扭亏增盈工作是农村信用社工作的又一个重点。要围绕农村信用社扭亏增盈、增收节支，建立各级信用合作管理部门的管理责任制，层层下达扭亏增盈指标，分解工作任务。各地要将扭亏增盈工作的完成情况作为考核信用合作管理部门政绩的一项重要指标，同时要坚决杜绝弄虚作假的现象。

（五）整顿金融市场秩序，严厉打击金融犯罪活动

最近一个时期农村信用社案件多发，大案要案较多，必须引起重视，加大查处和防范力度，切实扼制案件频发的势头。同时，对一些地方出现的违规放贷、扣收利息、扣收股金、以物顶贷、乱浮利率等违规、违纪和违法事件，也要认真调查，严肃处理。全国农村信用社要开展一次以整顿农村金融市场秩序、严厉打击金融犯罪为主要内容的信贷工作大检查活动。人民银行各级分支行的分管行长和合作金融监管部门要切实负起责任，加大检查、监管的力度，严肃查处违规、违纪和违法的行为。现进一步重申和明确：严禁信用社在对农户发放贷款时指定购物单位、以物顶贷，要一律按农民的意愿提取现金，不得另行附加任何条件；严禁在发放贷款的同时，扣收利息、扣收股金、扣收税款、扣交统筹等；严禁信用社对地方发放贷款垫发工资、垫支经费等；严禁发放贷款用于炒股票和

发放个人股票质押贷款；各信用社不得违规"垒大户"发放贷款，已发放的要限期收回；不得将所有的贷款利率一律浮动50%，对种植业贷款利率要不浮或少浮；上级联社不得随意抽调基层社的资金发放贷款、买卖债券，已经抽调的要坚决清理。总之，整顿金融市场秩序是整顿经济秩序的重要内容，农村信用社在农村金融市场中占有非常重要的地位，要从维护社会稳定、维护市场秩序、保护存贷款人的权益以及提高农村信用社社会信誉的高度，做好信贷资金的检查工作。

做好农村信用社支农服务工作离不开中央银行的金融监管。人民银行要加大现场检查力度，重点检查农村信用社的信贷管理、新增不良贷款、支农再贷款使用和大额单一客户贷款等情况。全面掌握"三外"资金和债券投资的总体情况，督促农村信用社尽快解决存在的问题，进一步加大清收力度。要进一步落实各级行对农村信用社的监管工作职责和任务，制定农村信用社金融监管工作检查考核具体办法，通过对岗位职责履行情况的考核，督促监管人员尽职尽责。人民银行制定了今明两年以省为单位考核的农村信用社风险防范和化解计划，实行目标考核，要及时检查、督促各地抓紧落实。要认真研究地市联社成立后如何强化行业管理职能，同时解决好服务与管理的关系问题。既要强化管理，又不能包办代替，既要搞好服务，又不能增加基层社的负担。要加大监管干部培训力度，提高监管人员业务素质。

（六）开办农户小额信用贷款、建立信用村（镇）工作

开办农户小额信用贷款、建立信用村（镇）工作是在农村信用社县联社统一组织下，乡镇农村信用社依靠村党支部、村委会和入股社员，成立各村信用评估小组，评估农户的借贷能力和资信，提出农户小额信用贷款的推荐意见；由农村信用社核定农户借款最高限额，核发贷款证；农户可在贷款额度内，自主凭贷款证直接到

信用社营业网点办理借款手续，或由信用社送贷上门，其贷款资金由农户自主使用、按期归还。在此基础上，根据贷款户占全部农户比例和农户守信程度，开展评定信用村（镇）活动，对不同信用程度的村（镇）发放农户贷款实行分类管理。

在总结几年来农村信用社支农服务工作经验的基础上，人民银行制定下发了《农村信用合作社农户小额信用贷款管理指导意见》（以下简称《指导意见》）。《指导意见》的基本原则是必须始终维护农民的根本利益，必须维护农村信用社的经营自主权，必须紧密依靠村党支部和村委会，必须实事求是，量力而行，循序渐进，讲求实效。下一阶段，扩大农户小额信用贷款和信用村（镇）试点工作要重点加强以下几个方面：

一是加强组织领导。首先，在人民银行各分行领导下，以省为单位，在认真准备的基础上，在今年召开农户小额信用贷款工作座谈会上，交流经验，学习《指导意见》，对全省开展此项工作提出意见。其次，人民银行县支行、农村信用社县联社要在县委、县政府的支持和帮助下，于明年初交流、研究、安排2002年发放农户小额信用贷款和建立信用村（镇）的试点工作。最后，各乡镇农村信用社要主动取得乡镇党委的支持和帮助，在春节前后，分期分批做好农户小额贷款证的审查发证工作，使第一批农户能在明年春耕生产前得到贷款。

二是积极筹集信贷资金。发放农户小额信用贷款，需要较多的资金，各地农村信用社对此必须有思想准备。首先，农村信用社要改进服务，扩大存款，收回到期贷款，增加资金头寸，增强农村信用社吸收存款的能力。其次，用足现有资金。将存放商业银行的资金和到期国债资金，逐步用于支持农业、农村和农民。再次，支持和帮助有条件的县联社参加资金市场，通过同业拆借和同业借款获得资金，并监督其使用和归还。最后，根据从严掌握原则，适当增加对农村信用社的再贷款。

三是加强监管。人民银行及其分支行对农村信用社发放农户小额信用贷款，建立信用村（镇），要加强监管。要监督农村信用社是否按有关金融法规发放贷款；要监管农村信用社的经营自主权是否得到维护；要监督农户小额信用贷款发放是否贯彻农户自主申请、自主运用、自主还贷的原则；要监督农村信用社是否把资金用于支持"三农"，查处信贷资金违规流入股市和以贷谋私行为。

党中央、国务院十分重视农村信用社工作，农民致富和农村经济发展需要农村信用社，只要按照党中央、国务院的要求和农民的需要，在深化改革中加强管理，在改善服务中防范风险，农村信用社就一定具有广阔的发展前景，就能够担负起新时期赋予的光荣职责和历史任务。

用"三个代表"
重要思想指导中央银行工作

（2001 年 9 月 8 日）

　　江泽民同志在庆祝建党 80 周年大会上的重要讲话，坚持以马克思列宁主义、毛泽东思想、邓小平理论为指导，贯彻党的解放思想、实事求是的思想路线，系统总结了我们党 80 年的光辉历程和基本经验，全面阐述了"三个代表"重要思想的科学内涵，深刻回答了新的历史条件下加强和改进党的建设需要解决的重大问题，进一步指明了党在新世纪的历史任务和奋斗目标，体现了继往开来、与时俱进的重大理论创新，是推进中国社会伟大变革、实现中华民族伟大复兴的纲领性文献。中国人民银行系统学习江泽民同志的"七一"重要讲话，认真贯彻落实"三个代表"重要思想，就是要用"三个代表"重要思想指导新世纪中央银行工作，牢固树立"三个意识"，加强党的建设，努力实践"三个代表"的要求。

————————————

　　注：2001 年 7 月 1 日，江泽民同志在庆祝中国共产党成立八十周年大会上发表重要讲话，系统总结党八十年来的奋斗业绩和基本经验，全面阐述"三个代表"重要思想的科学内涵。2001 年 9 月 8 日，戴相龙同志结合新时期中央银行工作，在《人民日报》发表了此文。

一、牢固树立发展意识，实行稳健的货币政策，促进先进生产力的发展

历史经验证明，发展是硬道理，是解决中国所有问题的关键。人民银行的各项工作必须始终坚持发展是硬道理，牢固树立发展意识，把促进先进生产力发展放在首位。货币政策作为国家重要的宏观调控工具，是促进先进生产力发展的重要手段，因而必须符合生产力发展的规律，体现不断推动社会生产力的解放和发展的要求，尤其是要体现推动先进生产力发展的要求。回首过去，在党中央、国务院的领导下，人民银行从 1993 年开始实行适度从紧的货币政策，成功地治理了通货膨胀；从 1998 年开始执行稳健的货币政策，有效地扭转了通货紧缩趋势，促使国民经济保持了持续快速发展的良好势头。展望未来，人民银行要以促进先进生产力发展为己任，支持经济结构的战略性调整，促进国民经济的可持续发展。

保持货币供应量适度增长，满足经济增长的合理资金需求。当前，世界经济增长趋缓，主要发达国家经济不景气，外需对我国经济增长的拉动作用明显减弱，经济发展和需求增长的内在动力仍然不足。因此，我们必须坚持扩大内需的方针，继续实行稳健的货币政策，保持货币供应量和引导银行贷款的适度增长，通过满足经济增长的合理资金需求，推动先进生产力的发展。"九五"时期，全国货币供应量年均增长 17.2%，到今年 6 月总量为 14.8 万亿元。"十五"期间，我国年均经济增长的预期目标是 7% 左右，物价涨幅控制在 3% 左右，考虑到货币流通速度减慢的因素，预测货币供应量增幅将保持在 14% 左右。由于直接融资将有较大程度的发展，金融机构贷款增长应低于"九五"时期的平均水平。

进一步落实和完善信贷政策，促进经济结构实现战略性调整。经济结构不平衡也反映在信贷结构中。到今年 6 月底，全国金融机构贷款总额达 10.7 万亿元，但对新兴产业、中西部、农村信贷薄弱。信贷政策作为国家引导货币资金流向的重要手段，必须要以经济结构调整为主线，着眼于提高先进生产力水平，着眼于支持产业结构优化升级，促使国民经济实现战略性调整。完善信贷政策的重点是，支持国有大中型企业深化改革，支持中小企业和非国有经济的发展，改进外汇贷款发放，促进高新技术发展。加大对农村、农业和农民的信贷投入，优化农村产业结构，支持小城镇建设，帮助农民增加收入。加大金融对西部大开发的支持力度，尤其是增加对基础设施建设、生态环境保护和优势产业的信贷投入。稳步增加个人消费贷款，特别是增加住房贷款和助学贷款，培育新的经济增长点。

完善宏观金融调控机制，为先进生产力发展创造良好的宏观金融环境。宏观金融调控体系是上层建筑的重要组成部分，只有适时改革宏观金融调控机制中不适应生产力发展要求的因素，健全符合市场经济要求的宏观金融调控手段，才能为先进生产力的发展创造一个良好的外部环境。经过多年的改革和发展，我国的货币政策基本上实现了从直接控制向间接调控的转变。今后一个时期，健全和完善宏观金融调控体系的重要任务就是要进一步发展货币市场，沟通和规范货币市场与资本市场间的联系，促进资本市场健康发展，同时要防范信贷资金违规流入股市；稳步推进利率市场化改革，逐步加大利率的浮动幅度，提高中央银行调控宏观经济运行的能力；继续实行以市场供求为基础的、有管理的浮动汇率制度，在保持汇率稳定的基础上，完善人民币汇率形成机制，从而使宏观金融调控机制完全适应日益深化的市场经济，符合先进生产力发展的需要。

二、牢固树立稳定意识，加强金融监管，维护广大人民群众的根本利益

金融是现代经济的核心，金融业是经营货币的特殊行业。金融的安全、稳健运行与经济发展和社会稳定息息相关，与广大人民群众的根本利益息息相关。金融机构破产，直接危害存款人的利益。国家银行不良贷款增加，最终导致中央财政支出的增加。加强金融监管，保持金融稳健运行，是维护最广大人民群众根本利益的具体体现。近年来，我们按照党中央、国务院的决策和部署，正确处理支持经济增长与防范化解金融风险的关系，整顿和规范金融秩序，发行特别国债补充国有商业银行资本金，剥离和处置国有商业银行不良贷款，运用再贷款手段，有效化解中小金融机构的支付风险，打击金融犯罪，最大限度地维护了广大人民群众的根本利益。我国银行的不良贷款比例较高，但处于不断下降之中，综合分析我国国力和银行业的发展，现在存在的金融风险是可以控制的，也是可以逐步化解的。我们必须站在维护最广大人民群众根本利益的高度，牢固树立稳定意识，进一步加强金融监管，促进金融业在改革中的稳步发展，维护国家金融安全。

加强金融监管，维护广大人民群众的根本利益，首先要在对国有商业银行进行综合改革的基础上，做好对国有商业银行的监管工作。要紧紧围绕降低不良贷款问题，督促四家国有独资商业银行采取有效措施，实现今后 3 年不良贷款比率每年下降 2～3 个百分点的目标。设立监管小组，集中力量加强对国有商业银行的法人监管。建立以利润目标为中心的综合考核体系，实行审慎会计制度，消化历史财务包袱，促进制度更新，最终把国有商业银行改造成为在国际金融市场中有一定竞争能力的现代化大型商业银行。

加强金融监管，维护广大人民群众的根本利益，需要大力支持中小金融机构在改革中稳步发展。规范股份制商业银行法人治理结构，支持符合上市条件的股份制商业银行公开上市，积极支持外资参股或控股现有股份制商业银行。支持城市商业银行办成市民银行，为所在城市中小企业、个人提供金融服务。贯彻落实党的农村工作政策，进一步加大对农村信用社的监管和扶持的力度，根据农民、农业和农村经济发展的实际需要，将大部分农村信用社办成由社员入股，社员民主管理，主要为社员服务的合作金融组织，切实解决农民贷款难的问题，维护广大农民的根本利益。

加强金融监管，维护广大人民群众的根本利益，还要大力整顿和规范金融秩序。当前，我国社会信用环境还没有根本改观，少数金融机构内部管理松弛，违规经营、恶性竞争时有发生，企业逃废银行债务的现象还比较突出，逃套骗外汇、诈骗、制贩假人民币、洗钱和抢劫银行等违法犯罪案件还相当严重，扰乱了正常的金融秩序。按照中央的要求，要狠抓金融秩序的规范，运用法律、经济、社会监督等多种手段，坚决揭露和纠正逃废银行债务的行为，积极配合有关部门严厉打击各种金融违法犯罪行为，防范新的风险，促进银行业稳健运行，从而为广大人民群众创造一个安居乐业的稳定的金融环境。

三、牢固树立服务意识，提高金融服务的质量，弘扬先进的行业文化

良好的行业形象，先进的行业文化，是社会主义先进文化的重要组成部分。中央银行除履行货币政策、金融监管职能外，还承担着货币发行、支付清算、代理国库等服务性职能。作为中央银行，实践代表先进文化前进方向要求的很重要的方面，就是要牢固树立服务意识，通过充分发挥中央银行金融服务工作基础性、社会性、管理性的特点，在带动和促进整个银行业提高服务的质量，塑造良好的行业形象，弘扬先进的行业文化方面作出表率。

提高金融服务的质量，塑造良好的行业形象，首先要继承和发扬金融业的优良传统，牢固树立"严格、规范、谨慎、诚信、创新"的良好行风。大力弘扬艰苦奋斗，勤俭办事的精神。大力提

倡说老实话、做老实人、办老实事，勤勤恳恳做事，踏踏实实做人的良好社会风气。认真开展好以爱岗敬业为主要内容的职业道德教育活动，坚决杜绝"门难进，脸难看，事难办"的现象，增强服务意识。

提高金融服务的质量，塑造良好的行业形象，必须要加快金融科技创新的步伐，用现代科技文明改造和提升金融服务的基础设施。要加快建立现代化支付清算系统，大力推行方便快捷的支付信用工具，实现银行卡联网通用，建立全国统一共享的金融信息系统，落实以单一账户体系为基础的财政国库管理制度，提高人民币印制质量和防伪技术，提高货币发行技术防范水平，使金融服务的质量更具有技术上的保证。

坚持两手抓，两手都要硬，是我们改革开放和现代化建设取得胜利的一条基本经验，是我们的政治优势。中央银行贯彻落实"三个代表"的要求，必须牢固树立两手抓的意识，具备两手抓的本领。既要抓好各项业务工作，又要抓好党的建设，把党的工作贯穿于业务工作当中，切实加强各级领导班子建设和基层党组织建设，加强和改进中央银行的思想政治工作，把党风廉政建设和反腐败斗争的各项措施落到实处，从而为实践"三个代表"，更好地依法履行好职责提供强有力的思想政治保证。

中国金融业在改革中发展

（2001 年 9 月 19 日）

非常高兴出席这次世界华商大会。多年来，世界各地的华商对中国经济的发展作出了重大贡献，在此，我们表示衷心的感谢。下面，我就中国金融业改革开放及未来发展介绍一些情况，交流一些看法。

一、中国金融体制改革取得显著成效

中国实行改革开放政策以来，国民经济持续、快速、健康发展，综合国力明显增强。2000 年中国国内生产总值超过 1 万亿美元，列世界第 7 位。人民生活水平明显提高，社会政治进一步稳定。中国金融业在改革开放中稳步发展。1984 年中国人民银行开始承担中央银行职责，在这以后积极发展多种金融机构；1994 年 4 家国有专业银行转变为国有独资商业银行并在此基础上又成立了 3 家政策性银行；1997 年建立了对银行业、证券业、保险业分业经营、分业监管的新体制。经过十多年的努力，与社会主义市场经济

注：2001 年 9 月 17 日至 19 日，第六届世界华商大会在中国南京隆重举行，会议的主题是"华商携手新世纪，和平发展共繁荣"。此文是根据戴相龙同志 2001 年 9 月 19 日在大会上的演讲整理而成的。

相适应的金融组织体系、市场体系、监管调控体系已初步建立。

一是健全和完善了金融法规。初步形成了以《中国人民银行法》、《商业银行法》、《证券法》、《保险法》等为核心的金融法律体系,奠定了金融机构依法经营和监管当局依法监管的法律基础。

二是建立了以商业金融为主体、各种所有制、各类金融机构分工合作的金融组织体系。1994 年 4 家国有专业银行转变为国有独资商业银行并在此基础上又成立了 3 家政策性银行。目前,我国已有 110 多家股份制商业银行、100 多家证券公司、30 多家保险公司。国有独资商业银行在历史上形成的不良贷款大部分已剥离出售给金融资产管理公司,贷款质量逐步提高。股份制商业银行总资产占银行业总资产的 14%。外资银行发放的外汇贷款约占全国外汇贷款的 20%。

三是建立了协调发展的金融市场体系。以银行间债券市场、同业拆借市场、票据市场为主体的货币市场初具规模,并实现了货币市场利率的市场化。以国家债券、金融债券、企业债券和股票市场为主体的证券市场发展迅速。到今年 6 月底,中国境内上市公司已达到 1 137 家,市价总值 5.4 万亿元,流通市值 1.9 万亿元,初步实现了发行方式、定价机制的市场化。建立了全国统一的外汇交易市场和以市场供求为基础的、单一的、有管理的人民币汇率制度,有效地维护了人民币汇率的稳定。

四是宏观金融调控基本实现了由政府直接控制为主向利率等货币政策工具间接调控为主的转变。1993 年开始,实行适度从紧的货币政策,成功地抑制了通货膨胀。东南亚金融危机发生后,执行稳健的货币政策,连续降低利率,抑制了通货紧缩。中国人民银行取消了贷款规模限制等直接控制手段,灵活运用利率、公开市场操作、再贷款、再贴现、存款准备金等间接调控手段,调控货币供应量,保持币值稳定,有效地促进了经济增长。

　　五是确立了对银行业、证券业、保险业实行分业经营、分业监管的新体制。从 1998 年开始，建立了银行业、证券业、保险业分别由中国人民银行、中国证监会和中国保监会分业监管的体制。几年来，通过发行特别国债补充国有商业银行资本金，成立金融资产管理公司收购和处置不良贷款，整顿各类中小金融机构等措施，逐步化解了长期积累的金融风险，保持了金融体系的平稳运行。

　　六是国际收支平衡能力不断增强，人民币汇率稳定。1994 年实现了人民币汇率并轨，建立了以市场供求为基础的、单一的、有管理的浮动汇率制度，保持了人民币的长期稳定。1996 年 12 月实现了人民币在经常项目下的可兑换。国际收支平衡能力不断增强，外汇储备持续增加。到今年 8 月，国家外汇储备已经达 1 900 亿美元。

　　开放的、新的金融体制促进了金融业的稳健运行，在支持经济发展和改革中发挥了重要作用。到今年 6 月底，中国国内金融业总资产已达 21.4 万亿元。其中，由中国人民银行监管的国家银行占 61%，股份制商业银行占 13.5%，城乡信用社占 9%，外资银行占 1.6%，非银行金融机构占 9.7%，证券、保险分别占 3.4% 和 1.8%。1991～2000 年，我国广义货币供应量年均增长 21.7%，金融机构贷款平均每年增加近 1 万亿元，年均增长 16.5%。证券市场累计筹资 6 500 多亿元。保险保费收入平均每年增加 140 多亿元，年均增长 23.1%。

　　但是，我国金融业尤其是银行业改革和发展中依然存在许多问题。最重要的问题有：一是在社会融资中，间接融资比例过高，直接融资比例过低。几年前，直接融资比例在 10% 左右，2000 年提高到 25%，但从融资存量看，直接融资比例仅为 15% 左右。财政和国有企业无力充实资本金，居民大量储蓄不能转化为资本，迫使国有独资商业银行向资产负债率过高的国有企业贷款，同时增加了

国有企业和国有独资商业银行的风险。二是国有独资商业银行改革
步伐不适应改革和开放的新形势。1984 年前，中国人民银行既是
金融行政机关，又办理存贷款业务。在这以后从中国人民银行分设
出去的国家专业银行，长期实行的是事业单位、企业化管理。1995
年《商业银行法》公布后，国家已明确国有独资商业银行是金融
企业。但是，由于多种原因，现在的国有独资商业银行尚未脱离行
政机关和事业单位的色彩，急需按经营货币的企业属性改革各项经
营管理制度。三是国有独资商业银行不良贷款比例过高。1994 年，
国有独资商业银行不良贷款约为 20%。1997 年国家要求今后 3 年
每年降低不良贷款 2～3 个百分点。执行结果，到 2000 年底剥离
1.3 万亿元不良贷款后，仍高达 25%。这说明降低不良贷款工作的
艰巨性。中国银行业不良贷款的产生，除了一般原因外，还有一个
特殊原因，即中国银行业承担了计划经济向市场经济体制转变的改
革成本，降低不良贷款要和支持经济发展统筹解决，要在支持发展
中化解金融风险。我国国民经济持续、快速、健康发展，国有商业
银行新增贷款质量普遍提高，都为解决国有独资商业银行不良贷款
创造条件。现在统计的不良贷款更为真实，需要核销的比例较低，
而且已呈下降之势。所有以上问题，必须抓紧解决。

二、新世纪中国金融业改革发展面临的机遇和挑战

我们已跨入 21 世纪，政治上的多极化和经济上的全球化是当
今世界发展的两大趋势。经济全球化导致金融全球化，金融全球化
进一步促进经济全球化的发展。经济金融全球化是一把"双刃
剑"，它既加快了世界经济的发展，促进了世界总财富的增加，又
在全球范围内扩大了贫富差距。发展中国家在获得资金和技术的同
时，也增加了经济失衡和金融不稳定的更大风险。

中国作为一个最重要的发展中国家，坚持实行对外开放的方

针，使中国的经济和金融逐步参加到经济金融全球化之中。在开放
领域和速度上，采取循序渐进的原则。这样做，不仅是为了保持我
国宏观经济的稳定发展，也是为了维护外国投资人的投资安全和利
益。

我国金融业开放不断扩大。目前，已取消了外资银行来中国设
立机构的地域限制，并在上海、深圳进行了外资银行办理人民币业
务的试点。到今年 6 月底，我国境内已设立营业性外资金融机构
190 家。其中，外国银行分行 158 家，在中国的总资产 410.4 亿美
元，外汇贷款余额 143.2 亿美元，约占境内金融机构全部外汇贷款
的 17.2%；被批准开办人民币业务的外国银行分行 31 家，人民币
存款 78 亿元，贷款余额 338.8 亿元。外资保险公司分公司 14 家，
中外合资保险公司 8 家。外资金融机构已成为我国金融体系的重要
组成部分。

我国即将加入世界贸易组织。加入世界贸易组织后，金融对外
开放将进一步扩大，将能在更深的程度上参与经济金融全球化过
程。按照中国与美国、欧盟的协议，在业务范围准入方面，加入世
界贸易组织当年，允许外国银行办理全部外币业务。5 年后，允许
外资银行办理城乡居民人民币业务。在地域准入方面，加入世界贸
易组织后，每年增加一定数量城市向外资银行开放人民币业务，5
年后对外资银行办理人民币业务不再有地域限制。在分支机构的设
立上，将由中央银行按审慎原则审批。

对外国非寿险公司，经过逐步过渡，在加入世界贸易组织后 4
年内允许向外国和中国客户提供所有企业和个人非寿险服务。对成
立中外合资寿险公司的外资比例限定在 50% 以内。与此同时，对
外资持有基金管理公司部分股权和成立中外合资证券公司及其业务
范围也作了相应承诺。

中国加入世界贸易组织后，外资金融机构将更多地参与中国的

经济建设和金融发展，有利于增加国际金融资本的流入，有利于带来现代银行经营管理制度和新的业务品种，有利于进一步规范金融业的经营行为。但加入世界贸易组织后，会有更多外资金融机构进入中国市场，也将在优质客户、优秀人才、新业务、新技术等方面与中资金融机构展开激烈竞争。由于我国金融企业自我约束、自我发展的经营机制尚不完善，加上历史包袱沉重，金融基础设施建设薄弱，与大部分外资金融机构相比，存在一定的劣势。因此，加入世界贸易组织后，会给中资金融机构的经营和监管当局的监管带来新的压力和挑战。为此，我国将进一步加快国内金融企业商业化改革的步伐，发展和完善金融市场，健全金融法律法规，建立高效的金融监管体系，抓紧培训金融业经营管理人才，大力提高金融管理的技术手段，以更加积极的姿态，迎接加入世界贸易组织的机遇和挑战。

三、"十五"时期中国金融业改革的几个问题

预计到 2010 年，我国国内生产总值将增长一倍，超过 2 万亿美元。为此，"十五"时期，我国金融业将加快改革发展的步伐。

（一）提高制定和执行货币政策的水平，创造良好的宏观环境

中国货币政策的目标是保持人民币币值的稳定，并以此促进经济增长。从 1993 年下半年开始，中国实行适度从紧的货币政策，成功治理了通货膨胀。1998 年至今，执行了以调整信贷结构为主要内容的稳健的货币政策，有效防止了通货紧缩的趋势。近些年，我国广义货币量（M_2）对国内生产总值现价（GDP）的比值呈连续上升趋势。1998 年为 1.31，1999 年为 1.46，2000 年为 1.52，其比例大大高于印度、日本等国家，增量已经很多。企业特别是国有企业负债率也比较高，经济结构失衡的矛盾尚没有解决。这种状况决定了"十五"时期，我国仍要继续实行稳健的货币政策，密

切关注经济运行的态势，保持货币政策的前瞻性，提高制定和执行货币政策的水平。

提高制定和执行货币政策的水平，要合理确定货币供应量的增长率。根据"十五"时期国内生产总值年均增长7%左右、消费物价年均涨幅控制在3%以内的预期目标，考虑到货币流通速度减缓的因素，"十五"时期货币供应量将控制在14%左右，增加货币供应量12.5万亿元，预计2005年货币供应量将达25万亿元。金融机构贷款年均增长13%，增加8.4万亿元，2005年贷款总量将达到18万亿元。

提高制定和执行货币政策的水平，要继续运用好信贷政策。信贷政策是货币政策的重要组成部分。从发展中国家和地区发展的成功经验看，产业政策和信贷政策的有机结合，对于资源的有效配置和经济结构的调整起着重要作用。"十五"时期，我国将继续发挥好信贷政策的作用，引导商业银行调整信贷结构，按照市场原则，逐步增加对高新技术、中西部开发和农村的贷款，促进经济结构实现战略性调整。到今年6月底，我国金融机构外汇存款为1 300多亿美元，外汇贷款为800多亿美元，加上其他资金，可用于外汇贷款的资金约有500多亿美元。因此，在做好本币服务的同时，努力做好外汇贷款营销工作，鼓励需要用外汇的国内企业借用国内商业银行的贷款。

提高制定和执行货币政策的水平，要稳步推进利率的市场化。利率市场化是提高我国货币政策调控水平的核心。目前，我国产业资本流动性较差，国有企业对利率调整反应不敏感，中央银行对市场利率调控能力较弱，因而还要确定商业银行存贷款基准利率。从国外利率市场化的经验看，推进利率市场化的基本原则是，先放开外币，后放开本币；先放开贷款，后放开存款；贷款利率先逐步扩大浮动幅度，再全面放开；存款利率先放开大额长期存款利率，后放开一般存款利率。我国将稳步推进利率市场化改革，逐步加大利率的浮动幅度，最终建立以中央银行利率为基础，以货币市场利率为中介，金融机构根据市场资金供求决定存贷款利率水平的市场利率体系及形成机制，提高中央银行调控宏观经济运行的能力。

提高制定和执行货币政策的水平，要协调好货币政策和资本市场的关系。"十五"时期，我国直接融资的比例将会明显上升，资本市场将快速发展。资本市场的快速发展对中央银行的货币政策提出了新的挑战。一方面，资本市场的快速发展使资本市场作为货币政策传导机制的重要性上升；另一方面，资产价格的变化对实体经济和金融稳定的影响也明显增强。虽然中央银行不会把资产价格纳入货币政策目标，但将密切关注资产价格的变化，充分重视资产价格的信息作用。为此，中国人民银行将进一步规范货币市场与资本市场的联系，合理确定利率水平，完善股票质押贷款管理办法，让符合条件的证券公司和基金管理公司进入同业拆借市场，从制度上继续支持资本市场的健康发展。同时，禁止信贷资金违规流入股市，注重防范新的金融风险。

（二）推动国有独资商业银行的股份制改革，增强服务功能

国有独资商业银行是我国金融组织体系的主体，我国银行业总资产有 18 万亿元，其中，4 家国有独资商业银行占 60%。我国"十五"计划确定，要对国有独资商业银行进行综合改革，有条件的国有独资商业银行可以改组为国家控股的股份制商业银行。今后几年，我国将继续完善金融组织体系，增强服务功能，但重点是深化国有独资商业银行改革。我们希望，争取用 5 年左右或更长时间，把 4 家国有独资商业银行改革为在国际金融市场上具有一定竞争能力的现代化大型商业银行。为实现这一目标，从今年开始，要按照建立现代企业制度的要求，分步对国有独资商业银行进行综合改革。

第一步，按照国有独资公司的形式更新经营管理制度。主要任务是，精简机构和人员，建立内控制度、谨慎会计制度和经营业绩考核制度，改革工资分配和人事制度，显著提高贷款的质量和经营效益。近几年，要使不良贷款比例每年下降 2 ~ 3 个百分点。今明两年内要使资本充足率超过 8%，并为建立公开信息披露制度创造条件。第二步，在做好上述工作的基础上，将有条件的国有独资商业银行改组为国家控股的股份制商业银行。国内企业、居民和外国资本都可以参股，完善商业银行法人治理结构，从根本上解决商业银行经营机制问题。第三步，将符合条件的国家控股的股份制商业银行公开上市。

在上述三步改革中，最重要的是第一步。为推进银行经营管理制度的更新，提高金融宏观调控能力，还要稳步推进利率市场化改革。实现上述改革，还需要一大批高级经营管理人才。这些人才，要靠我们培养，同时也要分期分批从境外招聘高级专业人才到国内银行业工作。

与此同时，要继续规范和发展股份制商业银行，支持其按市场原则进行联合重组，允许外国资本入股。设立独立董事，明确董事会、监事会的职责，完善银行治理。组建中小企业投资公司，更好地支持中小企业发展。加快农村金融体制改革的步伐，将大部分农村信用社办成由社员入股，社员民主管理，主要为社员服务的合作金融组织。发挥各自的功能，更好地支持信托、财务和金融租赁公司的发展。继续依据"法制、监管、自律、规范"的方针，在规范的基础上加快证券业的发展。大力发展保险业，增强对经济发展的保障能力。

预测今后 5 年，我国货币供应量每年增加 14%，各项贷款增加 13%，5 年分别增加货币供应 12.5 万亿元，贷款 8.5 万亿元。人民银行将制定信贷指引，引导商业银行贷款投向，支持我国经济

结构进行战略性调整。抓紧研究建立存款保险制度和商业银行市场
退出管理法规，维护银行业稳定发展。

（三）显著降低金融风险，保障国家金融安全

目前，我国金融领域长期积累的金融风险隐患还没有完全得到
解决，表现为国有商业银行的不良贷款比率仍然偏高，一些金融机
构资本充足率不足，个别中小金融机构存在支付困难等。对此，一
些悲观者认为，当前中国有爆发金融危机的可能。

国际上一般从币值和汇率稳定程度、外债和不良资产状况等多
个方面来估算一国的金融风险程度。我国自 1978 年改革开放以来，
除 1988～1989 年、1993～1995 年通货膨胀率曾超过两位数外，其
他时期基本保持了币值的相对稳定。人民币汇率自 1994 年并轨以
来一直保持稳定，并略有升值，即使在亚洲金融危机期间，人民币
汇率水平仍保持稳定。稳定的币值和汇率为经济快速发展创造了良
好的环境。到 2000 年底，我国外债余额为 1 457 亿美元，债务率
为 52.7%，负债率为 13.5%，短期外债的比率为 9%，偿债率为
9.2%，各项安全指标均远远低于国际公认的警戒线。1999 年中国
组建了 4 家金融资产管理公司，专门收购和处置从国有银行剥离出
来的 1.3 万亿元不良资产。经过多方面的努力，从去年第四季度开
始，国有独资商业银行的不良贷款率开始净下降。全部金融机构不
良贷款占当年国内生产总值的比例在逐步下降。综合分析我国国力
和金融业的发展，我国金融风险的严重程度在逐步降低，现存的金
融风险是可以控制的，也是可以逐步化解的，不存在金融危机。

我们将进一步采取有效措施，促使国有独资商业银行在近几年
每年降低不良贷款比率达 2～3 个百分点，通过多种渠道增加国有
商业银行的资本金，增强抵御风险的能力。研究建立存款保险制
度，完善金融机构退出市场的管理办法，对市场退出进行专业处
置。按照国际标准披露金融机构有关信息，增强信息的透明度。加

大监管力度，降低金融风险，切实保障国家金融安全。

（四）进一步完善汇率形成机制，稳步推进人民币可兑换进程

中国的对外开放，加强了中国经济与世界经济发展之间的联系。同时，我国通过扩大进出口贸易，利用巨额外汇储备和商业银行大量外汇头寸，从国际金融市场购入大量境外金融资产，也促进了世界经济和国际金融市场的发展。过去10年，中国进出口总额超过2.8万亿美元。目前，我国政府、金融机构和企业持有的境外金融资产超过3 000亿美元。截至今年6月底，中国通过外商直接投资、企业到境外上市筹资和政府、企业对外借款，已累计利用外资5 500多亿美元。

1980～1999年，在中国GDP年均9.7%的增长速度中，大约有2.7个百分点来自利用外资的直接和间接贡献。我们将进一步改进对外商投资企业的金融服务，适度增加外商投资企业人民币贷款，增加中方投资人新增资本贷款，增强外资企业中方投资人的融资能力。

资本流动、汇率和利率相互联系在一起。国际资本净流入的不断增加，会促使人民币升值，相应制约出口。国际资本净流入不断减少，会促使人民币贬值，相应会扩大出口。要使汇率保持在预期的水平上，必须改善国际收支，充分运用好利率工具。

目前，我国实行的是有管理的浮动汇率制度，人民币汇率由市场供求决定，中国人民银行通过市场操作维持人民币汇率的相对稳定。实践证明，实行有管理的浮动汇率制度是符合中国国情的正确选择。加入世界贸易组织以后，随着贸易和投资的变化，国际收支的变化可能会较大，同时也会面临更大的外部冲击。为此，我们将继续实行以市场供求为基础的有管理的浮动汇率制度，在保持人民币币值基本稳定的前提下，进一步完善汇率形成机制。加强本外币政策的协调，发挥汇率在平衡国际收支、抵御国际资本流动冲击方

面的作用。

我们已实现了人民币在经常项目下的可兑换，最终实现资本账户的人民币可兑换是中国的既定方针。经过十多年的努力，已取得了可喜进展。目前，除对短期资本的流动有限制以外，资本账户的许多限制实际上主要是对数量的调节，并不是禁止性的。例如，我国企业可到境外发债和上市，外资企业的投资收益也可以自由汇出。对资本账户进行审慎管理和有步骤地开放不仅是促进国民经济持续、健康发展所必需的，而且是为了保护外国投资者的利益。加入世界贸易组织后，中国经济进一步融入全球市场，我们将积极创造条件，稳步推进资本项目的可兑换工作的进程。

中国是国际社会中的重要一员。我们将在平等竞争、互惠互利的原则下，加强各国之间、亚洲国家中央银行之间的合作。继续支持国际货币基金组织等国际金融组织在国际金融事务中更好地发挥作用。积极探讨亚洲地区货币金融稳定机制，履行"10＋3"会议机制签署的《清迈协议》，就货币互换问题与有关国家积极进行磋商，加强经济金融政策的协调，防范和化解危机。

（五）促进中国资本市场的发展和完善

长期以来，我国通过国家银行集中居民的储蓄，用于计划中的生产建设，这对促进国民经济发展发挥过重要作用。但是，也造成了企业资产负债率过高，金融风险集中于银行，严重制约我国经济健康发展。经过10多年的努力，我国资本市场已经初具规模。3年前，我国全社会直接融资仅占10％，到2000年已上升到25％。企业负债率逐步下降。当前，国际资本相对宽余，我国居民本外币储蓄折成人民币有7万多亿元，相当于国内生产总值的80％。规范发展各类投资银行，建立各种投资基金，进一步发展资本市场，已成为我国金融体制改革的一个重点。

"十五"时期，要继续发展股票市场。要按照"法制、监管、自律、规范"的方针和市场化原则管理股票市场；在完善主板市场的同时，加快二板市场的建设，逐步开放金融衍生品市场；进一步规范证券公司和上市公司，切实保护投资者的合法权益；积极发展机构投资者；进一步推进股票发行机制的市场化。到2000年底，国库券、金融债券发行余额为2.1万亿元，要进一步促进此类债券的流通。与此同时，要逐步增加企业债券的发行。为适应居民住房贷款的迅速扩大，即将进行银行资产证券化的试点。要进一步扩大外商投资领域，研究国内外投资人购买金融资产管理公司不良资产的管理办法。探索成立外资或中外合资西部开发银行的可能性。

中国人民银行将继续支持资本市场的发展与完善。要合理确定利率水平，引导居民把一部分储蓄投入资本市场。要进一步扩大银行间债券市场，规范股票抵押贷款业务；要沟通货币市场与资本市场间的联系，让符合条件的证券公司和基金管理公司进入同业拆借市场；会同中国证监会，研究商业银行为证券公司代办证券业务的操作办法。同时，要防范资本市场发展中的风险，禁止信贷资金违规流入股市；支持商业银行开拓新业务，防范优质客户转向资本市场融资后给商业银行带来的风险。

（六）进一步加强银行业监管

中国人民银行将和中国证监会、中国保监会共同努力，完善我国金融体系。要集中力量对国有独资商业银行进行改革，促进中小银行的联合，改革农村金融体制，增加外国银行。要发展投资银行业务，加强对证券公司、信托投资公司的管理，发展各种投资基金，更好地促进居民储蓄转化为资本，扩大外商投资领域。

中国人民银行将坚持银行审慎监管原则，根据《巴塞尔资本协议》和我国的实际，制定监管标准，创造条件按国际标准披露商业银行有关信息。中国人民银行将改进银行监管的内部组织形式和监管方式。加强对商业银行的总体监管，对大中型银行设立监管小组。根据美国和我国香港的做法，结合中国实际，研究成立存款保险公司，完善商业银行退出市场的管理法规，并对市场退出进行专业处置。要加强对银行的监管，广泛选拔人才。选拔人才，主要靠我们自己培养，靠改革人事制度，同时，我们将有计划地聘请境外高级专业人才。

在新的世纪，中国将一如既往地致力于国民经济的持续、快速、健康的发展，提高对外开放的水平。我们感谢对中国经济发展作出积极贡献的海外华商，同时欢迎各国华人银行家、企业家继续来中国参与各项交流和合作。

关于货币政策执行情况的报告

（2001 年 10 月 26 日）

李鹏委员长、各位副委员长、各位常委：

受国务院委托，我现在向常委会会议报告近几年来货币政策的执行情况。

《中华人民共和国中国人民银行法》规定，中国人民银行货币政策目标是保持币值稳定，并以此促进经济增长。1997 年 7 月亚洲金融危机爆发后，我国经济发展面临严峻形势。在党中央、国务院的正确领导下，中国人民银行认真履行中央银行职责，执行稳健的货币政策，保持货币供应量适度增长，积极调整信贷结构，强化金融监管，实施金融稳定工作计划，既支持经济增长，又防范金融风险，既防止通货紧缩，又警惕通货膨胀。稳健的货币政策取得显著成效。

一、货币供应量适度增长，保持了币值稳定，积极支持了经济发展的需要

（一）货币信贷保持适度增长

按货币流动性的强弱，中国人民银行货币供应量统计分为流通

注：此文是戴相龙同志向全国人民代表大会常务委员会作的工作汇报。

中现金（M_0）、狭义货币供应量（M_1）和广义货币供应量（M_2）三个层次，其中，M_0 是最活跃的货币；M_1 流动性仅次于 M_0，反映社会资金松紧程度；M_2 流动性最弱，主要反映社会总需求的变化。货币供应量是中央银行货币政策的中介目标，中央银行执行货币政策的重要任务是通过日常政策操作，保持货币供应量增长与经济增长相适应。货币供应量增长过高或过低，都不利于保持币值稳定。

我国 90 年代 M_2 年均增长 23.7%，比同期国内生产总值年均增长 9.8% 加零售物价涨幅 5.7% 之和还高 8.2 个百分点。近 3 年，根据物价涨幅、经济增长和货币流通速度等因素，广义货币供应量 M_2 的调控目标为年均增长 14%～15%，实际执行结果都在调控目标之内。1998～2000 年，金融机构各项贷款分别增加 11 491 亿元、10 846 亿元和 13 346 亿元，分别增长 15.5%、12.5% 和 13.4%。今年 9 月底，金融机构各项贷款余额达 10.9 万亿元，比年初增加 9 571 亿元，同比增长 13.54%。到今年 9 月底，广义货币供应量 M_2 余额为 15.2 万亿元，狭义货币 M_1 余额为 5.7 万亿元，流通中现金为 1.5 万亿元。货币供应量及贷款增长与经济增长基本相适应。

（二）综合运用各种货币政策工具，适时适度进行"预调"和"微调"

1998 年 1 月 1 日，经国务院批准，人民银行取消了贷款限额控制；改革了存款准备金制度，商业银行按法人统一缴存法定存款准备金，先后两次调低法定存款准备金率，从 13% 下调到 6%；加大公开市场操作力度，灵活调节基础货币供应。货币市场健康发展。

1996 年以来，人民银行连续 7 次下调人民币存贷款利率。存款利率累计下调 5.73 个百分点，贷款利率累计下调 6.42 个百分点。目前，一年期存款利率为2.25%，一年期贷款利率为5.85%，是改革开放以来的最低点。低利率政策有力地支持了积极的财政政策，降低了国债发行成本700多亿元，刺激了个人消费（特别是个人住房消费），拉动了投资增长，减轻了企业负担，扩大了股市融资。与此同时，人民银行加强了本外币利率政策的协调。根据国际金融市场的变化，今年连续7次下调外币存款利率，并逐步扩大人民币贷款利率浮动幅度，稳步推进利率市场化改革。

经过近几年的努力，我国经济已摆脱亚洲金融危机的不利影响，稳健的货币政策取得明显成效，金融宏观调控能力明显增强，成功实现低通货膨胀和经济的稳定增长，人民币汇率保持稳定。1998～2000年，居民消费价格由-0.8%升至0.4%，GDP分别增长7.8%、7.1%、8.0%，2001年1月至9月，居民消费价格累计上涨1%，GDP累计增长7.6%，国民经济继续保持稳定发展态势。

（三）进一步贯彻扩大内需的方针，继续实行稳健的货币政策

根据国际货币基金组织的最新预测：今年全球经济增长率为2.6%，比5月份预测调低0.9个百分点；2002年全球经济增长3.5%，比5月份预测调低0.4个百分点。据分析"9·11"恐怖事件和美国实行军事打击后，美国居民消费信心普遍下降，预测今年第三、第四季度经济将出现负增长，到明年第二、第三季度才有可能回升。这将进一步减缓全球经济增长。

受此影响，我国出口年内难以回升，明年外贸形势将更为严峻。但是我国利用外资面临新机遇，国际收支趋势看好。预计今年经济增长7.5%，居民消费价格上涨1.2%。预计明年经济增长7%～7.5%，居民消费价格上涨1.3%。综合考虑全球经济增长减缓和恐怖事件的影响，我国在克服通货紧缩趋势以后，近期通货膨胀的压力不大。

针对当前的经济金融形势，要进一步贯彻扩大内需的方针，继

续实行积极的财政政策和稳健的货币政策，继续保持货币信贷总量的适度增长。利率政策方面，当前我国一年期存款利率为 2.25%，扣除 20% 的利息税后为 1.8%，再扣除物价上涨的 1.2%，居民所得实际利率为 0.6%，目前，利率水平与当前的宏观经济形势基本适应。因此，短期内要保持人民币利率的基本稳定，同时要密切观察国内外经济金融形势变化，分析经济增长和物价走势。

二、及时制定信贷政策，引导信贷结构调整

1998 年以来，人民银行认真落实扩大内需的方针，对信贷政策进行了一系列调整，积极引导信贷投向，促进经济结构调整。

（一）配合积极的财政政策，引导商业银行及时发放国债资金项目配套贷款

1998～2000 年国家增发国债 3 600 亿元，重点用于基础设施建设和重点技术改造。为配合搞好国债项目建设，人民银行引导商业银行及时发放国债项目配套贷款，3 年共发放基建贷款和技改贷款 8 000 亿元，相当于国债资金的两倍多；今年 1 月至 9 月基建和技改贷款新增 1 800 亿元，有力地支持了国债项目建设。

（二）调整农村信贷政策，积极支持农业和农村经济发展

1999 年中国人民银行下发了《关于做好当前农村信贷工作的指导意见》和《农村信用社农户小额信用贷款管理暂行办法》，提出根据农户的合理需求扩大贷款范围，优先发放对农户从事种养业和工商业的贷款；推广适合我国农村实际的小额农户信用贷款制度，支持农户生产经营和农村经济发展。

目前，农村信用社已经成为支持农业发展的重要力量。今年 1 月至 9 月农村信用社累计发放贷款 8 202 亿元，比上年多放 1 561 亿元，贷款净增加 1 584 亿元，比上年多增加 484 亿元，其中，累计发放农业贷款 3 083 亿元，比上年多发放 721 亿元，农业贷款净

增加930亿元，比上年多增加320亿元。1999年以来，为了增强农村信用社资金实力，人民银行连续增加对农村信用社的再贷款，到9月底支农再贷款余额达到773亿元。农村信贷投入的增加，有力地支持了农村经济的发展。同时，制定了《中国人民银行对农村信用合作社贷款管理办法》，加强对农村信用社再贷款的管理，防范贷款风险。

（三）调整个人消费信贷政策，鼓励发展个人消费信贷

1999年，中国人民银行先后发布了《关于开展个人消费信贷的指导意见》、《个人住房贷款管理办法》和《助学贷款管理办法》，要求各商业银行在切实防范金融风险的同时，积极稳妥地扩大个人消费信贷。允许商业银行开发新的消费信贷品种，合理确定消费信贷期限和还款方式，提供全方位优质金融服务，同时，严禁降低个人消费贷款条件，禁止发放无指定用途的个人综合消费贷款，规范消费贷款管理，防止出现新的信贷风险。今年1月至8月国有及其他单位固定资产投资完成13 311亿元，其中，房地产投资完成3 188亿元，占比24%；同期个人住房贷款1 485亿元，加上房地产开发贷款931亿元，合计2 416亿元，占房地产投资的76%。个人住房贷款在拉动投资、扩大内需方面发挥了重要作用。

（四）调整对中小企业信贷政策，促进扩大对中小企业的信贷投放

1999年，中国人民银行发布了《关于加强和改进对小企业金融服务的指导意见》，从八个方面提出进一步强化和完善对中小企业金融服务的政策措施；与经贸委等有关部门多次召开中小企业金融服务座谈会；两次扩大对中小企业贷款利率浮动幅度，由上浮10%扩大到30%，提高商业银行对中小企业贷款的积极性；支持中小金融机构发展票据承兑、贴现和再贴现业务，支持中小企业发

展。1998～2000 年，票据贴现贷款增加 3 707 亿元，今年 1 月至 9 月增加 1 316 亿元。近几年来，以中小企业为主体的非国有经济贷款份额继续上升，据人民银行调查统计，2000 年底对非国有经济贷款余额达 4.8 万亿元，占全部贷款余额的 48%，比 1996 年底上升了 9 个百分点。

当前中小企业贷款难的问题仍然比较突出。其原因是多方面的，既有中小企业自身的问题，又有政府部门协调的问题，也有金融部门的问题，贷款难和难贷款的问题并存。目前，市场供过于求，加上中小企业自身素质较低，贷款难有一定的必然性。针对这个问题，要引导商业银行加强贷款营销观念，增强信贷工作动力和活力；鼓励商业银行试办中小企业账户贷款业务，支持扩大对中小企业的信贷投放。同时，要加快中小企业信用担保体系建设，完善抵押登记管理，发展抵押融资业务，拓宽中小企业融资渠道。

在货币信贷政策的引导下，信贷结构发生了积极变化。1998～2000 年个人消费贷款、基建贷款、农业贷款和贴现贷款占同期全部新增贷款的 51%，今年 9 月底这一比重已上升到 64%。

"十五"时期，预计全部中资金融机构人民币贷款增加 8 万亿元，可用于贷款的外汇资金有 1 500 亿美元。人民银行将继续完善和落实各项信贷政策，促进商业银行改善贷款营销，进一步引导信贷投向，支持经济结构战略性调整。在防范金融风险、提高贷款质量的同时，继续支持基础设施建设和技术改造，继续支持发展个人消费信贷，积极支持农业和农村经济发展，支持发展小城镇，支持高新技术产业发展，支持运用高新技术改造传统产业。同时，运用多种手段，鼓励商业银行用好用活国内外汇资金，发挥外汇贷款的作用。

三、加强金融监管，提高贷款质量，为执行货币政策创造良好条件

加强金融监管，提高贷款质量，是保持金融稳健运行和执行货币政策的基础。

（一）采取多种措施化解金融风险

根据党中央、国务院的决策，人民银行采取多种措施切实化解金融风险。成立 4 家金融资产管理公司收购国有独资商业银行和国家开发银行的不良贷款，实施债转股，整顿地方中小金融机构。支持和配合财政部发行特别国债 2 700 亿元补充国有独资商业银行的资本金。精简国有独资商业银行分支机构和营业网点 3.4 万个，工作人员净下降 12.7 万人。监督、协调金融资产管理公司收购国家银行不良贷款本息 13 939 亿元，其中，实行债转股 4 000 亿元，按《金融资产管理公司条例》的规定，剥离资产的最终损失由财政负担。剥离后，国有独资商业银行不良贷款比率平均下降了 9.7 个百分点，债转股企业的资产负债率平均由 70% 以上下降到 50% 以下。

对信托投资公司、城市信用社和农村合作基金会进行了清理整顿。截至今年 8 月底，共撤销信托投资公司 106 家（其中破产 2 家），城市信用社 383 家，农村合作基金会 22 251 家。这些机构的风险是长期形成的，由于没有建立存款保险机制，为保持社会稳定，由地方财政担保，通过商业银行向中国人民银行借款用于偿还被撤销金融机构及农村合作基金会的个人合法债务本息。同时，对被撤销机构的违法、违规人员和金融监管失职人员依法进行了查处。

通过上述措施，多年积累的金融风险得到逐步化解，金融市场秩序明显好转，为执行货币政策创造了条件。

（二）目前不良资产比率仍然偏高

不良贷款是指到期不能按期还本付息的贷款。1998 年以前，我国不良贷款分类不是按最终偿还性，而是按贷款期限分为逾期（6 个月以内未还）、呆滞（6 个月以上未还）和呆账（已成坏账、需要核销），简称"一逾两呆"。不良贷款不一定都是坏账，只有呆账才是贷款损失。

经过反复核查，1998 年、1999 年、2000 年 4 家国有独资商业银行本外币不良贷款余额分别为 19 763 亿元、22 005 亿元和 18 562 亿元，不良贷款率分别为 32.18%、34.00% 和 29.18%。

到今年 9 月底，4 家国有独资商业银行本外币不良贷款余额合计为 18 048 亿元，比年初减少 514 亿元，不良贷款比率为 26.62%，比年初下降 2.56 个百分点。其中，逾期贷款 1 364 亿元，比年初下降 1 826 亿元；呆滞贷款 14 957 亿元，比年初增加 1 155 亿元；呆账贷款 1 727 亿元，比年初增加 156 亿元。"两呆"贷款占全部不良贷款的比重，由年初的 80% 上升到 92%。

国有独资商业银行不良贷款比率较高是历史上多方面原因造成的。近年来，为解决不良贷款问题，人民银行已采取一系列重大措施，付出了艰辛的努力，商业银行不良贷款已出现一些积极的改变。但是，由于形成不良贷款的一些深层次原因并未根本消除，比如，体制改革还有待深化，国有企业和国有独资商业银行经营机制转变尚未到位；企业资本金不足，间接融资比例过高；社会信用观念差，逃废银行债务严重等因素尚未根本改善。总体来看，目前不良贷款比率仍然偏高，存在较大金融风险，但不会出现金融危机。

银行不良贷款比率高，不仅削弱银行的盈利能力，造成银行亏损，侵蚀银行资本，而且减少贷款流量和有效性，影响货币政策的传导，还会加重国家财政负担，最终影响经济发展，危及经济金融安全和社会稳定。因此，必须继续采取切实有效措施，进一步提高信贷资产质量。

（三）深化国有独资商业银行改革，提高银行业的竞争力

解决银行不良贷款问题，根本出路在于深化改革。为此，要争取用五年左右或稍长一些的时间，把我国四家国有独资商业银行改革为在国际金融市场上具有较强竞争力的现代化大型商业银行。

为实现这一目标，必须按照建立现代企业制度的要求，健全法人治理结构，分步对国有独资商业银行进行综合改革。当前，要集中力量做好基础工作，精简机构和人员，建立激励约束机制，降低不良贷款比率，实行谨慎会计制度，大力培养高级管理人才，通过多种渠道使资本充足率达到8％，按照国际标准披露相关信息。

四、维护国际收支平衡，保持人民币汇率基本稳定

保持币值稳定，既包括对内稳定，又包括对外稳定。人民币对外稳定就是要保持汇率基本稳定。国际收支平衡是人民币汇率稳定的基本条件，而在资本项目未开放的情况下，适度规模的国家外汇储备是币值稳定的基础。

（一）当前我国国际收支状况良好

国际收支全面反映一个经济体与世界其他经济体发生的经济交易状况。按经济交易性质的不同，分为经常账户和资本账户。经常账户，主要反映货物和服务交易情况；资本账户，主要反映资本流入流出情况。

1998年以来，我国国际收支状况良好，除1998年外，经常账户和资本账户都保持持续双顺差。1998～2000年，经常账户顺差分别为293亿美元、157亿美元和205亿美元，其中，贸易顺差分别为436亿美元、292亿美元和241亿美元；资本账户顺差分别为－63亿美元、76亿美元和19亿美元。

1996年12月我国实现了人民币经常项下可兑换，但对资本项

目继续实行管制。目前，对资本项目实行管制主要是禁止国外资本购买我国人民币标价的股票和债券。实践证明这些政策是正确的。正是因为对资本项目实施管制，我国才成功抵御了亚洲金融危机的冲击，为维护人民币的国际形象，保持人民币币值稳定发挥了重要作用。

（二）外汇储备大幅增加，人民币汇率保持稳定

1994年外汇体制改革，实现了人民币汇率并轨，建立了以市场供求为基础的、单一的、有管理的浮动汇率制度。实践证明，这是正确的。近几年来，我国对外贸易保持顺差，外汇储备大幅增长，人民币汇率保持基本稳定。目前，1美元兑8.2769元人民币，比1994年升值5%。

我国适当增加外汇储备是必要的。保持较为充足的外汇储备，有利于增强我国的信誉，促进扩大对外开放，可以满足正常的进口需要和防范不测事件。同时，考虑到我国外债规模较大，为了还本付息，也需要保持必要的外汇储备。这也是保持人民币汇率稳定的坚实基础。1998年以来，国家外汇储备不断增加，1998年国家外汇储备为1 450亿美元，比上年增加51亿美元；1999年为1 547亿美元，比上年增加97亿美元；2000年为1 656亿美元，比上年增加109亿美元；今年9月底国家外汇储备达到1 957亿美元。预计到今年底国家外汇储备将超过2 000亿美元。

保持人民币汇率基本稳定，有利于经济稳定发展。一方面，人民币升值不利于扩大出口。因为目前我国外汇市场供大于求，人民币有升值压力，为稳定汇率，人民银行必须不断买入外汇，相应增加人民币投放，考虑到目前通货膨胀压力不大，由此投放的人民币不会造成通货膨胀。另一方面，人民币贬值也是不可取的。人民币贬值短期内可能刺激出口，但会损害亚洲金融危机以来建立的良好的人民币国际形象，同时，也会导致我国资产缩水，偿债成本上

升。综合来看，当前应坚持扩大内需的方针，继续实行以市场供求为基础的、单一的、有管理的浮动汇率制度，进一步完善人民币汇率形成机制，加强利率政策和汇率政策的协调，促进国际收支平衡，保持人民币汇率基本稳定。

李鹏委员长、各位副委员长、各位常委：

我国即将加入世界贸易组织，金融业对外开放将进入一个新的历史阶段，金融业发展面临新的机遇和挑战。中国人民银行将按照《中国人民银行法》的要求，认真履行中央银行的职责，努力保持币值稳定并以此促进经济增长。我们将继续实行稳健的货币政策，完善宏观金融调控体系，进一步理顺货币政策传导机制，稳步推进利率市场化进程，深化国有独资商业银行改革，加强和改善金融监管，防范和化解金融风险，更好地支持经济发展。

我们决心在党中央、国务院的正确领导下，努力提高执行货币政策水平，在全国人民代表大会常务委员会的监督下，认真履行中央银行的职责，继续保持金融稳健运行，为国民经济持续、快速、健康发展作出新的贡献。

总结推广农户小额信用贷款

（2001 年 12 月 10 日）

全国乡村正在开展"三个代表"重要思想的学习教育活动，农村信用社要根据"三个代表"的重要思想，努力改进农村金融服务。为此，人民银行党委决定召开这次座谈会。主要议题是：以江泽民总书记"三个代表"的重要思想为指导，认真学习贯彻中央经济工作会议精神，交流、总结和推广农村信用社系统依靠村党支部、村委会和入股社员发放农户小额信用贷款和建立信用村（镇）的经验，研究贯彻人民银行制定的《农村信用社农户小额信用贷款管理指导意见》，发展推广农户小额信用贷款业务，扩大建立信用村（镇）的试点，更好地促进农业和农村经济的发展，支持农民不断增加收入。

座谈会上，江西婺源、重庆云阳县委、县政府领导和江西婺

注：为了解决农户贷款难的问题，中国人民银行于 2001 年 5 月选择江西省婺源县农村信用社系统开展对农户发放不用提供担保的小额贷款试点工作，取得明显成效。在此之前，不少县、市在这方面也做了大量有益的探索。为在全国推广农户小额信用贷款，人民银行于 2001 年 12 月 10 日在京召开座谈会，总结推广农户小额信用贷款、建立信用村（镇）的工作经验。此文是戴相龙同志在座谈会上的讲话。

源、山西襄汾、广东高州、重庆云阳、浙江东阳、江苏姜堰、内蒙古宁城、山东临朐、宁夏中宁、湖南浏阳县（市）联社主任（理事长）作了发言，并就如何扩大农户小额信用贷款和继续开展信用村（镇）试点进行了讨论。大家的发言和讨论，对我们的工作很有启发。

现在，我讲几点意见。

一、充分认识农村信用社发放农户小额信用贷款和建立信用村（镇）的重要意义

近几年来，农村信用社认真贯彻党中央、国务院有关农村经济工作和金融工作的方针政策，不断加大支持农业、农民和农村经济发展的力度，开办农户小额信用贷款，简化贷款手续，方便农民借贷，受到广大农民、地方党政和社会各界的广泛关注和好评。中国人民银行于1999年下发了《农村信用合作社农户小额信用贷款管理暂行办法》，2000年初下发了《农村信用合作社农户联保贷款管理指导意见》，两年来各地做了大量工作。目前，全国已开办农户小额信用贷款的农村信用社达30 510个，占农村信用社机构总数的70%；湖北、湖南、四川、辽宁等10个农业省份农户小额信用贷款占农户的比例已达40%。实践证明，农村信用社开办农户小额信用贷款业务，不仅有力地支持了我国农业和农村经济的发展，而且也使农村信用社自身的各项业务得到快速增长。截至今年11月末，全国农村信用社各项存款余额为16 800亿元，占全部金融机构存款余额的12%，比年初增加1 545亿元，同比多增480亿元；各项贷款余额为12 157亿元，占全部金融机构贷款余额的11%，比年初增加1 581亿元，同比多增391亿元，其中农业贷款余额4 530亿元，占全部金融机构农业贷款余额的78%，比年初增加915亿元，同比多增302亿元。今年1～11月，全国金融机构各

项贷款增长 11%，农村信用社各项贷款增长 15%，比全国金融机构各项贷款增幅高 4 个百分点，不良贷款下降 6 个百分点。在办好农户小额信用贷款的基础上，不少地方开展了创建信用村（镇）活动，取得较好效果。

开办农户小额信用贷款、建立信用村（镇）工作的基本内容是：在农村信用社县联社统一组织下，乡镇农村信用社依靠村党支部、村委会和入股社员，成立各村信用评估小组，评估农户的借贷能力和资信，提出农户小额信用贷款的推荐意见；由农村信用社核定农户借款最高限额，核发贷款证；农户可在贷款额度内，凭贷款证直接到信用社营业网点办理借款手续，或由信用社送贷上门；贷款资金由农户自主使用、按期归还，对有偿还能力而又逾期不还者，由农户信用评估小组督促归还。在此基础上，根据贷款户占全部农户比例和农户守信程度，开展评定信用村（镇）活动，对不同信用程度的村（镇）发放农户贷款实行分类管理，对信用好的村（镇）优先扩大贷款。农村信用社开办农户小额信用贷款，创建信用村（镇）工作，受到各级党政的高度重视和支持，得到广大农民的欢迎。这是我国农村信贷管理制度的重大改革，是农村金融部门和乡村基层党政干部贯彻、实践"三个代表"重要思想，为农民办好事、办实事的重要创举。

全面推广农村信用社发放农户小额信用贷款，扩大建立信用村（镇）试点工作，具有十分重要的意义。

第一，这项工作有利于农民及时、方便、有效地获得贷款，通过扩大生产经营，不断增加收入，为扩大农民消费，开辟农村市场，促进国民经济发展创造了条件。

第二，这项工作有利于推进农村信用社端正经营方向，转换经营机制，发挥农村金融主力军的作用。朱镕基总理在 2000 年 4 月考察农村信用社工作时，对农村信用社提出了要努力成为农村金融主力军的要求和希望。两年来，各地农村信用社认真落实总理的指示，在支农工作上取得了很大的成绩。但是也应该看到，一些地方农民贷款难问题还没有从根本上得到解决。这里面有经营方向、经营机制和工作作风的问题，也有信用社外勤人员很少、对农户贷款能力和资信不了解的问题。农村信用社依靠"两委会"和入股社员发放农户小额信用贷款和建立信用村（镇），较好地解决了上述难题，为落实朱镕基总理讲话精神，把农村信用社办成农村金融主力军和与农户的金融纽带创造了条件。

第三，这项工作有力地增强了农村基层党政干部、农村信用社和广大农民的血肉联系。乡镇党政干部，特别是村党支部、村委会干部，通过参与调查农户生产经营和收入状况，了解贷款能力和资信，推荐借款人，帮助广大农民扩大生产经营，增加收入，必然增强党支部和村委会的凝聚力和影响力，促进农村经济发展和社会稳定。同时也能纠正农村信用社"官办"作风，增强农村信用社和广大农民的密切联系。

第四，这项工作有利于规范农村金融秩序，促进农村信用文化建设。全面开办农户小额信用贷款，对于引导和规范民间借贷行为，促进依法打击、取缔农村高利贷活动、维护农民根本利益，有明显成效。建设信用村（镇），是农村信用文化建设的具体形式。通过建设信用村（镇），农民和乡村干部"守信为荣，失信可耻"的意识普遍增强，逃废信用社债务明显减少，对农村精神文明建设也产生重大影响。

开办农户小额信用贷款、建设信用村（镇）工作的作用和意义还需要进一步总结。但是，可以肯定的是，这是一件利党、利国、利民、利社的好事、实事，必须规范管理，认真总结，大力推广。

二、开办农户小额信用贷款，建设信用村（镇）的基本原则

在总结几年来农村信用社支农服务工作经验的基础上，人民银行制定下发了《农村信用合作社农户小额信用贷款管理指导意见》（以下简称《指导意见》）。《指导意见》对全面推广农户小额信用贷款和创建信用村（镇）工作提出了明确要求，各地要认真组织贯彻落实。我在这里不再讲《指导意见》的具体内容，就贯彻《指导意见》的原则提出几条意见。

一是发放农户小额信用贷款和建设信用村（镇），必须始终维护农民的根本利益。农户小额信用贷款，是基于农户的信誉，在核定的额度和期限内发放的免予担保、抵押，由农户承担还款责任的贷款。发放此项贷款，必须坚持农户自愿申请、自主使用，并自觉按期归还贷款本息。农户通过小额信用贷款得到的资金，必须一分不少地交给农户。农村信用社和村支部、村委会，不能违背农户意愿安排贷款，不能由村民委员会统贷，更不能以物抵贷，以贷抵交税款，抵交"统筹"，也不得强令农户借贷合资兴办项目和创建所谓的"形象工程"。农户要严格按照规定用途使用贷款，不得挪用，更不得转贷。

二是发放农户小额信用贷款和建设信用村（镇），必须维护农村信用社的经营自主权。发放农户小额信用贷款是一项金融业务，此项工作要在农村信用社联社领导组织下，由各乡镇农村信用社依法自主进行。农村信用社发放农户小额信用贷款，必须坚持贯彻基本信贷原则，必须自主审查和批准贷款的发放，自主决定贷款数量、期限、利率。对发放贷款证后发现不符合贷款条件者，有权解释和停止贷款，并对贷款发放和收回的管理负全部责任。

三是发放农户小额信用贷款，建设信用村（镇），必须紧密依靠村党支部和村委会。农村信用社是农村经济的一部分，与农民、

农业和农村经济工作关系十分密切。农村信用社主要服务对象是农户。农村信用社的党组织归县委领导。因此，农村信用社的改革和发展离不开各级党政组织的支持和帮助。同时，农村信用社是经营货币的金融机构，有特殊的经营管理要求，任何机构和个人不得干预农村信用社的经营自主权。村支部和村委会干部要认真学习和贯彻"三个代表"的重要思想，根据农村信用社的能力和资信，向农村信用社推荐符合条件的借款人，并引导农户用好贷款，督促农户按期归还贷款本息。但是，必须严禁代替农户借贷和代替农村信用社发放贷款。

四是发放农户小额信用贷款，建立信用村（镇），必须实事求是，量力而行，循序渐进，讲求实效。各地农村经济发展水平不同，农村信用社资金余缺不同，乡村干部思想认识和政策水平不同。因此，推广农户小额信用贷款，建立信用村（镇），要经过试点，由点到面，逐步扩大，不可一哄而起，不可搞形式主义。

三、加强组织领导，认真贯彻《指导意见》，扎扎实实地扩大农户小额信用贷款和信用村（镇）试点工作

一是加强组织领导。首先，在各分行领导下，以省为单位，在认真准备的基础上，在今年召开农户小额信用贷款工作座谈会上，交流经验，学习《指导意见》，对全省开展此项工作提出意见。其次，人民银行县支行、县联社要在县委、县政府的支持和帮助下，于明年初交流、研究、安排2002年发放农户小额信用贷款和建立信用村（镇）的试点工作。最后，各乡镇农村信用社要主动取得乡镇党委的支持和帮助，在春节前后，分期分批做好农户小额信用贷款证的审查发证工作，使第一批农户能在明年春耕生产前得到贷款。

二是积极筹集信贷资金。发放农户小额信用贷款，需要较多的

资金，各地农村信用社对此必须有思想准备。第一，农村信用社要改进服务，扩大存款，收回到期贷款，增加资金头寸，增强农村信用社吸收存款的能力。第二，用足现有资金。将存放商业银行的资金和到期国债资金，逐步用于支持农业、农村和农民。第三，支持和帮助有条件的县联社参加资金市场，通过同业拆借和同业借款获得资金，并监督使用和归还。第四，根据从严掌握原则，适当增加对农村信用社的再贷款。

三是加强监管。人民银行及其分支行对农村信用社发放农户小额信用贷款，建立信用村（镇），要加强监管。要监督农村信用社是否按有关金融法规发放贷款；要监管农村信用社的经营自主权是否得到维护；要监督农户小额信用贷款发放是否贯彻农户自主申请、自主运用、自主还贷的原则；要监督农村信用社是否把资金用于支持"三农"，查处信贷资金违规流入股市和以贷谋私行为。

在 2002 年中国人民银行
工作会议上的讲话

（2002 年 2 月 7 日）

刚刚结束的全国金融工作会议，全面总结了 1997 年以来的金融工作，深入分析了我国金融业面临的形势和存在的突出问题，明确了今后一个时期金融工作的指导方针和任务。江泽民总书记和朱镕基总理发表了重要讲话，为我们做好今后一个时期的工作指明了方向，对于加入世界贸易组织后开创我国金融改革发展的新局面将产生重大而深远的影响。

我们这次会议的主要任务是，传达和贯彻全国金融工作会议精神，按照全国金融工作会议和中央经济工作会议的要求，总结 2001 年的工作，分析当前经济金融发展面临的形势，研究部署

注：2002 年 2 月 5 日至 7 日，全国金融工作会议在北京举行。中共中央总书记江泽民，中共中央政治局常委李鹏、朱镕基、李瑞环、胡锦涛、尉健行、李岚清出席了会议，江泽民总书记和朱镕基总理作了重要讲话。会议充分肯定了 1997 年全国金融工作会议以来金融工作所取得的成绩，对今后一个时期加强金融监管、深化金融改革、防范金融风险、整顿金融秩序、改善金融服务等工作作出了全面部署。在 2 月 7 日召开的中国人民银行工作会议上，戴相龙同志就贯彻落实全国金融工作会议精神，做好 2002 年度人民银行各项工作做了讲话。此文根据戴相龙同志的讲话录音整理而成。

2002 年的工作任务。下面我代表党委讲几点意见。

一、对 2001 年工作的回顾

2001 年，在党中央、国务院的正确领导下，人民银行以邓小平理论和江泽民"三个代表"重要思想为指导，围绕强化发展意识、稳定意识和服务意识，努力做好履行中央银行职责的三项工作，转变作风，突出重点，认真执行稳健的货币政策，加强对银行业的监管，改进金融服务，各方面的工作都取得了较好成绩。

一是认真执行稳健的货币政策，支持经济稳定增长。加大公开市场操作力度，进一步规范和发挥再贷款、再贴现的作用。加强本外币利率政策的协调，连续 9 次下调境内外币存款利率。加强信贷政策的引导，进一步加大了信贷支农的力度，支持和规范了消费信贷业务的发展，提出了改进对小企业金融服务的措施。特别是结合在农村开展的"三个代表"重要思想学习教育活动，总结推广了农村信用社农户小额信用贷款和创建信用村（镇）的经验，农民贷款难问题有所缓解。

2001 年底，广义货币（M_2）为 15.8 万亿元，增长 14.4%。狭义货币（M_1）为 6 万亿元，增长 12.7%。全部金融机构人民币各项存款比年初增加 2 万亿元，增长 16.1%；各项贷款比年初增加 1.29 万亿元，增长 11.7%。总体上看，货币供应量和贷款增长与经济增长基本相适应，贷款结构进一步改善，实现了年初预定的各项调控目标。

二是进一步完善监管职责分工，明确了金融监管的一系列重大政策和法规。按照"坚持改革、合理分工、管监分离、集中监管"的原则，调整了内部监管部门的职责分工，按照一个或几个金融企业法人设立了监管小组，调整充实了监管人员。通过调整，总行监管司由原来的 4 个调整为 5 个，总行、分行、营业管理部及监管办事处的监管机构由原来的 150 个处，增加到 258 个处（组），这些机构的监管人员由原来的 1 654 人，增加到 2 128 人。调整后，监管重点更加突出，监管力量得到集中和加强，提高了监管的系统化和专业化水平。在总结三年试点经验的基础上，完成了从 2002 年 1 月 1 日开始正式执行贷款质量五级分类制度的准备工作，拟定了有关贷款损失准备金计提的指引。制定了规范股份制商业银行公司治理和派驻独立董事、外部监事的指导意见。适应我国银行业加入世界贸易组织的需要，经过长期准备和认真修改，《外资金融机构管理条例》和《金融机构撤销条例》已由国务院颁布实施。

三是继续加大现场检查力度，降低不良贷款和处置金融风险工作取得明显成效。对四家国有独资商业银行不良贷款余额多、比例高、上升幅度大的 316 个二级分行进行了重点检查，对 100 家分支机构的银行承兑汇票业务进行了专项检查。严肃查处了部分商业银行分支行信贷资金违规流入股市的行为。继续推进了信托投资公司的整顿和重新登记工作，一批有严重问题的机构正有序退出市场。进一步加大了对城乡信用社系统性风险的处置力度，通过更名、合并重组、商业银行购并、组建城市商业银行、撤销等方式，处置城市信用社 766 家。江苏省农村信用社改革试点顺利进行。

2001 年底，国有独资商业银行不良贷款余额和比例首次出现双下降，余额比年初下降了 907 亿元，比例比年初下降了 3.81 个百分点；股份制商业银行和农村信用社不良贷款比例分别比年初下降了 3.42 个和 4.93 个百分点，实现了年初确定的降低 2~3 个百分点的目标。金融资产管理公司已处置不良资产 1 707 亿元，收回现金 357.7 亿元，现金回收率达到 21%。全年查处违规人员 1 485 人，违规机构 7 476 家。

四是加强和改进外汇管理，外汇储备大幅增长，人民币汇率稳定。外汇管理部门调整管理思路和政策措施，加强管理，改进服务。进行了经常项目外汇账户改革试点，简化了出口核销管理手续。规范了部分服务贸易外汇收支管理，改进了银行收兑美元现钞定价方式，放宽了境内居民个人外币现钞划转限制，调整了个人自费出国留学供汇政策。及时加强了 B 股对境内居民个人开放的外汇管理工作，调整了外债统计口径，制定了完善资本项目管理的措施。大力整顿外汇市场秩序，严厉打击外汇黑市交易。2001 年，我国首次出现了自 1994 年以来贸易、非贸易和资本项目结售汇同时顺差的良好局面，结售汇顺差达 436 亿美元，比上年增长 262%，居民个人结汇增长 376%。到 2001 年底，国家外汇储备达到 2 122 亿美元，比上年底增加了 466 亿美元；人民币汇率继续保持稳定。我国在国际货币基金组织的份额，从第 11 位提高到第 8 位。

五是改进金融服务，提高了服务的质量和水平。为做好金融服务工作，先后召开了银行卡工作会议和金融服务工作会议，制定了今后几年金融服务工作改革发展的目标和重大政策措施。完成了大额实时支付系统的需求设计，应用软件开发和设备招标采购取得了较大进展。16 个城市实现了银行卡的异地跨行通用。银行信贷登记咨询系统已在全国 31 个省（自治区、直辖市）内实现了联网，登录了 80%以上企业贷款的信息。开展了会计联行检查，查出了 6 起挪用、盗窃联行资金案件。全面完成了各项审计任务，内审的监督作用进一步增强。加强了发行库的建设和管理，反假币工作取得较好成效。黄金管理体制改革进展顺利，新设的黄金交易所已模拟运行。国库单一账户制度改革试点稳步推进。安全保卫和案件防范工作得到加强。

六是进一步加强党的作风建设，深入开展了反腐败斗争。召开了中国人民银行党建工作会议，进一步推动了人民银行党委领导管理水平的提高和工作作风的转变。完善了领导干部调研报告制度，全年分支行领导干部上报专题调研报告 244 篇，调研报告质量不断提高。加强与地方政府的沟通协调，认真听取对人民银行工作的意见和建议。选拔了一批优秀年轻干部，试行了中层领导干部竞争上岗制度。交流了一批干部，加强了党校教育和干部培训。狠抓了反腐败抓源头工作，全年共查处案件 80 起，比上年减少 29 起，下降 26.6%。深入开展了与"法轮功"邪教组织的斗争。

过去的一年是人民银行各项工作取得重要成绩的一年。这些成绩的取得是在党中央、国务院的正确领导下，在有关部门的大力支持和密切配合下，全行广大干部职工共同努力、艰苦奋斗的结果。

但是，必须清醒地看到，我们的工作与党中央、国务院的要求相比还有很大差距。主要是：对银行业的监管还比较薄弱，监管法规、监管组织、监管手段和方式、监管人员数量和素质还不适应银行业的发展；货币政策工作的系统管理较弱，传导机制不够通畅，金融宏观调控工作需要进一步加强；工作效率需要进一步提高。对这些问题必须采取切实有效措施抓紧解决。

由于世界经济增长速度减缓，2002 年我国经济工作将面临比 1997 年亚洲金融危机更加严峻的外部环境。加入世界贸易组织后，人民银行的工作又面临着新的挑战。面对国际经济形势的新变化和国内经济金融发展中的突出矛盾，要按照中央提出的"稳定、安全、灵活、多元"的思路，来谋划各项工作。2002 年人民银行工作总体要求是：以邓小平理论和江泽民同志"七一"重要讲话为指导，按照"三个代表"的要求，贯彻落实全国金融工作会议和中央经济工作会议精神，切实转变作风，继续执行稳健的货币政策，改进金融服务，进一步加大对经济发展的支持力度，把加强对银行业的监管作为工作的重中之重，切实防范和化解金融风险，促进国民经济持续快速健康发展，以优异成绩迎接党的十六大的召开。

二、继续实行稳健的货币政策，进一步加大金融对经济发展的支持力度

在 2001 年 11 月召开的中央经济工作会议上，江泽民总书记指出，要继续实行稳健的货币政策，进一步加大金融对经济发展的支持力度。朱镕基总理要求，要更好地发挥稳健货币政策的作用，调整和优化信贷结构，大力改善金融服务。

根据中央经济工作会议精神和当前经济金融形势，2002 年，人民银行应继续保持执行稳健货币政策的连续性和必要力度，适当增加货币供应，加强信贷政策引导，疏通货币政策传导机制，进一步加大金融对经济发展的支持力度。

2002 年，货币信贷预期调控目标为：广义货币供应量（M_2）和狭义货币供应量（M_1）分别增长 13% 左右，现金（M_0）净投放不超过 1 500 亿元；全部金融机构贷款增加 13 000 亿元以上。

一是综合运用多种货币政策工具，保持货币供应量的适度增长。继续加大公开市场操作力度，保证基础货币的总体适度，并引导货币市场利率水平。协调好本外币利率政策，充分发挥利率杠杆的作用。进一步扩大对中小企业贷款利率的浮动幅度，由目前的上浮 30% 扩大到 50%。适当增加对中小金融机构的再贷款，加强再贷款管理。健全有关货币政策的信息收集、分析、咨询、决策和监测系统，更好地发挥人民银行货币政策委员会的作用。完善货币政策情况报告和公布制度，有效利用报刊、网络等新闻媒体传递相关的货币政策信息。进一步规范货币市场和资本市场的关系，完善相关管理办法，在防范金融风险的前提下，积极支持资本市场的健康发展。

二是发挥信贷政策的窗口指导作用，引导贷款投向，促进经济结构调整。督促商业银行、政策性银行支持国债投资的基建、技改

项目和农业结构调整，改进对中小企业特别是科技型中小企业的金融服务，尽量满足产品有市场、有效益、有信用企业的流动资金贷款需求。促进农村金融机构改善服务，增加对农户贷款、"公司＋农户"的农产品加工和流通龙头企业的贷款，支持小城镇建设。支持农村信用社发放农户小额信用贷款，同时，必须坚持农户自主申请、自主使用、自主还贷和农村信用社按贷款原则自主审查、自主发放和按期回收贷款的原则。还要促进农村信用社增加存款，规范资金用途，开展资金拆借，为广泛开办农户小额信用贷款创造条件。通过"定学校、定范围、定额度、定银行"，建立银行、学校和借款学生三者之间稳定的关系，促进国家助学贷款的大幅度增加。稳步发展个人住房消费贷款和汽车消费贷款，严禁发放个人无指定用途消费贷款。加强对小企业的信贷政策指导，会同有关部门规范发展小企业贷款担保机构，优化小企业的信贷环境。继续落实推进西部大开发的各项金融措施，促进区域经济协调发展。

三是促进国有独资商业银行增强贷款营销观念，疏通货币政策传导机制。自1998年人民银行取消对商业银行的贷款限额管理以来，有些商业银行对分支行贷款仍实行一年一定的规模管理，这种管理方式既不利于商业银行分支行开展业务，也不利于货币政策传导。督促和引导商业银行特别是国有商业银行，认真贯彻江泽民总书记和朱镕基总理在全国金融工作会议上的讲话精神，正确处理支持经济发展和防范、化解金融风险的关系，进一步疏通货币政策传导机制。一是要按照固定资产贷款审批权集中，流动资金贷款审批权下放的原则，调整和完善授权授信制度，增强分支行对市场的反应能力；二是要逐步改变目前自上而下、层层下达贷款规模的做法，依据当地信贷合理需求，按季自下而上编制、自上而下审定以资金来源和运用、成本和利润为主要内容的业务经营计划，理顺内部资金往来利率，促使分支机构合理和充分运用资金；三是要增强市场营销观念，深入企业、深入市场，培养和选拔客户，拓展信贷市场；四是要完善贷款责任约束和激励机制，考核贷款的发放和收回，调动信贷工作人员营销贷款的积极性。对此，人民银行总行将要求各商业银行制定具体办法，人民银行各分支行要进行检查督促。

四是加强调查研究，及时沟通和传递有关货币信贷执行情况的信息。人民银行各分支行要加强对货币信贷执行情况的调查研究，认真剖析存在的问题，督促当地商业银行分支机构及时编制和认真执行业务经营计划。落实人民银行货币信贷工作责任制，相对固定时间、固定人员、固定内容，加强与地方政府的沟通协调，及时了解对人民银行工作的意见和建议。加强地方政府对中央银行专项借款的管理，严格监督按时归还本息。

三、把加强银行监管作为人民银行工作的重中之重，切实防范和化解金融风险

加强银行监管，防范金融风险，保持银行业稳健发展，是今年工作的重中之重。人民银行系统广大干部职工，要按照中央领导在这次全国金融工作会议上提出的要求，依法履行对银行业的监管职责，决不辜负党中央、国务院的殷切希望。2002 年，银行监管工作要充分发挥内部监管机构职能和分工调整后的优势，以加强对金融机构法人监管为主线，以降低不良贷款余额和比例、消化历史财务包袱、提高盈利水平为重点，规范监管标准，加大检查力度，落实监管责任，提高金融监管水平。

一是监督金融企业规范公司治理结构，加强对高级经营管理人员的任职资格管理。建立良好的公司治理结构有利于形成有效的权力制衡和科学决策的机制，是促进商业银行稳健经营和健康发展的基本保障，也是中央银行对银行业实行有效监管的前提。按照

《公司法》的要求，促进国有独资商业银行规范公司治理结构，促进其增强自我约束、自我发展的能力。抓紧制定《政策性银行条例》。从 5 月 1 日起，实施《股份制商业银行公司治理指引》和《股份制商业银行独立董事、外部监事制度指引》，检查和督促股份制商业银行的股东代表大会、董事会和监事会真正履行职责，要求其设立一定数量的独立董事。认真解决好农村信用社"谁投资、谁管理、出了风险谁承担"的问题。

规范公司治理结构，促使其依法经营和防范化解金融风险，关键是正确选择和有效监督金融机构高级经营管理人员。今年，要完善高级经营管理人员的信息档案制度，建立信息系统，逐步实现联网查询。对任期已过两年的主要高级经营管理人员，要对其经营行为进行考核；对违规者或不称职者，及时提出调换意见。

二是严格监督贷款质量五级分类管理制度的全面实施，促进不良贷款余额和比例的继续下降。督促各家银行按照《贷款风险分类指导原则》，结合本行不良贷款的种类和特征，3 月底前制定出贷款质量五级分类的具体标准，并按季汇总报告贷款质量五级分类的结果。抓紧修订《贷款通则》和《商业银行资产负债比例管理考核暂行办法》中的不良贷款认定标准，并按新的标准对不良贷款进行考核监督。加强对贷款质量五级分类管理制度落实情况的检查，并对贷款损失准备金计提和损失贷款的核销情况进行监督。

认真核定有关银行到 2001 年底五级分类的贷款质量指标，要求今年国有独资商业银行和股份制商业银行不良贷款比例继续下降 2~3 个百分点。城市商业银行和农村信用社按四级分类标准，不良贷款比例分别下降 3 个百分点和 5 个百分点。加强对降低不良贷款的监督检查，严肃查处各种弄虚作假行为。监督国家开发银行切实防范发放长期贷款可能带来的风险。促进农业发展银行反映和解决粮棉购销企业长期亏损带来的问题。督促金融资产管理公司规范对不良资产的处置，依法行使对债转股企业的管理。

三是加强对资本充足率的监管，强化资本约束。2001 年底，国有独资商业银行资本充足率平均为 5.07%，尚未达到《商业银行法》规定的不低于 8% 的要求。国有独资商业银行提高资本充足率，首先要立足于压缩风险资产和增加自身积累，同时要会同财政部门提出补充资本金的建议。对少数资本充足率达不到监管要求的股份制商业银行和城市商业银行，要求限期达到规定的资本充足率标准。鼓励吸收国际金融资本入股股份制商业银行和城市商业银行，继续推进符合条件的商业银行上市。按照这次全国金融工作的会议精神和有关文件，继续推进农村信用社改革。规范农村信用社股金的管理，清理股权，扩大股金，维护入股人利益。

四是加强对盈亏真实性的监管，督促增收节支，消化历史财务包袱。目前，国有独资商业银行、政策性银行和一些股份制商业银行都不同程度地存在着潜在亏损。按照审慎会计原则，督促国有独资商业银行全面清理不良贷款损失和非贷款类资产损失，并依据有关规定，计收应收未收利息和计提应付未付利息。会同财政部制定商业银行呆账准备金提取办法，分别规定对各类不良贷款的呆账准备金提取比例，并允许有一定的浮动幅度。监督各行根据各自实际情况提足呆账准备金，增强其核销呆账的能力。完善综合考核办法，从实现账面利润和化解历史财务包袱两个方面综合考核经营业绩。

五是建立商业银行信息披露制度，提高经营信息透明度。披露银行经营信息，是强化市场对银行约束的必然要求，是我国银行业参与国际金融市场的重要条件。第一季度，有关司局要制定出商业银行信息披露管理办法，对信息披露的内容、标准和程序作出统一规定。今年，国有独资商业银行和股份制商业银行要按照人民银行的有关管理办法向社会披露经营信息。

六是继续做好中小金融机构风险化解工作，健全市场退出机制。督促极少数高风险城市商业银行严格信贷管理，盘活资产存量，清收不良贷款，消化潜在亏损，防止风险继续扩大。继续做好整顿城市信用社工作，化解和处置城市信用社的风险。制定《城市信用社撤销清算指导意见》，在部分有条件的地区进行组建地方资产管理中心的试点。切实加快信托投资公司整顿的速度，今年要完成全部被撤销机构的公告工作。对已同意保留合并机构的重新登记工作，要限定期限完成，否则，取消其重新登记资格。培育和发展财务公司，监督财务公司依法合规经营。配合有关部门妥善解决影响金融租赁公司业务发展的税收政策问题。加大高风险农村信用社的处置力度，对高风险农村信用社继续采取降格、由其他农村信用社兼并等方式化解其风险。

认真落实《金融机构撤销条例》，积极配合有关地方政府和部门，依法做好少数高风险金融机构的撤销工作。依法查处违法违纪人员，打击犯罪活动。制定《金融企业破产条例》草案，论证设立存款保险制度的可行性。

七是加大现场检查力度，查处违规经营行为，整顿金融秩序。对国有独资商业银行不良贷款余额与比例较高的"双高"分支行和单笔数额较大的不良贷款，要及时跟踪检查。对邮政储蓄机构高息揽储情况进行专项检查。对部分外资银行进行全面检查。对股份制商业银行的内控制度状况和资产质量进行专项检查。对城市商业银行要重点检查其法人治理状况和资产质量，检查面不低于30%。加强对农村信用社支农贷款、信贷资金违规流入股市、超比例单户大额贷款等的监督检查。对违法违规造成不良贷款的责任人进行严肃查处。禁止金融机构之间恶性竞争，严厉打击和取缔各种非法金融业务活动。

制定规范企业改制中维护金融债权安全的管理办法。建议研究和建立债务重组制度。明确非独立法人不具有申请破产的主体资格，呆账准备金的核销要充分尊重金融机构的自主权。对企业借改制之机，恶意逃废和悬空银行债务或故意不履行合同的，督促债权金融机构积极收回债务；对拒不纠正的债务人，金融机构应直接向法院起诉，用法律手段维护金融债权的安全，依法追究逃废债单位和个人的责任甚至刑事责任。完善信息沟通机制，加大舆论监督力度，定期向社会公布逃废债企业及相关责任人的名单。

八是加强队伍建设，落实监管责任，提高监管水平。按已定编制补充监管人员，加大培训力度，吸引和留住人才，提高队伍整体素质。根据内部监管职责调整后的情况，进一步完善和落实金融监管责任制，将监管责任落实到监管处（组），落实到人；编制各类金融机构监管组和监管人员的监管手册，明确监管职责，提高识别和查处违规行为的专业水平；建立科学的考核奖惩机制，调动和发挥监管人员的积极性，追究监管失职人员的责任。清理和改进审批制度，按风险程度将准入制度分为审批制和备案制，简化审批程序，鼓励金融创新。规范现场检查的程序，进一步提高现场检查和非现场检查的效率。加强与证券、保险监管机构之间的沟通协调，提高整体监管水平。

四、提高外汇管理效率，维护国际收支平衡

外汇管理工作要积极适应形势变化，加强部门间的政策协调，进一步规范管理，因势利导，疏堵并举，加快从直接管理向间接管理的过渡，提高管理效率。

继续改进经常项目管理，强化银行外汇收支监管。进一步落实经常项目可兑换原则，适时调整经常项目管理的具体办法，按照信用等级对企业实行分类管理；建立健全进出口核报制度，改逐笔核销为按月报告；继续改革经常项目外汇账户管理，统一中资、外资

企业开户政策；制定贸易外汇管理操作规程，规范审核凭证。

加大对银行自身外汇收支活动的监管力度，建立外汇指定银行结售汇非现场监管制度、外汇收支管理内控制度和操作规程，按照被监管对象建立健全监管档案制度，督促银行建立和落实外币兑换点管理制度。继续整顿外汇市场秩序，加强外汇管理与银行监管部门之间的信息沟通和协调，打击地下钱庄和洗钱等违法活动。

完善资本项目管理，提高国际收支监测预警水平。实现人民币资本项目可兑换，是我国外汇管理体制改革的长远目标，要从战略高度加强对这个问题的前瞻性研究。加强对 B 股外汇资金的管理，完善 H 股、红筹股等境外募股融资的外汇管理办法；健全外资流入登记管理制度，加强对国际资本流动的真实性审核，防止短期资本流动冲击；扩大资本项目外汇管理方式改革试点，授权银行办理外商投资企业资本金结汇和国内外汇贷款还本付息核准，减少逐笔审批；适时解决中资银行外汇资产与负债币种不匹配的遗留问题，促进银行提高竞争力；制定境外投资外汇管理办法，支持实施"走出去"战略；适应加入世界贸易组织的变化，制定外资银行外债管理法规。

加强外汇收支形势分析，提高快速反应能力；根据透明度标准，完善国际收支统计制度与方法，提高统计数据质量，做好加入数据公布通用系统的各项准备工作，并正式编制国际投资头寸报表。

进一步提高外汇储备经营管理水平。在保证整体资产的安全和充分流动性的前提下，使外汇储备经营收益达到国家有关要求。同时，继续提高储备经营的系统化和专业化水平，完善投资决策程序、风险管理框架和业绩考评体系。加强储备管理队伍建设，建立激励约束机制，培养和吸引高素质人才。

加快外汇管理电子化建设。推广使用境内居民个人因私购汇系统，完善贸易进出口核销报告系统、外汇账户信息管理系统、资本项目业务核准件管理系统和外资流入登记管理系统。同时，配合海关、税务等部门的电子政务工程，提供数据采集的支持。各外汇指定银行要积极配合外汇管理电子化建设，做好配套工作。

加强外汇管理干部队伍建设。人民银行分支行行长兼外汇管理局分支局局长，是外汇管理的第一责任人，要进一步树立本外币统一管理的思想，加强对外汇管理工作的领导。继续落实银发〔2001〕60号文件精神，根据加强外汇管理的需要，尽快配齐外汇管理局分支机构的各级领导干部，补充外汇管理队伍力量，将录用外汇管理人员纳入年度录用计划。各分行要尽快核定辖区内中心支局和支局的外汇管理机构和人员编制。人民银行各分支行要将外汇管理局系统的干部考核、培训及电子化建设纳入一体化管理。

五、继续做好金融服务工作，切实加强内部管理

金融服务工作是中央银行的重要基础性工作，是中央银行依法履行职责的重要保障。按照2001年中国人民银行金融服务工作会议的部署，继续做好各项金融服务工作，强化内部管理，增强自我约束的能力。

1993年6月1日，江泽民总书记到怀柔视察人民银行清算总中心，这次召开全国金融工作会议，又对银行卡工作提出了新要求。我们要根据中央领导的讲话精神，加快推进中国现代化支付系统建设和银行卡联网通用的步伐。7月1日开通北京、武汉两地的大额实时支付系统。年底前，大额实时支付系统在上海、天津、重庆等10个城市推广应用，抓紧小额批量支付系统的软件开发。加强对银行卡联网联合的统计和考核，年底前全面完成各银行行内业务系统和终端机的标准化改造，并在300个以上城市实现本系统内银行卡联网运行，在100个以上城市实现各类银行卡的跨行使用，

在40个以上城市推广普及全国统一的银联标识卡，全面实现跨地区、跨银行的联网通用。

加强人民银行计算机系统通讯网络的建设和管理，加快各项信息系统的建设。根据金融改革和发展的实际情况，继续完善货币统计制度，使货币供应量更加科学地反映宏观经济的运行情况。建立贷款质量五级分类统计制度，尽快实现中资金融机构境内本外币并表统计。抓紧建立全国统一的金融监管信息系统、银行账户管理系统和大额资金异常支付监测系统。继续推广和优化银行信贷登记咨询系统，确保上半年实现全国联网查询。在银行信贷登记咨询系统的基础上，规划和启动银行个人信用信息系统建设工作。

在总结国库单一账户改革试点经验的基础上，配合财政部门进一步完善各项配套制度，扩大试点范围。做好《国家金库条例》和《国家金库条例实施细则》的修改工作。健全国库内控制度，防止国库案件的发生。加强现金管理和发行基金调拨，确保合理现金供应。做好第五套人民币5元纸币和5角硬币的发行工作，加快硬币推广的进度。抓好10元以下的残损人民币回收与销毁工作，继续加大打击制贩假人民币犯罪活动的力度，维护人民币信誉。加强发行库的建设和管理，完善黄金交易市场监管。

加强财务收支监督和审计，实现本外币业务并表核算管理。在人民银行中心支行，继续扩大推广会计核算、事后监督、账务查询、会计档案管理四集中的试点范围。围绕全行中心工作，加强审计监督，认真解决自办经济实体和融资中心等历史遗留问题，查纠违规行为，促进内部管理。加大对诈骗特别是利用银行卡犯罪和抢劫、盗窃案件的协查和防范力度，保障银行员工生命和资金安全，积极推进反洗钱工作的开展。改革后勤服务管理体制，提高服务质量。认真落实安全生产责任制，坚决防止重大安全事故的发生。加强对外事工作的管理，稳步推进对外金融交流与合作。

各直属企事业单位要紧紧围绕更好地履行中央银行职责这一中心，统筹安排好年内各项工作，加强内部管理，提高工作效率。

继续做好有关老干部的各项工作。发挥参事的统战、咨询、参政、议政作用。

六、加强领导，转变作风，扎实工作，确保完成各项工作任务

今年人民银行的各项工作十分繁重，要全面完成各项工作任务，必须进一步加强人民银行系统党的建设和领导，以奋发有为的精神状态和求真务实的作风，与时俱进，扎实工作，努力开拓新的局面。去年10月召开的中国人民银行党建工作会议对加强党建工作、改进党的作风建设作了全面部署，要继续认真贯彻落实。这里重点围绕加强领导干部管理和转变领导机关作风，强调以下几点。

领导干部要牢固树立正确的权力观，全心全意地履行中央银行职责。今年1月25日，江泽民同志在中央纪委第七次全会上发表了重要讲话，从巩固党的执政地位、维护国家长治久安的高度，突出强调，领导干部必须牢固树立正确的权力观，这要作为党的一项长期重大任务坚持不懈地抓下去。人民银行的各级领导干部一定要认真学习、深刻领会讲话的精神，打牢思想政治基础，筑严思想政治防线，牢固树立正确的权力观、地位观和利益观。人民银行既是国务院的组成单位，又是我国的中央银行，法律赋予了相对独立的地位，调节着近16万亿元的货币供应量，监管着超过20万亿元金融资产的金融机构，经营着2 100多亿美元的外汇储备，在业务和干部管理上实行垂直领导体制，各级领导干部都有较大的领导、管理和对金融机构的监管权。因此，树立正确的权力观，正确行使权力，对人民银行的干部来说更具有特别重要的意义。我们的权力要真正用于支持经济发展，防范金融风险，维护存款人利益，并自觉接受党和人民的监督，绝不能把权力变成谋取私利的工具。对以权

谋私者，要严肃批评，坚决查处；对掌权而又不履行职责者，要及时调整。各级干部要带头执行民主集中制，自觉接受上级党组织、班子成员和群众的监督。党委的议事决策，必须按照民主集中制的组织原则和组织纪律进行，坚决防止和纠正各自为政或个人说了算的现象。切实提高民主生活会的质量，形成批评与自我批评的良好风气。各级党组织对领导干部要严格要求、严格管理、严格监督，做到领导干部权力行使到哪里，监督就实行到哪里。要加强对干部考察、选拔、任用等工作全过程的监督，实行干部选拔任用工作责任追究制和用人失误失察追究制，对不按党的干部标准、不按规定程序选人用人的，一经发现要坚决查处，绝不姑息迁就。

坚持解放思想、实事求是的思想作风，加强调查研究，增强解决实际问题的能力。解放思想、实事求是马克思主义活的灵魂。坚持解放思想、实事求是的思想路线和思想作风，是增强人民银行各级领导班子和领导干部创新意识和进取精神，提高领导水平的根本要求。当前，我国经济发展面临着复杂的形势，金融领域还存在着许多重大复杂的难题。应对各种挑战，解决各种复杂难题靠什么？关键的一条是靠领导干部解放思想，实事求是，理论与实际相结合，加强调查研究，创造性地开展工作，总结新经验，找出好方法，不断解决履行中央银行职责中面临的重大实际问题。在新的形势下，各级领导干部要更加重视调查研究工作，抓住一些难点、热点问题，例如，如何处置多年形成的高风险金融机构；如何督促商业银行在降低不良贷款的同时，又能拓展信贷业务，支持经济发展；如何识别、选拔和使用人才等，集中精力深入实际，提出切实可行的意见和建议。当前要注意做好全国金融工作会议贯彻落实情况的调研工作，及时了解掌握并研究解决各地区、各单位在落实工作会议精神过程中出现的新情况、新问题。

增强服务意识，切实提高办事效率。加入世界贸易组织，参与经济金融全球化，是金融企业之间的竞争，更是国家金融管理水平、管理效率的竞争。对上级批示和下级请示要及时办理，有些事项，迟办一周或一天，就会酿成大祸，给国家和人民造成巨大损失。总行和各分支行在履行职责的过程中，一定要树立服务意识、增强效率观念，对金融机构或有关方面请示、沟通、协调的事项，要热情接待、认真对待，无论是否可行，都要认真研究并及时予以答复，绝不能以任何理由拖着不办或互相推诿。上级对下级、领导对下属的请示要作出及时明确的批示；下级和下属要主动履行职责，对上级和领导批办的事项要按时完成，署名报告。总行和分行要建立责任明确、协调顺畅、运转高效的办事机制，对办理事项运转过程的每个环节，都要落实具体责任人员并有明确的时限要求。实行严格的督察催办制度，一般事项要定期督办，重要紧急事项要跟踪督办。逐步推进行务公开，研究实行人民银行重大管理事项服务承诺公示制度，强化下级单位和社会的监督。由分支行和被监管机构，对总行及其有关司局的工作效率和工作质量进行评议。

下决心精简会议和文件，规范行政审批，坚持依法行政。从总行机关做起，切实精简会议和文件。在公文办理中坚决做到"四不发"：一是过去已有明确规定的，不重复发文；二是能统一或联合发文的，不单独发文；三是可通过信息渠道传达的，不发文件；四是可刊登内部刊物的，不发文件。实行严格的会议审批制度，控制会议的时间和规模，提高会议效率。总行和分行都应在一个月里安排一次无会周，即在本周内不安排党委会、行务会和行长办公会，腾出时间让领导干部下基层搞调查研究，让各级行有关职能部门更好地做好本部门工作。

精简会议和文件要标本兼治，在控制数量的同时，更要努力提高质量。进一步转变职能，按照国务院的要求，取消不必要的行政审批事项，增强依法行政的观念，更加高效率地做好管理和服务工作。

全国金融工作会议为金融业的改革和发展指明了方向，党中央、国务院对金融工作的高度重视和正确领导，是做好银行工作的根本保证。我们要进一步统一思想，坚定信心，转变作风，扎实工作，以更好地履行中央银行职责，促进我国银行业深化改革、加快发展的新成绩，迎接党的十六大的召开。

进一步推进国家助学贷款业务发展

（2002 年 2 月 9 日）

今天，中国人民银行、教育部、财政部联合召开电视会议，认真学习贯彻国家科技教育领导小组第十次会议决定和国务院领导同志指示精神，进一步部署和推动国家助学贷款。刚才，国务院副秘书长高强同志宣读了李岚清副总理对这次会议的重要批示，我们一定要认真学习贯彻。教育部部长陈至立同志和财政部部长项怀诚同志还将就推进国家助学贷款工作作重要讲话。下面，我先讲三个问题。

一、开办国家助学贷款业务的重要意义

民族兴衰，系于教育。实施"科教兴国"战略，要求教育必须先行。江泽民总书记在《庆祝中国共产党成立八十周年大会上

注：1998 年，中国人民银行、教育部、财政部等部门建立了资助高等院校经济困难学生顺利完成学业的国家助学贷款制度，并于 1999 年 9 月先在 8 个城市开展试点，2000 年在全国推开。2002 年 2 月 9 日，中国人民银行、教育部、财政部在北京召开全国国家助学贷款工作电视电话会议，进一步落实国务院关于国家助学贷款政策，全面推动国家助学贷款工作。戴相龙同志在会上作了讲话，此文根据讲话录音整理而成。

的讲话》中明确提出"要坚持实施科教兴国战略，进一步普及教育，提高教育素质和全社会的教育水平；大力发展科学文化事业"。

根据江泽民总书记多年来有关加强教育工作的讲话，国务院制定了支持开办国家助学贷款的政策。

2001年12月27日，朱镕基总理和李岚清副总理在国家科教领导小组第十次会议上，听取了国家助学贷款业务发展情况的汇报，研究确定了进一步推动国家助学贷款业务发展的政策措施。

开展国家助学贷款业务，帮助家庭经济困难的学生完成学业，是适应我国教育体制改革和发展的需要，加快教育事业发展的一个新探索，是党中央、国务院提出科教兴国战略的一个重要步骤，也是各家银行支持教育发展、贯彻科教兴国战略的一项重要任务。我们要认真学习江泽民总书记"三个代表"重要思想和党中央、国务院领导的重要讲话、批示，进一步统一思想认识，高度重视和积极主动地做好国家助学贷款工作。

（一）做好国家助学贷款工作，是银行系统贯彻落实江泽民总书记"三个代表"重要思想的具体体现

做好国家助学贷款工作，体现了党和国家对经济困难学生的关怀，体现了对教育事业的支持，这不仅关系着中华民族未来的强弱兴衰，也关系着我们民族银行业的长远发展。目前，世界经济全球化趋势日益明显，人类已进入信息网络时代，谁拥有了人才，谁就能在激烈的竞争中占据优势，谁就有了发展的动力源泉。可以说，人才竞争是21世纪全球经济竞争的核心，而教育是培养人才的基础。我国已加入世界贸易组织，对外开放不断扩大，我们既有机遇，又有挑战，对发展教育和培养人才也提出了更高、更迫切的要求。只有发展教育，才能提高民族素质和科学技术水平，才能拥有先进的生产力和先进的文化，才能得到广大人民群众的衷心拥护。

为此，我们必须以支持教育发展为己任，按照"三个代表"的要求，以实际行动贯彻落实好国家助学贷款政策，完成党中央、国务院交给我们的光荣任务。

（二）做好国家助学贷款工作，是实施科教兴国战略，支持教育事业发展和高等教育改革的需要

改革开放以来，我国国民经济快速发展，对教育事业和人才培养也提出了更高的要求。为此，党中央、国务院决定从1999年起实行高校扩招政策，国家财政也每年大幅度增加教育投入。但由于国家财力有限，依靠政府投入发展教育受到一定程度的制约，所以出现了教育经费紧张的状况。为解决这个问题，国家加大教育体制改革力度，改变国家统包教育经费政策，逐步实行高等教育部分收费制度。同时，考虑到由于我国经济发展的不平衡，为避免出现经济困难学生的失学现象，尽管国家有关部门也研究出台了奖、助、补、减等一系列资助高校经济困难学生的政策，取得了良好效果，但仍有一部分经济困难学生面临着无力支付学费、生活费，难以顺利完成学业的窘境。据统计，目前，我国各类高校在校学生达到700多万人，比1998年增加了一倍多，其中有20%（约150万人）为贫困学生，党和政府对此十分重视和关心，出台了国家助学贷款政策。从国外经验看，助学贷款是商业银行的一个重要业务品种，学生用银行贷款完成学业十分普遍，也是更快、更好地培养人才的有效途径。为此，我们要借鉴国外经验，结合我国实际，贯彻执行好国家助学贷款政策，使经济困难学生能够得到接受高等教育的机会，用明天的钱圆今天的梦。从这个意义上讲，国家助学贷款是一项支持教育事业发展、造福民族、利在千秋的事业，我们必须要做好。

（三）做好国家助学贷款工作，为商业银行开展业务创新，开拓信贷市场，培育新的业务增长点提供了良好契机

1998年以来，为扩大内需，支持经济发展，商业银行广泛开

展了个人消费信贷业务。目前，以住房为主的个人消费信贷业务发展十分迅速，对商业银行开拓信贷市场，调整信贷结构，优化信贷资产质量发挥了重要作用。国家助学贷款业务是个人消费信贷业务的重要组成部分，从市场需求看，发展潜力很大。国家助学贷款由中央财政和地方财政给予贴息，只要扩大业务量，对经办银行也有一定收益。从总体上看，大学生是我国个人素质相对较高的社会群体，在就业和收入上具有一定的保障和优势，对他们发放信用贷款，风险相对较低。从长远看，大学生群体是社会各种专业人才，更容易创业成功，商业银行今天帮助他们就学成才，等于为自己培育了潜在的优良客户，未来会给银行带来新的发展，银行业务的品牌形象也将会得到提升。同时，商业银行也可以利用对高校开展助学贷款业务的契机，与高校开展后勤社会化改革贷款、基建贷款、住房贷款等全面业务合作，增加银行的收益。因此，办好国家助学贷款业务，不仅对青年学生有利，对发展教育事业有利，而且对发展银行业也有利。

二、国家助学贷款工作开展的基本情况

国家助学贷款政策自 1999 年 9 月 1 日出台至今两年多来，在国务院领导同志的直接关怀指导下和各有关部门的共同努力下，取得了明显进展。2000 年 8 月，经国务院批准，人民银行颁布了《助学贷款管理办法》。到 2000 年底，国家助学贷款余额达到 4.2亿元，比《助学贷款管理办法》下发前的 0.15 亿元增加 4.05 亿元。为进一步推进国家助学贷款业务的发展，经国务院批准，2001年 6 月 22 日，人民银行、财政部、教育部在北京联合召开了全国国家助学贷款工作会议，研究部署了推进国家助学贷款业务发展的政策措施。会后，三部委联合下发《关于进一步推进国家助学贷款业务发展的通知》，对全面推进国家助学贷款业务发展提出明确

要求，并出台了一些新的政策措施。同时，人民银行也下发文件明确要求各分支行、各商业银行全面贯彻落实全国国家助学贷款工作会议和有关文件精神，加强督促检查和调查，认真总结经验、分析问题，做好国家助学贷款工作。从目前进展情况看，已取得了良好效果。

截至 2001 年 12 月底，金融机构国家助学贷款余额为 13.27 亿元，比年初增加 9.07 亿元，增长 2.16 倍；2001 年国家助学贷款合同金额为 24.35 亿元，比年初增加 14.51 亿元，增长 1.48 倍，有 27.2 万名学生获得国家助学贷款支持而顺利就学。1999 年至 2001 年 12 月底，金融机构累计发放国家助学贷款 14.1 亿元，贷款合同金额累计 34.19 亿元，累计有 37.9 万名学生获得国家助学贷款。此外，2001 年底，各类金融机构还发放一般助学贷款 18.78 亿元。

虽然国家助学贷款业务取得明显进展，但和在校经济困难学生的需求相比，贷款规模仍然偏小，发展不平衡，还有相当多的贫困学生不能及时得到贷款，反映比较强烈。产生这个问题的重要原因之一，是对国家助学贷款的重要意义认识不足，推动国家助学贷款业务发展的措施不力，态度不积极。最近，经国务院批准，人民银行、教育部、财政部联合发出通知，要求统一思想，提高认识，迅速行动，狠抓落实。为此，我们要加强学习，切实认识到做好国家助学贷款工作的重要意义，采取有效措施，做好这项工作。

三、进一步推进国家助学贷款业务发展的几点意见

（一）进一步提高思想认识，加强组织领导，认真落实国家助学贷款政策

寒假已有多日，2002 年春季学期将在春节后马上到来。各国有独资商业银行和各级人民银行一定要从科教兴国战略的高度出

发，认真学习、领会国家科教领导小组会议精神和国务院领导同志的指示精神，统一思想，提高认识，利用寒假时间尽早布置进一步推进国家助学贷款的工作，特别是高校比较集中的地区要提前做好充分准备，主动与有关部门和学校联系，安排好足够的人力、物力，集中办理新生入学高峰期的贷款业务，提高服务报率。人民银行各分支行要及时了解当地银行机构办理国家助学贷款业务的情况和问题，帮助和督促商业银行办好这项业务。

（二）国有独资商业银行要按照定学校、定范围、定额度、定银行的"四定"办法发放国家助学贷款

最近，人民银行会同教育部、财政部在总结前段工作经验基础上，进一步研究了落实国家助学贷款政策的具体办法，概括起来就是"四定"、"三考核"。一是定学校，就是由教育行政部门确定可以申请国家助学贷款的全日制本专科普通高等院校名单，作为商业银行办理国家助学贷款业务的对象；二是定范围，就是国家助学贷款范围限于经济困难的全日制本专科生（含高职生）、研究生和第二学位学生的学费、住宿费和生活费；三是定额度，就是由教育行政部门和高等院校按照总体不超过全日制在校学生20%的比例和每人每学年最高不超过6 000元的贷款数额，测算并确定各高等院校的国家助学贷款需求的额度；四是定银行，就是由各高等院校自主选定一家国有独资商业银行作为国家助学贷款经办银行。目前，已建立贷款协作关系的银行原则上不再变动，尚未选择经办银行的高等院校，应尽快就近选定。商业银行一旦被高校选为国家助学贷款业务承办行，必须积极主动地与高校联系，安排专门的资金和人力，落实国家助学贷款，及时满足经济困难学生的贷款需求，做到不让一个大学生因经济困难而辍学。

为确保国家助学贷款按"四定"的办法顺利发放，人民银行和教育部建立"三考核"制度，即要按月考核各经办银行受理国

家助学贷款的申请人数和申请金额；按月考核各经办银行审批人数和合同金额；按月考核各经办银行发放人数和发放金额，并要及时进行分析，加强督促检查。在 2002 年春季开学前，人民银行、教育部、财政部将组成联合检查组，检查各地落实情况。

（三）进一步完善现行国家助学贷款管理制度，全面推进国家助学贷款业务发展

国家助学贷款业务在我国还是一个开办时间不长的新的信贷业务品种，要进一步完善有关制度办法。

一是实行灵活的还本付息方式。借款学生既可以在校期间偿还国家助学贷款本息，也可以从毕业后第一年起偿还本息，经办银行对借款学生在校期间欠交的利息不计复利。国家助学贷款既可以按月或按季偿还本息，也可以毕业后归还本息，具体方式由借款学生与经办银行协商确定。

二是开展形式多样的助学贷款业务。国家助学贷款是仅限于对高校经济困难学生发放的有财政贴息的无担保信用贷款，非经济困难学生则可以向经办银行申请一般助学贷款，满足其在校期间的支出需要。

三是国有独资商业银行对国家助学贷款的管理要实行"三单列"，即单列会计科目反映；单独统计；在信贷资产质量考核上与其他信贷业务分开实行单独考核。要明确对按照操作规程发放贷款而出现呆坏账，不追究信贷员及主管负责人的责任。

四是各经办银行的国家助学贷款经办人员要努力适应贷款额度小、环节多、成本增加等情况，积极创造条件向符合条件的借款学生发放国家助学贷款。对积极发放国家助学贷款的经办银行和经办人员要给予表彰。

（四）各商业银行要建立有效的国家助学贷款风险防范机制

我们相信，得到助学贷款的学生，一定会更好地勤奋学习，一

定会按照签订的贷款合同主动归还贷款本金和利息。同时，银行也要和学校以及有关学生密切配合，防范发放助学贷款的风险。

目前，我国的个人信用系统正在研究开发过程中。在该系统投入运行之前，各国有独资商业银行要因地制宜地探索国家助学贷款风险防范的有效手段。在办理国家助学贷款业务过程中，要建立国家助学贷款学生的个人信用档案，将其纳入电子化系统管理，逐步实现系统内和银行间联网，便于相互查询，资源共享；在国家助学贷款合同中，要求借款学生必须向经办银行提供家庭地址、父母或法定监护人姓名、工作单位和联系方式等真实信息，并在贷款期内，与经办银行保持联系，及时反馈信息；经办银行还要会同教育部门和高校收集助学贷款违约学生名单，在每学期开学前在媒体上公布贷款违约人的姓名、籍贯、学校、工作单位、身份证号码和拖欠贷款本息金额，充分发挥社会舆论监督的作用。

国家助学贷款工作是一项需要多部门加强配合、共同努力才能完成的工作。各商业银行务必要主动与教育、财政和院校加强协调，积极开展工作，不得互相推诿扯皮，在新学期开始之前，要将推进国家助学贷款的各项措施落到实处，确保新学期开始后，符合条件的困难学生都能得到国家助学贷款。

加入世界贸易组织后中国的银行业

（2002 年 2 月 18 日）

感谢香港总商会对我的邀请，使我有机会在春节期间与香港工商界的朋友欢聚一堂。在此，我谨代表中国人民银行及我本人，向在座的各位朋友拜年，祝各位马年大吉，万事如意。

去年 12 月 11 日，中国加入了世界贸易组织。现在，中国各级行政官员和工商企业领导人正在努力学习我国政府加入世界贸易组织后对外开放的承诺，学习有关世界贸易组织的主要规定和业务知识。今年 2 月 5 日至 7 日，我国召开了全国金融工作会议。在座的朋友一定很关心中国金融业的发展。为此，我今晚的演讲题目就是"加入世界贸易组织后的中国银行业"。

一、中国基本建立了新的金融体制，金融业安全运行

判断一个国家的金融业发展是否健康，首先要看是否建立与其经济发展相适应的金融体制，要看金融业的发展总趋势。经过多年努力，我国已基本建立了与其经济发展相适应的新的金融体制，全国金融业处于安全运行状态。

注：此文是戴相龙同志在香港总商会的演讲稿。

一是建立了以商业金融为主体，银行业、证券业、保险业齐全，多种金融机构分工竞争的金融体系。到 2001 年底，全部金融机构（含证券公司、保险公司）总资产已达 21.8 万亿元，其中，存款类金融机构占 90% 以上。

二是金融市场逐步完善。2001 年，同业拆借市场交易量达 8 000 亿元，商业票据和贴现发生额近 3 万亿元，外汇交易 750 亿美元。2001 年底，上市公司 1 100 多家，市值 4.35 万亿元。黄金交易所已在上海试营业。上海已成为中国最大的金融中心。

三是金融宏观调控已从直接控制转为间接调控。1998 年取消了对国有商业银行沿用几十年的贷款限额控制，已能够较好地运用利率、再贷款、公开市场等手段调控货币供应量。

四是建立了与中国国情基本适应的金融监管体制。对银行业、证券业、保险业实行分业经营，并由中国人民银行、中国证券监督管理委员会、中国保险监督管理委员会分别监管。

上述金融体制尚有许多不完善之处，但基本与我国现行经济和金融业的发展水平相适应，有力地促进了经济改革和开放。总体看，中国金融业处于稳健安全运行状态，具体表现在下列几个方面。一是经济增长快。1993～2001 年，国民生产总值年均增长 9.4%。二是人民币币值对内对外都保持稳定。1997 年消费物价指数增长 2.8%，2001 年为 0.7%，其余年份在这之间略有波动，但波动不大。1994～2002 年，人民币对美元汇率一直保持稳定。三是外汇储备逐年上升。1993 年是 206 亿美元，2001 年底为 2 122 亿美元。今年 1 月，又比年初增加 52.35 亿美元，增加到 2 174 亿美元。四是外债 1 700 亿美元，控制在风险监控指标以内。五是股票指数下降幅度较大，但在规范中发展。六是不良贷款比率虽然过高，但处于逐步下降的趋势之中。综合分析，可以说中国金融业正在改革中稳步发展，这就是中国金融业发展的全局和总趋势。

二、客观分析中国银行业中存在的主要问题

国际社会公认，20 多年来，中国经济在改革和开放中发展，取得了辉煌的成就。但是，有些人仅从不良贷款比例过高一个方面，把中国银行业说的一无是处，这种认识是片面的。我认为，应当全面分析国有独资商业银行的作用和存在的问题以及发展前景。

长期以来，国有独资商业银行在支持国民经济发展中作出了重大贡献。1985～2001 年，各项贷款从 6 000 亿元，上升到 7 万亿元，每年递增 18%。其中也产生不少不良贷款，但对国民经济改革和发展给予了很大支持。1985～2001 年，共计上缴中央财政税利近 5 000 亿元。近 4 年，内部管理明显加强，撤销长年亏损的基层机构 4.4 万个，净裁减员工 24 万人。2001 年实现利润和消化历史财务包袱计 600 多亿元。

但是，国有独资商业银行在发展中也还存在许多问题，最重要的是不良贷款比例过高。到 2001 年底，4 家国有独资商业银行贷款为 7 万亿元，不良贷款为 17 656 亿元，占 25.37%。据调查，在不良贷款中，约有 6 000 多亿元将成为实际损失，占全部贷款的 8%。

1994 年，4 家国有独资商业银行不良贷款占全部贷款的 20% 左右。在 1995 年 6 月召开的全国银行业经营管理工作会议上，我们提出，经过 3 年努力，把不良贷款比率降到 15% 左右。1997 年，全国金融工作会议上提出，从 1998 年至 2000 年底，争取把不良贷款比率每年下降 2～3 个百分点。其结果，上述目标都没有实现。以上说明，降低不良贷款是一项艰巨的任务，遇到的困难要比我们预想到的多得多。

国有独资商业银行存在大量不良贷款，是多年积聚起来的，是

国民经济深层次矛盾的综合反映。除了商业银行自身改革滞后、内部管理薄弱外，主要原因：一是国家银行承担了国民经济管理体制从计划经济转向市场经济及国有企业改革的大量成本。二是金融制度不完善。间接融资比例过大，直接融资比例过低，工商企业资产负债率过高，工商企业的经营困难和失败，很快成为银行业的不良贷款。三是长期以来，金融会计制度没有体现审慎原则，造成财务虚收和实际已发生的呆账不能得到及时冲销。四是社会信用制度不健全，借贷人逃废银行债务比较严重。

针对上述问题，我国采取综合措施降低不良贷款，已取得明显成效。1999 年底，不良贷款上升速度下降。2000 年第四季度，不良贷款比例开始下降。到 2001 年底，不良贷款余额和不良贷款比例同时下降。2001 年，4 家国有独资商业银行不良贷款下降 920 亿元，不良贷款比例下降 3.8 个百分点。

我们的目标是，今后几年要使不良贷款每年平均下降 2~3 个百分点，到 2005 年底，4 家银行不良贷款比例降到 15% 左右。降低不良贷款，要正确处理化解金融风险和支持经济的关系，要注意在发展经济中逐步降低不良贷款，防止信贷过分紧缩而扩大新的不良贷款。主要措施：一是把国有独资商业银行变成为真正经管货币的企业，实行自主经管，不再承担政策性贷款的业务，提高新增贷款的质量；二是整顿信用秩序，依法收回到期贷款；三是参照国际通行原则，采取债务重组等各种方式处置不良资产；四是提高呆账准备金提取比例，及时冲销坏账。同时，国家要采取一定的扶持措施，帮助国有独资商业银行逐步走出困境。中国政府的债务指标处于国际通行的警戒线以内，我国有实力解决国家银行多年形成的问题。我们坚信，到 2005 年一定能够把国有独资商业银行不良贷款的平均比例降到 15% 左右。实现这个目标，是必要的，也是可能的。

三、加快改革，迎接加入世界贸易组织后的挑战，促进中国银行业的发展

2001 年 12 月 11 日，我国已加入世界贸易组织。加入世界贸易组织的当年，允许外资银行对中资企业和居民办理外汇业务。到 2001 年，中资金融机构在境外金融净资产有 1 000 亿美元左右。因此，分流部分外汇存款，对中资银行影响较小。加入世界贸易组织后两年，允许外资银行对中资企业办理人民币业务。这对中资银行有影响，但由于中资银行人民币资金较多，这个对中资银行影响不会太大。加入世界贸易组织后 5 年，对外资银行实行国民待遇，我国银行将面临严峻挑战。为此，我们一定要认真落实全国金融工作会议精神，把金融监管作为金融工作的重中之重，加速金融企业改革，提高中资银行竞争力。

一是加快中资金融企业特别是国有金融企业改革的步伐。明确商业银行是经营货币的企业，并建立与金融企业相适应的各项管理制度。经过 5 年努力，把国有独资商业银行改造成为具有较强国际竞争力的现代大型商业银行。将具备条件的国有独资商业银行改组为国家控股的股份制商业银行，条件成熟时可以上市。

二是提高制定和执行货币政策的水平，为金融业改革和发展创造一个良好的宏观环境。2001 年，面对全球经济增长大幅度下滑的压力，中国继续实行积极的财政政策和稳健的货币政策，取得明显成效。国内生产总值 9.6 万亿元，增长 7.3%；消费物价增长 0.7%；全社会固定资产投资增长 12% 左右；社会消费品零售额增长超过 10%；进出口总额 5 060 亿美元，增长 7.5%；外商直接投资 469 亿美元，增长 14.9%；外汇储备 2 122 亿美元，比年初增加 466 亿美元，增长 28%；财政收入预计比去年增长 20% 以上。加入世界贸易组织后，预计外资大量流入，中央银行基础货币也会大

量增加。因此，从中长期看，要防止通货膨胀。但是从目前看，不存在通货膨胀的危险。今后几年，仍要执行稳健的货币政策，适当增加货币供应量，加大金融对经济发展的支持力度，防止经济减速过多。预计"十五"期间，货币供应量每年增长 13% ~ 14%，累计新增本外币贷款 9 万多亿元。逐步推进利率市场化改革。通过提高贷款利率浮动幅度，规定存款利率上限和贷款利率下限等过渡方式，最终形成以中央银行利率为基础、以货币市场利率为中介、金融机构根据市场资金供求决定利率水平的市场利率体系。

三是加强外汇管理，保持国际收支平衡，同时要继续维持人民币汇率的稳定。本币的汇率和其购买力平价有较强的相关性，但汇率水平决定贸易商品的劳动生产率，决定于外汇市场供求。1994年至今，人民币对美元的名义汇率升值 5%，剔除通货膨胀率因素，对美元升值 44%，对主要贸易伙伴国和地区的货币升值 30%。人民币汇率长期稳定，对促进我国改革开放和亚洲金融稳定发挥了重要作用。当前，人民币汇率水平是适当的。目前，全国经济增长 7% 左右，外商投资增加，外贸继续顺差，外汇储备上升，人民币汇率将继续保持稳定。我国外汇市场出现的供大于求的情况，是建立在外汇管理制度之上的，只要我们逐步扩大外汇供给，就不会出现人民币汇率的过度升值。我国将逐步完善人民币汇率形成机制，适当扩大人民币汇率浮动幅度。

加入世界贸易组织后，并不要求实行资本项目可兑换，更不要求人民币可兑换。实现资本项目可兑换和人民币可兑换要有较强的综合国力、稳健的金融体系和较强的政府宏观调控能力。目前，我国尚不完全具备这些条件。因此，实现资本项目可兑换和人民币可兑换需要循序渐进，不可操之过急。但是，加入世界贸易组织后，随着我国资本市场的发展，贸易和外商直接投资的扩大，客观上需要逐步推动资本项目可兑换和人民币可兑换。到 2001 年底，外商直接投资、中资企业在境外上市筹资和我国外债合计近 6 000 亿美元。同时，国家外汇储备、中资企业在境外投资和中资金融机构境外净资产合计超过 3 500 亿美元。这一现象标志着我国利用外资进入了一个新阶段，即大量外资进入中国的同时，国内外币投资于境外的数量也不断增加。目前，我国外汇储备上升较快，我国有条件逐步扩大外汇供给，逐步放宽对资本交易的管制，推进资本项目可兑换的进程，如选择一种金融产品，扩大资本项目的对外开放，应当首选香港金融市场试行。同时，建立有效控制资本流出入及预警机制。

四是加强金融监管，提高金融监管水平。在较长时间里，我国仍对银行业、证券业、保险业实行分业经营和分业监管。加入世界贸易组织后，设立在中国的外资银行也应在上述法律框架下从事经营活动。中国人民银行将加强对商业银行法人治理的监管。从 2002 年 1 月 1 日开始，对所有商业银行实行贷款质量五级分类管理办法，并参照国际通行原则建立呆账准备金提取和核销制度。实行审慎会计制度，强化资本约束，限期要求各商业银行把资本充足率提高到法律所规定的标准内。制定银行信息披露制度，要求 4 家国有独资商业银行和各家股份制商业银行最迟到明年完成信息披露的安排。

此外，还要加快提高我国金融电子化水平，抓紧培养和从境外引进高级管理人才。

借此机会我还想讲一讲内地和香港金融业的合作问题。

2 月 18 日，国际清算银行在香港召开了亚洲中央银行（金融监管局）特别行长会议，会议就世界经济形势和亚太地区汇率安排进行了有效的讨论。发表会议进行情况的谈话不是我的任务，但我要向大家介绍一个统计资料，参加会议的 12 个国家和地区的外汇储备正在逐步上升，1998 年是 7 733 亿美元，占全球的 47.9%；

2001 年底是 11 778 亿美元，占全球的 58.9%，3 年中所占比率上升 10 个百分点。可以预料，到明年这个时候，这 12 个地区的外汇储备占全球比例将超过 60%。总体看，亚洲地区的经济增长将在较长时期内高于全球经济增长速度。2001～2010 年，中国国民生产总值将翻一番。亚洲地区及中国的发展，为我国香港的长远繁荣发展创造了条件。香港的各种优势将使其继续发挥亚洲乃至世界金融中心的作用。

自香港回归至今，中国人民银行和香港金融管理局以及我本人和任志刚先生，一直保持良好的关系。中国人民银行和香港金融管理局同时参加可以由非主权国家参加的国际金融机构，并共同发挥应有作用。中国人民银行和香港金融管理局定期磋商双方关心的业务问题，共同支持两地金融业、工商企业的合作。中国人民银行支持原香港中银集团改组为中银（香港）有限公司，成为在香港登记注册的第二大集团。

今后，我们将采取措施，进一步维护和加强香港作为国际金融、贸易、物流和旅游中心的地位，进一步促进两地经济金融更加紧密的合作。要不断扩大内地和香港商业银行的业务合作；积极探讨内地和香港在资本市场方面的合作；改进对香港在内地投资企业的金融服务；扩大内地外汇业务在香港的运作；交流金融人才，特别是欢迎香港金融高级管理人员到内地金融企业担任实职。

我不可能也无必要在这里开出两地金融合作的清单。我国的改革促进了开放，以加入世界贸易组织协议承诺的开放，必将在更大范围内促进我国金融业的改革。所有这一切，都同时有利于香港的长期稳定和繁荣。我可以肯定，经过一段时间调整，随着全球经济的复苏，香港工商业一定能够骏马奔腾。

第九届全国人大第五次
会议期间答记者问

（2002 年 3 月 11 日）

1. 中央电视台记者：今年的《政府工作报告》中指出，我国将继续实行稳健的货币政策，但随着商业贷款增幅的减少、存差的加大、中小企业贷款难等问题的出现，不少舆论认为现在的货币政策还是偏紧，您有何评价？另外，中央银行今年又下调了利率，如果第八次降息仍然没有拉动内需，那么中央银行将采取什么样的措施去应对？

戴相龙：稳健的货币政策是根据既要防范金融风险，又要加大金融对经济的支持力度这两个基本要求而制定的。稳健的货币政策不是保守消极的政策，更不是收缩货币供应。它包括适当增加货币供应量、调整信贷结构、保持汇率的稳定以及疏导货币政策传导机制四个方面的积极内容。实践证明，实行稳健的货币政策取得了明显成效，应当继续执行。

注：2002 年 3 月 5 日至 16 日，第九届全国人大第五次会议在北京召开。根据第九届全国人大第五次会议的安排，中国人民银行行长戴相龙在 3 月 11 日的记者招待会上介绍了当前的金融形势和金融工作，并就社会各界关注的金融热点问题回答了中外记者的提问。

去年底，货币供应量比经济增长和物价增长之和还高 6 个百分点，商业银行超额储备率达到 7 个百分点，企业存款增长了 16%，银行间同业拆借利率呈下降趋势。由于市场资金相对宽松，利率才会下降。这些情况说明，银根并不偏紧。

存款大于贷款，是国内外商业银行经营的基本特征，我国香港和美国的银行也是这样。近几年，我国商业银行存贷比例下降主要是商业银行实行市场化经营和资产多元化，商业银行买了大量的国债和金融债，而这些钱最终还是支持经济的发展。贷款增长幅度比率下降，是因为贷款的基数越来越高和不良贷款下降。另外，去年股市市价的调整，使一部分违规资金退出股市，回到了企业，使得企业贷款需求相对减少。我国企业有 99% 是中小企业，贷款难的原因是相当复杂的。要由银行、企业和各级政府共同研究解决。国家银行要增强资金的营销观念，改进对中小型企业特别是小型企业的服务。

针对我们经济增长速度减缓的情况，去年的中央经济工作会议和今年总理的《政府工作报告》都提出了有效的措施。前不久我们降低了存款利率，特别是贷款利率，这对我们工商企业的发展，对经济保持一定速度肯定会产生效果。如果没有效果，还有其他办法。总之，对今年经济增长达到 7% 左右，我很有信心。

2. 日本记者：朱总理《政府工作报告》中没有过多提到金融改革，是不是把这一工作推到下一届政府来完成？

戴相龙：我认为朱镕基总理的工作报告把金融工作摆在很重要的位置。今年 2 月，党中央、国务院召开了全国金融工作会议，确定了今后我们金融工作的方针和重大政策。我们根据这次会议精神，对国有商业银行的改革以及对其他一系列重大的改革将研究制定具体的方案。我们认为，政府工作、金融改革都是一个连续的过程。有些问题成熟了就可以做；有些问题要反复研究论证，循序渐进。到 2006 年的 12 月，外国的银行和中国的银行实行国民待遇，我们金融工作的改革一定要抓紧，落实时间和进度，稳步推进。

3. **新华社记者：中国在加入世界贸易组织以后，随着关税的下调和日元贬值，人民币的汇率走势将是如何，是贬值还是升值？**

戴相龙：从 1994 年开始，我国实行了由市场供求为基础的、有管理的浮动汇率制度。7 年多来，人民币兑美元的名义汇率累计升值 5%，如果考虑物价因素，升值 30% 左右。人民币汇率长期稳定，对我国、亚洲都是有好处的。

今年我国经济增长仍将继续保持较高的速度，今年 2 月底，国家外汇储备达到 2 235 亿美元，比年初增加了 113 亿美元，所以我认为人民币肯定会保持稳定。所谓稳定，就是不贬值。

有人认为我国的外汇市场供大于求，根据世界金融组织按购买力平价计算，3 元人民币兑 1 美元，因此，有人说我们应该升值。我认为这也是一个误解。一个国家的购买力的平价，跟汇率是有关的，但是决定汇率的是贸易商品的价值和外汇市场的供求。举个例子，在中国吃顿饭几百元钱，在美国同样档次饭可能上千元，但人家不会到这来吃这顿饭，可能就体现不了这个汇率。另外，我国的外汇供大于求是在我们外汇管理的制度下实现的，对企业保留外汇以及企业购买外汇还有一些规定和限制。如果我们的外汇供大于求，可以把需求扩大，外汇供大于求的状况就会变化，所以人民币也不会有很大的升值。但从长远看，中国的人民币将是购买力比较强的货币。

4. **德国新闻社记者：您是否担心中国的财政赤字会继续增加？中国靠增加国债来给经济注入活力的办法还会持续多久？**

戴相龙：目前，我国的财政赤字占 GDP 比重在 3% 以内，还是比较稳健的。加上国债也不过是 16.3% 左右。我知道，国内外的很多朋友把一些潜在的债务加进去，这样欠的债务就多了。提醒我们注意这样隐藏的债务是非常正确的。我们已经注意到了这一问题，比如，近几年采取了一系列措施，国家银行的不良贷款正在下降，我国国民生产总值在今后的四年里会翻一番，所以我们的债务和 GDP 的比例还会降低。要说明的是，隐藏债务的计算是很复杂的。

从中央银行来讲，当然不希望积极的财政政策退出，这样既可以带动经济增长，也可以给银行减少一些压力，对我们国家的宏观经济是有好处的。近期还会继续执行积极的财政政策。用国债资金建设的项目，绝大部分资金还是直接或者间接地来自商业银行。积极的财政政策和稳健的货币政策继续相互配合，可以使我们的宏观经济政策继续保持稳健地增长。

5. 中央人民广播电台记者：请问今年中央银行将采取哪些措施来支持农村经济的发展？

戴相龙：今年银行金融服务的重点，除了支持国债项目建设，很重要的就是改进对中小企业的服务，改进对农产品的服务。要继续发挥国家银行在支持农村经济发展中的重大作用。农业银行要在支持农业产业化经营、乡镇骨干企业和城乡一体化发展中进一步加大贷款投放。

另外，要深化农村信用社的改革，大力组织资金，充分利用农村信用社的资金。一是农村信用社吸收存款利率可以灵活一些，有些地方可以把存款利率适当提高；二是东部资金多西部资金少，要促进其互相调剂余缺；三是信用社资金主要用于三农；四是中央银行增加对农村信用社的贷款。上半年增加 260 亿元，下半年还可以再增加一些。总之，要采取多种措施，使农村信用社贷款有明显增加。今年，农村信用社的贷款最高可以增加 2 500 亿元，比上年最高增加额多增加 1 000 亿元。到年底，全年贷款增加 2 000 亿元，比上年多增加 600 亿元。而且我们要求所有的农村信用社都开办对农民没有抵押担保的小额贷款。这样才能使农民贷款难的问题得到明显的改善。

其他银行也要增加对农村基础设施建设的贷款，国家对农村用于国债项目的贷款也要增加。

6. 记者：台湾有关方面宣布，台湾的指定银行可来大陆直接通汇，3月底以前中央银行是否可对台湾提出申请的八家银行给予答复，现在这件事的进展如何？另外，日元贬值对大陆经济有一定的牵动，在这种形势下，两岸经济、金融合作方面有哪些领域可以交换意见？

戴相龙：我多次接待过来自台湾的银行界朋友，表示欢迎他们到大陆来办银行。目前，中国人民银行已经收到了台湾八家银行到大陆设立代表处的申请，我们将认真地予以分批审批。我们已经批准了世华联合银行设立上海代表处、彰化银行设立昆山代表处。这是第一次批准台湾的银行在大陆设代表处，是非常好的消息，说明两岸金融合作有了新的进展。同时，我们将按照有关的法规、条件和程序批准今后开办分行的问题。

有关方面指定几家银行和大陆的商业银行通汇，我们也很欢迎。这项措施对于两岸的经济贸易合作会有很大的推动作用。

我们也支持大陆的商业银行到台湾开代表处、开分行。我相信台湾有关方面也会欢迎的。今后，两岸的金融机构往来就多了，我们将在一个中国的原则下，以适当的渠道和方式加强两地银行监管机构的信息交流和合作问题。

7. 香港凤凰卫视记者：中国加入世界贸易组织以后，人民币的自由兑换表因为加入世界贸易组织可能会提前，请问有没有一个时间表？另外，香港的商业银行到内地设分行有没有优惠条件？

戴相龙：中国在1993年提出，创造条件使人民币成为自由兑换的货币。这几年，由于人民币汇率稳定，人民币的地位不断提高。目前，人民币在港澳地区普遍被接受，在中国的周边国家和地区也被采用。在有些发达国家，已设有人民币的兑换点。人民币的自由兑换是有条件的：第一要有很强的国力；第二要实现资本项目可以兑换；第三要有稳健的银行体系。我们现在还不完全具备这些条件。多年来国际上出现的金融危机告诉我们，在这个问题上要十分谨慎，应该循序渐进，水到渠成，不能急于求成。

国内的金融机构外汇头寸较多，大量存在于境外。可以研究把这些外汇集中起来投资香港的股市，从外汇管理上无政策障碍，但涉及很多具体技术问题，应由中国证监会和有关部门提出具体办法。

中央政府有关部门正在和香港特别行政区政府研究磋商建立两地更紧密的贸易关系的安排。我们将按照既符合世界贸易组织的规则，又能照顾到两地的经济贸易关系的原则去研究有关金融合作问题。

8.《人民日报》记者：4 家国有独资商业银行不良贷款额和贷款额的比例首次实现了净下降，不良资产比例是 25.37%，有些人怀疑这一官方数字的真实性，请问有何评价？中央银行今年对我国的资本市场有何支持措施？

戴相龙：按照四级分类（一逾两呆）办法，去年底，4 家国有独资商业银行不良贷款 25.37%，这一数字是基本真实的。第一，前两年人民银行组织了 7 万多人，对国有独资商业银行的不良资产真实性进行了全面大检查；第二，对商业银行的行长实行了干部交流，从制度上防止和减少了隐瞒的情况，并要求采取有力措施，降低不良贷款；第三，按月对不良贷款的连续监测，避免了大起大落；第四，银行对贷款审查比以前更严格、更认真了。当然，不良贷款数字还是比较高，我们会继续努力。

中央银行应该支持资本市场的发展，我希望从近 8 万多亿元储蓄中分流一部分到资本市场。因为只要资本市场发展了，增加了资本金，产权就更明晰，贷款风险就能减轻。资本市场发展11年来，从资本市场筹集了7 700亿元，我个人认为还应该更多一点。

9.《北京青年报》记者：今年是否准备在住房贷款和汽车贷款方面采取更积极的措施？有没有具体的打算？

戴相龙：根据总理的《政府工作报告》，我们会继续加大个人住房贷款和汽车贷款等个人消费贷款的力度。去年底，商业银行个人住房贷款余额达5 598亿元，比上年增加2 282亿元，占商业银行新增贷款的20%多。前不久，个人住房贷款利率下降了0.54个百分点，这必将促进个人住房贷款的进一步发展。但是也要重视消费信贷风险，注意高档写字楼的积压问题。

去年底，银行汽车贷款余额有436亿元。加入世界贸易组织后，进口关税降低，进口汽车增多，汽车消费贷款也将有新的发展。我们支持商业银行办理汽车消费贷款，也支持企业集团、财务公司办理汽车消费贷款。我们正在制定办法，允许外国的汽车消费信贷组织、汽车服务公司来中国办理汽车消费贷款。当然，发展汽车消费贷款也要注意道路的问题。不要因为有了更多的汽车，在路上时间更多了，那就不好了。

10. 中国国际广播电台记者：一段时间以来中国发生了一些金融违规事件，中央银行也强调加强金融监管。请问今后中央银行在监管体制方面会有什么新变化、新动作？中央银行在确保监管人员的资格方面会采取哪些具体的措施？

戴相龙：中国人民银行在对银行监管方面做了大量的工作，但还存在一些薄弱环节。提高监管水平，要采取各种综合措施。其中，完善银行监管组织体制也很重要。建立一个什么样的银行监管组织体制是很复杂的问题，需要认真地研究，反复论证。中国人民银行将根据这次《政府工作报告》的精神，加强对银行业的监管。

同时，中国人民银行和中国证监会、中国保监会要加强联系，充分利用联席会议等形式，加强沟通。对银行业、证券业、保险业的监管都将更多地运用国际的监管原则，包括信息披露原则、审慎会计原则等进行监管。高级管理人员的金融任职资格管理很复杂，条件很多，不仅要审查资历、学历，还要注意人品，注意他在各个金融机构的表现。简单一句话，今后的管理会更严格。

今后几年的中国货币政策

（2002 年 3 月 16 日）

非常高兴参加这次为庆祝中国银行成立 90 周年而举办的国际金融高层研讨会。我代表中国人民银行对研讨会的召开表示热烈的祝贺。借此机会，我想就今后几年的中国货币政策问题作一简要论述，供大家研究。

一、继续实行稳健的货币政策

既要防范和化解金融风险，又要加大金融对经济发展的支持力度，这是我国制定货币政策的基本原则。从 1993 年开始，我国实行适度从紧的货币政策进行宏观调控，有效地治理了通货膨胀，实现了国民经济"软着陆"。1997 年亚洲金融危机以后，中国出现了通货紧缩的趋势。针对这种状况，中国实行积极的财政政策，但在货币政策方面，不是提实行积极的货币政策，而是提实行稳健货币政策。把货币政策称为"稳健"，而不称为"积极"，这是因为：我国国有企业负债率过高，贷款有效需求不足；商业银行自我约束能力弱，

注：2002 年 3 月，中国银行在建行 90 周年的活动中，举办了以"经济全球化与银行业的未来"为主题的国际金融高层研讨会。此文根据戴相龙同志在研讨会上的演讲整理而成。

不良贷款比例过高；影响经济发展的主要原因是经济结构失衡，而不是货币供应不足。在此情况下，如果实行过分扩张的货币政策，不但无益于防止出现的通货紧缩趋势，而且还会危害宏观经济健康发展。

稳健的货币政策不是保守消极的政策，更不是收缩货币供应。它包括以下积极的内容：一是适当增加货币供应量。近几年货币供应量增长幅度比经济增长与物价增长之和高出 5 个多百分点。二是引导商业银行调整贷款结构。1998 年以来，增加个人住房等消费贷款 5 000 多亿元，共发放固定资产投资贷款 1 万多亿元。三是维护人民币汇率稳定。四是疏导货币政策传导机制。取消贷款规模控制，运用货币政策工具间接调控货币供应量。近几年的实践证明，实行稳健的货币政策是一项正确的宏观决策。

今后几年，人民银行要加强银行监管，促使商业银行不良贷款比例平均每年下降 2 ~ 3 个百分点。同时，要在稳定币值的前提下，支持国民经济每年增长 7% 左右。面对这两个基本要求，人民银行要继续执行稳健的货币政策，在防范和化解金融风险的同时，进一步加大金融对经济发展的支持力度。

货币政策是宏观政策，是总量政策。当前，我国出现的商业银行资金头寸宽裕而中小企业普遍反映贷款难的问题，并非是人民银行实行了偏紧的货币政策，而是企业运行机制方面存在弊端。解决这个问题，应当立足于改革企业制度，一方面工商企业要创造贷款基本条件，另一方面国有独资商业银行要扩大资金营销。2002 年货币信贷预期调控目标为：广义货币供应量（M_2）和狭义货币供应量（M_1）分别增长 13% 左右，现金（M_0）净投放不超过 1 500 亿元，全部金融机构贷款增加 13 000 亿元以上。

二、完善货币政策运行机制

今后几年，我国市场化程度会大大提高；加入世界贸易组织，金融对外开放将进一步扩大。面对上述变化，如何完善货币政策运行机制，已成为迫切需要解决的问题。

一是要探讨中国货币政策中介目标的选择。我国货币政策目标是保持币值稳定，并以此促进经济增长。在这个问题上，我国和许多国家是一致的。过去，我们主要依靠贷款规模控制来实现这个目标。从1996年开始把货币供应量作为了货币政策操作的中介目标。随着中国金融改革的逐步深入，对货币供应量作为中介目标的争论日益增多。有人认为，货币供应量已不宜作为当前我国货币政策操作的中介目标。我认为，目前货币供应量与产出、物价之间仍然具有很大的相关性，而且可以通过利率、再贷款、公开市场操作对其加以调节。因此，中国目前仍需把货币供应量作为货币政策操作中介目标。同时也要认真探讨其他参照指标，研究新形势下中介目标的选择问题，特别是要更好地发挥利率杠杆调控宏观经济的作用。

二是协调好本外币利率政策，充分发挥利率杠杆作用。中国加入世界贸易组织后，国际资本流进流出规模会加大，外币利率与人民币利率相互影响会更为密切。但是，由于人民币是不可兑换货币，中国依然主要靠扩大国内消费和投资发展经济，世界上发达国家的经济发展和中国的经济发展也常常不在同一个周期。1998年，中国防止通货紧缩，要降低利率，而美国正在防止通货膨胀，要提高利率。因此，中国需要并能够在较长时期内继续执行独立的利率政策。对外币利率，按国际市场及时调整；对人民币利率，则根据国内宏观经济需要进行管理。在这种情况下，可能会产生一些套利行为，出现一些负面影响。但是，与放弃独立的人民币利率政策相比，这个负面影响要小得多。

今后几年，我们要稳步推进人民币利率市场化改革。首先，是扩大利率的浮动幅度，规定贷款利率上浮的最低限或存款利率下浮的最高限。其次，是大力发挥公开市场操作的作用。到2001年底，全国累计发行的国债、金融债券、商业银行票据、企业债券已近 4 万亿元，中央银行可以更多地通过买卖各种债券的方式来及时调整货币供应量，影响市场利率。

三是关注金融资产价格的变化，支持资本市场发展。我国工业企业资产负债率较高，相当多的企业并不具备贷款条件。1992 年以来，我国工商企业已从股票市场筹集资金 7 700 亿元，这是很大的进步。但是工商企业生产建设主要依赖银行贷款的状况仍然没有改变。这期间全部金融机构贷款增加了 8.6 万亿元。居民的大量储蓄不能直接转化为投资，而是存入商业银行；商业银行吸收大量资金，又难以找到更多具备贷款条件的企业。这种融资结构不仅在一定程度上造成了资金的浪费，而且也使中央银行的货币政策难以通过商业银行传导到工商企业。因此，中央银行制定货币政策，还需要关心和支持资本市场的发展，支持符合条件的证券投资基金和基金公司进入银行间同业拆借市场，允许证券公司到银行办理证券质押贷款。

三、加强金融监管，促进银行改革，为有效执行货币政策创造条件

把货币资金集中起来，再及时配置到各地区、各产业、各企业，是通过商业银行来实现的。1998 年，人民银行取消贷款规模控制，开始运用利率等货币政策工具调控货币供应量。但是，国有独资商业银行由于多层管理、多层经营，分支行尚未完全做到根据当地信贷市场变化及时营运资金。由于上述原因，中央银行的货币政策难以有效传导。到 2006 年，我国要对外资银行实行国民待遇，中资商业银行将面临巨大挑战。

面对新的形势，必须进一步加快国有独资商业银行改革。改革的核心问题，是把国有独资商业银行改革为真正经营货币的企业，并努力提高资金使用的流动性、安全性和盈利水平。主要措施：完善法人治理，增强其自我约束和自我发展的能力；实行审慎会计制度、贷款质量五级分类制度和与之相适应的呆账准备金提取和核销制度；降低不良贷款，今后几年国有独资商业银行的不良贷款比例每年要下降 3 个百分点；在降低风险资产和自我约束基础上，通过中央财政帮助和实行股份制改造，使其资本充足率达到规定的标准；提高信息披露的透明度，今年 6 月国有独资商业银行要披露上一年经营信息。总之，经过几年努力，必须使国有独资商业银行具备与外资银行相竞争的能力，并为提高执行货币政策水平创造条件。

四、维护人民币汇率稳定，循序渐进推进人民币可兑换进程

中国从 1994 年开始实行了以市场供求为基础的、有管理的浮动汇率制度。7 年多来，人民币兑美元的名义汇率累计升值 5%，如果考虑物价因素，升值 30% 左右。人民币汇率长期稳定，有利于中国、亚洲乃至世界经济稳定和发展。到今年 2 月底，中国的外汇储备已达 2 235 亿美元，比年初增加了 112 亿美元。目前，中国的外汇市场出现的供大于求，是在外汇管理基础上实现的。如果我们逐步放开外汇需求，就不会出现人民币汇率的过度升值。面对加入世界贸易组织的新形势，要在保持人民币汇率基本稳定的前提下，进一步完善人民币汇率形成机制，并适当扩大人民币汇率浮动幅度。

到 2001 年底，我国外商直接投资、全部外债和企业到境外筹集资金共计 6 000 亿美元；同时，国家外汇储备、金融机构境外净资产和企业在境外投资已超过 3 500 多亿美元。这些情况表明，中国运用外资已进入一个新阶段，即在大量吸引外资的同时，对境外投资也逐步增加。加入世界贸易组织后，国际资本流动加大，必然

会对资本项目可兑换提出要求。

早在 1993 年，我国就提出创造条件使人民币成为自由兑换货币。近几年，由于人民币汇率稳定，人民币的地位不断提高，不仅在港澳地区普遍被接受，而且一些周边国家也有人民币流通，在一些发达国家还有人民币兑换点。人民币的自由兑换是有条件的：第一要有较强的综合国力；第二要有有效的宏观调控能力；第三要有稳健的银行体系；第四要有健全的微观主体。中国现在尚不完全具备这些条件。多年来国际上出现的金融危机告诉我们，在这个问题上要十分谨慎，应该循序渐进，水到渠成，不能急于求成。

跨入新的世纪后，中国人民银行在依法履行职责方面会面临许多新的挑战。我们愿意和大家一起共同研究、共同探讨，也希望大家多提宝贵意见和建议。中国人民银行将继续完善金融宏观调控体系，提高制定和执行货币政策的水平，更好地促进国民经济持续快速健康发展。

当前金融形势和有关政策

（2002 年 3 月 22 日）

中国人民银行是国务院综合经济管理部门，向中央党校学员及时介绍金融形势和我国金融业发展的方针，政策，是我们应尽之职，同时对我们提高中央银行工作和政策水平也是很大的促进。今天，我向大家概括地介绍当前国内外金融形势和我国货币政策、金融改革、金融监管、金融开放等重点工作。

一、当前金融形势

（一）当前国际金融形势

2001 年，占世界经济总量70% 以上的美国、日本、欧盟三大经济体同时陷入低潮，"9·11" 事件使美国经济由增长放缓滑向衰退。除中国、俄罗斯和印度分别保持7.3% 、4% 和4.5% 的较高经济增长外，大多数新兴市场经济增长全面放缓。世界经济和贸易

注：从 1994 年开始，戴相龙同志应中央党校邀请，每年春、秋期间向省部级干部学员介绍我国金融形势，并应郑必坚同志邀请讲述"当代金融"有关内容。应中央党校的邀请，戴相龙同志于 3 月 22 日为中央党校省部级干部学员作了"当前金融形势和有关政策"的专题讲座。此文根据戴相龙同志的讲话录音整理而成。

出现十年来最缓慢的增长。根据国际货币基金组织的预测，2001年，全球贸易增幅由 2000 年的 12.4% 降至 2%；全球经济增长由 2000 年的 4.7% 降至 2.4%。目前，美国和欧元区经济出现了复苏迹象，但日本经济很难走出负增长的阴影，2002 年世界经济复苏的不确定性依然较大，预计今年全球经济增长略高于国际货币基金组织预测的 2.4%。现在，我重点谈谈当前国际金融形势。

金融全球化进一步深化扩展。2001 年，受全球经济增长放慢的影响，国际金融市场剧烈波动，国际资本流量大幅下降，其中，外国直接投资下降了 40%，为近 30 年来最大降幅。但是，这并没有改变金融全球化进一步深化扩展的总趋势。主要表现在：第一，中国作为最大的发展中国家和极具经济增长潜力的大国，已经于 2001 年 12 月正式加入世界贸易组织，将根据承诺逐步对外开放中国金融市场，这是金融全球化历史进程中最重大的事件。第二，近年来经济快速增长并且已步入良性循环轨道的俄罗斯，目前正积极申请加入世界贸易组织，预计 2002 年将成为世界贸易组织的新成员，金融全球化将进一步深化扩展。第三，发达国家的商业银行并没有放慢其金融业务全球化的步伐。美国、欧盟和加拿大等国的商业银行继续在亚洲国家设立分支机构，澳大利亚的商业银行目前已将业务扩大到中欧地区。第四，各国经济发展的依存性进一步加深，反全球化运动和贸易保护主义不可能使经济全球化趋势逆转，2001 年 11 月多哈会议启动了新的多边贸易谈判，在农产品补贴、医药品的知识产权等问题上达成了共识，金融全球化的经济基础更加巩固。

国际资本流动出现新的格局。1997 年亚洲金融危机之后，国际资本流动出现了新的变化：

第一，发达国家在国际资本流动中的主导地位进一步加强。1997 年亚洲金融危机后，大量国际资本，尤其是银行信贷资本和证券资本迅速从东南亚和拉丁美洲等发展中国家和地区流向美国、欧盟等发达国家。尽管 2001 年 3 月美国经济陷入衰退，部分资本回流欧洲，但美国一直保持着资本净流入的势头，近几年来美国吸收的外国直接投资一直占全球外国直接投资总额的 24% 左右，而欧元区和日本则是资本净流出，这反映了美国完善的金融市场和强大的综合经济实力对全球资本的吸引力。

第二，流向新兴市场经济体的国际资本明显减少。2001 年，流向新兴市场经济体的净私人资本流量下降了三分之一，由 2000 年的 1 690 亿美元下降至 1 150 亿美元，其中，短期资本流入显著下降，如证券投资净流入 17 亿美元，净贷款接近于零，但外国直接投资保持良好，净外国直接投资为 1 250 亿美元。预计 2002 年流向新兴市场经济体的私人资本会出现恢复性增长，净私人资本流入将增至 1 440 亿美元，但这也只有过去 10 年平均数的四分之三。

第三，资本流动的结构出现新的变化：跨国并购和股票投资显著下降，债券投资和跨国银行贷款有所增加。1999 年，跨国公司并购协议 2.4 万项，成交额 2.3 万亿美元。但是，自 2000 年以来跨国并购及其带动的直接投资大幅下降，2001 年底全球对外直接投资 7 813 亿美元，比 2000 年大幅下降 41%，预计 2002 年全球对外直接投资可能增加至 7 843 亿美元。随着 2000 年以来全球股市的大幅下跌，发达国家的对外股票投资显著下降，但国际债券市场进一步发展，特别是欧洲政府债券发行出现显著增长。跨国银行在国际资本流动中的地位相对提高，2001 年以来美国非银行私人部门获得的境外商业贷款创出历史新高。

国际货币体系面临新的变化：美元地位继续巩固，欧元地位将上升，日元地位继续下降。在经济金融全球化的过程中，由于美国强大的综合经济实力，事实上形成了"美元独强"的国际货币体系。根据有关统计，2001 年底，在国际储备货币中，美元占 66%，欧元占 20%，日元占 5%；在国际结算货币中，美元占 67%，欧元占 23%，日元占 8%；在国际债券市场中，美元占 50%，欧元占 32% 左右，日元占 7.5% 左右。目前，还没有一种发展中国家的货币成为国际货币，并且不少发展中国家的货币面临被替代的命运。据估计，目前阿塞拜疆、玻利维亚、柬埔寨、克罗地亚、秘鲁和乌干达等国的外币占广义货币的比重超过 50%；巴拿马、波多黎各、利比里亚、厄瓜多尔和东帝汶放弃了本币，实行完全的美元化。与此相对应的是美国金融霸权的扩张，美国发行的 6 000 多亿美元现钞，有四分之三在美国本土以外流通，美国经常项目的巨额逆差也是通过发行美元来弥补的，美元在国际货币体系中的特殊地位给美国带来很大的铸币税利益。

诺贝尔经济学奖得主、著名经济学家蒙代尔教授曾预言，在未来的十年内，全球将会出现三大货币区，即美元区、欧元区和日元区，但关键的问题是这三大货币区之间汇率的大幅波动对经济全球化和全球经济发展都是具有破坏性的。因此，蒙代尔提出，首先，要固定美元、欧元和日元三大货币间的汇率；其次，要通过国际货币基金组织把全球其他货币都固定在这三大货币上，金融"稳定性三岛"将成为未来国际货币体系的基本架构。

我认为，未来的国际货币体系不会朝蒙代尔预言的方向发展，而是从目前"美元独强"的格局演变为"美元、欧元争强，美元仍旧居上"的新格局。因为，第一，随着欧元的启动和现钞的流通，欧元将成为国际贸易、金融交易和国际储备中的主要货币。2001 年底，欧元在国际储备中由 1999 年的 12.5% 上升到 20%，在国际结算货币中由 1999 年的 17% 上升到 23%，在国际债券市场上由 1999 年的 28.8% 上升到 32%。按国内生产总值来衡量，欧元已经是世界第二大货币，如果加上申请加入欧盟的中东欧国家，欧元区人口将达到 4.5 亿，国内生产总值将超过美国。同时，欧元资本市场将进一步整合，从而吸引更多的区外投资者和筹资者参与这一市场。第二，日元成为真正的国际货币还不具有现实性。虽然1999年初日本首相小渊惠三在访问欧洲期间提出了建立日元、美元、欧元"三极货币体制"的设想，并积极推动日元国际化，但目前日元本身的国际化程度还不高，加上长期经济衰退和日元汇率大起大落，日元在国际货币体系中的地位自1990年以来不断下降。根据统计，日元在国际外汇储备中由1990年的8%下降到2001年的4.7%；在国际债券市场中由1995年的17.3%下降到2001年的7.5%，在国际结算货币中的地位基本上没有提高。

防范金融危机的国际机制进一步加强。金融全球化发展使各国金融市场的联系日益加深，同时也会导致金融风险全球化。20世纪90年代，世界爆发了三次因货币投机而引发的金融危机：第一次是1992年9月欧洲货币体系危机；第二次是1994～1995年墨西哥比索危机；第三次是1997年东南亚—俄罗斯—巴西金融危机。

东南亚金融危机后，国际社会和国际金融组织在加强国际金融合作、防范金融风险方面的协调机制进一步加强。一是包括中国在内的"二十国集团"1999年9月25日正式成立。"二十国集团"旨在促进各国建立稳健的国内经济和执行稳健的金融政策。二是1999年成立的"七国金融稳定论坛"，旨在致力于促进各国有关当局、国际组织和负责国际金融稳定问题的国际监管小组或专家小组之间的信息交流与合作。三是进一步明确了国际货币基金组织和世界银行的分工。国际货币基金组织的工作重点转向预防金融危机并加强对各国金融部门进行监管和对宏观经济透明度标准的制定工作上，世界银行的工作重点是促进各国经济结构调整和消除贫穷，保证发展中国家能够从全球化中受益。四是金融业务的监管标准逐渐统一。巴塞尔银行监管委员会积极建立共同的国际银行业监管标准和统一的数据披露标准，促进各国提高金融市场透明度。国际证券业协会、国际保险业协会也分别制定了国际证券业、保险业稳健经营及监管的统一标准。正是由于国际防范金融危机机制的建立和发展，以及各国推进经济金融改革、加强金融监管取得成效，2001年发生的阿根廷、土耳其金融危机才没有扩散。

（二）当前国内金融形势

与社会主义市场经济相适应的金融体制初步建立。1993年国务院对金融体制改革作出决定。1997年，全国金融工作会议就深化金融改革、整顿金融秩序、防范和化解金融风险作出部署。2002年2月初召开的全国金融工作会议，全面总结并充分肯定了1997年以来我国金融改革、整顿和发展所取得的积极成果。目前，我国已经初步建立了与社会主义市场经济相适应的金融体制。

一是建立了以商业金融为主体、各类金融机构分工合作的金融组织体系。2001年底，我国境内金融机构总资产已达21.8万亿元（含证券公司、保险公司），其中，4家国有独资商业银行总资产占全部金融机构总资产额的58.4%；股份制商业银行占11.2%；城乡信用社占9.9%；各类非银行金融机构占3.1%。外资金融机构已成为我国金融体系的重要组成部分，2001年底，我国境内营业性外资金融机构190家，其中，外国银行分行158家，在华总资产452亿美元，外汇贷款余额140亿美元，约占境内金融机构全部外汇贷款的14.7%。

二是建立了由货币、证券、保险、外汇组成的协调发展的金融市场体系。1984年开始发展的货币市场已初具规模，并实现了利率市场化。2001年，银行间债券回购市场交易量40 133亿元，同业拆借市场交易量8 082亿元，商业票据和贴现发生额近3万亿元。证券市场快速发展，1990~2001年股票市场累计筹资7 755亿元，2001年底境内上市公司1 160家。保险市场的广度和深度不断扩大，近10年我国保费收入年均增长23%以上。建立了全国统一的外汇交易市场，2001 年外汇交易量 750 亿美元。2001 年，建立了上海黄金交易所。

三是金融宏观调控基本上从直接控制转向间接调控。1984 年中国人民银行专门行使中央银行职能后，直到 1997 年以前，我国金融宏观调控方式均以贷款规模限额管理为主。1998 年，取消了实行近 50 年的贷款规模限额控制，实行资产负债比例管理，并改革了存款准备金制度。1996 年以来连续 7 次下调人民币利率，扩大了人民币贷款利率浮动幅度，加强本外币利率政策协调，灵活运用利率工具调控经济运行。加大了公开市场操作，对基础货币吞吐、货币市场利率的影响显著增强，2001 年公开市场业务累计交易量为16 781 亿元。同时，加强信贷政策引导，促进经济结构调整。

四是确立和完善了分业经营、分业监管的新体制，防范和化解金融风险取得明显成效。1998 年，建立了银行业、证券业、保险业分业经营、分业监管的新体制，金融监管逐步加强。几年来，通过发行特别国债补充国有商业银行资本金，成立金融资产管理公司收购和处置国有银行不良贷款，整顿信托投资公司、城市信用社和农村合作基金会等措施，逐步化解了长期积累的金融风险，并对违法违规人员和金融监管失职人员依法进行了查处，维护了金融业的稳健运行。

五是外汇管理体制改革取得显著成效，人民币汇率长期保持稳定。1994 年，我国实现了人民币汇率并轨，建立了以市场供求为基础的、有管理的浮动汇率制度，保持了人民币汇率的长期稳定。1996 年 12 月，我国实现了人民币经常项目下的可兑换。改进了外汇管理，国际收支平衡能力不断增强，外汇储备持续增加。2001年，我国首次出现了自 1994 年以来贸易、非贸易和资本项目结售汇同时顺差的良好局面，今年 2 月底国家外汇储备达到 2 235 亿美元。外汇储备增加为增强市场信心和保持人民币汇率稳定奠定了坚实的基础。

我国金融业处于安全运行状态。我国金融业的改革和发展有力地促进了经济发展和社会稳定。总体看，我国金融业处于稳健、安全的运行状态，具体表现为：一是经济持续增长，1993～2001年年均经济增长9.4%；二是人民币币值稳定，消费物价指数保持在低水平上，1994年以来人民币对美元名义汇率升值5%，剔除通货膨胀因素，对美元升值44%；三是外汇储备稳步上升，外汇储备水平相当于今年10个月的进口付汇；四是虽然登记外债1 700亿美元，但外债管理的各项指标均远远低于国际公认的警戒线；五是股市泡沫被挤掉，并在规范中发展；六是金融机构不良贷款比率稳步下降，2001年底金融机构不良贷款比例比年初下降3.92个百分点，国有商业银行改革取得重大进展。综合分析，我国金融业在改革中稳健发展，不存在金融危机。

当前我国金融业改革发展中存在的主要问题：一是金融企业改革滞后，经营管理机制转变尚未完成。二是金融机构特别是国有独资商业银行的不良贷款比例较高，实际资产损失严重。2001年底，四家国有独资商业银行不良贷款比例为25.37%，其中，预计实际贷款损失占全部贷款的8%。三是社会融资结构不合理，间接融资比例过高。1992～2001年，企业从股票市场累计筹资7 755亿元，而金融机构贷款却增加了8.6万亿元，企业高度依赖银行贷款的状况没有改变。

二、继续执行稳健的货币政策

（一）坚持扩大内需的方针，继续实行稳健的货币政策

既要防范和化解金融风险，又要加大金融对经济发展的支持力度，这是我国制定货币政策的基本原则。1993年6月，中共中央、

国务院提出并要求贯彻加强宏观调控的十六条措施，并于 1994 年
11 月中央经济工作会议中提出实行适度从紧的货币政策，有效地
治理了通货膨胀，成功地实现了经济"软着陆"。针对 1997 年亚
洲金融危机后我国经济增长放缓和通货紧缩的新趋势，党中央、国
务院提出实行积极的财政政策和稳健的货币政策。之所以不提实行
积极的货币政策，是因为：我国国有企业负债率过高，贷款有效需
求不足；商业银行自我约束能力弱，不良贷款比例过高；影响经济
发展的主要原因是经济结构失衡，而不是货币供应量不足。因此，
如果实行过分扩张的货币政策，不但无益于防止出现的通货紧缩趋
势，而且还会危害宏观经济的健康发展。

稳健的货币政策不是保守消极的政策，更不是紧缩的货币供
应，而是包括以下积极的内容：一是适当增加货币供应量。近几年
货币供应量的增长幅度，比经济增长与物价增长之和高出 5 个多百
分点。二是引导商业银行调整贷款结构。1998 年以来，增加个人
住房等消费贷款 5 000 多亿元，共发放固定资产投资贷款 1 万多亿
元。三是维护人民币汇率稳定。四是疏通货币政策传导机制。经过
4 年的努力，我国经济已摆脱亚洲金融危机的不利影响，并克服了
2001 年美国、日本、欧盟三大经济体的经济同时下滑对我国经济
发展的负面冲击。1998 ～ 2001 年，我国 GDP 分别增长了 7.8%、
7.1%、8.0% 和 7.3%，消费物价水平分别上涨了 - 0.8%、
- 1.4%、0.4% 和 0.7%。目前，既无通货紧缩又无通货膨胀，国
民经济继续保持稳定发展态势。实践证明，实行稳健的货币政策是
一项正确的宏观决策。

今后几年，人民银行要加强银行监管，促使商业银行不良贷款
比例平均每年下降 2～3 个百分点。同时，要在稳定币值的前提下，
支持国民经济每年增长 7% 左右。根据这两个基本要求，人民银行
将继续执行稳健的货币政策，在防范和化解金融风险的同时，进一

步加大金融对经济发展的支持力度。根据当前国际国内经济形势，2002 年货币信贷预期调控目标为：广义货币供应量（M_2）和狭义货币供应量（M_1）分别增长 13% 左右，现金（M_0）净投放不超过 1 500 亿元，全部金融机构贷款增加 13 000 亿元以上。

（二）进一步完善货币政策传导机制，提高执行货币政策的水平

货币政策是宏观政策，是总量政策。当前，我国货币供应量充足，商业银行资金头寸宽裕，但中小企业普遍反映贷款难。这种现象说明不是人民银行实行了偏紧的货币政策，而是企业运行机制存在弊端，缺乏必要的贷款条件，使得货币政策传导机制不畅。随着经济金融对外开放的进一步扩大，影响我国货币政策制定、实施和传导的因素更加复杂。因此，我们必须进一步完善货币政策的传导机制。

第一，要完善货币政策传导机制的微观基础。商业银行和工商企业是传导货币政策的重要主体。当前货币政策传导机制不畅，固然有商业银行特别是国有独资商业银行贷款营销意识不强的因素，但最根本的是工商企业资本金严重不足，经营效益差，缺乏信用。因此，一方面，要督促和引导国有商业银行合理划分贷款权限，根据各地信贷的合理需求编制资金运营计划，综合考核贷款的发放和收回，满足一切有市场、有效益、讲信用的企业的贷款需求；另一方面，工商企业必须进行现代企业制度改革，提高经营效益，增强信用意识，同时要大力发展资本市场，增加企业资本金，创造贷款的基本条件。

第二，要进一步加强和完善公开市场操作。2001 年底，各种债券余额近 4 万亿元，为扩大公开市场操作奠定了市场基础。但是，我国债券市场的发展还处于起步阶段，存在市场交易主体过于单一、交易工具较少、国债短期品种少等问题，制约了公开市场操

作的调控力度。因此，要进一步发展债券市场，完善公开市场操作机制。

第三，协调本外币利率政策，稳步推进人民币利率市场化。外币利率按国际市场的变化及时调整，人民币利率则根据国内宏观经济的需要进行管理。同时，我们将按照"先放开外币，后放开本币；先放开贷款，后放开存款"的原则，通过加大利率的浮动幅度、规定贷款利率下限和存款利率上限等过渡方式逐步推进利率市场化，最终建立以中央银行利率为基础、以货币市场利率为中介、金融机构根据市场资金供求决定存、贷款利率水平的利率形成机制和市场利率体系，提高中央银行利用利率调控宏观经济运行的能力。

第四，关注资产价格的变化，支持资本市场的发展。目前，我国资本市场还处于发展的初始阶段，造成间接融资比例过高，居民储蓄不能直接转化为投资，商业银行吸收的大量资金又难以找到更多具备贷款条件的企业。这不仅造成资金的浪费，也影响货币政策的传导。因此，中央银行制定货币政策，必须密切关注资产价格的变化，充分重视资产价格在制定货币政策中的信息作用和资本市场在货币政策传导中的作用，支持资本市场的发展，允许符合条件的证券投资基金和基金公司进入银行间同业拆借市场，允许证券公司办理证券质押贷款。

（三）积极引导信贷投向，促进经济结构调整

调整农村信贷政策，积极支持农业和农村经济发展。目前，农村信用社已经成为支持农业发展的重要力量。要在重点支持农户贷款的基础上，继续加大对农业产业化重点龙头企业的贷款投放力度，普遍推行农户小额信用贷款和农户联保贷款。在民间借贷活跃、信贷资金紧张的地区，进行农村信用社存款利率上浮的试点。加强对农村信用社发放农户贷款合法性的检查监督，严格按照农民

意愿发放贷款，不得以物抵贷，不得指定购物单位，不得在发放贷款时扣收股金，不得发放以村（组）名义统一承贷并用于垫发工资、垫支经费以及上缴各种税费的贷款。

综合治理中小企业贷款难的问题。中小企业贷款难是各国普遍存在的问题。近年来，人民银行先后出台了一系列支持中小企业发展的货币信贷政策措施，1999 年，人民银行发布了《关于加强和改进对小企业金融服务的指导意见》，从八个方面提出进一步强化和完善对中小企业金融服务的政策措施；与经贸委等有关部门多次召开中小企业金融服务座谈会；两次扩大对中小企业贷款利率浮动幅度，由上浮 10% 扩大到 30%，提高商业银行对中小企业贷款的积极性；支持中小金融机构发展票据承兑、贴现和再贴现业务，支持中小企业发展。各商业银行也努力改进对中小企业的金融服务，对缓解中小企业贷款难的问题产生了积极效果。根据 2001 年 10 月人民银行对除西藏外的 30 个省（自治区、直辖市）的 5 764 个县级金融机构、9 845 家县内中小企业贷款情况的抽样调查：企业反映，企业申请贷款笔数满足率为 72%，贷款金额满足率为 68.5%；金融机构反映，对企业申请贷款的受理率为 91%，贷款满足率为 81.6%。

中小企业贷款难的原因是多方面的，主要是由于企业自身问题造成的，如企业规模小、经济效益差、财务报告真实性差、信誉不高等原因，也有金融机构贷款权上收、激励机制与约束机制不匹配、贷款营销观念不强等原因，同时也暴露出政府的配套政策不健全和社会信用环境差的弊端。因此，解决中小企业贷款难的问题需要企业、银行、政府、社会共同配合，逐步加以解决。目前，产品市场供过于求，加上中小企业自身素质较低，贷款难有一定必然性。针对这个问题，（1）要引导商业银行加强贷款营销观念，增强信贷工作动力和活力；（2）扩大担保范围；（3）发挥中小金融机构的作用，把城市商业银行办成市民银行；（4）对中小金融机构继续给予再贴现支持；（5）扩大中小企业贷款利率浮动幅度，将中小企业贷款利率上浮到50%；（6）试办账户托管、银行对供销合同鉴证等适应中小企业需求的信贷方式；（7）可研究试建小型企业投资公司；（8）建立担保体系，如大企业对小企业担保基金和担保公司。国有独资商业银行在支持大中企业的同时，要注意支持效益好的中小企业的发展。

完善外汇信贷管理，努力增加外汇贷款。自1998年以来，由于实现经常项目可兑换、企业进口以人民币购汇支付以及本外币贷款利差等影响，外汇贷款持续下降。针对商业银行外汇资金充足和本外币利差基本持平的新情况，要进一步扩大外汇贷款营销。在国际筹资成本高于国内筹资成本的情况下，适当减少各地借用短期外债指标，从严审批对外担保；对三资企业取消必须利用外资的限制，允许三资企业自主决定是否利用中资银行外汇贷款；取消对企业逾期归还外汇贷款的购汇限制，符合条件的企业，经批准，可以购汇提前还贷；允许企业用国内外汇贷款替代境外转贷款，减轻企业财务负担。商业银行要加大外汇贷款营销力度，对符合信贷原则、具有还本付息能力的企业技术改造和外汇流动资金需求给予积极支持；对私营企业、个体工商户和个人逐步开办和扩大外汇贷款业务；改进外汇贷款管理办法，适当简化审批手续等。

（四）正确认识当前金融机构存差加大问题

金融机构存差加大不等于资金闲置或紧缩信贷。近年来，社会上对我国金融机构存差加大问题关注较多。2001年底，我国商业银行存款110 860亿元，贷款80 652亿元，存差约30 208亿元。一些人认为，银行存差大是银行资金的大量闲置、存差扩大意味着货币政策是紧缩的等。对于当前存差加大的现象，要用全面和发展的观点看待。

商业银行存差扩大，存大于贷的资金主要有两个用途：一是购买国债、政策金融债。截至 2001 年底，商业银行购买有价证券23 318亿元，其中，国债9 205.6 亿元、政策性金融债5 327.4 亿元，有力地支持了积极的财政政策。二是缴存法定准备金和持有备付金。2001 年底，商业银行缴存到中央银行的法定存款准备金为6 652亿元，另外还有 7 568 亿元备付金。缴存必要的准备金、备付金，是商业银行安全运行的重要保障，也是《商业银行法》的要求。因此，商业银行存差扩大、存大于贷的资金，主要通过购买国债、政策性金融债，用于支持经济建设，较大的存差不等于资金闲置或信贷紧宿。

三、加快国有独资商业银行综合改革

（一）对近几年国有独资商业银行改革和发展的评价

1997 年全国金融工作会议以来，国有独资商业银行内部控制明显加强，资产质量不断改善，经营管理水平进一步提高，撤销长年亏损的基层机构4.4 万个；净裁减员工 24 万人；上交税收 5 000多亿元；为支持国有企业改革冲销坏账 2 500 多亿元；2001 年，实现利润和消化历史财务包袱 600 多亿元，不良贷款比例平均下降了3.81 个百分点。

但是，我们提出的国有银行要力争在三年内使不良贷款率每年下降 2 至 3 个百分点，力争在两年内把资本充足率提高到 8% 以上两个重大目标尚未实现，国有独资商业银行的经营机制没有根本转变。机构人员臃肿、不良贷款比率过高、潜在亏损很大、资本金不足等问题仍然困扰着 4 家国有独资商业银行的进一步改革和发展。我国经济发展和加入世界贸易组织的新形势迫切需要我们集中力量研究和解决这些重大问题。

（二）关于4 家银行综合改革的指导思想和目标

国有独资商业银行改革的核心问题，是把国有独资商业银行真

正办成经营货币的金融企业。1994年，4家国有专业银行改为国有独资商业银行后，其原有行政事业性质并没有根本改变。十五届四中全会决定指出，国有金融企业也是国有企业。十五届五中全会提出："按照现代银行制度对国有独资商业银行进行综合改革。""十五"规划提出："有条件的国有独资商业银行可以改组为国家控股的股份制商业银行。"在今年召开的全国金融工作会议上，江泽民总书记、朱镕基总理再次强调：必须把银行办成现代金融企业，加快推进国有商业银行综合改革。

国有独资商业银行综合改革的目标是：按照"产权清晰、权责分明、政企分开、管理科学"的现代企业制度的要求，争取用五年左右或更长一些时间，把我国4家国有独资商业银行改革为治理结构完善，运行机制健全，经营目标明确，财务状况良好，具有较强国际竞争力的现代金融企业。

（三）关于4家银行改革的步骤

为实现这一目标，从今年开始，要按照建立现代企业制度的要求，从产权制度入手分步对国有独资商业银行进行综合改革。第一步，是按国有独资公司对国有独资商业银行经营管理制度进行更新。第二步，将有条件的国有独资商业银行改组为国家控股的股份制商业银行，国内企业、居民和外国资本都可以参股，同时可以考虑设立商业银行投资基金。第三步，将符合条件的国家控股的股份制商业银行公开上市。

（四）当前要着重解决的五个难点问题

当前，我们要按国有独资公司的要求对国有独资商业银行进行制度更新，重点解决以下五个难点问题：

一是关于建立健全法人治理结构问题。要从根本上解决国有商业银行多头管理、政企不分的问题，健全所有者对经营者的制约机制。按照《公司法》的要求规范国有商业银行的法人治理结构，加强对高级经营管理人员任职资格管理，建立以利润目标为中心的综合考核体系，严格考核国有商业银行行长的经营业绩，对违规或不称职者给予严肃处理，促使国有商业银行增强自我约束、自我发展的能力。

二是关于降低不良贷款比率，解决潜在亏损问题。进一步加强金融监管力度，督促国有商业银行完善内控制度。从今年开始全面推行贷款五级分类制度，建立公开信息披露制度，按照国际标准披露金融机构有关信息，增加信息透明度。切实改善信贷环境，特别是要依法严厉打击逃废银行债务行为。力争五年内将不良贷款比率降到15%左右。

解决4家银行因各种原因造成的潜亏问题，主要靠银行的努力，但是国家也应给予扶持。一是实行审慎会计制度，督促4家银行全面清理不良贷款损失和其他资产损失，消除各种虚收和应支未支因素；二是严格监督商业银行建立与贷款五级分类相适应的呆账准备金提取、核销制度和应收、应付计息制度，逐步消化历史财务包袱；三是目前对4家银行的政策性贷款不宜再剥离，但可以研究是否由国家实行利息补贴；四是完善考核指标，从实现账面利润和化解历史财务包袱两个方面综合考核行长经营业绩；五是促进金融业务创新，扩大业务范围，增加中间业务收入。

三是关于补充资本金问题。如果按1997~2000年四家银行资产总额年均增长10.67%匡算，到2003年，不考虑用资本金冲销坏账，需补充资本金4 000多亿元。补充资本金必须立足于压缩风险资产和自我积累，同时，也要考虑各家银行的具体情况。我们认为，对核心资本达不到监管要求的，应继续通过发行特别国债来增加核心资本；对核心资本已经达到要求的，要发行长期金融债券补充附属资本。

四是关于精简机构和人员问题。减少管理层次，除农业银行外的国有商业银行都实行总行、分行、支行三级管理经营模式，加强总行对分支行经营管理的领导和控制。调整和压缩分支机构，按业务量和发展前景而不是行政区划设立分支机构。对连续三年严重亏损而扭亏无望的县级及以下机构网点，除农业银行外，原则上逐步撤并。继续精简人员，争取 2005 年在职人数比 2001 年减少 20%，这需要有国务院统一制定政策和社会保障制度的支持。

五是关于改革人事劳动分配制度问题。实行职位分类制度，大力推行竞争上岗和招聘任用制，吸引境外优秀管理人员担任高级管理职务。在加强内部财务控制的基础上，逐步取消对银行工资总额的限制。银行内部要实行绩效挂钩、责任和风险相称的薪酬制度。

四、加强金融监管，促进我国金融业稳健运行

我国在较长的时间里仍将实行银行、证券、保险分业经营、分业监管的体制，外资金融机构必须在分业经营的法律框架下从事经营活动。面对新的形势，我们要认真落实全国金融工作会议精神，切实把加强金融监管作为工作的重中之重，转变监管理念，规范监管标准，改进监管手段，完善监管体制，提高监管水平。

一是加强对金融企业法人治理的监管。良好的法人治理结构是金融企业稳健经营的基础，也是对金融企业进行有效监管的前提。制定有关规范金融企业法人治理的指引，向商业银行派驻独立董事，真正发挥股东代表大会、董事会和监事会的作用，并对高级经营管理人员任职资格进行严格管理。

二是实施贷款质量五级分类制度。贷款质量五级分类制度以借款人的最终偿还能力为主要分类标准，根据风险大小把贷款分为正常、关注、次级、可疑、损失五类，对后四类贷款按不同比例提取

贷款损失专项准备金。实施贷款质量五级分类制度，能比较准确地认定各类贷款的风险程度，从而促进商业银行主动加强贷款质量管理，减少不良贷款，并真实反映经营成果。经过三年多的成功试行，贷款质量五级分类制度于 2002 年 1 月 1 日开始在各类银行全面推行。

三是强化资本约束。商业银行资本金不足，不仅削弱其抵御风险的能力，还影响其开拓国际金融市场，使中国加入世界贸易组织实际上成为单边的金融市场开放。因此，要建立动态的、多渠道的资本金补充机制，监督商业银行限期补充资本金，使其资本充足率逐步达到法律规定的标准。

四是实行审慎会计制度。监督商业银行正确核算应收未收、应付未付利息。制定与贷款质量五级分类基本适应的呆账准备金提取办法，监督商业银行根据实际情况提足呆账准备金，增强核销呆账能力，提高实际盈利水平。

五是建立信息披露制度。公开披露商业银行的经营信息能强化市场对银行的约束，也是我国银行业参与国际金融市场的重要条件。从今年开始，国有独资商业银行必须在每年的 6 月披露上一年的经营信息，其他商业银行也要按规定披露信息。

六是改进监管手段。清理和改进审批制度，鼓励金融创新。积极采用先进的监控和检查技术手段，对各种重大金融活动和交易行为实行严密监控。明确市场准入规则，健全对金融企业的处罚制度和市场退出机制，在落实《金融机构撤销条例》的基础上，建立金融机构的解散和破产制度。

七是完善监管体制。明确监管职责，调动和发挥监管人员的积极性，追究监管失职人员的责任。加强与证券、保险监管机构之间的沟通协调，建立制度化的磋商机制，合理界定交叉业务的监管责任，共享监管信息，提高整体监管水平。

五、加强外汇管理，促进金融开放，维护国家金融安全

（一）继续实行并进一步完善以市场为基础的、有管理的人民币汇率制度

有管理的浮动汇率制度有利于我国经济长远发展。有管理的浮动汇率是指货币当局通过各种措施和手段干预外汇市场，使汇率在一定幅度内浮动，或维持在对本国有利的水平上。1994 年，我国开始实行以市场为基础的、有管理的浮动汇率制度。7 年来，人民币对美元的名义汇率累计升值 5%，剔除物价因素，对美元升值 44%，对主要贸易伙伴国和地区的货币升值 29%。汇率水平决定于外汇市场的供求状况，而外汇市场的供求状况则受两国贸易商品的价值量、市场预期、经济增长、通货膨胀率、利率等多种因素的影响，并不决定于所谓的购买力平价。目前，人民币汇率水平是适当的。近来，日本政界、学术界和产业界的"人民币升值"论甚嚣尘上，其根本目的是为日元贬值制造舆论环境。

我国作为发展中大国，保持人民币汇率基本稳定有利于人民币成为国际货币，有利于我国经济的长远发展。一方面，人民币升值不利于我国扩大出口。目前，我国外汇市场供大于求，人民币有升值压力，中央银行必须不断买入外汇，增加国家外汇储备，同时，投放基础货币，由于目前通货膨胀压力不大，买入外汇投放基础货币不会造成通货膨胀。另一方面，人民币贬值也是不可取的。人民币贬值短期可能刺激出口增加，但会丧失亚洲金融危机中建立起来的良好的人民币国际形象，何况扩大出口主要决定于产品结构和技术。同时，也会导致我国资产缩水，偿债成本上升。此外，保持人民币币值坚挺有利于人民币成为国际货币，从而可以获得更多的铸币税，有利于扩大对外投资和发展国际金融中心。综合来看，在当前坚持扩大内需的方针下，仍要继续实行以市场供求为基础的、有

管理的浮动汇率制度，保持人民币汇率的基本稳定。

但是，我们也应当看到，我国外汇供大于求是基于强制结售汇的外汇管理制度，而非完全以市场为基础。因此，近年来人民币汇率走势的一个重要特征是"管理"得多、"浮动"得少。国际货币基金组织将人民币汇率制度归为钉住美元的固定汇率制度安排。随着我国加入世界贸易组织后经济对外开放进一步扩大，国际收支的波动性可能会由于国际贸易、国际投资的变化而加大，影响人民币汇率的因素也将增多，维持现行人民币汇率的形成机制将不利于充分发挥汇率机制的调节作用，制约我国货币政策的独立性，增加外汇储备管理的难度，容易受国际投机资本的攻击。

进一步改进人民币汇率形成机制。《中共中央、国务院关于转发〈国家计划发展委员会关于当前经济运行情况和做好全年经济工作的政策建议〉的通知》明确指出，继续实行以市场供求为基础的、有管理的浮动汇率制度，在保持人民币币值基本稳定的前提下，进一步完善汇率形成机制。《国民经济和社会发展第十个五年计划纲要》也提出，要"改进人民币汇率形成机制，完善以市场供求为基础的、有管理的浮动汇率制度"。因此，我们将根据我国的宏观经济形势和外汇收支状况，逐步改进人民币汇率的形成机制，增加人民币汇率制度的弹性，进一步发挥汇率杠杆对经济的调节作用。

（二）稳步推进人民币资本项目可兑换的进程

资本项目可兑换的定义。关于什么是资本项目可兑换，目前国际上没有标准的定义。根据国际货币基金组织专家的提法，资本项目可兑换是指取消对国际收支资本和金融账户下各项交易的外汇管制，如数量限制、课税及补贴。资本项目可兑换与资本管制并不矛盾，资本项目开放主要强调资本交易的开放，并不一定要求资本项目下的汇兑自由，但资本项目开放会促进资本项目可兑换，并最终导致资本项目可兑换。在资本项目可兑换的情况下，仍可维持对部分资本项目交易的管制。多数发达国家在 20 世纪五六十年代实现了资本项目可兑换，但直到 20 世纪 80 年代才完全解除资本流动管制。

国际货币基金组织认为，资本项目的开放必须建立在审慎监管的基础上，对成员国资本项目可兑换没有强制性要求。目前，世界上只有经济合作与发展组织（OECD）对成员国有实行资本项目可兑换的要求，即资本流动自由化准则，而我国并不是经济合作与发展组织的成员国。有人认为，加入世界贸易组织就要求我国很快实现人民币资本项目可兑换。实际上，世界贸易组织与资本项目可兑换没有必然联系。世界贸易组织规定禁止对货物贸易、服务贸易相关的资金流动实行管制，要求对外国投资者开放金融服务行业，实现与贸易有关的投资自由化及对外国投资者的国民待遇，并不要求资本项目可兑换。

资本项目可兑换的基本条件。一般而言，发展中国家资本项目可兑换要具备以下一些基本条件。一是较强的综合国力。这是资本项目可兑换的最基本条件，也是决定性条件。因为较强的综合国力能有效地抵御国际资本流动的冲击和改善经常项目收支状况，有利于增强国家的整体抗风险能力和国际收支平衡能力。二是稳定的宏观经济。稳定的宏观经济主要表现为适度的经济增长、稳定的物价水平、良好的财政状况和经常项目收支，这有利于增强对本币完全可兑换的信心，增强本国在开放资本项目后抵御各种潜在风险的能力。三是稳健的国内金融体系。稳健的国内金融体系主要表现为国内金融市场的充分发育、金融机构生存和发展能力的增强、金融政策工具的健全（主要是利率市场化）和灵活的汇率机制。四是较强的政府宏观调控能力。在资本项目可兑换后，国内经济金融运行将更多地受国外因素的影响，因而必须相应地提高政府的宏观调控能力，政府的宏观调控能力主要表现为财政政策和货币政策的合理运用、中央银行对金融机构监管能力和防范金融风险能力的增强。具备这些条件，可以有效地改善经常项目收支状况，增强对本币完全可兑换的信心和抵御资本流动冲击的能力。

目前，我国尚不完全具备这些条件。同时，要保持我国货币政策的独立性和人民币汇率的基本稳定，必须对资本项目实行一定程度的管制。因此，实现人民币资本项目下可兑换是一个比较长期的过程，要根据我国经济金融发展的实际情况分步实施。实践证明，在资本项目开放方面实行循序渐进的方针是正确的。日本从经常项目自由兑换到资本项目自由兑换经过了16年的时间，而墨西哥和泰国都因为过早开放了资本账户而受到金融危机的打击。我国对资本项目进行管理，鼓励了中长期资本流入，成功抵御了亚洲金融危机对我国经济金融的冲击，保持了我国货币政策的相对独立性，适应了我国经济稳定发展的需要。

但是，随着我国加入世界贸易组织后金融服务业的进一步开放和涉外经济规模的不断扩大，资本管制将面临更加严峻的挑战。目前，逐笔进行的资本项目事前审核和经常项目事后核销，将因加入世界贸易组织后交易量的增大而不堪重负。由于人民币已经实现经常项目的可兑换，并且相当部分的资本项目交易与经常项目有关，这会出现通过各种方式把资本项目混入经常项目以逃避资本项目管理的现象。虽然汇兑制度不直接包含在世界贸易组织的协议之内，但在贸易和投资自由化不断推进的过程中，资本的自由流动将会扩大，加入世界贸易组织事实上会产生部分资本项目的开放，强化对人民币资本项目可兑换的内在需求。

积极、稳妥、有序地推进人民币资本项目可兑换。根据我国实际情况和加入世界贸易组织后的新形势，我们将根据以下原则循序渐进地推进资本项目可兑换：一是资本项目开放与资本项目汇兑限制的取消分步实施。在资本项目开放之后，仍可以根据国际收支的状况或从国家经济安全角度对资本项目可兑换保留一定的限制。二是资本项目汇兑管制要体现出明确的政策取向，根据不同阶段、不同项目、不同政策的侧重点以及国际收支平衡的需要，灵活调整限制与开放的重点。一般而言，先开放直接投资，后开放证券和其他投资；先开放资本流入，后开放资本流出。三是资本项目汇兑管制方式应适应不同的发展阶段，依次采取法规、行政上的绝对禁止，运用经济手段增加交易成本进行间接限制，完全放开管制。四是推进资本项目可兑换必须与基本条件的成熟程度相匹配。

当前，推进人民币资本项目可兑换，一是要建立全面有效的资本项目预警机制和紧急情况应对机制；二是要完善资本项目外汇管理的法规体系，尤其是要填补我国资本项目若干细项的管理空白；三是要适应资本交易的开放趋势，对不同交易汇兑环节中的资本项目外汇管理方式进行适时调整，从以审批为主转向以登记为主，从监管境内机构的资本项目交易为主转为以监管银行、证券公司等中介机构为主，从全面监管转向重点监管短期资本流入和防范资本外逃。

（三）创造条件，循序渐进地推进人民币可兑换

人民币可兑换，是指一国居民不受限制地按照市场汇率自由地将人民币与他国货币相互兑换，用于对外支付或作为资产来持有。实现人民币资本项目可兑换，并不意味着实现了人民币可兑换。货币资本项目可兑换与货币可兑换是两个不同的概念：第一，货币可兑换不仅要求实现对外可兑换，还要求实现国内可兑换，即允许居民无任何实际交易背景的外汇汇兑与汇出，而资本项目可兑换通常是指资本项目对外可兑换；第二，资本项目可兑换仍要求保留真实性审核，而货币可兑换则无真实性审核；第三，资本项目可兑换通常是货币主权国家处理其对外经济关系中的资金流动的一种制度框

架，而货币可兑换则是国际范围的多边安排，本币不仅在本国是可兑换的，在境外也是可兑换的。由此可见，资本项目可兑换是货币可兑换的重要内容，也是迈向货币可兑换的重要一步。

实现人民币可兑换是我国外汇管理体制改革的最终目标，1993年11月，我国提出"要逐步使人民币成为可兑换的货币"。然而，实现人民币可兑换，要经历相互联系、循序渐进的四个阶段：一是人民币经常项目可兑换，二是人民币资本项目可兑换，三是人民币国内可兑换，四是人民币成为国际货币。同时，实现人民币可兑换需要三个基本条件：一是实现了资本项目可兑换；二是综合经济实力强大并在全球经济总量中占有相当份额；三是人民币币值坚挺，并有越来越多的国家将之作为国际支付手段和国际储备货币。

1996年12月，我国实现了人民币经常项目下可兑换。随后，逐步开放了部分资本项目，但仍限制外币购买人民币证券资产和境内非外商投资企业对外借款，推进了人民币资本项目可兑换进程。我们将积极创造条件，进一步推进人民币可兑换进程：第一步，推进微观经济主体的市场化；第二步，实现利率和汇率的市场化；第三步，实现人民币资本项目可兑换；第四步，允许居民无任何实际交易背景的外汇汇兑与汇出，实现国内可兑换。与此同时，要推进人民币国际化，使之成为真正的国际货币，最终实现人民币可兑换。

我们欣喜地看到，近年来人民币现金在港澳地区和周边接壤国家，如缅甸、越南、老挝、蒙古、朝鲜、俄罗斯、尼泊尔、哈萨克斯坦、吉尔吉斯斯坦和巴基斯坦的跨境流动已形成一定规模。根据调查，2001年底，人民币现金在港澳地区和周边接壤国家的存量为168亿~194亿元，占当年我国现金流通总量的1.1%~1.2%，人民币跨境总流量为1 137亿元。其中，港澳地区是人民币现金存量和流量最大的地区，占境外人民币现金存量的42.2%~48.7%，占总流量的 89%。中国经济具有巨大的发展潜力，人民币成为真正的可兑换货币并不遥远。

（四）积极参与全球及亚洲金融合作

随着我国综合国力的逐步增强，我国在国际金融组织和国际金融事务中的影响力明显提高。目前，我国在国际货币基金组织的份额，从第 11 位提高到第 8 位。加入世界贸易组织后，我国将在更大程度上参与经济金融全球化。作为一个发展中的大国，我国将积极参与国际金融的协调与合作，力争在建立新的国际金融框架、维护国际金融体系稳定方面发挥更大的作用，特别是要积极参与金融政策透明度、金融机构监管和短期资本流动监管等国际标准和规则的制定，维护我国金融安全。

积极推动亚洲金融合作，是我国参与全球金融合作的重要组成部分。目前，亚洲国家面临着一个不公正的国际金融环境：从投资贸易、支付结算到汇率安排和外汇储备选择，都存在着"美元通吃"的国际金融运作机制；北美自由贸易区和欧元区的建立与发展，更强化了区内国家对区外国家的贸易竞争优势。因此，加强亚洲各国在支付清算、国际经济政策协调、金融危机防范化解机制等方面的金融合作，有利于进一步推动区内贸易和投资发展，促进亚洲各国经济的稳定和繁荣。

目前，亚洲金融合作的最大进展是建立了东盟及中日韩"10 + 3"会议制度。2000 年 5 月，"10 + 3"会议机制在泰国签署了有关货币互换的协议，主要内容是：当一国发生外汇流动性短缺或国际收支问题时，其他成员国必须采取集体行动提供应急外汇资金。8 月下旬，东盟又决定扩大货币互换基金额和吸收其他 5 个东盟成员国参加。同年 11 月，在北京举行的"10 + 3"财政央行副手会和工作组会上通过了"10 + 3"建立货币互换的主要原则。最近，日本已经分别与泰国、韩国和马来西亚签署了 30 亿美元、20

亿美元和10亿美元的货币互换协议，我国与日本、韩国和泰国就双边货币互换的规模、利率、互换期限等条款达成了共识。

亚洲金融合作，要以经济贸易合作为基础逐步、稳妥、有序地推进。我们将在"10＋3"框架下通过双边的、多边的对话机制逐步推进亚洲金融合作。一是推动亚洲应急贷款机制建设；二是建立亚洲清算同盟，鼓励成员国之间使用各自本币进行贸易结算，为成员国的贸易提供支付和清算便利；三是发展亚洲货币市场，建立为本地区投资贸易提供便捷金融服务的现代化支付结算体系和债券交易系统；四是研究建立以美元、欧元、日元、人民币为一篮子货币的亚洲汇率机制；五是协调各成员国货币政策、财政政策和汇率政策，促进贸易和投资增长。

六、整顿和规范金融秩序

整顿和规范金融秩序，是完善社会主义市场经济体制的重要方面，也是建立现代金融制度、维护国家金融安全的迫切要求。1997年，全国金融工作会议就深化金融改革、整顿金融秩序、防范化解金融风险问题作出了专门部署。2000年4月，国务院决定在全国深入开展整顿和规范市场经济秩序的专项斗争，整顿和规范金融秩序是整顿和规范市场经济秩序的重要内容。今年召开的全国金融工作会议再次强调，要深入整顿和规范金融秩序，大力加强社会信用制度建设，改善金融运行环境，防范和化解金融风险。

整顿和规范金融秩序的主要内容是：打击和取缔非法集资、非法成立金融机构和非法办理金融业务的活动；禁止金融机构间的恶性竞争；打击企业逃废银行债务行为。近年来，在党中央、国务院的领导下，整顿和规范金融秩序取得了明显成效。4年来，全面清理处置了2.8万家农村合作基金会，撤销了80多家信托投资公司，撤并了1 700多家城市信用社，依法关闭了一批有严重问题的金融企业，各种账外经营、高息揽储、擅自提高利率、乱拆借、乱担保等违法违规行为受到了查处，从事非法金融业务活动的势头得到了有效遏制，保证了金融业的稳健运行。

当前，最为突出的金融秩序问题是企业逃废银行债务严重。据调查统计，截至 2001 年 6 月底，全国改制企业涉及工商银行、农业银行、中国银行、建设银行、交通银行五家商业银行的贷款本息总额 5 565 亿元，其中逃废银行贷款本息达 2 296 亿元，占改制企业贷款本息总额的 41.26%；国有企业逃废银行贷款本息 1 571 亿元，占全部逃废银行贷款本息总额的 68.4%。在被逃废的债务中，相当一部分是质量相对较好的逾期、呆滞和正常贷款。广东、辽宁、江苏、湖南、湖北、青海等省份是企业逃废银行债务比较严重的地区。

企业分立、合并和兼并、解散、撤销、破产及相应债权债务的调整，是市场经济下的正常行为。但是，企业在分立、合并、兼并、解散、撤销和破产过程中逃废银行债务，则应按照《中华人民共和国刑法》的有关规定，坚决予以揭露和打击。企业逃废银行债务并在全国愈演愈烈的原因是多方面的。一是一些部门存在地方保护思想，单纯从地方的短期经济利益出发，包庇、纵容甚至组织企业借改制之机逃废银行债务。二是金融债权管理机制不健全，对企业的贷款管理，尤其是对改制企业的贷款管理缺乏应对措施，为企业逃废银行债务留下了可乘之机。三是打击企业逃废债务的法律制度不健全，缺乏必要的力度。四是国有商业银行对一些银行债务过重的企业缺少实施债务重组、打折减债的自主权。五是一些企业故意通过破产或改制等方式甩掉银行债务。

整顿和规范金融秩序，关系到我国改革、发展、稳定的大局，关系到现代化事业的成败，关系到国家金融的安全。因此，必须运用法律、经济、社会监督等多种手段整顿和规范金融秩序，多管齐下、标本兼治，有效打击逃废银行债务行为，切实维护金融债权。一是完善法规，制定金融债权管理办法和实施细则。修改现行《公司法》中不适应金融债权保护的规定，明确企业分立、合并和兼并、撤销、破产中债权和债务的合法调整，明确非企业法人不能进行破产、破产企业不能通过变卖企业资产和抵押资产安置职工。二是建立债务重组制度。银行和企业可以协商债务重组，允许核销债务重组的损失。债权债务调整应在债权人、债务人之间依法进行，避免不必要的行政干预。金融机构要积极参与、支持和帮助企业改制，建立改制企业债权落实情况跟踪报告制度，从源头上防止新的逃废债现象的发生，并依法起诉恶意逃废债务者。三是建立企业和个人征信系统。目前，中国人民银行信贷登记咨询系统登录了80%以上企业贷款的信息，并在全国 31 个省（自治区、直辖市）内实现了联网。今年将实现银行信贷登记咨询系统全国联网查询。下一步初步设想是，将个人信用信息系统和银行信贷登记咨询系统整合为一个全国性的征信中心。具体发展规划，由中国人民银行会同国务院有关部门提出方案，报国务院批准后执行。四是工商管理部门和金融机构间要建立对企业改制的信息沟通机制。对改制企业的重新注册、登记，要求有债权金融机构开具的金融资产保全书面证明材料，工商管理部门不为被宣布为逃废金融债务企业的法人代表及主要责任人注册新企业。五是在全社会加强诚信教育，提高全民信用意识，同时加强舆论监督，对恶意逃废银行债务的企业以及地方保护行为要公开曝光。六是加快建立金融安全区，依法打击逃废债务行为。地方政府、司法部门和金融机构要密切配合，联手打击企业逃废银行债务行为，对赖账不还、逃废银行债务的单位和个人，对包庇、纵容逃废债务的人员，都要依法追究责任甚至刑事责任。

发展中国资本市场和
加快国有商业银行改革

（2002 年 3 月 24 日）

现在，我从如何更好发挥货币政策作用的角度，对发展中国的资本市场和加快国有商业银行改革问题谈一些看法。

一、融资结构不合理和商业银行改革滞后不利于发挥货币政策的作用

1997 年亚洲金融危机发生后，我国出现了通货紧缩的趋势。为此，我国执行扩大内需的方针，实行积极的财政政策和稳健的货币政策。

稳健的货币政策，不是消极的政策，更不是收缩货币供应。我多次讲过，稳健的货币政策有一系列积极的内容。一是适当增加货币供应量，二是引导商业银行调整贷款结构，三是维护人民币汇率稳定，四是疏导货币政策传导机制。实践证明，实行稳健的货币政

注：2002 年 3 月 24 日至 26 日，"中国发展高层论坛" 2002 年年会在北京举行。3 月 24 日，戴相龙同志在国务院发展研究中心举办的"中国发展高层论坛"上发表了题为"发展资本市场和加快商业银行改革"的演讲。此文根据戴相龙同志的演讲录音整理而成。

策是正确的。

受全球经济增长大幅度下降的影响，2001年我国经济增长和物价增长幅度同时下降，防止通货紧缩又成为宏观经济调控的重点。中国人民银行要继续执行稳健的货币政策，加大金融对经济发展的支持力度。预测2002年，货币供应量增长13%左右，全部贷款增加1.3万亿元。

但是，我们在执行稳健的货币政策的过程中出现了下列现象。2001年底，货币供应量增加14.4%，企业存款增长16%，商业银行超额储备率达到7%，货币市场的资金供大于求，利率下降。总体看，货币供应不但不紧，而且比较宽松。但是，另一方面，中小企业普遍反映贷款难，商业银行反映难贷款。

我认为，产生上述现象，不是货币政策执行偏紧，而是我国融资结构不合理和商业银行改革滞后制约了货币政策传导。货币政策是宏观经济政策，是总量政策。但是，货币政策发挥作用需要工商企业有必要的资本金，有合理的贷款需求；需要商业银行建立经营货币的激励和约束机制。目前，我国城乡居民的收入转为企业资本金的较少，而绝大部分存入了商业银行，增加了商业银行的贷款能力。但是，工商企业由于资本金增加较少，加之市场上许多商品是供大于求，对贷款的有效需求增加较慢，制约了商业银行的贷款发放。同时，由于国有独资商业银行没有真正办成经营货币的企业，缺少经营货币的激励和约束机制，不能主动培养和选择客户，又使其应该发放的贷款没有发放。结果使相当多的信贷资金滞留在商业银行或存入中央银行，造成资金的浪费，使稳健的货币政策的作用得不到充分发挥。为此，必须发展资本市场，尽快扩大直接融资比例；必须加快商业银行改革，建立贷款营销的激励和约束机制。

二、发展资本市场，尽快扩大直接融资比例

目前，我国工业企业账面资产负债率在 65% 左右，但是，如果剔除无效资产，有不少企业实际已无自有资金。可以说，许多工商企业并不具备申请贷款的基本条件。

近 10 年，我国提倡逐步扩大直接融资的比例，降低间接融资的比例。但是实际执行结果是直接融资的比例并未上升。10 年来，证券市场筹集资金近 8 000 亿元，但贷款却增加 8 万多亿元。2001 年底，在全国金融机构总资产中，存款类金融机构占 92%。在商业银行加快信贷管理后，资产负债率过高或资不抵债企业就无法获得贷款。

因此，如果要进一步发挥货币政策及信贷杠杆的作用，就要改革企业制度，特别是要增加企业资本金。这样做既可以明确产权、增加借贷能力，又可以为商业银行防范和化解金融风险创造条件。

增加企业资本金，就要靠发展资本市场。目前，我国城乡居民储蓄有 8 万多亿元，是当年国民生产总值的 90%。发展资本市场，将城乡居民储蓄中的一部分资金通过各种方式转化为企业资本金，既是十分必要的，也是有条件的。

发展资本市场，首先要发展国内资本市场。一要在规范证券市场管理的基础上，支持符合条件的企业上市，支持机构投资者和个人购买上市公司股票；同时，要支持符合条件的企业发行企业债券。二要制定有关法规，积极支持成立各种基金，把民间资金集中起来，增加对企业和证券市场的投资。三要规范和支持股份制企业定向募集资金。四要支持个体和私营经济的发展，在农村可支持农民合伙兴办工商企业。为此，应当制定各种投资管理办法，明确投资人的权利和职责，建立投资风险防范和化解机制，维护投资者的合法权益。

发展资本市场，也要逐步扩大资本市场的开放。从国际收支角度看，我国已于1996年实现人民币经常项目可兑换，对资本项目实行不同的管理办法。对外商直接投资实行登记制度，对借用外债实行审批制度，对用外币购买人民币证券资产暂予禁止。采取这种管理办法是必要的。到2001年底，我国外商直接投资、中资企业在境外上市筹资和借入外债已达6 000亿美元；同时，国家外汇储备、中资企业在境外投资和中资金融机构境外净资产合计超过4 000亿美元。我国利用外资已进入新阶段。今后，我国将进一步吸引外资，使外国资本和我国一些国内资本结合，用外资改造一部分国有企业，形成现代企业。与此同时，要更多吸引外国金融资本，促进我国金融业的改革。同时，随着我国外汇储备增加和企业投资能力增强，也要支持中资企业购买外汇到国外投资。现在，中资企业外汇存款和居民外汇储蓄都比较多，成立合格的金融机构，将其中一部分外汇资金集中起来，投向境外资本市场，已成为各方面关注的热门课题。

三、加快对国有独资商业银行的综合改革，建立信贷资金营销的激励和约束机制

商业银行是经营货币的企业。只有商业银行在依法稳健经营的基础上把最大限度创造利润作为经营目标，才能更好地接受和传导中央银行的货币政策，及时调整贷款投量和投向。为此，在发展资本市场、扩大直接融资比例的同时，要加快对国有独资商业银行的改革，提高间接融资的资金使用效率。

首先，要正确评价国有独资商业银行。多年来，国家银行为国民经济发展作出了重大贡献。1985年到2001年，每年贷款平均增长18%，累计上交利润和各种税款5 000亿元。1997年全国金融工作会议后，四家银行在改革中又取得很大成绩。当前，四家银行

不良贷款比例过高。产生这个问题的主要原因是长期以来把这些银行办成了行政机关，按计划过量发放贷款，而且在很大程度上承担了财政职能，支付了经济体制改革的成本。会计制度的不合理和社会信用的混乱又加剧了四家银行的困难。作出这种分析，不是减轻商业银行自身的责任，而是客观分析当今四家银行面临困境的原因，不失时机地采取综合改革措施，以保持我国金融安全和国民经济长远发展。

其次，要明确国有独资商业银行改革的目标和步骤。要按照2002年全国金融工作会议精神，把四家银行真正办成经营货币的企业。在依法稳健经营的基础上，通过增收节支，最大限度地提高利润水平。同时，以利润为核心建立经营考核体系。到2010年，中国的国内生产总值将超过2万亿美元，并在经济金融全球化发展中发挥重要影响。要从这个高度确立四家银行的改革目标。要按照"产权清晰、权责明确、政企分开、管理科学"的现代企业要求，用5年或更长时间，把我国四家银行改造成在国际金融市场上具有全面竞争能力的大型现代商业银行。

对四家银行的改革要分步进行。当前，要集中精力按国有独资公司的治理结构建立商业银行的基本经营管理制度，化解历史财务包袱。然后，将有条件的银行改革为国家控股的股份制商业银行。最后，将有条件的银行上市。

最后，要限期解决严重制约四家银行改革和发展的难点。全国金融工作会议已经明确了国有独资商业银行改革和发展的方针和政策，现在需要根据已定方针和政策，制定改革时间表，切实解决四家银行的重要困难。

一是建立健全法人治理结构。确定商业银行出资人、经营管理人和监管机构的职责和防范、化解风险的责任。

二是提高资产质量。通过对商业银行进行彻底的改革和国家的帮助，最迟在 5 年内解决多年形成的潜在亏损。通过提高新增贷款的质量，依法清收到期资产和逐步核销坏账，使不良贷款比例平均每年下降 3 个左右的百分点，确保到 2005 年底达到 15% 左右。

三是补充资本金。商业银行要通过压缩风险资产和增加自身积累，提高资本充足率。有重大困难的，国家要给予帮助；条件较好的，可尽快进行股份制改造，乃至改为上市公司。

四是建立信息披露制度。今年 6 月，四家银行将按照有关规定披露 2001 年经营信息。

五是改革人事和分配制度。在加强内部财务控制基础上，逐步取消对商业银行的工资总额限制，实行绩效挂钩、责任和风险相称的薪酬制度。

解决上述改革难点，要立足于商业银行自身改革，但也需要国家和有关部门的扶持。我国经济在改革中发展，国力不断提高，国家的综合债务率仍在国际警戒线以内，商业银行的历史财务包袱不断减少。因此，我国有能力解决国有独资商业银行所面临的困难。我坚信，到 2006 年对外国银行实行国民待遇时，我国的商业银行将在与外国大型银行在华营业机构的合作和竞争中发展。

建立面向新世纪的中日金融合作机制

（2002 年 3 月 28 日）

值此中日两国邦交正常化 30 周年之际，应日本银行行长速水优先生的邀请，我很高兴到贵国进行访问。我此行的主要目的是，与日本同行一道，就进一步加强中日两国间金融合作广泛地交换意见，并致力于推动建立面向新世纪的中日两国金融合作机制。

中日两国实现邦交正常化以来，两国间的经贸关系快速发展。在贸易方面，从 1993 年开始，日本连续九年是中国第一大贸易伙伴。2001 年中日贸易总额达到 877.5 亿美元，两国间的贸易额已经占到中国贸易总额的 17% 。同时，中国也是日本仅次于美国的第二大贸易伙伴。到 2001 年底，日本对华直接投资项目累计 2 万多项，协议金额约 441 亿美元，实际到位金额约 327 亿美元。

日本是对我国提供政府贷款和无偿援助最多的国家，这些资金对我国经济发展发挥了重要作用。

在过去的 30 年里，两国间的金融合作也取得了长足发展。两

注：2002 年 3 月 28 日，中国人民银行行长戴相龙与日本银行总裁速水优在日本东京签署了人民币与日元之间的双边货币互换协议。戴相龙同志在签字仪式上发表了演讲，介绍中国人民银行主要工作，表示中国将积极参与亚洲金融合作。此文根据戴相龙同志的讲话录音第三部分整理而成。

国中央银行建立了高层互访机制，银行监管当局建立了定期磋商机制。特别是在1997年亚洲金融危机之后，双方加强了在各方面的交流与合作，为维护亚洲地区的金融稳定与发展作出了贡献。目前，已有28家日资银行在华设立了47家代表处，9家日资银行在华设立了27家分行，其中9家分行已获准经营人民币业务。截至2001年底，日资银行在华分行总资产达到118.2亿美元。与此同时，中资银行在日本共设立了3家分行和2家代表处。中日两国间的金融合作，不仅给我国金融业带来了许多先进的银行管理和监管经验，也为日本企业进入中国市场起到了积极的推动作用。

日本民族是世界上最勤奋的民族之一。战后日本曾创下经济高速增长的奇迹，一跃成为世界第二大经济强国。近年来，日本经济增长虽然处于低迷状态，但这种低迷是由过去追赶型经济增长向成熟发展型经济增长的转变。日本有完善的市场经济体制，有大量的储蓄和充裕的外汇储备，有世界一流的制造和研发技术，有高素质的劳动力，随着经济结构调整任务的逐步完成，日本会在更高水平上实现新的增长，并在亚洲经济发展中发挥重要作用。经过20多年的快速发展，目前中国居民的人均收入不足1 000美元，仅为日本的1/40。可以预测，到2010年，我国的国内生产总值将比现在翻一番，但仍然是一个发展中国家。

应当承认，与西欧和北美地区相比，亚洲地区的经贸与金融合作尚处于起步阶段。目前东亚十三国的国民生产总值占世界生产总值的比重已超过20%，出口占世界出口总额的比重也在20%以上；更为重要的是，东亚区域内贸易总额占其所有国际贸易的60%以上，并拥有全世界60%以上的外汇储备。这为东亚地区加强经济合作提供了坚实的基础。中日两国应高瞻远瞩，加强合作，共同为促进东亚地区的发展与合作作出贡献。

我此行的主要目的是推动两国中央银行、金融监管部门及金融界之间的合作。此前，中国人民银行与日本银行刚刚签署了《清迈协议》项下人民币与日元之间的双边互换协议。根据此项协议，中国人民银行和日本银行在必要时可向对方提供总额相当于 30 亿美元的货币互换安排，以帮助其维护金融市场的稳定。中日两国中央银行签署货币互换协议，标志着两国中央银行之间的金融合作进入了一个新的阶段。

我希望以两国中央银行签署的货币互换协议为起点，采取多种措施，把中日金融合作提升到一个新的阶段。

第一，加强两国中央银行之间的交流与合作，建立更加紧密的金融磋商机制。及时相互通报重大政策调整及可能影响其他国家的金融政策；继续坚持互派副行级业务代表团制度，就双方关心的重大金融政策和国际问题充分交换意见，争取获得更多的共识。

第二，加强两国金融监管机构之间的交流和合作。及时通报本国的监管政策和方针，沟通监管信息，分享防范金融风险和处理不良资产的经验与教训；同时也欢迎日本的金融机构参与中国处理不良资产的工作。

第三，积极促进中日两国民间金融往来。中国将按照加入世贸组织的承诺，逐步对包括日本金融机构在内的外资金融机构实行国民待遇。我们欢迎日本的金融机构来华开展业务。

第四，加强在亚洲地区金融服务方面的合作，推动亚洲地区建立包括支付清算、金融监管、汇率稳定和金融政策等方面的合作协调机制，为在东亚地区建设一个能够维护地区金融安全、汇率稳定的新的金融合作机制而努力。

第五，加强在国际金融政策方面的协调。在参与国际金融重大活动时，及时沟通信息，协调两国在一些重大问题及热点问题上的立场及态度，共同维护亚洲地区的利益。

金融是现代经济的核心

（2002 年 4 月 7 日）

金融是指有关货币、信用的所有经济关系和交易行为的总称。一个国家的金融体制，包括金融机构（企业）、金融市场、金融调控和金融监管。经济发展水平决定金融体制的演进，在信用货币制度下，金融的发展规模、水平和结构影响着经济发展的速度和结构。有关金融在现代经济中的地位和作用问题，邓小平同志曾有一系列精辟的论述，涉及金融企业改革、金融市场发展、国际收支平衡和培养金融人才等许多方面。

1986 年 12 月，小平同志指出："金融改革的步子要迈大一些。要把银行真正办成银行。我们过去的银行是货币发行公司，是金

注：1991 年 2 月，邓小平同志在视察上海时高度评价浦东新区在开发中实施"金融先行"的做法，精辟地指出："金融很重要，是现代经济的核心。金融搞好了，一着棋活，全盘皆活。""金融是现代经济的核心"这一论断准确地定位了金融的地位和作用。2002 年 4 月 7 日，中国高校首家跨学科综合性金融教育研究机构——复旦大学金融研究院成立，戴相龙同志被聘为该院名誉院长。戴相龙同志在成立大会上作了题为"金融是现代经济的核心"的长篇学术报告。2002 年 5 月 22 日，戴相龙同志在中共中央党校省部级干部进修班上作了题为"对当前金融主要问题的思考"的报告。此文根据戴相龙同志以上两个报告整理而成。

库，不是真正的银行。""借外债要适度"。"对金融问题，我们知识不足，可以聘请外国专家做顾问嘛"。1991年他在视察上海时指出："金融很重要，是现代经济的核心。金融搞好了，一着棋活，全盘皆活。"1992年春，邓小平在视察南方的谈话中特别指出："证券、股市，这些东西究竟好不好，有没有危险，是不是资本主义独有的东西，社会主义能不能用？允许看，但要坚决地试。"他还将改革开放后我国发行的第一张股票——上海飞乐音响公司股票赠送给来访的美国证券交易所董事长。在小平同志有关金融问题的论述中，最为精辟的一句名言是"金融是现代经济的核心"。今天，我根据"金融是现代经济的核心"这一科学论断，对当前我国金融改革和发展的几个重大问题作一些初步分析，谈一些观点和看法，供大家参考。

一、金融是现代经济的核心

（一）如何认识金融是现代经济的核心

"金融是现代经济的核心"是研究和制定我国金融改革和发展战略的重要指导思想。在2002年2月召开的全国金融工作会议上，江泽民总书记从三个方面进一步阐述和发展了邓小平同志关于"金融是现代经济的核心"的思想，即金融在资源配置中发挥着核心作用，是调节宏观经济的重要杠杆，是国家经济安全的核心。

金融在市场资源配置中起着核心作用。金融的最基本特性和作用就是采用各种信用方式聚集资金和分配资金，调节企事业单位、城乡居民之间的资金余缺。资金的运动引导商品、劳动力等其他资源的流动，而且能促使新的经济资源产生。市场经济越发达，资金或资本在资源配置中的地位就越突出。但是要使金融在市场资源配置中充分发挥核心作用，就要具备种类齐全的金融机构、发达的金融市场和品种齐全的金融商品。

金融是宏观经济调控的重要杠杆。宏观经济管理的基本目标是使社会总供给与总需求基本平衡，促进国民经济均衡增长。金融在国家宏观调控体系中具有十分重要的地位。在现代经济生活中，金融调控职能主要由中央银行的货币政策来实现。中央银行通过运用各种货币政策工具，适时松紧银根，调控货币供应量和利率，在稳定物价的基础上，促进经济发展。中央银行的货币政策能否通过金融机构和金融市场间接影响各微观经济主体的经营和投资行为，一要看有没有健康的金融机构，二要看有没有稳定和发达的金融市场，三要看企业资本与金融债务的比例是否合理，四要看社会信用秩序是否健康。

稳健的金融体制是经济稳定的前提。金融业是高风险行业。随着金融业的迅速发展，巨额资金在国内外迅速流动，加上政治、经济环境和市场的变化，使金融业潜伏着很大的风险。金融风险种类很多，有支付能力不足的流动性风险，有利率、汇率变化的市场风险，有经营不善、资不抵债的经营风险等。金融风险具有隐蔽性、突发性和扩散性，影响面广，破坏力强。如果不能及时有效地防范和化解金融风险，就可能导致金融危机，危及国民经济，甚至社会稳定。判断一国金融体制是否健全，我认为有以下四个标准：一是金融机构是否稳健，二是金融市场是否健康和发达，三是货币的对内对外价值是否稳定，四是金融体制有无防止和化解金融风险的机制。

（二）金融全球化是经济全球化的核心

国际货币基金组织对经济全球化的定义是：经济全球化包括资金、技术、劳动力、资本的流动和意识形态的交流，以及由此而需要进行的国际协调，即包括组织管理形态的全球化。金融全球化是指在现代信息技术普遍运用、国际资本迅速大量流动的情况下出现的金融业务跨出国界、在全世界范围内按相同规则运行并且同质金融产品的价格趋于一致的发展趋势。金融全球化通过国际资本流动、汇率波动等机制在全球范围内配置资源，进一步推动经济全球化。可以说在当今的世界经济中，金融全球化在经济全球化中扮演着无法替代的核心作用。

金融全球化在跨国资源配置方面发挥着举足轻重的作用。一是金融机构在全球范围扩展金融业务，为跨地区资源配置提供了方便。跨国金融集团实力雄厚，为客户提供传统存贷款业务、结算业务、投资业务、金融创新业务和咨询服务等，极大地推动了全世界跨地区的资源配置。二是国际金融市场的统一趋势更加明显，主要金融市场对全球经济的影响力进一步扩大。三是主要国家货币在全球资源配置中发挥着越来越重要的国际货币职能。目前国际货币格局基本是美元、欧元和日元三足鼎立的局面。四是主要发达国家的货币政策对全球经济的影响日益加大。发达国家货币政策在调控本国宏观经济的同时，往往通过对国际贸易和国际资本流动的影响，使政策效应传导到其他国家，对别国的经济产生影响，甚至波及全球。五是国际金融组织在全球金融中的协调和稳定作用日益重要。如世界贸易组织、世界银行、国际货币基金组织和国际清算银行为主体的国际协调机制在解决贸易争端、促进国际直接投资、协调国际货币问题、稳定汇率、向成员国提供贷款或紧急援助方面发挥着重要作用。

金融全球化带来金融危机成为国际社会共同面对的问题。20世纪90年代发生了三次金融危机。第一次是1992年的欧洲货币体系危机，第二次是1994～1995年的墨西哥比索危机，第三次是1997年的亚洲金融危机。这三次金融危机的特点是传播快、影响大。例如1997年的亚洲金融危机由泰国引发，并迅速传播至东南亚各国以及俄罗斯和巴西。为了应对金融全球化所带来的金融风险，国际社会和国际金融组织进一步加强了防范金融风险方面的合作。巴塞尔银行监管委员会、国际证券委员会、国际保险监督官协会、经合组织和国际会计标准委员会分别制定和实施了《有效银行监管的核心原则》、《证券监管的目标和原则》、《保险监管原则》、《公司治理原则》和《国际会计标准》等，逐渐统一了金融监管标准。多种国家金融监管合作机制逐步建立。如1999年先后成立的"金融稳定论坛"和"二十国集团"；2000年5月，东盟及中日韩（"10＋3"）合作机制在泰国召开了"清迈会议"，签署了有关货币互换的协议；等等。

（三）金融改革的核心是建立与经济体制相适应的金融体制

要发挥金融在我国经济中的核心作用，就必须建立一个功能健全的金融体制。在现代市场经济条件下，一个功能健全的金融体制主要由相互联系的六大金融要素组成。

一是稳定的货币。货币是金融存在的必要条件，因而也是构成金融体制的最基本要素。在现代货币经济中，商品的交换、生产要素的流动都是通过货币来进行的。因此，货币币值的稳定与否，直接影响投资意愿和资源配置效率，影响金融体制的安全性和金融体制功能的发挥。

二是功能齐全、分工合理的金融企业。在现代经济中，资金融通必须借助专门的金融企业来完成。商业银行主要是通过吸收存款来发放流动资金贷款，证券公司为把一部分资金直接转化成长期资本而提供中介服务；保险公司通过分散风险、削减损失为社会再生产的各个环节提供经济保障。功能齐全、分工合理、公平竞争的金融机构体系是金融在现代经济中发挥核心作用的最重要的微观基础。

三是高效运行的金融市场。金融市场的基本功能是集中和分配货币资金，促进储蓄向投资转化，并引导生产要素流动，促进资源合理配置。金融市场的高效运转是促进资源优化配置、发挥金融体制功能的重要条件。货币市场和资本市场是最重要的金融市场，货币市场主要是调剂资金余缺，而资本市场则提供长期资本和永久性资本。货币市场与资本市场的均衡发展，可以改善社会融资结构，使间接融资和直接融资之间形成合理的比例。

四是健全的金融宏观调控。金融宏观调控的主要功能是实现总供给与总需求的基本平衡，促进国民经济均衡增长。健全的金融宏观调控体系需要一个比较独立的、有公信度的中央银行，功能齐全的货币政策工具和畅通的货币政策传导机制，使币值对内对外保持稳定，并以此促进经济发展。

五是与金融业发展水平相适应的金融监管体制。金融体系特别是银行体系具有内在的脆弱性，为了保持金融体系的稳健运行和金融体制功能的充分发挥，必须加强对金融业的监管，促进金融机构加强内部风险控制，保护存款人、投资者和纳税人的利益。要提高金融监管效率，就必须建立一个与金融发展水平和要求相适应的金融监管体制。

六是稳健的金融开放机制。在经济全球化时代，封闭的金融体制很难发挥金融在现代经济中的核心作用，因而必须不失时机地扩大金融业的对外开放，但金融对外开放也面临着巨大的风险和各种挑战，如怎样和何时开放资本市场、如何选择汇率制度等。既要避免金融对外开放的风险，又要获得金融全球化的利益，必须要有一个稳健的金融开放机制。

以上六个要素相互依存、相互作用，构成了一个完整的金融体制。金融改革的核心就是要建立与经济体制相适应的金融体制。不能把金融业务和金融技术方面的改革当成金融体制改革而错过改革金融体制的机会。充分发挥金融体制的功能，还要有不断创新的金融技术和高素质的人才队伍。在研究金融问题、制定金融改革和发展战略、建立和完善金融体制时，必须把金融看成一个有机的整体，否则，金融在现代经济中的核心作用就会削弱。

（四）金融在我国经济改革和发展中的核心地位和作用得到逐步加强

改革开放20多年以来，中国经济已基本实现了由计划经济向社会主义市场经济的转变。中国金融体制也随着我国经济体制的变迁发生了根本性转变，按照金融体制六要素来衡量，我国已初步建立了与社会主义市场经济体制相适应的新的金融体制。一是初步建立了多种金融机构分工合作的金融组织体系；二是初步建立了货币市场、资本市场、保险市场协调发展的金融市场体系；三是宏观调控已从直接控制为主转为间接调控为主；四是建立了与我国国情相适应的分业经营、分业监管的金融监管体制；五是金融对外开放适度，实现了人民币经常项目可兑换，对资本项目进行管理，实行市场供求决定的有管理的人民币浮动汇率制度。

金融机构已经成为支持我国经济快速稳定增长的中坚力量。经过20多年的改革，我国金融机构已经发展成为以商业金融为主体，银行、证券、保险业齐全，多种金融机构分工协作、合理竞争的金融组织体系。到2001年底，全部金融机构（含证券公司、保险公司）总资产已达21.8万亿元，是GDP的2.5倍，其中存款类金融机构总资产占全部金融机构总资产的90%以上。金融机构资产规模的迅速扩大，充分说明了金融机构在中国资源配置中的核心作用，也是金融机构支持国民经济增长最客观、最有说服力的佐证。

金融市场已具规模。货币市场已成为中央银行实施公开市场操作的主要场所。2001年，货币市场交易量超过8.6万亿元，中央银行通过货币市场吞吐基础货币达1.7万亿元。一是证券市场快速发展。2001年底，1 100多家上市公司的股票市值达4.35万亿元。过去11年间，证券市场为企业筹集了近8 000亿元的资本金。二是黄金交易所已在上海试营业，标志着我国黄金市场进入了新的发展阶段。三是银行间外汇市场 8 年来运行正常，交易量逐步扩大，在人民币汇率生成、银行间外汇买卖和国家外汇储备增加等方面发挥着重要作用。

金融宏观调控成为我国宏观经济调控的重要手段。经过 20 多年的探索和改革，中国已实现了从金融直接调控向间接调控的转变，并总结出一套适应社会主义市场经济的金融宏观调控的成功经验。1992 年以后实施的适度从紧的货币政策，使我国经济成功地抑制了通货膨胀，实现了经济"软着陆"；1998 年以来实施的稳健货币政策，使我国克服了亚洲金融危机和"9·11"事件以来世界经济衰退对我国经济的影响，实现了持续、健康的经济增长，同时维护了人民币币值对内对外的稳定，外汇储备迅速增加，有效地防止了国际游资的冲击。

金融监管在维护我国经济安全方面的作用日益提高。1993 年以来，针对金融秩序混乱的局面，中央银行逐步加强了金融监管。党中央、国务院在 1997 年、2002 年两次召开全国金融工作会议，强调监管是重中之重，说明金融监管对维护我国金融稳定的重要作用。1997 年以来，中国人民银行加强了金融机构市场退出监管，督促商业银行规范法人治理结构，完善了信息披露制度，加强了社会监督，建立和完善了金融监管责任制，加强了对外资银行的监管，积极参与国际银行监管活动。1998 年，中国改革了金融监管体制，确立了基本适应我国国情的分业监管体制，由中国人民银行、中国证券监督管理委员会、中国保险监督管理委员会分别对银行业、证券业、保险业实行监管。

二、建立完善的金融组织体系

社会金融服务需求的多元化要求建立由具有不同金融功能的金融机构组成的金融组织体系。目前，我国初步建立起了数量众多、分工合理的以各类商业银行、证券公司和保险公司为主的金融组织体系。到今年4月底，我国全部金融机构总资产已超过22.5万亿元，其中，人民银行监管的金融机构资产为21.3万亿元，证券公司资产6 540多亿元，保险公司5 141多亿元。

在发展多样化的金融组织体系中，有一个问题需要我们认真研究：一个社会的融资结构有没有一个最优的比例关系？或者说，直接融资和间接融资有没有一个合适的比例关系？从有关国家和地区看，融资结构主要有三种模式：一是美国的证券市场主导型融资模式。2000年底，美国直接融资余额262 380亿美元，占融资总额的80%，而通过银行贷款的间接融资余额为64 139亿美元，占融资总额的20%。二是日本、中国、韩国和欧洲大陆的银行主导型模式。三是其他一些国家和地区的自我积累和非正式融资主导型模式，在这种模式中，金融市场和大银行都不重要，主要的融资方式是企业通过自留利润和其他储蓄进行自我融资、通过亲朋好友关系非正式借款以及用出口订单和其他抵押物作担保向银行借有限的款。

一国融资模式的形成受多种因素的影响。一是政府参与经济的程度。在日本和德国等国家，政府作为经济近代化、现代化的设计者、推动者，一般通过发展银行体系、限制金融市场来实现政府的产业发展目标。美国的工业化没有政府的参与，主要依赖私人自发投资，金融市场的自由化程度较高。因此，在市场化程度很高的国家，直接融资占主导地位；在政府作用比较突出的国家，银行间接融资占主导地位。二是融资成本与风险。企业通常会选择低成本的融资工具，并把融资风险控制在一定范围内。一般而言，股本融资可增加债务融资的安全性，改善公司的激励机制，而债务融资可增加股本融资的盈利性。因此，资本与负债有一个适度的比例关系。三是技术创新及其产业化程度。技术创新、新兴产业的发展需要大量的风险资本和长期资本，这是追求稳健经营、保持清偿力的银行体系所无法满足的，只能借助于资本市场。例如，英国和美国分别是 19 世纪、20 世纪世界技术创新的发源地和中心，创新产业的发展主要是通过股票市场融资的，而德国和日本主要是依靠引进技术，低风险的工业化发展促进了银行主导型融资体系的发展。

多年来，我国坚持"在间接融资为主的前提下，逐步增加直接融资的渠道和比重"的方针，同时，对不同地区实行区别对待。在西部大开发中，要通过较多注入财政性资金，加强基础设施建设，同时要通过间接融资发展有特色的加工业。在沿海地区和中西部大城市，在充分发展间接融资的同时，要扩大直接融资的渠道和比重。

（一）规范和发展各类商业银行

完善我国的金融组织体系，促进间接融资的发展，要规范和发展各类商业银行。当前重点是加快国有独资商业银行改革。多年来，国有独资商业银行在支持经济发展和维护社会稳定方面作出了重大贡献。国有独资商业银行改革和发展的目标是：按照建立现代企业制度的要求，经过五年努力，把国有独资商业银行改造成治理结构完善、运行机制健全、经营目标明确、财务状况良好、具有较强国际竞争力的经营货币的现代金融企业。当前，为了加快国有独资商业银行改革，进一步发挥国有商业银行在我国现行金融体系中的骨干作用，必须尽快解决以下几个重点问题：

一是法人治理结构问题。法人治理结构实际上是解决谁出资、谁经营、谁监管的问题。形成良好的法人治理结构，需要合理的产权结构和合理的组织结构。对把有条件的国有独资商业银行改革为国家控股的股份制商业银行已有定论，但存在国家绝对控股与相对控股之争。有的学者认为，国家相对控股，更可增加个人和其他机构投资者参股的积极性，提高国家资本的杠杆率。还有人提出，可借鉴英国20世纪70年代对重要国有产业部门私有化的经验，设置"黄金股"，即国家只控制少量股份，但在重大问题上拥有否决权。在国家如何控股问题上，有人建议组建国家控股的银行控股公司或国家银行控股公司，由国家委托上述公司对有关商业银行出资控股。

在国有独资商业银行股份制改造的模式选择上，总的看，只能在现有各家银行分支行基础上进行整体改革。但是，对此也有不同意见。不少专家认为，现有国有独资商业银行分支机构设立四至五个层次，是高度集中的计划经济管理体制的产物，不适应商业银行面向市场经营货币的需要，应在股份制改革的同时进行改革。

第一种方案是，四家国有独资商业银行分别以现在的总行、一级分行和一部分二级分行的资产负债业务为基础，成立人数较少、资产数额较大、资产质量较好的股份制商业银行，以各银行一部分二级分行、全部县支行为基础，合并成立一家由地方政府控股的、主要为地方中小企业和县域经济服务的地方股份制商业银行。中央财政提供一部分资金，冲销原来银行移交的坏账。

第二种方案是，四家国有独资商业银行分别把沿海分支行分离出去，吸收社会股本，改为总行附属银行，尽快创造条件上市。

二是消化历史累积的潜在亏损问题。在对国有独资商业银行进行股份制改造前，必须清理资产，消化历史累积的潜在亏损。解决四家银行因多年各种原因造成的数额较大的潜在亏损，要立足于商业银行自身改革，同时国家给予一定帮助，并限期完成。初步测算，中国工商银行、中国建设银行和中国银行在维持现在较低利润水平基础上，提高呆账准备金提取比例和加大呆坏账冲销力度，经过几年努力，能够全部消化历史上形成的资产损失。个别银行可能需要国家帮助再剥离一部分不良贷款。

三是关于补充资本金问题。补充资本金必须立足于压缩风险资产和自我积累，同时也要考虑各家银行的具体情况。我认为，在消除历史潜在亏损后，资本充足率在4%以上的银行，国家可不再增拨资本金，主要通过股份制改造向社会筹集资金，使其资本充足率达到8%以上；资本充足率不足4%的银行，由中央财政拨补资本金，使其达到4%后再实行股份制改革。

四是关于实行分业经营还是综合经营的问题。有一些人认为国有独资商业银行应尽快实现综合经营，第一，全球银行业已经形成综合化、全能化经营的趋势；第二，综合经营有利于商业银行拓展和完善自身功能；第三，在外国商业银行都实现综合经营的条件下，继续实行分业经营不利于增强我国商业银行的竞争力；第四，随着国内直接融资的发展，银行脱媒现象日益加剧，如果继续实行分业经营，将导致商业银行萎缩。但是，多数人认为，我国的商业银行可以扩大中间业务，但不宜直接实行对银行、证券、保险业的综合经营。同时，主张制定《金融控股公司条例》，通过金融控股公司投资成立商业银行、证券公司和保险公司，由有关金融监管机构分业监管。

五是关于建立职业银行家（总经理）队伍问题。没有一支专门的银行家（总经理）队伍，就不可能把商业银行真正办成经营货币的企业。银行家和行政官员的职责是不同的。行政官员要听从上级指挥，保持政令统一和顺利执行。银行家要遵从市场运行规律，实行独立经营，并确保资产的保值和增值。因此，办好股份制商业银行，要培养银行家，对银行家经营建立激励和约束机制。取消国有独资商业银行的行政级别，并实行相应的分配制度，建立银行家人才市场。没有依法独立经营的银行家和高级经营管理人才，就难有独立自主经营的金融企业。

（二）大力发展投资银行机构

我国资本市场具有巨大的发展潜力。目前，我国城乡居民储蓄有 8 万多亿元，约占国内生产总值的 90%，加上社会保障体系的建立和保险业的发展，我国加快发展资本市场是有条件的。发展资本市场，需要城乡居民和机构投资者投资一定数量的资本，要有完善的法规，要有合格的投资银行，要把通过行政机关进行的企业重组逐步转由投资银行进行。从资本需求看，大规模的民营化、产业兼并、企业重组和高科技产业的发展需要大量的资本，而我国持续保持 7% 左右的经济增长速度为企业资本扩张提供了机会。未来 10 年我国资本市场将获得迅速发展，预计上市公司将达到 2 000 ~ 3 000 家，股票市值将接近或超过 GDP 规模。发展资本市场，不能只看到发展股票市场，还应规范和发展各种基金、定向募集资本等。

目前，我国从事投资银行业务的机构除 100 多家证券公司之外，还有 60 多家信托投资公司和 30 多家证券投资基金。要进一步发展投资银行机构体系，同时完善和发挥投资银行功能。投资银行的业务应适当集中，并把企业的兼并重组、投资理财等作为投资银行的重要业务范围。

（三）发展保险机构

我国保险市场发展潜力巨大。1997 年，全国保费收入为 1 088 亿元，2001 年为 2 109.4 亿元，年均增长 18%。2001 年，保费收入占 GDP 的比重（保险深度）为 2.2%，人均保费（保险密度）为 168.8 元，都远远落后于世界平均水平。社会保障体制的大变革必将赋予商业保险以重要角色，保险需求的范围和规模将进一步扩大。

目前，我国保险机构体系主要由 4 家国有独资保险公司、9 家股份制保险公司、19 家外资保险营业机构以及 43 家保险代理公司、8 家保险经纪公司、3 家保险公估公司组成，远远不能适应未来我国保险市场发展的需要。发展保险机构，一是推进国有保险公司体制改革，吸收外资和社会资金入股，建立现代企业制度；二是发展再保险机构；三是进一步规范和发展保险中介市场；四是适当增加保险公司的分支机构；五是继续推进产、寿险分业经营。促进我国保险业的发展，关键是要提高保险公司对保费收入的经营管理水平。

三、发展多层次的金融市场体系

（一）完善金融市场体系

目前，我国已经建立了由货币市场、资本市场、外汇市场、保险市场和黄金市场组成的、初具规模的、协调发展的金融市场体系。2001 年，以银行间债券回购市场、同业拆借市场和商业票据贴现市场为主体的货币市场交易量达 8.6 万亿元。2001 年底，上市公司 1 100 多家，股票市值达 4.35 万亿元，约占 GDP 的 50%。保险市场的广度和深度不断扩大，近 10 年我国保费收入年均增长 23% 以上。建立了全国统一的外汇交易市场，2001 年外汇交易量达 750 亿美元。上海黄金交易所已开始试营业。

但是，我国金融市场体系还不完善。一是资本市场不发达，造成社会融资结构不合理，间接融资比例过高。1992～2001 年，企业从股票市场累计筹资 7 755 亿元，而金融机构贷款却增加了 8.6 万亿元，企业高度依赖银行贷款的状况没有改变，通过资本市场配置的资源太少。二是在债券市场中，国债市场发展较快，企业债券市场发展缓慢。三是货币市场与资本市场间的联系有待进一步规范和完善。四是金融市场的制度建设滞后，影响着金融体制功能的发挥。各金融企业之间、各金融市场之间的资金融通能力较差，资金利用率不高。因此，要进一步发展和完善多层次的金融市场体系。

（二）正确处理货币市场与资本市场之间的关系

资金在货币市场与资本市场之间自由流动是金融体制功能有效

发挥的重要条件之一。在发达市场经济国家，对资金在货币市场与资本市场之间自由流动没有任何限制，这主要是因为商业银行和工商企业都具有很强的自我约束和风险控制能力。我国的情况则大为不同，国有企业和国有金融企业的自我约束和风险控制能力较为薄弱，加上法律环境、信用环境较差和市场机制很不完善，国有企业和上市公司套取银行贷款购买股票的现象较为严重。这不仅容易助长资本市场泡沫，而且影响实体经济发展，同时还会造成商业银行新的贷款损失。但是，要区分企业借贷资金和自有资金在资本市场与货币市场之间的流动，在操作上较为困难。

发展资本市场，将城乡居民储蓄中的一部分资金通过各种方式转化为企业资本金，既是十分必要的，也是可能的。这里指的资本市场是指广义的资本市场，是指与资本有关的能把储蓄变成投资的一切市场。其中包括发展债券和股票市场，增加企业从市场筹集资本金的比例；发展私募资本金市场，鼓励企业通过定向发行股票筹集资本金。鼓励企业在境外上市，筹集资本金；逐步扩大资本市场的开放程度，增加外国投资者向我国企业的投资比例。近年来，中国人民银行已采取了一些措施支持资本市场的发展，允许符合条件的证券公司和基金公司进入银行间同业拆借市场，允许商业银行开办股票质押贷款，初步沟通和规范了货币市场与资本市场之间的联系。但是，证券公司和基金公司的资本金数额不大，资金拆借受到严格的市场准入和比例控制，货币市场与资本市场之间的联系总体上仍然是分割的。如何促进货币市场与资本市场之间的联系，并能防范各种金融风险，是一个有待深入研究的问题。有人提出建立短期证券融资公司，由短期证券融资公司吸收证券公司经营中的各种临时闲置资金和其他资金，同时将资金又调剂给有短期资金需要的证券公司。也有人研究提出，要对借有银行贷款的企业购买股票加以区别对待，应允许资产负债率较低、累计投资不超过资本的

50%的借有银行贷款的企业购买股票。这些都可以进一步探讨。我认为，进一步沟通和规范我国货币市场与资本市场之间的联系，最根本的是要推进国有金融企业和国有企业的产权改革，增强其自我约束和风险管理能力。

（三）建立国际金融中心

随着经济全球化及金融全球化的深化发展，国际金融中心的地位和作用日渐突出。建立和发展国际金融中心，可以为所在国和地区的经济发展提供强大的资金支持，更好地促进第三产业的发展，提高其在国际金融中的地位。我国作为一个具有巨大经济发展潜力的大国，应积极创造条件在我国建立国际金融中心。

小平同志 11 年前在上海视察时讲过："上海过去是金融中心，是货币自由兑换的地方，今后也要这样搞。中国在金融方面取得国际地位，首先要靠上海。那要好多年以后，但现在就要做起。"江泽民总书记在党的十四大报告中也讲道："以上海浦东开发开放为龙头，进一步开放长江沿岸城市，尽快把上海建成国际经济、金融、贸易中心之一，带动长江三角洲和整个长江流域地区经济的新飞跃。"上海具有发展成为国际金融中心的潜在条件。第一，目前上海已经成为我国国内金融中心。证券市场、期货市场、外汇市场、货币市场、保险市场和黄金市场都主要设在上海。第二，加入世界贸易组织后，上海将更好地依托长江三角洲和长江流域，把自己发展成为国际商贸中心。第三，目前大量外资金融机构都已选择上海作为开拓中国金融市场的总中心。设在上海的外资金融机构，其机构数量和总资产已分别占我国外资金融机构总数量和总资产的三分之一和二分之一。

但是，上海要成为国际金融中心还需要解决两个问题：一是我国最大的四家国有独资商业银行总部都设在北京，北京在金融管理决策、资金调度等方面的中心地位可能影响到上海国际金融中心地位的迅速形成，当然这种状况也是可以改变的。二是我国人民币资本项目收支尚未实现完全可自由兑换，人民币还不是可自由兑换货币。因此，目前上海还不具备成为国际金融中心的条件。但是，随着人民币逐步成为可兑换货币和我国经济实力的不断增强，上海必将成为重要的国际金融中心。其余一些大型城市也会成为国内不同规模的金融中心。

现在有一些人认为，内地经济强劲发展势头和上海作为中国经济贸易中心地位的迅速崛起，会威胁到香港的国际金融中心地位。我认为这种看法是片面的，上海如成为国际金融中心后，并不影响香港的国际金融中心地位。朱镕基总理说过，香港的国际金融中心地位将长期发挥作用。香港回归后，经过亚洲金融危机的洗礼，其国际金融中心地位不但没有动摇，反而得到进一步的加强。香港目前已拥有亚洲最发达的现代化金融体系、门类齐全的金融机构、规模庞大的金融市场和健全完善的金融监管制度，是一个完全开放的、以跨国银行的分支机构为主的、以境外货币资本借贷为核心的国际金融中心。中国的改革和发展、亚洲地区经济合作的加强，将为香港更好地发挥国际金融中心作用创造条件。上海在成为国际金融中心后，将与香港互补合作，共同发展。

在今后5～10年，我们期望上海朝着国际金融中心的目标继续迈进。一是不断规范并大力发展货币市场、证券市场、外汇市场和保险市场，进一步确立全国性市场地位，同时在开展远程交易业务等方面取得新突破。二是在外资银行国民待遇和审慎监管方面积累更多的经验，并积极鼓励国内外金融机构拓展各类新业务，使上海成为金融业务创新的实验地。三是在金融信息中心、金融研究中心和金融人才中心这三方面达到国际先进水平，完善国际金融中心城市的基础设施。

四、提高金融宏观调控水平

（一）货币政策在宏观调控中的地位和作用将更加突出

中国共产党十四届三中全会《关于建立社会主义市场经济体制若干问题的决定》明确提出：要转变政府职能，建立由发展计划、财政政策、货币政策构成的宏观调控体系。国家计委主要是制定国民经济和社会发展的目标任务，以及需要配套实施的经济政策；财政部主要是运用预算和税收等手段调节经济结构和进行社会再分配；中央银行主要是加强金融宏观调控，制定和实施货币政策，保持人民币币值稳定和国际收支平衡。

货币政策是一个经常性的宏观调控工具，主要是通过利率、汇率、信贷政策及公开市场操作来影响商业银行的可贷资金，促进经济结构调整，调节商业银行流动性，从而实现国民经济的内部均衡和外部均衡。近年来，社会投资的增长主要依靠增发国债和由国债投资带动的贷款。1998～2001 年，我国 50% 以上的固定资产投资依靠商业银行贷款。如果几年后积极的财政政策逐步淡出，预期货币政策的调控作用将会更加突出。因此，要总结近 16 年的货币信贷工作，提高制定和执行货币政策的水平。同时，要促进商业银行和国有企业改革，为建立和完善货币政策传导机制创造条件。

（二）货币政策的新环境和总体取向

近年来，中国人民银行认真执行稳健的货币政策，对促进经济发展发挥了重要作用。当前，继续发挥稳健的货币政策的作用、进一步加大金融对经济发展的支持力度正面临着新的环境。一方面商业银行要调整贷款投向，支持经济结构实现战略性调整；另一方面又要化解多年积累的风险，加快自身改革和发展；同时还要应对加入世界贸易组织的挑战。在此情况下，如何进一步发挥好货币政策的作用，更好地把握货币政策的方向，是我们必须认真思考和解决的重大问题。

从长期看，我国货币政策的目标仍是防止通货膨胀。这是因为，第一，我国货币存量较高。2001 年，美国、日本的广义货币量与 GDP 的比率分别是 0.79 和 1.3，而我国则达到 1.65。第二，我国政府隐性债务较高。当财政收入无力偿还这些债务时，必然通过增加货币发行来解决，这就会增加通货膨胀的压力。第三，加入世界贸易组织后，外资流入可能会大量增加。为保持出口竞争力，可能要购入大量外汇，相应会增加基础货币投放，造成通货膨胀压力。第四，我国是重要的石油进口国，国际石油价格的上升可能会带来价格冲击。第五，我国国有企业改革尚未完成，国有企业的软预算约束仍会导致通货膨胀的发生。

但从近期看，我国货币政策的主要任务还是要防止通货紧缩。这主要是考虑：第一，目前通货紧缩趋势并没有得到扭转。我国居民消费品价格总水平连续 3 个季度下降，今年 1～4 月同比下降 0.7%，企业商品指数同比已持续 10 个月下降。第二，加入世界贸易组织后，关税逐步降低，进口商品价格下降，将相应带动国内产品价格下调。第三，我国农产品简单供过于求的状况近期还难以根本改变，农产品价格会继续保持较低价位。第四，农民收入增长缓慢，城镇下岗和失业人员增多，消费需求不会有大的提高。第五，随着贸易全球化和科学技术进步，全球商品价格已出现下降的趋势。因此，未来几年，我们要继续执行稳健的货币政策，加大货币供应，创造一个较宽松的货币环境，更好地支持经济发展，并在发展中化解历史聚集的风险。

（三）灵活运用货币政策工具

今后，在运用好再贷款、再贴现、存款准备金等货币政策手段调节货币供应量的同时，要重点加强和完善公开市场操作。2001年底，各种债券余额近 4 万亿元，为扩大公开市场操作奠定了市场基础。但是，我国债券市场的发展还处于起步阶段，存在市场交易主体过于单一、交易工具较少、国债短期品种少等问题，制约了公开市场操作的调控力度。因此，要进一步发展债券市场，完善公开市场操作机制。

促进商业银行改革，提高货币政策水平，都要求尽快推进人民币利率市场化的改革。外币利率已按国际市场及时调整，人民币利率则根据国内宏观经济需要进行管理，并逐步做到按资金买卖的数量多少、时间长短、风险大小、成本高低进行定价。当前，国内外的物价水平稳中趋低，商业银行自我约束能力加强，是加快利率改革的好时机。我们将通过扩大金融机构贷款利率浮动幅度进而只规定存贷款利率浮动上下限的办法，逐步推进利率市场化，形成合理的市场利率体系。同时，提高中央银行利用基准利率调控市场利率的能力。

（四）疏通货币政策的传导机制

从近几年宏观调控的实际操作来看，货币供应量与经济增长、价格水平的关系不是很紧密。从操作层面来看，也面临不少挑战：一是货币供应量操作实际值与目标值有偏差，说明可控性有问题。例如：1998 年 M_1 实际值比目标值低 5.1 个百分点（约 1 776 亿元），1999 年又高 3.7 个百分点（约 1 441 亿元）；1998 年 M_2 实际值比目标值低 2.7 个百分点（约 2 457 亿元），2000 年又低了 1.7 个百分点（约 2 038 亿元）。二是利率与货币供应量的关系。1999 年以来，我国主要依靠利率手段调控经济。利率、公开市场操作、中央银行再贴现这些政策工具是如何影响货币供应量，或者是否直接影响经济和价格，关系不是很清楚。三是货币政策与资本市场的关系是目前一个新课题，这方面的研究还不够。四是商业银行降低不良资产的动机是否会影响货币政策的传导。

当前，执行稳健的货币政策也遇到了新的问题。一方面，货币供应总量有较多增加，商业银行资金头寸宽裕，货币市场资金供大于求，利率走低；另一方面，中小企业反映贷款难，银行反映难贷款，农民贷款难的问题也没有根本解决。产生上述现象的原因是多方面的，因而解决这个问题也需要多方面努力。从中央银行方面讲，要采取一些新措施来增加货币供应量，促进商业银行充分运用信贷资金，同时要进一步疏通货币政策传导机制。

建立和完善货币政策传导机制的关键是建立现代企业制度。一方面，要深化国有商业银行改革，督促和引导国有商业银行合理划分贷款权限，根据各地信贷合理需求编制资金运营计划，综合考核贷款的发放和收回，满足一切有市场、有效益、讲信用的企业的贷款需求；另一方面，工商企业必须进行现代企业制度改革，增加资本金，提高经营效益，增强信用意识，为增加贷款的有效需求创造条件。

五、加强金融监管

在刚刚结束的全国金融工作会议上，将金融监管确定为今后金融工作的重中之重。在今后的一段时间内，我国仍将对银行业、证券业、保险业实行分业经营、分业监管。加入世贸组织后，在华外资金融机构也应在分业经营的法律框架下从事各种业务活动。我们将按照银行业、保险业和证券业的国际监管的核心原则确定我国金融业的监管标准。今后几年金融监管工作的重点：一是加强对金融企业法人治理的监管，并对高级经营管理人员任职资格进行严格的管理。二是从 2002 年 1 月 1 日开始，对所有商业银行实行贷款质量五级分类管理办法，并参照国际通行原则建立呆账准备金提取和核销制度。三是实行审慎会计制度，强化资本充足率对金融企业经营活动的全面约束。四是建立信息披露制度。今年 6 月，四家国有独资商业银行将披露 2001 年的经营信息。五是加强银行业、证券业、保险业监管机构之间的沟通、协作，提高整体监管水平。

　　与此同时，我们还要加强在金融监管方面的国际合作。中国加入世界贸易组织后，大量外资金融机构进入中国，中国金融机构也将走出国门，因此，中国必须加强与世界各国金融监管当局之间的合作与交流，交换监管信息。此外，还应充分利用国际评级机构和会计师事务所对我国金融机构的外部监管。

　　20世纪90年代以后，科技资讯、金融创新以及金融自由化的迅速发展对金融业产生了深刻影响。1999年11月4日，美国通过了《金融服务现代化法》，标志着美国金融业由分业经营向综合经营的转变。至此，主要发达国家的金融业都转变为混业经营体制。伴随着混业经营的发展，传统的金融监管体制已不能适应金融业发展的需要，各国纷纷对金融监管制度进行变革，由一个监管机构对各类金融机构实施统一监管，如英国的金融服务监管局（FSA）、日本的金融厅和韩国的金融监督院；或由多个监管机构实施功能监管。从国际经验看，实行混业经营是金融业的发展趋势。在国有商业银行自我激励、自我约束机制建立和金融监管水平提高之后，我国金融业是否也会走上混业经营道路？如果这样，我国的监管体制应如何设计？关于这个问题，我们现在也在研究。希望理论界也参加到这一研究中来，为我国加强金融监管献计献策。

六、提高金融对外开放水平

　　（一）应对国际资本流动，推进人民币资本项目可兑换

　　当前，金融全球化趋势进一步加强，而国际资本流动是经济金融全球化的核心。20世纪90年代以来，资本流动的规模和范围日益扩大，资本流动的主要方式是债务资本、外国直接投资和证券组合投资，并且以私人资本流动为主。2000年，全球仅外国直接投资就高达12 708亿美元。近年来，由于我国经济增长强劲和对外

开放逐步扩大，流入我国的外国资本稳步增长。目前，我国利用外资已进入一个新阶段。到2001年底，外商直接投资、中资企业在境外上市筹资和我国外债合计近6 000亿美元；国家外汇储备、中资企业在境外投资和中资金融机构境外净资产合计超过3 500亿美元。加入世界贸易组织，虽然并不要求实行资本项目可兑换，但对外贸易和外商直接投资的进一步扩大，客观上会推动资本项目可兑换，同时也使资本账户管制的难度和成本加大。

有不少人认为我国目前对资本项目实行了严格的汇兑管制，资本项目是不可兑换的。这种看法是不正确的，因为资本项目是一个整体概念，由许多子项目构成。综观世界各国资本项目交易和汇兑安排，绝对的开放和自由或绝对的管制和禁止都是极为罕见的，甚至可以说是不存在的。目前，我国对与国际贸易和服务直接相关的商业信贷活动如贸易信贷、远期信用证没有限制和审批；对外国直接投资只进行真实性审核；对证券类资本交易的管理很严格，只允许境外投资者买卖境内B股，并对与此相关的资金流出入没有限制，但不得结汇，而对于其他形式的股本证券和债务证券投资及与之相关的资金汇兑和流出入均有严格的管理。

我国应对国际资本流动的汇兑管制政策是：对风险较大的证券投资、对外贷款实行严格管制，而对风险较小的外国直接投资实行宽松管理；对长期资本流动优先开放，而对于短期资本流动控制较严。为防范国际短期资本特别是投机性资本流动对我国经济金融的冲击，我们禁止外国资本投资于以人民币标价的证券资产，这是近期我国开放资本项目的底线。当然，我们要根据实际情况稳步推进人民币资本项目可兑换，研究通过合格的境内机构投资者（QDII）和合格的境外机构投资者（QFII）投资于境内外资本市场的措施，并在具备条件时实行。从国际经验看，日本在资本项目开放过程中曾走过这一步。

（二）关于改进人民币汇率形成机制问题

1994 年，我国开始实行以市场为基础的有管理的人民币浮动汇率制度，保持了人民币汇率的长期稳定，促进了我国经济金融的稳健发展。由于实行强制结售汇的外汇管理，人民币汇率缺乏足够的弹性，实质上相当于钉住美元的固定汇率制度。这种状况有利有弊，总体看还是利大于弊。随着国内外形势的变化，特别是在加入世界贸易组织后，我国国际收支变化加大，上述人民币汇率形成机制的弊端可能会增加。一是当中国和欧美发达国家的经济周期不一致，尤其是两种货币的利差较大时，我国货币政策操作的难度将增加；二是当我国贸易出口竞争国的汇率大幅波动时，不利于发挥人民币汇率机制的调节作用；三是不利于培育金融机构和企业的汇率风险意识和促进资本市场的发展。国际货币基金组织建议中国实行人民币对几种主要货币的浮动汇率制度。但是，也有经济学家，如哥伦比亚大学教授、诺贝尔经济学奖获得者蒙代尔认为，目前中国汇率制度符合中国国情，没有必要进行改革。

中国作为一个发展中国家，目前没有完全开放资本项目，利率也未市场化，外汇储备不断增加，宜实行比较稳定的汇率制度。在国际贸易结算和外汇储备中，美元占 60% 左右，人民币汇率在较大程度上与美元相联系，也符合市场规律。但是，我们也应看到我国资本市场的逐步开放和贸易多元化的发展趋势，在改进人民币汇率的形成机制时，要逐步增加人民币与几种主要货币的联系，使人民币汇率更具弹性。目前，对外贸易保持顺差，利用外资显著增长，国际收支形势总体良好，国家外汇储备继续增加，是完善人民币汇率形成机制的好时机。

（三）推进人民币有限制的可兑换

人民币可兑换比人民币资本项目可兑换的范围更为广泛、要求更高。资本项目可兑换是指取消对国际收支资本和金融账户下各项交易的外汇管制，但仍保留对有关项目收支的登记或真实性审核。货币可兑换是指一国居民不受限制地按照市场汇率自由地将本币与他国货币相互兑换，没有真实性审核。资本项目可兑换是货币可兑换的重要内容，也是迈向货币可兑换的重要一步。

1993 年 11 月，我国提出要逐步使人民币成为可兑换的货币。近年来，人民币在我国港澳地区实际已普遍流通，在周边国家的边境地区已流通，在世界许多发达国家已有兑换点。根据中国人民银行调查推算，2001 年底，人民币现金在我国港澳地区和周边接壤国家的滞留量约为 180 亿元，比 1998 年增加了 2 倍多。实行人民币可兑换，要有较强的国力、完善而健康的金融体系和灵活的利率汇率制度。在短期内，我国人民币还不可能实现可兑换。

为了推进人民币可兑换，我国要加快发展国力，深化金融体制改革。同时，推进人民币在我国港澳地区和周边国家边境地区有条件的可兑换，为人民币可兑换积累管理经验。近期将重点研究允许香港地区金融机构开办个人人民币存款业务及相关问题、周边国家边境地区的边贸企业和商业银行自愿选择各种货币计价结算等有关政策。

（四）促进亚洲货币合作

目前，中国、日本、韩国和东盟一些国家、地区的外汇储备已达 1 万亿美元，约占全球外汇储备的一半。亚洲国家维护金融稳定，不能依赖不断增加的外汇储备，还要积极开展亚洲货币合作。这也符合中国的长远利益。中国正在和东盟十国商谈十年内建立自由贸易区。日本也要建立与东盟十国的自由贸易区。还有人建议建立中日韩自由贸易区。总之，加强亚洲地区贸易和金融的合作已成为亚洲各国和地区的普遍要求。我们应以积极态度推进亚洲货币合作。一些学者认为，推进亚洲货币合作，应当循序渐进。第一步是推进货币互换，第二步是成立亚洲清算银行或亚洲货币基金，第三步是建立亚元。各方面普遍认为，现在没有条件走出第二步、第三步，当前应当努力完善货币互换合作。我国将认真推进中国与东盟十国的金融合作，积极参加中日韩和东盟十国的货币互换，深入研究推进亚洲货币合作的各种建议。

学习邓小平金融论述
办好《金融时报》

（2002 年 4 月 29 日）

5 月 1 日是邓小平同志为《金融时报》题写报名及《金融时报》创刊十五周年的日子。今天，我们在这里召开座谈会，缅怀小平同志这位世纪伟人对金融事业的关怀，进一步学习和领会他的一系列重要金融理论，回顾总结《金融时报》十五年的发展历程。借此机会，我代表中共中国人民银行党委向报社的全体员工表示热烈的祝贺，向十五年来始终关心和支持《金融时报》工作的领导和同志们表示衷心的感谢。下面，我讲三个问题。

一、认真学习和贯彻小平同志有关金融工作的重要论述，进一步增强做好金融工作的责任感、使命感

邓小平同志有关金融工作的重要论述是邓小平理论的重要组成

注：《金融时报》创刊于 1987 年 5 月 1 日，是由中国人民银行和金融机构联合创办的一张全国性、综合性的经济类报纸。2002 年 5 月 1 日，《金融时报》召开座谈会，纪念邓小平同志为《金融时报》题写报名及《金融时报》创刊十五周年，缅怀小平同志这位世纪伟人对金融事业的关怀，回顾总结《金融时报》十五年的发展历程。此文根据戴相龙同志在座谈会上的讲话录音整理而成。

部分。他对金融问题的一系列精辟论述，为金融工作指明了方向，具有深远的历史意义和重大的现实意义。1986 年 12 月，小平同志指出，"金融改革的步子要迈大一些。要把银行真正办成银行。我们过去的银行是货币发行公司，是金库，不是真正的银行"。"借外债要适度"。"对金融问题，我们知识不足，可以聘请外国专家做顾问嘛"。1991 年在视察上海时指出，"金融很重要，是现代经济的核心。金融搞好了，一着棋活，全盘皆活"。他还说，"上海过去是金融中心，是货币自由兑换的地方，今后也要这样搞。中国在金融方面取得国际地位，首先要靠上海。那要好多年以后，但现在就要做起"。1992 年他提出，"证券、股市，这些东西究竟好不好，有没有危险，是不是资本主义独有的东西，社会主义能不能用？允许看，但要坚决地试"，并将改革开放后我国发行的第一张股票，即上海飞乐音响公司股票赠送给来访的美国纽约证券交易所董事长。小平同志的重要论述涉及金融企业改革、金融市场发展、保持国际收支平衡以及培养金融人才等一系列重要理论和政策。正是在小平同志有关金融理论的指引下，我们国家的经济建设和改革开放才取得了举世瞩目的成就，金融业得到了长足发展，在国民经济和社会生活中发挥着越来越大的作用。2001 年底，我国金融机构总资产为 21.8 万亿元，国家外汇储备达到 2 121.65 亿美元。这些事实充分证明了小平同志的英明论断。

小平同志有关金融工作的论述，最为精辟的一句名言是"金融是现代经济的核心"，对此我们要认真学习，深刻领会。今年 2 月，江泽民总书记在全国金融工作会议上，从三个方面进一步阐述和发展了这一重要论述，指出金融在资源配置中发挥着核心作用，是调节宏观经济的重要杠杆，是国家经济安全的核心。金融包括金融企业、金融市场、金融监管、金融调控、金融开放、金融技术。学习江总书记讲话后，我进一步体会到，小平同志讲的"金融是现代经济的核心"中的"金融",不单纯是指金融业的某些要素,而是由这些要素组成的金融体制及其运行所发挥的作用。

今年2月,中共中央、国务院召开全国金融工作会议,制定了《中共中央、国务院关于进一步加强金融监管,深化金融企业改革,促进金融业健康发展的若干意见》,明确提出了"十五"期间金融工作的指导方针、主要任务和政策措施。我们一定要以邓小平理论及其"金融是现代经济的核心"的重要论断为指导,认真贯彻江泽民同志"三个代表"重要思想,进一步加快国有商业银行改革,发展金融市场,加强金融监管,改善金融宏观调控,提高金融开放水平,维护国家金融安全,促进国民经济持续快速健康发展。

二、充分认识金融宣传的重要性,积极主动做好金融宣传工作

党中央、国务院领导同志对金融宣传十分重视,江泽民总书记亲自布置编写《领导干部金融知识读本》,了解编写进度,并作序和题写书名。朱镕基总理在兼任中国人民银行行长期间,曾召集中央主要新闻单位,专门研究和座谈金融宣传工作,要求金融报刊一定要做好舆论引导工作,旗帜鲜明、满腔热情地支持改革;要具有准确性、严肃性和通俗性。我们要把领导同志对金融宣传工作的重视、关心和要求落实到工作中去,充分认识金融宣传的重要性。

加强金融宣传是中央银行工作重要的组成部分,是我们应尽的义务。金融是现代经济的核心,是社会各界关注的焦点。加强金融宣传,及时披露金融政策和信息,有利于全社会了解党和政府的金融方针政策,了解中央银行的货币政策导向,从而为中央银行履行职责和商业银行改革发展创造良好的舆论环境。

加强金融宣传有利于国内外资金供应方选择合理的投资方式,也有利于资金需求方通过金融中介取得资金,使资金和其他生产要

素及时有效结合，形成新的生产力。从这个角度讲，金融宣传是促进生产力发展的重要力量。

加强金融宣传是普及金融法规和金融知识、增强社会公众金融风险意识的客观需要。我国长期实行计划经济，人们缺乏应有的金融知识，信用风险意识比较淡薄。随着我国金融业的发展和改革开放的不断扩大，金融风险也会增加。加强金融法规和知识的宣传，有利于建立良好的金融秩序，维护存款人和投资人的权益和国家的金融安全。

做好金融宣传工作，必须正确把握当前金融宣传的重点和特点。当前，要特别注意宣传党中央、国务院有关我国金融业改革和发展的方针政策和国家法规，反映我国金融企业、金融市场、金融调控、金融监管、金融开放工作的主要成绩及存在的问题，激励金融系统广大干部职工的改革和创新精神，努力提高国有金融企业的竞争能力。金融宣传工作的政策性、导向性很强。金融方针政策不是一个部门、一个行业的政策，而是国家的重要宏观经济金融政策。金融政策代表和反映政府或中央银行的立场、观点，是我们向社会发出的重要金融信息，具有很强的引导作用，在政策宣传时，必须准确、鲜明，必须坚持正确的舆论导向。同时，要注意把握金融宣传的时机，注重宣传效果。要用通俗的语言，面向大众，做好宣传工作。

三、进一步办好《金融时报》，为金融改革和发展创造良好的舆论环境

十五年来，《金融时报》遵循"立足金融，面向经济；通过金融，反映经济"的办报方针，在宣传党和国家的金融方针和政策、宣传中国金融业改革与发展的巨大成就、普及金融知识等方面发挥了积极的作用。《金融时报》伴随我国金融事业的发展不断成长，报纸的容量不断扩大，真实、客观地记载了我国金融事业的发展轨迹和许多重要事件，培养和造就了一批高素质的记者队伍，发表了一些有影响的稿件，并逐步形成了自己的特点。

《金融时报》的发展得到各董事单位的关心和支持，也得到了人民银行历任领导的支持。慕华同志亲自倡导创办了这张报纸。人民银行许多老领导、现任领导都曾任报社的董事长。我与《金融时报》有很长时间的工作关系。1987 年这张报纸创刊的时候，我就是报社董事会的董事，当时我在中国农业银行工作，我曾向记者介绍银行支持农村经济发展的情况。到人民银行后我也一度分管过报社。对这张报纸，我很有感情。几年来，我曾多次作出专门批示，衷心希望这张报纸越办越好。

刚才，报社作了工作汇报，总结了十五年来的经验，明确了下一步的工作。我完全赞成，希望报社党委进一步统一思想，统一认识，扎实工作，发奋图强，狠抓落实。这里，我提几点希望和要求：

第一，认清形势。当前，世界多极化和经济全球化正在向纵深发展，我国经济金融发展正在进入新的发展阶段。"十五"期间是我国金融发展史上的关键时期，金融业既要支持国民经济实现经济结构的战略性调整，也要深化自身改革，化解历史形成的各种风险，提高与外资金融机构竞争的能力。报社全体工作人员要认清形势，明确任务，一定要把《金融时报》办好。

办好《金融时报》有许多有利条件。这张报纸与金融系统有着密切的联系，金融事业的蓬勃发展为它提供了良好的发展空间。但是也要看到，媒体竞争日趋激烈，特别是随着金融透明度的日益提高，《金融时报》的相对优势在逐步缩小。另外，金融信息供求关系也在发生变化，买方市场正在形成，读者对金融信息需求愈来愈大，客观上对报纸的整体水平提出了更高的要求。报社党委必须正视当前的新情况，既要看到优势，也要看到不足；既要纵向比，也要横向比；既要同国内同业比，也要与国际上一些好的报业相比，不能坐井观天。只有找准存在的差距，才能有紧迫感、危机感，才能下大力气把报纸办好。

第二，明确目标。《金融时报》是党和国家在金融领域的重要舆论阵地之一，必须坚定不移地为执行国家宏观金融政策服务，为各监管部门依法履行监管职能服务，为金融改革开放服务，为广大存款人、投资人和读者服务。要在正确认识当前面临形势的基础上，研究制定今后一段时期报社发展的指导思想、目标和措施。不仅要有采编业务发展规划，还要有经营管理、员工培训和发展、后勤保障等方面的综合规划。经过共同努力，争取把《金融时报》办成全国一流的报纸。

第三，加强管理。要严格执行中央有关宣传规定以及人民银行和各监管部门的要求，严肃宣传纪律，把好政治关、导向关、政策关。进一步完善理事会制度，尽快将董事会改组为理事会，加强理事会对重大问题的监督。要定期召开理事会，在研究报社改革发展中的重大问题时，要充分听取理事单位意见；要适应金融业发展的需要，有计划地选择新的理事单位。加强内部管理，完善约束和激励机制。加强领导班子建设和队伍建设，努力提高队伍素质，形成强大的工作合力。要积极探索适合现代媒体发展的新的经营管理方式，开发新的读者群和盈利增长点，增强发展后劲。

第四，提高质量。要提高报纸的政策性和理论性，增加宏观经济及宏观金融的分析和预测，对重大经济金融政策和措施的报道不能只停留在发布的层面上，要从理论上进行深入浅出的阐释。要提高报纸的综合性，不能仅仅就金融论金融，就银行谈银行，要联系产业、财政、国际收支和企业进行报道。要有效拓宽国际金融信息资源，关注国际金融市场的变化，要具有前瞻性和开放性。要注重报纸的实用性，注意吸收和报道货币市场、资本市场、外汇市场、房地产市场动态，为读者提供多方面的信息服务。要进一步增加知识含量，向读者传播金融知识和新的金融理念，提高全民族的金融意识。要加强日常策划和评报，促进报纸质量的不断提高。

人民银行将继续为《金融时报》的发展创造良好的条件。希望有关部门、各金融机构特别是理事单位，继续关心和支持报社的工作。大家共同努力，把《金融时报》办得更好。

建立我国反洗钱工作新机制

（2002 年 9 月 5 日）

今天，我们召开反洗钱工作会议，邀请各政策性银行、商业银行的主要负责同志参加，主要任务是进一步讨论修改《金融机构反洗钱规定》、《支付交易报告管理办法》、《金融机构大额和可疑外汇资金报告暂行规定》和《关于加强银行反洗钱工作的通知》四个文件，全面研究部署我国银行业的反洗钱工作。以我国现行法律为依据，借鉴发达国家和地区的反洗钱经验，制定较为完善的金融机构反洗钱法规，对于我国深入有效地开展反洗钱工作，从根本上打击洗钱犯罪活动，必将产生重要的推动作用。下面，我就加强我国银行业反洗钱工作讲几点意见。

一、充分认识做好反洗钱工作的重要性和紧迫性

我国政府十分重视反洗钱工作。1997 年修订后的《中华人民

注：1997 年 10 月 1 日，我国正式实施的新刑法对"洗钱罪"正式定性。2001 年 9 月，中国人民银行成立了反洗钱工作领导小组，负责统一领导、部署我国银行业的反洗钱工作。2002 年 7 月，人民银行成立了反洗钱工作机构，2002 年 9 月 5 日，中国人民银行专门召开了反洗钱工作会议。本文根据戴相龙同志在这次会议上的讲话录音整理而成。

共和国刑法》已将涉及毒品犯罪、黑社会性质的有组织犯罪、走私犯罪和恐怖组织犯罪的洗钱行为定为刑事犯罪。近年来，我国洗钱犯罪活动日益猖獗，洗钱形式日益多样化，如网络洗钱、赌博、地下钱庄、空壳公司等，并且洗钱犯罪活动越来越国际化，对经济发展、金融安全和社会稳定产生了极为有害的影响。

（一）反洗钱是维护我国经济秩序和金融安全的迫切需要

目前，我国国内洗钱特别是跨境洗钱犯罪活动已具有相当规模。根据世界银行估计，20世纪80年代以来，我国资金外流总额达800亿美元至1 000亿美元，扣除经国家批准的150亿美元对外投资，实际外流资金约在500亿美元至850亿美元之间，其中有相当部分是洗钱资金。

洗钱犯罪与经济犯罪、刑事犯罪有着千丝万缕的联系。因为这些"黑钱"主要来自贪污、受贿、诈骗、侵占国有资产、贩毒、走私、骗税、偷税等犯罪活动。例如，远华集团赖昌星走私案洗钱和成克杰经济犯罪案洗钱涉及人民币数额巨大。洗钱犯罪活动主要是利用银行体系进行的，严重损害了银行的声誉，并且许多经济犯罪和刑事犯罪是以银行为目标的。与洗钱相关的经济犯罪和刑事犯罪对我国经济发展、金融安全和社会稳定造成了严重危害，而洗钱犯罪活动实际上掩盖了这些犯罪行为，并进一步助长了这些经济犯罪和刑事犯罪。洗钱犯罪活动给我国的财政税收造成很大损失。反洗钱能有效地限制犯罪分子使用非法获得的钱财的能力，因而是我国打击经济犯罪和刑事犯罪关键而有效的一环，是维护我国经济秩序和金融安全以及廉政建设的迫切需要。

（二）反洗钱是我国银行参与国际竞争的重要条件

银行作为支付结算的枢纽，是资金流动的重要通道。通过银行支付结算短期内转移巨额资金，并使之从形式上合法化，是洗钱犯罪分子的首要选择。随着经济全球化和金融全球化的进一步深化发展，银行中介作用的范围不断扩大，为国际洗钱犯罪活动提供了可乘之机，洗钱犯罪活动也越来越全球化，增加了各国打击洗钱犯罪活动的难度。由于银行在反洗钱信息采集和情报交换中起着核心作用，因而无论从国内还是全球角度来看，银行都始终处在反洗钱斗争的最前沿，一些国际组织和发达国家要求各国银行积极配合国际反洗钱斗争，并作为进入国际金融市场的重要条件。

我国已于 2001 年 12 月 11 日正式加入世界贸易组织。加入世界贸易组织，不仅是按照有关承诺向外资金融机构开放国内金融市场，而且更重要的是我国银行要积极开拓国际金融市场。一些国际组织非常关注中国反洗钱工作进展情况，一些国家将我国银行业的反洗钱情况作为市场准入的必要条件，并将我国驻外金融机构的反洗钱工作作为监管重点。2001 年以来，中国人民银行配合国家有关部门与美国国务院、财政部进行了十余次有关反洗钱、反恐怖融资会谈；特别是去年上海 APEC 会议以后，中美双方进行了两次双边金融反恐磋商；反洗钱金融行动特别工作组（FATF）也数次派人与我国商谈反洗钱问题；同时，联合国安理会、反洗钱金融行动特别工作组等多次要求我国对国内银行业"40＋8"条建议执行情况进行评估；今年国际货币基金组织也要求把我国银行业反洗钱的开展情况列为一项重要报告内容。因此，反洗钱工作开展得如何，对提高我国银行业声誉，参与国际银行业竞争，促进银行业健康发展，在国际上树立我国是一个负责任的大国的良好形象，均具有十分重要的意义。

（三）反洗钱是国际社会面临的长期共同任务

近年来，随着毒品犯罪、黑社会性质的有组织犯罪、恐怖活动犯罪和走私犯罪的大量增加，国际洗钱犯罪活动日益猖獗。据国际货币基金组织估计，全球每年洗钱总额相当于世界国内生产总值的 2% 至 5%。据联合国估计，在一些发展中国家，每年被合法化的非法收入为 10 亿美元到 20 亿美元；在一些发达国家，每年洗钱高达 1 000 亿美元；在一些国际金融中心，每年有 3 000 亿美元到 5 000 亿美元的"黑钱"被合法化。

为了遏制和打击洗钱犯罪活动，国际上大多数发达国家和发展中国家都制定了专门的反洗钱法律，建立了专门的反洗钱机制。由于发达国家的反洗钱机制较为完善，国际洗钱犯罪活动的目标已重点转向发展中国家，特别是开放的新兴市场经济国家。国际洗钱犯罪活动已经成为无边界的全球化犯罪活动，增加了各国打击洗钱犯罪活动的难度，对国际金融体系的稳定与安全构成了越来越大的危胁。因此，反洗钱是国际社会面临的长期共同任务。

国际社会普遍要求制定全球或地区性规则，建立打击跨国洗钱犯罪的合作机制。在 2000 年 5 月举行的西方七国财长会上和 7 月举行的西方七国首脑会议上，一致强调通过国际合作打击跨国犯罪，特别是洗钱犯罪；在 2000 年下半年举行的欧盟财长会、亚太经合组织财长会、亚欧财长会和二十国集团财长会上，与会的财长们也强烈呼吁国际社会加强反洗钱合作。"9·11"恐怖袭击事件后，联合国安理会也迅速通过了第 1373 号决议，要求将以任何手段直接或间接为恐怖组织提供或筹集资金的行为定为犯罪，并禁止为协助、资助和参与恐怖行为的组织人员提供任何资金和金融资产及有关服务，冻结切断其资金来源，以达到削弱和打击恐怖组织的犯罪活动的目的。与此同时，国际上和一些地区性反洗钱组织也相继成立，其中最有影响力的是反洗钱金融行动特别工作组及其发布的"四十条建议"。该组织还将反洗钱开展不力和不与国际社会合作的国家（地区）列入"黑名单"，并不定期地进行调整。

这表明，反洗钱犯罪、反恐怖融资已成为打击经济、刑事犯罪，维护全球经济金融安全的迫切需要。打击日益严重的国内洗钱犯罪活动和不断向我国渗透的国际洗钱组织，是我们当前和今后相当长时期的一项重要任务。

二、我国银行业反洗钱工作取得重大进展

近年来，人民银行根据新刑法对洗钱犯罪的规定，结合我国银行业的实际情况，着手从立法、组织机构和金融监督等方面建立反洗钱机制，一些商业银行也加强了内部反洗钱工作，在构建银行业反洗钱机制方面取得了重大进展，并使我国银行业的反洗钱工作逐步向纵深发展。

一是颁布实施了一系列有关反洗钱的法规。中国人民银行和国家外汇管理局先后出台了《银行账户管理办法》、《境外外汇账户管理办法》、《关于大额现金支付管理的通知》、《大额现金支付登记备案规定》等文件和法规，并实行了存款实名制。这些法规、规章和制度的建立，使我国银行业的反洗钱工作更加有章可循、有法可依。一些商业银行也根据这些法规和规章，结合本行实际情况，制定了本系统的反洗钱规章、制度和办法。

二是组建了反洗钱组织机构。根据国务院领导和中央政法委的要求，为加强对银行业反洗钱工作的组织领导，2001 年 9 月，中国人民银行成立了反洗钱工作领导小组，负责统一领导、部署我国银行业的反洗钱工作，审批银行业反洗钱工作的对外合作交流项目，研究制定银行系统的反洗钱战略、规划和政策，协调解决反洗钱工作中的重大问题，协助司法部门调查涉嫌洗钱案件。一年来，人民银行反洗钱领导小组做了大量工作，有力地推动了银行反洗钱的深入进行。今年 7 月，人民银行成立了反洗钱工作处、支付交易监测处，分别设在保卫局、支付结算管理办公室，专门负责人民银行反洗钱的具体工作。中国银行、中国工商银行、中国农业银行、招商银行也先后建立了相应的反洗钱机构，负责本系统的反洗钱工作。

三是积极认真履行反洗钱国际义务。近年来，人民银行积极开展反洗钱的国际交流与合作，借鉴国际经验，致力于建立有中国特色的银行业反洗钱机制。在中央外交方针、政策的指引下，人民银行先后与包括反洗钱金融行动特别工作组在内的 5 个有关反洗钱、反恐怖融资代表团进行了磋商，并在我国加入反洗钱金融行动特别工作组、亚太反洗钱小组（APG）等反洗钱国际组织等问题上取得了一定进展。美国"9·11"事件以后，根据联合国 1373 号决议和美国政府的请求，为配合打击恐怖主义和制止为恐怖主义组织融资，人民银行先后向全国银行系统转发了涉嫌恐怖组织和个人的银行资金账户名单，要求对其密切关注、认真核查，并将情况及时通报联合国和美方。我国积极认真履行反洗钱国际义务的行动，受到国际反恐怖和反洗钱组织的高度赞扬，树立了在反恐怖融资、反洗钱方面负责任大国的良好形象。

三、制定法规，加强领导，明确措施，深入开展反洗钱工作

建立我国反洗钱机制是一个涉及多个部门合作的系统工程，中央银行和金融机构在这个系统中具有举足轻重的地位和作用。我们力争在 2003 年初步建立起有中国特色的银行业反洗钱体系，使我国银行业反洗钱工作步入规范化、法制化的轨道。当然，建立反洗钱机制需要增加金融机构的投入，但并不直接创造利润，甚至有可能减少存款。金融机构必须超越自身利益和短期利益，服从于国家和社会的长远利益，把反洗钱工作推向深入。

（一）认真抓好银行业反洗钱法规制度建设

制定银行业反洗钱法规是建立银行业反洗钱机制的一项重要的基础性工作。目前，我国还没有一部专门的反洗钱法律，也没有专门的法规制度要求金融机构承担对可疑支付交易信息进行收集、分析和报告的义务，这对我国深入开展反洗钱工作、加强反洗钱领域

国际合作以及制定银行业反洗钱法规带来了一定的困难。人民银行正在制定中的《金融机构反洗钱规定》、《支付交易报告管理办法》、《金融机构大额和可疑外汇资金报告暂行规定》和《关于加强银行反洗钱工作的通知》，就是要明确金融机构反洗钱的责任和义务，规范金融机构的经营行为，为我国银行业深入开展反洗钱工作和参与国际反洗钱合作乃至更为广泛的双边和多边经济与金融合作提供法律基础。因此，大家要充分认识制定银行业反洗钱法规的重要意义，深入讨论修改，使我国银行业反洗钱法规具有可行性、有效性和前瞻性。

这次讨论修改的《金融机构反洗钱规定》、《支付交易报告管理办法》、《金融机构大额和可疑外汇资金报告暂行规定》、《关于加强银行反洗钱工作的通知》，将是指导和规范我国银行业反洗钱工作的法律依据，各行必须认真贯彻执行。同时，各行要对照这些文件和规定研究分析本系统反洗钱工作现状，找出薄弱环节，逐步建立本系统反洗钱工作的规章制度和操作规程，根据"了解你的客户的原则"，当前要重点规范开立银行账户审查、大额和可疑资金监控和报告等业务流程。拥有海外分支机构的银行，其海外分支机构要遵守当地反洗钱方面的法律规定。

（二）积极开展反洗钱教育和员工培训

反洗钱工作在我国银行系统起步较晚，对于不少同志来说还较陌生，各银行机构要有计划地组织对员工进行反洗钱教育和培训。教育的重点要放在国际国内反洗钱形势、洗钱的危害性、金融业在反洗钱体系中所处地位和作用等方面，以增强广大员工做好反洗钱工作的使命感和责任感。培训的重点要放在抓好反洗钱工作监管者和一线员工上。鉴于目前沟通渠道较多，各银行可以通过国际国内和其他有关机构在反洗钱方面的合作项目进行培训，也可以邀请有关反洗钱方面的法律专家、学者、海外分支机构人员做讲座。要确保通过培训使银行广大员工真正掌握有关反洗钱操作程序、可疑资金的识别和分析、遇情处理等知识，熟悉有关反洗钱方面的规定、反洗钱操作规程以及发现和处理可疑交易的措施办法，切实有效地防范洗钱犯罪在银行发生，保障金融资产的安全。

（三）加强反洗钱金融交易的分析监测报告，最大限度地遏制和打击洗钱犯罪活动

反洗钱工作的基础是，采取多种方式及时采集、分析和报告可疑金融交易信息。中国人民银行已经成立了专职内设机构，承担着对银行系统可疑金融交易信息的采集与分析的职责。对于来自于各家银行日常对可疑金融交易的报告内容，这次会议讨论的相关文件均作了详尽规定，有关银行要认真执行。

我在这里强调的是，遏制和打击洗钱犯罪活动，需要银行之间及银行与司法机关的密切配合。为保障金融的稳定，维护国家利益，中国人民银行公布有关支付交易报告制度后，各银行机构要按照有关要求，及时向人民银行报送有关可疑支付交易信息。对涉嫌洗钱犯罪的，在报告人民银行的同时报告公安机关，并积极配合人民银行和有关司法部门对可疑资金和洗钱活动进行调查。

（四）逐步建立完善反洗钱信息沟通机制，预防和控制洗钱犯罪

随着经济全球化的发展和银行支付结算手段的不断提高，反洗钱信息掌握的程度如何，成为反洗钱工作成败的一个重要环节。因此，各银行一定要重视反洗钱信息沟通机制的建设，按照预防为主的原则，把防范洗钱的窗口前移。同时，中国人民银行将逐步建立与国内银行及国际反洗钱组织的沟通磋商机制，搜集整理国际国内反洗钱信息动态，指导各银行机构反洗钱工作的开展。各银行反洗钱领导小组也要建立反洗钱信息的沟通机制，并指派一名专职反洗钱联络员，专司与人民银行反洗钱领导小组办公室的联络事宜。

（五）切实加强对反洗钱工作的领导

根据这次会议精神，各家银行要召开一次反洗钱工作会议，认真分析国际国内反洗钱面临的形势，要从保障我国经济安全和金融安全的战略高度来重视反洗钱工作，提高我国银行业的经营管理水平和竞争力。一是要把反洗钱工作列为各级行党委的议事日程，结合国际反洗钱组织相关要求和反洗钱工作实际现状，研究制订反洗钱工作方案。二是要加强对反洗钱工作的领导，建立反洗钱责任制，明确反洗钱工作职责，把银行的反洗钱工作作为一项重要的检查考核内容，"一把手"要对本系统反洗钱工作负全责，逐步建立健全我国银行业反洗钱内部管理机制。三是要抓好反洗钱组织机构建设，人民银行各分行、省会（首府）城市中心支行，各政策性银行、商业银行的总行、省级分支机构，要在 2002 年底前成立反洗钱工作领导小组，明确具体的办事机构，专门负责本系统、本单位反洗钱、反恐怖融资犯罪活动的工作。

这次会议非常重要，对于全面启动我国银行业的反洗钱工作，维护我国经济安全和金融安全，提升我国在反洗钱方面负责任大国的良好形象，都具有极为重要的意义。请大家认真讨论修改好有关文件，并希望各行按照即将下发的有关文件精神，根据本行的实际情况认真研究部署，贯彻落实好反洗钱工作的各项政策措施。

金融支持再就业

（2002 年 9 月 13 日）

就业和再就业，事关国计民生和社会稳定。党中央、国务院一直十分重视再就业工作。江泽民总书记、朱镕基总理、吴邦国副总理在这次全国再就业工作会议上的重要讲话，明确了全国再就业工作的方针、政策和主要任务。中国人民银行党委将认真学习和贯彻中央领导同志的讲话精神，按照党中央、国务院的统一部署，确保金融企业做好支持再就业工作。

一、近年来金融支持再就业工作的主要措施

近年来，金融企业始终把支持再就业工作放在突出位置，抓紧抓好。主要做了三件事，一是支持中小企业发展，扩大对再就业职工的安置能力；二是支持国有企业政策性破产，优先安置好下岗职工，依法保护金融债权；三是积极推动对下岗职工发放的小额贷款。

注：2002 年 9 月 12 日至 13 日，中共中央、国务院在北京召开了全国再就业工作会议，明确了全国再就业工作的方针、政策和主要任务。戴相龙同志就金融业如何支持再就业工作问题作了书面发言。此文根据戴相龙同志的书面发言材料整理而成。

（一）支持中小企业扩大对再就业职工的安置能力

中小企业是提供就业机会的主体。90 年代以来，中小企业为城镇劳动力提供了 75％ 的就业机会。促进中小企业健康发展，扩大中小企业吸纳再就业的能力，就为下岗职工的再就业创造了条件。

一是加强政策引导。1998 年以来，人民银行先后下发了三个指导性文件。1998 年下发了《关于进一步改善中小企业金融服务的意见》，1999 年下发了《关于加强和改进对小企业金融服务的指导意见》，今年 8 月又下发了《关于进一步加强对有市场、有效益、有信用的中小企业信贷支持的指导意见》，提出了建立健全中小企业信贷服务的组织体系、建立和完善适合中小企业特点的评级和授信制度、健全贷款营销的约束和激励机制等十个方面的政策意见。这些政策措施从健全机构、改进管理、提高服务、完善制度等各个方面，支持了中小企业发展。

二是发挥利率调节作用。中小企业特别是众多小型企业，贷款笔数多、数量少、管理成本高、风险比较大。为调动商业银行发放小型企业贷款的积极性，自 1998 年以来，人民银行先后两次扩大了中小企业贷款的利率浮动幅度，使金融机构在利率管理上具有更多的自主权，促使其增加对中小企业贷款，更好地支持了中小企业的发展。中小企业虽然增加了一些利息支出，但减少了民间借贷，扩大了生产经营，也从中获得了更多收益。同时，多次通过指导商业银行下调内部利率，调节商业银行内部资金调拨，重点用于支持中小企业。

三是给予再贷款、再贴现支持。中小金融机构的主要服务对象是中小企业，支持中小金融机构发展，就间接地支持了中小企业发展。2000 年，人民银行增加对中小金融机构再贷款 200 亿元，增加再贴现 500 多亿元。再贷款、再贴现的增加，有力地促进了中小金融机构对中小企业的支持。

总体看，各商业银行对中小企业贷款不断增加，金融服务有所改善。4家国有独资商业银行都设有专门的中小企业信贷部门；股份制商业银行、城市商业银行、城市信用社积极完善经营机制，找准市场定位，重点发展中小企业客户。统计结果显示，1999年、2000年、2001年中小企业贷款分别为3.9万亿元、4.1万亿元、4.4万亿元，今年上半年为4.5万亿元。3年来，中小企业贷款占全部贷款的比重基本保持在50%以上的水平。根据中国农业银行的统计，该行中小企业贷款占全部贷款的比重达到了75%。

（二）支持国有企业政策性破产，企业的有效资产优先安排下岗职工

国有企业政策性破产，安置下岗职工是关键，事关安定团结和社会稳定。国有企业破产，债权人主要是银行。破产企业有效资产变现，优先用于安置职工，这是债权银行对破产企业职工安排生活和再就业的有效支持。根据有关法规，人民银行与国务院有关部门积极配合，做了大量工作，促进了企业兼并破产工作的顺利进行。1997年至2002年8月底，核销银行呆坏账准备金和金融资产管理公司债权2 664亿元，共支持兼并破产项目5 864户。通过几年的努力，共支持破产企业安排下岗分流人员约430万人，大多数下岗职工得到了妥善安置，对维护社会稳定和职工再就业起到了积极作用。

（三）积极推动发放下岗职工自谋职业小额贷款

发放小额贷款是支持下岗职工自谋职业的重要措施。下岗职工从事个体经济，或者兴办经济实体，只要符合国家要求，金融机构都可以发放小额贷款。今年7月，人民银行沈阳分行率先在辽宁省推广下岗职工小额贷款，并制定了《再就业专项小额贷款管理办法》。目前，上海、北京、天津、重庆、成都等地的商业银行都制

定了专门的贷款办法，建立了创业贷款中心，专门为再就业者提供"一条龙"服务。实践证明，小额贷款对支持下岗职工再就业发挥了一定作用。例如，天津市商业银行与天津市妇联合作，累计发放城市妇女创业小额贷款546万元，支持了1 319名下岗女工的再就业。

二、进一步做好金融支持再就业工作

做好就业和再就业工作是实践"三个代表"重要思想的体现。我们在农村开展的小额信贷已经充分证明了这一点。到2002年7月底，全国农村信用社各项存款比年初增加1 480亿元，各项贷款比年初增加1 750亿元，同比多增加440亿元。农村信贷在支持农民开展多种经营、开拓就业门路方面发挥了重要作用。各金融企业将认真按照党中央、国务院的统一部署，在思想上高度重视再就业工作，狠抓落实，努力做好金融支持城市居民再就业工作。

（一）进一步完善和推广小额担保贷款，支持下岗职工自谋职业

及时、方便地发放小额担保贷款是支持下岗职工再就业的有效方式。人民银行党委经过认真研究，在总结经验的基础上，正与有关部门共同制定和发布《关于下岗失业人员小额担保贷款的实施意见》，进一步推广小额担保贷款，支持再就业工作。

实施意见提出，第一，具备一定条件的下岗失业人员，经过社区推荐、就业服务机构审查以及贷款担保机构承诺担保后，即可就地向商业银行申请和获得小额担保贷款。第二，贷款用途可以是自谋职业、自主创业或合伙经营等的开办经费和流动资金，额度一般在2万元左右，也可适当扩大。第三，小额担保贷款利率将按照中国人民银行公布的利率水平确定，对从事微利项目的，中央财政据实贴息。

（二）进一步改进中小企业金融服务，拓宽再就业渠道

支持中小企业发展是当前金融部门信贷工作的重点，是做好再就业工作的关键。当前重点要做好三件事，一是贯彻已有政策，二是加强贷款营销，三是强化信用意识。

贯彻已有政策，重在落实。人民银行已经下发的三个指导性意见，针对性强，社会各界反映较好。当务之急是抓落实。人民银行将进一步引导商业银行切实贯彻各项政策措施，进一步支持有市场、有效益、有信用的中小企业发展，尽量满足这部分中小企业合理的资金需求。

加强贷款营销，重点是完善激励和约束机制。商业银行应树立营销意识，积极推行小额贷款"三包一挂钩"营销方式。"三包"是指信贷人员要包放、包收、包管理，"一挂钩"是指贷款本金和利息收回要与信贷人员的收益挂钩。在确定分支行和信贷人员贷款发放权限、建立贷款责任制等方面，要充分考虑有利于增加对中小企业的贷款。

强化信用意识，核心是建立信用登记和咨询制度。市场经济是信用经济，规范有序的市场经济需要建立有效调动社会资源和规范交易行为的信用制度。人民银行与商业银行、工商行政管理等部门密切配合，广泛收集中小企业信用信息，逐步健全企业贷款信息登记和咨询系统，为商业银行对有信用的企业发放信用贷款、扩大授信额度创造条件。中小企业也要努力提高信用意识，创立和维护企业自身的良好信用。同时，建议有关部门进一步建立和完善中小企业申请贷款担保服务体系。

（三）继续做好企业兼并破产工作，支持妥善安置下岗职工

今后几年，还有近 3 000 户国有大中型企业和资源枯竭矿山需要退出市场，涉及金融企业债权近 3 000 亿元，需要安置 500 多万职工。对此，人民银行和金融企业十分重视，将严格执行国务院有

关规定，认真参与企业兼并破产计划的编制与审查，组织债权金融企业审查企业兼并破产项目，支持和协助做好破产企业职工安置和再就业工作。

当前，就业形势依然严峻，下岗职工再就业难度很大。为确保社会稳定、深化改革、促进发展，中国人民银行和金融企业将在党中央、国务院的领导下，努力实践"三个代表"重要思想，认真贯彻落实全国再就业工作政策精神，扎实工作，开拓创新，更好地做好金融企业支持再就业的各项工作，以优异成绩迎接党的十六大的胜利召开。

中国金融业十年发展新成就

（2002 年 9 月 16 日）

　　小平同志 1991 年在上海视察时指出，"金融很重要，是现代经济的核心"。在今年 2 月召开的全国金融工作会议上，江泽民总书记指出，金融在市场配置资源中起着核心作用，金融是调节宏观经济的重要杠杆，金融安全是国家经济安全的核心。这个重要讲话进一步深刻阐述和发展了金融是现代经济核心的重要思想。由金融企业、金融市场、金融调控、金融监管、金融开放等各个环节组成的金融体制及其有效运行，使金融在现代经济运行中发挥着核心作用。发挥金融在建设有中国特色社会主义市场经济中的核心作用，需要有稳定的货币、分工合理的金融企业，高效运行的金融市场、健全的金融宏观调控、稳健的金融开放机制以及与金融业发展水平相适应的金融监管体制。

　　十三届四中全会以来，以江泽民同志为核心的党的第三代领导

　　注：从 2002 年 8 月开始，中共中央宣传部组织了"十三届四中全会以来我国改革和发展成就系列报告"，国家有关部门负责人分别作了专题报告，党、政、军有关部门和北京市委、市政府派人听了报告会。2002 年 9 月 16 日，戴相龙同志作了"中国金融业十年发展新成就"的专题报告。此文根据戴相龙同志的讲话录音整理而成。

集体高度重视金融工作，高瞻远瞩，果断决策，明确了我国金融体制改革目标，及时、正确地制定和实施了金融业改革和发展的方针和政策。1993年中央下发《关于当前经济情况和加强宏观调控的意见》（中发〔1993〕6号），针对经济过热和经济金融秩序混乱的状况，采取了16条加强经济金融宏观调控的有力措施。十四届三中全会通过的《关于建立社会主义市场经济体制若干问题的决定》，进一步明确了金融体制改革和发展的目标。1997年11月，在亚洲爆发金融危机的严峻形势下，中央及时召开全国金融工作会议，就深化金融改革、整顿金融秩序、防范金融风险作出部署。1999年1月，中央专门举办了省部级领导干部金融研究班，极大地提高了各级领导干部的金融业务知识和金融工作领导水平。2002年2月，在我国开始实施现代化建设第三步战略部署和加入世界贸易组织的新形势下，党中央、国务院再次召开全国金融工作会议，进一步明确了"十五"期间金融工作的指导方针、主要任务和政策措施。这些重大决策确保了我国的金融事业始终朝着正确方向不断前进。

十三届四中全会以来的十三年，是我国金融业发展最快、最好的时期。经过十多年的努力，我国基本建立了与社会主义市场经济体制相适应的新的金融体制，金融组织体系、市场体系、调控监管体系进一步完善。金融在加强宏观调控、治理通货膨胀、防止通货紧缩、促进经济发展和维护社会稳定方面发挥了重大作用，金融业改革和发展取得了辉煌成就。

一、金融组织体系逐步健全，有力支持了经济持续快速健康发展

货币包括流通中现金、企业存款和居民储蓄存款等。到2002年6月，我国全部货币供应量约为16万亿元。国家的宏观金融政策，不仅要使货币供应量适当增加，保持币值对内对外稳定，而且要设立商业银行、证券投资公司、保险公司，分别经营和管理货币，使社会资金资源与生产要素合理配置，进一步发展生产力。

建立功能齐全、分工合理、公平竞争的金融机构体系是金融在现代经济中发挥核心作用的最重要的微观基础。按照中央《关于建立社会主义市场经济体制若干问题的决定》要求，目前，我国已初步建立起以各类商业银行、证券公司和保险公司为主体的比较健全和完善的金融组织体系。到今年 6 月底，我国全部金融机构总资产已达 23.2 万亿元，其中，人民银行监管的金融机构资产为 22 万亿元、占 95%，证券业总资产为 6 510 亿元、占 3%，保险业总资产为 5 600 亿元、占 2%。

（一）银行组织体系进一步健全

在现代经济中，商业银行的功能主要是吸收存款，发放流动资金贷款，提供支付结算，创造货币。1979～1984 年，我国先后恢复和组建了 4 家国有专业银行。1994 年又组建了 3 家政策性银行，专门承担为政策性项目提供资金的职能，相应地，国有专业银行转变为国有独资商业银行。按照 1997 年全国金融工作会议关于把国有银行办成真正的商业银行的要求，国有独资商业银行加快改革步伐，完善管理体制和经营机制，强化统一法人制度，撤并分支机构，精简人员，取得了明显成效。1998～2001 年，国有独资商业银行共撤并境内分支机构 4.5 万个，净裁减人员 24 万人；2001年，4 家国有独资商业银行实现利润 230 亿元，同时消化历史财务包袱 617 亿元。

为更好地支持广大中小企业，促进银行业适度竞争，我国还陆续增设和重组了 10 家全国性股份制商业银行。在整顿规范的基础上，将 2 200 多家城市信用社组建成 109 家城市商业银行。农村信用社与农业银行脱钩，深化了农村信用社改革，组建了 3 家农村商业银行，3 万多家农村信用社及其县市联社已成为农村金融服务的主力军，支持"三农"作用日益突出。引进了外资金融机构，促进了我国金融业的改革和发展。

十多年来，我国银行业努力改进金融服务，大力支持经济改革、开放和发展，贷款总量持续增长，结构明显改善，周转速度进一步加快，质量逐步提高。到 2001 年底，我国银行境内本外币各项贷款余额 11.2 万亿元，比 1990 年增加 10.2 万亿元，年均增长 19.4%。1998 年到 2001 年共发放与国债项目配套的基本建设和技术改造贷款 6 083 亿元，增加居民住房消费贷款 5 598 亿元。2002 年上半年，新增贷款 8 683 亿元，其中国有银行占 49%，非国有银行占 51%。据调查推算，到 2002 年 6 月，对国有及国有控股以外经济的贷款，已占商业银行全部贷款的 63%。

（二）证券类金融机构在规范中发展

证券类金融机构的主要职能是提供筹集长期资本的服务。按照中央"逐步增加直接融资的渠道和比重"的方针，我国证券类金融机构快速发展，管理逐步规范。到 2002 年 6 月底，我国共有证券公司 109 家，基金管理公司 15 家，基金净资产规模已超过 1 000 亿元。我国资本市场发展潜力巨大，证券类金融机构发展空间广阔。今后要进一步完善和发挥证券类金融机构的功能，大力发展以证券投资基金为主体的机构投资者，增加新的基金品种，扩大业务范围。

（三）保险机构体系不断完善

分散风险、削减损失，为社会再生产各环节提供经济保障，是保险的基本职能。20 世纪 90 年代以来，保险业改革步伐进一步加快。完成了财产险、人寿险和再保险业务的分离，各类保险机构进一步健全。到 2002 年 6 月，我国已有国有独资保险公司 5 家、股份制保险公司 15 家、中外合资保险公司 19 家和外国保险分公司

14 家，同时成立了一批保险经纪、保险代理和保险公估等保险中介机构。随着社会保障体制的变革，保险需求的范围和规模将不断扩大，商业保险的作用将逐步增强，各类保险机构将进一步加快发展。

二、金融市场日趋完善，社会资金配置和使用效率稳步提高

金融市场是资金供求双方进行交易的场所。金融市场的基本功能是集中和分配货币资金，调剂资金余缺，促进储蓄向投资转化，通过市场竞争形成市场利率、汇率、费率，引导生产要素流动，促进资源合理配置。有了健全有效的金融市场，中央银行才能更好地实施货币政策，及时调节货币供应量。1993 年，中央《关于建立社会主义市场经济体制若干问题的决定》提出，发展和完善以银行融资为主的金融市场。1997 年全国金融工作会议提出，建立与社会主义市场经济相适应的金融市场体系。按照中央要求，我国的金融市场建设取得了可喜成就。

（一）建立了较完善的货币市场

货币市场是短期资金交易的场所，主要包括同业拆借市场、银行间债券市场、票据市场和外汇市场。

1993 年上半年，我国金融秩序一度混乱，出现了乱拆借等违规行为。按照中央 6 号文件精神，人民银行加强了对同业拆借市场的管理。1996 年 1 月建立全国统一的同业拆借市场，并第一次形成了全国统一的同业拆借市场利率（CHIBOR），同业拆借业务从此走上了正轨，同业拆借市场交易量逐年扩大。到今年 6 月末，已累计成交 3.4 万亿元。同业拆借市场已成为金融机构管理头寸的主要场所。

1997 年 6 月，我国建立了银行间债券市场，允许商业银行等金融机构进行国债和政策性金融债的回购和现券买卖。目前银行间

债券市场已成为发展最快、规模最大的资金市场,并成为中央银行公开市场操作的重要平台。到今年6月末,债券回购累计交易量达10.7万亿元。

1994年4月,我国在上海建立了全国统一的银行间外汇市场,将原来分散的外汇交易集中统一起来,为成功进行外汇管理体制改革,形成单一的、有管理的人民币汇率体制奠定了重要的市场基础。八年多来,银行间外汇市场的效率不断提高,成交规模不断扩大,到今年6月末,已累计成交各币种折合4 782.4亿美元。

经国务院批准,我国黄金交易所已在上海设立,正在筹备正式开业。

(二)资本市场在规范中发展

资本市场是一年以上长期资金交易的场所。在发展我国资本市场的问题上,有一个认识逐步深化的过程。十多年前,邓小平同志曾坚定地提出在我国试办证券、股票市场。针对证券市场发展过程中遇到的问题,江泽民总书记在有关批示中指出:实行社会主义市场经济,必然会有证券市场。建立发展健康、秩序良好、运行安全的证券市场,对优化我国资源配置、调整经济结构、筹集更多的社会资金、促进国民经济的发展具有重要作用。

1990年10月和1991年7月,上海证券交易所和深圳证券交易所先后成立,经过12年的改革和发展,我国证券市场初具规模,市场功能日益完善。到今年8月底,中国境内上市公司已达1 197家,市价总值4.65万亿元,流通市值1.53万亿元。1991年以来,证券市场已在境内外累计筹集资金8 270亿元。证券市场在改革投融资体制、促进产业结构调整、推动企业转换经营机制、降低企业资产负债率、完善企业法人治理结构等方面发挥了非常重要的作用。到2001年底,国有及国有控股企业资产负债率为65%(不包括土地),比1995年下降了1个百分点。上市公司是我国优秀企业的代表。证券市场已经成为国民经济发展的重要推动力量。

（三）保险市场的深度和广度不断扩大

我国保险市场快速发展，保险业务品种日益丰富，保险业务范围逐步扩大，保费收入较快增长。1989年底，全国保费收入142.4亿元，2001年为2 109.4亿元，年均增长25.2%。2001年，我国保险机构对价值19.3万亿元的财产进行了保险。全年保费收入占GDP的比重（保险深度）为2.2%，同比增加0.4个百分点；人均保费收入（保险密度）168.8元，同比增加41.1元；保险公司支付赔款和给付保险金598.3亿元，同比增加70.9亿元。商业保险已成为我国社会保障体系的一个重要组成部分。保险市场的发展在保障经济、稳定社会、造福人民等方面发挥了重要作用。

三、金融宏观调控水平明显提高，人民币币值稳定

金融宏观调控的主要功能是实现总供给与总需求的基本平衡，促进国民经济均衡增长。在党的十四届三中全会上，江泽民总书记指出，强化中央银行的货币调控和监督职能是金融体制的重大改革。这次会议通过的《关于建立社会主义市场经济体制若干问题的决定》也提出，要转变政府职能，建立由发展计划、财政政策、货币政策构成的宏观调控体系。其中，中央银行主要是加强金融宏观调控，制定和实施货币政策，保持人民币币值稳定和国际收支平衡。经过十几年的努力，我国金融宏观调控水平明显提高，人民币币值对内对外保持稳定。

（一）金融宏观调控实现了由直接控制向间接调控的根本性转变

货币政策是中央银行运用货币政策工具，调节货币供求以实现宏观经济调控目标的方针和策略的总称，是国家宏观经济政策的重要组成部分。我国货币政策的最终目标是保持人民币币值稳定，并

以此促进经济增长。

　　长期以来，我国一直依靠对国家银行贷款规模实行指令性计划管理来调控货币供应量。为实施产业、区域发展政策，不仅规定贷款总量，而且规定各类贷款的限额。为适应多种金融机构和多种融资渠道出现的新局面，1998 年，我国取消了对国有银行实行了几十年的贷款规模控制，转而更多运用利率、公开市场操作、调整存款准备金比例、再贷款、再贴现等间接货币政策工具调控货币供应量，实现了金融宏观调控方式从直接控制向间接调控的重要转变，使货币供应更适应市场经济的变化。全国货币供应量，1989 年底为 1.3 万亿元，2001 年底为 15.8 万亿元，年均增长 23%。适当的货币供应，促进了国民经济持续快速健康发展。

　　（二）实行适度从紧的货币政策，成功治理了通货膨胀

　　从 1993 年开始，我国零售物价、消费物价等指标涨幅居高不下，出现了严重的通货膨胀，1994 年 10 月，零售物价指数高达 21.7%。1993 年 6 月中央下发 6 号文件，采取了 16 条措施治理通货膨胀，抑制经济过热发展。金融部门按照中央的要求，实行适度从紧的货币政策，先后两次上调金融机构存贷款利率，有效调节了货币供应量。同时，"堵邪门，开正道"，在总量从紧的原则下，运用信贷政策引导资金投向，确保国有企业、重点建设和农业的合理资金需要，增加了有效供给。适度从紧的货币政策收到明显成效，通货膨胀得到有效控制，国民经济成功实现了"软着陆"。1996 年，零售物价涨幅降到 6.1%，经济增长率逐步回落到 9.7%，实现了宏观调控的预期目标。

　　（三）实行稳健的货币政策，有效防止了通货紧缩趋势

　　1997 年下半年，特别是亚洲金融危机爆发后，我国经济增长放慢，投资和消费增长趋缓，出口大幅回落，市场有效需求不足，物价连续负增长。针对这种状况，党中央、国务院及时采取了扩大

内需的方针，在实行积极的财政政策的同时，实行稳健的货币政策，防止和克服通货紧缩。

在货币政策方面，没有相应提出实行积极的或扩张的货币政策，而是实行稳健的货币政策，有以下原因：一是因为我国货币供应存量和增量已经过多。如果过分扩张货币供给，就会激化潜在的金融风险，不利于宏观金融稳健运行。二是我国企业特别是国有企业负债率过高，贷款有效需求不足。如果采取过分扩张的货币政策，盲目增加贷款，势必造成新的呆坏账，加大化解金融风险的压力。三是造成我国物价连续下跌的主要原因是经济结构失衡，而不是货币供应不足。实践证明，实行稳健的货币政策符合现阶段我国国情，是一项正确的宏观决策。

稳健的货币政策不是消极的货币政策，包括下列积极措施：一是适当增加货币供应量，加大对经济发展的支持力度。1997 年到 2001 年，广义货币供应量 M_2 年均增长 14.8%，狭义货币供应量 M_1 年均增长 14.5%。2002 年 7 月底，M_2 余额为 17.1 万亿元，同比增长 14.4%；M_1 余额为 6.4 万亿元，同比增长 17%。货币供应量的增长幅度比同期经济增长与物价增长之和高出 5 个多百分点。二是通过中央银行的政策法规和"窗口指导"，引导商业银行的贷款投向，提高信贷资金的使用效益。1997 年至 2001 年的 5 年中，全部金融机构贷款增加了 6 万亿元。重点加大了对农业、中小企业、科技、教育等方面的信贷支持，开办了农户小额信用贷款和居民住房、助学等消费信贷。三是维护人民币汇率稳定。四是疏通货币政策传导机制。

通过综合运用包括稳健的货币政策在内的各种宏观经济政策，我国经济摆脱了亚洲金融危机的不利影响，克服了 2001 年美、日、欧三大经济体经济同时下滑对我国经济发展的负面冲击，宏观经济走上良性运转轨道。1998 ~ 2001 年，国内生产总值分别增长

7.8%、7.1%、8.0% 和 7.3%，消费物价水平涨幅分别为
−0.8%、−1.4%、0.4% 和 0.7%。今年以来，我国经济继续保持
稳定发展态势，上半年国内生产总值增长 7.8%。从目前的形势
看，为巩固我国经济发展的良好态势，今后几年仍要继续实行稳健
的货币政策，加大金融对经济发展的支持力度。

（四）改革了利率管理体制，稳步推进了利率市场化

利率是资金的价格，是国家金融宏观调控的一个重要杠杆。
1993 年，中国人民银行先后两次提高存贷款利率，对抑制当时的
通货膨胀发挥了重要作用。1996 年以来，针对我国宏观经济调控
已取得显著成效、市场物价明显回落的情况，中国人民银行又适时
先后 8 次降低存贷款利率，对减少企业特别是国有大中型企业的利
息支出、促进经济的平稳发展产生了积极影响。

根据中央"逐步形成以中央银行利率为基础的市场利率体系"
的决定，近年来我国利率市场化改革已迈出重要步伐。目前，全国
银行间同业拆借利率、国债回购利率、票据贴现利率已由市场决
定，外币利率已按国际市场及时调整，城市金融机构已把对中小企
业贷款利率的上浮幅度扩大到 30%，农村信用社贷款利率上浮幅
度已扩大到 50%，农村信用社的存款利率浮动已在全国 8 个县
（市）进行试点。中央银行买卖债券已对货币市场利率产生了重大
影响。利率正在逐步成为调节货币供应和经济发展的重要杠杆。

四、金融监管工作明显加强，金融体系稳健运行

党中央高度重视金融监管工作。在 1997 年召开的全国金融工
作会议上，江泽民总书记就强调指出，必须强化金融法治和金融监
管，依法整顿和维护金融秩序，把一切金融活动纳入规范化、法治
化轨道。在今年初召开的全国金融工作会议上，他再次强调必须把
加强金融监管作为金融工作的重中之重。

十三届四中全会以来，随着金融改革的深入和经济金融环境的变化，我国的金融监管工作明显加强，促进了金融秩序的明显好转，稳妥地化解了少数金融机构的风险，初步建立了符合中国国情的金融监管体制，金融体系平稳运行。

（一）金融监管法规体系逐步健全

完善的法规是金融机构从事业务经营活动的保障，又是对其实行有效监管的标准和依据。目前，我国已初步形成了以《中国人民银行法》、《证券法》和《保险法》等金融法律为核心，金融行政法规、金融规章和金融规范性文件相配套，多层次的金融监管法律体系框架。

（二）金融市场秩序明显好转

1993 年开始，整顿了金融领域出现的乱放款、乱拆借、乱提高利率（即金融"三乱"）等违规行为，严肃了金融纪律。1995 年，对证券回购业务进行了清理规范，证券回购债务余额由 1995 年 8 月的 700 亿元下降到目前的 80 亿元左右。1996 年，又对金融机构进行了"四项清理"工作。

1997 年亚洲金融危机爆发后，党中央、国务院对进一步加强金融监管、整顿金融秩序、防范和化解金融风险作出了战略部署，成立若干专题工作小组对银行账外账、违规经营、非法股票和期货交易以及金融"三乱"等进行了清理整顿。4 年多来，整顿银行账外违规经营，处理有关责任人 5 200 多人；查处各类非法集资案件 4 000 多件，涉及金额 500 多亿元，已清退 150 多亿元；大力整顿证券和期货市场，目前全国 41 个非法股票交易所已全部关闭，期货交易所从 14 家撤并为 3 家，期货交易品种由 35 个压缩到 12 个；严厉查处了保险公司以高手续费、高返还、低费率等各种方式进行的不正当竞争行为，打击了地下保险中介活动。通过清理整顿，扭转了金融秩序一度混乱的局面，为金融改革和经济发展创造了良好的外部条件。

（三）多年积累的金融风险正逐步化解

一是国有独资商业银行不良贷款持续下降。长期以来，国有独资商业银行为支持国民经济发展、改进对企业和居民的服务、增加中央财政收入作出了重要贡献。但是，由于多方面原因，国有独资商业银行也积累了不少风险，最主要的是不良贷款比例比较高。针对上述问题，我国采取综合措施降低不良贷款，化解金融风险。1994 年对商业银行开始实行以风险管理为核心的资产负债比例管理，并建立了不良贷款的认定和考核制度。1995 年 6 月召开全国银行经营管理工作会议，确定了商业银行按照效益性、安全性和流动性的原则开展经营活动。1998 年发行了 2 700 亿元特别国债，补充国有独资商业银行资本金。1999 年组建 4 家金融资产管理公司，专门收购从四家国有独资商业银行剥离出的近 1.3 万亿元不良资产。同时，按照"经济、合理、精简、高效"的原则，对国有独资商业银行的分支机构进行了精简。2002 年开始，实行贷款质量五级分类制度、审慎会计制度和经营信息公开披露制度。

这些措施取得了明显成效。从 2000 年开始，我国 4 家国有独资商业银行不良贷款首次出现了增幅下降，2000 年第四季度开始出现了净下降。2001 年底，四家国有独资商业银行不良贷款余额和比例首次出现双下降，分别下降 907 亿元和 3.81 个百分点。今年以来，四家国有独资商业银行不良贷款余额和比例继续保持双下降势头，同口径比较，6 月底，不良贷款余额比年初下降 369 亿元，不良贷款比率为 23.39%，比年初下降 1.96 个百分点。"十五"期间，四家国有独资商业银行不良贷款比率有望实现每年下降 2 至 3 个百分点的目标。

二是非银行金融机构高风险状况得到有效控制。信托投资公司曾经是我国发展最快的非银行金融机构之一，但在经营过程中由于采取了高价融资再高价放出的方式，大量资金投资于房地产，也积累了严重的金融风险。从 1999 年开始，我国对信托投资公司进行全面整顿。全国原有信托投资公司 239 家，到 2002 年 8 月底，已完成整顿 144 家，其中整顿后拟保留的 80 家公司中，37 家已完成批复重新登记工作，全行业高风险状况基本上得到了有效控制。在清产核资的基础上，通过采取组建城市商业银行、紧急救助、改制、收购兼并等方式，分类处置了 3 000 多个城市信用社的风险。对资不抵债农村信用社进行了综合整改，初步控制了农村信用社的风险。

三是依法撤销了一批严重违规、不能支付到期债务的金融机构。1995 年 10 月，中国人民银行依法对中银信托投资公司实施接管，此后我国又先后关闭了海南发展银行、中国农业信托投资公司等数十家银行和非银行金融机构，对汕头市商业银行和 480 家城市信用社实施了停业整顿，对其中的 75 家城市信用社实施了关闭，对全国 28 588 个农村合作基金会进行了清理撤并。同时，为保护存款人特别是自然人的合法权益，由中央向地方政府安排专项借款，全额偿还了自然人的合法债务本息和外债。这些措施有效化解了金融业可能出现的系统性风险，保护了存款人利益，维护了金融和社会稳定。

（四）与国情相适应的金融监管体制基本确立

为适应银行业、证券业、保险业分业经营、分业监管的要求，1992 年，中国证券监督管理委员会成立，专门负责对证券业的监管。1998 年，中国保险监督管理委员会成立，专门负责对保险业的监管；同时，中国人民银行管理体制进行了重大改革，撤销了 32 家省分行，跨省区设立了 9 家分行和北京、重庆两个营业管理部。建立了人民银行、证监会、保监会联席会议制度，加强了监管机构之间的合作。这一监管体制和运行机制适应了我国现阶段金融业发展的要求，提高了金融监管的专业化水平。

总体上看，我国金融业处于安全稳健运行状态，具体表现在：一是经济持续增长。1993~2001年年均经济增长9.4%，今年上半年增长7.8%。二是人民币币值稳定，消费物价指数保持在低水平上。1994年以来，人民币对美元名义汇率升值5%，剔除通货膨胀因素，对美元升值44%。三是外汇储备稳步上升，外汇储备水平相当于当年10个月的进口付汇。四是外债管理的各项指标均远远低于国际公认的警戒线。目前登记外债为1 700亿美元，其中政府外债占29%，其余为中外资金融机构和企业的债务。五是股票市场在规范中发展。六是金融机构不良贷款比率稳步下降。综合分析，我国金融业在改革中平稳发展，不存在金融危机。

五、金融对外开放逐步扩大，我国在国际金融事务中的地位明显提高

江泽民总书记在联合国千年首脑会议分组讨论会上指出：经济全球化是随同社会生产力发展而产生的一种客观趋势。经济全球化趋势正在给全球经济、政治和社会生活等诸多方面带来深刻影响，既有机遇，也有挑战。在经济全球化的进程中，各国的地位和处境是很不相同的，在发达国家尽享全球化"红利"的同时，广大发展中国家却仍饱受贫穷落后之苦，这不仅不利于全球经济的健康发展，也给一些国家的社会稳定、地区乃至世界的和平带来威胁。我们需要世界各国"共赢"、平等、公平、共存的经济全球化。在经济全球化进程中趋利避害、促进人类的共同发展的关键，在于建立公正合理的国际经济新秩序。江总书记的重要讲话是我们认识、分析经济金融全球化的指南。

在金融开放过程中，我国实行"循序渐进、趋利避害"的原则，逐步参与经济金融全球化进程，基本上做到了既避免了金融全球化的风险，又获得了金融全球化的利益，成为参与经济金融全球化受益较多的发展中国家。

（一）积极稳妥地引进了外资金融机构

我国金融业的对外开放大体经历了三个发展阶段。第一阶段，1979年开始，允许外资银行在我国设立代表处。第二阶段，1981年开始，批准设立外资营业性金融机构。第三阶段，允许外资银行办理人民币业务的试点。

到2002年6月末，我国境内外资银行营业性机构181家，其中，外资银行分行147家，外资银行总资产372亿美元，外资银行发放的外汇贷款占我国境内金融机构全部外汇贷款的20%；中外合资保险公司和外资保险分公司33家，在上海和广州，以保费收入计，外资保险的市场份额已分别升至17%和8%。外资金融机构已成为我国金融体系的重要组成部分。与此同时，我国金融机构也积极走向国际金融市场。到2001年底，中资金融机构在境外共设立分行（含代表处）90多家，境外机构资产总额1 227亿美元。

2001年12月11日，我国正式加入世界贸易组织。在加入世界贸易组织的协议中，根据银行业、保险业、证券业现有的对外开放程度、承受能力和未来发展趋势，我国慎重作出了这三个行业对外开放的有关承诺。到2006年12月，外资银行可享受国民待遇。如果说过去是改革促进了开放，而加入世界贸易组织后开放将大大促进改革。我们必须在五年过渡期中加快改革，使国有金融企业具备和外国金融企业竞争的基本能力。

（二）稳步推进了人民币可兑换

1993年11月，中共中央十四届三中全会通过的《关于建立社会主义市场经济体制若干问题的决定》提出，要逐步使人民币成为可兑换的货币。实现包括经常项目下和资本项目下在内的人民币完全可兑换，是我国建立社会主义市场经济体制的重要组成部分，也是我国经济实力增强的表现。

1994 年以前，人民币完全不能自由兑换，所有用汇都必须经过行政部门审批。1994 年，取消了经常项目对外付汇的大部分汇兑限制，实现了人民币经常项目有条件可兑换；1996 年 12 月，顺利实现了人民币经常项目完全可兑换，提前达到了国际货币基金组织协定的有关要求。

在资本项目方面，我国也实现了部分可兑换。国际货币基金组织确定的 43 项资本项目交易，我国已完全可兑换的项目有 4 项，占 9.3%；基本可兑换（经登记或核准）的项目有 8 项，占 18.6%；有严格限制的项目有 16 项，占 37.2%；完全禁止的项目有 15 项，占 34.9%，其中主要是禁止外资购买用人民币标价的证券资产，目的是为了防范国际短期资本特别是投机性资本流动对我国经济金融的冲击。整体上看，我国资本项目的开放程度已达到了较高水平。

当前，我国利用外资已进入一个新阶段，即大量引进外资进入中国的同时，国内外币投资于境外的数量也不断增加。到 2001 年底，外商直接投资、中资企业在境外上市筹资和借入外债合计为 5 568 亿美元；国家外汇储备、我国对境外直接投资和中资金融机构境外资产等合计 4 191 亿美元。与此同时，人民币币值长期稳定，地位空前提高。人民币在我国港澳地区实际已普遍流通，在周边国家的边境地区已成为硬通货，在许多发达国家的机场、车站等也有兑换点。

（三）改革了外汇管理体制，成功实现了人民币汇率并轨，保持了人民币汇率稳定

改革开放前，人民币汇率由国家确定和调整。1979 年，我国对出口企业实行外汇留成制度，允许留成的外汇相互调剂，按调剂汇率交易，官方汇率与调剂市场汇率两种汇率并存。1994 年，中

央决定对外汇管理体制进行重大改革，实行银行结售汇制度，将人民币官方汇率与调剂市场汇率并轨，建立以市场供求为基础的、单一的、有管理的浮动汇率制度。1996 年 6 月，将外商投资企业纳入银行结售汇体系。1997 年 10 月，允许符合条件的中资企业开立外汇账户，进一步完善了银行结售汇制度。

近十年来，我国国际收支一直保持良好态势，人民币汇率稳定，国家外汇储备稳步增加。1986 年 1 美元兑换 2.8 元人民币，1994 年汇率并轨时为 1 美元兑换 8.7 元人民币，8 年内名义汇率贬值了 2 倍。到 2002 年初，人民币兑美元的名义汇率与 8 年前相比，累计升值 5%。人民币汇率的长期稳定提高了我国人民币的地位，促进了改革开放。尤其是在亚洲金融危机期间，面对亚洲一些国家和地区出现的金融危机和国际金融市场的动荡，中央采取高度负责任的态度，保持人民币不贬值，为维护亚洲金融稳定作出了贡献，受到国际社会的普遍赞誉。到今年 8 月底，我国外汇储备已达 2 530.9 亿美元，较 1989 年末的 55.5 亿美元增加了近 45 倍，比 1993 年末的 212 亿美元增加了近 11 倍。

目前，我国没有完全开放资本项目，利率也未市场化，外汇储备不断增加。因此，我国宜实行比较稳定的汇率制度。同时，针对我国资本市场的逐步开放和贸易多元化的发展趋势，我们也要在保持人民币汇率基本稳定的基础上，按照中央的有关要求，完善人民币汇率形成机制，使人民币汇率更具弹性。

（四）扩大了国际金融交流和合作

加强国际多边金融交流与合作是我国金融对外开放的重要组成部分。目前，我国已成为国际货币基金组织、世界银行、亚洲开发银行、非洲开发银行、国际清算银行、加勒比开发银行、亚太中央银行行长会议等国际和地区金融组织的重要成员。在国际货币基金组织的份额为 63.69 亿特别提款权（约合 84.12 亿美元），从原来的第 11 位提高到了第 8 位。在亚洲开发银行的份额仅次于日、美而居第 3 位。

在亚洲金融危机中，人民币汇率不贬值，并通过国际货币基金组织，以不同的方式向有关国家提供了 40 多亿美元的资金支持，为促进亚洲金融稳定发挥了重大作用。

同时，为推动亚洲地区的经贸合作，增强人民币的国际地位，我国加强了在亚洲地区的货币合作。目前东盟及中日韩（"10 + 3"）合作机制发展势头良好。在《清迈协议》下，中国人民银行已与泰国银行、日本银行、韩国银行分别签署了 20 亿美元的美元/泰铢、30 亿美元的人民币/日元、20 亿美元的人民币/韩圆，共计 70 亿美元的双边货币互换协议。与马来西亚和菲律宾的双边互换协议正在谈判中。

六、金融电子化建设迅速发展，金融服务水平明显提高

1993 年 6 月 1 日，江泽民总书记在视察中国人民银行清算总中心时明确要求：要加快电子货币工程建设。为落实江总书记指示精神，从 1994 年起，金融系统全面开展了以推动银行卡联网通用为核心的"金卡工程"建设。按照当时"金卡工程"的规划，到 2000 年底，完成 12 个试点城市银行卡信息交换中心与全国银行卡信息交换总中心的建设，实现银行卡在试点城市及相互间的联网通用，同时，使全国发卡量达到 1 亿张。

经过几年来的艰苦努力，目前已经建成 16 个试点城市交换中心和全国总中心，在每个试点城市中，基本实现了本城市范围的跨行通用，在部分试点城市和部分发卡银行之间，初步开通了跨地区、跨银行的银行卡通用业务，实现了"金卡工程"原定工作目标。同时，为加快银行卡联网通用的步伐，成立了中国银联股份有限公司，推出了我国自己的银行卡标识品牌（"银联"）。到 2002

年 6 月底，全国银行卡发卡量已达到 4.38 亿张，其中符合统一标准的"银联"标识卡 3 281 万张，各金融机构共安装自动柜员机（ATM）4.3 万台，销售终端机（POS）26.9 万台。中央银行的电子联行已实现业务到县，在全国县以上城镇建立了同城票据交换中心，在业务量大的城市采用了票据自动清分系统，中国现代化支付系统已在北京、武汉试运行，大大加快了社会资金的运转。

当前，要根据朱镕基总理和国务院有关领导同志的要求，继续大力推进"金卡工程"建设。2002 年底前，国有独资商业银行要在 300 个以上城市实现本系统内银行卡联网运行，在 100 个以上城市实现各类银行卡的同城跨行使用，在 40 个以上城市推广普及全国统一的"银联"标识卡，全面实现跨地区、跨银行的联网通用。争取经过 3 年的努力，逐步实现在大中城市银行卡的联网通用，真正做到"一卡在手，走遍神州"。

事实充分证明，十三届四中全会以来党中央、国务院作出的有关金融改革和发展的方针和政策是完全正确的。十三年来，金融改革和发展取得的辉煌成就，是以江泽民同志为核心的党中央面对诸多矛盾和困难交织的局面，统揽全局，运筹帷幄，及时作出一系列正确决策的结果，也是全国上下团结奋斗的结果。十三年金融改革发展的实践启示我们，高举邓小平理论伟大旗帜，认真实践"三个代表"重要思想，是取得这些成就的基本前提和根本保证。

中国金融业在改革和发展中也面临不少困难和新的挑战。金融企业特别是国有独资商业银行的改革与经济发展不相适应，金融企业不良资产的比例依然较高，金融监管还存在薄弱环节，社会信用秩序尚需进一步整顿。这些问题是多年形成的。随着今年全国金融工作会议精神的深入贯彻，这些问题将会逐步得到解决。

加强对国际资本流动的有效管理

(2002 年 10 月 11 日)

这次会议的主题是交流对国际短期资本流动的管理经验，探讨如何更好地发挥国际资本流动的积极作用，防范和消除其负面影响，推进资本项目逐步开放。这次会议对维护亚洲各国金融体系的稳健运行、加强东盟和中日韩的金融合作必将产生积极的影响。下面，我简要讲三个问题。

一、当前国际资本流动的特点

当前，国际资本流动出现了一些新的特点。一是国际资本流动的期限日益模糊，长短期资本的相互转化更加迅速。金融工具多样化，特别是金融衍生产品的迅速发展以及金融自由化和技术进步，使国际资本流动的期限转化更为方便，也更加迅速。二是全球主要股市的股票价格大幅下跌，国际资本流动的规模和活跃性下降。受全球经济不景气、企业盈利下降、大公司财务丑闻曝光以及恐怖袭

注：2002 年 10 月 11 日，在第六次东盟与中日韩首脑会议召开之前，中国举办了"10＋3"短期资本流动研讨会，有关国家中央银行行长出席了会议，国务院副总理温家宝到会作了重要讲话。此文根据戴相龙同志在此次研讨会上的发言整理而成。

击、中东危机等事件的影响，股票投资者信心受损，世界主要股市普遍下跌。到今年10月9日，美国道·琼斯指数和纳斯达克指数分别较上年末下跌27.3%和42.9%，日本日经指数下跌19%，英国金融时报指数下跌28.6%。美国股市已跌到了6年来的新低，日本股市更是跌到了19年来的新低。股市的大幅下跌使投资者的资产急剧缩水，直接影响投资者可支配的财富。三是直接投资的比重下降。2001年全球跨国直接投资流入下降了50.7%，为30年来最大降幅。其中，跨国并购就下降了50%，为5 940亿美元，占跨国直接投资总额的比重降至81%。四是美国政策调整使国际资本流动的不确定性加大。目前美国经济复苏前景仍不明朗，财政赤字重新出现，贸易赤字居高不下，地缘政治问题日益复杂，这些都加大了国际资本流向与规模的不确定性。五是国际资本流动中的洗钱和反洗钱问题更加引人关注。"9·11"事件以来，反洗钱的国际合作也进一步加强，这必然会对一些混迹于正常的跨境资本流动中的洗钱活动起到一定的遏制和影响作用。

国际资本流动增加了国际金融市场的流动性，促进了资本要素在全球范围内的优化配置，弥补了流入国储蓄与投资间的缺口，进而推动实体经济增长，改善经济福利水平，同时改善流入国的国际收支状况。但是，如果对国际资本特别是短期投机资本流动缺乏有效监管，也会对东道国的国际收支、金融市场、国民经济乃至社会稳定产生不利影响，有的甚至还会引发经济和社会危机。

国际资本流动的二重性表明，一方面，我们要鼓励国际资本流动，促进本国经济和世界经济发展；另一方面，必须加强对国际资本流动的有效管理和合理利用，建立防范国际资本流动冲击的机制。近年来，为防范国际短期资本流动的负面影响，多数国家特别是一些发展中国家采取了对国际短期资本流动征税、无补偿准备金要求、规定资金在境内最短停留时间、外汇指定银行制度、实时全额清算系统等必要的限制措施，并取得了一定成效。但是，从根本上说，有效防范国际短期资本冲击的关键是要选择好符合本国国情的资本市场开放战略和资本流动管理制度，增强本国实体经济和金融体系的活力，加强对国际资本流动管理的国际合作。

二、中国对国际资本流动的主要政策措施

近几年来，中国政府按照建立和完善社会主义市场经济体制的要求，不断深化改革，加强宏观调控，保持了经济的持续快速健康发展，为推进资本项目对外开放、积极引进和有效利用外资奠定了坚实的基础。

1996 年 12 月，我国实现了人民币经常项目可兑换，同时，根据我国经济发展阶段和金融监管能力，循序渐进地推进人民币资本项目可兑换，对国际资本流动区别对待、分类管理。

一是对外国直接投资实行鼓励政策。对外商直接投资只进行真实性审核。从早期鼓励外商投资加工制造业，发展到积极引导外商投资高新技术产业和基础设施行业。现在根据对世界贸易组织的承诺，开始允许外商投资金融、保险、证券等专业服务行业。今后，还将鼓励外商以并购方式参与国有企业和国有商业银行的重组和改造。

二是严格控制对外借债，逐渐实现全口径管理。对短期外债实行余额管理，对中长期外债实行计划指标管理。限制对外借债主体，除外商投资企业在注册资本与投资总额的差额内可自行对外借债外，其他境内中资机构原则上要通过符合条件的金融机构对外借债，并需要事前获得有关部门的批准。将外资银行对外借款和 3 个月短期贸易融资纳入外债统计。

三是谨慎开放证券投资，防范国际资本流动冲击。只允许外国投资者投资中国境内发行的 B 股和在境外发行的 H 股、N 股等外

币股票及外币债券，但不允许其投资境内人民币标价的股票和债券。根据对世贸组织的承诺，允许组建中外合资的证券经营公司，但规定其只可以从事 A 股承销，B 股和 H 股、政府债券和公司债券的承销和交易，以及发起设立基金。

四是建立和完善以市场为基础的、有管理的人民币浮动汇率制度，保持人民币汇率长期稳定，提高国家外汇储备水平，增强了国际资本对中国投资的信心。

目前，我国资本项目的可兑换范围和可兑换程度已经比较大，而且会越来越大。对照国际货币基金组织确定的资本项下的 43 个交易项目，我国完全可兑换的项目有 4 项，占 9.3%；基本可兑换（经登记或核准）的有 8 项，占 18.6%；有严格限制的项目有 16 项，占 37.2%；完全禁止的有 15 项，占 34.9%。到 2001 年底，外商直接投资、中资企业在境外上市筹资和外债余额合计为 5 600 亿美元。同时，中国国家外汇储备、中资企业在境外投资和中资金融机构境外净资产合计超过 4 000 亿美元。

加入世界贸易组织后，根据有关承诺，我国将逐步扩大对外开放的范围，资本市场进一步对外开放后，国际资本流入的主体将进一步增加，规模将不断扩大，方式将更加多样，我国利用外资将进入一个新阶段。

面对新的形势，中国将在加强宏观调控、进一步增强经济实力的同时，不断提高对国际资本流动管理的水平。为此，今后几年要继续实行积极的财政政策和稳健的货币政策，促进国民经济保持7% 左右的增长速度。深化金融体制改革，积极吸收民间资本和国外资本改造和适当增设中小商业银行，用 5 年或更多一点时间把国有独资商业银行改造成为具有国际竞争力的现代大型商业银行。进一步完善以市场供求为基础的有管理的人民币浮动汇率制度，在保持人民币汇率稳定的前提下，改进人民币汇率形成机制，逐步增加人民币与几种主要货币的联系，使人民币汇率更具弹性。稳步推进人民币资本项目可兑换。目前，我国正研究通过合格的境外机构投资者（QFII）和合格的境内机构投资者（QDII）投资于境内外资本市场，并在具备条件时分步实行。

三、建立亚洲金融合作机制，防范短期资本流动冲击

目前，亚洲各国和地区在生产、投资、贸易等领域的联系已达到较高水平。据国际货币基金组织统计，2001 年，亚洲商品出口总额为 13 861 亿美元，其中区域内出口 6 290 亿美元，占 45.4%。中国加入世贸组织，将进一步促进亚洲特别是东南亚国家之间的经济贸易发展。到 2001 年底，中国对东盟主要国家和日本、韩国的贸易逆差达 49.66 亿美元。今年 1～8 月，中国对东盟和日本、韩国的进出口总额达到 1 229 亿美元，同比增长 14.3%，中国对以上国家的贸易逆差为 150 亿美元。同时，随着经济全球化的进一步推进以及亚洲各国和地区金融市场的进一步开放，国际资本流动将前所未有地扩大。因此，亚洲国家加强防范国际资本流动冲击的金融合作，共同维护亚洲地区的经济金融安全，更加必要、更加紧迫。

面临上述形势，应采取多种方式，加强亚洲国家和地区间多种形式的金融合作，支持区域内经济贸易发展。当前，重点是继续推进和完善"10＋3"货币互换机制。2000 年 5 月举行的"10＋3"首脑会议通过了《清迈协议》，决定增加东盟货币互换机制的资金规模，并在"10＋3"范围内建立双边货币互换协议网，向面临短期国际收支问题和需要短期流动性的国家提供支持，以此增强本地区的金融稳定性。这是亚洲国家和地区共同抵御短期资本流动冲击和金融突发事件的一种行之有效的手段，也是亚洲地区未来更深度的金融合作的起点。

自 2000 年 5 月签署《清迈协议》以来，亚洲"10＋3"货币

互换机制的建立已经取得了实质性的成果。到10月9日，中国人民银行已与泰国银行、日本银行、韩国银行和马来西亚国家银行签署了共计85亿美元的双边货币互换协议。我国与其他国家的双边互换协议也正在谈判之中。加上日本、韩国和东盟一些国家签署的协议，"10＋3"货币互换总额已超过200亿美元。

为了加强中日韩三国中央银行之间的合作与交流，从1996年开始，中日韩建立了中央银行行长定期会晤制度，并于2002年9月29日在华盛顿召开了第九次会议。这次会议决定，中日韩三国中央银行行长会议，从过去一年一次，改为一年两次，集中就各国宏观经济和货币政策、国际资本流动等重大问题进行讨论，并为促进亚洲各国金融合作、维护亚洲金融市场稳定作出我们的努力。

在上海黄金交易所开业仪式上的讲话

（2002 年 10 月 30 日）

在党的十六大即将召开之际，上海黄金交易所正式开业。这是我国黄金管理体制改革的重大突破，是当今我国金融市场建设的新篇章。在此，我代表中国人民银行向上海黄金交易所的全体职工表示热烈祝贺！向关心、支持我国黄金管理体制改革，筹建上海黄金交易所的国务院各部门，上海市委、市政府以及社会各界，表示衷心的感谢！

黄金可用于保值、投资和外汇储备，是重要的金融商品。新中国成立以来，我国一直对黄金产品实行严格管制，由人民银行统一收购和配售。1982 年放开了黄金饰品零售市场，1993 年改革了黄金收售价格的定价机制，此后，开办了黄金寄售业务，改革了黄金制品零售管理审批制。2001 年 10 月，国务院决定进一步加快黄金

注：2001 年 4 月，中国人民银行宣布取消黄金"统购统配"的计划管理体制，在上海组建黄金交易所。2002 年 10 月 30 日，上海黄金交易所正式开业，标志着中国黄金市场的价格与国际市场全面接轨，意味着我国已经建立了全国统一、公平竞争、规范有序的黄金市场，初步建成了由证券市场、外汇市场、货币市场和黄金市场组成的金融市场体系。此文根据戴相龙同志在上海黄金交易所开业仪式上的讲话录音整理而成。

管理体制改革步伐，批准成立上海黄金交易所。同年 11 月 28 日，上海黄金交易所开始模拟运行。近一年来，在有关方面密切配合和交易所同志的辛勤工作下，模拟运行顺利，并取得成功经验。今天，上海黄金交易所正式开业，掀开了我国金融市场建设的崭新一页。

自 1990 年以来，上海证券交易所、深圳证券交易所、中国外汇交易中心、全国统一的银行间同业拆借市场等相继成立，我国的货币市场、证券市场、保险市场、外汇市场逐步建立，适应社会主义市场经济的金融市场体系初步形成，在促进改革开放和社会主义现代化建设中发挥了重要作用。但是，由于黄金市场尚未开放，我国现在的金融市场中的金融产品还不齐全。上海黄金交易所宣告正式开业，说明我国主要金融产品的交易市场全部建成，适应社会主义市场经济的金融市场体系更加完善。黄金交易所设在上海，不仅有利于依托上海的优势，促进自身发展；同时，也使上海国际金融中心的建设向前大大迈进了一步。

上海黄金交易所正式开业，标志着我国黄金管理体制实现重大突破。这将有利于充分发挥市场对黄金资源配置和调节的基础性作用，促进我国黄金生产、流通、消费的健康有序发展，也有利于为投资者提供新的投资产品。上海黄金交易所正式运行后，初期要为黄金现货交易提供交易平台和相关服务。在完善现货交易的基础上，要积极开发黄金投资产品，逐步建设成以金融投资业务为主的金融市场。条件成熟时，经国务院批准，还将开展黄金期货交易。当然，要进一步完善上海黄金交易所的投资功能，使我国的黄金市场真正成为全球黄金市场的重要组成部分，还要付出巨大的努力。中国人民银行将不断完善对黄金交易市场的规划和监管，促进黄金市场健康、规范发展。希望上海黄金交易所主动适应国际国内黄金市场发展变化的新形势，按照有关法规，认真履行职能，不断完善交易规则，切实加强风险管理和控制，为会员提供优质高效的交易和结算服务，保证和促进我国黄金市场的健康发展。也希望有关方面对我国黄金管理体制改革和上海黄金交易所的发展继续给予关心和支持。我相信，上海黄金交易所必将在促进我国经济金融发展中发挥越来越大的作用。

小平同志 1991 年视察上海时提出了金融是现代经济的核心的重要思想。江泽民总书记在今年 2 月全国金融工作会议的讲话中指出：金融在市场配置资源中起着核心作用，金融是调节宏观经济的重要杠杆，金融安全是国家经济安全的核心。由金融企业、金融市场、金融调控、金融监管和金融开放等各部分组成的金融体制及其有效运行，使金融在现代经济发展中发挥了核心作用。经过长期努力，我国与社会主义市场经济相适应的金融体制基本建立，金融在支持经济改革开放和社会稳定发展中发挥了重大作用。我们一定要认真学习和贯彻江泽民总书记"三个代表"重要思想，深化金融体制改革，促进我国金融业健康发展，为实现新世纪我国经济发展宏伟目标而努力。

当前我国经济快速健康发展，金融平稳运行，外汇储备充足，人民币币值稳定，为继续深化黄金管理体制改革、促进上海黄金交易所发展提供了良好条件。让我们继续努力，共同谱写我国金融市场建设的新篇章。

责任编辑：李柏梅
责任校对：孙　蕊
责任印制：裴　刚

图书在版编目（CIP）数据

戴相龙金融文集（Dai Xianglong Jinrong Wenji）/戴相龙著 . —北京：
中国金融出版社，2008. 10
　ISBN 978 – 7 – 5049 – 4744 – 4

　Ⅰ. 戴…　Ⅱ. 戴…　Ⅲ. 金融—中国—文集　Ⅳ. F832 – 53

中国版本图书馆 CIP 数据核字（2008）第 142954 号

出版
发行　**中国金融出版社**

社址　北京市广安门外小红庙南里 3 号
市场开发部　（010）63272190，66070804（传真）
网上书店　http://www.chinafph.com　（010）63286832，63365686（传真）
读者服务部　（010）66070833，82672183
邮编　100055
经销　新华书店
印刷　天津银博印刷技术有限公司
尺寸　169 毫米 ×239 毫米
印张　56.75
插页　3
字数　692 千
版次　2008 年 11 月第 1 版
印次　2008 年 11 月第 1 次印刷
定价　128.00 元
ISBN 978 – 7 – 5049 – 4744 – 4/F. 4304
如出现印装错误本社负责调换　联系电话（010）63263947